世界のピラミッド大事典

大城道則／青山和夫／関 雄二【著】

柊風舎

エル・タヒン遺跡の「壁龕のピラミッド」(撮影　青山和夫)

スネフェル王の屈折ピラミッド全景(撮影　大城道則)

トゥクメ遺跡、ワカ・ラルガ遠景（撮影　関雄二）

ヤシュチラン遺跡の「リンテル25」（撮影　青山和夫）

ネチェリケト王の階段ピラミッドと手前にあるセド祭用神殿（撮影　大城道則）

海を背景にしたグイマーのピラミッド（撮影　大城道則）

アムヘイダの変則ピラミッド（撮影　大城道則）

チャビン・デ・ワンタル神殿の外壁を飾るジャガーの「ほぞ付き頭像」（撮影　関雄二）

ティカル遺跡の「神殿4」から眺望する「神殿3」（右）、「神殿2」（左前）と「神殿1」（左奥）
（撮影　青山和夫）

カラル遺跡の大ピラミッド（撮影　関雄二）

世界のピラミッド大事典

柊風舎

はじめに

「ピラミッド」と呼ばれている建造物は世界各地に存在している。エジプトにのみピラミッドが建造されたわけではないのである。現在のイラクにあるウルのジッグラトをピラミッドの範疇に含めることもあれば、自然の造形である三角錐の山をピラミッドだと呼ぶ場合もある。もちろん本書で扱われる新大陸の壮大な外観を誇るピラミッド群は誰もが知るところであり、当然のことながらピラミッドとして認知されている。本書は、研究分野の異なる三人の著者たちが、それぞれのフィールドにおけるピラミッドについて紹介することを試みている。紙面・字数に制限はあるが、そして研究地域によっても数や規模に偏りはあるが、可能な限り網羅的に世界各地のピラミッドを採り上げた。通常、ピラミッドを扱った書籍のなかの「ピラミッド」とは、古代エジプトのもの、それもギザの大ピラミッド（図1）を指すことがほとんどだ。最古のピラミッドがエジプトのサッカラに、そして最大のピラミッドが同じくエジプトのギザに建っている以上、それは当然のことなのであろう。しかし本書は古代エジプト以外の研究者が加わることで、我が国におけるこれまでのピラミッド学の枠組みを超えようとするものだ。地球規模の壮大なテーマである。安易な比較に基づく単なる外観的な類似点を指摘するだけでない、ピラミッドに対する議論のスタートがここから切られる。その情報と知識の源こそが本書『世界のピラミッド大事典』なのである。この事典のページをめくったすべての読者にピラミッドの謎を解くための「鍵」が手渡されるのだ。

　人類が自らの文化・文明のなかで巨大性を追求し始めて以来、「ピラミッド」とはつねにその象徴であり、見る者を圧倒する驚異の的であった。しかもピラミッドは、ただ単に「巨大な建造物」であっただけではなく、「王墓」、「葬祭建造物」、「宗教拠点」、そして「王権の象徴」などという社会に不可欠な要素をも兼ね備えていた。そしてそのことは同時に、ピラミッドとは一般庶民からみれば不可触領域でもあったことを意味するのだ。そのためピラミッドは、王や王族、あるいは神官などの限られた人々以外には、容易に近づくことの叶わない聖なる空間でもあったのである。このことこそピラミッドに関する情報がピラミッドの建造に携わっていた数少ない人々から容易に漏れることがなかった理由だ。そしてそのことが現代の我々の頭を悩ませてきたのだ。例えば最も早い段階で高度な技術を用いてピラミッドの建造に成功した古代エジプトの人々は、数千年ものあいだその秘密を守り通し、たった一枚の設計図すら後世に残さなかったのである。

図1：ギザの二大ピラミッドから昇る太陽をイメージした大スフィンクス（撮影　大城道則）

　それゆえ「ピラミッドとは何なのか」、あるいは「ピラミッドはどのように造られたのか」という疑問に対する答えが記された解答用紙を我々はいまだ持たないのだ。前者の答えとして、「大型である程度高さのある公共建造物」あるいは「信仰の対象（例えば創造された人工の山など）」を挙げる人もいよう。ピラミッドとは荒ぶる自然をコントロールすることに成功した人類にとってのトロフィーであるとみなすのだ。後者の答えとして、考古学者、歴史学者、エジプト学者、あるいは建築家などが思考・検討し、これまで様々な説を唱えてきた。ある人はピラミッドに匹敵するような巨大なスロープを用いたと考え、またある人は螺旋状に造ったと考えた。しかしながら、ピラミッドは容易にその答えを我々に明かしてはくれない。ただ人類は過去から現在にかけて、間違いなくピラミッドの「謎」に挑戦し続けてきたことだけは疑いようのない事実だ。そして間違いなく未来にもピラミッドは「最高の謎」として我々の目の前に頂上の見えない高い壁として存在し続けるはずだ。「理解を超越した」・「わけのわからない」存在＝「謎」について思考するのは、ヒトの本能であり最高の娯楽だ。古代エジプトのピラミッドをはじめとしたピラミッド群は、4500年ものあいだ、我々人類にエンターテイメントを提供し続けているのである。

そのような人類による挑戦のなかでも有名なものが、「ピラミッド公共事業説」として知られている考え方である。この説は、1974年にクルト・メンデルスゾーンが主張した仮説に基づいている。メンデルスゾーンは、考古学や歴史学の出身ではなく物理学者であった。もともとピラミッド研究に没頭する人々のなかには天文学者や建築家などが多かったことから、物理学畑の人間がピラミッドに関する仮説を提案することは奇異なことではない。彼の主張は、ピラミッドの建築事業を農閑期（ナイル河の増水が原因で農作業ができない時期）の農民に対する国家による失業政策だとするものであった。つまり古代エジプトの人口の大部分を占めていた農民たちが現物支給の給料としてパン・タマネギ・ビールなどを受け取り、ピラミッド建設に必要であった臨時バイトとして働いたという説である。このメンデルスゾーンの仮説は、エジプトの特徴であるナイル河の定期的な増水を理論のなかに組み入れたことから、大変説得力を持つものとして受け入れられた。そして現在でも有力な説の一つとして認知されている。

　古代エジプト王が主導した国家規模の活動という大きな枠組みとして、ピラミッド公共事業説を認めることにそれほど大きな問題はないと考えられるが（そしてピラミッドは奴隷・国民が強制労働で造ったのではないという意見は当然受け入れるが）、それが「農閑期の農民に対する失業政策なのである」という考え方には賛成できない。なぜならば、ピラミッドというのは、当時の世界最高水準の技術と英知を結集して造られたものであるからだ。つまり、ピラミッドを造るには、様々な特殊技術・技能を持つ人々、例えば高度な技術訓練を受けた職人集団や規律ある軍隊のように組織化された集団が必要であり、けっして農民が農作業の合間に片手間にできるような仕事ではなかったということである。大量供給可能なマンパワーとしての農民という解釈もあろうが、普段規律を持たず、秩序も持たない生活をしていた可能性が高い人々に絶対的協調性が求められる作業は困難と考えるのが常識であろう。さらにもう一つの理由として、ナイル河を中心に古代世界最高の豊かさを享受していた古代エジプトの農民たちは、臨時バイトをしないと生活に苦しむような状況ではなかった可能性がかなり高いということもある。異常気象などが原因の大規模で長期間におよぶような飢饉さえなければ、ナイル河はつねに豊かであり、定期的に増水を繰り返し、種を播けばある程度安定した収穫が約束されていたのである。そのような恵まれた労働環境に身を置いていた古代エジプトの農民たちが、あえて過酷な労働に従事する必要性は見出せない（もし実際に農民たちがピラミッド建造に従事したとするなら、それは神たる王への強烈な信仰心というものの存在であろう。しかしもしそのような絶対的信

仰心の下に農民たちが生活していたのであれば、農閑期だけではなく一年中、王のためにピラミッド建造に従事していたはずだ）。一年中働かなければ生活できないというのは、現代人の悲しい発想に過ぎないのである。

実際に考古学の成果がそれを明らかにした。ギザ台地の南東でピラミッド建設に従事した労働者たちの町が発見されているのだ。そこには家屋だけではなく、役所、倉庫、魚加工場、パン工房など生活に必要な機能が備えられていた。ヘロドトスがピラミッドに書かれた文字として紹介しているように（『歴史』第二巻125節）、労働者にはダイコン、タマネギ、ニンニクなどが支給されていたのであろう。またゴミ捨て場から発見された遺物から、労働者たちが当時貴重なタンパク源であった牛肉を大量に消費していたことも確認されたのである。彼らは単なる労働者ではなく優遇されるべき集団であったのだ。さらにその近くの丘陵に彼らは自らの墓を造ったことが知られている。古代エジプトたちにとって墓を持つことは特権であった。つまり、ピラミッドの建造に従事した者たちは、ある種のエリート階級とすら言える存在であったのである。このことは後の新王国時代に王家の谷の王墓建設に従事したデイル・エル＝メディーナ村の人々の識字率が高かったことを思い起こさせる。どの時代も王墓建設に関わる人々は、エリートでなければならなかったのである。

ピラミッドの建設方法についてもこれまでにあらゆる推測がなされてきたが、いまだ意見の一致はみられない。様々な仮説が挙げられているが、大きく分けると四つある。一つ目は大量の石材を運搬するために長い直線傾斜路を使用したという説（図2-1）、二つ目がピラミッドの周囲を取り巻くように傾斜路あるいは内部通路が渦巻（螺旋）型に造られたという説（図2-2）である。そして三つ目が外側は整形した石材を使用し、内側に瓦礫を詰めながら建造したという方法である（図2-3）。

最も良く知られた一つ目の説の根拠は、以下に挙げたギリシア・ローマ時代のヘロドトスとプリニウスによる記述である。

「石材を曳くための道路を建設するのに、国民の苦役は実に十年にわたって続いたという。この道路というのが、全長二十五スタディオン、幅オルギュア、高さはその最も高い地点で八オルギュアあり、さまざまの動物の模様を彫り込んだ磨いた石で構築したもので、私の思うには、これはピラミッドにもあまり劣らぬ大変な仕事であったに相違ない。なお右の十年間には道路のほかに、ピラミッドの立つ丘の中腹をえぐって地下室も造られた。これは王が自分の葬室として造らせたもので、ナイルから掘割を通して水をひき、さながら島のように孤立させてある。ピラミッド

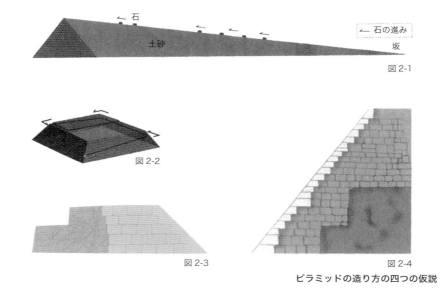

ピラミッドの造り方の四つの仮説

自体の建造には二十年を要したという。ピラミッドは（基底が）方形を成し、各辺の長さは八プレトロン、高さもそれと同じで、磨いた石をピッチリと継ぎ合わせて造ってあり、どの石も三十フィート以下のものはない」（ヘロドトス著、松平千秋訳『歴史』岩波書店、第二巻124節）

「大問題は、その石がどうやってそんなたいへんな高さにまで積み上げられたかということである。ある人々はそれが高くなるにつれて、ソーダと塩でその構築物にもたせかけた坂道を幾重にも重ねてゆき、ピラミッドが完成した後、河から引いて来た水にそれらを浸して溶かしたものと考えている。またある人々は、泥煉瓦で橋をたくさんつくり、工事が完成したときその煉瓦は個人個人に自分たち自身の家をつくるのに分配されたのだと考える。というのはずっと低い水準のところを流れているナイル河が、その場所を水浸しにすることは不可能だと考えられるからである。最大のピラミッドの内部には、86キュービットの深さの井戸がひとつあって、そこへ水路によって水が引かれたものと考えられる」（プリニウス著、中野定雄、中野里美、中野美代訳『プリニウスの博物誌』雄山閣、2013年、第36巻81）

ヘロドトスはピラミッド本体建設に匹敵するほど過酷な作業として、石材を運搬するための道路建設を紹介している。**図2-1**を見るとヘロドトスの記述を検討するまでもなく、ピラミッドを建造するには、その倍以上の大きさの坂道を造る必要があることが分かる。先述した疑問の多い強制労働の記載個所を考慮すれば、この記述の信憑性も当然疑ってしかるべきであるが、「道路のほかに、ピラミッドの立つ丘の中腹をえぐって地下室も造られた。これは王が自分の葬室として造らせたもので、ナイルから掘割を通して水をひき、さながら島のように孤立させてある」という個所に相当すると考えられるものが、近年、実際にピラミッド近くの地下から発見・確認されていることから、道路に関しても簡単に切って捨ててしまうわけにはいかないのである。プリニウスによる上記の記述にも類似したものがある。二つ目は建築家ジャン・ピエール・ウーダンによって提唱されている螺旋状に傾斜のある通路を造り、そのなかを作業員たちが石材を運びながら石材を積み上げていくという説（**図2-2**）である。これは従来の「螺旋状の道を利用し建造した」という説の発展形と言えるであろう。ただこの説もそもそも通路を内側に造るなど複雑すぎることと、いまだ通路が確認されていないことから容易に受け入れることはできない。三つ目はイギリスのエンジニアであるピーター・ジェームズの主張する説（**図2-3**）である。ピラミッドの大枠を整形された石材で造り、そのなかの空間を瓦礫などで埋めるという考え方である。この方法は工期の短縮化が可能であり、エジプトの他の建物建造の際に同様の工法が使用されている例が存在することから説得力はある。ただ巨大なピラミッドに適用できるかどうかには疑問符がつく。

　私は上記以外の四つ目の説として「巨大な岩盤利用説」（**図2-4**）を提案している。つまり、約4500年間も崩壊することのなかったピラミッドの耐震構造と工期の短縮を考慮するならば、「ピラミッドの基盤部分にもともと比較的大きな自然の山のような岩盤があり、それを調整・整形することにより、最初に階段状あるいは台形状の安定した核を造り出した。そしてそれを基に石材を積み上げた」というものだ。これまでにも自然の岩盤を利用したという説はあったが、違いはその割合を20〜30パーセントとかなり高めに想定している点だ。もし安定した核として頑強で巨大な岩山状の岩盤が存在しているならば、ギザのピラミッドの持つ耐震性も理解できるし、これまで考えられてきたよりも仕事量と建設期間が大幅に削減されるであろう。また最初に整形された岩盤があれば、その上に王妃の間や王の間、あるいは大回廊のような空間設備を設置することは、これまでの推測ほど困難ではないはずである。

　今後は建築学や工学関係だけではなく、物理学からのアプローチが強く求められる

ことになるであろう。メンデルスゾーンの例を挙げるまでもなく、あるいはナポレオンの遠征隊以前に大ピラミッドの石材を測量するなどして、1646年に出版された著書『ピラミッドグラフィア』のなかにおいて、その断面図を描いた天文学者であり数学者でもあったジョン・グリーヴスを挙げるまでもなく、ピラミッドは考古学者・歴史学者のみのものではないのである。むしろ数多くの人々が果敢に挑んだにもかかわらず、ピラミッドは謎に包まれたままであり、現在でもまだまだわからないことばかりなのである。ピラミッドを理解するには、これまでとは異なる視点が求められるべきであろう。そこが大きなポイントであり、本書が書かれたモチベーションなのである。

　本書の書かれた目的には大きく分けて二つのものがある。一つは最古のピラミッドを含む古代エジプトのピラミッドの謎を解くためのヒントを得ること、もう一つは世界中に点在するピラミッドから人類の普遍的な嗜好と英知を知ることだ。そこにこそ世界各地で「ピラミッド」と呼ばれている人類が創造した智慧の粋に対する真実が存在するはずだ。そのため本書のなかでは、時間と空間を越えて網羅的に世界各地のピラミッドを採り上げることを目指した。四角錐、あるいはそれに近い外観を持つだけではピラミッドとはみなさないが、人間が造った人工物として確認されている場合には、可能な限りピラミッドに含めておいた。ただしピラミッドと呼ばれることもあるインドネシアのボロブドゥールやカンボジアのアンコールワット、そして中国の始皇帝陵については、ピラミッド的要素以外が目立つこと、そしてその建造理由もはっきりしていることから今回は除外した。山の四角錐の形状をピラミッドに見立て、近年話題となったボスニアのものや我が国の秋田県鹿角市黒又山（クロマンタ）、青森県のモヤ山、富山県の尖山、奈良の三輪山なども含めなかった。あくまでも人工の石造建造物をピラミッドと定義づけしたのである。もちろん地球外知的生命体がピラミッド建造を手助けしたとか、火星にピラミッドが建造されているとかいう類の話しは、面白くはあるが裏付けがなく現実的ではない。今回本書に掲載したピラミッドは、明らかに人間が創り出した造形物だ。ピラミッドが人の建造したものである限り、人によってその謎は解明されるはずだ。ただ2018年現在、素粒子ミュオンを利用してピラミッド内部を透視しようというスキャン・ピラミッド・プロジェクトのような最新科学技術を使用した試みも進んではいるが、いまだ道半ばの感は否めない。私の敬愛するある物理学者は、「ピラミッドへの道は火星よりも遠い」と言っていたが、その通りなのかもしれない。「ピラミッドの謎を解くこと」は、「宇宙の謎を解くこと」に匹敵するほどの意味を持つ人類が挑むべき究極の問題なのである。

目　次

はじめに　iii

アフリカ大陸のピラミッド　1

概説　2

アトリビスの小型階段ピラミッド　4

アハモセ 1 世のピラミッド　5

アムヘイダのピラミッド　6

アメニ・ケマウ王のピラミッド　8

アメンエムハト 1 世のピラミッド　10

アメンエムハト 2 世のピラミッド　16

アル＝カライクのピラミッド群　20

アル＝ハッティーアのピラミッド群　21

イビ王のピラミッド　24

インテフ 5 世のピラミッド　28

ウセルカフ王のピラミッド　29

ウナス王のピラミッド　32

エル＝クッルのピラミッド群　38

エル＝クーラの小型階段ピラミッド　42

エル＝ゲニミアの小型階段ピラミッド　43

エレファンティネの小型階段ピラミッド　44

カーバ王の重層ピラミッド　45

カフラー王の大ピラミッド　48

北マズグーナのピラミッド　54

クイ王のピラミッド　56

クフ王の大ピラミッド　59

ケンジェル王のピラミッド　65

ケントカウエス 1 世のギザの第 4 ピラミッド　68

ザウィエト・エル＝メイティンの小型階段ピラミッド　72

サフラー王のピラミッド　73

ジェドエフラー王のピラミッド　77

ジェドカラー王のピラミッド　82

シェプセスカフ王のマスタバ・エル＝ファラウン　86

シェプセスカラー王のピラミッド　89

シャバカ王のピラミッド　90

シンキの小型階段ピラミッド　91

スネフェル王の赤ピラミッド　92

スネフェル王の屈折ピラミッド　98

セイラの小型階段ピラミッド　103

セケムケト王の階段ピラミッド　106

センウセレト 1 世のピラミッド　112

センウセレト 2 世のピラミッド　118

センウセレト 3 世のピラミッド　124

ソマリランドのピラミッド群　130

ダハシュールのアメンエムハト 3 世のピラミッド　131

タハルカ王のピラミッド　137

デイル・エル＝メディーナのピラミッド型礼拝堂群　141

テティ王のピラミッド　142

ドゥラ・アブ・エル＝ナガのピラミッド型墓群　145

ナカダの小型階段ピラミッド　149

ニウセルラー王のピラミッド　150

ヌリのピラミッド群　154

ネチェリケト王の階段ピラミッド　156

ネフェルイルカラー王のピラミッド　161

ネフェルエフラー王のピラミッド　165

ハワラのアメンエムハト 3 世のピラミッド　169

ピイ王のピラミッド　174

ペピ 1 世のピラミッド　176

ペピ 2 世のピラミッド　179

南マズグーナのピラミッド　185

メイドゥムの崩れピラミッド　187

メルエンラー王のピラミッド　193

メロエのピラミッド群　196

メンカウホル王のピラミッド　198

メンカウラー王のピラミッド　201

モーリシャスの七つのピラミッド　207

メソアメリカのピラミッド　209

概説　210

アグアテカ遺跡の建造物L8-8　212

アルトゥン・ハ遺跡の建造物B-4　217

イサマル遺跡のキニッチ・カク・モオ　221

ウシュマル遺跡の魔術師のピラミッド　224

エック・バラム遺跡のアクロポリス　228

エツナ遺跡の5層のピラミッド　232

エル・タヒン遺跡の壁龕のピラミッド　236

エル・プエンテ遺跡の建造物1　239

エル・ミラドール遺跡のダンタ・ピラミッド　243

カカシュトラ遺跡の大基壇　246

カバフ遺跡のニッツ・ポープ　250

カホキア遺跡のモンクス・マウンド　252

カミナルフユ遺跡の建造物E-III-3　256

カラクムル遺跡の建造物2　262

カラコル遺跡のカアナ　267

キリグア遺跡のアクロポリス　270

グアチモントネス遺跡のエル・グラン・グアチ　274

クイクイルコ遺跡の円形ピラミッド　277

コバー遺跡のノホチ・ムル　280

コパン遺跡のアクロポリス　284

コマルカルコ遺跡の神殿1　292

サイル遺跡の大宮殿　296

サン・アンドレス遺跡のラ・カンパーナ　298

サン・ヘルバシオ遺跡のカッナ・ナフ　301

ジャルメラ遺跡のエル・セリート　303

シュナントゥニッチ遺跡のエル・カスティーヨ　306

シュプヒル遺跡の建造物1　309

ショチカルコ遺跡の羽毛の生えた蛇の神殿　311

ショチテカトル遺跡の花のピラミッド　316

セイバル遺跡の建造物A-20　319

タカリク・アバフ遺跡の建造物5　326

チチェン・イツァ遺跡のエル・カスティーヨ　330

チャルチュアパ遺跡の建造物E3-1　336

チョルーラ遺跡の大ピラミッド　340

ツィビルチャルトゥンの七つの人形の神殿　345

ツィンツンツァン遺跡の大基壇とヤカタ　348

ティカル遺跡の神殿4　351

テオティワカンの羽毛の生えた蛇の神殿　358

テオティワカンの太陽のピラミッド　362

テオティワカンの月のピラミッド　367

テノチティトラン遺跡の大神殿　372

トゥーラ遺跡のピラミッドB　377

トゥルム遺跡のエル・カスティーヨ　382

ドス・ピラス遺跡の建造物L5-49　385

トニナ遺跡のアクロポリス　388

トポシュテ遺跡の建造物C　391

トラランカレカ遺跡のセロ・グランデ・ピラミッド　394

ナクベ遺跡の建造物1　398

バラムク遺跡の建造物1　401

パレンケ遺跡の碑文の神殿　403

ベカン遺跡の建造物9　410

ボナンパック遺跡の壁画の神殿　413

マヤパン遺跡のエル・カスティーヨ　417

モンテ・アルバン遺跡の南の基壇　422

ヤシュチラン遺跡の神殿33　428

ヤシュハ遺跡の神殿216　435

ラ・ケマーダ遺跡の奉納ピラミッド　438

ラ・ベンタ遺跡の建造物C-1　442

ラマナイ遺跡の高神殿　446

ワシャクトゥン遺跡の建造物E-7下層　450

南米のピラミッド　453

概説　454

アスペロ遺跡の神殿群　458

カスティーヨ・デ・トマバル遺跡のピラミッド

460

カスティーヨ・デ・ワンカコ遺跡の大基壇 462

ガラガイ遺跡の中央基壇　464

カラル遺跡のピラミッド群　466

カルダル遺跡の基壇群　469

カワチ遺跡の大ピラミッド　471

クエラップ遺跡の大基壇　474

クントゥル・ワシ遺跡の大基壇　478

セチン・アルト遺跡の大基壇　483

セロ・ブランコ遺跡の基壇群　485

チャビン・デ・ワンタル神殿　487

チャン・チャン遺跡の神殿群　493

チョトゥーナ遺跡のワカ・マヨール神殿　495

トゥクメ遺跡のワカ・ラルガ基壇　497

パカトナムー遺跡のワカ１神殿　502

パコパンパ遺跡の基壇建築　505

パチャカマック遺跡の太陽神殿　509

パニャマルカ遺跡の大基壇　513

パラモンガ遺跡の大基壇　515

パンパ・グランデ遺跡のワカ・フォルタレッサ 516

ビルカス・ワマン遺跡の基壇ウシュヌ　518

プルレン遺跡の基壇建築　520

プンクリ遺跡の基壇建築　522

ベンタロン遺跡の基壇群　524

ミナ・ペルディーダ遺跡の基壇群　526

モヘケ遺跡の基壇建築　528

ラ・ガルガーダ遺跡の大基壇　530

ライソン遺跡の基壇群　532

リモンカルロ遺跡の基壇群　534

ワカ・カオ・ビエッホ遺跡の基壇建築　537

ワカ・デ・ロス・レイエス遺跡の中央基 壇　541

ワカ・デル・ソル神殿　543

ワカ・デ・ラ・ルナ神殿　549

ワカ・デル・ドラゴン遺跡の基壇建築　556

ワカ・プクヤーナ遺跡の大ピラミッド　558

ワカ・ラ・エスメラルダ遺跡の基壇群　559

ワカ・ラハーダ／シパン遺跡の基壇群　561

ワカ・ロロ神殿　565

ワカロマ神殿　567

その他の地域のピラミッド　569

概説　570

ウィリアム・マッケンジーのピラミッド　572

エリニコのピラミッド　573

ガイウス・ケスティウスのピラミッド　575

グイマーのピラミッド群　576

熊山遺跡の階段ピラミッド　579

高句麗の将軍塚　582

シルベリー・ヒル　583

ソウギアのピラミッド　586

奈良・明日香村の都塚古墳　587

ファリコンのピラミッド　590

マッド・ジャック・フューラーのピラミッド 591

ムーアのピラミッド　592

モルディブのピラミッド　593

モーレア島のピラミッド　594

モンテ・ダコッティのピラミッド　595

参考文献　598

欧文項目名対照索引　617

索引　622

おわりに　635

あとがき　638

アフリカ大陸のピラミッド

概　説

　世界最古のピラミッドを生み出したエジプトはアフリカ大陸にある。ついつい忘れがちになってしまう事実だが、ピラミッドはアフリカ大陸で誕生したのである。しかもそこには南北に世界最大の大河ナイルが流れ、南方のアフリカ奥地と古代世界屈指の肥沃なデルタ地帯を持つエジプトの土地を直に結んでいたのだ。さらに北は西洋文明を育んだ地中海世界に対して大きく開かれ、西はサハラ砂漠へと繋がるオアシス地域を抱え、東はもう一つの高度な古代文明発祥の地であるメソポタミアへと陸路で続いていた。アフリカ大陸北東隅に位置するエジプトは、古代において世界各地へと情報を発信するには、最高の立地条件を備えていたのである。

　そこで生まれたピラミッドは、古代よりつねに「世界の七不思議」の代表として君臨し、時の経過が七つの驚異の建造物をいくつか入れ替えることがあったとしても、ギザの三大ピラミッドはそこから外れることはなかったのである。それは21世紀の我々にとっても例外ではない。いまだ我々は「ピラミッドはなぜ造られたのか」、「ピラミッドはどのように造られたのか」の真実について確信を持って説明することはできずにいるのである。古代エジプトで建造されたピラミッドが墓であることは間違いないが、では「なぜ古代エジプト人たちはピラミッドのような巨大な四角錐の石造建造物を墓としたのか」についてはやはり分からないのだ。書記たちがヒエログリフを駆使し、古代世界で最も文字史料を残してくれた古代エジプト人たちではあったが、その点に関しては完璧なまでに沈黙を押し通したのである。ピラミッドを理解するためのヒントは、そこかしこに散らばっているような気がする。ゆえにそれらを拾い集めて組み立てようと試みた者は過去に幾人もいた。しかしそのなかの誰一人として完成された金字塔を目の当たりもすることはなかったのだ。

　では次に我々はどこに進めば良いのであろうか。どうすればピラミッドの真実に近づけるのであろうか。ナイル河の西岸には100基近くのピラミッドが建造されたことは知られている。しかしながら、ナイル河を南方に遡ったスーダンにはその倍以上のピラミッドが建造されたことを知る人は少ない。さらにナイル河から西へと向かいオアシス地域を超えサハラ砂漠に到達したリビアにも数百基の小型ピラミッドが建造されたのである。研究者レヴェルでもその事実を知る人はほとんどいない。我々は一度ギザ台地から離れ、アフリカ大陸全域とその周囲を俯瞰してピラミッドが存在している場所を確認すべきだ。モーリシャス島にピラミッドがあり、カナリア諸島にもピラミッドが建造されている事実を確認すべきだ。もちろんそれらが古代エジプトからの

影響だという先入観を持つべきではない。またピラミッドを建造した人々が海を渡ったということを想像するのもきわめて困難だ。しかし、間接的な情報の伝播が長時間かけて形を変えながら、ナイル世界からその周辺へと伝わっていた可能性は本当にないのだろうか。スーダンやリビアのピラミッド群は明らかにエジプトの影響である。ピラミッドに関する情報がその枠をもう少しだけ越えたとは考えられないだろうか。もしそうであったとするなら、エジプト外のピラミッドのなかに今は失われてしまった何らかの情報が残されているかもしれない。アフリカ大陸とその周辺地域のピラミッドは、古代エジプトのピラミッドの持つ意味を我々に教えてくれる可能性を持っているのである。

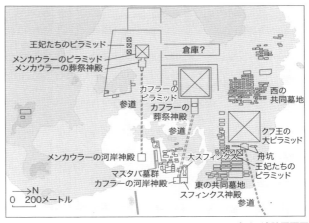

図1：ギザの遺跡平面図

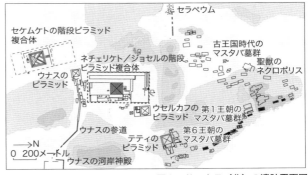

図2：サッカラ（北）の遺跡平面図
（Wilkinson, 2005, p266を参考に作成）

アトリビスの小型階段ピラミッド

Pyramid of Atribis

図3：版画に描かれたアトリビスの小型ピラミッド
(https://upload.wikimedia.org/wikipedia/commons/3/3b/Pyramide_von_Athribis.jpg)

基本情報
国名：エジプト・アラブ共和国
場所：テル・アトリブ
座標：北緯30°28′14″　東経31°11′17″
高さ：約16メートル
規模：東西約20メートル × 南北約20メートル
建造年代：紀元前2575年頃

　デルタ地域で確認されている唯一のピラミッドであり、エジプトで最北端にあるピラミッドでもある。デルタの都市バンハー近郊の現在のテル・アトリブに存在していた。1822年のナポレオンの遠征の際に版画（図3）として記録されているが、考古学的調査は行われていない。その後、ピラミッドの存在は忘れられてしまった。1938年に再確認されたが、その際には、すでに上部構造が崩壊しており、報告もほとんど内容のないものであった。1993年に再度調査が試みられたが、現代の都市がピラミッドの上に建てられてしまっていることを確認したのみであった。このピラミッドの規模は、先述の版画から推定されるのみであるが、おそらく第4王朝にスネフェル王がエジプト各地に建造した小型階段ピラミッドの一基であったのではないかと推測されている。エジプト全土に拡散した小型階段ピラミッドは、それらを見る者たちに古代エジプト王権を強く知らしめるという意図で造られたのであろう。あるいは中央集権化に基づく中央と地方との結びつきの象徴であったのかもしれない。

アハモセ1世のピラミッド
Pyramid of Ahmose

図4：アビドスにあるアハモセ1世のピラミッド
(A. Dodson, The Royal Tombs of Ancient Egypt〈Barnsley, 2016〉, pl.XLVI-b)

基本情報
国名：エジプト・アラブ共和国
場所：アビドス
座標：北緯26°10′30″　東経31°56′16″
高さ：約40メートル
規模：東西52.5メートル × 南北52.5メートル
建造年代：紀元前16世紀後半頃

　ドゥラ・アブ・エル＝ナガに王墓を建設したと考えられているアハモセ1世（イアフメス1世）は、もう1基アビドスにもピラミッド型王墓を建設した。そのピラミッドは瓦礫と砂、そして必要最低限の石灰岩で建造されたこともあり、現在では崩壊し砂山のような外観となっている。北側に葬祭神殿らしき建造物が埋もれている。1993年に実施されたハーヴェイによる調査からは、異民族ヒクソスを描いたレリーフの断片が出土しているが、このことはアハモセ1世がヒクソスをエジプトから追放した史実を伝えている。

アムヘイダのピラミッド
Pyramid in Amheida

図5：アムヘイダの変則ピラミッド（撮影　大城道則）

基本情報
国名：エジプト・アラブ共和国
場所：ダクラ・オアシス
座標：北緯25°40'11″　東経28°52'27″
高さ：約8メートル
規模：東西7メートル×南北7メートル
建造年代：紀元後1世紀頃

　地理的に中央から遠く離れ、自治が可能であったことから、独自の支配体制や独立した雰囲気が生まれやすかった西方のオアシス地域にもピラミッドが建造された。ダクラ・オアシスのアムヘイダの変則ピラミッド（図5）である。ローマ支配期の紀元後1世紀のものと考えられている。このピラミッドがナイル河流域に建造されたピラミッドの伝統を継承したものであるのか、古王国時代後期に建造されたダクラ・オアシスのバラットで建造されたキラ・エル＝ダッバの近くにある巨大なマスタバ墓群（図6）の影響を反映したものなのかは明らかではない

アムヘイダのピラミッド

図6：キラ・エル＝ダッバの巨大マスタバ墓（撮影　大城道則）

が、日干しレンガ製のこのアムヘイダの変則ピラミッドは、ナイル河から遠く離れた地方の都市生活のなかにピラミッドの伝統が浸透していた価値ある証拠をもたらしてくれる。この地域の支配者たちは、エジプト辺境における王朝文化の重要な拠点を生み出し、それを保存する役割を果たしていたのである。包帯が巻かれたミイラの一部（足）が発見されていることから埋葬は行われたことが判明している。アムヘイダではニューヨーク大学を中心としたプロジェクトが進行中である。

ピラミッド本体は小高い丘の上に位置し、2.2メートルの高さの基壇の上に日干しレンガで建造されている。その基壇から立ち上がる角度は約60度である。そこから約8メートルの高さを持っていたと推定されているのである。エジプトのローマ期に建造されたピラミッドとしては、最大規模のものである。保存状態もきわめて良く、当時の建築技術の高さを髣髴とさせる。ピラミッド周辺には、居住区が広がり、神殿なども建造されていた。町を形成していたのである。そのなかで最も目立つこのピラミッドは、町に暮らす人々にとってのシンボルとして建造されたのであろう。

アメニ・ケマウ王のピラミッド
Pyramid of Ameny-Qemau

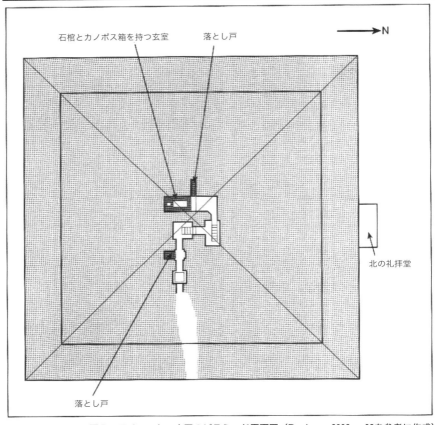

図7：アメニ・ケマウ王のピラミッド平面図（Dodson, 2003, p.98を参考に作成）

基本情報
国名：エジプト・アラブ共和国
場所：南ダハシュール
座標：北緯29°46′54″　東経31°13′17″
高さ：約35メートル
規模：東西約50メートル × 南北約50メートル
建造年代：紀元前1750年頃

図8：アメニ・ケマウの名前の一部が記された飾り板（H. Goedicke, A Puzzling Inscription, *The Journal of Egyptian Archaeology,* vol.45〈1959〉, p.98）

　1957年に発見されたアメニ・ケマウ王のピラミッドは、南ダハシュールで発掘が実施された唯一の第13王朝の王のピラミッド（図7）である。出土したカノポス壺にアメニ・ケマウの名が記されていたことから、第13王朝3番目（あるいは5番目）の王であったアメニ・ケマウ王のピラミッドであろうと考えられている。アメニ・ケマウはトリノ王名表に名前がない王としても知られている。全体的に残存状態は悪く、特に上部構造はほとんど破壊されてしまっていた。ピラミッド本体の入口は東側面の中央に造られた。傾斜通路には階段があり、落とし戸がある水平通路の先はコの字型の構造を持ち、その最奥部に玄室が造られていた。ピラミッド頂上の直下に位置する玄室は、ハワラのアメンエムハト3世のものの模倣が見られ、花崗岩の一枚岩で造られており、なかに石棺とカノポス壺箱用の窪みがあった。上述のカノポス壺以外のアメニ・ケマウ王に関する遺物としてもう一つ出土地不明の小型の飾り板（図8）が知られているが、偽物である可能性も指摘されている。

アメンエムハト1世のピラミッド
Pyramid of Amenemhat I

図9：アメンエムハト1世のピラミッド全景（Arnold, 2015, jacket front）

基本情報
国名：エジプト・アラブ共和国
場所：リシュト
座標：北緯29°57′48″　東経31°22′51″
高さ：55メートル
規模：東西84メートル × 南北84メートル
建造年代：紀元前1938年頃〜1908年頃

　サッカラで最初の巨大石造建造物である階段ピラミッドが造られ、続いてギザに三大ピラミッドが造られ、その後ピラミッド内部に世界最古の宗教文書であるピラミッド・テキストが刻まれ始める古王国時代は、まさにピラミッド建造とともにあったと言えるが、ピラミッドは何もいわゆる「ピラミッド時代」と呼ばれている古王国時代だけに建設がなされたわけではない。ピラミッドは、その後も断続的に建造され続けたのである。ただし古王国時代、特に本書で紹介するような第4王朝のクフ王とカフラー王のもののように圧倒的に巨大なピラミッドは、

図10：天日で乾燥させた日干しレンガ（撮影　大城道則）

それ以降造られることはなかった。しかし社会的混乱期とされる第一中間期を挟んで続く中王国時代には、それなりに巨大なピラミッドも建造されている。ただ残念なことに、それら中王国時代のピラミッド群は、耐久性に問題があり、古王国時代のものには遠くおよばなかった。ピラミッド建造に関する古王国時代の情報の多くは受け継がれることはなかったのである。そのためこの時期に建造されたほとんどのピラミッドは、現在では崩れて巨大な砂山のような外観をしている。また国庫の方も潤沢ではなく経済難であったのか、このアメンエムハト1世（即位名セヘテプイブラー）のピラミッド（図9）には、クフ王、カフラー王、ウセルカフ王、ウナス王、ペピ2世らのピラミッドから石材を取ってきて再利用した痕跡までみられるのである。

それら中王国時代におけるピラミッドの最大の特徴は、建築部材の質の低下であった。例えばピラミッド建造には、これまで石灰岩、つまり石材が建築部材として使用されていたのであるが、しだいに藁などを混ぜた粘土を型にはめ込み天日で乾燥させた日干しレンガ（図10）が多用されるようになる。

日干しレンガは大量生産が可能であったが、耐久性には乏しかった。王のために使用する建材としては最適であろう良質の石材は、大量使用されなくなり、たとえ使用されたとしてもピラミッドの表

面部と重要な内部構造（通路、前室、玄室）だけに使用されるようになっていくのだ。そのことがさらにピラミッドの崩壊を助長した。時間の経過とともに崩れてしまったものが多く、残っていたとしても現在の状態は著しく良くないのである。ただしこのアメンエムハト1世のピラミッドは建設当時には、古王国時代のピラミッドと比較しても遜色ないほど巨大であったことは間違いない。第4王朝のものには劣るが、底辺の長さが約84メートル、高さが約55メートル、そして傾斜角度が54度であり、第5王朝のピラミッドよりも大きかったのである。

　古代エジプトの象徴たる巨大なピラミッドを再び建造することができたアメンエムハト1世は、中王国時代、第12王朝最初の王となった人物である。アメンエムハトの父親は神官職に就いており、もともと王族ではない家系に属していた。先王のメンチュホテプ4世の短い治世のあいだにエジプト東方砂漠のワディ・ハンママートへと採掘遠征隊を率いていた同名の宰相と同一人物であろうと考えられていることから、メンチュホテプ4世の治世のあいだに宰相として重用されるようになり、おそらく主君から王位を簒奪したのだ。そしてその後、第11王朝の拠点であったテーベのある上エジプトから離れ、過去の輝かしい時代であった古王国時代を理想とした国家体制へと国を戻すために、デルタ地帯とファイユーム地域の中間に「2国を統合する」という意味を持つ新都イチ＝タウイ

（現代のリシュト近郊）を建設遷都し、同時にピラミッド建設を再開させたのである。

　リシュトにおけるアメンエムハト1世のピラミッド・コンプレックス（複合体）は、先述したように、ギザのクフ王の大ピラミッドをはじめとする古王国時代のピラミッドの石材を再利用して建設されたことを一つの特徴としている。この過去の王たちによって造られた象徴的な聖なる建造物からの略奪行為は、ピラミッド建設の時間短縮が主な理由（新たに石材を切り出し、成形する必要がない）であると考えられることが多い。しかしながら、アメンエムハト1世は、徴兵制を再導入したり、周辺地域に遠征隊を積極的に派遣した王として知られている。さらにその一環として、東方のシリア・パレスティナからの移民流入を阻止するために「支配者の壁」と呼ばれる一連の要塞や南方のヌビア遠征のための砦、そして西方からのリビア人の侵入を防ぐために西デルタにも砦を建設している。この防衛意識の強い積極的な活動は、彼自身の持っていた権力がかなり強大であったことを証明している。またアメンエムハト1世治世には、ブバスティスおよびメンフィスの神殿や、カルナク、トゥード、アルマントにおいて新たな神殿建造もなされたのだ。つまり、時間短縮という理由では、ピラミッド以外の彼の活発な大規模建設事業を説明できないのである。

　おそらくアメンエムハト1世は、過去

のピラミッドの建材を再利用することによって誰もが知る過去の偉大な王の権威を利用しようとしたのであろう。実際上述したように、彼は前の王家（第11王朝）とはまったく関係のない出自の人物であったと考えられている。そのためまわりに正統な王であると認識される必要があったのだ。アメンエムハトが正式に選ばれた王国の後継者であろうとなかろうと、前王朝と血の繋がりがあろうとなかろうと、彼は自らの王位継承を正当化し、一族の地位安泰のために積極的な措置を取る必要があったのである。その最たる手段が「ネフェルティの予言」と呼ばれる文学作品を利用したものであった。そのなかで彼はアメニィ（アメンエムハトの短縮形）と呼ばれ、混沌の時代からエジプトを救う「救世主」として描かれたのである。これは王権の確立に利用するためのプロパガンダにほかならない。結果的に王位の正当性を周知させたほど頭の切れる人物であったアメンエムハト1世であれば十分に考えられることである。さらに周到なアメンエムハトは、自らの死後に後継者争いが起こらないように、彼の息子の一人と共同統治を行った（それにもかかわらず、「アメンエムハト1世の教訓」と「シヌへの物語」という二つの同時代文学資料によると、アメンエムハトは宮廷陰謀によって殺されたのだが……）。

そのアメンエムハト1世のためのピラミッドの入口は、ピラミッド本体北側の中央にある（図11）。入口前には礼拝堂をともない、地面と同じ高さに入口は造られていた。そこからは花崗岩製の大きな偽扉が発見されている。入口から通路が斜めに延び、ピラミッドの頂上直下に位置する地下の竪坑まで続く。1882年にその竪坑の垂直下において、ガストン・マスペロによって発見された現在では7メートルもの深さの地下水で埋もれている玄室があるのだ。1994年にメトロポリタン美術館の調査隊が水中カメラを用いて調べた結果、大量の砂とともに南方向へと続く窪みが確認されたが、内部はいまだ謎のままである。

なかでもピラミッド・コンプレックス内最大の施設が、ピラミッド本体の東側に建造された葬祭神殿であった。現在上部構造はほとんど残っていないが、石灰岩製の板が被せられた穴から葬送儀礼に使用されたと考えられるミニチュア土器や石製容器、顔料をすりつぶす道具、「アメンエムハトが現われる場」というこのピラミッドの呼称が記された銅製品、そして雄牛の頭骨などが出土している。最後の雄牛の頭骨の出土例は、初期王朝時代のサッカラのマスタバ墓やアビドスの王墓のまわりに配列された雄牛の頭骨模型を思い起こさせる。巨大な角を持つ勇猛な雄牛の頭部でもって、邪気を祓い「王墓を守護する」という習慣が継承されていたのであろう。またピラミッド本体を囲む石灰岩製の内周壁とその他の付属施設をも包含する日干しレンガ製の外周壁という二重の周壁を持っていた。二つの周壁のあいだには、北東に

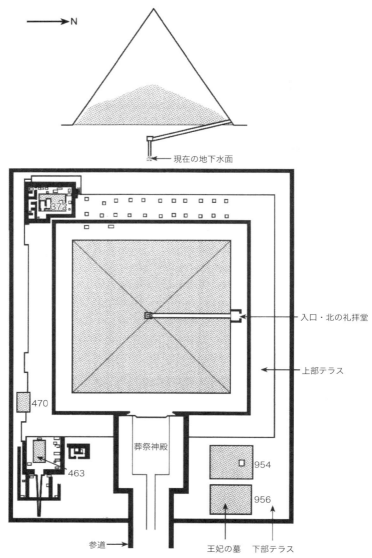

図11：アメンエムハト1世のピラミッドの断面図と平面図（Dodson, 2003, p.85を参考に作成）

マスタバ墓が2基、南東にはマスタバ墓が1基建設された。南西隅にはアメンエムハト1世の大臣の墓が建てられた。西側には22人の王家の女性たち用の竪坑墓が造られた。このような付属墓の多さは、アビドスで造られた初期王朝時代の殉葬墓を連想させる。アメンエムハト1世のピラミッドは、エジプト古来の伝統を意識して建造されたものであった。

　アメンエムハト1世は本来、上エジプトのテーベの人である。彼の一族はテーベ出身であり、彼の名前（「アムン神は先頭にある」の意）は、地方神であるアムンへの絶対的献身を示しているとも言えそうだ。しかも彼はテーベにおける第11王朝の先王たちの墓近くに墓を造り始めていたとも考えられているのだ。その彼が故郷を遠く離れた北の地域に新たな

都イチ＝タウイを置き、そこにピラミッドを建造した点は興味深い。アメンエムハト1世は、メンフィスを中心としてみた場合、後の時代に古代エジプト王となったヌビア人第25王朝のピイと同様に南からやって来た王であった。南方の支配者はしばしば北の伝統であったピラミッドに魅了された。強い思いが過去の王権の象徴であったピラミッドを復活させたのである。つまり王権復古の象徴として、このピラミッドは建造されたのだ。アメンエムハト1世のホルス名ウェヘム＝メスウトとは、「生誕を繰り返す者」という意味を持つ。彼にまつわるあらゆる要素は、古王国時代の再来・再興を求めた復興の時代であったことを示唆している。

アメンエムハト 2 世のピラミッド

Pyramid of Amenemhat II

図12：アメンエムハト 2 世のピラミッド全景
(A. Dodson, The Royal Tombs of Ancient Egypt〈Barnsley, 2016〉, XXXVII-b)

基本情報
国名：エジプト・アラブ共和国
場所：ダハシュール
座標：北緯29°48′20″　東経31°13′22″
高さ：不明
規模：東西50メートル × 南北50メートル
建造年代：紀元前1876年頃〜1842年頃

　アメンエムハト 2 世（即位名：ヌブカウラー）は、中王国時代第12王朝 3 代目の王であり、父センウセレト 1 世との 2 年間の共同統治後に王位に就いた。彼の治世は東地中海世界との積極的な交易によって特徴づけられている。上エジプトのトゥードの神殿地下において発見された大量の銀製品を中心とした有名な一括遺物（「トゥードの遺宝」）は、彼の治世のものであり、エーゲ海世界との活発な経済的繋がりが示唆される。その一方で、外交上の贈り物であろう、女性王族の彫像がエジプトから遠く離れたレバノンにおいて発見されている。またアメン

エムハト2世に、シナイ半島の銅鉱山のあるセラビト・エル＝カディムに採掘のための遠征隊を派遣したことがハトホル神殿にある碑文から知られている。国内の活動としては、エジプト東方砂漠にあるワディ・エル＝フディのアメジスト鉱山の開発も挙げられよう。このナイル世界の外側にも目を向けていた王は、先王たちの王墓地であったリシュトを捨て、第4王朝のスネフェル王の赤ピラミッドから1キロメートル強しか離れておらず、古王国時代のマスタバ墓や墓が点在する北のダハシュールに王墓地を移動した。そしてそこに「アメンエムハトは与えられる」という名のピラミッドを建造したのである。

東西方向に延びる巨大な周壁に囲まれた彼のピラミッド・コンプレックス（複合体）は、エジプトにおいて最も実態が良く分かっていない王家の建築物のうちの一つである。その最大の疑問点は、これまでのピラミッド・コンプレックスが南北軸で設定されていたのとは異なり、彼のものが東西軸に設定されていることにある。つまりダハシュールに建てられたアメンエムハト2世のピラミッド・コンプレックスは、第3王朝の階段ピラミッド（東西方向ではなく南北軸に延びていた）のように一直線に延びた長い長方形の周壁を持ち、そのうえ、葬祭神殿の入口には巨大な日干しレンガ造りの第5王朝期のような塔門が建てられていたハイブリッドなピラミッド・コンプレックスであった（図13）。これまでに建造

されたピラミッドのあらゆる特徴をアメンエムハト2世が自らのピラミッド・コンプレックスに採用したことは、彼がピラミッド・コンプレックスの決定版を建造しようとした意志の表われであったのかもしれない。

ピラミッド本体の北側面中央にある入口から傾斜路が始まり、下の水平通路まで続いていた。水平通路とその先の玄室との間には、花崗岩製の2か所の落とし戸が設置されていた。玄室の天井部の構造は、切妻様式で造られていたが、それを隠すかのように平たい石板が天井として水平に渡されていた。東西方向に延びた玄室は、ピラミッドの頂点直下に位置しており、南側に2か所、そして東西に1か所ずつ壁龕が造られていた。玄室の西側には床にはめ込まれた砂岩製の石棺が設置されていた。このピラミッドは内部構造が比較的良く分かっているのであるが、農民たちの耕作地に近いというこのピラミッド特有の立地条件は、近隣住民たちによる石材の略奪を誘発したことから、19世紀末に初めて考古学的調査が行われた際には、ピラミッドのほぼすべての表面の石材は剝ぎ取られ、残骸として白い石灰岩の断片の山が残っていただけであった。それゆえ、現在この建築物は、同じくダハシュールにある第4王朝のスネフェル王の赤ピラミッドに対して「白ピラミッド」と呼ばれている。もともとの表面の石材が取り除かれたことで、砂で補塡されつつ日干しレンガで構築されているという粗い内部構造を露呈

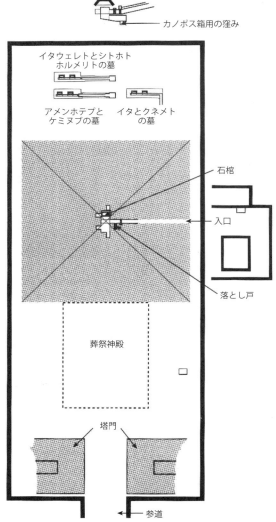

図13：アメンエムハト2世のピラミッドの平面図
（Dodson, 2003, p.88を参考に作成）

図14：王女イタの遺宝（Müller and Thiem, 1999, p.110-218）

している。

　ピラミッド・コンプレックスの東側地区にある葬祭神殿の状況はほとんど分かっていない。19世紀末にド・モルガンが石材の一部を発見していることから、葬祭神殿の存在は間違いないであろう。さらに塔門であろう建造物の位置も確認されているが、その後の調査は中断されており、ピラミッド・コンプレックスの全体像は不明瞭なままである。

　このピラミッド・コンプレックスの西側地区における発掘では、複数の王族の墓が発見されている。そのなかでも特に王女イタとクヌムエトのために造られた墓からは、木棺やカノポス壺とともに見事な宝飾品が副葬品として出土した（図14参照）。その南隣でイタウェレトとシハトホルメリエトの墓とアメンホテプとケミヌブの墓が発見されている。しかしながら、ピラミッド東側の保存状態の悪い葬祭神殿をはじめとして、アメンエムハト2世のピラミッド・コンプレックスの詳細な調査は一世紀以上中断されたままであり、その上、参道とそこから続く河岸神殿の発掘はいまだまったくなされていない。

アル＝カライクのピラミッド群

Pyramids in Al-Khara'iq

図15：アル＝カライクの小型ピラミッド群（撮影　大城道則）

```
基本情報
国名：リビア
場所：アル＝カライク
座標：北緯26°33′23″　東経13°11′35″
高さ：約2〜3メートル
規模：東西約1〜3メートル×南北1〜3メートル
建造年代：紀元後1〜5世紀頃
```

　リビア南部に位置するリビア砂漠のフェザーン州にある都市ジェルマから東へ約13キロメートルの位置にこのアル＝カライクの小型ピラミッド群がある。同じく小型ピラミッド群があるアル＝ハッティーア遺跡よりも広範囲にピラミッドは造られている。アル＝ハッティーアのピラミッドは、修復がなされているものもあるが、アル＝カライクのピラミッド群は保存作業が行われていないようである。ガラマンテス人たちの拠点であった都ジェルマを挟んで、西に約13キロメートルの地点にアル＝ハッティーアのピラミッド群が造られ、ジェルマから東に約13キロメートルの地点にアル＝カライクのピラミッド群が造られた事実には意味があるのかもしれない。

アル＝ハッティーアのピラミッド群

Pyramids in Al-Hatiyah

図16：アル＝ハッティーアのピラミッド群（撮影　大城道則）

基本情報
国名：リビア
場所：アル＝ハッティーア
座標：北緯26°33′33″　東経12°56′55″
高さ：約２～３メートル
規模：東西約２メートル×南北２～４メートル
建造年代：紀元後１～４世紀頃

　リビア砂漠のフェザーンにある中心都市ジェルマから約13キロメートルの位置にこのアル＝ハッティーアのピラミッド群（図16）がある。フェザーンはリビア南部に位置する州である。完全な僻地である。気候の温暖な地中海沿岸から遠く離れた内陸にあり、なおかつ乾燥の激しい砂漠であるという条件のため、夏は暑く冬は寒いのが特徴である。特に冬は１日の気温の変化が激しく、雨はほとんど降ることがないのだ。年間降雨量ゼロという年もあるほどである。日中は30度近くまで上昇するが、明け方は氷点下にまで下がることもしばしばである。しかし

ながら、辺境にはあるが、リビアの歴史、北アフリカの歴史、そして古代ローマ史を概観する際にジェルマを中心としたフェザーンを無視するわけにはいかない。

なぜこのような場所にピラミッド群が建造されたのであろうか。そこには交易を媒介とした人々による情報の交換の場が存在していたのである。東西南北へと開かれた立地条件を利用し交易に従事することで栄えた人々が古来リビアにはいたのだ。そのことは1万年以上前から描かれ続けてきたサハラ砂漠に点在する岩絵からも明らかである。ジェルマは古代ローマ人と戦ったガラマンテス人の古代の都であり、イスラームによる侵攻以前の紀元後1世紀から6世紀まで彼らの拠点であったことがわかっている。そこにアル＝ハッティーアのピラミッド群は建造されたのである。

紀元前5世紀の著名なギリシア人叙述家ヘロドトスは、キュレネ南方奥地の野生動物溢れる地域に暮らしていたガラマンテス人について、自著『歴史』のなかで次のように記している。

「……きわめて多数の人口を有する種族で、塩の上に土を運んで種子を蒔いている。……ここにはまた後退りしながら草を食むウシもいる。なぜ後退りしながら草を食むのかといえば、その角が前方に湾曲しているからである。そのために後ろ向きに歩きながら草を食むわけで、前方へ向かって進むと角が土の中にめり込むので、それができないのである。……このガラマンテス族は四頭立て馬車で穴居エチオピア人狩をする。この穴居エチオピア人というのは、我々が話しに聞く限りのあらゆる人間のなかで、最も足の早い人種だからである」

この有名な一文で知られたガラマンテス人ではあるが、その実態については現在までほとんど何もわかっていない。しかしながら、この謎の集団であるガラマンテス人の実態を知るためのヒントがジェルマには存在しているのである。それがガラマンテス人によって造られたと考えられているピラミッド型の墳墓群である。下部構造は盗掘の痕跡が見られる（図17）。アル＝ハッティーアのピラミッド型墳墓は、小山の麓に数十基単位で共同墓地を形成している。高さは数メートルしかないが、日干しレンガと泥でピラミッド状に建造されているのだ。もちろん古代エジプトのピラミッド時代とも呼ばれる古王国時代のピラミッドと規模も建造技術も比べるべくもないが、新王国時代にデイル・エル＝メディーナにおいて盛んに造られた小型ピラミッド付属の私人墓の規模とはそれほど変わらない。どのような経緯でこのような形状の墳墓形態が導入されたのかはわからないが、古代エジプト文化の影響がこの地において何らかの理由で結実したのは間違いなさそうである。

古代エジプト文化の影響が遠く内陸リビアのフェザーンにまで届き、土着のガラマンテス人たちに受け入れられた理由

図17：ピラミッド内部の盗掘の跡（撮影　大城道則）

を考えるには、その歴史経過を少し顧みることが必要であろう。フェザーン以南の地域は、フェニキア期以降、相次いでやって来た侵入者たちをはねつけてきた。紀元前19年にキュレネを制圧した古代ローマの地方総督コルネリウス・バルバスがフェザーンやアルジェリア南部、あるいはさらに南方のニジェール川にまで遠征した可能性も指摘されているが、ガラマンテス人ら土着の人々はローマにも屈することはなかったのである。ギリシア・ローマの影響をまともに受けた地中海沿岸部とは異なり、土着の文化的伝統は、砂漠の民とともに長期間にわたり守られ続けたのである。彼ら固有の土着文化が変容を遂げるのは産業革命後の時代であるという指摘まであるが、そこを訪れた経験を持つ人ならば、いまだに彼らのなかに古の伝統が保持されていることに気づくであろう。その目に見える一例がアル＝ハッティーアにあるピラミッド型墳墓群なのである。この地域におけるさらなる調査の必要性を感じる。ガラマンテス人と彼らのピラミッド型墳墓に対する興味は尽きない（2018年9月現在、リビアはISの影響により、内戦に近い状態が続いていることから入国すらできない状況である）。

イビ王のピラミッド

Pyramid of Ibi

図18-1：イビ王のピラミッド
(A. Dodson, The Royal Tombs of Ancient Egypt〈Barnsley, 2016〉, pl.XXX-c)

> **基本情報**
> 国名：エジプト・アラブ共和国
> 場所：南サッカラ
> 座標：北緯29°50′30″　東経31°13′4″
> 高さ：21メートル
> 規模：東西31.5メートル×南北31.5メートル
> 建造年代：紀元前2150年頃

　イビ王はエジプトに強固な中央集権化体制を築いた古王国時代の崩壊直前に即位した第8王朝の王であった。彼はサッカラ南部、ペピ2世のピラミッド・コンプレックス（複合体）とシェプセスカフ王のマスタバ・ファラウンの近くに、底辺が約31.5メートルの小型のピラミッド（図18-1）を自らのために建造した。それは現在ほぼ崩壊しているが、当時は高さが約21メートルあったと推定されている。彼のピラミッドが小さかった理由として、トリノ王名表に記されていたように、イビ王は短命であり、2年間だけしか統治しなかったことがしばしば挙げら

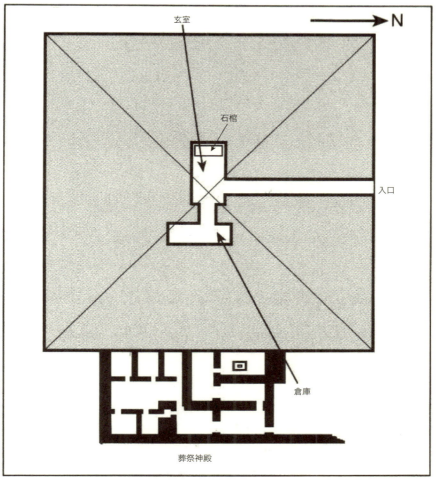

図18-2：イビ王のピラミッドの平面図（Dodson, 2003, p.78を参考に作成）

れているが、実際のところは明らかではない。

ピラミッド本体の入口は北側にあり、石灰岩（せっかいがん）で内張りされた下降通路と水平通路が玄室（げんしつ）まで続いていた（図18-2）。玄室はほぼ東西に長く、その西端には石棺が置かれていた。玄室に続く東側には倉庫があった。ピラミッド本体の東側には、礼拝堂規模の日干しレンガ造りの葬祭神殿が付属していた。明らかにそれまでとは違う貧相な造りのピラミッドではあったが、通路と玄室にはピラミッド・テキストの抜粋が彫り込まれていた。このイビ王のピラミッド・テキストは、第5王朝のウナス王のピラミッド・テキストから始まるものの最後の例となったことから重要である。

このイビ王のピラミッドが小型であったことと、それ以前の第7王朝の王たちがピラミッドを建造しなかったということから（発見されていない可能性もあるが）、この時期エジプト国内は、社会的安定感を欠いていたと考えられている。王権の弱体化にともなう宗教権力の増長と中央集権体制の崩壊にともなう地方権力の勃興がその理由としてしばしば挙げられてきた。その際に紹介されるのが「イプウェルの訓戒」を代表とする古代エジプトの文学作品である。そのなかには混沌と混迷の時代を象徴するような悲壮感漂うセリフが述べられている。例えば「人の心は凶暴であり、災難は国中に存在し、血は至るところにある」、「人々は草の茂みに隠れ、旅人がやって来ると

その荷物を奪い持ち去る。旅人は棒で殴られ殺される」、「役人の子供たちは壁に叩きつけられる」、「役所がこじ開けられ、書類が持ち去られ、農奴であった者たちが農奴の主になる」などである。

「イプウェルの訓戒」は、中王国時代後期に成立したと考えられている。これまで物語のなかで賢者イプウェルが語る嘆き悲しみは、古王国時代後の混乱期である第一中間期を描いたものと考えられてきた。架空の作品であるという意見も多いが、成立時期を考慮するならば、何らかの影響を受けている可能性は十分にある。古王国時代に造られたピラミッドから王の完全なミイラや副葬品が発見されない理由に、この第一中間期の混乱の時期に、人々によって略奪された盗掘説を挙げる研究者たちもいる。彼らの主張は、次の「イプウェルの訓戒」のなかの王家が滅ぼされたことを暗示する一文によって補足されるかもしれない。

「見よ、今までけっして起こらなかったことがなされた。王が卑しき者たちによって廃された。見よ、ハヤブサとして埋葬された者が棺から（出され）、ピラミッドが隠していたものが空っぽになっている。見よ、やり方を知らない少数の者たちによって国土の王権が奪われた」

さらに第一中間期に編纂されたと考えられている知恵文学「メリカラー王への教訓」には、他の人物の記念構造物から石材を取り、自分の墓を建設するために転用することを戒めている一文がある。

これは過去の王墓が破壊され、その建材が再利用されていたという事実を明確に示している。

　「他の人の記念建造物を略奪してはならない。トゥーラの石材を切り出すのだ。崩壊した石材で自分の墓を造ってはならない」

　ここで言う記念建造物がピラミッドのことを指しているのかどうかはわからないが、少なくとも有名な石切り場であるトゥーラで採掘された石材はエジプト最高の品質のものであり、ギザのピラミッドなどに使用されたことが知られている。またこの時期は古代エジプト史、あるいは北アフリカの歴史のなかで気候が乾季へと移りつつあった時期と一致する。このことから、社会不安の根本に気候変動による飢餓や飢饉があったと考えられることもある。

　粗末に建造され、しかも現在崩壊しているこのイビ王のピラミッド・コンプレックスではあるが、最新のピラミッド・テキストが内部に記されていること、古代エジプトの文学作品に描かれた状況の歴史的背景を彷彿とさせること、さらにピラミッドの核の部分から「リビアの族長」という銘文を持つ大量の碑文が発見されているなど、ピラミッドと古代エジプト史の謎を解くための重要な鍵でもあるのである。

インテフ5世のピラミッド

Pyramid of Intef V

図19：インテフ5世のピラミディオン
(By Juan R. Lazaro (https://flickr.com/photos/71637794@N04/6504394437/)
[CC BY 2.0(https://creativecommons.org/licenses/by/2.0)], via Wikimedia Commons)

基本情報
国名：エジプト・アラブ共和国
場所：ドゥラ・アブ・エル＝ナガ
座標：北緯25°44′7″　東経32°37′514″
高さ：不明
規模：不明
建造年代：紀元前1600年頃

　ドゥラ・アブ・エル＝ナガには、第17王朝の墓群を中心として、第二中間期から末期王朝時代にかけて建造された墓が存在する。それらは底辺の長さが10メートルほどで、石材は用いられず日干しレンガで造られ、外装が漆喰で塗り固められていたと推定されている。そこに上エジプトに拠点を置く王インテフ5世（即位名セケムラー＝ウェプマアト）のピラミッドも建造されていたことが、王名と称号が刻まれたインテフ5世のピラミディオン（ピラミッドの頂上に据える三角錐の石）（図19）の発見により確実視されている。ピラミディオンの傾斜角度が60度であったことから、縦に細長いピラミッドが想定されている。

　インテフ5世のピラミッドの位置は不明であるが、彼のリシ棺（羽を描いた棺）とカノポス壺箱が発見されている。

ウセルカフ王のピラミッド
Pyramid of Userkaf

図20：ウセルカフ王のピラミッド全景
(By Olaf Tausch [GFDL (http://www.gnu.org/copyleft/fdl.html) or CC BY 3.0 (https://creativecommons.org/licenses/by/3.0)], from Wikimedia Commons)

基本情報
国名：エジプト・アラブ共和国
場所：サッカラ
座標：北緯29°52′25″　東経31°13′8″
高さ：49メートル
規模：東西73.3メートル × 南北73.3メートル
建造年代：紀元前2450年頃

　古王国時代第5王朝初代の王ウセルカフのピラミッド（図20）は、第4王朝の王家の流れに逆らいギザではなくサッカラに建造された。ネチェリケト王の階段ピラミッド・コンプレックス（複合体）の北東角部分にほぼ隣接する場所が選ばれたのである。しかしながら、「ウセルカフの場は清い」と呼ばれたこのピラミッドは、石積みの方法がいい加減であったことが災いし、現在では崩壊して瓦礫の山のようである。地表面と平行した入口から下降通路が8メートル下の水平通路にまで延びていた。通路の先にある前室の直前に落とし戸があり、そこを越えると東側にT字型の倉庫があった（図21）。現在は外部に露出している前室の西側に切妻様式の屋根を持つ玄室で玄武岩製の石棺が発見されたが、これまで同様に中身は空であった。

　ピラミッド・コンプレックスの構成に

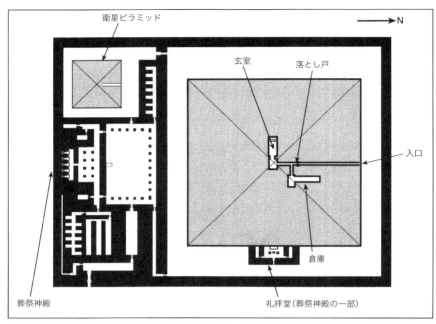

図21：ウセルカフ王のピラミッド平面図 （Dodson, 2003, p.65を参考に作成）

は大きな変化が現われた。葬祭神殿の位置が機能の違いにより、東側と南側の2か所に分割されたのである。東側には供物を奉献する礼拝設備を残し、葬祭神殿本体は南側へと移動した。変化の原因としては、ウセルカフ王治世下におけるヘリオポリスの太陽神ラーへの信仰の増大が考えられる。つまり葬祭神殿をピラミッド本体の南側に配置することで、太陽光線を常に浴びることが可能なように設計したというのだ。東側であれば日の出の最初の太陽光線を受けることにはなるし、太陽とエジプト王との親密化というものを意味することもできると思うが、南中以降、葬祭神殿は影の中に入っ

てしまうのである。

第5王朝の始祖となったウセルカフは、ギザの第4のピラミッドを建造したケントカウエス1世の息子であると考えられることが多いのだが、出自が不明瞭であることから王族ではなかったのではないかと考える研究者もおり、そのような人々は、彼を太陽神ラーを崇めるヘリオポリスの神官であったとする。この主張はウセルカフ王がピラミッドだけでなく、古代エジプト最初の巨大な太陽神殿をも同時に建てたことを根拠としている。太陽神信仰の影響力増大の目に見える結果としての太陽神殿は、王が太陽神ラーへの信心を表わすために、日々の儀

式が行われた場所であったのだ。太陽神殿は第5王朝特有のものであり、当該王朝の6人の王たちがそれぞれ建造したとされている。サッカラ北部のアブシールにあるウセルカフの太陽神殿は最古のものである。

　以上のことから考えると、この時期確かに太陽神ラーへの信仰の増長はあったであろう。しかしながら、ウセルカフ王がサッカラへと王墓地を移動した理由として、先王のシェプセスカフと同様のものが想定されるかもしれない。つまり、古代エジプト初のピラミッドである階段ピラミッド・コンプレックスを生み出したファラオであった偉大なネチェリケト王への憧れの気持ちである。実際にネチェリケト王のピラミッド・コンプレックスとウセルカフ王のものとの共通性としては、①サッカラに建造された、②周壁が南北方向に長い、③入口が南東隅にある、④南側に付属施設が多い、の4点が主として挙げられる。

　これらの共通点は明らかに回帰現象と言えるものである。特に参道がピラミッド本体から引き離され、葬祭神殿の南東隅に造られている点に注目したい。ピラミッド・コンプレックスの主要素である葬祭神殿（上エジプトのアビドスに起源を持つ儀式用施設）が王の遺体を玄室へと運び込む直前の何らかの最終的な儀

式を行った場所であり、また一方の河岸神殿（下エジプト起源とされる）が王のミイラを製作する場所と考えられていたからである。通常想定されている葬儀の流れは、王の遺体がまずナイル河を利用して船で河岸神殿へと運ばれ、そこでミイラ作製がなされ、その後両者を繋ぐ参道を通って葬祭神殿へと向かった。そしてそこで最後の儀式を執り行った後、棺を安置する地下の玄室へと運ばれて行ったというものである。この王の葬儀の際に上エジプト起源の葬祭神殿と下エジプト起源の河岸神殿を結ぶという一連の流れは、エジプト王とは上下エジプトを統治する者であるということをわかりやすく論理的に表現したものだと考えるわけである（参道の先にあるであろうウセルカフの河岸神殿はいまだ発見されていないが）。第4王朝のピラミッドでは入口近くに葬祭殿が造られていることから、この一連の流れはスムーズであったと考えられる。しかしながら、ウセルカフ王は、葬祭神殿に直結する参道の入口を南東隅に造った。葬祭神殿が南東隅にあったということは、ピラミッド本体の入口から最も離れることとなり、葬儀の流れに支障がでそうな感がある。しかし、そこまでしてウセルカフ王は、ネチェリケト王治世への回帰を図ったのだ。

ウナス王のピラミッド
Pyramid of Unas

図22：参道から覗くウナス王のピラミッド（Schulz and Seidel, 2010, p.72）

基本情報
国名：エジプト・アラブ共和国
場所：サッカラ
座標：北緯29°52′06″　東経31°12′53″
高さ：43メートル
規模：東西57.75メートル × 南北57.75メートル
建造年代：紀元前2350年頃

第5王朝の王たちもピラミッドの建造を継続した。この頃にはピラミッドとは、「王権のアイコン」として人々に認知されていたにずだ。古王国時代第5王朝9番目の王であったウナス王は、当該王朝最後の王でもあった。彼のピラミッドは、「ウナスの場は完璧である」という呼び名を持ち、底辺が約58メートル、高さが約43メートル、そして傾斜角度は56度であった。ウナス王のこのピラミッド（図22）は、古王国時代のピラミッドのなかで最小であったことから、この王については様々な憶測がなされてきた。しかし彼が短命であったとか、彼の治世が短かったとかいうわけではない。おそらく権力が弱かったわけでもなかった。彼は30年以上にもわたって、古代エジプトの王として王位に就いていたと考えられているし、このピラミッド最大の特徴であり、世界最古の宗教文書として知られるピラミッド・テキストをピラミッド内部の壁面に手間をかけて彫り込んだことからも明らかである。現時点で考えられるのは、ウナス王の治世にピラミッド建設に必要な石材や木材の入手が困難になったためであるとするものである。しかしその見解でさえ第6王朝のテティ王以降にもピラミッド建設は続行されたことから受け入れることは難しい。建材不足の観点から、可能性があるのは、ピラミッド建設が太陽神殿の建造時期と重複したためというのが考えられる理由である。

ピラミッドの北側中央に造られた入口は、地表面と同じ高さにあり、小規模な礼拝堂をともなっていた（図23）。入口から傾斜路を下っていくと小さな部屋がある。そこから伸びる水平の通路には三つの落とし戸が備えつけられている。その先にはジェドカラー王のものとほぼ同じような前室、三つの壁龕のある倉庫、そして玄室が存在していた。玄室のなかには硬質の砂岩製の巨大な石棺があり、そのすぐ左下の床面の窪みにはカノポス壺箱（カノポス壺を納める入れ物）がはめ込まれていた。1881年には当時エジプト考古庁長官であったマスペロによって、亜麻布が巻かれた人間の右腕、頭骨、脛の一部が発見されている。玄室はそれまでのピラミッドのものとはまったく異なっており、石棺を囲むようにアラバスター（トラヴァーチン、雪花石膏）で四面が内張りされ、白色、赤色、黄色、青色などの顔料を用い、王宮ファサード様式で装飾されていた（図22）。玄室と前室の天井部は、夜空を表わす青色を背景として、金の星々を散りばめたように描かれていた。その他の空間は、青色で彩色されたヒエログリフでピラミッド・テキストが彫り込まれていたのである。

ピラミッド・テキストとは、古王国時代後期（第5王朝と第6王朝）の王族たち（ウナス王、テティ王、ペピ1世、メルエンラー王、ペピ2世、ペピ2世の王妃アンクエスエンペピ2世、ネイト、イプト2世、ウェジェブトエン、ベフヌウ）のピラミッドの玄室、前室内部、

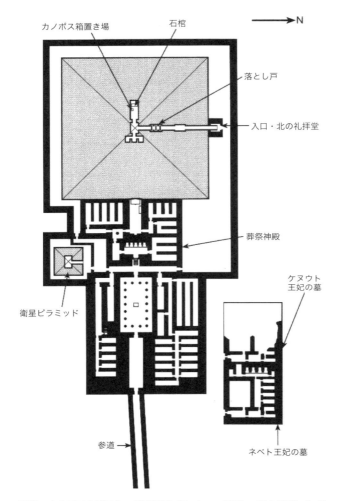

図23：ウナス王のピラミッド平面図（Dodson, 2003, p.73を参考に作成）

あるいは通廊の一部に刻まれた宗教文書・呪文集であった。文章は全体で1000ほど確認されている。ピラミッド・テキストの内容は、呪文を中心にいくつかの型に分類することができる。なかでも「演劇テキスト」と「呪術テキスト」は、起源が初期王朝時代にまで遡ると考えられている。「演劇テキスト」は、ツタンカーメン王墓に描かれた壁画で有名な開口の儀礼や供物奉納儀礼などの葬送

図24：ピラミッド・テキストと星文様に囲まれた玄室内の石棺（Schulz and Seidel, 2010, p.73）

に関する儀礼用の呪文と考えられている。個々の儀礼の作法（例えば「死者の面前に立つ」とか「死者の面前に横たわる」とかいう動作）が示されている。もう一つ良く知られているのが、「呪術テキスト」である。これは悪の象徴であるヘビなど王に危害を与えようとする邪悪な存在を退けるための呪術・魔法であった。

しかしすべての内容を備えたピラミッド・テキストを持つピラミッドは一つも

なかった。例えばエジプト最古の葬祭文書であるピラミッド・テキストの写しが刻まれた最初のものとなったウナス王のピラミッドには、そのうちの283が刻まれていたが、それらは王の来世での復活と神々の間での王の運命に関することであった。個々の節中の文句は、おそらく異なる時期に構成されたものであり、明らかに異なる内容の来世信仰を反映している。ウナス王の治世に始まったピラミッド内部へのピラミッド・テキストの

採用は、もともと神官たちによって朗誦（口伝）で伝わっていたものを目に見える形で石に刻むことによって、その効果を「永遠」のものにしようという最初の試みとなった。「来世」という観念に「永遠」性が付加されたのである。ピラミッド・テキストは、古代エジプト文化の基本要素となる宗教文書の最古の存在であったことから、そのなかでも最古のものを擁するウナス王のピラミッドは、古代エジプト文明を理解する鍵である。

　葬祭神殿はピラミッド本体の東側に造られた。巨大な二つの塔門と王妃のものと考えられている衛星ピラミッドを除けば、先王のジェドカラー・イセシのものとほぼ同じレイアウトで造られていた。葬祭神殿から続く参道は、約750メートルあった。これは第4王朝のギザの大ピラミッドに付属するクフ王の参道に匹敵するほどの規模を持っていた。さらに参道の壁面は彩色されたレリーフで満ちていたと想像されている。金属加工職人たち、狩猟場面におけるライオンなどの野生動物などが描かれていたことが出土した断片からわかっている。特に河岸神殿へと続く参道のレリーフのなかでもアスワンから運ばれてきた神殿のための花崗岩の柱の場面、有名な飢饉の犠牲者のレリーフ、船でエジプトにたどり着いたレヴァントからの交易者を描いたレリーフなどが知られているのである。

　葬祭神殿に近い参道の南側において、石灰岩で内張りがなされた約45メートルの舟坑が二つ並んで発見されている。参道を抜けると入口部に長方形をした細長い広間がある。そこを真っ直ぐに進むと柱廊を持つ屋根のない中庭が現われる。ピラミッドの周壁とおおかた一致する中庭の西端を抜けると塔門へとたどり着く。階段を上がると彫像を納める五つの壁龕があり、右に行くと倉庫が、左に進むと一本の柱を真ん中に備えた正方形の部屋が現われる。その先には左右に倉庫があり、そのあいだにピラミッド東側に隣接した至聖所があるのだ。また衛星ピラミッドが一基南東隅に配置されており、ウナス王の葬祭神殿は全体的に複雑な構造になっている。

　参道の先に位置する河岸神殿からは、第4王朝のものと考えられている石棺が出土している。破損はしていたが、なかには男性のミイラが一体収められていた。この人物は、碑文の内容から「王の息子プタハシェプセス」だと判明しているが、このプタハシェプセスなる人物が第4王朝期に作られた石棺を自分のものとして使用したウナス王の息子であるのか、それとも第4王朝期の人物なのかは明らかではない。

　ウナス王のピラミッドは、サッカラのネチェリケト王の階段ピラミッドの周壁のちょうど南西角とセケムケト王の階段ピラミッドの周壁のちょうど北東との間に位置しており、古王国時代最小規模のものとして知られている。この第3王朝の二つの階段ピラミッドをまるで繋ぐかのような位置関係は、そのウナス王のピラミッド・コンプレックス（複合体）の

下に第2王朝初代のヘテプセケムイ王の墓にともなうものであろうと考えられている地下回廊があることと関連して、何らかの意味を持っていた可能性がある。玄室内部が美しく装飾されているのは、第3王朝のネチェリケト王の階段ピラミッド以来であったことも、ウナス王と第3王朝との繋がりを感じさせる。ウナス王にとって最初のピラミッド建造者としてのネチェリケト王は憧れの存在であったのであろう。あるいはそれ以上に崇拝すべき存在、例えば直接の祖先であったのかもしれない。

　またウナス王の生きた第5王朝の王たちは、ピラミッドと同時に巨大な太陽神殿も建造したという事実にも注意が必要である。アブシール・パピルス文書などから6人の王たちがそれぞれの太陽神殿を建造したことが知られているが、存在が確認されているのは、アブシールにあるウセルカフ王のものとアブ・グラブにあるニウセルラー王のものだけである。それらの遺構跡から判断する限り、太陽神殿の建造は、ピラミッド建造に匹敵す

るほどの大事業であったと推測される。ピラミッドと太陽神殿の並行した建造は、ピラミッドの小型化を余儀なくしたはずである。ただしそれを実行できた第5王朝の王たちは絶大な権力を持っていたとも言えるのである。また太陽神殿の出現を太陽神を崇めたラー神官たちの権力拡大の結果であるとするのはけっして的外れではないが、ピラミッドと太陽神殿という二つの葬祭建造物を一人の王が建造した点に着目すれば、古代エジプトで定着しつつあった通常不可視である来世信仰や死生観の現世における目に見える存在が、これら二つの巨大石造建造物であったのである。古代エジプトの特徴である二元論を体現化したものであったのだ。つまり、「太陽光線を浴びる地上世界＝太陽神殿」と「闇の地下世界＝ピラミッド」を同時に地上に描き出そうとした成果がピラミッドと太陽神殿であったのである。ピラミッド・テキストが内部に刻まれたウナス王のピラミッドは、あの世に対する観念が著しく進展した時代の産物なのである。

エル＝クッルのピラミッド群

Pyramids of El-Kurru

図25：タヌタマニ王のピラミッド内部の壁画（D. A. Welsby,
The Kindom of Kush: The Napatan and Meroitic Empire〈London, 1996〉, 129- 1 ）

基本情報
国名：スーダン共和国
場所：エル＝クッル
座標：北緯18°24′36″　東経31°46′17″
高さ：数メートル～約50メートル
規模：東西約 8 メートル × 南北約11メートル
建造年代：紀元前 8 ～ 7 世紀中頃

　ピラミッドの世界的伝播の最大の例がナイル河を大きく遡った地域で確認されている。エジプトにおいて建造されたピラミッドの総数は、衛星ピラミッド等の小型のピラミッドまで含めれば100基を超えるが、その倍以上の数のピラミッドが建造された地域が古代エジプト人によって、クシュと呼ばれた現在のスーダン北部に当たるヌビアであった。この地域は古来、エジプト人にはサハラ砂漠以南のアフリカとの交易のために重要なルートとして知られており、さらに黒

檀、象牙、毛皮、香料、そして銅や金のような高価な原材料の原産地でもあった。そのためエジプトは、つねにナイル河を共有する隣国のヌビアを支配下に置くことを強く望んできたのである。

先王朝時代からヌビアAグループという文化集団が同時期のエジプトと密に接触していたことが土器などの物質文化やイコノグラフィーなどの文化的影響から知られている。それ以降も古代エジプトの王たちはしばしば遠征隊を派遣したり、軍事行動を起こしたりとヌビアに対してつねに積極的に対峙してきた。そのようななか、中王国時代には国境を守り、船積みを監督するために、下ヌビアにセムナ、セムナ南、ウロナルティ、クンマをはじめとした一連の巨大な要塞群と町がナイル河畔（第2急湍地域）に造られたのである。それらは近接し、遠くを見渡せる戦略上重要な峡谷に造営された。当時繁栄期にあった上ヌビアのケルマを中心としたクシュ王国にエジプト側が脅威を感じていたことがその背景にあったようだ。

新王国時代に入ると、第18王朝の王たちは、クシュ征服を実行に移し、ナイル河の第4急湍までを併合した。そしてジェベル・バルカルに新たな町とアムン神殿がエジプトの境界線に沿って建設されたのである。ヌビアはエジプト王によって任命されたクシュ総督によって治められるようになり、新王国時代の崩壊までヌビアの大規模なエジプト化は継続されたが、しだいに土着のヌビア人の支配者が権力を握り、支配権を拡張し始めたのである。その勢いは留まることを知らず、カシュタ王とその息子のピイ王の時代に頂点に達した。ついに彼らはナイル河を下り、エジプトを征服し、全エジプトを支配するまでになったのである。彼らヌビア王たちはファラオを名乗り、古代エジプト王名を採用し、自他共に認める正統なエジプト王となったのである。古代エジプト史において、第25王朝と呼ばれる時期の始まりであった。この時期にヌビアのエル＝クルルにあった王家のネクロポリスにエジプトの影響を体現した王墓としてピラミッドが造られ始めるのである（図25）。

エル＝クルルは、上ヌビアのナイル河第4急湍下流の西岸に位置する遺跡である。同地はもともと第25王朝以前のクシュ王国の祖先たちの居住地でもあったと考えられている。その居住地を近郊に控えたこの巨大な王家のネクロポリスには、ピイ王の先王カシュタをはじめとするクシュ王たちとその王妃たちの人身御供をともなう墳丘墓、そして24頭のウマの埋葬をともなう第25王朝の支配者であるピイ（馬4頭）、シャバカ（馬8頭）、シャバタカ（馬8頭）、そしてタヌタマニ（馬4頭）のピラミッド・コンプレックス（複合体）が造られた（図26）。そこにおいてヌビアの支配者たちは、ピラミッドとその東側に隣接した礼拝堂（小規模な葬祭神殿）という古代エジプトの伝統的埋葬習慣を採用したのである。それぞれのピラミッドは、入口から下へと

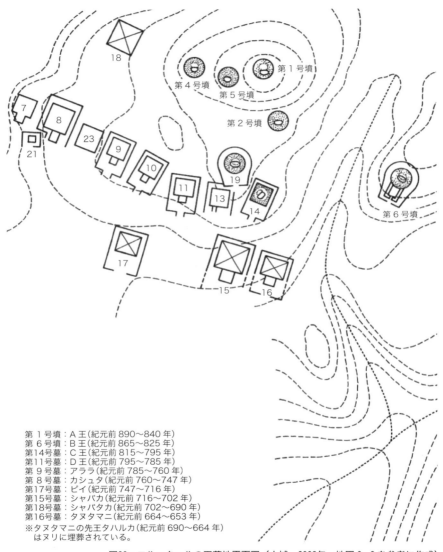

第 1 号墳：Ａ王（紀元前 890〜840 年）
第 6 号墳：Ｂ王（紀元前 865〜825 年）
第14 号墓：Ｃ王（紀元前 815〜795 年）
第11 号墓：Ｄ王（紀元前 795〜785 年）
第 9 号墓：アララ（紀元前 785〜760 年）
第 8 号墓：カシュタ（紀元前 760〜747 年）
第17 号墓：ピイ（紀元前 747〜716 年）
第15 号墓：シャバカ（紀元前 716〜702 年）
第18 号墓：シャバタカ（紀元前 702〜690 年）
第16 号墓：タヌタマニ（紀元前 664〜653 年）
※タヌタマニの先王タハルカ（紀元前 690〜664 年）
　はヌリに埋葬されている。

図26：エル＝クッルの王墓地平面図（大城、2003年、地図 6 - 2 を参考に作成）

延びる長い階段とその先にある地下の玄室、そして装飾を持たない葬礼用の礼拝堂を備えていた。

　最大規模のピラミッドである第25王朝の始祖となったピイ王のピラミッド（Ku.1号墓）の玄室のなかに石棺はなく、代わりに石製のベンチに置かれたベッドがあった。しかしながら、古代エジプトの副葬品であるシャブティやカノポス壺の破片も発見されていることから、ピイ王は伝統的なクシュの埋葬様式にエジプト式のものを新たに導入するハイブリッドな埋葬方法を望んだのであろう。ただしピラミッド本体は、新王国時代のデイル・エル＝メディーナにある墓のように、小型の付属施設的意味合いの強いものがほとんどであった。上述した4人の王たちのピラミッドの底辺は、10メートル四方程度に過ぎなかった（しかしながら、ヌビア全体としては大型のピラミッドも建設されており、最大のものは、タハルカ王〈ヌリに埋葬された最初の王〉のピラミッドで底辺が約52メートルで高さが約50メートルあった）。ピイ王の息子でシャバタカ王の次王タハルカ王のピラミッドはヌリに建造された。紀元前7世紀半ばに、エル＝クッルに代わってヌリが主要な王墓地となったことから、このヌビア最初のピラミッド群は放棄されたのである。

エル＝クーラの小型階段ピラミッド

Pyramid of el-Kula

図27：エル＝クーラの小型階段ピラミッド（Dodson, 2003, p.55）

```
基本情報
国名：エジプト・アラブ共和国
場所：エル＝クーラ
座標：北緯25°8′0.33″  東経32°44′0.44″
高さ：8.25メートル
規模：東西18.2メートル × 南北18.2メートル
建造年代：紀元前2575年頃
```

　古王国時代第4王朝のスネフェル王によってエル＝クーラに建造された小型階段ピラミッドの一つである。上エジプトの有力都市ヒエラコンポリスから北のナガ・エル＝ママリア近郊のナイル河西岸に位置する。石灰岩の断片を漆喰で固め

て造られた。玄室を含む下部構造を持たないピラミッドとして知られているが、小型階段ピラミッドのなかで最も保存状態が良い。1873年以降、しばしば調査がなされてきたが、1929年のベルギー隊の調査を最後に留まっている。

エル＝ゲニミアの小型階段ピラミッド

Pyramid of el-Ghenimia

図28：エル＝ゲニミアの小型階段ピラミッド
(https://telledfu.uchicago.edu/about/edfu-south-pyramid)

```
基本情報
国名：エジプト・アラブ共和国
場所：南エドフ
座標：北緯24°58′41″　東経32°52′44″
高さ：5.5メートル
規模：東西18.2メートル × 南北18.2メートル
建造年代：紀元前2575年頃
```

　エル＝ゲニミア（ゴネイミア）の階段ピラミッドは、上エジプトの都市エドフの南約5キロメートルに位置している。エドフのピラミッドという別名でも知られる。古王国時代第4王朝の始祖であるスネフェル王によって建造された小型階段ピラミッドの一つであるという説が有力である。玄室を含む下部構造を持たないピラミッドとして知られる。その地域で採掘された砂岩を用いて建造された。スネフェル王ではなく、彼の父親であるフニによって建造されたという説もある。

エレファンティネの小型階段ピラミッド

Pyramid of Elephantine

図29：エレファンティネ島の小型階段ピラミッド（Verner, 2003, 口絵）

```
基本情報
国名：エジプト・アラブ共和国
場所：アスワン
座標：北緯24°5′8″　東経32°53′7″
高さ：5.1メートル
規模：東西23.4メートル×南北23.4メートル
建造年代：紀元前2575年頃
```

　古王国時代第4王朝の始祖であるスネフェル王によって、エジプトの伝統的な南の国境であるアスワンのエレファンティネ島のナイル河西岸に建造された小型階段ピラミッドの一つ。1909年に発見された。近くでスネフェル王の父フニの名前が記された碑文が発見されている。ピラミッド本体は花崗岩の断片を漆喰で固めて造られた。地下構造がなく玄室を備えていないことから、埋葬とは関係のない目的で造られたと考えられている。エジプト最南端にあるピラミッドである。

カーバ王の重層ピラミッド

Layer Pyramid of Khaba

図30：カーバ王の重層ピラミッド全景
(By Pottery Fan - Own work, CC BY-SA 3.0, https://commons.wikimedia.org/w/index.php?curid=6649010)

```
基本情報
国名：エジプト・アラブ共和国
場所：ザウィエト・エル＝アリアン
座標：北緯29°55′58.15″　東経 31°9′40.54″
高さ：20メートル（未完成）
規模：東西84メートル×南北84メートル
建造年代：紀元前2600年頃
```

　ギザとアブシールのほぼ中間のザウィエト・エル＝アリアンに位置するこのピラミッドは、第3王朝3代目の王であったカーバ王のものであると考えられている。内部の核の方へと石材が傾斜する構造がまるで折り重なった層のように見えることから、「重層ピラミッド」（図30）あるいは全体的にずんぐりした外観から「丸いピラミッド」と呼ばれている。第3王朝の特徴である階段ピラミッドとし

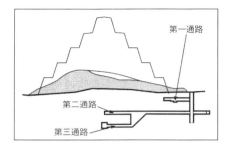

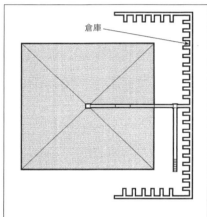

図31：カーバ王の重層ピラミッドの断面図と平面図（Dodson, 2003, p.46を参考に作成）

31）。その特徴的な入口部分は、東から西へと続く傾斜のある階段で始まり、その先の通路がさらに西へと延びている。その通路はピラミッドの南北軸の中心に位置している垂直の竪坑へと至る。竪坑を降りるとその地点から南北に通路が造られていた。北へ向かうとセケムケト王のものと同様にカタカナの「コ」の字型をした32の小部屋に分けられた副葬品用の貯蔵庫が並んでいる。南へと向かうと途中の階段を通過し、その先にある玄室へとたどり着くのである。玄室はセケムケト王のものと同様にピラミッドの頂上部から真下の部分に相当していた。しかしながら、セケムケト王のものとは違い石棺は発見されなかった。

現時点でこのピラミッドの墓主は、カーバ王のホルス名が記されたアラバスター製容器が8個ピラミッドの北側に位置する日干しレンガ製の巨大なマスタバ墓（Z500）から出土したことを根拠として、彼のピラミッドであると考えられている。しかしながら、このような間接的な資料から、墓の持主を正確に特定することはできない。例えば第3王朝の研究を行うスウェリムは、この階段ピラミッドの持主を第3王朝五代目の王であったフニ（ネフェルカラー）王と推定している。同じくスウェリムは、ピラミッド・コンプレックス（複合体）内に葬祭神殿の遺構があるとの可能性を指摘しているが、確認は取れていない。当該地域は、19世紀なかばから第1次世界大戦前までいくつかの発掘隊が調査を実施

て建造が開始されたと考えられているが、その周辺から表面に使用されたであろう石灰岩が発見されないことから、未完成に終わったのだと考えられている。そのため計画段階において、何段であったのかは不明である。5段、6段、あるいは7段という説がある。一方の残存している下部構造は、ピラミッド部分の入口である階段と続く通路が北東側にある点を除けば、先王のセケムケト王の階段ピラミッドと類似点が多くみられる（図

したが、まともな報告書が出版されることはなかった。さらなる調査が必要であるが、この「重層ピラミッド」を含む当該地域がエジプト軍の施設の存在する地区であることから、発掘調査権を取得し、新たな調査を行うことはきわめて困難である。

またザウィエト・エル＝アリアンにはもう一つピラミッドが存在することが知られている。建造時期については第3王朝あるいは第4王朝という辺りまでは見解の一致をみているが、持主に関しては諸説あり、研究者間においてもいまだ完全な一致はなされていない。しかし第3王朝の王の一人であり、カーバ王の次王サナクト（王名表の中のネブカと同定されている）のものであるという説が最有力である。シナイ半島のワディ・マガラには、外国人捕虜を討つ儀礼的動作を実行しているサナクトを表わした二つの岩壁画、エレファンティネ出土の印影、サッカラのネチェリケト王のピラミッド・コンプレックスの北側にある神殿部分から出土した二つの印影、そしてベイト・カラフにある第3王朝のマスタバ出土のもう一つの印影は、彼が実在のエジ

プト王であったことを強く示唆している。このピラミッドもカーバ王のもの同様未完成であった。またサナクトのものと考えられることもある構造物として、ギザの北方のアブ・ラワシュにあるエル＝デイルとして知られるものがある（フニのものとする研究者もいる）。何らかの意味を持つ石造の記念構造物とみなされているが、階段ピラミッドの残骸と主張する研究者もおり、見解の一致には至っていない。

いずれにせよ、サッカラのネチェリケト王の階段ピラミッド以降に建設された「重層ピラミッド」などのいくつかのピラミッドは、当初マスタバ墓として建造され、その後段階的に増築がなされたのではなく、最初から階段ピラミッドを意図して建造されたということに間違いないであろう。それゆえ第3王朝期の階段ピラミッドへの理解・解釈なくしてピラミッド全体の理解はありえない。その意味で第4王朝への過渡期に建造されたザウィエト・エル＝アリアンにある二つのピラミッドの重要性は計り知れないのである。

カフラー王の大ピラミッド

Pyramid of Khafra

図32：カフラー王のピラミッド全景（撮影　大城道則）

基本情報
国名：エジプト・アラブ共和国
場所：ギザ
座標：北緯29°58′34″　東経31°7′51″
高さ：約144メートル
規模：東西約215メートル × 約南北215メートル
建造年代：紀元前2500年頃

　ギザの三大ピラミッドの真ん中に位置するのが、カフラー（ギリシア語でケフレン）王のピラミッドである（**図32**）。クフ王の息子であり、先王ジェドエフラー王の弟でもあったと考えられている

カフラー王が第4王朝四代目の王として王位を継承した（カフラーにはカウアブという名の兄がいたが早世したと考えられている）。そしてカフラー王は先王がピラミッドを建造したアブ・ラワシュで

はなく、クフ王のピラミッドのあるギザ
へと王墓地を再び戻したのである。「カ
フラーは偉大である」と呼ばれたこのギ
ザの第2のピラミッドは、頂上部に近い
個所に化粧石が残存していることから、
クフ王のものよりも保存状態が良いこと
で知られている。また約10メートル高い
地盤に建造されたことから、クフ王のも
のと高さが変わらない印象を受ける。こ
のカフラー王は、父親のクフ同様に古典
古代の叙述家を通して、古来広く名前が
知られた存在であった。カフラー王は、
後世の文献史料のなかで、クフ王と同様
にしばしば暴君として扱われている。ヘ
ロドトスの著書のなかでは、クフ王とカ
フラー王親子で106年間エジプトを統治
し、国民は想像を絶するような苦しみを
味わい、心のよりどころであった信仰の
場としての神殿が閉鎖されたとしている
のである。

　ヘロドトスらの言葉を信用するなら
ば、カフラー王もまたクフ王と同じよう
にエジプト国民に名前を口にするのも避
けられるほど嫌悪されていた存在であっ
たのだ。ではそのカフラー王の建設した
ピラミッドとは一体どのようなものだっ
たのであろうか。ピラミッド本体の最下
層の外装部分は花崗岩であったが、それ
以外はトゥーラ産の良質な白色石灰岩で
覆われていた。基底部の一辺の長さが約
215メートル、高さは約144メートル（現
在は崩れて141メートル）あり、現段階
ではクフ王のピラミッドよりもこのカフ
ラー王のピラミッドの方が高い。そのう

え、クフ王のピラミッドの傾斜角度が51
度50分であるのに対してカフラー王のピ
ラミッドの角度は、53度10分とさらに急
角度に作られていた。

　また内部構造にも違いがある（**図
33**）。カフラー王のピラミッドには、入
口が2か所存在している。そしてその2
か所から下降通路がそれぞれ斜めに延び
ているのである。これらの通路は、ピラ
ミッドの中心軸から東に12メートルほど
ずれた個所にある。両通路ともに東西に
長い長方形をした玄室に繋がっている。
手前（北側）の玄室は地下にあり、未使
用であったと考えられている。カフラー
王の玄室として実際に使用されたのは、
中心部に近い方であった。クフ王のピラ
ミッドの玄室は、ピラミッドの中空に造
られていたが、カフラー王のものは玄室
が地上と同じ高さに造られているのが特
徴である。スネフェル王の赤ピラミッド
とクフ王の大ピラミッドを除き、それま
では玄室というものは地下に造られるの
がエジプトでは普通であった。その玄室
の内部には黒色花崗岩製の石棺が置かれ
ていた。蓋は二つに割れたまま横たわっ
ている。玄室の床面におそらくカノポス
壺を入れたカノポス箱を設置したと思わ
れる穴が掘り込まれている。残念ながら
やはりこの石棺も中身は空であった。正
確には玄室を再発見した際に雄牛の骨が
入っていたことが確認されているのであ
るが、後から侵入者によって放り込まれ
たものであろうと考えられている。しか
しながら、雄牛は古代エジプト王の化身

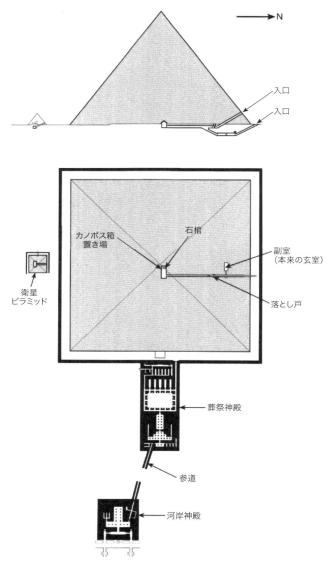

図33：カフラー王のピラミッドの断面図と平面図（Dodson, 2003, p.62を参考に作成）

であり、死者の神オシリスの象徴でも
あったことから、再検討する必要がある
かもしれない。

ピラミッド本体以外にみられるピラ
ミッド・コンプレックス（複合体）最大
の特徴は、本体東側に隣接した東西向き
に建てられた葬祭神殿にある。この葬祭
神殿の持つ五つの特徴（入口広間、屋根
のない中庭、五つの壁龕、五つの倉庫、
至聖所）が後続する葬祭神殿の基本要素
となったと考えられているからである。
河岸神殿から続く長い参道から入口を
入った広間と呼ばれる空間は、複数の倉
庫やセルダブ圧に使用されたと考えられ
ている部屋とそれらをつなぐ通路で構成
されている。平面図からもわかるように
逆T字型、あるいは高く持ち上げた両
腕を表現したヒエログリフのカー（生命
力）の形をしているのが特徴である。真
ん中に広がる屋根のない中庭は南北方向
を向き、周囲が石灰岩製の屋根部と赤色
花崗岩製の柱で構成された回廊となって
いる。中庭の床にはアラバスターが敷か
れており、その中央部分には、排水溝跡
がみられることから、王の葬儀に関わる
何らかの儀式に使用された祭壇が置かれ
ていたのであろう。王の遺体＝ミイラを
清めたのかもしれない。次の空間には、
王像を安置したであろう五つの壁龕、あ
るいは礼拝堂が設けられている。その次
に五つの倉庫がある。おそらく儀礼用の
アイテムや供物が保管されたのであろ
う。そしてその奥に至聖所が存在してい
るのである。葬祭神殿の外側には北に二

つ、そして南に三つの舟坑が掘り込まれ
ていた。

葬祭神殿入口から始まり、緩やかにス
フィンクス神殿と並立するようにして存
在する河岸神殿へと下って行く参道は、
内側にレリーフが施され（現在はほとん
ど残っていないが）、内部を暗くするた
めに石灰岩製の屋根で覆われていたと考
えられている。参道はピラミッド本体と
葬祭神殿の東西中心軸から真っ直ぐでは
なく東南方向にずれている。このことは
真っ直ぐ行けばスフィンクスとスフィン
クス神殿にぶつかるため、それを配慮し
たのだと説明されている。しかしなが
ら、斜めに造られた参道の例は他にも存
在することから説得力は薄い。本来の設
計計画が地形を配慮したそのようなもの
であったのであり、直線でつなぐ意味は
特になかったのであろう。

ナイル河へと向かう参道の先に建造さ
れた河岸神殿（**図34**）は、保存状態が良
いことで知られている。先述した葬祭神
殿の前半分の構造、つまり逆T字型と
ほぼ同じである。床にはアラバスターが
敷かれ、壁などの構造部分は赤色花崗岩
が多用されていた。現在でも花崗岩製の
16本の角柱を元の位置でみることができ
る。当時はそれら角柱の上に天井板が敷
かれていた。壁にはカフラー王の彫像が
並んでいたと考えられている。2階部に
は倉庫が六つ建てられ、雨水を貯水タン
クに集めるシステムが完備されていた。
屋上にはテラスがあり、そこで王の遺体
に対する何らかの儀礼が実施されたと考

図34：カフラー王のピラミッド付属の河岸神殿（撮影　大城道則）

えられているのである。ミイラ製作もこの屋上のテラスか河岸神殿内部の特定の部屋で行われた可能性が指摘されている。ただミイラ製作や儀礼には大量の水が必要とされることから、神官たちがこの河岸神殿で執り行う儀礼は、象徴的なものに過ぎないとする研究者もいる。しかしながら、先述したように貯水タンクを備えていた意味とナイル河がそれほど遠くない点を考慮すれば、やはり死したエジプト王の埋葬儀礼がそこで執り行われた可能性は高い。

　この河岸神殿からは、下ヌビアの西方砂漠にあるジェベル・エル＝アシールの石切り場で産出する閃緑岩で彫られたエジプト考古学博物館所蔵の有名な王の座像が発見された。このカフラーを描いた閃緑岩製彫像の後頭部に止まっているハヤブサは、王を守護するホルス神を象徴している。またこの彫像やその他の彼の彫像の表情が大スフィンクスに似ていることから、カフラーが大スフィンクス建造を指示したと推測されることもある。もちろん河岸神殿に隣接するような位置にあることも理由に挙げられているが、それらの点と相まってこのカフラー王のピラミッドの特徴の一つがピラミッド・コンプレックスの付属物としての大スフィンクスであるとされるのだ。エジプト語のシェセプ・アンク（生ける像）を語源とするこの大スフィンクスは、巨大な天然の岩山を彫り込んで造り出され

た。高さは約20メートルで長さは約57メートルである。まるでカフラー王のピラミッドを守護するかのように佇むこの大スフィンクスは、人間とライオンとが合体した像であり、カフラー王のために紀元前2500年頃に造られたと考えられている。ライオンというのはエジプト王の象徴でもあった王権のキーワードの一つである。大スフィンクスの被るネメス頭巾もエジプト王のみが許された特権であった。現在でも当時使用されていた赤色や青色の顔料が目視可能である。またこの大スフィンクスは柔らかい石の層から彫りだされた胴体部分と硬い良質の石材が採掘できるような硬い層で造られた顔の部分という異なった二つの層から構成されていることから、現在顔の部分は保存状態が良好であるが、胴体部分は損傷が激しい。そのためこれまでにもかなり修復が繰り返し行われており、実際に頭部が突然落ちたとしてもそれほど不思議ではないほどなのである。

　上記のように、この大スフィンクスはカフラー王と関係がある、あるいは大スフィンクスがカフラー王のピラミッド・コンプレックスの一部であったと考える研究者までもいるが、それぞれ独立した存在であった可能性が高い。スフィンクスは古代エジプト王と結びつくが、太陽と結びつく存在としても知られているからだ。そして第4王朝後半という時期を考慮するならば、大スフィンクス＋スフィンクス神殿は、第5王朝に建造された太陽光線の象徴である巨大なオベリスクをともなっていた太陽神殿の原型であったのかもしれない。カフラー王のピラミッド・コンプレックスは、それのみで完結する空間を持っていた。そのことはカフラー王前後のすべての王たちのピラミッド・コンプレックスにスフィンクスがともなっていないという事実によって証明されている。ピラミッドを理解する際に大スフィンクスを検討する必要はないのかもしれない。

北マズグーナのピラミッド

North Pyramid of Mazghuna

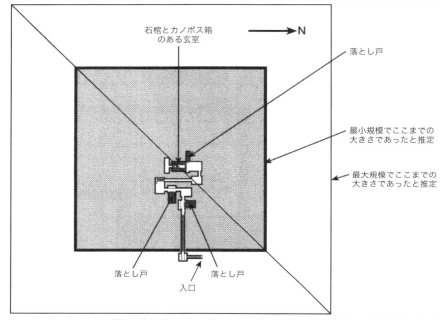

図35：北マグスーナのピラミッド平面図（Dodson, 2003, p.99を参考に作成）

基本情報
国名：エジプト・アラブ共和国
場所：北マズグーナ
座標：北緯29°46′3″ 東経31°13′15″
高さ：未完成のため不明
規模：東西52.5メートル × 南北52.5メートル
建造年代：紀元前1770年頃〜1630年頃

ダハシュール南部のマズグーナでは、二つのピラミッド・コンプレックス（複合体）が建造された。それらは第12王朝あるいは第13王朝の王たちのものではないかと考えられている。北マズグーナのピラミッド（図35）は、南のものよりも大きかったと考えられているが、上部構造の建造が開始される前に工事自体が中止されたと考えられている。そのため葬祭神殿は建設されていない。入口は本来

図36：ソベクネフェル女王の胸像
(https://archive.org/stream/plastikagyp
ter00fech#page/n127/mode/2up)

北側東寄りに造られる予定であったが、残念ながら未完成に終わった。入口からの傾斜路は途中で90度直角に方向転換し、2か所の落とし戸を通過しながら、蛇行するようにして玄室にたどり着く。玄室には棺とカノポス壺箱を納めるための窪みが見られるが、遺物は発見されていない。両ピラミッドともに参道の建設は開始されていたと思われるが、完成することはなかった。おそらく北マズグーナのピラミッドは、埋葬も実施されなかったと考えられているが、本来はソベクネフェル女王（図36）のために建造が開始されたのであろう。ソベクネフェルはアメンエムハト3世の娘であり、3年から4年の間エジプトを統治した古代エジプト史上最初の女王である。

クイ王のピラミッド

Pyramid of Khui

図37：ダーラにあるクイ王のピラミッド（Weill, 1958, pl.XXX）

基本情報
国名：エジプト・アラブ共和国
場所：ダーラ
座標：北緯27°18′28″　東経30°52′18″
高さ：不明
規模：東西136メートル × 南北146メートル
建造年代：紀元前2150年頃

　古王国時代末期から第一中間期を通じて続いたエジプト国内の社会不安と政治分裂は、「安定した王権」という観点から見れば、明らかに長く尾を引いたと言える。しかしながら、上エジプトの地方都市は、中央集権体制の崩壊と再分配制度の壊滅にともない、個々に力を持ち始め、最終的には自治を得るようになったのである。このことは、この時期に建造された数多くの地方領主たちの豪華な埋葬墓と地方特有の伝統工芸の発達にも反映されている。そのようななか、第8王朝の王であったと考えられているクイ王のピラミッド（図37）がエジプト西方砂漠にあるダクラ・オアシスの入口近く、中エジプトのアシュート近郊のダーラに建造されたのである。

　このピラミッドの近くの墓で「クイ」という名前が記されたカルトゥーシュ（王名枠）を持つ石材が発見されていることから、このダーラのピラミッドがクイという名前の王のものではないかと考えられている。しかし彼はエジプト王というよりも地方の有力領主の一人であったとみなすのが適切であろう。社会的混乱期にしばしばみられるような自ら王を名乗った人物であり、伝統的な古代エジプト王権とは関わりなく、国家神的存在

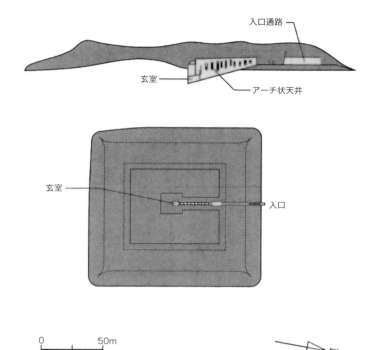

図38：ダーラにあるクイ王のピラミッドの断面図と平面図
（大城、2014年、図134を参考に作成）

であった太陽神ラーとラー神官団との接点もなかった。その地方で多大な権力・影響力を持ってはいたが、それは地域限定のものであり、少なくともエジプト全土に影響をおよぼすような人物ではなかったと考えられるのである。ファイユームを中心に権力を振るった第９王朝あるいは10王朝の小王の一人と考えられることもある。古王国時代後半の第６王朝のペピ１世とメルエンラー王の治世に勢力を誇った上エジプトの有力貴族クイ家の末裔であったと考えるのが妥当であろう。

　ほぼ崩壊しているこのクイのものと考えられているピラミッドは、確認できる上部構造の一部がすでに崩壊し斜めになっているが、確認可能なピラミッド本体の底辺が約146メートル×約136メートルあり、もし完成していたとするならば、かなり巨大なピラミッドであったと想定されている。例えば第３王朝のネチェリケト王の階段ピラミッドは、東西

121メートル×南北109メートルの規模なのである。ギザの三大ピラミッドの一角を占めるメンカウラー王のピラミッドですら、102メートル×104メートルである。

このピラミッドは少し南北方向に長いが、ほぼ正方形の輪郭を持ち、四隅が少し丸く整形されているのを特徴としている（図38）。北側面中央の入口から延びる水平通路は、ピラミッドの外部からすでに始まっていた。水平通路は、途中から漆喰で補強がなされたアーチ状の天井となり斜めに下降し始め、その先の玄室に繋がっていた。玄室はピラミッドの頂上の真下にあり、床面部分は石灰岩が敷かれ、再利用されたように思える石灰岩の石材で内張りが施されていた。しかし、通常のピラミッドの玄室は、東西方向に向いているのに対して、クイ王のピラミッドは南北方向に長かった。玄室の構造は、第3王朝にベイト・カラフに建造された巨大なマスタバ墓（マスタバK1）に類似している。クイ王のピラミッドの玄室はかなり早い段階で完全に盗掘を受けており、ミイラや石棺、あるいはカノポス壺などの埋葬の痕跡は確認できていない。

1946年と1948年にフランス人のエジプト学者ウェーユとエジプト人のカマルによって、このピラミッド・コンプレックス（複合体）の調査が実施されている。完全に崩れ去っているが、ピラミッド本体の北側に葬祭神殿と現在の町であるダーラの下に日干しレンガ製の周壁があることが確認されている。このクイ王のピラミッドは、現在でも巨大なマスタバ墓であったのか、あるいはピラミッドであったのか、上述したように見解が分かれているが、葬祭神殿と周壁の存在はこの建造物がピラミッド（あるいは階段ピラミッド）であったことを示しているように思える。

ギザ・サッカラ地域、あるいはダハシュールやファイユーム地域から遠く離れた場所に建造されたこのピラミッドの持つ意義はきわめて大きい。そこからは「ピラミッド時代」とも呼ばれた古王国時代後に訪れた地方権力の隆盛と文化の拡大・拡散が着実に地方へと浸透しつつあったことが十分に読み取れるからである。そしてこのピラミッドは、何より次の大繁栄の時代である中王国時代と古王国時代とをつなぐ役割を持つものでもあるのだ。ダーラのクイ王のピラミッドの巨大さは、いまだ明らかではないクイという人物、あるいは彼の一族が上エジプトからダーラに近いアシュートまで、あるいは第9王朝と第10王朝の中心地ヘラクレオポリスまでをも治め、さらに中王国時代の王たちの巨大な日干しレンガ製ピラミッドが建設されたファイユーム地域にまでおよぶ影響力を持っていたことを証明している可能性すらあるのである。

クフ王の大ピラミッド
Pyramid of Khufu

図39：クフ王のピラミッドの全景（撮影　大城道則）

```
基本情報
国名：エジプト・アラブ共和国
場所：ギザ
座標：北緯29°58′45.03″　東経31°08′03.69″
高さ：146.59メートル
規模：東西230メートル×南北230メートル
建造年代：紀元前2550年頃
```

　スネフェル王の次王であるクフ（ギリシア語のケオプス）王のものとされるギザの大ピラミッド（図39）は、古来「世界の七不思議」に欠かせない存在として世に広く知られており、さらに驚くべきことに14世紀にイギリス東部の都市リンカンにおいて、高さ160メートルのリンカン大聖堂が建立されるまでは、世界最高の高さを誇る建造物であった。それゆえ長きにわたり、世界中の人々によってその存在理由や建造方法などが議論されてきた。しかしながら、いまだそれらを明確に説明できた人物はいない。しかも紀元前5世紀にヘロドトスが自著『歴

史』のなかで紹介した「強制労働によってピラミッドは造られた」という見解は、驚くべきことにそのまま20世紀まで続いたこの大ピラミッドに対する「常識」ですらあったのだ。ピラミッドとは絶対君主であるエジプト王の命令の下、人々が強制的に造らされたものと認識されていたのである。しかし、調査研究の結果、現時点での見解は大きく異なってきている。農閑期の失業対策だという「ピラミッド公共事業説」もエジプトの豊かな農民たちとの実態とは相容れないことがわかってきており、単なる失業対策ではなかったことは明らかなのである。建設方法についてもこれまでに様々な推測がなされてきたが、いまだ意見の一致はみられない。

古代エジプト語でアケト・クフ（「クフの地平線」）と呼ばれたこの大ピラミッドは、底辺が一辺約230メートル、高さは約146メートルであった（現在は頂上部が欠落し約137メートル）。それぞれ大きさの異なる平均2.5トンの石を約230万個から300万個積み上げたと推測されている。基底部に使用された最大の大きさの石材は15トンを超えると考えられている。内部に存在するいわゆる「王の間」と「重力軽減の間」の天井部に使用された花崗岩の石材は、一つ50トンを超えると推定されている。このような巨大な石材を底部ではなく、ピラミッド内の中空に水平に設置することができた事実のみを採り上げても、いかにこのピラミッドが建設開始以前に正確に設計さ

れ、そしてそれを正確に実行できたのかがわかる。水平にうまく積まれているかのようにみえる外装の石材と核の部分の石材に部分的に隙間を埋めるための石材が使用されたり、補強のためにモルタルが流し込まれたりしたが、たとえそうだとしても、古代エジプト人たちの技術の高さには驚嘆させられる。

現在、観光客用の入口は、アッバース朝のハールーン＝アッラシードの息子アルーマムーンが盗掘目的で開けた通路であるとされているが、本来の「王の間」とその他の空間へと続く内部への入口は、北側面の19段目の高さにある。ピラミッドの中心軸から約7メートル東方向にずれていることから、対称する西側にも未発見の空間、例えばもう一組の「王の間」や「王妃の間」（「女王の間」）が存在するという主張もある。しかし、入口が中心からずれているのは何もクフ王のピラミッドだけではない、カフラー王のピラミッドやその他のほとんどのピラミッドの入口は、多かれ少なかれ中心からずれているということを我々は認知しておかねばならない。ただレーダー探査によって、隣に空間が認されていることから、「王の間」に相当する空間があるという説は成り立つ。例えば我々は左右対称ではないが、ダハシュールの「屈折ピラミッド」のように、ピラミッド内部に玄室が二つ存在することをすでに知っているからだ。

内部には「王の間」と「重力軽減の間」の他にも「地下の間」、「王妃の間」

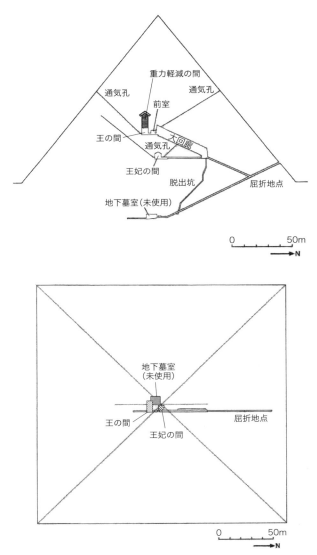

図40：クフ王のピラミッドの断面図と平面図（Romer, 2007, p.59-fig.26の図を参考に作成）

などと呼ばれる空間と「大回廊」が存在している（図40）。王の遺体を安置する玄室は、当初おそらく他のピラミッドと同様に地下に造る予定であったが、何らかの理由で王の遺体は、地下の玄室＝「地下の間」ではなく、現在赤色花崗岩製の大きな石棺のある「王の間」に安置されたようだ。あるいは当初王の埋葬は「地下の間」を考えていたが、何らかの理由により、「王妃の間」へ、さらに「王の間」へと移動したと考えられることもある。これらの考え方を支持する研究者は多いが、このクフ王の大ピラミッドの完成度の高さを考慮するならば、計画が途中で変更されるような無様なことがあったとは考えられない。ピラミッド内部の各空間の配置は、設計者の計画通りであり、我々の解釈がそれに追いついていないだけであろう。「王の間」に南北方向で置かれた赤色花崗岩製の石棺がピラミッドの中心軸線上に正確に配置されている点もこのピラミッドの揺るぎない計画性を示している。死した王の肉体と魂のための埋葬空間が必要であったことから、複数の空間を要したと考えるのが妥当であろうが、それ以上の解釈は難しい。

「王の間」と天井部まで8.7メートルの高さを持つ持ち送り積み式の「大回廊」との間にある前室には、盗掘防止用の通路を閉じるための綱と丸太を利用した花崗岩製の石の落とし戸があった。「王の間」はピラミッドが完成した段階で明らかに意図的に封鎖されたのである。そし

てその「大回廊」の端には、作業を終えた人々の脱出用竪坑が掘られていた。「王の間」の上には、「重力軽減の間」と呼ばれている五つの空間が存在している。一般的に石材に掛かる重さの拡散用に造られたと考えられているが、実際のところは良く分かっていない。この「王の間」の上にあった狭い空間部分は、内部を探査している際に音の反響に違和感を持ったナサニエル・デヴィソンによって発見された。その後ハワード・ヴァイスがその上をさらに調べるために爆薬で穴を空けるという、現在では考えられないような荒っぽい方法で内部へと入り、1837年に「キャンベルの間」と現在呼ばれているその場所でクフ王の名前を発見するのである。このことから、ヘロドトスの著書でクフ王のものと述べられていたこの大ピラミッドは、やはりクフ王のものであったと確認されたのである。

先述したように、当初は「王妃の間」を玄室にする予定であったが、「王の間」に変更されたと考える研究者もいる。しかし入口から下降通路を通り、途中で上昇通路に入り、その途中の「大回廊」の手前にある水平通路の先に造られた「王妃の間」は、王の霊的分身であるカーの像を納めるための空間であったという解釈が一般的である。実際にこの部屋の東壁には、クフ王の影像が置かれていたと考えられる高さ4.7メートルの持ち送り積み式の壁龕が備えられていた。それはまるでネチェリケト王の階段ピラミッドに付属するセルダブのなかの王像

のごとく安置されていたと想像されている。またこの「王妃の間」には、いまだその存在理由が不明である斜めに延びた二つの坑がある（近年小型ロボットを使用した調査で話題となった）。入口が塞がれていたため、1872年に初めて発見された「王妃の間」の北側と南側の壁から斜め上へと造られたこれらの斜坑は、「王の間」にあるものと同じように、特定の星へと続く天文学的・宗教的意味を持っていたのかもしれないが、換気の意味の通気孔の役割を果たしたというのが妥当な考え方であろう。2017年にスキャン・ピラミッド・プロジェクトによって、素粒子ミュオンを用いて内部を透視（ミュオグラフィ）し、「大回廊」の上に未発見の空間があることが確認されている。この空間がミイラを備えた玄室や宝庫の機能を持っているのか、それとも石材の重さを軽減するために構造上必要であったのかは現時点では不明である。今後の展開が待たれる。

次に大ピラミッド・コンプレックス（複合体）を俯瞰（図41）し、周りの特徴について確認しておきたい。大ピラミッドは、もともと高さ約8メートルで、厚さが約3メートルの石灰岩製の周壁に取り囲まれており、ピラミッドの裾野と周壁の間には約10メートルの空間が存在していた。葬祭神殿は周壁に隣接している。建築部材の大半は、おそらくリシュトのアメンエムヘト1世のピラミッド・コンプレックスやカイロの巨大な建造物バーブ・エル＝フトゥーフの階段状

の壁へと転用されたため、保存状態が悪いが、壁にレリーフが施されていたことや雨水を排出する下水施設、そして至聖所は確認されている。その葬祭神殿から東へと延びる長さ約740メートル（あるいは825メートル）の参道は、現在一部が村の下に埋もれている河岸神殿へと繋がっていた。通説では死した王はナイル河を運ばれ、河岸神殿に着く。そこで遺体をミイラ加工した後に参道を通って葬祭神殿に向かい、その後、葬祭神殿において最後の儀礼が行われ、ピラミッド内部へと運ばれ安置されたと考えられている。この説に完全に首肯することはできないが、二つの神殿とそれをつなぐ参道が王の葬送儀礼に関して何らかの役割を果たしたことは間違いない。後述する葬祭神殿北側にある舟坑には河岸神殿へと王の遺体を運んだ舟が埋葬されていたのかもしれない。

その葬送儀礼にともない建設されたある種のアイテムこそが、周壁のすぐ側に造られた3基の王妃たちのピラミッド（GI-a、GI-b、GI-c）、衛星ピラミッド（GI-d）、そして複数の舟坑であった。葬祭殿から延びる参道の北側に位置する舟坑は、階段をともなうものであった。東側の二つのうち南側から1954年に分解された状態の木造船の部材が1224個発見された。接着剤は使用せず穴に植物繊維で作られた縄で縫うようにして繋げられていた。第1の太陽の舟と呼ばれているこの舟は、組み立てると全長43.3メートルにもおよぶ大型船であった。ピラミッド

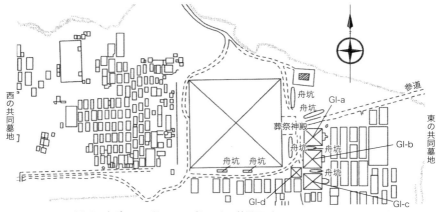

図41：大ピラミッド・コンプレックス俯瞰図（Hawass, 2011: 139の図を参考に作成）

南側に隣接する舟坑からも1987年の米国地理学協会（ナショナル・ジオグラフィック）とエジプト考古局による共同調査とその後の日本の早稲田大学隊による調査によって、同じタイプの舟の埋葬が確認されている。ピラミッドの脇に舟が埋葬されていた理由については、死した王が天に昇り、太陽神ラーとともに航行する際のものとする説が一般的である。さらに大ピラミッド・コンプレックスの周りに展開されているマスタバ墓群は、アビドスの初期王朝時代の王たちの墓に見られる殉葬墓の発展形と考えて良い。ピラミッドは革新的なものに過去の伝統が組み込まれた存在であった。

いまだクフ王が先王の選んだダハシュールやメイドゥムではなく、あるいはそれ以前の王たちが階段ピラミッドを築いたサッカラでもなく、新たな地であったギザを自らのピラミッド建設地に選んだ理由は明確ではないが、宗教的な理由よりも実質的な理由が挙げられている。つまり、ギザ台地が持つ安定した硬い地盤と部材としての石灰岩の質と量とがクフ王にこの地を選択されたのであろう。古典古代の叙述家に端を発する残虐性とともに後世へとそのイメージが伝わったこの王は、その伝承とは異なり賢明な王であったのである。その賢明さがうかがえるような資料は、1903年に発見された高さ9センチの象牙製小像しか存在しないが、彼の目論見通り、大ピラミッドは何度もエジプトを襲った大地震の影響を掻い潜り、中世以降のピラミッド解体活動も免れ、現在も崩れることなく聳え立っている。

ケンジェル王のピラミッド

Pyramid of Khendjer

図42：ケンジェル王のピラミッド（Jéquier, 1933, pl.III）

基本情報
国名：エジプト・アラブ共和国
場所：南サッカラ
座標：北緯29°49′56″　東経31°13′26″
高さ：37.35メートル
規模：東西52.5メートル×南北52.5メートル
建造年代：紀元前18世紀後半頃

　ケンジェルはしばしばアジア起源とされる名前「ケンジェル」を持つことから、外国人、あるいは外国起源の人物であったとされている古代エジプト王である。「ケンジェル」とは、セム語で「イノシシ」という意味であると考えられることから、もともと外国人で構成された軍隊を率いた人物であったと推測されている。第13王朝（16代目か17代目）の王として即位したケンジェル王（即位名：ウセルカラー）は、4年間というその短い治世において、数多くの記念建造物を残した。その代表的なものがサッカラ南部において、ペピ2世とセンウセレト3世のピラミッド・コンプレックス（複合体）のあいだに建造された彼のピラミッ

ド（**図42**）である。完成されたものとしては、第13王朝で唯一のピラミッド・コンプレックスとして知られている。核の部分は日干しレンガで造られ、外装部分は石灰岩が使用されていた。完成当時は、底辺の長さが約52.5メートル、高さが約37メートル、そして傾斜角度が約55度であったと推測されているが、現在はほぼ崩壊しており、高さ1メートルほどしか残存していない。

　ケンジェル王のピラミッド・コンプレックスの調査は、19世紀半ばにレプシウスによってなされ、レプシウス第44号墓と番号がつけられた。その後、ジェキエによって1929年から1931年にかけて発掘がなされた。彼によって報告書が1933年に出版されているが、それ以降は調査に大きな進展は見られない。ただしこの王の痕跡はエジプトの至るところで確認されている。ケンジェルはアビドスにオシリス神のための神殿を建造したし、そのアビドスにあるオシリス神の墓とみなされ、聖なる場所とされていたジェルの墓に供えられた石製ベッドに彼の名前が刻まれていた。彼の王妃セネブや王子ケンジェルの遺物の存在からもケンジェルの実在性には疑いはない。デンマークのエジプト学者ライホルトによれば、アトリビス出土の円筒印章とリシュト出土のスカラベ印章にも彼の名前が記されている。

　日干しレンガで造られた核の部分を石灰岩の石材を用いて仕上げられたこのピラミッド本体は、二重の周壁に取り囲まれていた（**図43**）。外周壁は日干しレンガ製で凹凸のある壁龕建築（王宮ファサード様式）が用いられていた。内周壁には石灰岩が用いられていた。外周壁と内周壁のあいだの北東角に小型ピラミッドが建造された。この小型ピラミッドは東側に入口があり、階段を下りて左右2か所の倉庫の先に玄室が備えつけられていた。その玄室は南北に2か所あり、そこからはケンジェル王の二人の王妃の石棺が発見されている。ピラミッド本体と内周壁とのあいだに位置する北側面には、2か所に登り階段を持つ土台の上に礼拝堂が造られた。礼拝堂の北面には供儀の様子が描かれた偽扉が備えつけてあった。ピラミッド本体東側面に隣接し、周壁を抜ける構造で建造された葬祭神殿からは、レリーフと現在エジプト考古学博物館に所蔵展示されているケンジェル王の即位名ウセルカラーと奉献の場面が描かれた黒花崗岩製のピラミディオンの断片が発見されている。またここからはケンジェルのカルトゥーシュが記された柱の断片が発見されている。

　ピラミッド本体の入口は、西側面の少し南寄りにある。そこから階段のある傾斜通路が落し戸を備えた部屋まで延び、その先の階段をさらに下るとかつて木製の扉が存在した個所にたどり着く。そのすぐ先に二つ目の落とし戸がある。両落とし戸ともに未使用で使用されていなかったことが確認されていることから、ケンジェル王はこのピラミッドに埋葬されなかったのかもしれない。玄室にはこ

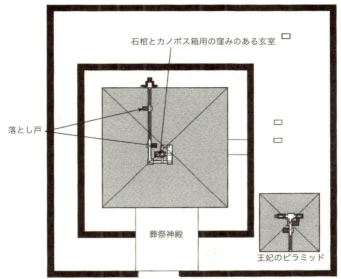

図43：ケンジェル王のピラミッドの平面図（Dodson, 2003, p.101を参考に作成）

の時代の他のものと同様の玄室を囲むようにして造られた通路を通ってたどり着くようになっている。玄室自体は巨大な一枚岩をくり貫いて造られていたが、1920年代末にジェキエが発掘した際にはすでに盗掘を受けていた。アメンエムハト3世のピラミッドで初めて使用されたように、最初から玄室を造る際に所定の場所に石棺の蓋を置いておき、埋葬終了後に砂を抜くことで重い石棺の蓋をはめ込む方法が取られた。ケンジェル王はアメンエムハト3世から多大な影響を受けたとされている。

ケンジェル王のピラミッド・コンプレックスの南西に持主不明のピラミッドが残っている。ピラミディオンは二つ発見されているが、未完成であったと考えられている。このピラミッドは底辺が約79メートルとケンジェルのものよりもかなり巨大であった。持主を特定できる遺物は発見されていないが、内部の玄室に至るまでの通路の状態が北マズグーナのピラミッドと瓜二つである。ただし玄室は2か所造られていた。ケンジェル王はこちらのピラミッドに埋葬されたのかもしれない。

ケントカウエス 1 世のギザの第 4 ピラミッド

図44：ケントカウエス 1 世のギザの第 4 ピラミッド全景（撮影　大城道則）

基本情報
国名：エジプト・アラブ共和国
場所：ギザ
座標：北緯29°58′24.26″　東経31°8′8.19″
高さ：17.5メートル
規模：東西45.5メートル×南北45.8メートル
建造年代：紀元前2450年頃

第 4 王朝のメンカウラー王の娘であり、シェプセスカフ王の王妃でもあったケントカウエス 1 世の墓は、ギザの三大ピラミッドに次ぐ「ギザの第四のピラミッド」（図44）と呼ばれることもある。巨大なマスタバ墓を二つ積み重ねたような特徴的な上部構造を持つこの石造建造物は、ギザの大ピラミッドを仰ぎ見ることのできるメンカウラー王の河岸神殿近くに建造された。入口は東南隅に造

られていた（図45）。建設当初は東西南北の側面に壁龕装飾（王宮ファサード様式）がなされていた。内部からはアラバスター製の石棺の断片が発見されているが、彼女のミイラと副葬品は発見されていない。北東に当たる一帯にまるで長屋のように神官、あるいは墓を管理する人々の居住空間が存在していることを特徴としている。これはケントカウエス1世に対する死後崇拝が一定の期間継続されていたことの証拠である。南西側にピラミッドと同じような舟坑がある。

ケントカウエス1世の持つ重要性とは、彼女が第4王朝最後の王であるシェプセスカフの王妃であり、ウセルカフ、サフラー、そしてネフェルイルカラーという第5王朝の最初の3人の王たちの母親であったことにある。文献史料である「ウェストカー・パピルスの物語」の中でもケントカウエス1世は「レジェデト」という名前で登場する。ラー神官の娘であったレジェデトは物語の中において将来エジプト王となることを約束された3人の男児を出産するのだ。これはおそらく歴史的事実を元にした物語なのであろう。これらの点を考慮するならば、ケントカウエス1世とは、いまだ明らかではない二つの王朝の過渡期を理解するための重要人物であることがわかるのだ。それらの点以外にも巨大なピラミッドが多数建造されたいわゆる「ピラミッド時代」を常に王権の下で生きた稀有な人物であったという点も重要であろう。ケントカウエス1世は、まさにグレー

ト・マザーと呼ばれるにふさわしい人物だったのである。

この巨大な変則ピラミッドを王墓地であったギザ台地に建造することができたケントカウエス1世は単なる一王族、女性王族ではなかった。墓の規模と建造位置から想像するに、王に匹敵するほどの強大な権力を持っていた人物であったはずだ。王妃であり王の母でもあった人物は、古代エジプト史上何人もいたが、ケントカウエス1世はきわめて異色な存在であったことが知られている。その理由は、第4のピラミッドで発見されている彼女の称号が彫り込まれた赤色花崗岩製の扉の断片にある。そこには、「上下エジプトの二人の王の母」あるいは「上下エジプト王であり、上下エジプト王の母」という古代エジプト語の文法上、二通りの解釈が可能な文字列がヒエログリフで記されていたのだ。前者の解釈を採用するならば、ケントカウエス1世は、サフラー王とネフェルイルカラー王の母親であるという意味になる。しかし後者の解釈を採るならば、ケントカウエス1世は、上下エジプト王の母であるだけではなく、彼女自身がエジプト王であったことになるのだ。もし後者の解釈を受け入れるのであれば、シェプセスカフ王が死去した後に王位に就いたのは、ウセルカフではなく女性のファラオであったケントカウエスであったことになる。

このケントカウエス1世＝ファラオ説を補足する資料として、同じく彼女の墓にあるレリーフの図像が挙げられる。そ

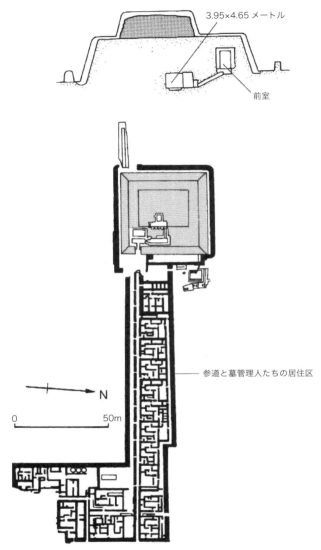

図45：ケントカウエス1世の「ギザの第四のピラミッド」の断面図と平面図（Lehner, 1997, p.138を参考に作成）

こには古代エジプト王権の象徴である聖蛇ウラエウスを額につけ、通常王が使用するつけ髭をしたケントカウエス1世が描かれているのだ。さらに古代エジプト王の即位順が記された資料であるトリノ王名表には、シェプセスカフ王とウセルカフ王とのあいだに名前は失われているが、2年間エジプトを統治した王がいたことが記されている。この期間に玉座についていたのがケントカウエス1世であった可能性がある。もしケントカウエス1世が王位に就いていたとするならば、古代エジプト史上最初の女性のファラオは彼女となり、古代エジプト史が大きく書き換えられることにもなるのである。

　ケントカウエス1世のギザの第4ピラミッドの古代エジプト王権に関わるもう一つの問題として注目されているのが、メンカウラー王の河岸神殿の北東で発見された日干しレンガ製の小さな建物である。この建物はケントカウエス1世のピラミッド・コンプレックス（複合体）に付属するものであった。最大の注目点は、王や王族の葬送の際に使用された可能性を持つその建物の機能にある。そこではフリント製のナイフや石製容器が発見され、水盤付きの排水溝跡が確認されている。これらの遺物などから、この建物はミイラ作製の際に行われた何らかの儀式を執り行った場所、あるいはミイラ作製そのものが実施された場所であったと考えられているのだ。つまりそこは死したファラオが船で運ばれ、ピラミッドに付属した河岸神殿に運び込まれた後に、ミイラ製作に利用された施設であるのかもしれないのである。ケントカウエス1世の墓は、古代エジプト最大の特徴であり、謎でもあるミイラ製作の真実を明らかにしてくれる可能性を持つのだ。

　なおアブシールにもう一人ケントカウエスという名前の人物の小規模なピラミッド（図56）が存在する。彼女がケントカウエス1世と同じ称号（「上下エジプト王の二人の王の母」あるいは「上下エジプト王であり、上下エジプト王の母」）を持っていたことから、同一人物と考えられることもあったが、同名・同称号の別人である可能性が高く、ケントカウエス2世と現在では呼ばれている。

ザウィエト・エル＝メイティンの小型階段ピラミッド

Pyramid of at Zawiyet el-Maiyitin

図46：ザウィエト・エル＝メイティンの小型階段ピラミッド
(By Roland Unger, CC BY-SA 3.0, https://commons.wikimedia.org/w/index.php?curid=22698610)

基本情報
国名：エジプト・アラブ共和国
場所：ミニヤ近郊
座標：北緯28°3′0″　東経30°49′0″
高さ：4.75メートル
規模：東西22.4メートル×南北22.4メートル
建造年代：紀元前2575年頃

　古王国時代第4王朝のスネフェル王によって、中エジプトの中心都市ミニヤから南へ約7キロメートルのナイル河東岸に位置する小型階段ピラミッドである。石灰岩の石材を漆喰で固めて造られた。1911年以降、何度か調査が実施されている。地下構造は存在せず、玄室も備えていなかったことから、他の小型階段ピラミッド同様、埋葬とは関係のない目的で造られたと考えられている。ただし唯一ナイル河の西岸ではなく、東岸に建造されたピラミッドであった。ザウィエト・スルタン、あるいはザウィエト・エル＝アムワトのピラミッドとも呼ばれている。

サフラー王のピラミッド

Pyramid of Sahura

図47：サフラー王のピラミッド全景（撮影　大城道則）

基本情報
国名：エジプト・アラブ共和国
場所：アブシール
座標：北緯29°53′52″　東経31°12′12″
高さ：47メートル
規模：東西78.75メートル × 南北78.75メートル
建造年代：紀元前2425年頃

　ウセルカフ王が自らのピラミッド以外に最初の太陽神殿をサッカラ北部のアブシールに建造したことに端を発し、新たな王家のネクロポリスがそこに形成され始めた。ウセルカフから王位を継承した歴代の王たちがアブシールにおいてピラミッドの建造を開始したのである。最初のサフラー王のピラミッド・コンプレックス（複合体）（図47）は、ウセルカフ王の太陽神殿から南東に約500メートル離れた場所に建造された。「バーが現われる」という名称を持つこのサフラー王のピラミッドは、傾斜角度が約50度で、約79メートル四方の底辺を持ち、高さが

約47メートルの規模で造られた。入口は地表面と平行にあり、そこから落とし戸をともなう赤色花崗岩で内張りがなされた短い傾斜路を経由し、やや上昇角度を持つ石灰岩で内張りされた通路へとたどり着く。そこから続く花崗岩で内張りされた短い水平通路を抜けて、その先の玄室へと続いていたのである。玄室は巨大な石灰岩を切妻型に三重に重ね合わせていた（図48）。玄室からは玄武岩製の石棺の断片が一つだけ発見されている。内部構造は内張りの石材を2種類使用するなどこだわりがみられるが、これまでにエジプトで造られた他の王たちのピラ

ミッドとは異なり、小型で構造的にはかなりシンプルであることがわかる。

　ピラミッド本体の東側には、これまでにない大規模で複雑な造りを持つ葬祭神殿が建造された（図49）。縦長の入口広間を抜けると四方に柱廊を持つ屋根のない中庭が現われる。その柱廊には、ナツメヤシの葉形の柱頭を持つ花崗岩製の円柱が並び、天井部には来世をイメージさせる星空が描かれた石灰岩製の天板があり、壁面には狩猟するサフラー王や外国人（リビア人・アジア人）に対するサフラー王の勝利の場面などが描かれていた。中庭の北西角には、上下エジプト統

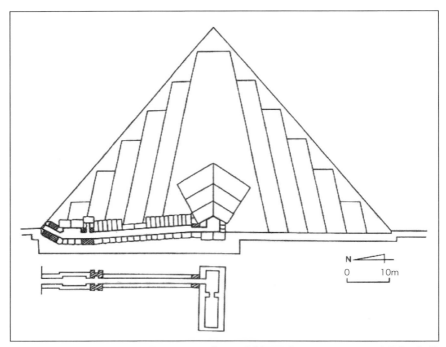

図48：サフラー王のピラミッド断面図（Verner, 2003, 図138を参考に作成）

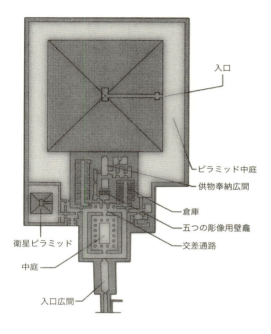
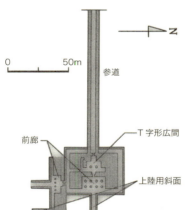

図49：サフラー王のピラミッド断面図と平面図
（Verner, 2002, 48と大城、2014年、図106を参考に作成）

一のシンボルであるセマタウイが描かれたアラバスター製の祭壇があった。その先の交差通廊をはじめとした空間には、様々な主題のレリーフが彫り込まれていた。五つの壁龕を持つ部屋にはそれぞれサフラー王の彫像が置かれていたと考えられている。アラバスター製の床面から五つの壁龕へと階段が造られていた。最奥部の供物を捧げる礼拝堂もまたアラバスター製の床で敷かれ、もともとは王像と儀礼用の銅製の排水管を持つ水盤が備え付けられていたと考えられている。同じような水盤がいくつか神殿内の部屋に設置されており、その下水施設は総計約380メートルにもおよんでいる。この最奥部の礼拝堂には、死した王の魂がピラミッド内部から出てくる際に使用した偽扉の断片が残っていた。さらにこの葬祭神殿の大部分を占めていた倉庫が北側に10部屋と南側に17部屋造られていた。儀式用のアイテムが保管されていたのであろう。

葬祭神殿の南側に通路で繋がったピラミッド本体の南東角に位置している衛星ピラミッドは、傾斜角度が約56度で、底辺が15.7メートルあり、高さが11.5メートルであった。クフ王のピラミッド・コンプレックスに付属する衛星ピラミッドとほぼ同じ位置関係にあることがわかる。この衛星ピラミッドは固有の周壁を備えていた。誰のためのものかは不明であるが、おそらく王妃のネフェルトカネブティであろうと考えられている。

アブシール湖に臨む形で建造された河岸神殿には、上陸用の斜面が備えられていた。斜面に続く神殿の入口の先の空間は、ナツメヤシの葉形の柱頭を持つ花崗岩製の円柱が8本あり、それらが天井部を支えていた。床面は黒色玄武岩、側壁は上半分が白色石灰岩で下半分が赤色花崗岩で造られており、スフィンクス姿のサフラー王が敵を踏みつける図像がレリーフに描かれていた。その先には2本の円柱を持つT字型の広間があり、そのさらに先に参道があった。葬祭神殿から河岸神殿まで約235メートル続く参道は、本来は天井部を持っていたと考えられている。壁面すべてにレリーフとして、古代エジプトの神々がエジプトの伝統的な敵とされた人々を捕虜として連行する場面が彫り込まれていた。

以上のことからわかるように、このサフラー王のピラミッド・コンプレックスは、壁面に彫り込まれた多くの装飾と全体の色彩を意識した造りを特徴としており、ピラミッド・コンプレックスの初期の伝統からは大きく逸脱していると言える。それはピラミッド自体よりも、葬祭神殿や河岸神殿が強調されたからにほかならない。特に異なった色の石材の独創的な建築利用や王にちなんだ精密なレリーフ装飾技術は、その建築を特徴づけている。このサフラー王のピラミッド・コンプレックスの例一つを取っても、ピラミッドの規模と当時の社会繁栄度合とは比例しないことがわかるであろう。

ジェドエフラー王のピラミッド
Pyramid of Djedefra

図50：ジェドエフラー王のピラミッド・コンプレックス全景（大城、2014年、図84）

基本情報
国名：エジプト・アラブ共和国
場所：アブ・ロアシュ
座標：北緯30°01′56″　東経31°04′29″
高さ：67メートル
規模：東西106メートル × 南北106メートル
建造年代：紀元前2525年頃

「ギザの三大ピラミッド」という言葉は、我々にしばしば連続して古代エジプト王国の王位に就いたクフ王、カフラー王、メンカウラー王という3人のファラオによって、それらのピラミッドが順番に建造されたという勘違いを引き起こす。しかし実情は異なるのだ。古王国時代第4王朝の王位は、クフ王の後、彼の息子であるジェドエフラー王へと引き継がれた。ジェドエフラー王こそが、スネフェル王、クフ王に続く第4王朝3代目の王であったのである。彼の名前がギザにあるクフの舟坑（せんこう）の一つを覆う巨大な石板に記されていたことから、彼がクフの息子であり、後継者として父の埋葬を監督したと考えられているのだ。しかしながら、ジェドエフラー王は、父のピラミッドのあるギザを自身の奥津城（おくつき）には選

ばなかったのである。彼が自らのピラミッド・コンプレックス（複合体）の建造地に選んだのは、ギザから北方に約8キロメートル離れたアブ・ラワシュという土地であった。そこはギザ台地よりも20メートルほど高い丘のような場所であり、ギザの大ピラミッドを見下ろすことができたのだ。同じく丘陵の上に建造されたスネフェル王によるセイラの小型ピラミッドほどではないが、北方のデルタ地域と南方のダハシュールやサッカラを臨む戦略的に重要な地点であったとも言える。彼は10年にも満たない治世しかエジプトを治めなかったため、彼のピラミッドは小規模なものであり、未完成であったと考えられることもあるが、20年以上統治し、ピラミッドが完成した後に石材が略奪されたと考える研究者も現在では多い。

　アブ・ラワシュのピラミッドで現在みることができるのは、ピラミッドの上部構造の核部分に残存している水平に積まれた20段ほどの崩れた石積みの基礎部分のみである（**図50**）。そのため研究者たちによる見解も分かれており、ジェドエフラー王は、真正ピラミッドではなく、巨大なマスタバ墓や階段ピラミッド、あるいは傾斜角度60度の急勾配のピラミッドの建造を意図していたのだと考えられることもある。もし真正ピラミッドとして完成していたならば、傾斜角度48度から52度で、高さは57メートルから67メートル、そして底辺は約106メートルになっていたであろうと推定されている。

「ジェドエフラーはセヘド星なり」という呼び名を持つこのジェドエフラー王のピラミッド・コンプレックスの構成は次のようなものである（**図51**）。入口はピラミッド北側に位置し、南北軸に沿って約49メートルの下降通路と深さ約20メートルの竪坑、そしてその下に玄室が位置している（入口部分は現在もみることができる）。残存しているピラミッドの下部構造は、T字型に深く掘り込まれていたが、内部の通路も玄室も破壊されていた。そのため玄室がクフ王のピラミッドのように大きな平たい石板を組み合わせることにより造られていたのか、スネフェルのピラミッドのように持ち送り積み式を採用していたのかはわからない。しかしながら、赤色花崗岩製の石棺の断片と考えられるものが出土しており、さらにピラミッド内部に残る天井の一部がサッカラのネチェリケト王の階段ピラミッドの様式と類似する点が指摘されている。

　このジェドエフラー王のピラミッド・コンプレックスは、ピラミッド本体を取り囲むように、内周壁とピラミッド本体との間に6メートル幅の空間があり、その外側にさらに大きな南北に延びた外周壁をともなっている。中庭のある複雑な葬祭神殿が東側に建造されている。その葬祭神殿には、部分的に日干しレンガと未加工の石材が使用されていた。そこから出土した赤色珪岩製の王の頭部は、ギザの大スフィンクスを凌ぐエジプト最古のスフィンクス型の彫像の一部であるの

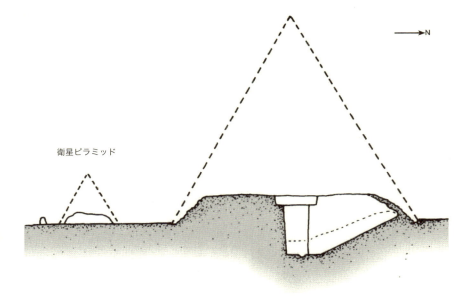

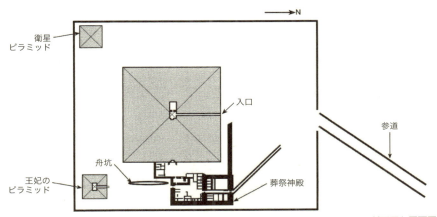

図51：ジェドエフラー王のピラミッドの断面図と平面図
（Lehner, 1997, p.120と Dodson, 2003, p.53を参考に作成）

かもしれない。ピラミッド本体の東側、葬祭神殿の南側には舟坑があり、そして周壁内の南西角に衛星ピラミッドが1基建造されている。衛星ピラミッドは通常南東角に建造されることが多いが、このジェドエフラーの衛星ピラミッドは南西角に建造されている（唯一同じ位置にあるのはメンカウラーの衛星ピラミッドの

みであるという指摘がなされている）。

しかし衛星ピラミッドの位置は、ピラミッド本体の南側にあるという原則以外は各ピラミッドですべて異なっている。このことは、衛星ピラミッドが「南の墓」の発展形であるという説を補強するものであろう。参道はピラミッド・コンプレックスの北側から北東方向へと斜めに約1.5キロメートル延びている。その先の河岸神殿は発見されていないが、第３王朝のエル＝デイルとして知られる葬祭記念建造物の近くに存在していると考える研究者もいる。このピラミッド周辺の丘の麓には、まだ詳細な調査がなされていない初期王朝時代と古王国時代の私人のネクロポリスが広がっているが、少なくとも丘の頂上には、第１王朝の高官たちがマスタバ墓を建設しており、それらの墓のうちの一つには、二つの船葬墓が伴われていた。このことは、アブ・ラワシュが古来、王族を含む支配者階層の埋葬地であったことを意味する。ジェドエフラー王はけっして、何の意味も持たないような地を己の最期に選んだのではないのだ。

古代エジプトにおけるピラミッドの発展過程、あるいはピラミッドの持つ意味を考える際に、このジェドエフラーのピラミッド・コンプレックスに我々は最大の注意を払わなければならない。つまり「なぜこのピラミッドがギザではなく、アブ・ラワシュに建造されたのか」という理由、言い換えれば「なぜジェドエフラーは、彼の前任者と後継者がギザを選択したのにもかかわらず、アブ・ラワシュにピラミッドを建てたのか」ということである。上述した伝統的埋葬地という意味以外に、その理由を明らかにすることができれば、ピラミッド学を一歩前進させることができるかもしれない。最も実際的な理由として挙げられるのは、アブ・ラワシュのピラミッド・コンプレックスの西方に良質の石灰岩を産する石切り場があったことであろう。巨大な石造建造物であるピラミッド建造に必要な大量の石材の供給は、最初に検討されるべき最重要課題であるからだ。

しかしジェドエフラー王以降の王家の王墓地プランを考慮するならば、それは明らかにアブ・ラワシュよりもギザを重要視していたことがわかる。そして何よりもまだカフラー王のピラミッドが建設される以前であったことから、ギザ近郊に石材は十分にあったはずなのである。つまりジェドエフラー王が王墓地として、アブ・ラワシュを選んだことにはもっと深い理由が存在するはずなのである。

そこで彼の治世に目を転じたい。ジェドエフラー王の生きた時代の背景に注目するのだ。彼の治世には大きな変革があった。それは新たな王名・王の称号である「サ・ラー名」（サ＝息子、ラー＝太陽神ラー）の採用である。古代エジプト王は最大で五つの王名・形容辞（五重称号）を持つが、その一つが「サ・ラー名」と呼ばれるものであった。ジェドエフラー王は、太陽信仰と彼自身を結びつ

けるためにサ・ラー、つまり「太陽神の息子」という称号を使用した最初の王でもあったのである。彼以降、本来現人神であった古代エジプト王は、太陽神の息子という地位に一段格下げされることとなった。このことは彼の名前ジェドエフラー（ラーの如く永遠）に太陽神「ラー」が含まれていることからも明らかである。この王名への「ラー」という文言の導入は、ジェドエフラー王の太陽神信仰への強い傾倒を表わしていただけではなく、おそらくそれと同時にこれまで不可触であった古代エジプト王権に関与できるほどの宗教権力の台頭をも意味していた。またアブ・ラワシュは、ギザよりも太陽神ラーを主神に祀る伝統的都市ヘリオポリスに地理的に近かったことも原因の一つであったのかもしれない。ヘリオポリスは、ほぼアブ・ラワシュから見てナイル河の対岸に位置するほど近いのである。

　もう一つの考え方として、ピラミッド・コンプレックスの構造の回帰現象が挙げられることがある。ジェドエフラー王の周壁は南北方向に広がっている。これは明らかにそれまでのスネフェル王のピラミッド群や以降のギザの王たちのものとは異なっている。これと同じ特徴を持つのは、第3王朝のネチェリケト王とセケムケト王の階段ピラミッド・コンプレックスである。このことからジェドエフラーは、過去の様式＝第3王朝の階段ピラミッド様式を復活させた可能性が指摘されている。現在は上部構造が崩壊してしまいほとんど跡形のないジェドエフラー王のピラミッドは、完成当時階段ピラミッドであった可能性が高いのである。ジェドエフラーの時代、ピラミッド形態の回帰現象＝先祖返りが起こったのだ。しかしながら、それであれば場所が「なぜサッカラではなかったのか」という新たな疑問が生まれる。この疑問への回答として、先述した巨大な石造葬祭記念建造物であるエル＝デイルの存在が挙げられる。ジェドエフラー王のピラミッド・コンプレックスから延びた参道の先の河岸神殿があるはずの場所に近い位置にあるとされるエル＝デイルは、即位順が正確にはわかっていない第3王朝の王（おそらく4番目の王でフニの先王であったサナクト）のものとされる巨大な周壁（南北約280メートルで東西約150メートル）を持つ建造物であった。つまり、もともとアブ・ラワシュは、第3王朝の王家と密接な所縁を持つ地であったのである。ジェドエフラーは、エジプト最初の高層建築物である階段ピラミッドをサッカラに造った偉大なネチェリケト王に憧憬の念を抱いていたのかもしれない。

ジェドカラー王のピラミッド

Pyramid of Djedkara

図52：ジェドカラー王のピラミッド全景
(By Didia - Own work, CC BY-SA 3.0, https://commons.wikimedia.org/w/index.php?curid=18085965)

基本情報
国名：エジプト・アラブ共和国
場所：南サッカラ
座標：北緯29°51′4″　東経31°13′15″
高さ：52.5メートル
規模：東西78.75メートル × 南北78.75メートル
建造年代：紀元前2360年頃

　ジェドカラー（ジェドカラー・イセシ）は、第5王朝8代目の王であり、30年以上エジプトを支配した。第6王朝の

高官ハルクフの自伝碑文によれば、ジェドカラー王は、南方にあったプントに遠征隊を派遣し、ピグミーを含む様々な文

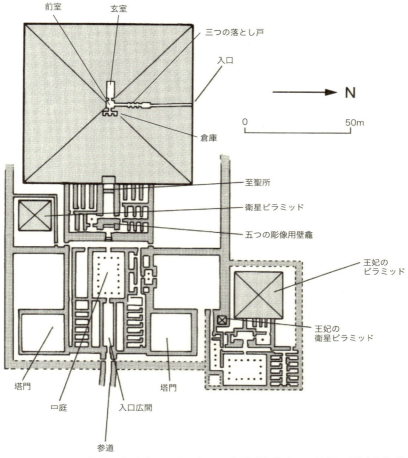

図53：ジェドカラー王のピラミッド平面図（Lehner, 1997, p.153より作成）

物を持ち帰ったり、統治体制を効率的にするために上エジプトに監督官職を創設した。また彼は第5王朝の伝統である太陽神殿の建設を放棄したことでも知られているが、「イセシは美しい」という呼び名を持つピラミッド（図52）を建造した。このピラミッドは、底辺が約79メートル、完成時の高さは52.5メートル、そして傾斜角度が約52度であった。彼が建造したピラミッド・コンプレックスは、サッカラ南部の丘陵地における初めてのものとなった。

入口は北側面の中央やや西寄りに地表面に合わせて造られていた（図53）。現在は崩壊しているが、入口前には礼拝所があった。入口から延びる傾斜路は花崗岩で内張りがなされており、水平面位置にある部屋へとたどり着く。この部屋で何らかの儀礼に使用されたものではないかと考えられている壺の破片が発見されている。そこから先に延びる石灰岩で内張りされた通路を進むと赤色花崗岩製の3枚の落とし戸があり、さらに進むと前室がある。前室の東側には、メンカウラーのピラミッドにみられるものと同じ三つの壁龕のある倉庫がある。前室の西側に位置する玄室は、天井部が石灰岩製の石板を3層重ねた切妻様式となっていた。玄室からは、王の埋葬に関する数多くの情報が得られた。玄武岩製の石棺の断片が大量に発見されたが、その石棺は床面にはめ込まれていたことが明らかになった。内臓を納めるカノポス壺用の床の窪みが石棺の南東角に存在しており、

そこに現在は破壊されてしまったアラバスター製のカノポス壺が置かれていた。さらに金線を通したアラバスターとファイアンス製のビーズが発見されている。

このジェドカラー王のピラミッドの重要性は、上述した石棺・カノポス壺・副葬品という埋葬に不可欠な三つの要素を備えていたことに集約される。これで王のものであると断定可能なミイラさえ見つかれば、これまで人類の頭を悩ませてきたピラミッド問題は大いに前進するのである。このピラミッドからは、実際に玄室の瓦礫のなかから50歳くらいの男性のミイラ化した損傷の著しい遺体が発見されている。このミイラが王のものであるのか、あるいは昔の盗掘者のものであるのかはわかっていないが、盗掘者たちは通路の途中にあった落とし戸を破壊して前進したのではなく、迂回路を掘って玄室までたどり着いていることから考えると、少なくとも玄室はかなり長期間密室状態であった可能性が高い。つまり、このミイラはジェドカラー王自身である可能性があるのだ。ただかなり早い段階で盗掘が行われ、その際に悲劇に見舞われた盗掘者の成れの果てという可能性もある。もしこのミイラが石棺のなかでエジプト王に相応しいような丁寧な埋葬がなされていたり、豪華な副葬品とともに発見されたりしたものであれば問題は解決するのであるが、実際はそうではなかった。そのため、この問題はいまだ決着が着いていないのである。ただ本当に現在エジプト考古学博物館に所蔵されて

いるこのミイラがジェドカラー王のものであったとするなら、ピラミッドは王墓であるという説の絶対的根拠となる。そのためこのピラミッドに関する問題は、最重要事項なのである。

　ピラミッド本体の東側に建設された大規模な葬祭神殿は、未発掘の河岸神殿から一部未調査の参道を通り、左右に巨大な塔門のある真ん中の入口から入る。左右に倉庫を備えた長方形の入口広間を進むと柱廊に囲まれた中庭に出る。双方とも床にはアラバスターが敷かれていた。中庭を抜けて直進したところに階段があり、その先に彫像を納めるための五つの壁龕があった。その南側に１本の円柱がある正方形の前室があり、壁龕のちょうど裏側に左右に倉庫を備えた中庭付き至聖所が位置していた。ピラミッドの南東部には衛星ピラミッドが付属していた。葬祭神殿のあちこちで発見されているレリーフの断片から考えると、現在は破壊されているこの葬祭神殿は当時豪華に装飾が施されていたのであろうと思われる。

　またピラミッド本体の北東に建造された王妃のピラミッドは、周壁、柱廊を持つ中庭や五つの彫像用の壁龕などを持つ葬祭神殿と衛星ピラミッドなどを備えた王のピラミッド・コンプレックスの縮小版の最初の例として知られている。これはジェドカラー王のピラミッド・コンプレックス最大の特徴となっている。近くで王宮あるいはピラミッド・タウンのものと想定されている建造物跡も確認されている。

シェプセスカフ王のマスタバ・エル＝ファラウン

Mastaba Faraun of Shepseskaf

図54：シェプセスカフ王のマスタバ・エル＝ファラウン全景（By Jon Bodsworth (www.egyptarchive.co.uk) [Copyrighted free use], via Wikimedia Commons）

```
基本情報
国名：エジプト・アラブ共和国
場所：南サッカラ
座標：北緯29°50′20″　東経31°12′54″
高さ：18メートル
規模：東西74.4メートル×南北99.6メートル
建造年代：紀元前2475年頃
```

シェプセスカフは、メンカウラーの後に即位した第4王朝6番目にして、同王朝最後の王であった（息子であったのか、兄弟であったのかは意見が分かれている）。彼がサッカラ南部に建造したマスタバ・エル＝ファラウン（ファラオのマスタバの意味）（図54）は、マスタバ墓ではあったが、その規模と内部構造からピラミッドに数え上げられることもある。シェプセスカフ王のカルトゥーシュの記された名前の最後部にマスタバ墓の形のヒエログリフが決定詞として記されていたことや出土遺物などから、シェプセスカフのために造られたものに違いないが、彼はピラミッドの伝統から逸脱し、石棺形をした外見が特徴的な葬祭記念建造物を建設したのである。この巨大な変則的マスタバ墓は、当時「シェプセスカフは清い」と呼ばれ、入口はギザのピラミッドと同様に北側に造られた（図

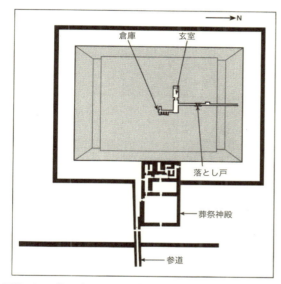

図55：シェプセスカフ王のマスタバ・エル＝ファラウンの断面図と平面図（Dodson, 2003, p.64を参考に作成）

55）。地上約2.5メートルの位置にある入口の下降通路から約21メートル下に降りると水平通路があり、その通路の先には落とし戸用の3か所の溝と前室がある。前室の西側の通路の先にヴォールト式の天井部を持つ玄室が造られていた。そこにはメンカウラー王の棺と良く似た装飾を持つ石棺が置かれていたが、発見時にはすでに破壊されていた。前室の南側には、六つの壁龕を備えた部屋がある。

マスタバ本体の東側には葬祭神殿があり、そこからシェプセスカフ王の彫像の一部が出土している。葬祭神殿の南側面から東方向に、漆喰で固められた日干しレンガ製の参道が延びているが、その先にあるはずの河岸神殿は未発掘のままである。外装用の石材には、最下段のみに赤色花崗岩が使用されていたが、他は石灰岩で葺かれていた。外観は上部の両端がやや上に立ちあがったような形をしている。これはエジプトで古くから下エジプト、特に巨大な都市ブトの象徴として

知られていたペル・ヌウ（テント型聖堂）の形であった。ペル・ヌウと類似した形態には、ネチェリケト王の階段ピラミッド・コンプレックス（複合体）内にあるセド祭用の祠堂やシャブティを入れる箱、あるいは棺がある。最後の棺の形態を表わしたものの一例として、このシェプセスカフのマスタバ・エル＝ファラウンが挙げられる。

最大の疑問点は、「なぜシェプセスカフ王は、ギザからサッカラへと王墓地を移動したのか」ということだ。その理由としては、権力を増長させていたヘリオポリスの太陽神ラー信仰、およびラー神官団からの影響の脱却が挙げられている。太陽光線の象徴としてのピラミッドを避けたこと、そして名前から「ラー」を排除した事実がそれを物語っている。しかし上部構造は過去のものを避けたが、下部構造はメンカウラー王のピラミッドに良く似ていた点にも注意が必要である。またメンカウラー王のピラミッド・コンプレックスと同様に、周辺地域に王族や高官の墓は造られなかった点にも意味があるのかもしれない。宗教的・政治的理由以外にギザ台地がピラミッド建設地としては手狭になっていたことや経済的負担の大きさが理由に挙げられることもある。確かにサッカラ南部はすでに人々に見捨てられたような地であったという印象が付き纏うが、サッカラは本来古代エジプト王家の伝統的ネクロポリスであり、またシェプセスカフの祖先に当たるスネフェル王のピラミッドは、そ

の近くのダハシュールに建造されていることを忘れてはならない。シェプセスカフのマスタバ・エル＝ファラウンは、サッカラのネチェリケト王の階段ピラミッド・コンプレックスとダハシュールのスネフェルの赤ピラミッドとのちょうど中間に位置しているのも偶然ではない。シェプセスカフ王は、過去の偉大なファラオたちへの憧れと畏敬の念のために、ギザを離れてサッカラ南部を選んだのだ。

ピラミッドという墓形態をシェプセスカフが否定していなかった点も強調しておくべきことであろう。彼はマスタバ・エル＝ファラウンを建造したが、同時に父親のメンカウラー王のピラミッド・コンプレックスの仕上げも行っているからである。またさらなる可能性として、シェプセスカフ王がマスタバ・エル＝ファラウンだけではなく、いまだ発見されていないピラミッドを自らのものとして建造していたかもしれないという説を提案しておきたい。根拠は、パレルモ・ストーンに記された彼の名前にある。先述したように彼の名前の最後部にマスタバ墓形の文字が決定詞として記されていたが、それ以外にも真正ピラミッドを決定詞にしている場合があるのだ。パレルモ・ストーンには、聖水を表わす文字と並列してピラミッドを意味する文字が記されていた。これはシェプセスカフ王が自らのためにもう一つの葬祭記念建造物＝ピラミッド（未発見）を建てたことを意味するのかもしれない。

シェプスカラー王のピラミッド

Pyramid of Shepseskara

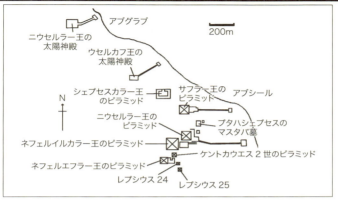

図56：アブシールのピラミッドと太陽神殿
(https://commons.wikimedia.org/wiki/File:Abusir_map.png を参考に作成)

基本情報
国名：エジプト・アラブ共和国
場所：アブシール
座標：北緯29°53′55″ 東経31°12′6″
高さ：未完成のため不明
規模：未完成のため不明
建造年代：紀元前2390年頃

　シェプセスカラー王は実態が良く分かっていない王であるが、新王国時代後期に作成された古代エジプトの支配者一覧であるサッカラ王名表によれば、ネフェルイルカラー王の後継者とされる。現時点では、1980年代初頭にアブシールにおいて、新たに発見・確認されたピラミッドがシェプセスカラーのものだと同定されている。そのピラミッドは、サフラー王のピラミッド・コンプレックス（複合体）とウセルカフ王の太陽神殿とのちょうど中間地点に位置していた。しかしながら、そこで確認されたのは建造途中の玄室と造成途中の正方形の敷地のみであった。その敷地面積から、もしこのシェプセスカラー王のピラミッドが完成していたならば、アブシールにおいて、ネフェルエフラー王のものに次ぐ大きさであったことが推測されるが、かなり早い段階で建造が断念されたため詳細は不明である。

シャバカ王のピラミッド

Pyramid of Shabaka

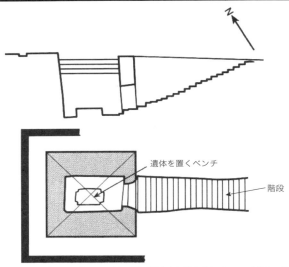

図57：シャバカ王のピラミッドの断面図と平面図（Dodson, 2003, p.113を参考に作成）

基本情報
国名：エジプト・アラブ共和国
場所：エル＝クッル
座標：北緯18°24′35″　東経31°46′16″
高さ：約11メートル
規模：東西約11メートル×南北11メートル
建造年代：紀元前8世紀後半

　シャバカ（シャバコ）王のピラミッドは、現在の北スーダンに相当するヌビアのエル＝クッルに建造された。ピイ王のピラミッドの隣に位置している。上部構造は完全に崩れている。しかしながら、岩盤を掘り込んだ下部構造はピイ王のものよりも良く残っている（図57）。玄室へと続くピラミッドの入口は東側にあり、そこから階段が下へと続いていた。壁画の痕がみられる玄室の真ん中に石製のベンチが置かれていた。カノポス壺も揃って出土している。概ねピイ王のピラミッドと同じような構造である。

シンキの小型階段ピラミッド

Pyramid of at Sinki

図58：シンキの小型階段ピラミッド
(M. Isler, Sticks, Stones, & Shadows: Building the Egyptian Pyramids 〈Norman, 2001〉, p.100−fig.4.12)

基本情報
国名：エジプト・アラブ共和国
場所：ナガ・エル＝カリファ
座標：北緯26°9′28.24″　東経31°57′58.89″
高さ：4メートル
規模：東西18.2メートル × 南北18.2メートル
建造年代：紀元前2575年頃

古王国時代第4王朝のスネフェル王によって、古代の主要都市アビドスから8キロメートル南方のナガ・エル＝カリファに建造された3段の小型階段ピラミッド（図58）である。ナイル河に沿うような位置に建造された。現在はほぼ崩れているが、本来は石灰岩（せっかいがん）の断片を漆喰（しっくい）で固めて造られていた。ピラミッドの周りには、古王国時代と新王国時代の共同墓地がある。最初はマスペロによって発見されたが、その後スウェリムとドライヤーによって調査がなされた。

スネフェル王の赤ピラミッド

図59：スネフェル王の赤ピラミッド全景（撮影　大城道則）

基本情報
国名：エジプト・アラブ共和国
場所：ダハシュール
座標：北緯29°48′30″　東経31°12′21″
高さ：105メートル
規模：東西220メートル×南北220メートル
建造年代：紀元前2575年頃

　階段ピラミッドから真正ピラミッドへの形態変化は、第4王朝初代のスネフェル王の治世に始まるとされている。スネフェル王はメイドゥムに最初階段ピラミッドを建設したが、続いてダハシュールに外壁の途中から角度が緩やかになるいわゆる屈折ピラミッドを建設した。最終的にスネフェル王は、そのダハシュールの屈折ピラミッドから北へ約4キロメートルの場所に当時「スネフェルは輝く」と呼ばれ、後の時代に「赤ピラミッド」（図59）と呼ばれることとなる傾斜角度が約43度と緩やかな真正ピラミッドを完成させたのである（つまり屈折ピラ

ミッドの上部構造の上半分と同じ角度）。赤ピラミッドという呼び名は、外装の石材がはぎ取られた後の内部の赤みがかった石灰岩製石材の色に由来する。そしてその後、メイドゥムに造られた最初の階段ピラミッドの真正ピラミッドへの改築に取りかかったと考えられているのだ。この試みは結果的にピラミッドの崩壊という結末を迎えたと想像されているが、彼の志は次王のクフ王に引き継がれた。つまり、単なる原始的な穴による埋葬から始まった古代エジプト人たちの墓形態は、下部構造を持つ墓へと進歩し、続いて台形型の上部構造を持つマスタバ墓となり、階段ピラミッドを経て、最終的に四角錐の真正ピラミッドとなったのである。ピラミッドの発展過程はしばしばこのように説明されている。しかしながら、我々は上で述べられたようなある種の単系進化論的な考えをそのまま受け入れても良いのであろうか。それは大いに疑問である。その疑問の解をみつけるには、スネフェル王がどのような順番で彼の三つの巨大なピラミッドを建造したのかを知る必要がある。それは間違いなく今後の大きな検討課題であろうが、まずはダハシュールに建造されたスネフェル王の赤ピラミッドの構造を確認しておきたい（図60）。

この赤ピラミッドの入口は、地表から約28メートルの高さの北側に位置している。約63メートルにもおよぶ通路を下降して、高さ約12メートルの持ち送り積み式の天井部を持つ前室へと至る。ほぼ同

じ構造の第2の前室を抜けて、そこからさらに8メートル高い位置に造られた水平の通路を通り、高さ約15メートルの持ち送り積み式の天井部を持つ玄室にたどり着くのである。二つの前室は南北軸を向き地表面と平行に造られていたが、玄室は東西軸を持っていた。玄室が東西軸であり、地表よりも上に造られている点は、後のクフ王の大ピラミッドを彷彿とさせる特徴である。

さらにピラミッドの玄室の方向軸に注目するならば、第3王朝の階段ピラミッドの伝統を引き継いでいたスネフェル王の崩れピラミッドと屈折ピラミッドが南北軸を持っていたのに対して、赤ピラミッドがギザのピラミッドのように玄室が東西軸を向いていたことがわかるのである。赤ピラミッドは、幸運なことに石灰岩製のキャップストーンは発見されているが、玄室は明らかに盗掘を受けていた。しかしながら、この玄室からはミイラの断片（骨片）が出土している。ただし誰のものかは不明である。しかしドッドソンのように、このミイラをスネフェル王のものと考えている研究者もいる。

この赤ピラミッド本体は周壁で取り囲まれており、また付属して存在する構造物として葬祭神殿が知られている。葬祭神殿はピラミッド東側に位置している。現在はかなり大規模に破壊されているが、至聖所とそれを挟むようにある二つの礼拝所、そしてその前方に中庭があったことが確認されている。このピラミッドの河岸神殿の場所も知られているが、

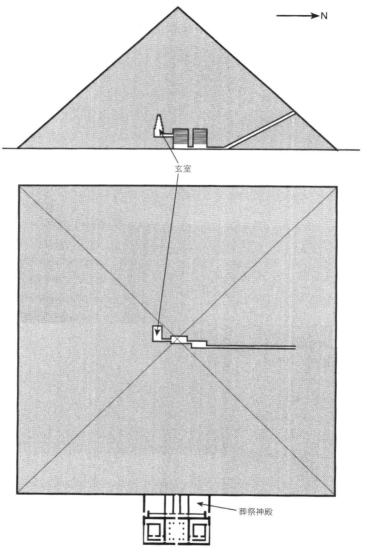

図60：スネフェル王の赤ピラミッドの断面図と平面図（Dodson, 2003, p.53を参考に作成）

いまだ詳細な調査はなされていない。それゆえこれら二つの神殿をつなぐ参道が現存するかどうかもわかっていない状況なのである。窯を持つ工房跡が確認されていたり、偽扉の断片とスネフェル王が描かれた石灰岩のレリーフの断片などが発見されているが、衛星ピラミッドは発見されていない。先述したように一部未確認ではあるが、スネフェル王によるダハシュールの二つのピラミッドは、双方ともに葬祭神殿から延びる参道とその先にある河岸神殿を備えていた可能性が高い。これらの特徴は第4王朝へと引き継がれ、真正ピラミッド・コンプレックス（複合体）の基本要素となるものである。また赤ピラミッドの北東には、第4王朝頃に建造が開始されたと考えられているレプシウス第50（L）号と名づけられたピラミッドの基礎部分が残っている。後ほど述べるペピ1世の勅令には、メンカウホル王のピラミッドにも触れられていることから、レプシウス第50（L）号がそれに相当するのかもしれないし、今後ダハシュールで新たなピラミッドが発見されるかもしれない。

ダハシュールは屈折ピラミッドと赤ピラミッドの二つのピラミッドが建造された場所であると考えるのではなく、それら二つのピラミッドを包含する一つの空間として理解すべきである。そのことは、ダハシュール出土の第6王朝の王ペピ1世による井戸に関する税免除について記された勅令のなかでダハシュールのスネフェル王のピラミッド都市を「二つ

のピラミッドの都市」と呼び、ピラミッドを表わす文字が二つ重ねて記されていることからも明らかである。ダハシュールに居を構え、二つの巨大なピラミッドを建造したスネフェルであったが、晩年には最初に建造に着手したと考えられている彼の巨大な階段ピラミッドを真正ピラミッドへと仕上げるために、再びメイドゥムへと舞い戻ったと考えられている。彼の権力の大きさはこれら複数のピラミッドから十分に明らかであるが、それ以外の史料からも確認することができる。

古代エジプト最古の年代記の一つであるパレルモ・ストーン（**図61**）の記述によれば、スネフェル王は、南方のヌビアと西方のリビアに遠征隊を派遣し、戦利品として大量の捕虜と家畜を獲得している。さらにシナイ半島のトルコ石鉱山や銅山に採掘のための遠征隊を派遣したとも記されている。また大型の建材がエジプトでは不足していたため、レバノン杉を求めて現在のレバノンにあるビブロスにまで遠征隊を派遣したことでも知られているのである。スネフェル王はその強大な権力を背景に対外戦略を開始した王でもあったのである。

この歴代の古代エジプト王たちのなかでもかなり強力な権力を持っていたと想像できるスネフェル王は、後世に語られる文学作品のなかにしばしば登場する人物でもあった。例えば「ネフェルティの予言」という物語のなかにもスネフェル王は登場する。この「ネフェルティの予

図61：パレルモ・ストーン（Schulz and Seidel, 2010, p.24)

言」という物語は、後の中王国時代の第12王朝に編まれたとされているが、そのなかで描かれている舞台は、時代設定が古王国時代第4王朝のスネフェル王の治世になっている。

その話の冒頭は、「上下エジプトの王、声正しきものスネフェル王がこの国の慈愛深き王だった頃のことです……」で始まる。ここから我々は、第12王朝の時期になってもスネフェル王はエジプトの人々にものすごく良いイメージの人物と考えられていたという事実を知るのである。また原型は第5王朝にまで遡るが、第二中間期にパピルスに書き写されたと考えられている「ウェストカー・パピルスの物語」のなかで、スネフェル王は日々の生活が退屈なので、暇つぶしに魔術師を呼びつけて何か楽しいことはないかと尋ねたり、少女たちを舟遊びさせて、それを楽しそうに眺めたりする場面が描かれている。このことから後の第二中間期になってもスネフェル王がひじょうに親しみ深い身近な人物として人々に知られていたことが読み取れるのである。この「ネフェルティの予言」や「ウェストカー・パピルスの物語」に述べられているように、スネフェル王は、偉大な慈悲深い王として庶民に絶大な人気を誇り、後世に語り継がれていく人物なのである。中王国時代までには神格化され神となるほどであった。スネフェル王が複数のピラミッドを建設することができた理由は、その当時のエジプト王国が国家として強大な力を保持していたのみならず、王個人に対する庶民からの人気が背景にあり、それを政に巧みに利用したからであったのかもしれない。スネフェル王こそは真のカリスマであった。彼であったからこそ、第3王朝から建造されてきた階段ピラミッドのような単純に石材を階段状に積み上げた巨大な人工の岩山以上の概念＝完璧なる「四角錐」をピラミッドに与えることができたのである。

スネフェル王の屈折ピラミッド

Bent Pyramid

図62：スネフェル王の屈折ピラミッド全景（撮影　大城道則）

```
基本情報
国名：エジプト・アラブ共和国
場所：ダハシュール
座標：北緯29°47′25″　東経31°12′33″
高さ：105メートル
規模：東西188メートル × 南北188メートル
建造年代：紀元前2575年頃
```

　メイドゥムで巨大なピラミッドを1基完成させた後（あるいはそれが崩壊した後）、カイロの南方約40キロメートルに位置するダハシュールに拠点を移したスネフェル王は、治世15年に新たに選んだ

その地において2基の巨大なピラミッド建設を開始した。なぜスネフェル王がピラミッドや王宮自体を移動させたのかはいまだ分かっていないが、政治拠点であった都のメンフィスにより近い場所を

と考えたのかもしれない（しかしなぜもっとメンフィスに近いサッカラでは駄目だったのかはわからない）。あるいはファイユーム地域よりもデルタ地域に目を向けざるを得ないような社会状況があったのであろう。デルタ地域は外部世界に開かれており、交易活動を行う際に都合が良く、その結果として情報や商品にあふれる豊かな風土であったが、つねに異民族が流入して来る危険性をはらんでいたからである。エジプトが国として豊かになればなるほど、周辺諸地域から様々な人々がナイル世界を目指してやってきたはずだ。その地域の安定を目的として、スネフェル王はメイドゥムを捨て、ダハシュールを新たな地に選んだのだ。

ただ社会状況がどのようなものであったとしても、この時期一人の王＝スネフェル王が複数のピラミッド建設を指示したということは動かしがたい事実だ。そのうちの一つがいわゆる屈折ピラミッドと呼ばれるものであった（もう一つは次に紹介する『赤ピラミッド』、別名「北のピラミッド」）。ダハシュールに出現した二つの巨大なピラミッドの間には、スネフェル王の治世に造られたネクロポリス（大規模な集合墓地）にマスタバ墓群が広がり、前方の東側には中王国時代の王たちのピラミッドが点在している。ダハシュールは、古王国時代から中王国時代にかけて長く続いた伝統的なエジプト王家の巨大なネクロポリスであったのである。

屈折ピラミッド（**図62**）は、底辺の長さが約188メートルあり、高さは約105メートルを有した。「南のスネフェルは輝く」という呼び名を持つこのピラミッドは、もともとは後の第4王朝期に出現するような真正ピラミッドとして設計されたと考えられている。結果的に当初の目論みは不成功に終わったが、皮肉にもその特異な形状によって広く知られる存在となったのである。このピラミッドは「屈折」というその言葉通り、傾斜角度が途中で緩やかに折れ曲がっていることをその最大の特徴としている。底部から約45メートル上の屈折している個所までは、角度が約54度であったが、そこから上は約43度の角度で仕上げられていた。台形の上に三角形が載せられているようなイメージだ。これまでのピラミッド同様、内側に傾斜させて積まれていた石材も途中から水平に置くように変更された。そのうえ、モルタル（漆喰）が多用されたことが知られていることから、建設途中段階ですでにこのピラミッドは、建造物としての構造上多くの問題を抱えていたことがわかるのである。

特異な点はその外観だけではなかった。他のピラミッドと比べて内部構造がきわめて複雑に造られていたのである。その最大の特徴は、ピラミッド内部へと通ずる入口が北側と西側の2か所に存在していることにある（**図63**）。北側入口の通路は、約74メートルもの長い傾斜路を下った先に持ち送り積みの天井部をそれぞれ持つ玄室と前室が備えられてい

た。玄室は最も低い位置にあり、岩盤を掘り込んで造られている。その玄室の斜め上に前室があるのだ。もう一方の西側の入口通路は、約65メートルの長さで、同じように持ち送り積みの天井部を持つもう一つの玄室へと続いていたが、玄室へと至る途中に通路を閉鎖するための落とし戸が2か所に造られていた（この仕掛けは後の時代に建造されたピラミッドにもみられる）。それら落とし戸の中間に北側入口の先にある前室につながるトンネルが掘られているのだ。おそらくこのトンネルは、盗掘除けの二つの落とし戸で上部にある玄室を封鎖した後、作業者が脱出するために用意されたものなのであろう。二つの玄室とその間に位置する前室は、高さが約15メートルにもおよぶ箇所もあるほど広い空間を形成している。残念ながらどちらの玄室にも石棺はなかったが、天井部にはスネフェルの名前が赤色で記されていたことが確認されている。しかしいまだ玄室が二つ造られた理由も北の入口が地表から約12メートルの個所に、そして西の入口が約33メートルの地点に造られた理由もわかっていない。

ピラミッド本体の周りにも大小様々な構造物が配置されている。東側には葬祭神殿（礼拝堂）（図64）があり、メイドゥムの崩れピラミッドと同じく供物台と約9メートルの高さを持つ二つの石碑（現在、上半分が折れてしまっている）が出土しているのである。それらの石碑にスネフェルの名前と称号が刻まれてい

たことは、このピラミッドの持ち主が彼であることを明確に示している。ただし北側にも供物台を備えた小型の礼拝堂がある点にも注意が必要である。つまり最初は南北軸を強調して建造が開始されたこのピラミッドが、その途中段階で東西軸を基礎とするものへと変わった可能性があるのだ。石灰岩で壁が造られ、舗装された屋根を持たないこのピラミッドの参道は、600メートル以上も先の現在エジプト最古の河岸神殿と考えられている場所に通じている。そこはこれまでに詳細な調査がなされており、河岸神殿最深部からは、壁龕に彫り込まれた6体のスネフェル王の彫像と彼の王名が刻まれた二つの石碑が出土した。

南側の周壁の外側には隣接して小型ピラミッド（衛星ピラミッド）が建設された。この小型ピラミッドには、石材を水平に積むという新しい工法が採用されている。この新たな工法とクフ王の大ピラミッドの大回廊と同じく通路に小さな刻み目があるという特徴は、この屈折ピラミッドがその後のギザの大ピラミッドの出現を予感させるものとして注目に値するであろう。この小型ピラミッドからスネフェル王の名前がカルトゥーシュに記され、その下に玉座に座る王が描かれている石碑が発見されている。内部に持ち送り積み式の玄室を備えたこの小型ピラミッドの持つ意味は明らかではないが、南側に位置していることから、第3王朝のネチェリケト王の階段ピラミッドに付属している「南の墓」と同じ機能を持っ

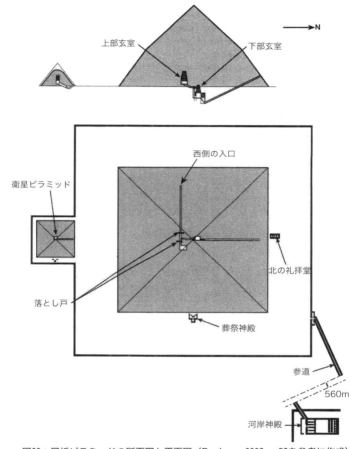

図63：屈折ピラミッドの断面図と平面図（Dodosn, 2003, p.52を参考に作成）

ていたのかもしれない。

　このピラミッドがなぜ途中から緩やかに傾斜角度を変更したのかについては、これまで建築学上の視点から構造上の問題点が指摘されてきた。つまり建設された地盤が硬質の岩ではなく、比較的柔らかい粘板岩でできていたことと、その上に直接基盤を造ったことが原因で、ピラミッド全体の安定性を著しく欠いたというのである。そのために無理をせず角度を54度から43度へと緩やかなものに変更したという説だ。あるいは計画当初に設定されていた斜面の角度が急過ぎたことにより、建設工事の早い段階で構造的に無理が出たというのが一般的な解釈なのである。実際にこのピラミッドの内部に

図64：ピラミッド本体に付属する葬祭神殿（撮影　大城道則）

存在する核の部分は54度以上の傾斜角度を持っていた可能性も提案されているほどだ。また構造の問題には内部構造の複雑化（例えば玄室や通路が多すぎる）が指摘されることもある。実際、建設途中でピラミッド内部に一部崩壊が起こったことは十分に考えられる（ところどころ内部に亀裂がみられる）。

しかしながら、もともとこのピラミッドが途中から角度を変えるように、設計者によってデザインされたのだと考えることもできよう。理想形である真正ピラミッド建設への試行錯誤の段階として、あえて実験的に表面を途中で屈折させたピラミッドを建設してみた可能性は否定できない。そのように考えるならば、入口が西側と北側に造られた理由も理解できるであろう。つまり、入口をどの方向に造れば良いかを実際に試してみたのである。あるいは建設途中でスネフェル王が予想外に早く死去した、あるいは死を予感させるほどの大きな病に倒れてしまったことから、ピラミッドの完成を早めるために角度を変えたのかもしれない。しかしこの場合には、同じくスネフェル王のものであるダハシュールの赤ピラミッドの建造開始が屈折ピラミッドの後ではなく、同時期であったことになる。2基の巨大なピラミッドを同時に建造した可能性が浮上するのだ。スネフェル王は、我々現代人の想像をはるかに凌駕するほどの「大いなる実験」をダハシュールで実施したのかもしれない。

セイラの小型階段ピラミッド

Pyramid in Seila

図65：セイラの小型階段ピラミッド（撮影　大城道則）

基本情報
国名：エジプト・アラブ共和国
場所：セイラ（ファイユーム）
座標：北緯29°22′57″　東経31°03′13″
高さ：6.8メートル
規模：東西25メートル×南北25メートル
建造年代：紀元前2600年頃〜2575年頃

　ファイユーム地域のカルーン湖とメイドゥムの崩れピラミッドの中間にあるセイラの小高い丘陵の頂上に建造されたことから、セイラの小型階段ピラミッド（図65）と呼ばれているこのピラミッドは、他のピラミッドと比べて謎に包まれた存在として知られている。小型であることだけではなく、そもそもピラミッドの定義の一つである墓ではないことが判明しているからだ。このセイラのピラミッドが建造される直前の時期は、第3王朝の歴代の王たちによって巨大な階段ピラミッド・コンプレックス（複合体）が造られていた。それらに続いてこのセ

イラの地にピラミッドが建造されたのである。実はこの時期、セイラ以外にもスネフェル王（一部はその前王であるフニ王）によって、エジプト全土に造られたとされる一連の小型階段ピラミッドの存在が知られている。それらは通常ピラミッドが備えている地下にある埋葬施設を伴わないことから、墓の役割を持っていたわけではなく、もともと王に対する信仰や王の所有地のランドマークとして置かれたのかもしれないと一般的に考えられている。目に見える王権のシンボルとして、小型の階段ピラミッドがエジプト各地の要所に建造されたというのである。ファイユームのセイラにあるこのピラミッドから、スネフェルの名を持つ遺物が発見されているため、エジプトの他の地域に点在している小型階段ピラミッド群も彼の治世に建造されたと考えられることもあるが、フニ王が一連の小型階段ピラミッドの建設に着手し、彼の後継者スネフェル王によって国家事業として継続されたと考えるの方が妥当であろう。

またセイラのピラミッドは、他の小型の階段ピラミッドと同じように、聖なる王権のランドマークとしての役割を果たしていたというよりも中央政府と強く結びつく地方政府の存在を示しているのかもしれない。つまり、かつて旧ソ連支配下の町々にレーニン像が置かれていたように、あるいはアラブの春以前にリビアにカダフィーの肖像画が溢れていたように、時の為政者のイメージは、統治の際に有効であることは間違いないからだ。エジプト全土に拡散した階段ピラミッドも同様に、それらを見る者たちに古代エジプト王権を強く知らしめるという意図で造られたのであろう。つまり潜在的な不満分子に対する監視塔のような役割を果たしていたのである。

その最大の根拠は、セイラのピラミッドが存在する立地にある（図66）。ファイユーム地域はカルーン湖を中心とした低地であり、古来農耕地と運河が多い平地である。本書のなかで紹介されているファイユームのラフーンやハワラに建造された中王国時代の巨大なピラミッドは、やはりその空間に位置しているのである。しかしながら、このピラミッドはファイユーム地方の中心から大きく離れ、運河沿いの狭い未舗装の道路を抜けたところにある丘陵の頂上に造られたのである。そこは周りを360度見渡せる位置にある。実際にその場に立つとメイドゥムの崩れピラミッドやラフーンのピラミッドを遠くに見下ろすことができる。

現場では1世紀前にボルヒャルトによって最初の調査がなされた際にスネフェル王のものとされる供物台と石碑が発見されている。ピラミッド本体の主軸線は北方向を向いているが約12度西方に傾いている。これは丘陵の頂上部の狭い空間を利用したことの弊害であろう。セイラのピラミッドは、石灰岩製の石材を漆喰と粘土・砂で補強して建造された地下構造を持たないピラミッドであった

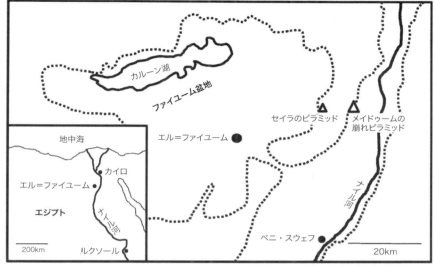

図66：ファイユーム地域の地図（Evans et al, 2015, Fig.1を参考に作成）

が、数メートル横に小型の構造物跡が確認されている。現地では王妃のものだとされているが、いまだ実証されてはいない。その後、スウェリムの指揮の下でブリガム・ヤング大学が1980年代以降調査を続けてきたが、現在は調査が中止されている。同大学は、ピラミッドのある丘陵の下において、ギリシア・ローマ時代からそれ以降に形成された巨大な共同墓地の存在とそこから出土した大量のミイラを確認している。ピラミッドの麓に死者が埋葬されることは、古王国時代から続く古代エジプト人たちの慣習とも言える行動であったが、同じようにギリシア・ローマ時代の人々も自らの偉大な祖先の墓に見守られることを望み、そこに埋葬されたのである。

　ピラミッドの形態が階段ピラミッドから真正ピラミッドへと変化する時期に建造されたこのセイラのピラミッドとその他の小型階段ピラミッドの建造の由来と意図を知ることは、ピラミッド全体の持つ意味を理解する一つの鍵であるのかもしれない。特に高台に建造されたセイラのピラミッドは、ピラミッドが持つ定義＝「ピラミッドとは高いもの・巨大なものである」を実証するものとして重要なのだ。

セケムケト王の階段ピラミッド

Step Pyramid of Sekhemkhet

図67：セケムケト王の階段ピラミッド北西角（Goneim, 1957, pl.XVI)

基本情報
国名：エジプト・アラブ共和国
場所：サッカラ
座標：北緯29°51′57.6″　東経31°12′46.8″
高さ：7メートル（未完成）
規模：東西120メートル×南北120メートル
建造年代：紀元前2625年頃

　最初のピラミッドの持ち主となったネチェリケト王の治世後も階段ピラミッドの建造は、後継の第3王朝の王たちのために継続された。彼の後継者であったセケムケト王の実在性は、後述するシナイ半島のトルコ石採掘場として知られるワディ・マガラにある岩壁画と上エジプト最南端のエレファンティネ出土の印影において確認されている。彼の治世年数は明らかではないが、新王国時代第19王朝のラメセス2世治世（紀元前1279～1213年頃）に、パピルスに記された古代

エジプトの重要な史料形態として知られる「王名表」の一つであるトリノ王名表のなかに記載されている。そこにはジョセル（ネチェリケト）の次王として、ジョセルティ（ジョセルテティ）という名前の王が挙げられている。このジョセルティをセケムケト王と同一人物であるとするならば、彼の治世は６年（あるいは８年）ほどとなる。第３王朝２番目の王として紀元前2625年頃に王位に就いたとされるセケムケト王は、先王と同じ形態の自身の階段ピラミッドをネチェリケト王の階段ピラミッド・コンプレックス（複合体）の南西に建設を開始したが、それは完成されることなく未完成に終わったと考えられている（図67）。その原因は明らかではないが、もし完成していれば高さ約10メートルの長方形をした周壁に囲まれた６段か７段の階段ピラミッドとなり、ネチェリケト王のものを約８メートル越える高さ70メートルほどのものになったはずである（現状では７メートル弱ほどしかない）。葬祭神殿も間違いなくネチェリケト王の階段ピラミッド・コンプレックスと同様にピラミッドの北側にあるとされているが、いまだ本格的な発掘調査はなされていない。

上部構造が存在しないため、このピラミッドの形状に関しては意見が割れており、そもそもこれは階段ピラミッドを意図したものではなく、巨大なマスタバ墓とする予定であったと考える研究者もいるほどだ。しかしセケムケト王の階段ピ

ラミッド・コンプレックスの周壁にある落書きに最初の階段ピラミッドの設計者とされるイムホテプの名前が残っていることから、それは考えづらいであろう。つまりネチェリケト王の場合と同じく計画の責任者としてイムホテプが登用されたということは、セケムケト王に対しても同様に階段ピラミッドを建設しようとしたとする可能性が高いからである。またそのことは、この階段ピラミッド・コンプレックスの周壁にネチェリケト王のものとよく似た良質の石灰岩を使用していることからもわかるであろう。その周壁は同じように偽扉を含むニッチ状の連続凹凸周壁（王宮ファサード）で形作られていた。また内部に入るための本物の入口もネチェリケト王のものと同様に一つしかなかった。さらに同じように南北方向に２度拡張工事がなされたようなのである。これらの点もセケムケト王は、階段ピラミッド建設を実施しようとしたことを示している。

セケムケト王のピラミッドは、地盤部分を平らに成形した場所に建設された（図68）。先王のものと同じくピラミッドの北側で発見されている玄室に通じる通路は岩盤をくり抜いたものであった。通路の先にある玄室の入口付近で生贄用と思われる複数の動物の骨、黄金製の腕輪や指輪、黄金製の貝型容器とネックレス、ファイアンス製品、大量の紅玉髄製のビーズ、石製容器が約700個、末期王朝時代第26王朝に年代づけられるパピルス、そして王妃ジョセルネブティアン

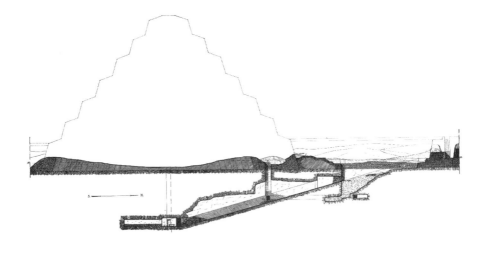

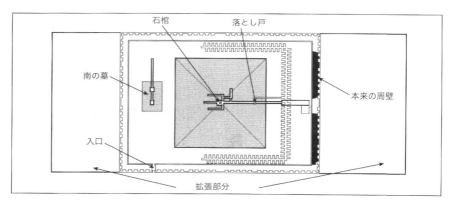

図68：セケムケト王の階段ピラミッド断面図と平面図（Goneim, 1957, pl.IV を参考に作成）

図69：スライド式の上蓋を持つ箱型石棺（Goneim, 1957, pl.LIV）

ケトイの名前が記された小型のタブレットなどが発見されている。通路の全長は約80メートルで、南北軸に沿って延びており、先にある玄室につながっていた。入口から約30メートルの個所に盗掘者除け用の上部に延びる竪坑が設置されており、下部には規則的にノコギリ歯状に並んでいる132の倉庫群への入口がある。玄室へと続く通路において、セケムケト王の名前が押された封泥を持つ壺も発見されている。これがこの階段ピラミッドがセケムケト王のものとする根拠となっているのだ。

通路の最深部である深さ約32メートル地点に玄室が造られた。そしてそこはピラミッドの頂上部からちょうど真下の部分に相当していたのである（この点はネチェリケト王の階段ピラミッドとは異なる点だ）。この地下の玄室からは、表面がきれいに調整された一枚岩でできたトラヴァーチン（石灰華、アラバスター）製の箱型石棺が出土している（図69）。石棺の上には花束が置かれていたことが確認されている。ツタンカーメン（トゥトアンクアムン）王墓の例でも知られているように、死者に献花する習慣（棺の上に花束を置く）が古代エジプトにあり、彼の時代から千数百年も遡ることがわかるのだ。そのことはまた古代エジプト人たちが我々現代人と同じように死者

に対して哀悼の念というものを抱いていた証拠でもある。

この石棺は通常のものとは異なる特徴を持っていた。古代エジプトの石棺は、上蓋を備えているのが普通であったが、この石棺は遺体の入口となる蓋が上面にはなく側面にあり、上下にスライドするはめ込み式であったのだ。蓋の上部に二つの穴があったことから、そこに綱のようなものを通して、手で上に持ち上げて入口を開けたと考えられている。この石棺は発見時には漆喰で封印されていたため、当初から中身が埋葬時と同じ状態のままであると期待されたが、開封後中身（ミイラや副葬品）がなかったことが確認されている。空であったのだ。「棺は漆喰で封印されていた」という発掘担当者ザカリア・ゴネイムの言葉を信じる限り、他のもの同様「ピラミッドのなかに王の遺体は存在しなかった」ということになる（あるいはセケムケト王のミイラが安置された本物の棺がピラミッドの他の場所に未発見のまま存在しているのかもしれないが）。ザカリア・ゴネイムは、このエジプト史上初のピラミッド内部における未開封の王の石棺の発見とその後の謎多き自殺で良く知られているが、彼を中心とした当時の関係者たちによって確認されている、「ピラミッドの玄室で発見された未開封の石棺のなかに王の遺体が安置されていなかった」という事実は、「ファラオの呪い」の類のゴシップ記事を超えたピラミッドそのものの存在意義について、これまでとは異な

る新たな解釈の必要性を示唆していると言えよう。

ただし、1967年にセケムケト王のピラミッド・コンプレックス内にある「南の墓」の玄室手前の通路から、年齢が2歳頃と推定されている幼児のミイラの一部とそれを納めていた木棺の破片が発見されている（ただし木棺の側で発見された石製容器は第3王朝よりも新しいものであるという指摘もある）。夭逝したセケムケト王の息子と考えられているが、幼くして死去した王自身である可能性もある。確かにシナイ半島のワディ・マガラにある王を描いた岩壁画のなかで、セケムケト王は上エジプトの象徴である白冠を被った姿、下エジプトの象徴である赤冠を被った姿、そして伝統的ポーズである「敵を棍棒で討つファラオ」というテーマの異なる三種類の図像で描かれているが、古代エジプト美術の伝統では、人物像は理想的に描かれる。つまり、これらの図像は、「幼少の王を理想的な青年の姿」で描いたものであるのかもしれないのだ。

この「南の墓」は、セケムケト王の階段ピラミッド・コンプレックスの一角を占める石灰岩製の石材で造られた上部構造を持つマスタバ墓でもあった。入口はネチェリケト王の階段ピラミッド・コンプレックスの「南の墓」と同じく西側に位置していた。東へと向かう斜めに下降する通路の途中に竪坑があり、その先に水平の通路が玄室まで延びていたのである。さらにピラミッドが未完成であるに

もかかわらず、マスタバ墓型の「南の墓」に彼の息子が埋葬されることなどあり得るのであろうかという疑問もある。後世の王名表を疑い、レリーフ上の大人としての王の図像表現を疑うならば、自らの墓として造られていた階段ピラミッドの完成を待たずして、セケムケト王は2歳で亡くなり、南の墓に埋葬されたとは考えられないだろうか。

　もしそのように考えることが可能であれば、そのこと自体が彼の階段ピラミッドが完成しなかった理由ともなる。つまりセケムケト王が早世したことにより、彼のピラミッド建造は完成を見ることなく中止されたのかもしれない。ただし彼による6年間の治世が確かなものである

ならば、当然2歳で死亡した人物がセケムケト王であるはずはない。その場合やはり息子であるという説が妥当なのであろう。この2歳児が皇太子（王位継承者）のような立場であったことから、マスタバ墓様の「南の墓」に埋葬されたと考えるのである。セケムケト王の階段ピラミッドが未完成であった理由がわかれば、いまだ不明瞭である階段ピラミッド出現時期の第3王朝の社会状況をも知ることができるかもしれない。さらになぜ階段ピラミッドから真正ピラミッドへとピラミッドはその形状が変化したのか、あるいは建造場所もなぜサッカラからギザに移動したのかという理由についてもわかるようになるかもしれない。

センウセレト1世のピラミッド

Pyramid of Senwosret I

図70：センウセレト1世のピラミッド全景（J. Stafford-Deitsch, The Monuments of Ancient Egypt〈London, 2001〉, 50）

基本情報
国名：エジプト・アラブ共和国
場所：リシュト
座標：北緯29°33′36.04″　東経31°13′15.4″
高さ：61.25メートル
規模：東西105メートル×南北105メートル
建造年代：紀元前1918〜1877年頃

　ファイユーム近郊のナイル河西岸のリシュトにあるセンウセレト1世のピラミッド・コンプレックス（複合体）（図70）は、約2キロメートル南方にある父親アメンエムハト1世によって建てられたものを模したものであった。高台に建造され、底辺が約105メートル、高さが約61メートル、そして傾斜角度が約49度

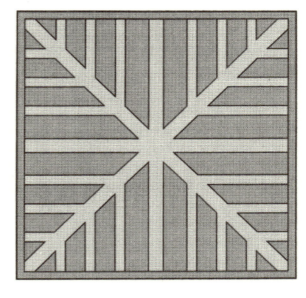

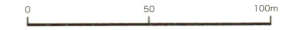

図71：センウセレト1世のピラミッドの建築方法（大城、2014年、図139）

であったと考えられている。1882年にこのピラミッドを調査したマスペロは、盗掘口から内部に侵入し、碑文を含む副葬品（黄金の小剣、アラバスター製の容器とカノポス壺）の一部を発見した。碑文にはこのピラミッドがセンウセレト1世の治世第22年に建造が開始されたことが記してあった。そのことからこのピラミッドは、センウセレト1世のものであると特定されたのである。1884年にはゴーティエが葬祭神殿の北側の舗装した床面場所の下からセンウセレト1世の石灰岩製座像を10体以上発見している（現在はエジプト考古学博物館所蔵）。その後も19世紀後半から20世紀半ばにかけて、メトロポリタン美術館などによる調査の手が入ったが、20世紀後半のアーノルドの発掘調査が、このピラミッドの基礎研究となった。

このセンウセレト1世のピラミッドは、完成当初ギザのメンカウラー王のピラミッドに匹敵する大きさを有していた

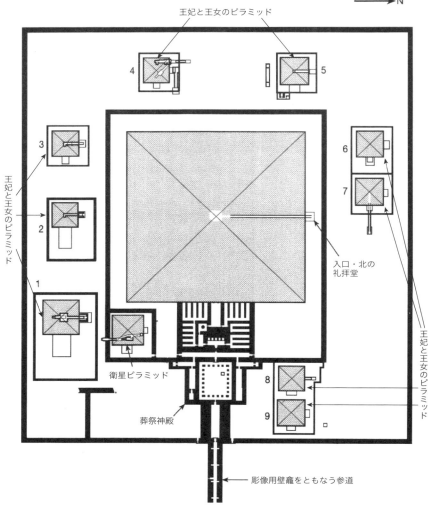

図72：センウセレト1世のピラミッドの平面図（Dodson, 2003, p.87を参考に作成）

が、現在は崩壊している。しかしながら、このピラミッドは、その建造方法が特徴的であることから良く知られた存在である。最初に基礎部に対角線と十字線を設定し、その上に垂直に石材を積み、八つの壁を造った（**図71**）。その中央から放射線状に伸びる八つの壁によって生み出された八つの三角形の区画をさらに三つの壁に分割した。それによって造られた合計32の区画に石材や日干しレンガ、あるいは廃材を補填材として詰め込み使用することによってこのピラミッドの核の部分は建造されたのである。外装のみ調整された白色の石灰岩の部材が使用された。彼の採用したこの建造法は、同時代の他のピラミッド建造の際にも採用された。このピラミッドからは、アメンエムハト1世のピラミッドのように過去の他のピラミッドからの部材を再利用した形跡は見当たらない。

北側面の舗装された地表部分に偽扉と神官や供物台を描いたレリーフが描かれた礼拝堂を備えた入口があり（ピラミッドの側面にはめ込まれていた）、そこから通路が斜めに20メートル以上下にある玄室まで延びている（**図72**）。玄室は地下水によって水没しており、詳細な調査がなされたことがない。玄室が造られたときには、地下水の水位は王の石棺のすぐ下まで来ていたのではないかと推定されている。おそらくセンウセレト1世は、冥界の王オシリスのいる地下世界を水のある空間ととらえており、それを創り出そうとしたのである。

玄室に至る通路には、約20トンもの重量の花崗岩の石材が盗掘除けに設置されていた。それにもかかわらず盗掘はなされた形跡があり、死者の内臓を入れるカノプス壺の一部などが発見されている。その通路の真下に玄室へと続くもう一つの通路の存在が確認されている。緩やかな角度で造られたため、こちらの通路を使用して、施工工事が進められ、棺や副葬品の搬入も行われたのであろう。作業が完了した後、トンネル状の通路は封印されたのである。

このピラミッド・コンプレックスの特徴は、外側と内側に造られた二重の周壁を持っていることだ。特に内側の周壁には、誕生名であるセンウセレトだけではなく、ホルス名アンクメスウトと即位名ケペルカラーがいたるところに記されていた。そこで大きな割合を占めているのは、河岸神殿から葬祭神殿の部分である。東側に位置している葬祭神殿自体は、石材泥棒による結果、ほぼ廃墟と化している。しかしながら、基礎部は残存しており、参道の一部を含めた平面図を作製することは可能である。またピラミッド・コンプレックス全体の平面図は、第5王朝のジェドカラー王やウナス王のピラミッド・コンプレックス、あるいは第6王朝のペピ1世と2世のものと酷似している点も復元に有効である。ナイル河に近い場所にあったとされる河岸神殿は、いまだ大量の砂とローマ時代の墓の下に埋もれたままで、正確な場所はわかっていないが、そこから葬祭神殿へ

と続く参道は確認されている。建設当初、参道はアメンエムハト1世のものと同様に屋根部を持たなかったが、後に増築して造られたようである。そのため追加工事用の石材が通路内で使用されたために幅が狭くなってしまっている。さらに参道の内部の通路には、壁に窪みが造られ、その隙間にオシリス神のように両腕を胸の前で交差したセンウセレト1世の等身大の石灰岩製王像が並べられていた。

参道を進んで外側の周壁の内側に入り、そのまま通路を抜けると、葬祭神殿の一部を形成する24本の石灰岩製の柱が並べられた中庭に出る。葬祭神殿の内部（中心軸より少し南）に1本の円柱を持つ正方形の前室があったことが確認されている。さらに中庭を直進すると内側の周壁を通り抜け、2.7メートルもの高さの王の立像が置かれた場所に出る。その先にピラミッドに隣接した至聖所があるのだ。

またピラミッド南東角には衛星ピラミッドが造られた。彼の建造したこの衛星ピラミッドは、中王国時代に造られた唯一のものであり、エジプト史上最後のものでもあった。このピラミッド自身も周壁を備えていた。王宮ファサード様式で飾られた内周壁と外周壁のあいだには、彼の妻たちと娘たちのための9基の小型ピラミッド（P1〜9）がめぐらされている。南側に3基、西側に2基、北側に2基、そして東側に2基配置された。それらはほぼ同サイズであるが、衛

星ピラミッド南横にあるピラミッド（P1）のみが少し大きい。このピラミッドが最初に建造され、続いて時計回りにピラミッドの建造がなされた。唯一日干しレンガで造られた東側のもの（P9）が最後に造られたと考えられる。それぞれが周壁を持ち、北側に入口、そして東側に葬祭神殿を持っていた（東側の2基は一つの周壁で囲まれている）。いくつかでは石棺やカノポス壺が発見されているがミイラは見つからなかった。しかしながら、P1はネフェレト王妃のピラミッドで、P2はイタカイエト王女のものであると断定されている。

特にネフェレトはセンウセレト1世の姉妹でもあり、しかもエジプト史上最初にカルトゥーシュに名前が囲まれた王妃であったことでも重要だ。彼女のピラミッドは、北側中央に入口があり、石灰岩でできた緩やかな通路が下に延び、ピラミッドの中心部にある玄室へとつながっている。玄室には石棺を置くための窪みとカノポス箱をはめ込むための未完成の窪みがあったが、埋葬が行われたかどうかはわからない。イタカイエトは、センウセレト1世の王女（あるいは王妃の一人、あるいは娘であり王妃）であったが、彼女のピラミッド（P1）には石棺が存在しないため、本当に埋葬されたのかどうかは不明である。P3の被葬者は不明であるが、玄室には美しい珪岩製の棺とカノポス箱があった。P4には玄室に珪岩製の棺はあったが、カノポス箱がなかったため、埋葬は確認できていな

い。P 6 からは等身大の花崗岩製女性像が発見されている。P 1 から P 9 までのすべてのピラミッドの頂上に備えられていた三角錐の石であるピラミディオンは発見されている。

その他にセンウセレト 1 世のピラミッド・コンプレックスは、外部にも親族あるいは高官のものと考えられるたくさんのマスタバ墓や竪坑墓が造られた。そのなかには周壁の北東に建造された玄室に美しい装飾が施された石棺とピラミッド・テキストが彫られたセンウセレトアンクのようなものもある。リシュトは巨大な王家のネクロポリスであったのである。

その王家の聖域を創り上げたセンウセレト 1 世は、中王国時代第12王朝 2 番目の王であった。現存しているピラミッドをはじめとする記念建造物が比較的多いため、彼は中三国時代で最もよく知られている支配者の一人である。先王アメンエムハト 1 世の息子であり、治世10年目まで父親と共同統治を行ったと考えられている。彼ら親子の共同統治は、彼の治世を描いた文学作品である「シヌへの物語」と「アメンエムハト 1 世の教訓」から推測されるのである。「シヌへの物語」は、アメンエムハト 1 世の崩御、つまり治世の30年の死から物語が語られ始める。そして王の死後、国内は内紛が起こるのである。また同時期の様子を描いた「アメンエムハト 1 世の教訓」の内容からは、センウセレト 1 世が遠征で王宮を離れているあいだに、父アメンエムハト 1 世が宮廷の陰謀によって命を落とし、その後に彼が王位についたことが示唆されている。特に後者の内容はその後のセンウセレト 1 世の目指す統治方法・政策の方向性を決定したとも言えよう。そしてそれはピラミッドにも反映されているのである。「センウセレトは 2 国を見下ろす」という名称を持つこのピラミッドは、上記のエピソードを加味するならば、センウセレト 1 世が自身の命をも含む「防御」に主眼を置く王であったことを示している。ピラミッド・コンプレックスが二重の周壁で構成されている点も同じような意味なのであろう。アメンエムハト 1 世が作ったセムナの要塞に加え、ヌビアのブヘンとクバンにも要塞を建設し守備隊の駐屯地としたのも、彼がつねに「防御」を念頭に置いて政策を展開していた証拠である。「アメンエムハト 1 世の教訓」を活かした最大の成果が彼のピラミッドなのである。

センウセレト 2 世のピラミッド

Pyramid of Senusret II

図73：センウセレト 2 世のピラミッド全景（撮影　大城道則）

```
基本情報
国名：エジプト・アラブ共和国
場所：ラフーン
座標：北緯29°14′0″　東経30°58′0″
高さ：49メートル
規模：東西106メートル×南北106メートル
建造年代：紀元前1842年頃～1837年頃
```

　センウセレト 2 世（即位名：カーケペルラー）（紀元前1842～1837年頃）は、第12王朝 4 番目の王で、おそらく短い共同統治の後にアメンエムハト 2 世を継いで王位に就いた。彼は自身のピラミッドを上下エジプトに目を配ることが可能な重要拠点であったファイユーム地域のエル・ラフーンに建造した。そのため彼のピラミッドはしばしば「ラフーンのピラミッド」（図73）と呼ばれている。そのセンウセレト 2 世のピラミッドは、底辺が約106メートル、高さが約49メートル、そして傾斜角度は約42度であったと考えられている。現在ではかなり崩壊が

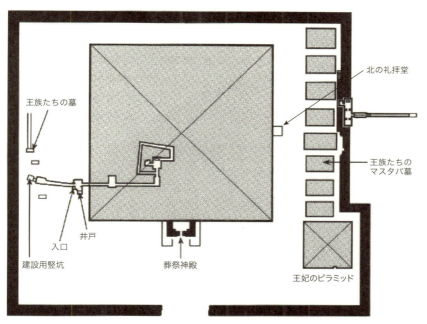

図74：センウセレト2世のピラミッドの平面図（Dodson, 2003, p.89を参考に作成）

進んでおり、建設当時の正確な数値はわからないが、日干しレンガで建造されたエジプトのピラミッドとしては最大級のものの一つである。

　ピラミッドの入口は、これまでのピラミッドとは異なり、北側ではなく、南側に造られていた。それも側面の中央ではなく、東側にずれているのである（図74）。しかもピラミッド・コンプレックス（複合体）内ではあるが、ピラミッド本体から少し離れたところに入口は造られた。このピラミッドまでは通常北側に入口に付属して造られる礼拝堂があり、そこからピラミッド内部へと入ったのだが、それまでの伝統は無視されたのである。しかも入口からは傾斜通路を通り、前室や玄室に向うのが普通であったが、このセンウセレト2世のピラミッドは、内部に入る際に垂直に造られた竪坑を用いたのである。竪坑を降りると水平通路とそれに隣接した井戸を備えた広間に出る。そこから少し上に傾斜した通路を進むと途中に西側に延びた部屋がある。さらにその先に玄室へと続く前室があるのである。

　1889年に初めてピラミッド内部に入っ

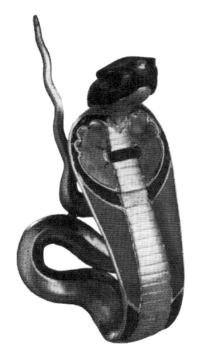

図75：出土した金と宝石等で象嵌された聖蛇ウラエウス（Hawass, 2011: p.349）

たフレーザーによれば、玄室は花崗岩で造られたすばらしいものであり、玄室の西側には赤色花崗岩製の石棺が置かれ、その前にはアラバスター製の供物台があった。石棺はその大きさと玄室入口の幅から考えると、ピラミッド完成後ではなく、建造中に内部へと運び込まれたに違いない。玄室の南側には側室があり、1920年にそこから盗掘を免れた王の副葬品であろう王冠に使用した金と宝石等で象嵌されたウラエウス（図75）が発見されている。王権の象徴である重要な遺物が発見されているのである。またおそら

く王のものであろうミイラの足も2本発見されている。玄室をぐるりと取り囲むような通路が造られているのもこのピラミッドの特徴である。ただあまりにも他のピラミッドとは異なる方向に入口があることから、いまだ発見されていない入口がどこかにある可能性は高い。

ピラミッドの東側には、伝統を踏襲して葬祭神殿が造られていた。ただ以前に建造された他のピラミッドに付属する葬祭神殿と比較すると、かなり小規模なものであり、葬祭神殿というよりも東の礼拝堂といった感がある。そこから東方向に少し離れたところに河岸神殿跡が確認されている。その河岸神殿の遺構は、後ほど述べるピラミッド・コンプレックスに付属する都市カフーンの町の東側に少しだけ残っているが、参道ともどもほとんど調査はなされていない。

ピラミッド本体と周壁北側とのあいだに王族用であろうと思われる8基のマスタバ墓と1基の衛星ピラミッドが建造された（この小型のピラミッドを建造するために周壁が拡張されている）。1914年にピートリらによって、マスタバ墓のうちの一つ（第8号墓）の竪坑から、王女スィトハトホルイウネトの副葬品が見つかっている。それら見事な副葬品のほとんどは、現在ニューヨークのメトロポリタン美術館が所蔵しており、「エル＝ラフーンの遺宝」と呼ばれているほどである。

このピラミッド・コンプレックスとこれまでエジプトで建造されてきたピラ

ミッド・コンプレックスとの異なる特徴として、排水設備を備えていた点が挙げられる。ピラミッド周辺に周壁で取り囲んだ地面に穴を掘り、そのなかに玉砂利を敷き詰めて水捌けを良くしていたのである。雨の際にピラミッド周辺が水浸しにならないための工夫であると考えられているが、雨のほとんど降らないエジプトにそのような設備が必要であったとは考えがたい。ピラミッド内部に井戸が設置された点やファイユーム地域という水の豊富な場所をセンウセレト2世が選択したのには、背後に「水」に対する何らかの信仰のようなものがあったことを感じさせる。おそらくそれにはオシリス信仰が関係しているのであろう。もともとは、オシリス神話の聖木を連想させる並木がピラミッド・コンプレックス外側の周壁に沿って立っていたこともオシリス神信仰との強い繋がりを暗示させる。さらにそのことは紀元前5世紀のヘロドトスによるクフ王の玄室に関しての描写からも推測できるかもしれない。

「ケオプス（クフ）のピラミッドでは、ナイル河の水が特別に造られた水路を通じて内部に流れ込み、部屋の周囲をめぐっているため、地下室はまるで孤島のようである。この中にケオプスの遺体が横たわっていると伝えられる」

このヘロドトスの記述を裏づけるように、実際にギザにおいてオシリス・シャフトと呼ばれている約30メートルの竪坑の底で水に浸かった石棺が発見されてい

る。新王国時代第19王朝に建造されたアビドスのセティー1世神殿の内部にある葬祭施設オシレイオンもまた、祭祀用の中心部が貯水池によって円形に取り囲まれている点もオシリス神信仰と水との関連性を示している。センウセレト2世のピラミッドの玄室をぐるりと通路が取り囲んでいるのもまた同じようなイメージを反映しているのかもしれない。

また1888年から1890年にかけてピートリによって、センウセレト2世のピラミッド・コンプレックスに付属する都市カフーンの調査が実施され、そこから当時の「ピラミッド都市」の状況が明らかにされている。カフーンは河岸神殿の北東隅に隣接していた350メートル×400メートルの周壁を持つ大きな居住区であった。センウセレト2世のピラミッド・コンプレックス建造に従事した人々、また葬祭儀礼に仕える人々が居住するために造られたと考えられているが、それは後に市長を持つほど豊かな共同体へと発展を遂げた。カフーンは、古代エジプトの居住地として、完璧に残っている数少ない例の一つであり、国家の基礎のすべての特徴を備えており、正確な碁盤の目状に配置されている。壁は町を東西の区域に分け、西側は一般人用の住居のような宿舎を構成し、東側は行政管理棟と官吏たち用の大規模な村であった。人口は5000人から8000人ほどであったと推定されている。ほとんどの家屋は、屋根へ上がる階段を備えた平屋造りで、壁は漆喰が塗られ、上に着色が施さ

れていた。家屋内からは様々な生活遺物が発見されたが、最重要遺物として挙げられるのは、ヒエラティックで記されたパピルス文書群であろう。そこには最古の婦人科医学文書、文学作品、天文学、獣医学、宗教文書、そして個人の手紙などが含まれていた。カフーンには、中王国時代社会の国際的性格を示すように、かなりの数の外国人たちが暮らしていたことがわかっている。テル・エル＝アマルナとテル・エル＝ダバアと並びカフーンは、王朝時代のエジプトの住居址研究に大いに貢献している。

このピラミッドはギザのピラミッドのようにきれいに調整された石灰岩製の石材ではなく、短期間で大量生産可能な日干しレンガで造られ、しかもかなり崩れており、観光客のやって来ないような辺境の地にあるが、実はピラミッド研究を行ううえでいくつかのきわめて重要な意味を持っている。例えば今述べた建材に関する違いである。石材から日干しレンガへの変更は、しばしばセンウセレト2世を含む中王国時代の王たちの権力が古王国時代の王たちと比べて、各段に劣っていたことが理由とされる。しかしなが

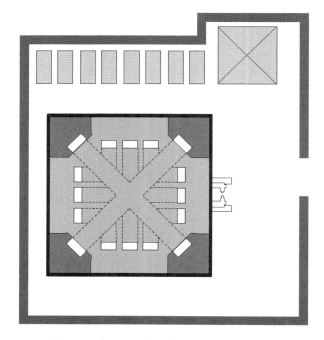

図76：センウセレト2世のピラミッドの骨格推測図（作成　市川泰雅）

ら、安易な解釈と発想は、ピラミッド研究の障害となるであろう。もしピラミッドの発展というものを「巨大化」、あるいは「階段ピラミッドから真正ピラミッドへの形状の発展」という観点以外からみるならば、短期間で大量生産可能な日干しレンガをセンウセレト2世のピラミッドに使用したことは、この時期「ピラミッドの発展」とは、「早く」しかも「安易」に造ることであり、人々はそれを目指したのかもしれないのだ。ピラミッドの核の部分には露出していた石灰岩の巨大な岩が使用された可能性も提案されている。センウセレト2世の治世が9年間と短かったこともピラミッド建造が急がれた理由であるのかもしれない。

ピラミッドの具体的な建造方法も古王国時代のピラミッドとは大きく異なっていたようだ。通常、ピラミッドは内部を見ることは困難であるが、このセンウセレト2世のピラミッドは崩壊した個所から、他の中王国時代のセンウセレト1世やアメンエムハト2世のピラミッドと同じように、最初に石材で対角線と十字に骨組みを造り、その後にスペースを埋めるように日干しレンガをはめ込む建築方法で建造されたことが分かっている（図76）。内部構造であるそれらの石材の一部（巨大な石灰岩の塊）が、現在ピラミッドの側面にいくつもみられるのである。しかしこの特徴の存在は、古王国時代にエジプトで始まったピラミッドの建造方法が後の時代に伝わらなかったことを証明してもいる。約200年のあいだに「ピラミッド建造の秘密」は公開されることなく失われ、その英知は人々に継承されることはなかった。しかし、その結果、中王国時代のエジプト人たちは、新たな建造方法を生み出したのである。

センウセレト3世のピラミッド
Pyramid of Senusret III

図77：センウセレト3世のピラミッド全景
(A. Dodson, The Royal Tombs of Ancient Egypt〈Barnsley, 2016〉, XXXIX-b)

基本情報
国名：エジプト・アラブ共和国
場所：ダハシュール
座標：北緯29°49′8″　東経31°13′32″
高さ：78メートル
規模：東西105メートル×南北105メートル
建造年代：紀元前1836年頃～1818年頃

　センウセレト3世（即位名：カーカウラー）（紀元前1836年頃～1818年頃）は、第12王朝5番目の王で、中王国時代の最も印象的で有能な統治者の一人に数え上げられる。そのことは、エジプト国内において数多く作られたセンウセレト3世の彫像にみられる、しばしば世をはかなむような「厭世的」と称される独特の表情に起因する。例えば彼の彫像の持つ「半ば閉じられた目と陰気な表情」あるいは「世界の倦怠感の描写と絶対的専制政治のイメージ」は、大きく突き出た耳、そして厳しげな表現とともに、見る者に哲学者のような印象を与えたのだ。しかし、そのような彫像などにみられる印象とは異なり、国を統べる王としてのセンウセレト3世の評価はきわめて高い。

　センウセレト3世の統治者としての有能性を示す象徴的出来事として、エジプ

ト国内に点在していた有力州侯の権力を削減することにより地方行政を再編成し、下エジプト、上エジプト、そしてヌビアに責務を持つ3人の宰相を任命したことが挙げられるであろう。秩序を求めて王を頂点とした権力構造の整備を図ったのだ。さらに彼の政策の特徴の一つに3代前のセンウセレト1世のものを引き継いだということがある。特につねにエジプトの脅威として存在していた南方のヌビアに対する支配強化に重点が置かれた。彼はアスワンのセヘル島近くの運河を拡大し、大規模な船隊が航行の難所である第一急湍を迂回することを可能にしたのである。そしてセンウセレト1世によって要塞化した町の基礎が築かれたヌビアのセムナを、センウセレト3世は公的なエジプトの南の国境と定めたのである。彼は後にヌビアで神格化され、人々に神として崇められる存在となり、彼の行動の記憶は、「崇高なるセソストリス」の伝説として長く語り継がれたほどである。

　さらに東方のシリア・パレスティナにおいても軍事行動を実施したことが分かっている。現代のイスラエルのシェケム遺跡に相当すると考えられている「セクメム」に対して遂行された軍事行動は、センウセレト3世が国防を軸とした政策を周辺世界に対して実行していた視野の広い支配者であったことの証である。

　そのセンウセレト3世は、王墓地をファイユーム地域からダハシュールへと回帰させた。古王国時代の第4王朝のスネフェル王が建造した2基のピラミッドの北東の高台に建造された彼のピラミッドは、完成当時には底辺が約105メートル、高さ約78メートル、そして傾斜角度約56度であったと推測されている（図77）。南北方向に長い長方形型で、南の神殿を含むピラミッド本体の南側の区画が拡張されていたことなどから、サッカラのネチェリケト王の階段ピラミッド・コンプレックス（複合体）を手本として造られたと考えられている。玄室に作られた門を象ったとされる15か所の壁龕もまたネチェリケト王の階段ピラミッド・コンプレックスの周壁から影響を受けたものであろう。ピラミッド・コンプレックス南西角の周壁外には長さが6メートルほどの舟坑が六つ確認されている。センウセレト3世は、積極的に偉大な過去の王たちの時代への回帰を目指したのかもしれない。彼のピラミッドの外装の石材は、第4王朝のピラミッドに使われたのと同じトゥーラ産の良質な石灰岩であったが、内部は日干しレンガが積み重ねられ、隙間には充填用の砂が詰め込まれていた。他の中王国時代のピラミッドのように石材を対角線と十字線の上に積み上げる建築方法は取らなかったが、崩壊を防止するために、外装の石材は楔で連結されていた。

　北側に小規模な礼拝堂が造られていたが、入口は西側面から少し離れた北寄りの周壁とピラミッド本体とのあいだで発見された（図78）。そこから傾斜路が

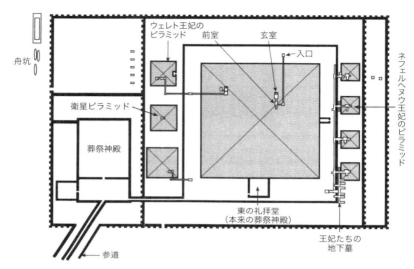

図78：センウセレト3世のピラミッドの平面図（Dodson, 2003, p.92を参考に作成）

真っ直ぐ下へと延びた先に小部屋があり、そこを南向きに曲がると前室がある。盗掘防止用の落とし戸は造られていなかった。さらに前室を西に曲がると壁が石膏で薄く塗られた花崗岩製の壁を持つ玄室が現われるのだ。玄室の西側には花崗岩製の石棺が置かれていた。石棺の向こうの奥壁である西壁は、門を意味する15の壁龕が造られていた。この15という数字はネチェリケト王の階段ピラミッド・コンプレックスの周壁にある15の門と同じ意味を持つのだという指摘がヴェルナーによってなされている。石棺のなかは空であり、埋葬に関するカノポス壺

の破片すら発見されなかった。このことからセンウセレト3世は、他の場所で埋葬されたのだと考える研究者もいるほどだ。東側にあるピラミッド本体に付属した葬祭神殿は完全に破壊されていたが、王の名前と称号が記された建材が発見されている。河岸神殿はいまだ確認されていない。河岸神殿は王の埋葬儀礼に必要不可欠な要素であったと考えられていることから、この点もまたセンウセレト3世が他の場所で埋葬された可能性を示唆しているのかもしれない。センウセレト3世はダハシュールにピラミッドを建設したが、実際にもう一つ別の王墓を建設

しているからである。

　そのセンウセレト3世の真の埋葬地ではないかと考えられているのが、彼がアビドスに建造した王墓複合施設である。デイル・エル＝バハリのメンチュホテプ2世のテラス式葬祭殿を思い起こさせるこの巨大な複合葬祭施設は、断崖の麓に造られたT字型の周壁を持つ墓とその前方約800メートルに位置する葬祭神殿をともなう複雑な構造を持っていた。葬祭神殿からはレリーフや王像が発見され、また内部には祭壇や供物台（もつだい）が備えられており、排水設備も完備されていた。このことから死した王に対する死後崇拝儀礼がこの場所で行われていたことは間違いないであろう。「センウセレト」は、ギリシア人たちに「セソストリス」と呼ばれ、後の時代に賢者の代名詞となるほどの人物であった。聖地としてセンウセレト3世を崇拝する人々が、長きにわたりアビドスの墓を詣でた可能性は高い。T字型の周壁を持つ墓の背後に玄室は隠されるように建造されていた。玄室西壁の壁龕には花崗岩製の石棺がはめ込まれていた。カノポス壺箱も作られていた。石棺はすでに盗掘を受けており、そこからは何も発見されなかったが、盗掘者用の様々な仕掛けが周到に施されていたことから、ここがセンウセレト3世の真の王墓であり、遺体はここに埋葬されたのだと考える研究者もいる。

　しかしながら、ピラミッド本体の北側で4基、そしてそしてそれらよりも少し大きなピラミッドが南側で3基発見され

ており、それらの北側のものの下部構造から、センウセレト2世の娘スィトハトホル王女とセンウセレト3世の娘メリト王女のものである333点にもおよぶ遺宝が発見されている（**図79**）。例えばスィトハトホルの副葬品には父のセンウセレト2世の名前が入れられた黄金の胸飾りが、そしてメリトの副葬品には黄金製の腕輪やセンウセレト3世とアメンエムハト3世の名前が入れられた黄金の胸飾りなどが含まれていたのである。このことはセンウセレト3世のこのピラミッド・コンプレックスの重要性を明確に示しており、王の埋葬はやはりこの場所でなされたことを意味しているように思える。また南側の一番西側にあるセンウセレト2世王妃でありセンウセレト3世の母であったウェレトのピラミッドの下部の竪坑（こう）は、前室と玄室に繋がっており、王のピラミッド本体の地下へと潜り込んでいた。玄室の西側に花崗岩製の石棺が置かれ、床には土器やウェレトの名前が記されたカノポス壺などとともに人骨が散乱していた。実母であり、先王の妃であった人物の墓が存在する事実は、やはりピラミッドとは墓であることを証明しているのである。また女性王族の墓に囲まれたピラミッドは、センウセレト3世の真の埋葬地でないかと考えられることもある王墓複合施設のあるアビドスよりも、彼がこのダハシュールに埋葬されたことを示している。

　1894年から1895年にかけて、当時エジプト考古局長官であったジャック・ド・

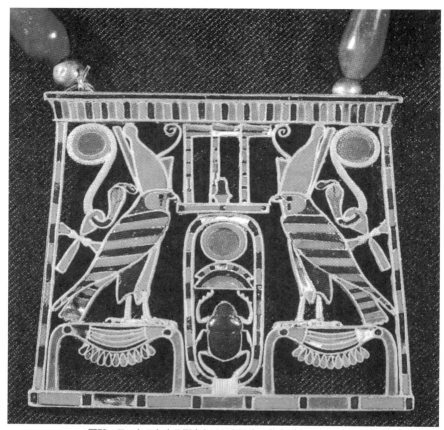
図79：スィトハトホル王女とメリト王女の遺宝（Müller and Thiem, 1999, p.111）

モルガンによって調査が実施された。彼によって西側にピラミッドの入口が発見されたのである。その後1990年からメトロポリタン美術館によって調査は引き継がれている。上述の女性王族の宝飾品の発見が最も有名であるが、葬祭神殿と南の神殿に使用された壁画の断片が大量に発見されている。さらにこのセンウセレト3世のピラミッド・コンプレックスは、そのまわりを古王国時代と中王国時代に年代づけられる数多くのマスタバ墓で囲まれている点が特徴である。つまり、ピラミッドが建造される以前から、この地は伝統的な埋葬地であり、ネクロポリス（死者の町）としての役割を果たしていたのである。2001年には中王国時代のピラミッド都市の長官であったネブイトと同じく中王国時代の高官クヌムホテプのマスタバ墓の調査が行われており、特に前者はメトロポリタン美術館によって古代にあった巨大な地震の影響で崩壊し散在してしまっていた日干しレンガを利用することにより復元されている。建造当初からその巨大さと壮麗さゆえに有名であったことから、このピラミッド・コンプレックスには、訪問者たちによる数多くの落書きが確認されている。ただしいまだ全体的な調査は完了していない。例えばピラミッド・コンプレックスの南東角にある周壁内部から外へと延びている参道の調査はなされていないのである。つまり、ピラミッド・コンプレックスの基本要素の一つである河岸神殿の存在もまた確認されていないのだ。

ソマリランドのピラミッド群

Pyramids in Somaliland

図80：プントの女王アティ（https://landofpunt.wordpress.com/tag/ati/）

基本情報
国名：ソマリランド共和国
場所：ハリビクシセイ
座標：北緯8°57′25″　東経46°36′36″
高さ：数メートル
規模：東西十数メートル×南北十数メートル
建造年代：不明

　ソマリランド（ソマリランド共和国は、旧イギリス領ソマリランドを領土とした共和国制国家であるが、国際的には承認されていない）のアイナボの西にある町オオグから北に約3キロメートルの地域に広がるハリビクシセイ遺跡でピラミッド型の構造物が多く確認されている。本格的な学術的な調査はなされていないが、石材が整然と積み上げられており、人工物であることは明白である。数キロ四方に100基以上存在するという報告もあるが、正確な数は不明である。

　ソマリランドは古代エジプト王国と交易を行っていた謎の国プントではなかったのかと考えられることもある。古代エジプト人たちに「神の国」と呼ばれ、乳香などの高価な交易品の輸入先であったプントが乳香の一大産地である「アフリカの角」周辺にあったと推定されてきたからだ。エチオピア、イエメン、エリトリア、スーダン、あるいはソコトラ島がプントの候補に挙げられてきたが、最有力なのがソマリランドなのだ。ソマリランドのピラミッドは、両者の文化接触の証拠なのかもしれない。

ダハシュールのアメンエムハト 3 世のピラミッド

Pyramid of Amenemhat III in Dahshur

図81：ダハシュールのアメンエムハト 3 世のピラミッド全景
(Schulz and Seidel, 2010, p.115)

基本情報
国名：エジプト・アラブ共和国
場所：ダハシュール
座標：北緯29°47′30″　東経31°13′25″
高さ：75メートル
規模：東西105メートル×南北105メートル
建造年代：紀元前1818年頃～1770年頃

中王国時代の最盛期に即位したアメンエムハト 3 世（即位名：ニマアトラー）（紀元前1818年頃～1770年頃）は、第12王朝第 6 番目の王であり、センウセレト 3 世の息子であったと考えられている。彼の治世は他の王たちと比べると長く、50年ほど強大な権力を維持し続けたことが知られている。そのことからエジプト全土やナイル世界の枠組みを超えた外部地域にも、彼の築いた記念碑や建築物がその名前とともに広範囲に残されているのだ。またアメンエムハト 3 世は、彼の

父の治世に特徴的なものとなった王家の彫像美術を発展させたことでも知られている。最も典型的なアメンエムハト3世の彫像は、少し横長に伸びたアーモンド形の目と大きく突き出た耳であり、ひと目で彼を描いたものだとわかるほどなのである。その他の彫像は、意図的に初期王朝時代や古王国時代という古い形式への回帰を思い起こさせるものとなっている。アメンエムハト3世をはじめとした中王国時代の王たちは、自分たちの祖先である古代の王たちへの憧れを持っていたのであろう。そしてそのことがピラミッドの特徴に見られるのである。

アメンエムハト3世は、国内におけるその権力基盤の安定と豊富な財力を基にナイル世界外部へも目を向けた。トルコ石やマラカイト（孔雀石）、そしておそらく銅鉱石獲得のためにワディ・マガラをはじめとしたシナイ半島の鉱山に遠征隊を派遣したり、さらに北東のレヴァントとの交易を活発に行っていたことが知られている。特にその活動の中心であったビブロス（現在のレバノンのジュベイル）において、彼の王名が記された遺物（彼の顔を持つスフィンクス像が有名である）が数多く発見されている。ビブロスは古王国時代からエジプトの役人が常駐するなど、東方世界におけるエジプトの前線基地のような存在として機能していたが、中王国時代のアメンエムハト3世の治世には、さらに重要性を増したと考えられている。その根拠がその地で出土した彼にまつわる数々の遺物なのである。

アメンエムハト3世は、外政だけではなく、内政にも積極的に手腕をふるった王であった。その活動は特にオアシス地域であるファイユーム地方に集中していた。カイロから約130キロメートルナイル河を遡ったところに位置するファイユーム地方は、現在でもカルーン湖を中心として水資源が豊富であり、夏には地元の人々のリゾート地として人気がある。先王朝時代からその肥沃な農地を背景に小麦をはじめとした穀物の栽培が盛んで、世界最古の穀物栽培が行われた地とみなす研究者も多い。そのファイユーム地方で、アメンエムハト3世は、大規模な灌漑や土地の埋め立て計画などを実行したのだ。その結果、新たに広大な農地が出現したのである。彼はファイユーム地方の持っていたポテンシャルを大いに引き出すことに成功したのだ。そのため同地域における彼の影響力は絶大であり、アメンエムハト3世の巨大な2体の彫像がファイユームのビアフムに建てられ、神殿はメディネト・エル＝ファイユーム、メディネト・マアディ、ブバスティスに建立された。特筆すべきは、後のプトレマイオス朝時代に地域住民によって、アメンエムハト3世がラマッレス王（もしくはマッレス王）として神格化され、ファイユーム地方にアメンエムハト3世の記念建造物が建造されたことであった。

アメンエムハト3世は、その治世のあいだに2基の巨大なピラミッドを建設し

図82：アメンエムハト3世の黒色花崗岩製のピラミディオン（Schulz and Seidel, 2010, p.115）

た。その一つがこのダハシュールに建造されたピラミッド（図82）である。黒っぽく見えるその外観から「黒ピラミッド」という異名を持っている。現在は表面を中心にほぼ崩壊し、砂山のようにも見えるこの彼のピラミッドではあるが、建設当時、底辺は約105メートル、高さは約75メートル、傾斜角度は約57度の堂々としたピラミッドであったと推定されている。同じくファイユーム地方のラフーンにあるセンウセレト2世のピラミッドのような石積みの骨組みは使用されず、トゥーラ産の良質の石灰岩で葺かれた外装以外のほとんどの部分は日干しレンガを用いて造られていた。その基盤の脆弱さと脆い建材（日干しレンガ）を使用した建造方法、そして数多くの地下の部屋や通路の建設のために内外に裂け目が生じ、ピラミッドは完成前に壁に歪みが生じてしまったと考えられている。王の治世20年目の年に放棄されたが、ピラミッドの頂上に備えられていた見事な黒色花崗岩製のピラミディオン（ピラミッドの頂上に据える三角錐の石）（図82）が発見されていることから、すでに完成していたのであろう。

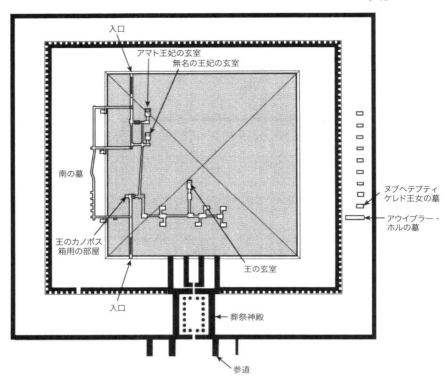

図83：ダハシュールのアメンエムハト3世のピラミッド平面図（Dodson, 2003, p.94を参考に作成）

　このアメンエムハト3世のピラミッド・コンプレックス（複合体）は、外側にある外周壁（がいしゅうへき）で囲まれたなかに、さらに壁龕（へきがん）を備えた内周壁（ないしゅうへき）をめぐらし、そのなかにピラミッド本体が位置しているという構造となっている（図83）。北側の外周壁と内周壁のあいだには、10基の王族の墓が建造されている。東側には外周壁と内周壁を抜けて葬祭神殿跡があり、さらに東方向に続く参道が確認されている。参道の北側面に沿って広範囲に長方形をした居住区が広がっているが、そこにはおそらく亡き王のための定期的な儀礼を行う神官たちが暮らしていたのだと考えられている。古代エジプトの神官たちは、日々神像をきれいに掃除した

り、供物を捧げたりすることが日課であったことから、死した王の像にも同じような行為をしていたのであろう。ある種の墓守のようなイメージだ。

このピラミッドには内部構造にこれまでに建造された多くのピラミッドとは明らかに異なる特徴が見られる。最も顕著なのは、ピラミッド本体の東南寄りと西南寄りに、向かい合うようにピラミッドの入口が2か所造られていた点である。入口を2か所持つピラミッドは、本ピラミッドと同じダハシュールに建造された第4王朝のスネフェル王の屈折ピラミッドやギザのカフラー王の大ピラミッドをはじめとして、ほかにもいくつか知られているが、このアメンエムハト3世のピラミッドは、「規則性を無視した」、あるいは「対称性をまったく感じさせない」場所に二つの入口が造られたことを特徴としている。そしてその入口部分にはピラミッドとしては初めて階段が設置されたのである。また図78を見ても明らかなように、内部は長くて複雑に折れ曲がった通路と数多くの部屋が存在することがわかる。特に三つの玄室を含む部屋数は、エジプトで建造された数あるピラミッドのなかでも最多である。

ピラミッド内部に造られたアアトという名前の王妃と名前が不明である王妃の玄室からは、盗掘後に残された副葬品と石棺とが確認されている。ピラミッドの中心部に最も近い場所に建造された王の玄室からは、側面が王宮ファサード様式で飾られた石棺が出土している。これら

の点は、「ピラミッドとは墓である」ということを明確に指し示していると言えよう。このアメンエムハト3世のピラミッドの持つ複雑な地下構造は、古代エジプト最初のピラミッドである第3王朝のネチェリケト王の階段ピラミッドの地下構造を彷彿とさせるものがあるが、第4王朝にピラミッドの基本要素となった葬祭神殿、参道、そして河岸神殿も建造された。上述したようにピラミッド本体の北側にある内周壁と外周壁とのあいだには、ピラミッド建造の1世紀ほど後に複数の竪坑墓が建造された。そこにはアウイブラー・ホル王とヌブヘテプティケレド王妃が埋葬されたのである。アウイブラー・ホル王は、第13王朝の王であったと考えられている人物で、その墓から出土した頭に両腕を掲げたカー(生命力)を表わすヒエログリフをともなう美しい木製彫像で良く知られている。アウイブラー・ホル王は、アメンエムハト3世の子孫であったと考えられ、偉大なる先祖の加護の下、不安なく来世へと旅立とうとして、その場所に埋葬されたのであろう。子孫たちにとってアメンエムハト3世の求心力は多大な影響をもたらしていたことがわかるのだ。このようにピラミッド内部に王の玄室以外に、王妃たちのための玄室が設置されていた事実、およびピラミッド・コンプレックス内に王族の墓が複数併設されていたという事実は、この時期のピラミッドとは、王のためのものであるだけではなく、広く王家のために建造された葬送用の記念建造

物であったことを示しているのだ。そして子孫を見守る役割が期待された存在であったこともわかるのである。

　しかしながら玄室も石棺もピラミッド内部にあったにもかかわらず、アメンエムハト3世自身は、ダハシュールに建造されたこのピラミッドに遺体（ミイラ）が埋葬された可能性は低いとされている。その最大の理由は、彼がもう1基自身のために新たなピラミッドをファイユーム地方のハワラに建設しているからである。そして上述したように、アメンエムハト3世がその治世にエジプト国内において最重要視した地域がファイユーム地方であったからである。アメンエムハト3世の心変わりの理由を知ることはできないが、半世紀のあいだ強大な権力を維持し続けることができた王であったこと、そして1000年後にも土着民たちに崇拝されるほど良いイメージのままの王であったことが、2基の大規模なピラミッド建造を実現させた原動力であったに違いない。

タハルカ王のピラミッド

Pyramid of Taharqa

図84：タハルカ王のピラミッド全景（Bonnet and Valbelle, 2006, p.149）

基本情報
国名：エジプト・アラブ共和国
場所：ヌリ
座標：北緯18°33′53″　東経31°54′54″
高さ：約32メートル
規模：東西51.75メートル×南北51.75メートル
建造年代：紀元前7世紀

　クシュ王ピイの息子でシャビトコ王の次王タハルカ（タハルコ）王（即位名クラー・ネフェルテム）は、エジプト第25王朝4番目の王でもあった。旧約聖書の『列王記』に登場することでも知られた王である。丸い顔、広い鼻、そして太い首という第25王朝の王たちの特徴を持つタハルカの彫像が彼の治世に数多く作製された。ヌビア人であった彼は、26年間エジプトを支配し、ルクソールにあるカルナク神殿の第一中庭とメディネト・ハブをはじめとした数多くの神殿建築計画

に着手したのである。タハルカ王の治世に関する記録は、上ヌビアのカワ神殿にある一連の石碑に記されている。彼の治世にエサルハドンを王に頂く東方の強国アッシリアがエジプト侵攻を企てるが、タハルカ王はそれに対抗して東方へ軍事遠征を実施した。しかしながら、アッシリアによる2度目の侵入は、都メンフィスにまで到達し、エサルハッドンの後継者アッシュール・バニパル王の軍は、さらに南のテーベにまで侵攻したのである。その結果、タハルカ王はエジプトを放棄し故郷のヌビアへと退去したのである。その後、アッシリア軍のエジプトからの撤退にともない、タハルカは一時的にエジプトで権力を回復したが、最終的にはナパタで死去したと伝わっている。王位はタヌタマニへと引き継がれた。

　タハルカ王をはじめとした第25王朝のエジプト王として即位したヌビア人たちは、自らの墓をピラミッド様式で建造した。彼らが埋葬地として選んだのは、ギザやサッカラなど古代エジプト王たちが埋葬された伝統的王墓地ではなく、自らの故郷であったヌビアの地であった。エル＝クッル、ヌリ、メロエと彼らの王墓地は時代とともに移転したが、タハルカ王のピラミッド（**図84**）は、ナイル河をはさんで聖なる山ジェベル・バルカルの対面のナイル河東岸のヌリに建造された。

　ヌリはナイル河第4急湍の南西約25キロメートルに位置し、紀元前7世紀中頃からエル＝クッルに代わって、クシュの

王たちの埋葬地となった。王とその親族たちが眠るこの地には、砂岩で造られたピラミッドが20基ほど建造されたのである。ピラミッドの下部構造は通常三つの部屋で構成されており、玄室には棺に入れられたミイラとともに大量の高価な副葬品が埋葬されていた。それらのなかにはエジプトからもたらされたもの、あるいはその影響を強く受けたものが収められていたのである。金銀宝石などの宝飾品も数多く出土しており、しばしば注目されているが、なかでも良く知られているのが、タハルカ王のシャブティであった。エジプトの高貴な人物の墓では、1日1体、つまり365体納められたシャブティがタハルカ王の墓からは1070体も発見されたのである。これは空前絶後の事例であった。シャブティは、「答える者」という意味の死者の身代わりとして、あの世で労働などに従事するマジカルな機能を備えた小像であった。ヌリのピラミッドから王のミイラと豪華な副葬品が出土したことは、「ピラミッドとは王の墓である」という説を完璧に補完する事例としてきわめて重要なのである。

　タハルカはヌリに埋葬された最初の王となった。ヌビアのヌリに建造されたこのタハルカ王のピラミッドは、同地で最大のものであり、底辺が約52メートルで高さが約40メートルから50メートルほどあったと推定されている（1822年には崩壊して31.6メートルになっていたことが確認されている）（**図85**）。第1のピラミッドに被せるようにして、増築された

タハルカ王のピラミッド

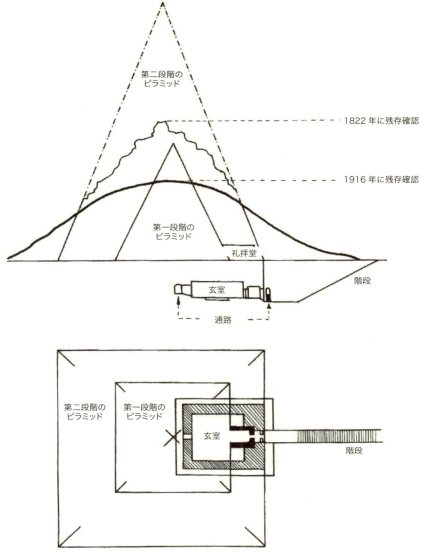

図85：タハルカ王のピラミッドの断面図と平面図（Morkot, 2000, p.282-fig.110を参考に作成）

上部構造は崩壊しているが、精巧に造られた下部構造は残存している。外部から続く階段の先に入口が造られた。そのピラミッド本体の入口は東側面にあり、中心から少し北方向にずれていた。階段を下ると弓状・樽型のアールの天井を持つ前室があり、6本の角柱に囲まれるような形で玄室が造られていた。玄室全体は一段低くなった通廊に囲まれていた。通廊に降りるために東西に1か所ずつ階段が備えられていた。このような構造は、アビドスにあるセティ1世とメルエンプタハが建造したオシレイオンに類似している。原初の丘を表現するために堀の役割を果たした通廊には水が溜められていたのであろう。オシレイオンはそもそも新王国時代の王たちが眠る王家の谷に

ある王墓を模倣して建造されたものであった。その点を考慮するならば、タハルカ王は自らがエジプト王であることを強く意識して墓を建造させたのかもしれない。床面部には長方形の窪みが造られていたが、そこにはめ込まれるべき王のための石棺自体は発見されていない。タハルカのピラミッドを他の王族、子孫のピラミッドが取り囲んでいる点も特徴的である。彼のピラミッドは、ギザの三大ピラミッド最後のものである第4王朝のメンカウラー王のピラミッドと高さなどはそれほど変わらない規模であった。紀元前4世紀末に、ヌリに代わってメロエが主要な王墓地となったことから放棄された。

デイル・エル＝メディーナのピラミッド型礼拝堂群

Pyramid Chapels in Deir el=Medina

図86：デイル・エル＝メディーナのピラミッド型礼拝堂
(Roland Unger [GFDL (http://www.gnu.org/copyleft/fdl.html) or CC BY-SA 3.0 (https://creativecommons.org/licenses/by-sa/3.0)], from Wikimedia Commons)

基本情報
国名：エジプト・アラブ共和国
場所：ルクソール（デイル・エル＝メディーナ）
座標：北緯25°43′44″ 東経32°36′5″
高さ：数メートル
規模：東西数メートル×南北数メートル
建造年代：紀元前15世紀初頭

　新王国時代後期に王家の谷の王墓を建設する職人たちの暮らしたデイル・エル＝メディーナ村では、私人墓に付属して小型ピラミッド（図86）が複数建造された。それまで王家の独占であったピラミッドが政府の高官や王墓建設に携わる職人にまで使用されるようになったのだ。ピラミッドは重量を軽減するために中が空の状態で先端にはピラミディオンが被せられていた。

テティ王のピラミッド

Pyramid of Teti

図87：テティ王のピラミッド全景（By LorisRomito at English Wikipedia（Transferred from en.wikipedia to Commons.）[GFDL（http://www.gnu.org/copyleft/fdl.html）or CC-BY-SA-3.0（http://creativecommons.org/licenses/by-sa/3.0/）], via Wikimedia Commons）

基本情報
国名：エジプト・アラブ共和国
場所：サッカラ
座標：北緯29°52′31″　東経31°13′18″
高さ：52.5メートル
規模：東西78.75メートル × 南北78.75メートル
建造年代：紀元前2325年頃

　古王国時代末期で文明斜陽の時期であったとされている第6王朝最初の王がテティであった。「テティの場は永遠である」と呼ばれたテティ王のこのピラミッド（図87）は、サッカラ北部にあり、第3王朝のネチェリケト王と第5王朝のウセルカフ王のピラミッドと平行に、そして均等距離で一直線に並ぶ位置に建造された。建設当時、ピラミッドは底辺が約78.5メートル、高さが約52.5メー

トル、そして傾斜角度が約54度であったと推測されている。現在、ピラミッド本体と葬祭神殿はほぼ崩壊しており、当時の様子を正確にうかがい知ることは難しいが、内部は比較的保存状態が良好であった。全体的な平面レイアウトは、ウナス王のピラミッド・コンプレックス（複合体）をはじめとした第5王朝の王たちのものとほぼ同じであった。よりシンメトリカルな部分が強調されている点

を除けば、先王であったウナス王のものと酷似すると言っても良いであろう。そのこともあり、プトレマイオス２世の命で「アイギプティアカ」（『エジプト誌』）を編纂した紀元前３世紀のエジプト人神官マネトが分けた第５王朝と第６王朝とをあえて分割する必要はないのではないかという考えもあるほどである。

　ピラミッド本体の入口は、北側の地表面と同じ高さにあり、礼拝堂を備えていた（図88）。入口から花崗岩で内張りされた傾斜路を下ると水平の小部屋にたどり着く。そこから延びる水平の通路には、石灰岩製の三つの落とし戸があり、その先に東側に三つの壁龕を持つ部屋、西側に玄室のある前室がある。前室はピラミッドの真下に位置していた。前室へ

と続く水平通路の最奥部とその西側に続く王の玄室の壁面には、王の復活と来世での手助けを意図したピラミッド・テキストの写しがヒエログリフで刻まれていた。玄室には、灰色の硬質砂岩製の石棺が収容されていた。石棺には王名と肩書、そしてピラミッド・テキストも刻まれていたが、その蓋はすでに穴が開けられ破壊されていた。しかしながら、石棺のなかにはミイラの腕と肩辺りの断片が残っていたのである。カノポス壺用の箱が石棺の南東角の床面の窪みに嵌っていた。石棺の背面にある壁全体と南北の壁の一部には、王宮ファサード様式が美しくあしらわれていた。ウナス王のピラミッド内部の壁面にも同様のデザインがなされていたが、材質に違いがあり、ウ

テティ王のピラミッド

143

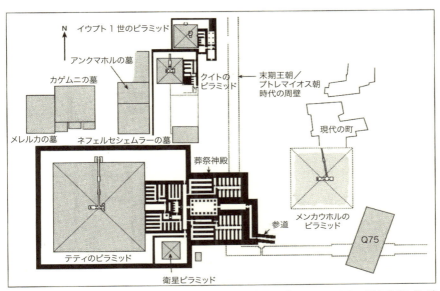

図88：テティ王のピラミッドと周辺の貴族墓（Dodson, 2003, p.74を参考に作成）

ナスのものは高価なアラバスター製であったが、テティのものは石灰岩製であった。玄室と前室には、ピラミッド・テキストが、そして天井部には、夜空を表わす星々が彫り込まれていた。いまだ参道と河岸神殿はほとんど調査がなされていない。

サッカラ北部にある彼のピラミッド・コンプレックスの特徴の一つとして、周壁の北側に巨大な建造物群が造られた点がある（東側にはメンカウホル王のものと推定されている、いわゆる「首なしピラミッド」も建造されている）。特にクイト王妃とイプト王妃のための二つの衛星ピラミッドは注目すべきであろう。これらはテティ王が第4王朝の習慣を復活させたのだとして重要視されている。特にイプト王妃のピラミッドは、盗掘されてはいたが、中から石灰岩製の石棺が見つかり、その石棺のなかに置かれていた木棺から装飾品を身にまとったミイラと石灰岩製の五つのカノポス壺や金の腕輪などが発見されているのだ。これら王妃のための二つのピラミッドをはじめとして、テティ王のピラミッド・コンプレックスは、彼の義理の息子であり宰相でもあったメレルカやカゲムニを含む、彼の高官たちのマスタバ墓によって囲まれている。特にメレルカは、婚姻関係によって王族となった人物で、テティ王のピラミッド監督官の肩書を持ち、次王のペピ1世にも仕えた人物でもあった。彼のマスタバ墓（妻と子供とともに埋葬された）は、古王国時代のものとしては最大規模であった。同墓の装飾は古王国時代の文化を知るうえで重要な資料であり、工芸品の製造、あるいはガゼルやハイエナを飼い馴らすことを試みる場面も含まれている。メレルカの墓に隣接する形で建造された第6王朝の高官カゲムニのマスタバ墓も美しく装飾されたレリーフを持つ部屋でよく知られている。

マネトは、「テティは彼の側近に殺された」と述べており、次の正統な王ペピ1世が王位に就く前に、一時的な王位簒奪者ウセルカラーがテティの後を継いだのかもしれない。このウセルカラー王についてはほとんど何もわかっていないが、実は巨大なピラミッド・コンプレックスをサッカラに建造したテティ自身もまた出自が不明な王でもあるのである。

ドゥラ・アブ・エル＝ナガのピラミッド型墓群

Pyramids Shape Tomb in Dura Abu el=Naga

図89：インテフ6世のピラミッド全景（Polz, 2003, p.13）

基本情報
国名：エジプト・アラブ共和国
場所：ルクソール西岸
座標：北緯25°44′7″　東経32°37′514″
高さ：数メートル
規模：東西約8～10メートル×南北約8～10メートル
建造年代：紀元前1630年頃～1539年頃

ドゥラ・アブ・エル＝ナガは、古代より宗教の拠点として栄えたルクソール（テーベ）のナイル河西岸に形成されたネクロポリス地域であった。新王国時代第18王朝に出現した女性のファラオとして良く知られているハトシェプスト女王の葬祭殿へとナイル河方向から向かうと涸れ谷の入口部にたどり着く。そこから、北方向に位置する王家の谷へと続く崖筋からなる場所がドゥラ・アブ・エル＝ナガであった。

ここには第二中間期から末期王朝時代にかけて建造された100基以上の墓が存在するが、最もよく知られているのは第17王朝の王墓群である。それらは底辺の長さが10メートルほどで、石材は用いられず日干しレンガで造られ、完成当時は外装が漆喰で塗り固められていたと推定されている。それらのピラミッドは、2本の小さなオベリスクを入口に持つ礼拝堂の上に備えつけられていたと考えられている。実際に発見された王名と称号が刻まれたインテフ5世のピラミディオンの傾斜角度が60度であったことから、縦に細長いピラミッドが想定されている。第二中間期末のソベクエムサエフ王のように実物は発見されていないが、文書資料のなかで言及されているものや、先端のピラミディオンのみが見つかっているピラミッドの例がいくつかある。玄室のなかへは礼拝堂の下部か前庭の部分に竪坑か階段で入ることができた。木棺がいくつか発見されており、なかには19世紀にはまだ石棺内部の木棺に副葬品とともに

にミイラがあったと伝わっているインテフ6世のものもある。異民族ヒクソスに対するテーベの闘争に決定的な貢献を果たした第17王朝最後の王カモセ（カーメス）もドゥラ・アブ・エル＝ナガでピラミッド型の墓のなかに埋葬されたと考えられている。1913年にウインロックによって発見されたこの王のピラミッドは、底辺が約8メートル四方あった。

カモセの死後、弟のアハモセ1世（イアフメス1世）は幼少時に即位したが、度重なる軍事遠征により、エジプトの影響力をシリア・パレスティナ、さらにその先へと拡大することに成功した。治世後半には最終的に下エジプトを支配し、ファラオを名乗っていたヒクソスを放逐し、エジプト人によるエジプトの再興を果たした。国内においての彼は行政再編成化を図り、良質な建材が採掘されるトゥーラにおける石灰岩の石切り場を再開させ、カルナクにアムン神殿とモンチュ神殿を設立したことが知られているが、彼の治世の建築物はほとんど現存していない。デイル・エル＝バハリの王家の隠し場で発見されたアハモセ1世のミイラは、彼が30代半ばという比較的若くして亡くなったことを示唆している。

アハモセ1世はおそらく第17王朝の彼の先王たちが眠るドゥラ・アブ・エル＝ナガの南端にあるピラミッド型墓に埋葬されたのであろう。しかしながら、アハモセ1世は自身のために小さなピラミッドを古代エジプトの伝統的王墓地の一つであるアビドスにも建造した。このピラ

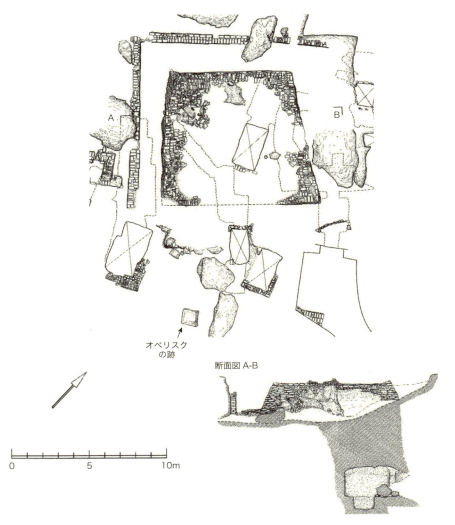

図90：インテフ6世のピラミッドの平面図と断面図（Polz, 2003, p.14）

ミッドはエジプトで建造された王のためのピラミッドとしては最後のものとなった。現在は外装の石材が略奪されているために、内部は崩壊して砂山のようになっているが、おそらく本来は底辺約52.5メートルの規模のピラミッドであった。一人の王が複数の王墓を建造することはエジプトでは珍しいことではない。

アハモセ１世もまたそのような例の一人なのである。

　王家の埋葬地として、王家の谷が開発された後もドゥラ・アブ・エル＝ナガは、新王国時代を通じて、アメンホテプ３世治世のテーベ市長であったケンアムンや第19王朝のアムン大司祭たちなどを含む、有力者たちの墓地として使用され続けた。ただ古代からその存在が良く知られていたこともあり、ドゥラ・アブ・エル＝ナガは、長く広範囲にわたり盗掘・略奪を受けて来た。そのためかつては角度が急なピラミッドがいくつも連なっていたと考えられるが、現在ではほとんどの墓がひどい破壊を被っている。近くには盗掘集団で有名なクルナ村がある点も不運であった。19世紀後半に行われたマリエットによる調査は、第17王朝の王インテフ６世（木製棺がドゥラ・アブ・エル＝ナガで発見されている）のピラミッド（**図89**）の存在を確認したが、報告書は出版されなかった。1991年以降、ドゥラ・アブ・エル＝ナガでは、ドイツ隊とアメリカ隊が継続的な調査を実施し、ピラミッドの遺構の可能性を持つ場所や竪坑を発見するなど成果を挙げているが、いまだアボット・パピルスを超える史料は存在しない。アボット・パピルスは、新王国時代第20王朝のラメセス９世治世に起こった王墓の盗掘事件の報告書である。そこには当時ドゥラ・アブ・エル＝ナガに王墓が存在していた様子が克明に描かれていたのである。そのようななか、唯一の大きな成果と呼べるのが、上述したインテフ６世のピラミッドの再発見である。ドイツ隊による詳細な発掘成果（**図90**）は、いまだ明らかではない、混沌の時代である第二中間期の貴重な情報を我々に提供してくれている。

ナカダの小型階段ピラミッド

図91：ナカダの小型階段ピラミッド
(M. Isler, Sticks, Stones, & Shadows: Building the Egyptian Pyramids〈Norman, 2001〉, p.100)

基本情報
国名：エジプト・アラブ共和国
場所：ナカダ（オンボス）
座標：北緯25°56′26″　東経32°42′33″
高さ：4.5メートル
規模：東西18.2メートル×南北18.2メートル
建造年代：紀元前2575年頃

　古王国時代第4王朝のスネフェル王によって、古代の主要都市オンボスに隣接するナカダに建造された三段の小型階段ピラミッド（図91）である。石灰岩の断片を漆喰で固めて造られた。1895年にピートリとクイベルが調査を実施しているが、用途不明の坑が見つかった以外には地下構造は存在せず、玄室も備えていなかったことから、埋葬とは関係のない目的で造られたと考えられている。オンボスの階段ピラミッドあるいはトゥクのピラミッドと呼ばれることもある。

ニウセルラー王のピラミッド
Pyramid of Niuserra

図92：ニウセルラー王のピラミッド全景（撮影　大城道則）

基本情報
国名：エジプト・アラブ共和国
場所：アブシール
座標：北緯29°53′44.4″　東経31°12′12.8″
高さ：51.68メートル
規模：東西78.9メートル×南北78.9メートル
建造年代：紀元前2385年頃

　ニウセルラー王のピラミッド（図92）は、父ネフェルイルカラーのものよりも、未完成に終わった兄ネフェルエフラーのものよりも小規模であったが、ピラミッド本体、葬祭神殿、参道、河岸神殿、衛星ピラミッドなどピラミッド・コンプレックス（複合体）が備えるべき基本要素をすべて兼ね備えていた。巨大な塔門が東側に造られ、それを取り込むかのように周壁がめぐらされている。ピラミッド本体への入口は北側中央に地表と同じ高さに造られていた（図93）。そこから石灰岩で内張りされた下降通路を緩やかに下り、途中に備えられた花崗岩製

の三つの落とし戸を経由し、石灰岩製の前室とその西側に隣接した玄室へと到達するのである。玄室は石灰岩の巨大な石材を三重に重ねて切妻様式で造られていた（図94）。王の埋葬に関する痕跡は盗掘のためまったく確認できなかった。

　葬祭神殿はこれまで同様に東側に建造されたが、大きく南側にずれていた。これは建設予定地が斜面であったことによる。玄武岩で敷かれた入口を入ると左右それぞれ五つの倉庫が備え付けられていた。その先にある屋根を持たない中庭を取り囲む柱廊は、16本の赤色花崗岩製のパピルス型円柱で天井部が支えられていた。その天井部には夜空を連想させる星文様が描かれた。中庭の中央に小さな水槽が置かれており、その側面にはサフラー王の祭壇と同じように上下エジプト統一のシンボルであるセマタウイが描かれていた。そのことから、用途は同じ祭祀用なのかもしれないが、水槽というよりもむしろ、祭壇とみなす方が妥当であろう。中庭を抜けたところにある交差通路の先には小さな壁龕を持つ部屋があり、その北側に真ん中に円柱を一本備えた正方形の部屋がある。この正方形の部屋はこれ以降、中王国時代第12王朝のセンウセレト1世治世まで葬祭神殿の基本要素の一つとなる。葬祭神殿本体は南側にずれているが、供物を捧げる場である至聖所（礼拝所）は、これまでの伝統を受け継ぎピラミッドの中心線（玄室と並行）に沿っている。至聖所の左右には五つの彫像用の壁龕と五つの細長い倉庫が

付設された。

　葬祭神殿から始まる参道の壁面には、サフラー王のピラミッド・コンプレックス同様スフィンクス姿の王が敵を踏みつける場面が彫り込まれた。天井部には夜空が描かれており、背景が青色で金色の星々が散りばめられていた。この参道は本来ネフェルイルカラー王のものであったが、ニウセルラー王が奪取した。そのため直線ではなく、途中で不自然に折れ曲がっている。参道の先に建造された河岸神殿には、入口を入るとすぐに柱廊がある。その先に王像が収められた三つの壁龕を備えた礼拝用の部屋がある。北西角付近から葬祭神殿に向かって参道が延びている（途中で折れ曲がっている）。

　またその他の構成要素として、ニウセルラー王のピラミッド・コンプレックスには、太陽神殿建設との繋がりが想定できるオベリスクが付属していたという指摘もある。衛星ピラミッドは独自の周壁を持ち、北側入口から下降通路を通って玄室に繋がっていた。そのピラミッドの南側には、レプシウス第24号墓と第25号墓と名付けられたピラミッド・コンプレックスが存在する。それらは小規模な葬祭神殿と衛星ピラミッドを持っていた。これらのピラミッドの持主は不明であるが、石積みの落書きにニウセルラー王の宰相プタハシェプセスの名前が数多く確認されていることから、同王の治世に建造されたものであること、そして母親ケントカウエス2世のピラミッド・コンプレックスと「三ツ星」を形成してい

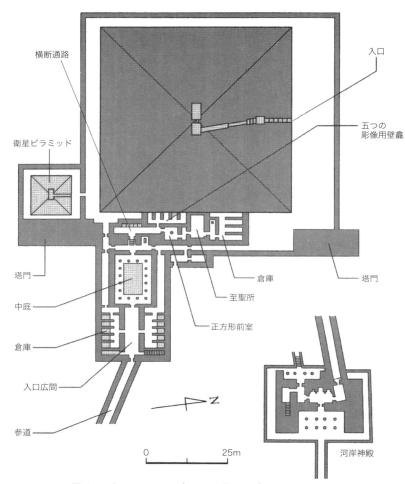

図93：ニウセルラー王のピラミッド平面図（Lehner, 1997, p.149を参考に作成）

るように思えることから、おそらくニウセルラー王の王妃たちのものと考えられている。実際にレプシウス第24号墓の玄室からは、赤色花崗岩製の棺の断片と女性のミイラが発見されている。レプシウス第25号墓は未調査であるが、第24号墓に隣接していることと規模が同等であることなどから、やはり王妃のものであろう。ただこのピラミッド・コンプレックスの葬祭神殿は、通常とは異なり東側ではなく西側に建造されている。

　アブシールにあるサフラー、ネフェル

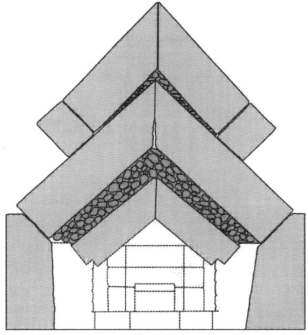

図94：ニウセルラー王のピラミッドの平面図と切妻様式の玄室（大城、2014年、図114と Hawass, 2011: p.269を参考に作成）

イルカラー、ネフェルエフラーのピラミッドは、北西角が一直線上に並んでいることから、しばしばギザの三大ピラミッドに対して、アブシールの三大ピラミッドと呼ばれている。その上、ネフェルエフラー、ネフェルイルカラー、ニウセルラーの三つのピラミッドの南西角もまた一直線上に並んでいるのである。今後、先述したケントカウエス2世のピラミッド・コンプレックスと「三ツ星」を形成していたレプシウス第24号墓とレプシウス第25号墓をも考慮に加え、アブシールにもギザと同じようなグランドプランがあった可能性について考えるべきであろう。

ヌリのピラミッド群

Pyramids of Nuri

図95：ヌリのピラミッド群（Welsby and Anderson, 2004, p.159-119）

基本情報
国名：スーダン共和国
場所：ヌリ
座標：北緯18°33′51.74″　東経31°54′58.99″
高さ：約数メートル〜約50メートル
規模：東西数メートル〜約50メートル×南北数メートル〜約50メートル
建造年代：紀元前7世紀中頃〜紀元前3世紀初期

　ジェベル・バルカルの聖域を含むヌリは、クシュ王国の首都ナパタの北東数キロメートル、第4急湍東岸に位置していた。そこには複数のピラミッド（図95）が建造されたのである。エル＝クッル放棄後、紀元前7世紀半ばから、紀元前3世紀初期までの支配者たちの埋葬地であり、タハルカ王と後継者たちのピラミッド19基と王妃たちと王子たちのものも造

られた。入口は東側にあり、そこから階段を下りて玄室へと向かった。玄室には黄金製品とともに王のミイラが石棺と木棺に納められていた。アンラマニ王とアスペルタ王のミイラは、それぞれ巨大な花崗岩製の石棺が用いられていた。蓋の裏側には、ピラミッド・テキストや「死者の書」の一節が、玄室の壁面にも「死者の書」が記されていた。あらゆる過程

において、エジプトの埋葬様式の影響が見られる。ヌリのピラミッドは、エル＝クッルのものよりかなり大きく、高さの平均が20メートル以上あった。最終的に

紀元前3世紀半ばにメロエに代わられたが、その後何世紀もの間重要な拠点であり続けた。

ネチェリケト王の階段ピラミッド

図96：ネチェリケト王の階段ピラミッドと手前にあるセド祭用神殿（撮影　大城道則）

基本情報
国名：エジプト・アラブ共和国
場所：サッカラ
座標：北緯29°52′16.56″　東経31°12′59.02″
高さ：62メートル
規模：東西121メートル×南北109メートル
建造年代：紀元前2650年頃

　古代エジプトで最初に建造されたこのピラミッド（図96）は、現在のエジプトの首都カイロから南方に約30キロメートル離れたサッカラにある（サッカラはアビドスと並ぶ古代エジプト王たちの王墓地として知られている）。古代エジプトの古王国時代第３王朝初代の王ネチェリケト（ジョセル）のために建造された巨大な石造建造物であった。後世の史料からジョセルという呼び名でも知られるネチェリケト王は、「神の肉体」（ネチェル＝神＋ケト＝身体）を意味する超人的なその名に相応しい階段ピラミッドという葬送建造物を残したのだ。階段ピラミッド自体が石灰岩で造られた巨大な階段状の石造建造物ではあるが、実際には南北約545メートル、東西約277メートル、そして高さ約10メートルの石灰岩製の長方

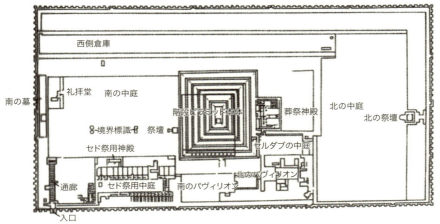

図97:ネチェリケト王の階段ピラミッド・コンプレックスの平面図（Hawass, 2011: 111の図より作成）

形の周壁に囲まれた大規模なピラミッド・コンプレックスの一部であった。それゆえ周壁の内部空間には、ピラミッド以外にも様々な用途を持つ建造物が立ち並んでいた（図97）。

周壁は壁龕建築とも王宮ファサード様式とも呼ばれる凹凸状の窪みを持つものであった。その周壁の東南部分の一角にある唯一の入口（周壁には15個の入口があるが、そのうちの一つだけが本物であり、残りの14個は開くことのない偽扉である）から内部へとつながる通路は、エジプトで従来用いられてきた木材の建築物を模倣して、石材で柱や屋根が造られていた。直線通路を抜けると、右側に古代世界最大級の石造建造物である階段ピラミッドを正面に見上げる広大な中庭に出る。この中庭では、古代エジプトの王位更新祭であるセド祭が開催されたと考えられている。砂が敷き詰められたその中庭には、馬蹄形の祭壇のようなものが二組置かれているが、ネチェリケト王はセド祭において、その中庭にある二組の馬蹄形祭壇の間を疾走、あるいは大股で歩くことによって、いまだ衰えることのない自らの肉体を周りの人々と見えざる神々に証明したのである（同ピラミッドの地下にあるレリーフに描かれたセド祭で走る王の足元の前後には、中庭に置かれた祭壇と同型ものがみられる）。証明することに失敗した場合には、王が殺害されたのだと考えられることもある。またセド祭と密接な関係を持つと想定される「セド祭用神殿」（図96・97）と呼ばれる施設が中庭の東側に位置している。この施設は、神々および王の近親者たちの面前で王が再度王位についたことを示す儀式を行った場所であったと考えられている。

中庭の南側には、階段ピラミッド本体

と類似した地下構造と埋葬施設を持つマスタバ墓形の「南の墓」と呼ばれる施設がある。この施設の使用目的はいまだ明らかではないが、空墓（セノタフ）であるとか、王の遺体から取り出した防腐処理後の内臓を納めた場所と推定されている。つまり、次の王朝である「ピラミッド時代」という異名を持つ第4王朝期に重要な副葬品として認められるようになるカノポス壺と同じ役割を果たしていたと考えるのだ。もしそのような機能が「南の墓」に与えられていたとするならば、古代エジプト文明の特徴の一つであるミイラ作製も第3王朝のネチェリケト王の時代に開始されていたことになる（作製年代は不明であるが、このピラミッドの玄室からは亜麻布で巻かれたミイラの一部が発見されている）。

　ピラミッドの北東には、南のパヴィリオン（南の家）と北のパヴィリオン（北の家）と呼ばれる建造物が立ち並ぶ。これらは北と南、つまり上下エジプト王国を象徴するものだと考えられることもある。古代エジプトは二元論が支配した世界観を展開していたことで知られている。両建物ともに深さ20メートル以上の竪坑が確認されている。南のパヴィリオンは、南北に細長く延びた中庭と建物上部にケケル・フリーズ（この世とあの世との間の境界線を意味し、葬礼に関わる建造物の装飾に使用される）が施されている。北のパヴィリオンは、小さな中庭と建造物壁面に装飾された巨大な開花パピルス柱で知られている。両建造物は、

王が儀礼を実施する際に、なかで儀礼用の衣服を着脱したり、中庭でテントを建てて来賓客の相手をしたのだとする説もある。

　中庭の向こう側に位置し、ピラミッド本体の北側に隣接するのは、王の葬儀・儀礼や供養のための施設と考えられている葬祭神殿である。ピラミッド内部へと続く入口もこの葬祭神殿にある。ここでは王の遺体を玄室に運び込む前に必要であった何らかの宗教・葬祭儀式を行ったと考えられている。玄室近くに造られたいわゆる「青色ファイアンスの部屋」は、来世における王の王宮を表わしていると考えられているし、天井部に描かれた星々の文様も夜空へと旅立つ王の道を示しているのかもしれない。その東側にはセルダブと呼ばれている出入口を持たない部屋がある。そこには王の分身である彫像が安置されていた。ピラミッドを挟んでその両側（北側と南側）では異なる儀礼が行われていたのであろう。南側は生者の空間、そして北側は死者の空間としての用途を持っていたのだ。高い周壁に囲まれたピラミッド・コンプレックスのなかに生み出された聖なる空間は、セド祭＝王の再生から埋葬までの過程、つまり「揺りかごから墓場まで」をこの世で具現化した存在であったのである。そのため各施設の緻密な配置と個別の役割が求められたのだ。

　この階段ピラミッドは、目視可能な部分、特に側面の崩壊個所から時系列的に六段階の建設経過を経たと推測されてい

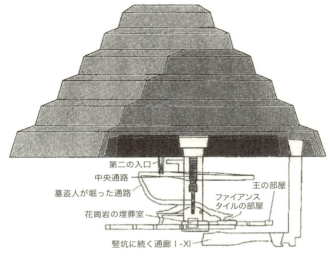

図98：ネチェリケト王の階段ピラミッド建造過程図（Lehner, 1997, p87を参考に作成）

る。つまり以下のような過程である（図98）。
① 竪坑と王の玄室が地下に造られ、その上にマスタバ墓が築かれた。
② そのマスタバ墓の周りに補強のための周壁が増築された。
③ さらにその周壁の外側に増築が加えられた。
④ 増築後、マスタバ墓を第1段目として、4段の階段ピラミッドが建造された。
⑤ その4段のピラミッドを取り囲むように、6段の階段ピラミッドが建造された。
⑥ ピラミッド表層に整形された石灰岩が外装用の化粧石としてはめ込まれた。

上記の建設過程は、これまで一般的に広く受け入れられてきた見解である。しかしながら、あくまでも推測の域を出ることはない。ピラミッドの内部をスキャンしない限り、あるいは分解してしまわない限り、真実は誰にも分からないのである。最初に造られたとされているマスタバ墓が台形のマスタバ墓ではなく、元から階段ピラミッド建設を想定した直方体のプラットフォームであったという可能性も提案されているほどだ。継ぎ接ぎだらけの建造物が5000年弱もの間、崩壊しなかったと考えるよりも、基礎が盤石であったからこそ崩壊しなかったのだと考える方が理にかなっている。あるいは図98を見て分かる通り、ピラミッドの頂上の真下に造られることの多い玄室の位置が中心線とずれていることから、もう一回り巨大なピラミッドを建造する予定

であったのかもしれない。

　この階段ピラミッド建設のような「高層建造物を建設すること」、「これまでにない巨大性の追求」、「永遠性を持つ建材としての石材の使用」は、ネチェリケト王が求めた理想を宰相であり建築家でもあったイムホテプが現実のものとしたと考えられているが、それを可能とする国家としての経済力と王のカリスマ性があったからこそ成し得たものであった。玄室と石棺の存在はこのピラミッドが王の墓であったことを示しているが、もう一つ重要な意味があったと考えられる。そのことは、ピラミッド東側の基壇部分の近くに穿たれた深さ約30メートルの11本の竪坑（図98）から推測することが可能だ。そこからは、第1王朝と第2王朝の王たちの名前が刻まれた石製容器の破片が大量に出土している。当時の石製容器は硬質の石材をまるで土器の形になるように削って作ることから、庶民には持てないような大変高価な副葬品であった。そのような高価なものが出土したのだ。それも破壊されてである。

　第2王朝期の王たちの地下墓があると考えられているこの階段ピラミッド・コンプレックスの西側からも、第1王朝と第2王朝の王たちの埋葬から奪われてそこに捨てられたとされる石製容器が出土している。第3王朝のネチェリケト王からみて、過去の第1王朝と第2王朝の王たちの名前（古代エジプトでは名前はその人物の分身であり、名前を消されるこ

と、破壊されることは、存在を抹消されることと同義であった）が記された遺物がピラミッドあるいはピラミッド・コンプレックスの下から出土しているのだ。穴をあるいは余分な空間を不要な廃材で埋めるためにそれらが用いられた可能性はあるが、それよりも意図的に埋められたと考える方が妥当であろう。つまり、この階段ピラミッドは、ネチェリケト王からみて過去の王たち、あるいは自分とは血統の異なる人々を封印するための「重石」であったのである。その意味ではネチェリケト王の階段ピラミッドを造る際の第1段階であるとされているマスタバ墓が彼の先王の墓であったとは考えられないであろうか。過去の王権とその影響力を大地に封じ込めたのだ。

　最初のピラミッドがそのような呪術的意味を備えていたとするなら、ネチェリケト王の階段ピラミッドの後継者たちにも同じ機能あるいはそれぞれが異なる個性を持っている可能性がある。ピラミッドは古代エジプト王の墓であるのは間違いないが、それ以外の要素も備えていたからこそ、これまで議論が尽きないのだ。「宗教的な」とか、「葬送儀礼的な」とか、「葬祭記念建造物」などというぼんやりとした解釈を超えた議論がなされるべきである。その出発点は最初のピラミッドたるネチェリケト王の階段ピラミッドおよびそれを包含する階段ピラミッド・コンプレックスであるべきだ。

ネフェルイルカラー王のピラミッド
Pyramid of Neferirkara

図99：ネフェルイルカラー王のピラミッド全景（撮影　大城道則）

基本情報
国名：エジプト・アラブ共和国
場所：アブシール
座標：北緯29°53′42″　東経31°12′9″
高さ：72メートル
規模：東西105メートル × 南北105メートル
建造年代：紀元前2400年頃

　ネフェルイルカラー（カカイ）王は、おそらくアブシール最大のピラミッド・コンプレックス（複合体）を建造しようとした。彼が完成を目指した「ネフェルイルカラーのバー（魂）」と呼ばれたピラミッド（図99）は、計画当初、底辺が約105メートルで6段からなる階段ピラミッドであり、その後増改築が行われて、傾斜角度約54度で、高さが約72メートルの真正ピラミッドへと変更がなされたと考えられている。その後も拡張と増築が何度か繰り返されたが、結局計画は頓挫し、完成することはなかったようである。その理由としては、彼がサフラー

王の息子ではなく弟であり、即位時にはすでにかなりの高齢であったことが挙げられている。

ピラミッド本体の北側中央の地表面から約2メートルの高さに花崗岩製の入口があり、そこから下降通路が延び、数メートルで水平通路に至る。さらにそこから小さな部屋と落とし戸を抜けるとその先に三重に石材を重ねた切妻様式の天井部を持つ前室と玄室が現われる。二つの部屋はほぼ同じ大きさで、同じく東西方向を向いている。玄室は盗掘の痕跡が見られ、石棺もミイラも発見されなかった。

ピラミッド本体の東側に隣接する葬祭神殿（図100）は、完成を急いだためか石材ではなく日干しレンガや木製の円柱が使用されていた。衛星ピラミッドが造られなかった点も同じ理由であろう。舟坑があり船が2艘埋葬されていたが、発見された際にはすでに粉々であった。また3代後の王であるニウセルラー王がネフェルイルカラー王の未完成の河岸神殿跡と参道を自分のピラミッド・コンプレックスに付属する参道へと転用したことから、ネフェルイルカラーのための死後崇拝施設は、早い段階で水場から離れた葬祭神殿のみとなってしまった。しかしこのことが功を奏し、現代の考古学者たちは、ネフェルイルカラー王のピラミッド・コンプレックスにおいて、古代の神官たちが記したパピルス文書群を発見することができたのである。

神官たちが神殿で行う職務の予定表、神殿の在庫目録、神殿にもたらされた品々の記録など神殿内の作業、そして王の死後崇拝の手続きを詳細に記したパピルス文書群として知られるこの貴重な文書資料は、ナイル河の氾濫を回避し、泥に埋もれて幸運にも朽ち果てることを逃れたのだ。これは、ピラミッド時代における宗教的慣習や儀式構成に関する価値ある証拠となった。現在、これらの資料は、総称して「アブシール・パピルス文書」と呼ばれている。1968年にようやく全文が公けとなったこのエジプト学史上最も重要な史料の一つは、古代エジプト文化を宗教という側面から明らかにしてくれた。

ネフェルイルカラー王のピラミッド・コンプレックス最大の疑問点は、「なぜピラミッド・コンプレックスの建設は急がれたのか」ということだ。この疑問に答えを提示することができるかもしれない資料が出土している。それがネフェルイルカラー王の王妃ケントカウエス2世のピラミッド・コンプレックスから出土した碑文である。ネフェルイルカラー王のピラミッド・コンプレックスの廃材を利用して建造されたと考えられているケントカウエス2世のピラミッドの玄室からは、赤色花崗岩製の石棺の断片とミイラに使われた包帯の破片、そして副葬品の石製容器の断片などが発見されている。王妃の遺体はピラミッド内に埋葬されたのであろう。周壁を備え、衛星ピラミッドも付属していたこのピラミッド・コンプレックス最大の注目点は、聖蛇ウ

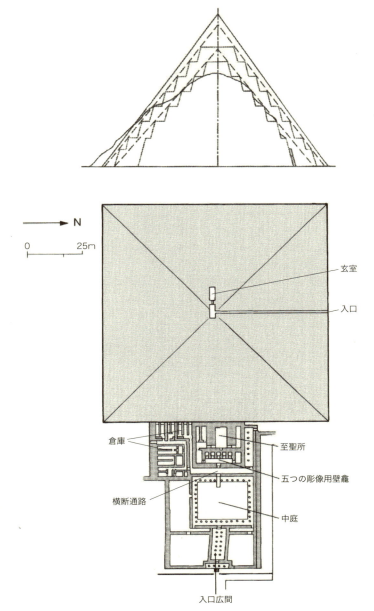

図100：ネフェルイルカラー王のピラミッドの断面図と平面図（Hawass, 2011: p.262と Lehner, 1997, p.145を参考に作成）

ラエウスを額に取り付けたケントカウエス2世が描かれたレリーフとケントカウエス1世と同じ称号とである。前者のレリーフに描かれたウラエウスは、敵に火を吹くと信じられていたコブラの図像であり、魔術的な保護を備えていた。また後者の碑文は、「上下エジプトの二人の王の母」あるいは「上下エジプト王であり、上下エジプト王の母」という2通りの解釈が可能なものであった。つまりケントカウエス2世もまたケントカウエス1世と同じく、上下エジプト王の母であるだけではなく、彼女自身がエジプト王であった可能性もあるということだ。

　ピラミッド本体の東側に葬祭神殿が建造された点も重要であり、ケントカウエス2世が王位に就いたという説を補足している。そしてそのことが一つの仮説を提案させた。つまり、ネフェルイルカラー王が早世したために、その非常事態を回避しようとして、王妃であったケントカウエス2世が臨時的に王位に就き、後継者である息子の成長を待ったのではないかというのである。確かにありそうな話ではある。もう一つの問題である階段ピラミッドの件、つまりネフェルイルカラー王による約150年後の階段ピラミッドの採用については理由が良く分からないが、ウセルカフ王と同様に偉大なピラミッド創始者ネチェリケト王への憧れを反映していたのかもしれない。

　いずれにせよ、ネフェルイルカラー王のピラミッド・コンプレックスとそこから出土したアブシール・パピルス文書は、古代エジプトの宗教儀礼と神官の役割を理解する手がかりとなる。

ネフェルエフラー王のピラミッド

Pyramid of Neferefra

図101：ネフェルエフラー王のピラミッドの下部構造（撮影　大城道則）

基本情報
国名：エジプト・アラブ共和国
場所：アブシール
座標：北緯29°53′38″　東経31°12′6″
高さ：（未完成）
規模：東西65メートル×南北65メートル
建造年代：紀元前2390年頃

　ネフェルエフラー（ラーネフェルエフ）王のピラミッドは、底辺の長さが約65メートルのピラミッドを建造する予定であったと考えられるが、上部構造のほとんどが崩壊しており、現在はマスタバ墓のような形となっている。未完成であったと考えられることから、下部構造をみることができる状況にある（図101）。ピラミッドの核の石材と思われるものと玄室にともなう溝が確認されているが、もしかすると完成形として真正ピラミッドではなく、階段ピラミッド、あるいは巨大なマスタバ墓をネフェルエフラーは求めたのかもしれない。実際、ア

ブシールで調査経験のあるヴェルナーは、ネフェルエフラーの墓は、最初ピラミッドとして計画されていたが、王の早過ぎる死により、計画が変更を余儀なくされ、マスタバ墓にされたと考えている。

ネフェルエフラーのピラミッド・コンプレックス（複合体）において、最も特徴的な葬祭神殿（図102）は、「アブシール・パピルス文書」のなかで言及されている。この葬祭神殿は石材ではなく、ほぼ日干しレンガで造られていたことが幸いし、現在盗掘を免れ保存状態は良好である。それはピラミッド東側面に隣接し、多種多様な部屋で複雑に構成されている。そこからはシェプセスカラー王の名前が記された封泥が二つ発見されている。この発見はシェプセスカラー王がネフェルエフラー王のピラミッド・コンプレックスの建造に関わった証拠とされ、王位に就いた順番がサッカラ王名表のものとは異なるという説の根拠となっているが、決定的というわけではない。

神官たちが清めの儀礼の際に使用したであろう水盤が床に埋め込まれていた葬祭神殿の入口部分を進んだ先の交差通路に入ったところにある倉庫群からは、祭祀用と思われる2艘の船が大量のカーネリアンのビーズとともに発見されている。その北側の2階の部分に2列に並んだ10部屋の倉庫からは、フリント製ナイフと石製容器、そしてパピルス文書が発見されている。南側に位置する木製の円柱のある中庭から、ネフェルエフラー王

の石灰岩製の見事な彫像が出土している。ハヤブサの姿をしたホルス神が王の後頭部に留まる様子は、ギザに巨大なピラミッドを建造したカフラー王の彫像を彷彿とさせるものがある。そこに隣接する南側の空間は、入口が北側にある通称「ナイフの聖域」と呼ばれる独特の施設であった。この「ナイフの聖域」の名は、パピルス文書資料や碑文資料でも挙げられているものだ。それらの史料から我々が知ることができるのは、おそらく当時この空間で行われたであろう祭礼の際に10日間で130頭の雄牛が屠られたということである。内部はそれぞれの区画が機能的に配置されていた。北西区画にある中庭で雄牛が屠られ、北東区画でその肉の解体と干し肉にするための保存作業が実施されたのである。「ナイフの聖域」が使用された時期は短期間であると推測されている。また同種の施設は他のピラミッド・コンプレックスにおいて未発見であるが、古代エジプトにおける雄牛の重要性はこれまでにもたびたび指摘されてきた。雄牛は王権に関わる重要事項であることから、この「ナイフの聖域」の存在は、古代エジプト文明初期の王権儀礼を考える際に注目すべき事例であることは間違いないであろう。ピラミッド・コンプレックスは、王の死後、後継者であったと考えられているニウセルラー王によって葬祭神殿が大拡張されたが、他のもののように参道と河岸神殿が建造されることはなかった。そのため周壁の外側の部分を河岸神殿の役割を果

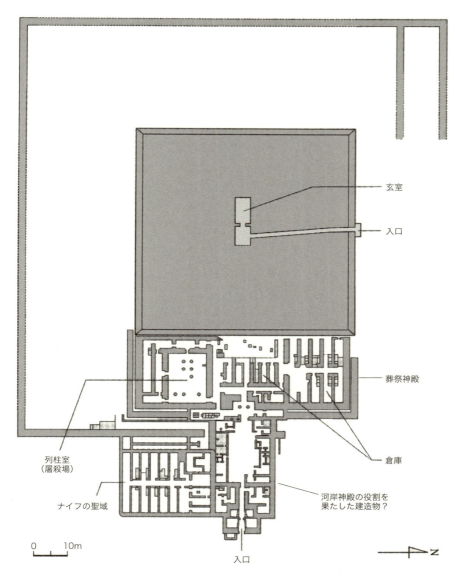

図102：ネフェルエフラー王のピラミッド・コンプレックス（大城、2014年、図111を参考に作成）

たした建造物であると考える研究者もいる。

　このネフェルエフラーのピラミッド・コンプレックスでは、ピラミッドの持つ意味について今後検討すべき最重要遺物が出土している。長年にわたり盗掘が繰り返されてきた跡がみられるこのピラミッドの玄室（げんしつ）から、内臓を納めるためのアラバスター製のカノプス壺の破片、赤色石灰岩製の石棺の断片、そして何より王のものと思われるミイラの一部が発見されているのである。つまり、これらの遺物の存在は、王の埋葬を示しているように思えるのだ。もしこれらの遺物がネフェルエフラー王に帰属するものであることが証明されれば、少なくとも第5王朝のピラミッドは王墓であったことになる。ただし、未完成のピラミッドに王のミイラを運び入れることに問題はなかったのかという疑問が新たに浮上するが、最終形がマスタバ墓であったとするならばその点も理解できる。つまり、ネフェルエフラー王は、自らの終の棲家として巨大なマスタバ墓を建造し、実際そのなかに埋葬されたが、どこかの時点で盗掘を受けた。盗掘者は副葬品を盗んでいったが、その際に王のミイラの包帯のなかに埋め込まれた金銀・宝石で作られたアミュレットを得るためにミイラを破壊したのであろう。そして幸運にも王のミイラの一部である掌が残されたのである。

ハワラのアメンエムハト3世のピラミッド

Pyramid of Amenemhat III in Hawara

図103：ハワラのアメンエムハト3世のピラミッド全景（撮影　大城道則）

基本情報
国名：エジプト・アラブ共和国
場所：ハワラ
座標：北緯29°16′0″　東経30°54′0″
高さ：58メートル
規模：東西105メートル×南北105メートル
建造年代：紀元前1818年頃〜1770年頃

　アメンエムハト3世はダハシュールに建造した第1のピラミッドに次いで、ファイユーム地方に第2の巨大なピラミッドを建造した。ファイユームの重要性を熟知していたアメンエムハト3世は、中王国時代第12王朝の歴代の古代エジプト王たちと同様に穀物栽培に適した耕作地の拡張のため、豊かな収穫が見込めるファイユームにおいて大規模な灌漑事業を行ったのである。さらに同時期にソベク神をはじめとした神々のための新たな神殿がメディネト・マアディやメディネト・エル＝ファイユームなどに建造された。その活発な活動はプトレマ

イオス朝時代を通じてローマ時代にまでおよび紀元後4世紀に一帯が放棄されるまで継続されたのである。

そのファイユーム地方において建造された彼の第2のピラミッドは、おそらくダハシュールのものに構造上の問題が生じた後に、ファイユーム地方の入口付近にあるハワラにおいて建設された（図103）。底辺が約105メートル、高さが約58メートル、そして傾斜角度が約48度の巨大なピラミッドであった。他の中王国時代のピラミッド同様、外装に使用された化粧石以外はほとんどが日干しレンガを用いて建造されていたことから、現在は崩れて日干しレンガの核の部分が露出し、巨大な小山のような外観になってしまっている。ピラミッドに本来用いられていたトゥーラ産の石灰岩製化粧石は、古代に略奪されて、他の建造物に転用されてしまったと考えられている。しかしながら、そのような現状でさえ、このピラミッドの威風を損なう要素とはならない。十分に巨大で見る者を圧倒するのだ。

アメンエムハト3世がハワラのピラミッドの建築を指示した際には、ダハシュールでの経験が過去の教訓として活かされていたのであろう。例えばピラミッドの不安定さを誘発する複雑な地下構造を避けるために意識的に通路や部屋の数は減らされたようだ（ダハシュールのピラミッドの内部は複雑）。また入口は南側中央からかなり西側にずれており、そこから階段が下にある小さな部屋

へと通路が延びていた（図104）。その先の落とし戸を抜けると部屋があり、そこからは北と東に通路が分かれていた。北側の通路は地下水とその水で溶けて崩れた日干しレンガのために途中で調査が断念されている。東側に延びる通路は先で北へ直角に曲がり、さらに西へと直角に曲がり、もう一度南に曲がった先の玄室へと繋がっていた。まるで中心に位置する玄室を取り巻くような構造である。玄室に至るまでに合計3か所も落とし戸が造られていた点は、盗掘者に対する意識がかなり強かったことを示している。

玄室自体もまた工夫されており、上に積まれた大量の日干しレンガからの圧力に耐える工法が組み込みこまれていたのである（図105）。つまり、石材で造られた切妻様式の屋根の上にさらに日干しレンガを用いてアーチ状の屋根を造ったのである。そのうえ二重の屋根に守られた玄室は、重さ110トン以上とも推測される巨大な珪岩の一枚岩を掘り抜いて造られたものであった。その上に天井として珪岩製の石材を三つ並べたのである。そのなかには王宮ファサード様式を持つ土台の上に置かれた珪岩製の石棺と小さめの石棺、および二つのカノポス壺箱が置かれていた。このことは二人の被葬者が存在していたことを意味している。発掘者のピートリは、大きい方の石棺のなかから木棺の残骸と人骨の破片を発見している。そこから王妃のネフェルプタハの名前が記された遺物の断片が採集されていることから、人骨がアメンエムハト3

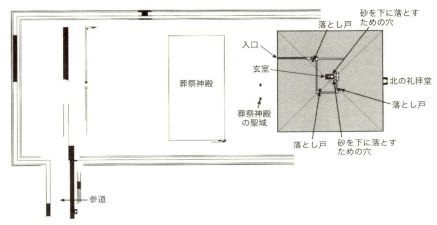

図104：ハワラのアメンエムハト3世のピラミッド平面図（Dodson, 2003, p.95を参考に作成）

世のものではない可能性もあるが、たとえそれが王妃のものであったとしても、ピラミッドの玄室で当時の人骨が発見されていることは、ピラミッドは墓であるという説を唱えるうえで注目に値する。しかしながら、ネフェルプタハ王妃の名前を持つ碑文が彫られた赤色花崗岩製の石棺がハワラのピラミッドから南東2キロメートルの場所にある別のピラミッド跡から発見されている。そしてその玄室からは、王妃の名前が記された遺物と皮膚組織の一部が確認されたミイラの包帯の断片が発見されているのである。つまりこの事実を考慮するならば、ハワラのピラミッドの玄室内で発見された人骨の断片は、ネフェルプタハ王妃のものではなく、アメンエムハト3世のものである可能性がきわめて高いということになるのである。

このピラミッド・コンプレックス（複合体）の上部構造は、中王国時代のもののなかで最大に洗練されていると言えよう。平面は南北軸に延びた長方形をしており、周壁に取り囲まれている。これら二つの特徴は、サッカラに建造された第3王朝のネチェリケト王の階段ピラミッドの影響を明らかに受けていることを示している。ピラミッドの南側に位置する大規模な葬祭神殿は、数多くの礼拝堂を持ち、その複雑さゆえにギリシア・ローマの叙述家たちに「迷宮」と呼ばれたものであった。隣接した共同墓地は、中王国時代後期からローマ時代までの埋葬を含んでいる。このピラミッド・コンプレックスは、ギリシア・ローマの叙述家たちにクレタ島のクノッソス宮殿において、ミノス王が建設したと伝えられていたミノタウロスが棲む「迷宮」（ラビリ

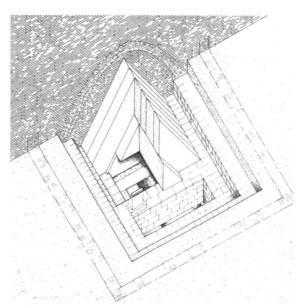

図105：切妻様式の屋根と日干しレンガを用いたアーチ状の屋根（Hawass, 2011: p.351を参考に作成）

ントス）と並び称される複雑で不可思議な存在であった。紀元前5世紀のギリシアの歴史家ヘロドトスは、この迷宮が訪問者を中庭から部屋へ、部屋から通路へ、通路から更なる部屋へ、そして多くの中庭へと導き翻弄したと記しており、巨大なピラミッド本体をも凌駕する存在であるとして以下のように絶賛している。

「私は自身の目でこの迷宮を見たが、それは真に言葉で表わすことができぬほどのものであった。ギリシア人の手による城壁やあらゆる建造物をことごとく集めたとしても、この迷宮に比べれば、それに要した労力と費用はとても及ぶべくもない。……もちろんピラミッドもその規模は筆舌に尽くしがたいものであり、一つひとつがギリシアの巨大な建造物を複数合わせたものに匹敵するものではあったが、迷宮はそのピラミッドをも凌駕するのである」

残念なことに現在では葬祭神殿内の石材のほとんどは持ち去られ、他の建造物に再利用されているため、建造当時の状況を把握することは困難であるが、ヘロドトスのみならず紀元後1世紀に活躍したローマの博物学者で軍人でもあったプリニウスなど複数の叙述家がこの「迷宮」について記述しているため、その特異な形状と複雑さ、そして実在性については信憑性が高いと言えるであろう。プリニウスは、世界の七不思議に次ぐ、第

8の奇跡・不思議として、自著『博物誌』のなかで「これは人間が自らの財力を用いて造り上げた最も驚嘆すべき業績である。実際にあったとは到底信じることができそうもないのだが、空想上の存在ではないのだ。その一つはエジプトに建造された迷宮である」と紹介しているほどだ。エジプトの「迷宮」は、古代においてすでに有名であったのである。

しかしその不可思議な「迷宮」以上に注目すべき点は、アメンエムハト3世という一人の王が異なる二つの場所に違う形状のピラミッド・コンプレックスをそれぞれ建設したことにある。そこには特殊な葬送観念・埋葬形態があったのかもしれない。つまり、中王国時代の王たちは、埋め墓としての王墓と礼拝用の王墓の2種類の墓を持っていた可能性があるのである。アメンエムハト3世だけではなく、例えばセンウセレト3世は、北のダハシュールに自らのピラミッドを建設したが、同時に南のアビドスにも王墓を造っている。また王ではないが、先述したプタハネフェル王妃の棺が二つのピラミッドの玄室から見つかっている可能性があることも一例として挙げられよう。エジプト王は両墓制を採用していたのかもしれない。一人の王に二つの墓が存在する可能性は高い。しかもセンウセレト3世のものの一方は、アビドスという古代エジプト文明の黎明期を支えた伝説の王たちの共同墓地であり、さらに冥界の神であるオシリス神の墓があったとされた神聖なる場所であったのである。本来

はすべての古代エジプト王が王墓を二つずつ持っていたのかもしれない。一つしか発見されていない理由としては、もう片方が未発見であることが挙げられるであろう。あるいは二つ持つという理想をかなえるほどの財力を持っていた王は多くはなかったという現実的な問題であったのかもしれない。

ただ自然環境を考慮するならば、水の豊富なオアシス地域（つまり掘れば水が沸き出す）であるファイユーム地方の地盤は、安定した基盤を必要としたピラミッド建造には不向きであったはずだ。ギザ台地に建つ巨大なピラミッド群のように長期にわたり安定させるには役不足であった点は否めない。それにもかかわらず、アメンエムハト3世をはじめとした中王国時代の古代エジプト王たちは、王墓地としてファイユーム地方を選んだ。そこには積極的にファイユーム地方を選択した決定的な意味があるはずなのである。未発見の中王国時代の都イチ＝タウイのそばに埋葬地を求めたのが理由であるのか、あるいはカルーン湖を巨大な聖なる池としてとらえ、その傍に埋葬されることを王たちが望んだのかは定かではないが、ファイユーム地方と「水」との関係には密接なものがある。そして水は日干しレンガを崩壊させるのである。もしかしたら、石切り場の代わりに日干しレンガを大量生産することが可能な場所としてファイユーム地方が選ばれたのかもしれない。

ピイ王のピラミッド

Pyramid of Piye

図106：エル＝クッルの第17号墓
(https://en.wikipedia.org/wiki/El-Kurru#/media/File:Al-Kurru,main_pyramid.jpg)

基本情報
国名：エジプト・アラブ共和国
場所：エル＝クッル
座標：北緯18°24′33″　東経31°46′15″
高さ：約11メートル
規模：東西約8メートル×南北8メートル
建造年代：紀元前8世紀後半

　ピイ（ピアンキ）王のピラミッドは、エジプトで最後の王のピラミッドが建造されて約800年後に現在の北スーダンに相当するヌビアのエル＝クッルに建造された。それはエル＝クッル最古の Ku.1 号墓の近くにある第17号墓（図106）で

あろうと考えられている。上部構造が崩れてはいるが、ピラミッドであることは十分に分かる。墓の入口は東側にあり、そこから19段の階段が下へと続いていた（図107）。
　玄室は岩盤を掘り込み、屋根の部分は

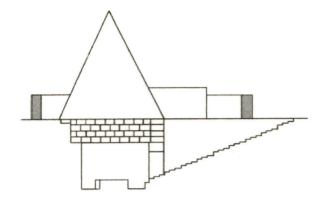

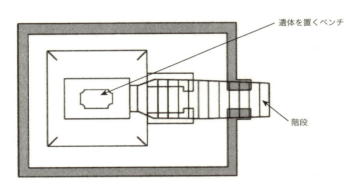

図107：ピイ王のピラミッドの断面図と平面図
(Jurman, Bader and Aston(eds), 2017, p.316-fig.7)

持ち送り式になっていた。玄室の真ん中に石製のベンチがあり、その上のベッドに遺体が置かれていた。馬の埋葬も確認されている。これらはクシュの特徴であろう。しかしシャブティやカノポス壺な どのエジプトで良く見られる副葬品の破片も発見されていることから、ピイ王は伝統的なクシュの埋葬様式にエジプト式のものを新たに導入したのであろう。

ペピ1世のピラミッド

Pyramid of Pepi I

図108：ペピ1世のピラミッド
(A. Dodson, The Royal Tombs of Ancient Egypt〈Barnsley, 2016〉, pl.XXVIII-b)

基本情報
国名：エジプト・アラブ共和国
場所：南サッカラ
座標：北緯29°51′16″　東経31°13′8″
高さ：52.5メートル
規模：東西78.75メートル×南北78.75メートル
建造年代：紀元前2310年頃

　ペピ1世（メリラー）は、第6王朝2番目の王であり、40年間以上エジプトを統治したと考えられている（サッカラ王名表では48～49年間、トリノ王名表では44年間と記載）。父親はテティ王で母親はウナス王の王女であったとされるイウプト王妃であった。即位当初は母親が摂政を務めたと考えられているが、ペピ1世が権力を掌握して以降は、その治世の間に南方のヌビア、さらに南のプント、そして東方の西アジアへと交易のため、あるいは、軍事のためしばしば遠征隊を派遣した。ペピ1世による外部世界を視野に入れた積極的な政策は、テティから

メルエンラーにかけて3代の王たちに仕えた宰相ウェニがアビドスにある自らの墓に刻んだ自伝碑文から知られている。ウェニの自伝には、それ以外にも王のハーレムにおける王妃（名前は不明）による陰謀計画や叛乱を目論む南パレスティナの砂漠の民（「砂上に生きる者たち」）に対する戦略についても記されており、当時のエジプトの状況を生々しく我々に教えてくれる。

ペピ1世は、アビドス、ブバスティス、デンデラ、そしてエレファンティネにおいて神殿建築を実施したことでも知られている。しかしながら、これから紹介する彼のピラミッド・コンプレックス（複合体）以外に現存しているものはほとんどない。ペピ1世に関する考古遺物として良く知られているものに、ヒエラコンポリスにあるホルス神殿の至聖所でみつかった王の実物大の銅像がある。打ち出すことで作製されたこの銅像は、古代エジプト美術の傑作に数え上げられるほど見事なものである。おそらく息子であり、後継者のメルエンラー王（あるいはこちらもペピ1世）を表わした小型の銅像とともに発見された。

このサッカラ南部にあるペピ1世のピラミッド・コンプレックス（図108）は、メン・ネフェル・ペピ（「ペピの美しさは永遠」）と呼ばれ、古代エジプトの都として知られるギリシア語のメンフィスという名前の由来であると考えられている。現在は上部構造がかなり崩壊しており、高さ12メートル程度となって

いるが、当時は底辺が約79メートル、高さが約52.5メートル、そして傾斜角度が約54度のピラミッドであったと推測されている。核の部分はところどころ第5王朝のジェドカラー王のピラミッド以降に採用された石灰岩の破片を漆喰で固めるという手法が取られている。表面に使用された石灰岩製の化粧石は最下段のみ残存している。ピラミッド本体の入口は、北側の地表面にあり、礼拝堂も備えられていたと考えられている。ピラミッド・テキストが彫り込まれた通路入口を降りると水平となり、その水平通路には3枚の落とし戸が作られるなど、第5王朝と第6王朝の特徴を継承している。水平通路の先にある前室は、ピラミッド直上に位置している。前室の東側にセルダブ、そして西側に玄室が造られた。ともにピラミッド・テキストが彫り込まれ、石灰岩を組み合わせた切妻式の天井部を持っていた。そこには夜空が描かれ、その下にテティ王とウナス王のものに類似した石棺が置かれていたのである。そのうえ、ペピ1世の玄室からは、王名を含む碑文とピラミッド・テキストの一文を持つ石棺と床に嵌ったままの蓋が閉まった状態のカノプス壺箱が発見されている。箱に入れられていたカノプス壺のなかには、亜麻布で包まれた王の内臓が残っていた。さらにミイラの断片と「上下エジプト王」の文字が記された亜麻布の残骸、黄鉄鉱製のナイフ、そしてサンダルなども発見されている。このミイラとカノプス壺のなかに残された内臓がペピ1

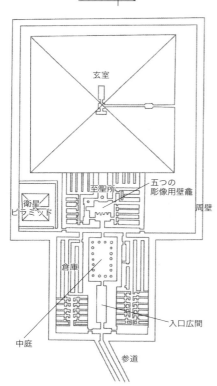

図109：ペピ１世のピラミッド平面図（Hawass, 2011: p.285を参考に作成）

プト王の墓であったことが決定的になる。

　葬祭神殿やピラミディオンが発見されている衛星ピラミッドを含む平面のレイアウト（図109）も地下構造も先王のテティ王のものとほぼ同じと言えるが、1881年にマスペロによって発見されたピラミッド・テキストの刻まれた壁の範囲が以前のピラミッドよりも拡大した点、あるいは後ろ手に縛り上げられ、ひざまずかされた外国人捕虜の石像が複数出土している点、あるいはピラミッド・コンプレックスの周壁外南側に王妃のピラミッド・コンプレックスが複数確認されている点などがこれまでとは異なる特徴と言えるであろう。このペピ１世の王妃たちのピラミッド・コンプレックス群は、ギザのピラミッド周辺に建造された同じく王妃たちのものとは造られた場所が異なり、東側ではなく南側に建造されたが、現在６基（ネブウェネト、イネネク＝インティ、メリティテス、アンクエスエンペピ２世、アンクエスエンペピ３世、持主不明のもの）まで確認されている。

世のものであったとするなら（おそらく間違いないが）、ピラミッドは古代エジ

ペピ2世のピラミッド

Pyramid of Pepy II

図110：ペピ2世のピラミッド全景
(By Jon Bodsworth [Copyrighted free use], via Wikimedia Commons)

> 基本情報
> 国名：エジプト・アラブ共和国
> 場所：南サッカラ
> 座標：北緯29°50′25″　東経31°12′48″
> 高さ：52.5メートル
> 規模：東西78.75メートル × 南北78.75メートル
> 建造年代：紀元前2265年頃

　ペピ2世（ネフェルカラー）は、古王国時代終盤の第6王朝4番目の王で、彼の異母兄であるメルエンラー王の後継者として即位した。おそらくメルエンラー王が若くして亡くなったために幼少期に即位し、100歳くらいまで統治した後に死去したとされる古代エジプト最高の長寿のエジプト王として知られている。紀元前3世紀頃にエジプトの神官マネトが著した『エジプト誌』によれば、「ペピ2世は6歳で支配を開始し、100年目まで続けた」とある。またエジプト歴代のファラオたちの名前と統治年数とを記録した「トリノ王名表」のなかでも、彼の統治年の10の位を表わす個所の数字が9であることが知られているからだ（1の

位の部分は破損している）。歴代の古代エジプトのファラオのなかで、ペピ2世の次に在位が長いとされる新王国時代のラメセス2世が94歳まで生き、66年間王位に就いていたことと比較すると、ペピ2世という王がきわめて長い期間、権力の座に就いていたことがわかるのである。ペピ2世は長寿であったため3人の第1王妃を持ち、彼の在位中に6人の宰相が交替したと言われているほどだ。100歳以上の年齢まで生きたのだから当然であると言えるかもしれない。

　このペピ2世のために建造されたのが、サッカラ南部にある彼のピラミッド・コンプレックス（複合体）であった（図110）。それは意外なことに第6王朝期のものとしては標準サイズであり、先王たちと同規模であった。礼拝堂をともなう入口は北側地表面に位置し、そこから下降通路が斜めに延びていた点も同じである。ただし水平通路のはじめの個所に造られた前室の壁面には、通常他のピラミッドでは玄室になされるピラミッド・テキストが彫り込まれ、切妻様式の天井部には藍色の夜空を背景として星の文様が散りばめられていた。この場所で儀式に使用されたと想定されている石製壺の断片と金製のナイフが発見されている。さらに先に進むと三つの落とし戸があり、玄室は前室同様に切妻様式の天井部で構成され、そこにはやはり星文様が描かれていた。最奥部に設置された黒色花崗岩製の石棺には王名と称号が記されていたが、王のミイラは残っていなかっ

た。石棺の前の床面には蓋が残されたカノポス壺箱用の窪みがあった。石棺の背面部の壁面は王宮ファサード様式で装飾されていた。現在確認されているピラミッドの内部構造はきわめてシンプルである。

　このピラミッド・コンプレックスでは、河岸神殿の存在が確認されている（図111）。河岸神殿は王の葬儀の際、ミイラを玄室へと運ぶために用いられたナイル河からの上陸用の傾斜路を備えていた。その河岸神殿入口を入るとすぐに横長のテラスがあり、その先に8本の柱の建てられた部屋がある。その部屋の壁面には、アブシールにある第5王朝のサフラー王のピラミッド・コンプレックスからの写しであるペピ2世がスフィンクスの姿で敵を踏み潰す場面を描いたレリーフ等が描かれていた（河岸神殿から続く参道や葬祭神殿にもサフラー王のピラミッド・コンプレックスからの写しが見られる）。

　河岸神殿から南西方向に斜めに延びる参道は、土地の高低差のある場所を避け、平らな地面を利用しているために2か所で少し角度を変えながら上の葬祭神殿へとつながっている。葬祭神殿の入口広間にはカバ狩りを行うペピ2世のレリーフが描かれており、その奥に18本の柱を備えた柱廊を持つ中庭があった。中庭の先の交差通路の向こう側には、赤色花崗岩製の王の彫像用の五つの壁龕があり、その南側の円柱を一本持つ正方形の前室を通り抜けたところに至聖所があ

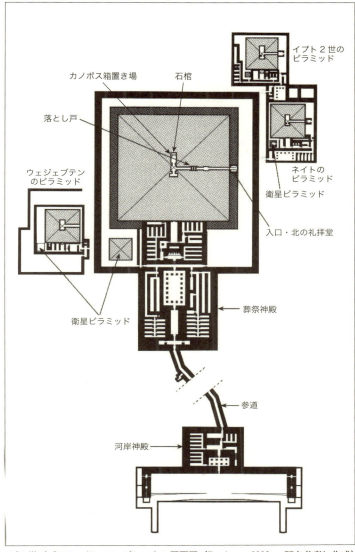

図111：ペピ2世のピラミッド・コンプレックス平面図（Dodson, 2003, p.77を参考に作成）

る。葬祭神殿の南側、周壁内に衛星ピラミッドが1基建造されている点も含め て、全体的な構造は、この時期に建造された他のピラミッド・コンプレックスと

図112：王妃のピラミッド側面
（A. Dodson, The Royal Tombs of Ancient Egypt〈Barnsley, 2016〉, pl.XXX-b）

ほぼ同じである。
　周壁内に建造された衛星ピラミッド以外にも、周壁外面に沿うように3人の王妃（ネイト、イプト2世、ウジェブテン）のための3基のピラミッドが建造された（図112）。特にネイト王妃のピラミッドは、周壁に造られた入口の場所に2基のオベリスクが建てられていただけではなく、同ピラミッドの通路と玄室には、王妃のものとしては初めて宗教文書のピラミッド・テキストが刻まれたのである。玄室の天井部はペピ2世のピラミッドが切妻様式であったのとは異な

り、平らであったが、王のもの同様に星文様が全体に散りばめられていた。玄室からは赤色花崗岩製の石棺とカノポス壺箱も発見されているが、王妃のミイラはなかった。石棺を取り囲む壁面には王宮ファサード様式の装飾がなされていた。さらにこのピラミッドには、16隻の船が埋められた舟坑が付属していた。先王朝時代のアビドス王墓地から続く船葬の習慣に沿ったものであろう。イプト2世とウジェブテンのピラミッド・コンプレックス内にもピラミッド・テキストが刻まれていた。このように河岸神殿と葬祭神

殿、そしてそれらをつなぐ参道を中心とした様々な構成要素、特に王妃のピラミッド群の存在とその完成度から、ペピ2世のピラミッド・コンプレックスは、古王国時代におけるすべてのピラミッド・コンプレックスのなかで最高傑作であるとされている。

またペピ2世は、その長寿が原因であろう史料の多さのために、治世に起こった出来事が良く知られている。例えば後継者候補の大兄は明らかに彼より先に死去したため、彼の死は王位継承問題を引き起こした。そのことはアビドスにある第6王朝の高官であったウェニの墓からの自伝碑文に王家のハーレムの女性たちによって謀られた宮廷の陰謀についての言及が含まれていることからもわかる。あるいは古王国時代後の第一中間期の社会状況を表わしたもの、または第一中間期の記憶から後の時代に生み出されたものと考えられている「イプウェルの訓戒」と呼ばれている文学作品からも王権と王位継承問題についてわかるのである。現存している「イプウェルの訓戒」には、「召使たちは目にするものを奪う」、「役人の子供たちは壁に叩きつけられる」、「かつて貧しかった者が、今や富の所有者である。自分のためにサンダルも作れなかったものが、財産の所有者である」、「かつて没薬を入れた小瓶が『私には重過ぎるわ』と言っていた者が今では物がいっぱい詰まった甕を運んでいる」など、当時のエジプト社会が極端にすさんだ様相を呈し、混乱と動乱のなか

でアナーキズム化していた状況が読み取れるのである。

そのようななか、矛先が国の公共施設に向かうのだ。「神殿の建物から記録が持ち去られ、その秘密の場所が空っぽになる」、「役所がこじ開けられ、書類が持ち去られ、農奴であった者たちが農奴の主になる」、「土地台帳の書記たちの書類が破棄され、エジプトの食糧を誰でも勝手に自分のものとする」など、国政に重要であるあらゆる施設がダメージを受けたのである。これらの記述から、当時のエジプトでは古王国時代に虐げられていた人々による一種の革命のような出来事が起こり、ファラオを頂点とする国家体制が崩壊してしまったのではないかと推測されることもある。そしてさらに「今までけっして起こらなかったことがなされた。王が卑しい者たちによって廃された。ハヤブサとして埋葬された者が棺から投げ出され、ピラミッドが隠していたものが空っぽになっている。やり方を知らない少数の者たちによって国土の王権が奪われた」とあり、王にまでその矛先が向き、古王国時代の終盤に支配者階級によって苦しめられてきた民衆による蜂起が起こり、王家が滅ぼされたことを暗示させるのである。

「イプウェルの訓戒」の最後の部分がまたさらに我々に想像をかきたてる。つまり、「死ぬ前の老人がいた。彼の息子はまだ子供で、まだ何もわからなかった。乳母の与える食べ物から離れ始めたところで、口を開いて汝らに言葉を話すこと

もできなかった。汝らは、彼を死の運命へと捕らえた」というのがその記述の部分であるが、ここで述べられている「死ぬ前の老人」とは、古王国時代の末に現われた長寿のエジプト王ペピ2世その人であり、「彼の息子」というのがペピ2世の次の王で、在位が1年弱であったと考えられているネメティエムサエフ2世を指すと想像できるからである。一般的に「イプウェルの訓戒」は、上記のように古王国時代後の混乱期を描いたものと解釈されることが多いが、第一中間期や第二中間期の状況を特に表わしたものであるという説もある。また「イプウェルの訓戒」は、単なる想像上の産物、つまりフィクションに過ぎないという説まであるのだ。いずれにせよ、ひじょうに詳細でリアルな描写がなされていることから、歴史資料としての重要性は否定できない。

また第6王朝の高官で後に上エジプト知事となり、テティ、ペピ1世、そしてメルエンラーの治世を通じて王家に仕えたハルクフは、クッベト・エル＝ハワの彼の岩窟墓入口にある4度にわたるヌビア遠征についての詳細を述べた自伝的碑文のなかで、若き王ペピ2世のために小人（あるいはピグミー）をヌビアから持ち帰ったことを記している。この点もペピ2世の実在性と幼いときに即位したことを証明しているのだ。長寿であったことが、他の古代エジプト王たちと比べて彼に関する記述が多いことの原因であり、またその長寿であったことこそが、彼のピラミッド・コンプレックスを完成度の高いものとした理由なのであろう。

南マズグーナのピラミッド
South Pyramid of Mazghuna

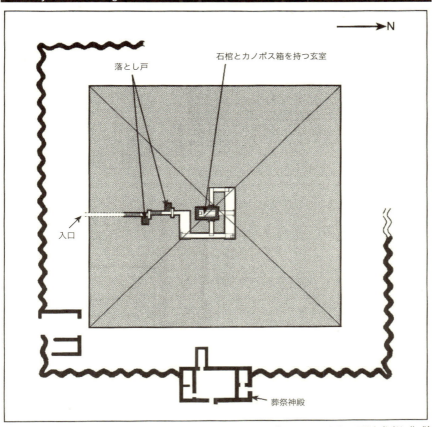

図113：南マグスーナのピラミッド平面図（Dodson, 2003, p.100を参考に作成）

基本情報
国名：エジプト・アラブ共和国
場所：南マズグーナ
座標：北緯29°45′42″　東経31°13′15″
高さ：未完成のため不明
規模：未完成のため不明
建造年代：紀元前1770年頃～1630年頃

ダハシュール南部のもう一つのピラミッドである南マズグーナのピラミッド（**図**113）は、スネフェル王の屈折ピラミッドの南方約5キロメートルの位置にある。外装用の石材が発見されていないため、未完成に終わったとされる。このピラミッドの持主は、アメンエムハト3世の次王であったアメンエムハト4世とその次の王であった第12王朝最後の支配者、ソベクネフェル女王とが候補として挙げられているが、彼らに関する遺物は発見されていない。凹凸状の周壁で囲まれたピラミッド本体は、通常のピラミッドでは入口が北側に造られるのとは異なり、南側面に入口が造られた。そこから階段を持つ傾斜路が水平通路まで続き、ピラミッド頂上直下の玄室に至るまでに2か所の落とし戸が設置されていた。切妻式天井部を持つ玄室には、東側から迂回する通路を通りたどり着いた。巨大な赤色珪岩製の部材で取り囲まれた空間のなかにあった玄室内には、石棺とカノポス壺箱を納めるための窪みが掘り込まれていたが、それらの残存物自体はなかった。小規模な葬祭神殿が東側に造られた。

メイドゥムの崩れピラミッド
Pyramid of Meidum

図114：メイドゥムの崩れピラミッド見上げ図（撮影　大城道則）

基本情報
国名：エジプト・アラブ共和国
場所：メイドゥム
座標：北緯29°23′17″　東経31°09′25″
高さ：92メートル
規模：東西144メートル×南北144メートル
建造年代：紀元前2575年頃

　古代の巨大な湖であったモエリス湖の名残りをとどめるカルーン湖を中心としたオアシスであるファイユーム地域は、バハル・ユセフ運河を通じてナイル河からもたらされた大量の水を求めて人々が集まる場であった。特に先史時代の紀元前5500年から紀元前4500年の間に湖岸に狩猟採集民（ファイユームB）と初期農耕共同体（ファイユームA）がこの地で居住し、活発な活動を行っていたことが確認されている。しかしながら、続く初期王朝時代と古王国時代には目立った動きは見られない。唯一の痕跡がこのメイドゥムの崩れピラミッド建設である

（中王国時代の第12王朝にはピラミッド建造が再開される。アメンエムハト1世以降のピラミッドを参照）。

　長い歴史を持つそのファイユーム地域への入口に近いナイル河西岸に位置するメイドゥムに佇むこの巨大なピラミッドは、古代ギリシア・ローマをはじめとした古代世界においてすでに人々によく知られた存在であった。その最大の理由は見た者の記憶に残りやすいこのピラミッドの特徴的な外観にある。古代エジプトにおいて建設されたピラミッドは、上部構造の有無を問わないのであれば、確認されているだけでも約100基を数えるが、そのなかで最も印象的であると言えるのがこのメイドゥムのいわゆる「崩れピラミッド」（図114）なのだ。しかしながら、メイドゥムのピラミッドを含むそれら100基ほどのピラミッドは、100人のエジプト王たちがそれぞれ自分のためのピラミッドをその生涯のなかで一基ずつ造ったことを意味しているわけではない。一人の王が複数のピラミッドを造った例が知られているからである。真っ先に挙げられるのが、古王国時代第4王朝初代の王スネフェル王であろう。そしてその彼が建設した巨大なピラミッドの一つがこのメイドゥムの「崩れピラミッド」であったのである（フニ王の葬礼用の記念建造物がいまだ同定されていないことから、このメイドゥムのピラミッドが当てられることもある。ただしその遺跡にある碑文とピラミッド自身の呼び名「ジェド・スネフェル〈スネフェルは永

遠なり〉」のため、その建設は彼の後継者スネフェルによってなされたか、あるいはフニ王が建設に着手し、スネフェルはそれを最終的に完成させたという可能性が高い）。

　この崩れピラミッドは、古王国時代の第3王朝に建造されたいくつかの階段ピラミッドから、後の真正ピラミッドへの過渡期に位置づけられることから、ピラミッドの発展過程を考える上でこれまで研究者たちに重要視されてきた。そのためおそらくこの崩れピラミッドは、次のような発展過程をたどったと想定されている。

①　7段の階段ピラミッドが造られる。
②　拡張工事を施し、8段の階段ピラミッドとする。
③　それを真正ピラミッドに変更しようとするが失敗する。

　また当時「ジェド・スネフェル」と呼ばれていたこのピラミッドは、謎が多くその完成時期に関してでさえもいまだ決着が着いておらず、その珍しい外観と相まってつねに議論の的となってきたのである。「スネフェル王のもの」、あるいは「息子スネフェルが造った父フニ王のもの」という説があるが、いずれも決定力に欠けている。おそらくその決着は究極の問題である「ピラミッドの持つ意味」がわからない限り着くことはないであろう。そこでまずこのピラミッドの現代における呼び名の由来となった特異な形状に焦点を当て、その構造について詳しく

紹介していきたい。
　メイドゥムのピラミッドは建造の初期段階では、石材を内側に約75度の角度で傾斜させるという、それまでの階段ピラミッドの建築法を踏襲していたが、その最終段階では、石材は真正ピラミッドの特徴でもある水平に積まれるように変化した。この石材の積み方に関する工法の変遷からもまたこの崩れピラミッドが真正ピラミッド建造への過渡期であったことがわかるのである。
　ギザの大ピラミッド同様、外装には白色の良質なトゥーラ産の石灰岩が使用されていた。トゥーラは、カイロから南南東に約14キロメートル離れたナイル河東岸に位置する先王朝時代からローマ時代にかけて長期にわたって利用された巨大な石切り場であった。外装の残存する部

図115:「持ち送り積み」技法（撮影　大城道則）

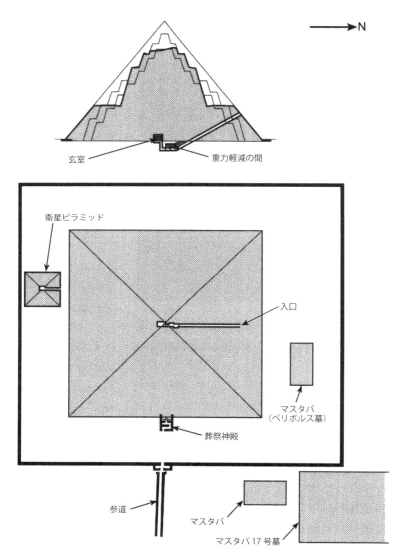

図116：メイドゥムのピラミッド・コンプレックスの断面図と平面図（Dodson, 2003, p.50を参考に作成）

分からは、未完成であったこのピラミッドが、完成時には真正ピラミッドを意図していたことがわかるのだ。つまり、現在はまるで３段の塔のような形状のこのピラミッドは、完成時には階段部分に石材がはめ込まれ、その上に外装用に加工を施された白く美しい化粧石が敷かれていたのである。現在は一部にしかその痕跡を確認できないが、それでも十分に建造当時の煌びやかな状況を知ることができる。

ピラミッドの入口は階段ピラミッド同様、本体北側に位置していたが、地表面にではなく、地面から約15メートル上部の中央あたりに造られていた。通路はそこから下降すると左右互い違いに小部屋のある水平の通廊にたどり着く。これら二つの小部屋の用途は明らかではないが、死した王が来世で必要とした最重要な副葬品を収納するための空間であるとか、建築部材を収納するために作られた収蔵庫であったと考えられている。その最奥部から上に向かって玄室へと垂直に竪坑が延びている。その玄室は他のピラミッドの玄室がピラミッドの頂上の真下に位置しているのとは異なり、中心軸からずれている。また玄室を造る際に深く地下の岩盤をくり貫く工法が用いられていないことを特徴としている。

さらにもう一点大きな違いが存在していた。これまでに造られたピラミッドの玄室天井部分が石板で覆われていたのとは異なり、その部分は以降建造されるピラミッド群同様に「持ち送り積み」に

なっていたのである（図115）。この工法は積まれた石材によって生じる圧力を分散させ、負担を軽減する意味を持っていたと考えられている。長さが約６メートルで幅が約2.6メートルであった玄室自体は、地上とほぼ平行に位置するように造られていた。メイドゥムのピラミッドは、玄室（埋葬室）の天井部に「持ち送り積み」技法が使用された最初のピラミッドであった。石棺は玄室のなかで発見されなかったが、竪坑の底部で木棺の断片が発見されている。このことはこのピラミッドが墓である可能性を十分に提案するものである。

さらにピラミッド本体の玄室の構造と形状以外で注目されているのが、このピラミッドを中心としてピラミッド・コンプレックス（複合体）を構成している他の施設・設備とその変化である（図116）。例えば過去に建造された階段ピラミッド同様に、メイドゥムのピラミッドも東西約218メートル、南北約236メートルの周壁（ほぼ正方形）を持っていたが、これまでの階段ピラミッドのようにセド祭用の広い中庭は造られなかったのだ。その代わりに周壁とピラミッド本体との間の空間に日干しレンガが敷き詰められていた。あるいはピラミッド内部へ入るための入口は、これまでのピラミッドと同じように北側に位置していたが、巨大な縦長の二つの石碑が残る葬祭神殿（礼拝堂）は、ピラミッド本体の北側からはじめて東側へと移動されたのである（これら二つの石碑は崩れピラミッドに

埋葬されることはなかったスネフェル王を体現したものと考えられる）。これはきわめて大きな変化であり、議論が続いているが、その裏には北極星を中心とした星信仰から、太陽信仰への移り変わりという古代エジプトにおける社会構造の変化があったのかもしれない。つまり、死した王は北の夜空に存在する永遠に変わることのない星々に向って昇っていくという観念に、「太陽神と合体するために」という要素が追加されたのかもしれない。

　崩れピラミッド本体の南西側には、小型の階段ピラミッド（衛星ピラミッド）が建てられた。これはサッカラに建造された階段ピラミッド・コンプレックス周壁内に造られた南の墓と同じ機能を有していたと考えられている。そのピラミッドの北側には、崩れピラミッド同様に下降通路があり、内部に入ることができたのである。なかから古代エジプト王権の象徴であるホルス神が描かれた石灰岩製の石碑の断片が出土している。さらにピラミッドの北側の位置に「ペリボルス墓」と呼ばれている崩壊したマスタバ墓が存在している。ここからは王妃の一人、あるいはスネフェル王の母親のメルエスアンクであろう女性の遺体が発見されている。崩れピラミッドの周壁の北東

角に隣接して建造された巨大なマスタバであるマスタバ第17号墓からは、花崗岩製の棺と皇太子あるいは王子であろう男性のミイラが発見されている。彼らが殉葬されたのかどうかは不明である。おそらくこの頃には第1王朝くらいまで続いていたと考えられる殉葬の習慣は途切れていたと思われるため、彼らはスネフェル王よりも早く亡くなった人々と考えるのが妥当であろう。

　もう一つこのピラミッドの持つ新たなる特徴として出現したのが、上述した二つの石碑が残る葬祭神殿に続くかのようにナイル河へと向かって延びる参道であった。後にピラミッドの標準施設となる付属の参道は、この崩れピラミッドから始まるのである。しかし参道の先端辺りで日干しレンガ製の壁部分が発見されているものの、いまだ河岸神殿跡は確認されていない。またこのメイドゥムのピラミッドは、建設時に使用されたと考えられている作業用の傾斜路が残存していたことでも知られている。つまり誰もが知りたい「どのようにしてピラミッドは造られたのか」という、ピラミッドの建造法を解くヒントがあちらこちらに散らばっているのがこのメイドゥムの崩れピラミッドなのだ。

メルエンラー王のピラミッド
Pyramid of Merenra

図117：メルエンラー王のピラミッド
(By Wannaɔe Egyptologist [CC BY-SA 3.0 (https://creativecommons.org/licenses/by-sa/3.0) or GFDL (http://www.gnu.org/copyleft/fdl.html)], from Wikimedia Commons)

基本情報
国名：エジプト・アラブ共和国
場所：南サッカラ
座標：北緯29°51′2″　東経31°12′54″
高さ：52.5メートル
規模：東西78.75メートル × 南北78.75メートル
建造年代：紀元前2270年頃

「太陽神ラーに愛されし者」という意味の名前を持つメルエンラー（誕生名：ネムティエムサエフ）は、古王国時代後半の第6王朝3番目の王で、ペピ1世と上エジプトの有力貴族クイ家の娘とのあいだに生まれた。古代エジプト王が地方の有力貴族と婚姻関係を結ぶことにより、自らの権力基盤の安定化を図ることが実行されたのだ。まるでハプスブルク家のようである。またペピ1世とメルエンラーの名前が並んで記された黄金製のラベルが知られているが、これは共同統治が行われた最古の例としてきわめて重要な遺物である。王である父と皇太子たる息子との共同統治は、王権の移譲を確実なものとする工夫であり、おそらく婚姻

関係の必要性の背後に存在していたのと同じ理由、つまり「不安定な政情」の反映を意味し、それを打破する策として採用されたのであろう。メルエンラーの10年弱の治世における出来事は、ペピ1世のピラミッドの箇所でも紹介した高官ウェニと並ぶ同時代のもう一人の重要な高官ハルクフの自伝に詳細に記述されている。ウェニの自伝には、メルエンラーのピラミッド・コンプレックス（複合体）（図117）建造用にエジプト南部のアスワンから赤色花崗岩（かこうがん）が運ばれたことが記されていた。また出身地であったエレファンティネのクッベト・エル＝ハワにあるハルクフ自身の岩窟墓の入口に彫り込まれた自伝によれば、メルエンラー治世には外政としてヌビア遠征が行われ、国内では交通網の整備目的で五つの運河掘削が命じられたと記されている。メルエンラーは内外に目を向けた王であったことがわかる。

「メルエンラーの美しさは輝く」と呼ばれたメルエンラー王のピラミッド・コンプレックスは、ペピ1世のピラミッド・コンプレックスや第4王朝のシェプセスカフ王のマスタバ・ファラウンのあるサッカラの王墓地の南西に位置している。サッカラは古代エジプトにおける伝統的な王墓地であったが、メルエンラーのピラミッド・コンプレックスは、その中心から離れた場所に建造された。1830年代にペリングによって、全長250メートルの参道と日干しレンガ製の周壁（ぼ）が確認されている。ペリングは数多くのピラ

ミッドに関するスケッチを残したことで知られている人物だ。このピラミッド・コンプレックスからは、ピラミディオンが発見されていることから、完成していた可能性は高い。上部構造の損傷が激しく、大規模な調査もほとんどなされていないが、地下構造は比較的保存状態が良好であることが1880年代に内部に入ったマスペロによって報告されている。

礼拝堂を備えた入口は通例どおりピラミッド本体の北側にあり、そこから下降通路が降りていた。途中に3枚の石板の落とし戸があり、その先に前室があった。前室の東側に三つの壁龕（きがん）を持つ部屋、西側に玄室のある前室があり、前室はピラミッドの真下に位置していた。つまりペピ1世のピラミッド内部の構造とほぼ同じであった。玄室の側壁は盗掘によりほとんど持ち去られていたが、石棺の奥壁にピラミッド・テキストが刻まれ、天井部は黒地に白色で夜空を表現した星々が散りばめられていた（図121）。玄室はすでにトンネルが掘られて、何者かによる盗掘を受けていたが、わずかではあるが金箔が残存している巨大な硬質砂岩製（さがん）の石棺とその蓋、そして赤色花崗岩製のカノポス壺箱とその蓋はそのまま残されていた。メルエンラーの王名と肩書を示す碑文が彫り込まれたその石棺の蓋はずらされていたが、なかには少年のミイラが横たわっていたのである（図122）。

このミイラは古代エジプトで少年が用いていた髪型である横房（よこぶさ）を持っていた。

図118：メルエンラー王のピラミッドの玄室
(Hawass, 2011, p.286)

図119：メルエンラー王の玄室とミイラ
(Hawass, 2011: p.285と Ikram and Dodson, 1998, 81-78)

盗掘者によってミイラを巻いていた亜麻布は完全に剥がされてしまっていたが、体はほぼ完全に残っていたのである。このミイラは、新王国時代の第18王朝の頃に玄室を再利用した際に当時の人物を再埋葬として入れたのだという指摘がなされたことがあるが、その後適切な科学的根拠のある調査がなされていないことから、盗掘の際に残されたメルエンラー自身のミイラである可能性が高い。メルエンラー王の治世は10年弱であったと考えられているため、死亡時（埋葬時）、彼はこのミイラのようにまだ若かった可能性もあるであろう。ただ残念なことに

1881年にマスペロによって発見された当初は、No.5250としてミイラ室に展示されていたことが確認されているが、少なくとも1912年以来ミイラ自体が展示されていないのである。保存状態に大きな問題があったり、ミイラそのものが失われていないことを願うばかりである。

20世紀後半にはルクランによる調査がなされたが、大きな成果は報告されていない。王のミイラとピラミッド・テキストというピラミッドの謎を解く重要な資料・史料が出土したメルエンラー王のピラミッドには再調査が求められる。

メロエのピラミッド群

Pyramids of Meroe

図120：メロエのピラミッド群（Welsby and Anderson, 2004, p.280-188）

基本情報
国名：スーダン共和国
場所：メロエ
座標：北緯16°56′0″　東経33°43′35″
高さ：約1メートル〜約30メートル
規模：東西1メートル×南北8メートル
建造年代：紀元前3世紀中頃〜紀元後350年頃

　ピラミッド群（図120）が存在するメロエは、上ヌビア（南スーダン）のブタナ地方にある。第5急湍と第6急湍とのあいだのナイル河東岸に位置し、紀元前5世紀におけるナパタの消滅の後、約600年間、クシュ王国の首都であり続けた。「メロエの島」とギリシア・ローマの叙述家が表現したように、メロエは地勢的特徴を持っていた。ナイル河本流、青ナイル河、そしてアトバラ河の三つの大河に取り囲まれており、外敵からの攻撃を防御するのに最高の場であったのである。実際にエジプト軍もローマ軍もここまで軍を進めることができなかったことからもそのことは良く分かる。タハルカ王の治世であった紀元前7世紀に、メロエにすでにイシス神殿とアムン神殿（図121）が建造されていた。そのような

メロエのピラミッド群

図121：メロエのアムン神殿跡
(D. A. Welsby and J. R. Anderson, Sudan Ancient Treasures: An Exhibition of Recent Discoveries from the Sudan National Museum 〈London, 2004〉, p.166-122)

建造物のなかの最高峰がクシュ王家のピラミッド・コンプレックス（複合体）群であった。紀元前3世紀半ば頃、アルカマニコ王がメロエ最初のピラミッドを建造したが、クシュ王国は、紀元後350年に終わりを迎え、メロエは5世紀には完全に放棄された。

メンカウホル王のピラミッド
Pyramid of Menkauhor

図122：「首なしピラミッド」全景（Lehner, 1997, p.165）

基本情報
国名：エジプト・アラブ共和国
場所：サッカラ
座標：北緯29°52′31″　東経31°13′25″
高さ：40～50メートル
規模：東西65～68メートル × 南北65～68メートル
建造年代：紀元前2375年頃

　サッカラ北部の第6王朝のテティのピラミッド・コンプレックス（複合体）の東側にある通称「首なしピラミッド」（図122）と呼ばれている完全に崩壊したピラミッドがメンカウホル王のものではないかと考えられている。メンカウホル王は、古王国時代第5王朝7番目の王として、ニウセルラー王の王位を継承した人物である。歴代の古代エジプト王の名前と肩書などが記されたアビドス王名表、サッカラ王名表、トリノ王名表などによると、彼は8年か9年ほどエジプト

図123：セド祭用着衣を纏い玉座に座るメンカウホル王の小像（https://en.wikipedia.org/wiki/Menkauhor_Kaiu#/media/File:Menkauhor_CG_40.jpg）

を統治したと考えられている。新王国時代後期の文書史料は、彼がピラミッド「メンカウホルの場は神聖である」と最後の太陽神殿として知られる太陽神殿「太陽神の地平線」を建造したことに言及しているが、セド祭用の着衣を纏い玉座に座るアラバスター製の小像（図123）以外は国内での考古資料が少ないこと、さらに王統が不明で子孫も残さなかったことから、実態があまりつかめていない王でもある（しかしながら、驚く

べきことに彼に対する死後崇拝は、新王国時代の第19王朝になるまで続いた）。彼の後継者であったジェドカラー王もメンカウホル王の息子ではなかったと考えられている。数少ない遺物として、ニウセルラー王の葬祭神殿から出土したメンカウホルのホルス名が刻まれた円筒印章がある。この印章はメンカウホルがニウセルラー王の息子の一人であったケンティカウホルと同一人物であった可能性を提案している。後世になるが、紀元前3世紀のエジプト人神官マネトの『エジプト誌』にも彼に対する言及がなされている。

メンカウホル王は、シナイ半島のワディ・マガラにトルコ石や銅鉱石採取のために遠征隊を派遣したことや積極的に外国と通じていたことが知られている。それはトルコのパクトロス河近郊で発見された黄金製の円筒印章に、メンカウホルのカルトゥーシュ（王名枠）の一部がジェドカラー王のセレクとともに刻まれていたことなどによって明らかにされた。つまり彼は確かに実在した古代エジプト王なのである。それも海外にまで覇権を及ぼすほどの強力な王であったのだ。

その彼のピラミッド・コンプレックスの位置は良く分かっていなかったが（太陽神殿の位置も不明である）、それまでのアブシールではなく、サッカラかダハシュールのどこかにあると考えられてきた。メンカウホルの治世にはアブシールが手狭になっていたからだと考えられて

いる。あるいは出自が先王のニウセルラーと異なることを意識しての王墓地変更であったのかもしれない。メンカウホル王が太陽神ラーの影響を名前に持たなかった王であったことにヒントがあるのかもしれない。

古王国時代最初であったと推定されているこの「首なしピラミッド」（レプシウス第29号墓）は、最近まで詳細な調査が実施されてこなかった。名付け親のレプシウスが1843年に、そして1881年にはマスペロが発掘調査を行ったが簡単なものに終わった。しかし1930年にファースが行った発掘では大きな成果があった。玄室近くの瓦礫のなかから石棺の蓋と赤色花崗岩の破片が発見されたのである。この成果から、すぐに持主の名前を含めて、このピラミッドの位置づけを定めることはできないが、石棺が発見されている点は注目に値する。もともとレプシウス第29号墓は、第10王朝のメリカラー王のもの、あるいは古王国時代末期のテティ王のものという説もあり、墓主についてこれまでさまざまな議論がなされてきたが、「玄室への通路が南北軸に一致せず、東方向にずれている」という第5王朝のピラミッドの特徴を備えているこ

とから、それ以降の時期であるという見解は受け入れられない。ようやく2008年にこのピラミッドがハワスにより再発見され、第5王朝の特徴が再確認されたのである。メンカウホルの王名が記された遺物の発見はなかったが、第5王朝の王で唯一ピラミッドが知られていない王はメンカウホルだけであることから、現在ではほぼメンカウホルのものであったと同定されている。

ピラミッド入口はこれまでと同様に北側に位置しており、そこから地下通路が内部に向かって延びていた。石棺が備え付けられていた玄室に至るまでに花崗岩製の落とし戸が2か所に設置されていたことが確認されている。先述したようにこの「首なしピラミッド」は、上部構造が完全に崩壊してしまっていることから、我々がこのピラミッドに関して得られる情報はきわめて少ない。しかし、王墓地の移動や太陽神殿建造の中止は、「ホルスの魂たちは永遠である」という意味の名前を持つメンカウホル王の治世に大きな社会変革・価値観の変化があったことを十分に示している。それを体現しているのが「首なしピラミッド」なのである。

メンカウラー王のピラミッド

Pyramid of Menkaure

図124：メンカウラー王のピラミッド全景（撮影　大城道則）

基本情報
国名：エジプト・アラブ共和国
場所：ギザ
座標：北緯29°58′21″　東経31°07′42″
高さ：65メートル
規模：東西102メートル×南104メートル
建造年代：紀元前2500年頃

「ギザの第3のピラミッド」と称されるメンカウラー（ギリシア語ではミケリノス）王によって建造されたこの石造建造物（図124）は、隣接する他の2基のピラミッドと比較して極端に小規模であった。この点についてはこれまでに様々な議論が展開されてきた。一般的にはこの時期あたりからエジプトは、絶対的指導者としての王の権力が弱まり、国家として経済的に困窮し、衰退期に入りつつあったのだと解釈されている。確かにメンカウラー王のピラミッドは、傾斜角度が約51度で、高さが約65メートルで、底辺は約102メートル×104メートルとクフ

王の大ピラミッドの十分の一ほどの規模でしかない（それでも石造建築物としては巨大なものである）。最初のピラミッドとして知られるサッカラのネチェリケト王の階段ピラミッド（高さ62メートル、基底部130メートル×110メートル）と大差ない大きさであった。しかしそれはピラミッド本体の規模からの観点に過ぎない。前述したように、四角錐の石造構造物であるピラミッドは、ピラミッド・コンプレックス（複合体）の一部であり、葬祭神殿、参道、河岸神殿、あるいは衛星ピラミッドや舟坑をともなう総合施設の一構成要素に過ぎないのだ。その点を念頭に置きつつ、このメンカウラー王のピラミッド・コンプレックスをみると、葬祭殿、参道、河岸神殿、そして衛星ピラミッドの規模は、決して他の2基に劣っていないことがわかる（図125）。

　メンカウラー王は、第4王朝5番目で、最後から2番目の王として即位した。カフラー王の息子で、クフの孫であった彼はギザに第3のピラミッドを建てたが、死去した際には未完成であったため、彼の後継者であるシェプセスカフ王が完成させたとされている。ピラミッド本体は、通常の白色の石灰岩の代わりに、赤色花崗岩の石材が用いられた。石切り場が遠く、運搬に費用が掛かり、なおかつ石灰岩よりも硬いことから使用がためらわれる赤色花崗岩を大量に建材として使用した点もまた彼の時代に王権が衰退していなかったことを暗示しているよ

う。さらに美術の視点からみると、葬祭神殿と河岸神殿内から古代エジプト彫刻の最高傑作とされる数多くの彫像が出土したことで知られ、それら王と神々のトライアド（三体像）とダイアド（二体像）の像は、彼の死後崇拝が古王国時代を通して維持されたことを証明している。

　また同時代史料ではないが、ヘロドトスによる記述を信用するならば、メンカウラー王の治世がけっして衰退期ではなかったことがわかる。彼は自著のなかで「メンカウラー王は、閉鎖されていた神殿を再開し、想像を絶する苦難に虐げられてきた国民を解放した」と記していたり、また神託（神殿で神のお告げを聞く行為）によって余命が6年と告げられたが、毎晩宴会を催して人の2倍の人生を楽しんで生きたと紹介されていたりするのだ。過去の二人の王たちによる圧政を終了させ、エジプトに再び秩序をもたらしたのはもちろんのこと、毎晩のように騒いでも、人々に悪い印象を与えないほど好人物と認識されていたのである。

　では以下において、そのメンカウラー王のピラミッド・コンプレックスの構成に注目しながら、各構成要素に関して確認していきたい。「メンカウラーは神聖である」と呼ばれたこのピラミッドは、北側の入口から約32メートル続く下降通路を通り、偽扉を模した装飾のある水平に造られた部屋と落とし戸の先にある東西方向に長く天井が高い前室を抜けて、石棺が安置された玄室へと至る。玄室は

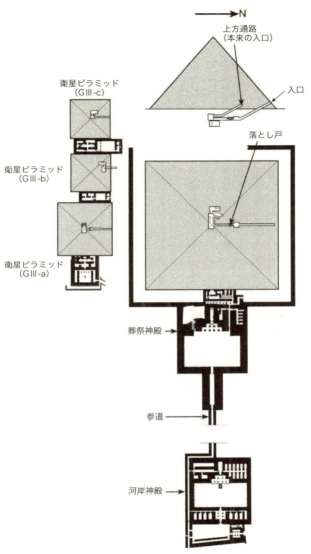

図125：メンカウラー王のピラミッドの断面図と平面図（Dodson, 2003, p.63を参考に作成）

他の2基の大ピラミッドが東西方向を向いていたのとは異なり南北方向を向いている（そのため本来は前室の方が玄室となる予定であったのかもしれない）。前室の先に玄室以外の空間として六つの壁龕（東壁に四つ、北壁に二つ）を持つ部屋が造られた。王像を置くスペース、あるいは倉庫として使用されたと考えられるこれらは、シェプセスカフ王のマスタバ・ファラウンやギザの第4のピラミッドとも呼ばれるケントカウエス1世のマスタバ墓をはじめとした、後の第5王朝と第6王朝のピラミッドや王族のマスタバ墓にみられる三つの壁龕を持つ部屋の起源であるのかもしれない。玄室は花崗岩で取り囲まれ、天井部は巨大な石板を掘り込んで造られたヴォールト（穹窿）様式であった。蓋は取り外されていたが、玄室からは19世紀初頭に美しい石棺が発見された（断片がピラミッド内の他の個所で発見されている）。その際に男性のミイラと包帯の一部があったことも確認されている。石棺からは、メンカウラー王の名前がカルトゥーシュに記された木棺の一部が発見された（現在は大英博物館所蔵）。しかしながら、発見されたミイラの断片は放射性炭素測定（C14）によって紀元後のものであり、木棺の様式も第26王朝以降であると提案されている。ただ放射性炭素測定の結果は絶対的なものではないし、間違った数値を示すことが良く知られている。そのうえ、発見された木棺が再埋葬の際に古いものと取り換えられた可能性にも注意すべき

だ。石棺の発見者であるハワード・ヴァイスは、それをヨーロッパで売りさばくために本国に持ち帰ろうとしたが、1838年の10月にこの石棺を載せてイギリスへと向かった船ベアトリス号がマルタからスペインに向かう途中で沈没してしまう。メンカウラー王の石棺も船とともに海に沈んだ。石棺自体、特にその装飾が研究対象として十分重要であったが、上記の理由のため残念ながらさらなる調査は不可能なのである。発掘当時になされたスケッチを見る限り、先述したクフの大ピラミッド東側のマスタバ墓出土の持主不明の石棺のようなものがイメージされる。

ピラミッドの東側に建造されたメンカウラー王の葬祭神殿は、石灰岩と花崗岩を使用して建設が開始されたようであるが、途中から次王のシェプセスカフ王によって、日干しレンガと漆喰を用いて完成されたと考えられている（ジョージ・ライスナーの発掘が行われた当初は、石材に当時の労働者たちの組み名や基準線などが赤色の塗料で残っていた）。神殿内部からは王像の断片がいくつも発見されている。葬祭神殿から東へと直線的に延びる参道は、長さが600メートルを超える。床面は石灰岩製の石材とその破片を混ぜたもので敷かれ、側壁は約2メートルの高さで天井部を支えていたと考えられている。その先の河岸神殿もまたメンカウラー王によって基礎部が石灰岩で建造されたが、途中からシェプセスカフ王によって日干しレンガを用いて完成さ

図126：両脇に女神を従えたメンカウラー王のトライアド（Schulz and Seidel, 2010, p.77）

れたと考えられている。その後、第6王朝に水害のあった後に再建された。1910年、この河岸神殿内部において、古代エジプト美術史上最高傑作の一つに数え上げられるメンカウラー王とカーメレルネブティ2世王妃のダイアドや両脇に女神を従えたメンカウラー王を表現したトライアド（図126）が発見されている。

ピラミッドの南側に建造された衛星ピラミッドである王妃たちのピラミッド（GⅢ-a、GⅢ-b、GⅢ-c）のなかには、それぞれ花崗岩製の石棺が収められていた。ピラミッドに挟まれるようにそれぞれ東側に日干しレンガ製の葬祭神殿（礼拝堂）が造られていた。真ん中のGⅢ-bの玄室からは女性の遺体が発見されている。このことは少なくとも王妃にとってピラミッドとは、「墓」であったことの証明となった。カーメレルネブティ2世王妃のものと考えられているGⅢ-aが真正ピラミッドで、GⅢ-bとGⅢ-cは階段ピラミッドであるが、後者の2基は未完成のため階段状のままであるのかもしれない。また他にもメンカウラー王のピラミッドには、先のピラミッドとは異なる特徴がある。一つは舟坑が発見されて

いないことだ。造られたがこれまでに発見されていないだけなのか、もともと造られなかったのかはわからない。もう一つはピラミッドの周りに王族や高官たちの墓が建造されなかったことである。このことについても理由は良く分からない。メンカウラー王の王族や高官たちは、クフ王のピラミッドのそばに埋葬された。

　ギザ台地に建造された三つの巨大なピラミッドの最後のものがメンカウラー王のピラミッドであった。続く第4王朝最後の王シェプセスカフ王は、ギザから離れたサッカラの南に自らの墓として、ピラミッドではなく巨大な変則マスタバ墓「マスタバ・ファラウン」を建造した。王墓地はギザから離れたのである。さらにギザについて考察を進めるには、サッカラやダハシュールと同じように、ギザが巨大なネクロポリスを形成する特殊な空間であり、大スフィンクスや後に紹介する第5王朝の王たちの母ケントカウエス1世の墓をも含めた解釈が求められるであろう。

　ギザをコーディネートしているのは間違いなく三つの巨大なピラミッドである。またギザ台地は頑丈な石灰岩を基盤としていたため、巨大な建造物を建てるには理想的であったと考えられている。しかしそこが選択された理由は、けっしてそれだけではないであろう。三つのピラミッドの位置関係＝方位に意味があることは間違いない。ピラミッド・インチやオリオン座の三ツ星説を例に挙げることなくとも、そのことはクフ、カフラー、メンカウラーのピラミッドの側面が正確に東西南北方向を向いていることやそれぞれのピラミッドの南東角が同一直線状に位置していることから明らかだ。クフ王の大ピラミッドのいわゆる「王の間」と「王妃の間」の「通気孔」がそれぞれ北の空の周極星と三ツ星を持つオリオン座を指し示していることも、ピラミッドが方位というもの、それも東西南北のみならず、天空をも含む3次元の世界観、あるいは来世を含む4次元の世界観を考慮して造られた点を補強するものである。

モーリシャスの七つのピラミッド
Pyramids of Mauritius

図127：モーリシャスの第3ピラミッド
(By Uli sh [CC BY-SA 4.0 （https://creativecommons.org/licenses/by-sa/4.0）], from Wikimedia Commons)

基本情報
国名：モーリシャス共和国
場所：プレンヌ・マニェン
座標：北緯20°26′8.15″　東経57°39′2.6″
高さ：12メートル未満
規模：東西十数メートル×南北十数メートル
建造年代：不明

　モーリシャス共和国はマダガスカル島の東に位置するアフリカの島国である。10世紀以降、インド洋交易の拠点の一つとなるが、それ以前の歴史はほとんど知られていない。現在島には7基の階段ピラミッドが存在しており、しばしば外観の類似性から、地理的にアフリカ大陸の反対側に位置するカナリア諸島のテネリフェ島や東方のモルディブのピラミッドと比較される。ピラミッドは孤立しておらずグループで構成されている点は、テネリフェ島と同じである。

メソアメリカのピラミッド

概　説

　メソアメリカとは、アメリカ大陸の中央部で16世紀にスペイン人が侵略するまで様々な文明が栄え、その豊かな文化・歴史伝統が創造され続けている文化史的領域である。その範囲はメキシコ北部から中央アメリカ北部（グアテマラ、ベリーズ、エルサルバドル、ホンジュラスの西半分）にかけての100万平方キロメートルほどである。オルメカ（紀元前1400〜400年）、マヤ（紀元前1000年〜紀元後16世紀）、サポテカ（紀元前500〜紀元後750年）、テオティワカン（紀元前100〜紀元後600年）、トルテカ（900〜1150年）、アステカ（1325〜1521年）などの諸文明が盛衰した。これらの諸文明をメソアメリカ文明と総称する。

　「ピラミッド」という呼称は、欧米の考古学者がエジプトのピラミッドになぞらえ付けたものだが、社会的な機能や意味が異なり関連はまったくない。メソアメリカのピラミッドは主に宗教儀礼を執行する神殿であった。神殿と王宮の両方を兼ねるピラミッドも存在した。神殿の多くはピラミッド状基壇（きだん）の上に配置され、神殿ピラミッドを構成した。神殿ピラミッドは権力を象徴する政治的道具であり、支配者がまつりご

図1：ティカル遺跡の「神殿1」（撮影　青山和夫）

とを行う舞台であった。多くの神殿ピラミッドは、王や王家の重要人物を葬り祀る巨大な記念碑的建造物つまり王陵としても機能した。複数の神殿ピラミッドや王宮を頂く大きな丘のような建築複合体をなす場合があり、ギリシア考古学の借用で「アクロポリス」と呼ぶ。

　メソアメリカの人々は石器を使って作業し、ウシやウマなどの使役動物なしに建築物資を人力で運び、巨大な神殿ピラミッドがそびえ立つ都市を建設した。神殿ピラミッドは、メソアメリカの山信仰とも深く結び付いていた。古典期（200～1000年）マヤ文明の神殿あるいは王宮を兼ねるピラミッドは、マヤ文字で「ウィツ（山）」と呼ばれた。神殿ピラミッドは文字通り山信仰と関連する宗教施設であり、神聖王の先祖や神々が宿る人工の神聖な山を象徴した。後世の王は神殿更新によって、より大きな人工の神聖な山を増改築して王権を強化し、都市の労働力を統御した。メソアメリカの神殿ピラミッドは孤立して建造されることはきわめて稀であった。都市中心部には神殿、王宮、公共広場、球技場などが神聖な世界の中心として配置された。それらは「神聖な文化的景観」を構成し、重要な政治・経済・宗教機能を有した。

　北中米の主要遺跡のすべてのピラミッドを網羅することは不可能である。ピラミッドに関する理解を深めるために、各遺跡の最も代表的な神殿ピラミッドだけでなく他の主要な神殿ピラミッドや建造物、公共広場、墓、出土遺物、遺跡の概略および文化史についても解説する。ピラミッドが石彫や漆喰彫刻に装飾されている場合は、それらの図像についても記述する。碑文がある場合は、その解読からピラミッドを政治的な道具として活用した王、王族や貴族についても述べる。アメリカ合衆国については紙面の都合上、最大の土製マウンドを有するユネスコ世界遺産カホキア遺跡に絞る。メキシコと中央アメリカ諸国の遺跡については、ユネスコ世界遺産の遺跡や遺跡公園として公開されている遺跡を中心に述べていく。

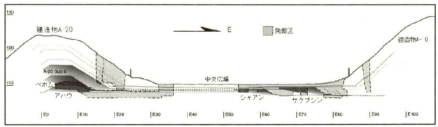

図2：セイバル遺跡の神殿ピラミッドと公共広場の増改築（Inomata et al. 2013：図4より作成）

アグアテカ遺跡の建造物 L 8-8

Structure L 8-8 of Aguateca

図3：アグアテカ遺跡の未完成のピラミッド「建造物L8-8」（撮影　青山和夫）

```
基本情報
 国名：グアテマラ共和国
 場所：ペテン県サヤシュチェ
 座標：北緯16°24′43.36″　西経90°11′18.54″
 高さ：6メートル
 規模：東西47メートル×南北50メートル
 建造年代：810年頃
```

　アグアテカは、古典期マヤ文明の中規模の要塞都市であった。マヤ文字には、「キニッチ・パ・ウィツ（太陽が照る要塞化された丘）」と記されている。それはグアテマラ北西部の熱帯雨林低地に立地し、パシオン川の支流ペテシュバトゥン川の比高90メートルの断崖絶壁上に建造された。崖の平坦部には石灰岩のクレバス、つまり裂け目が何本も走っている。最大のクレバスは、幅が15メートル、深さが70メートル、長さが860メートルに及び、敵の侵入を阻んでいた。調査団長の猪俣健（アリゾナ大学）や共同調査団長の青山和夫（茨城大学）は、グ

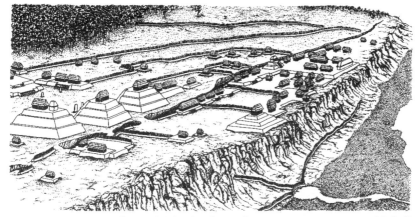

図4：アグアテカ遺跡中心部の復元図（Demarest *et al.* 1997：図7より作成）

アテマラ、アメリカ、カナダ、スイス、ドイツ、ポーランドの研究者とともに多国籍チームを編成して学際的な研究を展開した。

アグアテカに、ペテシュバトゥン地域の第1主都のドス・ピラスとともに、第2主都として8世紀に全盛期を誇った。マヤ文字の解読および考古学調査によれば、二つの新興都市は、同一のドス・ピラス＝アグアテカ王朝によって統治された中規模の双子都市であった。この王朝は、戦争や政略結婚によって勢力を拡大した。735年に近隣都市セイバルとの戦争に勝利したことをマヤ文字の碑文で記録・記念するために、ドス・ピラスとアグアテカに石碑が1基ずつ建立された。アグアテカの「石碑2」にはドス・ピラス＝アグアテカ王朝の3代目王（727～741年統治）が石槍と盾を持って武装し、捕虜となったセイバル王の上に誇らしげに立つ図像が刻まれている。8世紀の中頃からペテシュバトゥン地域では戦争が激化した。ドス・ピラスは、761年に同地域の近隣都市タマリンディートからの攻撃によって陥落した。その後この王朝は、南東12キロメートルにあるアグアテカに移り住んだ。

アグアテカには球技場はないが、都市中心部には王宮がある。「大広場」には神殿ピラミッド群、石碑や石造祭壇が林立していた。王宮と「大広場」はサクベ（舗装堤道）で結ばれ、その両側には貴族の住居区が広がっていた。「建造物L8-5」は、3代目王が建造させたアグアテカで2番目に大きな神殿ピラミッド（底辺29×26メートル、高さ8メートル）である。ピラミッド状基壇は4層であり、正面（西側）に幅12メートルの階段が設置された。神殿の壁は石造であり、植物製の屋根を支えていた。3代目

図5：アグアテカ遺跡の発掘・修復中の「建造物L8-5」と石碑（撮影　青山和夫）

王の事跡を記した石碑が、神殿の前の「大広場」に配置されている。

　発掘調査の結果、3代目王と従者の貴族たちが、「建造物L8-5」の落成を祝って、神殿の床下に黒曜石とチャート製の儀式石器を埋納したことがわかった。計57点の埋納された打製石器のうち、49点は黒曜石製石器、8点はチャート製エクセントリック石器である。エクセントリック石器とは実用品ではなく、黒曜石やチャートを直接打法、間接打法と押圧剥離を組み合わせて人物、動物、月などの特別な形に精巧に加工した儀式石器を指し、供物として建造物内や副葬品として墓に埋納された

　黒曜石製石器には、19点のエクセントリック石器が含まれる。そのうち5点（3点の抉入大型石刃、1点のトカゲ形の大型石刃と1点の腹面に円が刻線された大型石刃）は、アグアテカ地域では希少な大型石刃を加工したものである。大型石刃や大型石刃を加工したエクセントリック石器は、アグアテカの他の場所や周辺遺跡では見つかっておらず、王の黒曜石製石器であった。計13点の抉入石刃のエクセントリック石器は、蛇を表象したと考えられる。古代マヤの神の睡蓮蛇は、13という数の守護神であり、睡蓮蛇の頭飾りの王冠を着けた古典期（200〜1000年）の王もいた。抉入大型石刃のエクセントリック石器は、「大型の蛇」を表象したと考えられよう。

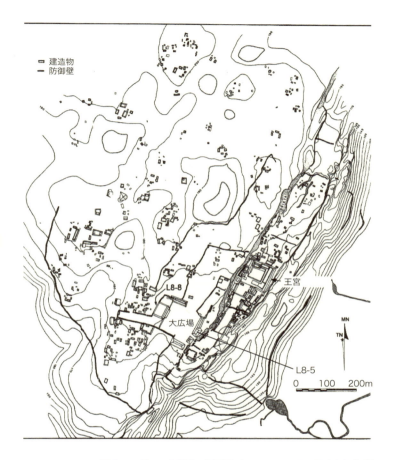

図6：アグアテカ遺跡の平面図（Inomata 1997：図3より作成）

「建造物L8-5」に埋納されたチャート製エクセントリック石器は、地元産チャートで製作された。サソリ、人物、トカゲ、三日月、三叉の三日月、抉入両面調整尖頭器などである。チャート製エクセントリック石器は、王宮や王朝の神殿だけで見つかっており、王の儀式石器であったことがわかる。アグアテカの「大広場」には多くの石碑が立っており、王が国家儀礼を執行するための格好の舞台であった。3代目王と従者の貴族たちによる儀式石器の埋納を含む、「大広場」の前の神殿の落成儀礼という劇場的パフォーマンスは、王権の強化に役

立ったと考えられる。

戦争の激化に伴い、9世紀初頭に中心部の王宮や貴族の居住区を幾重にも囲む長大な防御壁が建設され、その全長は6332メートルに達した。アグアテカ中心部は、810年頃に敵の攻撃によって広範囲にわたり焼かれ、短時間で放棄された。アグアテカ中心部の石槍の高い比率、長大な防御壁、敵による中心部の徹底的な破壊、戦争に関連する碑文や図像資料、都市の短時間の放棄といった状況証拠は、戦争がアグアテカにおける古典期マヤ文明の衰退の重要な要因の一つであったことを示す。

アグアテカの貴族は、その所持品の大部分を残したまま住居を放棄するか、あるいは敵の捕虜にされた。アグアテカ遺跡の発掘調査では、貴族の住居の内外の原位置に一次堆積遺物が大量に出土した。実用土器や製粉用磨製石器などの実用品だけでなく、翡翠製品、図像やマヤ文字が彫刻された貝・骨製装飾品といった美術品なども含まれる。王家の人々や高い地位の宮廷人を含む支配層は、自らの手で美術品や工芸品を作っていた。当時の日常生活を生き生きと伝える原位置にある豊富な考古資料はマヤ低地では他に類例がなく、タイム・マシーンの役割を果たす。

敵は王宮の破壊儀礼を執行し、ゴミを撒き散らして火を放った。5代目タフ・ン・テ・キニッチ王が「大広場」に建造させた神殿ピラミッドでも破壊儀礼が行われた。しかも敵は、「大広場」に立つ先代の王たちの石碑には手をつけずに、5代目王の石碑と神殿ピラミッドだけを徹底的に破壊した。破壊儀礼は、おそらく勝者の敵軍と敗者のアグアテカの貴族の面前で、王権を象徴的に抹消するために公然と執行されたのだろう。

発掘調査の結果、「大広場」に面する神殿ピラミッド「建造物L8-8」が、建設途中で放棄されたことがわかった。それは、アグアテカで底面積が最大の建造物であった。その正面に置かれた石造祭壇「祭壇M」も未完成であり、810年に相当する暦の日付が刻まれている。発掘調査では、完成した壁面と未完成の壁面および神殿内部に建造中であった王墓へと続く作業用の傾斜路が出土した。王墓のために掘られた穴は、幅12メートル、深さ3.5メートルに及ぶ。外壁に積み上げられた石灰岩のブロック状の切り石は、「建造物L8-8」の西150メートルの採石場から採掘されたと考えられる。さらにチャート製磨製石斧、両面調整楕円形石器、剝片、叩き石、磨り石など、建設作業に使用されたと考えられる石器が多数出土した。「建造物L8-8」は、これまでにマヤ地域で確認された数少ない未完成の神殿ピラミッド・王陵なのである。

アルトゥン・ハ遺跡の建造物 B - 4

Structure B-4 of Altun Ha

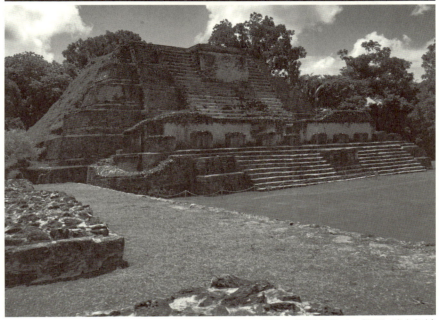

図7：アルトゥン・ハ遺跡の「建造物B-4」（撮影　青山和夫）

基本情報
国名：ベリーズ
場所：ベリーズ州ロックストーン・ポンド
座標：北緯17°45′50.22″　西経88°20′49.42″
高さ：23メートル
規模：東西49メートル×南北51メートル
建造年代：550〜850年頃

　アルトゥン・ハは、ベリーズ市から48キロメートルとアクセスがよく、ベリーズで最も多くの人が訪れるマヤ文明の遺跡である。海抜5〜15メートルで、カリブ海沿岸から13キロメートルに立地する。遺跡名は近隣のロックストーン・ポンド村に由来し、ユカタン・マヤ語で「岩石の水」を意味する。人間の居住は先古典期中期（紀元前900〜600年）に始まった。古典期前期（250〜550年）と古

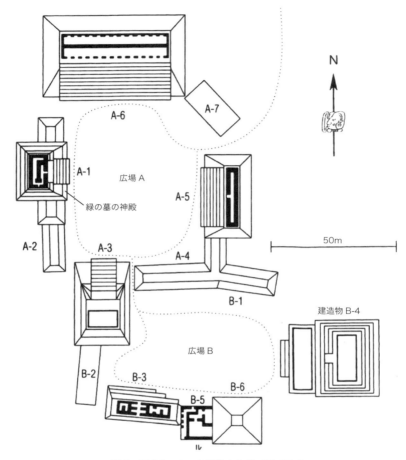

図8：アルトゥン・ハ遺跡中心部の平面図（Kelly 1996:46より作成）

典期後期前半（550〜700年）に公共建築が増改築され、都市が繁栄した。最盛期の古典期後期前半の都市中心部と周辺部の人口は、8000〜1万人と推定される。アルトゥン・ハには、マヤ文字が刻まれた石碑はなかった。古典期マヤ文明は多くの文化要素を共有しながらも、けっして均質な文明ではなかった。

最初期の石造神殿ピラミッド「建造物F-8」は、公共貯水池の近くに100〜200年に建造され始めた。「建造物F-8」内部に250〜275年に埋葬された王墓「墓F-8／1」の上には、8100点以上のチャート製石器の製作屑、163点のチャート製

図9：アルトゥン・ハ遺跡の「広場A」と「緑の墓の神殿」
（中央奥）（撮影　青山和夫）

石器、テオティワカン様式を含む23点の搬入土器のほかに866点の他の供物が埋納された。248点のメキシコ中央高地パチューカ産緑色黒曜石製の石刃、石刃鏃、エクセントリック石器や両面調整尖頭器、翡翠製数珠や耳飾り、ウミギクガイ製装飾品、ピューマとイヌの歯、粘板岩の板などが挙げられる。被葬者の骨の酸素同位体比の測定によれば、この男性は地元出身であった。緑色黒曜石製石器は、テオティワカンとアルトゥン・ハの支配者間の直接の交流によって獲得された可能性もあるが、中継地点を通して搬入されたのかもしれない。

都市中心部は「建造物F-8」の北700メートルに立地し、「グループA」と「グループB」が広がる。「広場A」の周囲には、「緑の墓の神殿（建造物A-1）」など8基の建造物が「グループA」を形成する。「緑の墓の神殿」内部に550年頃に王墓が埋葬された。王墓は主に未加工の石灰岩やチャートの大きな岩で石室の壁を積み上げ、9点のチャートの平石を屋根に敷いただけの粗雑な造りであった。しかしながら副葬品はきわめて豊かである。判読不可能な絵文書の破片、マヤ文字が刻まれた耳飾り2点を含む300点以上の翡翠製品、ウミギクガイ製数珠や胸飾り、土器、王族が放血儀礼（自らの血を神々や先祖の神聖王に捧げる儀式）に用いたアカエイの尾骨、三日月、イヌや円盤を模したチャート製エクセントリック石器、皮製品、衣服や木製品などが含まれた。

「広場B」は、「広場A」の南に隣接する。最大の神殿ピラミッド「建造物B-4」は550年頃に建造され始め、8期の建造段階が知られている。ラマナイ遺跡の「高神殿」と同様に、細長い建造物が最下部の大きな基壇上に建造され、ピ

図10：アルトゥン・ハ遺跡の「墓B-4/7」に副葬された翡翠製顔（Pendergast 1982：図33a より）

ラミッド状基壇の正面（西側）を覆った。細長い建造物の入口は、マヤの地下界の9層と同じ九つであった。6層のピラミッド状基壇の正面には、階段が設置された。基壇の頂上には神殿はなく、石灰岩のブロック状の切り石を積み上げた円形の祭壇が配置された。神殿ピラミッドの頂上では、香が焚かれた証拠がある。ピラミッド状基壇の上の神殿の欠如と正面階段の途中に建てられた細長い建造物は、ラマナイの神殿ピラミッドと共有された特徴であった。

　7基の墓が「建造物B-4」内部から出土している。王墓「墓B-4/7」は、600〜650年に埋葬された。王墓の建造には、石灰岩のブロック状の切り石が使われた。石室墓は長さ4.23メートル、幅1.43メートル、高さ1.59メートルである。

副葬されたいわゆる「太陽神」の顔の翡翠製品（長さ14.9センチメートル、重さ4.42キログラム）は、マヤ文明で最も大きい翡翠製品である。他の副葬品としては、翡翠製の数珠、ブレスレット、アンクレットやペンダント、ウミギクガイと翡翠製首飾り、ウミギクガイ製胸飾り、黄鉄鉱製モザイク鏡、赤鉄鉱、真珠、土器、骨製針、鳥の図像とマヤ文字が刻まれた鹿角製飾りピンなどがあった。

　有名な「太陽神」の顔の翡翠製品の図像は、実は太陽神ではない。図像は、研究者のあいだで鳥の主神と呼ばれる神の顔の上に世界樹を合わせたものである。鳥の主神とは、天空と大地の神イツァムナーフの鳥の化身を指す。興味深いことに、この同じ鳥の主神の漆喰彫刻が「建造物B-4」の正面階段の両脇を装飾した。いずれにせよ翡翠製顔はベリーズの国宝である。ベリーズの紙幣の意匠にも使われている。翡翠製顔は時おり博物館で展示される以外は、ベリーズ中央銀行に24時間体制の監視下で保管されている。

　「墓B-4/7」の床面の下には、十字、イヌ、人物立像、三日月などを模ったチャート製エクセントリック石器、土器、ウミギクガイ製数珠、黄鉄鉱製モザイク鏡、サンゴ、アカエイの尾骨などが供物として埋納された。公共建築の建造は750年頃から徐々に低下し、900年頃に停止した。その後も人間の居住は、1000年頃まで続いた。アルトゥン・ハは、13世紀と14世紀に小規模に再居住された。

イサマル遺跡のキニッチ・カク・モオ

Kinich Kak Moo of Izamal

図11：イサマル遺跡の「キニッチ・カク・モオ」（撮影　青山和夫）

基本情報
国名：メキシコ合衆国
場所：ユカタン州イサマル
座標：北緯20°55′53″　西経89°01′04″
高さ：34メートル（往時は推定40メートル以上）
規模：東西200メートル×南北200メートル
建造年代：500〜1500年頃

　イサマルは、ユカタン州の州都メリダ市の東56キロメートルに位置し、古典期のマヤ低地北部の大都市として栄えた。遺跡名はユカタン・マヤ語に由来し、「天から落ちる露」を意味する。人間の居住は先古典期中期（紀元前700〜450年）に始まり、先古典期後期（紀元前450〜150年）と先古典期終末期（紀元前150〜紀元後250年）に続いた。古典期前期（250〜600年）に巨大な石灰岩のブロック状の切り石を積み上げて巨大な神殿ピラミッド群が建設され、古典期後

図12：イサマル遺跡の平面図（Noriega de Autrey 2006:31より作成）

期・終末期（600〜1000年）に増改築された。都市は、53平方キロメートルにわたって広がった。イサマルは、32キロメートル西のアケや15.5キロメートル南のカントゥニルとサクベ（舗装堤道）で結ばれていた。サクベの幅は12メートル、高さは1メートルほどであった。

イサマル中心部には、東西200メートル、南北300メートルの「大広場」があった。その東に「イツァマトゥル」、西に「エル・カブル」、南に「ポプホル・チャーク」、北に「キニッチ・カク・モオ」という巨大な神殿ピラミッドがそびえていた。最大の神殿ピラミッド「キニッチ・カク・モオ」は太陽神に捧げられた。「キニッチ・カク・モオ」は、先スペイン期（16世紀以前）のマヤ低地北部で最大の体積を誇る建造物であった。その一部がすでに破壊されているが、古典期の高さは40メートル以上と推定され

る。計六つの階段があり、主要階段が南と北に一つ、東と西にそれぞれ二つの階段が設置された。主要階段には、長さが２メートルに達する巨大な石灰岩のブロック状の切り石が使われた。その「大基壇」は、古典期前期の500年頃に建造された。「キニッチ・カク・モオ」の「大基壇」は、８月13日と４月30日の日の出に向けて建造された。この二つの日付の間隔は、260日暦（20日×13）と同じ260日である。

後古典期前期（1000〜1200年）には、「キニッチ・カク・モオ」の「大基壇」の上に神殿が建てられた。後古典期後期（1200〜1520年）には、「大基壇」を補強するために周匝に傾斜壁（タルー）が付け加えられた。

神殿ピラミッド「イツァマトゥル」は、創造神・天空と大地の神イツァムナーフに捧げられた。傾斜壁（タルー）を有する高さ21メートルの神殿ピラミッドが古典期前期の500年頃に建造され、ピラミッド状基壇の四面に階段が設置された。古典期終末期（800〜1000年）には、傾斜壁が垂直壁に覆われた。後古典期前期初頭には、神殿ピラミッドの周囲は高さ６メートル、底辺100メートルの大きな基壇に完全に覆われた。

「エル・カブル」も創造神・天空と大地の神イツァムナーフに捧げられた神殿であった。「エル・カブル」から、イサマルとアケを結ぶサクベが延びていた。大きな基壇の上に２基の神殿が建てられ、壁面が大きな顔の漆喰彫刻で装飾されてい

た。漆喰彫刻は、残念ながら現存しない。「エル・ハブク」は、古典期前期の250〜450年に建造されたイサマルで最も古い公共建築の一つである。底辺90メートル、高さ４メートルの基壇の上に、四方が建物に囲まれた中庭があった。西側の神殿には、巨大な石灰岩のブロック状の切り石の階段があり、部屋の壁は同じく巨大な石灰岩のブロック状の切り石で建造された。古典期前期の優れた建築技術を示している。壁に使われた石があまりにも大きかったために持ち送り式のアーチ（天井が高く狭い逆Ｖ字形アーチ）を建造できず、屋根は植物製であった。「チャルトゥンハ」は住宅が密集した市街地にあり、底辺60メートル、高さ３メートルの基壇の上に神殿が建てられていた。

イサマルは、後古典期後期まで宗教的に重要な巡礼地であった。16世紀のスペイン人は、大ピラミッド群の規模に圧倒された。スペイン人はマヤ文明の神殿ピラミッドを破壊し、石灰岩のブロック状の切り石を再利用して植民都市の建物、カトリックの聖堂や修道院を建設した。スペイン人は、南北アメリカ大陸で最大の中庭を有する巨大なカトリック修道院を「大広場」の南側にあった巨大な神殿ピラミッド「ポプホル・チャーク」の基壇の上に建設した。植民地時代以来のイサマルの都市開発にともなってマヤ文明の都市遺跡の大部分が破壊されている。イサマルは先スペイン期、植民地時代、現代という三つの時代の文化が重なる「三つの文化の都市」と呼ばれている。

ウシュマル遺跡の魔術師のピラミッド

図13：ウシュマル遺跡の「魔術師のピラミッド」（撮影　青山和夫）

> 基本情報
> 国名：メキシコ合衆国
> 場所：ユカタン州サンタ・エレナ
> 座標：北緯20°21′34″　西経89°46′17″
> 高さ：35メートル
> 規模：東西50メートル×南北70メートル
> 建造年代：750～900年頃

　ユカタン半島北西部のプウク（ユカタン・マヤ語で「丘陵地」の意味）地方では、ユネスコ世界遺産のウシュマルをはじめ多くの都市遺跡が互いに近くに位置し、密接な交流があったと考えられる。この地方では、マヤ低地北部で最も肥沃な土壌が広がるが、川、セノーテ（天然の泉・井戸）やバホ（雨季の低湿地）はない。プウク地方のマヤ人は、石灰岩の岩盤を掘ってチュルトゥン（地下貯水槽）を造った。

　この地方の遺跡は、プウク様式と呼ば

れる優美な建築美で名高い。プウク様式とは、マヤ低地北部のプウク地方を中心とした、古典期後期・終末期の建築様式である。「近代建築の３大巨匠」の一人であるアメリカ人建築家フランク・ロイド・ライト（1867～1959年）も絶賛した洗練された建築美で名高い。プウク様式の建築はユカタン州南西部ではウシュマルのほかに、カバフ、ラブナ、サイル、ノフパットやシュキブチェ、カンペチェ州北端ではシュカルムキン、カンキやチュンフフブなどにも見られる。

　プウク様式では、あたかも風呂場の壁のタイルのように、ベニヤ板状に薄く加工した石灰岩製の方形の石板で建造物の表面を化粧張りした。装飾用の円柱や持ち送り式アーチが多用された。見事に加工・接合された石灰岩のブロック状の切り石のモザイク石彫で幾何学文様だけでなく、ウィツ（山）を表わす顔、人物像、男根、家といった写実的な図像を表象した建造物外壁の入り組んだ装飾が特徴である。建物の造りはきわめて強固であり、保存状態が良いものが多い。多くの図像が反復されており、モザイク石彫の部品は大量生産されたと考えられる。

　ウシュマル遺跡は、古典期後期・終末期のプウク地方最大の都市として栄えた。遺跡名は、「３回にわたって建設・居住された」あるいは「豊かに収穫される場所」を意味する。ウシュマルはユカタン州の州都メリダ市の南西62キロメートル、ユカタン州北西部の農耕に適した肥沃な土壌に立地する。南西部に貴重な

飲料水を都市住民に提供した五つの池がある。付近に川、セノーテやバホはない。人々は12以上の人口貯水池や150以上のチュルトゥン（地下貯水槽）を造営して、水を確保した。

　人間の居住は、紀元前800年頃に始まり、紀元前400年頃から公共建築が建造され始めた。都市は８世紀から発展し始め、都市中心部は高さ1.7メートル、全長５キロメートルほどの石壁で防御されていた。都市の面積は少なくとも15平方キロメートルに広がり、全盛期の人口は約３万人と推定される。遺跡の踏査・測量が未完であるのでその全容はまだわかっていない。「尼僧院」、「総督の館」と「大球技場」という主要建造物に伴うマヤ文字の日付は、チャン・チャーク・カークナル・アハウ王（通称「チャーク王」）という大王の治世中の895～907年に相当する。「石碑14」には、同王の図像やその名前をはじめとするマヤ文字の碑文が彫刻されている。チャン・チャーク・カークナル・アハウ王はおびただしい数の羽根で頭を飾り、盾と投槍器を手に持ち、王権を象徴する双頭のジャガーの玉座の上に立っている。

　都市中心部には、ウシュマル最大の神殿ピラミッド「魔術師のピラミッド」がそびえ立つ。アメリカ人弁護士で外交官でもあったジョン・スティーヴンス（1805～1852年）は、1841年にウシュマル遺跡を探検した。その際にマヤ人の男性から伝説を聞いた。魔法使いの老婆が拾った特別な卵から生まれてきた小人

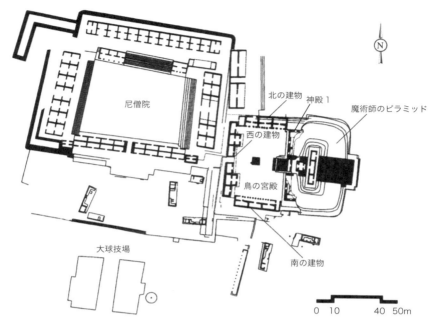

図14：ウシュマル遺跡中心部の平面図（Huchim Herrera and Toscano Hernández 1999:19より作成）

が、魔法の力で一夜のうちに「魔術師のピラミッド」を建造したという。この伝説から、「小人のピラミッド」とも呼ばれる。

当然のことながら「魔術師のピラミッド」は一夜のうちに建造されなかった。増改築については諸説あるが、少なくとも4期の主要な建造段階があった。「魔術師のピラミッド」は、西側の「鳥の宮殿」と連結されている。「鳥の宮殿」は、鳥の石彫で装飾された細長い建物が長方形の中庭を囲む。1期に「鳥の宮殿」の中庭の東側に「神殿1」と呼ばれる細長い建物だけが建てられた。入口の

上はウィツ（山）の顔のモザイク石彫で装飾され、中央の部屋のモザイク石彫では高位の男性が蛇の口から出現した。2期に高さ22メートルの神殿ピラミッドが「神殿1」を部分的に覆った。また「鳥の宮殿」の中庭の北側と南側に細長い「北の建物」と「南の建物」が建造されたが、中庭の西側は開放されていた。

3期に中庭の西側に細長い「西の建物」が建てられ、「鳥の宮殿」の中庭へのアクセスが限定された。4期に神殿ピラミッドが大幅に増改築されて「魔術師のピラミッド」が完成した。ピラミッド状基壇に頂く西側の神殿は、ウィツ

（山）を表わす顔の口状の複雑なモザイク石彫で装飾された。神殿の入口は洞窟あるいは超自然界への入口を象徴し、神聖王が神殿内で神々と交流した。なおピラミッド状基壇の傾斜があまりにも急で危険なので、登頂は禁止されている（2018年現在）。

「大ピラミッド」は、高さが30メートルで「金剛インコの神殿」を頂く。「大ピラミッド」は登頂が許可されているので、「金剛インコの神殿」の正面壁を装飾する金剛インコや蛇のモザイク石彫をじっくりと堪能できる。スペイン人が「尼僧院」と呼んだ中庭を囲む四つの建造物は、26の部屋がある王宮であった。「尼僧院」は幾何学文様、蛇、ウィツ（山）を表わす顔、ジャガー、人物像や家などの洗練されたモザイク石彫で装飾され、プウク様式建築の傑作として有名である。その南に二つの球技場の一つ「大球技場」がある。「尼僧院」と「大球技場」の外壁には、古典期終末期のメソアメリカの「国際的な」石彫様式の一つ、羽毛の生えた蛇の石彫が残っており、ウシュマルが国際都市として遠距離交換網に参加していたことを示す。

「総督の館」（長さ99メートル、幅12メートル、高さ9メートル）は、床面積が2万平方キロメールに及ぶ巨大な基壇の上に建てられた。それは先スペイン期のメソアメリカ最大の宮殿建築の一つであり、24の部屋をもつ。外壁に複数の高位の男性坐像や筵状のモザイク石彫があり、ポポル・ナフ（会議所）であったとされる。ウシュマルの主要な建造物は、真北から9度東にずれた独特の方位に配置されたが、「総督の館」だけがこの方位から19度ずれ、金星の観測に関連していた。その外壁を飾るウィツ（山）の顔の目の下には、350以上の金星のマヤ文字が刻まれた。「総督の館」の前の広場の中央には、有名な双頭のジャガーの玉座がある。「男根の神殿」の近くには、複数の男根の石彫が地面に立っている。チチェン・イツァの天文観測所「カラコル」と類似した、直径18メートルの円形神殿も見つかっている。「墓のグループ」という広場を囲む建築群や「老婆の館」と呼ばれる神殿ピラミッドなどもある。ウシュマルは、10世紀に衰退した。

エック・バラム遺跡のアクロポリス

Acropolis of Ek' Balam

図15：エック・バラム遺跡の「アクロポリス」（撮影　ウイリアム・リングル）

基本情報
国名：メキシコ合衆国
場所：ユカタン州テモソン
座標：北緯20°53'28″　西経88°08'11″
高さ：32メートル（往時は推定40メートル）
規模：東西160メートル×南北70メートル
建造年代：770〜900年頃

　エック・バラムは、二つの古典期の大都市のほぼ中間つまりチチェン・イツァの北東41キロメートル、コバーの北西60キロメートルに位置する。遺跡名は、ユカタン・マヤ語で「黒いジャガー」、「星のジャガー」あるいは「輝くジャガー」を意味する。マヤ文字の解読によれば、「タロル」と呼ばれる王国の主都であった。人間の居住は先古典期中期の紀元前700年頃に始まり、植民地時代初期の17世紀初頭まで続いた。都市は、最盛期の古典期後期・終末期（600〜1100年）に15平方キロメートルにわたって広がった。碑文の暦は、770〜896年に相当す

図16：エック・バラム遺跡の「アクロポリス」の平面図（Castillo Borges and Vargas de La Peña and 2009：図2より作成）

る。都市内には、セノーテが数多く分布する。

　都市中心部（1.25平方キロメートル）に45の建造物がある。「北広場」と「南広場」の周囲に主な公共建築が建てられた。ポポル・ナフ（会議所）や石造の蒸し風呂もあった。都市中心部は、8世紀以降に石灰岩のブロック状の切り石を積み上げた二重の石壁に囲まれて要塞化した。戦争の激化が示唆される。中心部に五つの出入口があり、5本のサクベ（舗装堤道）が放射状に延びる。3本は1.8キロメートル以上の長さがある。一部の主要建造物の間には、三つ目の石壁が建造された。「サクベ2」の出入口が最も重要であり、アーチ門が基壇の上に建つ。

　エック・バラム最大の公共広場「北広場」は、「アクロポリス（建造物1）」、「建造物2」、「建造物3」という大きな公共建築と他のより小さな建造物に囲まれていた。「アクロポリス」は6層の最大の建造物であり、北側にそびえる。かつては神殿が中央のピラミッド状基壇の上に建っていた。現在の高さは32メートルであるが、往時には40メートルほどと推定される。「アクロポリス」は大きさが際立つだけでない。発掘調査は未完了であるが、少なくとも71の持ち送り式アーチのもつ建物や階段が複雑に組み合わされた。「アクロポリス」は、古典期後期に神殿を兼ねる王宮として機能した。雨水を貯めた貯水槽が複数見つかっている。行政用の部屋、宗教儀礼を執行した部屋、王家の住居として使われた部屋などがあった。「部屋44」では貝製品

が製作された。王宮は王、王族や貴族が政治や宗教儀礼を執行し、生活しただけでなく、奢侈品の生産と消費の場所でもあった。

初代ウキト・カン・レク・トク王（770〜801年統治）は30年以上にわたって統治し、「アクロポリス」や他の公共建築を建造した。「アクロポリス」の4層目にある「部屋35下層」は、マヤ文字で「サク・ショク・ナーフ（読むための白い家）」と呼ばれた。その正面の外壁を装飾した漆喰彫刻は、マヤ文明の傑作である。天空と大地の神イツァムナーフの口状の入口は、大きな歯で囲まれている。「部屋35下層」に入るには、イツァムナーフの下あごの歯の上を歩かねばならない。入口の上にイツァムナーフの大きな目と鼻があり、王が玉座に座している。王の両側に座す高位の男性像や天使のように翼が生えた男性戦士が立つ漆喰彫刻が実に見事である。

「部屋35下層」で発掘されたウキト・カン・レク・トクの王墓は、1990年代のマヤ考古学で最大の発見の一つとして名高い。土器、アラバスター（雪花石膏）製容器、翡翠製装飾品、魚を模った貝製ペンダント、人間の大腿骨に碑文が刻まれた穿孔器、チャート製両面調整尖頭器、金・銅の合金製のカエルのブローチなど7000点以上の副葬品が捧げられた。所有者のウキト・カン・レク・トク王の名前や「カカオ飲料を飲むための容器」というマヤ文字の碑文が彫刻された土器も副葬された。

「部屋42下層」は、「魚の神殿」とも呼ばれる。外壁に魚の漆喰彫刻が施され、その両側に植物や筵の図像が添えられた。筵は権力を象徴した。「部屋42下層」の側柱の壁画には、ウキト・カン・レク・トク王が5人の貴族と一緒に座って部屋の中で談笑する様子が描かれている。彼らの下では、男性が大きな土器をかついで部屋の階段を昇り、その後ろにもう一人の男性が貢物を運んでいる。「アクロポリス」には、稲妻の神で王家の守護神カウィールの図像やマヤ文字の碑文など数多くの壁画が描かれた。赤、「マヤ・ブルー」、黒、緑や黄の顔料が使われた。「マヤ・ブルー」は、藍とユカタン半島特産の粘土鉱物を混ぜて加熱した世界でも稀な有機青色顔料であった。とりわけ「部屋29下層」の「96のマヤ文字の壁画」（770年）は、パレンケ遺跡の「96のマヤ文字の石板」に匹敵する文字壁画の傑作である。

2代目カン・ボホブ・トク王は814年に相当する暦に関連付けられ、「アクロポリス」を拡張した。3代目ウキト・ホル・アフクル王は830年にはすでに統治しており、「アクロポリス」の「石柱1」に自らとウキト・カン・レク・トク王の図像を刻んだ。「北広場」西側の「建造物2」（底辺55×80メートル、高さ20メートル）は、基壇の上にプウク様式の宮殿を頂いた。その平面は、ウシュマルの「総督の館」やチチェン・イツァの「鹿の家」に類似する。「建造物2」と「北広場」東側の「建造物3」（底辺55×

110メートル、高さ24メートル）は未発掘である。

プウク様式の球技場は、「広場A」と「広場B」のあいだに古典期後期に建造された。「広場B」の南側に、「楕円形の宮殿（建造物16）」（底辺26×23.5メートル、高さ11.5メートル）があり、3期の建造段階が確認されている。古典期後期の1期は、平面が楕円形の4層の基壇の上に非恒久的な建物が建てられた。2期には、1期の基壇の上に10の部屋をもつ石造の建物が付け加えられた。3期に、基壇の上に小さな石造神殿が築かれた。「建造物14」という小さな基壇の上に「石碑1」（840年）が立つ。「石碑1」には、神聖王の称号である紋章文字や古典期終末期のマヤ低地北部では珍しい9世紀の長期暦が記された。碑文で確認できる最後のキニッチ・フンピク・トク王が、稲妻の神で王家の守護神カウィール

を表象する王笏を持ち捕虜の上に誇らしげに立つ図像が刻まれた。この王の上には、先祖のウキト・カン・レク・トク王が太陽の輪に囲まれて天空の玉座の上に座っている。

エック・バラムの後世の王は、「アクロポリス」の見事な漆喰彫刻を870〜900年頃の増改築の際に注意深く覆った。そのために、漆喰彫刻の保存状態がきわめて良い。エック・バラムは10世紀に衰退したが、都市中心部の北西に2番目の球技場や神殿ピラミッドが建造された。後古典期には、都市中心部の東に居住の中心が移った。16世紀に侵略したスペイン人は、1553年頃にエック・バラムに礼拝堂を建造し、エック・バラムの前王に強制的に洗礼を受けさせた。スペイン人は1606年頃にエック・バラムのマヤ人の居住地を破壊し、マヤ人を近隣のフヌク村に強制的に移住させた。

エツナ遺跡の5層のピラミッド

図17：エツナ遺跡の「5層のピラミッド」（撮影　青山和夫）

基本情報
国名：メキシコ合衆国
場所：カンペチェ州カンペチェ
座標：北緯19°35′48.48″　西経90°13′44.76″
高さ：39メートル
規模：東西60メートル×南北60メートル
建造年代：紀元前300〜1000年頃

　エツナは、メキシコのカンペチェ州にある先古典期・古典期のマヤ低地北部の大都市遺跡である。エツナという遺跡名は、チョンタル・マヤ語の「イツナ」（「イグアナの場所」あるいは「イグアナの家」という意味）に由来する可能性が高い。エツナは州都カンペチェ市中心街の南東60キロメートルほどにあり、アクセスが大変良い。年間降雨量は1000〜1300ミリメートルほどで、とげのある灌木を主とする低木林に立地する。全長31キロメートル、幅50メートルに及ぶマヤ

低地で最大規模の水路網や84の貯水池が確認されている。発掘調査によれば、紀元前600年頃に居住が開始されたが、水路網は先古典期後期の紀元前150年頃までに建設された。水路と連結して水を満たした2キロメートルの防御濠が、「要塞」グループを囲む。水路網は灌漑農業、カヌーによる輸送、排水や防御などの目的にも利用されたと考えられる。

メソポタミア文明やエジプト文明では、船の通れる大河川流域で灌漑農業が発達した。古代マヤの水路の規模は概して小さく、その多くは排水路であったことが特徴である。しかし、エツナでは水路網を建設するために少なくとも200万立方メートルの土が掘り出されており、450ヘクタール以上の農耕地を灌漑することが可能であった。大規模な水路網が都市中心部からサクベ（舗装堤道）のように放射状に延びていることから、中央集権的な政治経済力が示唆される。

エツナにはユカタン半島西部で最多の33の石碑が登録されており、マヤ文字の碑文や捕虜の上に立つ王の図像などが刻まれた。四つの石碑は41〜425年の間に建立され、11の石碑は633〜869年に相当する暦の日付を含む。碑文の解読によれば、633〜869年の間に10人の王が君臨した。4代目王は女王であった。古典期後期・終末期が全盛期であり、都市人口は3万人ほどであった。「大広場」には2本のサクベが通り、東側の「大アクロポリス」（底辺160×148メートル）を結んでいる。「大アクロポリス」の西側の階段は、幅43メートル、高さが8メートルである。階段の石段には長さ1メートル、幅40センチメートル、高さ40センチメートルほどの巨大な石灰岩のブロック状の切り石が積み上げられた。

「大アクロポリス」の上には複数の大公共建築が立ち並ぶ。有名な「5層のピラミッド」が「大アクロポリス」にそびえ立つ。ピラミッド自体の高さは31.5メートルであるが、「大アクロポリス」の基壇の高さを合わせると39メートルになる。発掘調査によって「5層のピラミッド」は、「大アクロポリス」の造成に先立って建てられていたことがわかった。「5層のピラミッド」は先古典期後期の巨大な基壇の上に建造され、古典期に増改築された。

「5層のピラミッド」のピラミッド状基壇の正面（西側）に階段が設けられた。ピラミッド状基壇の上には計30の部屋が登録されている。特に2層目の基壇には、正面、側面と背面に計12の部屋があった。1層目には七つの部屋、3層目には四つの部屋が設けられた。4層目の基壇には二つの部屋しかなかった。さらに基壇の頂上の神殿には、五つの部屋が十字状に設けられた。いくつかの部屋には寝たり座ったりするベンチがあり、部屋もかなり広い。「5層のピラミッド」は、王、王族や貴族が実際に居住した王宮兼神殿であった蓋然性が高い。「5層のピラミッド」の階段には、652年に相当する日付を含むマヤ文字が刻まれている。

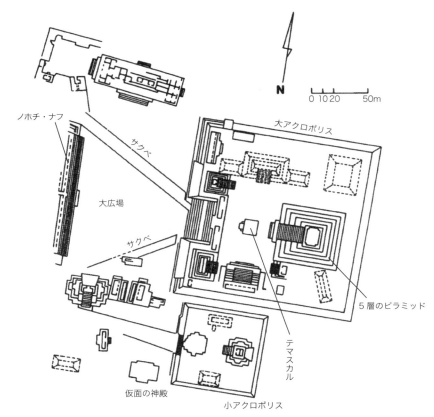

図18：エツナ遺跡中心部の平面図（Benavides 1996:28より作成）

「５層のピラミッド」は、古典期前期に厚い漆喰で覆われ主に赤色で彩色されていた。その３層目の基壇では、正面の階段の両側が巨大な神々の顔の漆喰彫刻で装飾されていた。その一つは、2002年にこの地方を襲ったハリケーンで「５層のピラミッド」の一部が破壊されたときに露出した。二つの漆喰彫刻は赤、黄、橙、青、緑で彩色され、黒と茶で線が描かれた。「５層のピラミッド」の正面には儀礼用の蒸し風呂「テマスカル」がある。「大広場」の西側にマヤ地域最大の宮殿建築の一つ「ノホチ・ナフ（ユカタン・マヤ語で「大きな家」を意味する）」

図19：エツナ遺跡の「仮面の神殿」の太陽神の漆喰彫刻（撮影　青山和夫）

（長さ135メートル、幅30メートル、高さ9メートル）、南側に球技場が配置された。「ノホチ・ナフ」の両側（東西）には、幅120メートルの巨大な階段が設けられた。

「大アクロポリス」の南には、「小アクロポリス」がある。それは、底辺70メートル、高さ5メートルの基壇である。「小アクロポリス」の上には、小さな神殿ピラミッドが東西南北に計四つ建っていた。「小アクロポリス」の西隣には、「仮面の神殿（建造物414）」が配置された。その底辺の長さは東西27.4メートル、南北16.5メートル、高さは5.5メートルである。「仮面の神殿」を発掘すると、その中から古典期前期の神殿ピラミッド（東西19.55メートル、南北16.5メートル）が出土した。その階段の両側には、日の出と日没を象徴する、二つの太陽神の漆喰彫刻が目を引く。両方とも、幅は3メートル、高さは1メートルほどである。二つの漆喰彫刻は主に赤で、他に青、黄、黒などで彩色された。「5層のピラミッド」の北東800メートルの「老婆の呪術師」と呼ばれる建造物群では、高さ24メートル、底辺70メートルの神殿ピラミッドが際立つ。「老婆の呪術師」の複数の建造物の発掘調査によって、先古典期後期に建造が始まったことが明らかになっている。エツナでは、古典期終末期まで大建造物が増改築された。その後、エツナの人口は減少したが、小規模ながら後古典期後期の15世紀半ばまで居住され続けた。

エル・タヒン遺跡の壁龕のピラミッド
Pyramid of the Niches of El Tajín

図20：エル・タヒン遺跡の「壁龕のピラミッド」（撮影　青山和夫）

基本情報
国名：メキシコ合衆国
場所：ベラクルス州パパントラ
座標：北緯20°26′53.01″　西経97°22′41.67″
高さ：18メートル（往時は推定22メートル）
規模：東西36メートル×南北36メートル
建造年代：600〜1000年頃

　ユネスコ世界遺産のエル・タヒンは、メキシコ湾岸低地中央部のベラクルス州北部に位置する古典期ベラクルス文化の都市遺跡である。遺跡名は、トトナカ語で「大きな煙」や「雷鳴」を意味する。先古典期後期に居住が開始されたが、古典期前期に発展し始め、古典期後期・終末期に最盛期を迎えた。推定人口は、2万人ほどである。エル・タヒンでは17の球技場があり、「球技場の都市」という印象が強い。球技に使われた石製球技具（ユゴ、パルマ、アチャと呼ばれる）

が、古典期ベラクルス文化の特徴である。最大の「南の球技場」以外は平面がI字型であり、「南の球技場」の例外的な重要性が伺われる。その壁には球技の準備の様子、対面する球技者たち、球技者の人身犠牲とそれを見守る神など六つの場面が繊細に彫刻されている。エル・タヒンの石彫は、浅浮き彫りが特徴である。

世界的に有名な「壁龕のピラミッド」は、左右対称なタルー・タブレロ様式建築である。このピラミッドは、メキシコ観光の広告に頻繁に使われる象徴的な建物といえる。全部で365の壁龕（ニッチ）があり、太陽暦（365日暦）との関連を示す。もともとは7層の神殿ピラミッドであったが、最上層は残っていない。各層の高さは3メートルほどである。往時の「壁龕のピラミッド」の高さは22メートルと推定される。トンネル式発掘調査によって、より簡素な前段階の神殿ピラミッドが内蔵されていることがわかっている。「壁龕のピラミッド」は、かつて人物像などの彫刻が施された石板で装飾され、全体が赤で壁龕が黒で彩色されていた。「壁龕のピラミッド」をはじめ、多くの建造物の外壁が壁龕で装飾されているのが、エル・タヒン建築の一大特徴である。他の建造物は、主に青色で彩色されていた。

「壁龕のピラミッド」に隣接する2段の広い基壇の上には、二つの神殿を頂く特徴的な「建造物5」がある。1段目の低い基壇の上には、「タヒン神」と呼ばれる三角柱状の浅浮き彫りの死神の石彫が立つ。この基壇の上には、「壁龕のピラミッド」と「建造物5」に挟まれて「建造物2」がある。その石板には「南の球技場」の場面とよく似た、別の機会に行われた球技と人身犠牲の場面が刻まれている。二人の球技者が球技場に立ち、そのうち一人が生贄用のナイフを右手に持っている。首を切られた球技者の胴体から、血が3匹の蛇の顔の形で流れ出す。球技者の足元には、骸骨の形の球が転がっている。右側に「13の兎」王と思われる人物が、左側にウサギの顔をした人物が座って球技の様子を眺めている。

エル・タヒンでは、ラーメンのどんぶりに施された雷文形のような模様の石彫が建造物を装飾したのが特徴の1つであった。「大シカルコリウキ」は、その平面自体が巨大な雷文の形をなす建造物である。エル・タヒン遺跡博物館では、建造物を飾った壁画の一部、彫刻が施された石柱や石板などが一見に値する。とりわけ修復された「列柱の建物」の3本の円柱（直径約1メートル）には、「13の兎」王の名前の文字、球技者の衣装を身につけた「13の兎」王、性器が丸出しになった捕虜の髪の毛を後ろから摑む「13の兎」王、同様に別の捕虜の髪の毛を摑む「5の鹿」という名前の貴族、足の下に生首を置いて腕を組んで座る「13の兎」王のもとに敵の捕虜を連行する従者の戦士たちなどが生々しく刻まれている。エル・タヒンは、後古典期前期の1100年頃に火をかけられ、破壊された。

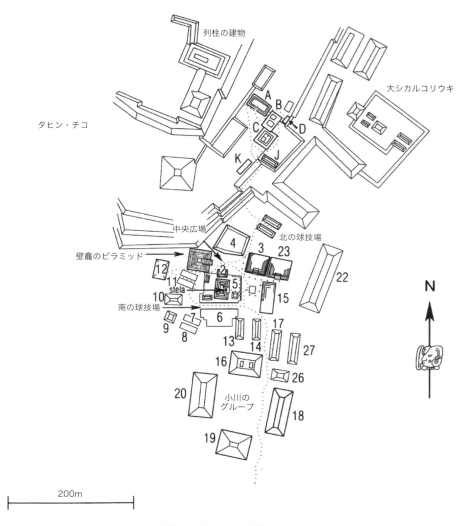

図21：エル・タヒン遺跡中心部の平面図（Kelly 2001:253より作成）

エル・プエンテ遺跡の建造物1

Structure 1 of El Puente

図22：エル・プエンテ遺跡の発掘・修復中の「建造物1」（撮影　青山和夫）

基本情報
国名：ホンジュラス共和国
場所：コパン県ラ・ヒグア
座標：北緯15°06′37″　西経88°47′32″
高さ：12メートル（往時は推定15メートル）
規模：東西19メートル×南北27メートル
建造年代：600〜850年頃

　エル・プエンテは、ホンジュラス西部ラ・エントラーダ地域で地方センター（中心地）の一つであった。今日の日本におけるマヤ考古学の大きな流れを生み出したのは、ラ・エントラーダ地域におけるラ・エントラーダ考古学プロジェクト（第1期：1984〜1989年、第2期：1990〜1994年）といえる。日本人が組織的に行った最初のメソアメリカ考古学調査であり、青年海外協力隊とホンジュラス国立人類学歴史学研究所の国際協力プロジェクトとして行われた。それが大学

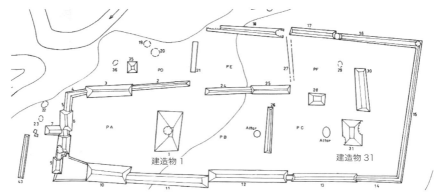

図23：エル・プエンテ遺跡中心部の平面図（Nakamura, Aoyama and Uratsuji 1991:Tomo III Mapa CP-PLE-5（El Puente）1/4より作成）

調査団として企画・実施されなかったことは特筆に値しよう。40人以上の日本人が参加した。重要なのはプロジェクトOBの中から、猪俣健（アリゾナ大学）、中村誠一（金沢大学）、佐藤悦夫（富山国際大学）、寺崎秀一郎（早稲田大学）、長谷川悦夫（埼玉大学ほか）、青山和夫（茨城大学）などの中米考古学者を輩出したことである。

ラ・エントラーダ地域はラ・ベンタ盆地とフロリダ盆地、これらを結ぶ自然回廊からなり、150平方キロメートルの面積に広がる。大部分はコパン県に、一部はサンタ・バルバラ県に属し、6市町村にまたがる。ラ・エントラーダ地域はマヤ低地の南東端にあり、100年以上にわたって調査されてきた近隣のコパン遺跡と東の非マヤ文化圏の境界に位置する。ところがその学術的な潜在性にもかかわらず、当プロジェクトの開始までいかなる体系的な調査も実施されていなかった。この「考古学的な空白地帯」を埋めていくのが、ラ・エントラーダ考古学プロジェクト第1期調査（1984〜1989年）の使命であった。特定の大遺跡だけを調査するのではなく、調査地域全体を調査対象とした。つまり「点の調査」ではなく、「面の調査」を実施した。

遺跡の分布調査では、調査地域を全面踏査した。ロス・イゴス、ロンカドール、エル・アブラ、エル・プエンテ、ラス・ピラス、ラス・タピアス、ヌエバ・スヤパ、テチンという八つの地方センターを含む635遺跡を確認・登録した。第2期調査（1990〜1994年）では、ラ・エントラーダ地域最大級のエル・プエンテ遺跡の集中発掘調査・修復・公園化を行い、1994年にコパン遺跡に次ぐ国内第2の国立遺跡公園として一般公開した。これらの調査の結果、ラ・エントラーダ地域が、先古典期前期の後半から古典期終末期（紀元前1200〜紀元後950年）に

かけて居住されたことがわかった。マヤ文化と非マヤ文化のクロスロードであったこの地域の文化変化の過程が解明され、古典期マヤ文明の政治経済組織、大都市コパンや他の周辺地域との交流に関する新しい知見がもたらされた。

エル・プエンテ遺跡の約1平方キロメートルの範囲には、214の建造物跡が確認されている。ジャガーの図像やマヤ文字が刻まれた石彫などもあった。遺跡名は、スペイン語で「橋」を意味する。その由来は、遺跡近くの川にかけられた凝灰岩のブロック状の切り石を積み上げたアーチ橋である。アーチ橋は現在も使用されている。エル・プエンテ中心部はチナミート川の左岸に建造され、六つの広場が配置された。中心部の東西の長さは215メートル、南北の長さは98メートルである。計14の建造物と2組のモノリス・祭壇が発掘・修復されている。

エル・プエンテ遺跡の「建造物1」は、ラ・エントラーダ地域で最大の神殿ピラミッドであった。ピラミッド状基壇は6層であり、四方に階段が設けられた。建築様式はコパンと酷似する。石と土が建造物内部に盛られ、凝灰岩のブロック状の切り石が外壁に積み上げられた。ピラミッド状基壇の上には、かつて持ち送り式アーチの神殿があった。神殿には三つの部屋があり、凝灰岩の雨樋が設けられていた。神殿の外壁は、3人の支配層男性像の凝灰岩製モザイク石彫で装飾されていた。往時の神殿ピラミッドの高さは、15メートルほどであった。

トンネル式発掘調査によって、「建造物1」は古典期後期（600～850年）に5回にわたって増改築されたことがわかっている。最古の建造物は高さ4.1メートル、底辺が16.5×8メートルほどであった。その床面を壊して「埋葬3」が設置され、その上に人物像の香炉が置かれた。人物像の香炉の周囲には、大量の炭化物や灰が出土しており、儀礼が行われたことがわかる。人物像は、エル・プエンテの支配者と考えられる。被葬者には三脚付き皿形土器、石製耳飾りや淡水産巻貝など副葬されていた。三脚付き皿形土器の内面の底には男性の横顔が描かれ、口元から煙状のものを吐き出している。煙状の図像は、「霊魂」を表現すると解釈されている。

「建造物31」（底辺23メートル×16.6メートル、高さ5メートル）はエル・プエンテ遺跡で2番目に大きな神殿ピラミッドであった。発掘調査によって、古典期後期に5回の増改築があったことがわかっている。ピラミッド状基壇の上には、二つの部屋をもつ神殿が設けられた。神殿の屋根は藁葺きであった。「建造物31」の正面（西側）に主要階段が設置され、その前には祭壇とモノリスが建てられた。祭壇は、コパンやキリグアのように一枚岩製ではなく凝灰岩のブロック状の切り石を積み上げた小さな方形の基壇を構成した。モノリスの下から、2点の翡翠製品の供物が出土した。「建造物26」は、「建造物1」と「建造物31」の間にある細長く低い基壇であり、その西側に

図24：エル・プエンテ遺跡の「建造物26」(手前) と「建造物31」(奥) の発掘調査（撮影　青山和夫）

は祭壇とモノリスがあった。

　エル・プエンテ遺跡公園の展示室には、エル・プエンテ遺跡を含むラ・エントラーダ地域のマヤ文明の遺物やエル・プエンテ遺跡中心部の50分の1の模型が展示されている。日本文化のコーナーには、ホンジュラス政府と青年海外協力隊の国際協力を記念して、「ホンジュラスと日本の友情のシンボル」として秋田県立博物館から寄贈された縄文土器と須恵器が中米で唯一陳列されている。

エル・ミラドール遺跡のダンタ・ピラミッド

Danta Pyramid of El Mirador

図25：エル・ミラドール遺跡の「ダンタ・ピラミッド」復元図（Suyuc and Hansen 2013：図10より作成）

基本情報
国名：グアテマラ共和国
場所：ペテン県サン・アンドレス
座標：北緯17°45′18.18″　西経89°55′13.55″
高さ：72メートル（往時は推定76メートル）
規模：東西620メートル×南北314メートル
建造年代：紀元前200〜紀元後150年頃

　エル・ミラドールは、グアテマラのエル・ペテン県北部の熱帯雨林低地にある先古典期後期・終末期（紀元前300〜紀元後150年）のマヤ地域で最大の都市遺跡である。メキシコ国境の南7キロメートルの広大なバホ（雨季の低湿地）の近くに立地し、近隣都市のナクベ（13キロメートル）、ティンタル（25キロメート

ル）やカラクムル（38キロメートル）とサクベ（舗装堤道）で結ばれていた。エル・ミラドールの面積は少なくとも30平方キロメートル以上だが、まだ全容はわかっていない。エル・ミラドール遺跡が西洋人の間で知られるようになったのは1926年であった。

西洋人よりも前にエル・ミラドール遺跡を見つけ出したのは、チクル（アカテツ科の常緑樹サポジラの樹液から取れるチューインガムの原料）を採取するグアテマラ人のチクレロ（チクル採取人）たちであった。彼らは、スペイン語で遺跡を「エル・ミラドール（見晴らし台）」と名付けただけでなく、大建造物を「ダンタ（バク）」、「ティグレ（ジャガー）」、「モノス（サル）」など熱帯雨林の動物の名前で呼び、現在も考古学者の間で使われている。

エル・ミラドールの都市中心部の主要な建造物は、ナクベと同様に東西の軸に沿って建造された。その長さは2キロメートルに及び、ナクベよりもはるかに広大であった。「東（ダンタ・）グループ」には高さ72メートルの「ダンタ・ピラミッド」、「西グループ」には高さ55メートルの「ティグレ・ピラミッド」、高さ48メートルの「モノス・ピラミッド」、長さ400メートル、幅90メートルの「中央のアクロポリス」などが建てられた。「ダンタ・ピラミッド」は、古典期のティカルの神殿ピラミッドをはるかにしのぐ先スペイン期のアメリカ大陸で最大の石造建造物であった。大神殿ピラ

ミッドの建設には、長さ1.5メートル、重さ1400キログラムに及ぶ、古典期の大公共建築よりもはるかに大きな石灰岩のブロック状の切り石が切り出されて積み上げられた。ピラミッドの上に三つの神殿を頂き、外壁は神々の顔の多彩色の漆喰彫刻で装飾された。

「ダンタ・ピラミッド」は、3段の巨大な基壇によって構成された。1番目のテラス状基壇の上には東西200メートル、南北330メートルの公共広場が設けられた。公共広場の周囲には、「Eグループ」、支配層の住居や三つの神殿を頂く「パパ・アクロポリス」が建造された。1段目のテラス状基壇の上に2段目のテラス状基壇が建てられ、その上に3番目のピラミッド状基壇が築造された。その上には、主神殿ピラミッド「建造物2A8-2」（高さ25メートル）が三つの神殿の中央に建てられた。「建造物2A8-2」は西向きであり、正面階段の両側に少なくとも10の神々の顔の漆喰彫刻が施されていた。「建造物2A8-2」のピラミッド状基壇の上の神殿は部分的にしか残っていない。神殿を復元すると、「ダンタ・ピラミッド」の高さは少なくとも76メートルに達していた。

アメリカ人考古学者リチャード・ハンセンは、「ダンタ・ピラミッド」の体積を281万6016立方メートルと計算している。この計算には、1段目のテラス状基壇の上に建造された「Eグループ」や「パパ・アクロポリス」などの建造物は

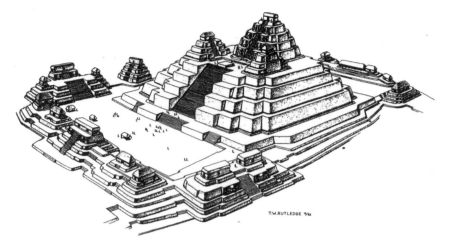

図26：エル・ミラドール遺跡の「ティグレ・ピラミッド」復元図（Hansen 1998：図16a より）

含まれていない。「ダンタ・ピラミッド」の内部に積んだ未加工の石や盛り土の運搬だけで、673万769日／人すなわち1000人の労働者が18.44年を要したと試算される。これに石灰岩のブロック状の切り石の採掘と運搬、木材の伐採と運搬、石灰岩を焼く石灰の製造と運搬、外壁の漆喰塗りや漆喰彫刻など諸々の土木作業を考慮に入れると、「ダンタ・ピラミッド」の建造には1500万日／人つまり41年ほどかかった。

エル・ミラドールでは、他のマヤ文明の諸都市と同様に太陽が運行する東西の軸が重要であった。「ダンタ・ピラミッド」は西に、「ティグレ・ピラミッド」は東にそれぞれ面しており、太陽の動きと関連していた。「中央のアクロポリス」と「ティグレ・グループ」の「建造物３Ｄ３-３」から見ると、「パパ・アクロポリス」の背後から２月12日と10月30日に太陽が昇る。この二つの日付の間隔は、260日暦と同じ260日である。

エル・ミラドールには、高さ６メートル、幅50メートルに及ぶサクベが通っていた。都市の南側、東側、北東部には高さ８メートル以上に及ぶ防御壁が築かれ、北側と西側は高さ20～30メートルの断崖で防御されていた。「石碑２」はかなり風化しているが、先古典期後期のマヤ文字が刻まれている。また、先古典期後期の土器片にもマヤ文字が描かれている。エル・ミラドールは、ナクベと同様に150年頃に放棄された。古典期後期・終末期に小規模に再居住されたが、先古典期後期の栄華を取り戻すことはなかった。

カカシュトラ遺跡の大基壇
Great Platform of Cacaxtla

図27:カカシュトラ遺跡の「大基壇」(撮影 青山和夫)

基本情報
国名:メキシコ合衆国
場所:トラスカラ州ナティビタス
座標:北緯19°14′40″ 西経98°20′23″
高さ:25メートル
規模:東西110メートル × 南北200メートル
建造年代:650〜900年頃

　カカシュトラは、メキシコ中央高地トラスカラ州の中規模の要塞都市であった。それは、ショチカルコと同じく古典期終末期に栄えた。カカシュトラは、チョルーラの北25キロメートルほどにあり、トラスカラ - プエブラ盆地底部との比高90メートル、海抜2230メートルの丘陵上に立地する。この天然の要害に防御壁および幅24メートル、深さ9メートルに達する壕が張り巡らされた。都市人口は1万人ほどと推定される。
　「大基壇」は、丘陵の頂上のアドベ(日

- A4変型判 / 240ページ
- 定価：本体 12,000円 + 税
- ISBN978-4-86498-028-9

柊風舎　〒161-0034 東京都新宿区上落合1-29-7 ムサシヤビル5F　Tel. 03-5337-3299 Fax. 03-5337-3290

都市行政：中王国時代の町と家：新土国時代の町と家：郊外：
住宅：共同体の集会所：都市への配給：労働生活：水と公衆衛生：
学校：都市の犯罪：余暇：観光旅行：都市における死

第四章 ＊ ギリシア・ローマ時代

エジプトのギリシア・ローマ都市：エジプトの傍にあるアレク
サンドリア：ギリシア・ローマ都市のファイユーム：ギリシア・ロー
マ時代の中エジプト

第五章 ＊ 古代エジプト都市の地名辞典

エレファンティネとアスワン：エジプト南部：テーベ：テーベ／
コプトス地域：中エジプトにある諸都市：アマルナ——完全なる都市？：その
他の中エジプト：ファイユーム：メンフィス／
移動する都市：ヘリオポリス——太陽の都市：メンフィス地方：
デルタ：北シナイ：オアシス：地中海沿岸：ヌビア

エピローグ

用語解説・索引

書店

書名

コン／カー／盆流／グリーン／
州知事／セパタ／デル／都市化
／ナイロメーター／農村化／ノモス／氾濫
／ピラミッド・タウン／離床都市／労働者の村／ウティ

**［著者］
スティーヴン・スネイプ** (Steven Snape)

リヴァプール大学でエジプト考古学を教えている。エジプトの考古学
は、彼の主要な研究テーマの1つであり、ザウィエト・ウンム・エル＝ラ
カムにおけるラメセス朝期の要塞都市の発掘調査を通じて着想を得た。

**［監訳者］
大城道則** (おおしろ みちのり)

1968年生まれ。
関西大学大学院文学研究科史学専攻博士課程修了。博
士（文学）。バーミンガム大学大学院エジプト学専攻修了。現在、駒澤大
学文学部教授。スウォンジー大学歴史・古典学科名誉研究員。専攻は古
代エジプト史。

注文書

［お名前］

［ご住所］

[Tel.]

［ビジュアル版］ 古代エジプト都市百科 王と神と民衆の生活

● 定価：**本体 12,000 円** ＋税

用　申し込みます

柊風舎 〒161-0034 東京都新宿区上落合1-29-7 ムサシヤビル5F Tel. 03-5337-3299 Fax. 03-5337-3290

◎王と王朝、神と女神、ヒエログリフやミイラ製作、寺院と墓、考古遺跡、美術・言語・宗教・医学など、様々な角度からの探求が可能に

◎エジプトの地図およびギザ、サッカラ、王家の谷、ルクソール神殿、カルナク神殿の遺跡平面図を収録

◎参考文献、欧文項目対照索引を完備

◎項目数1100、収録図版300点余

◆A5判／400ページ
◆定価：本体15,000円＋税
◆ISBN978-4-86498-036-4

柊風舎　〒161-0034 東京都新宿区上落合 1-29-7 ムサシヤビル5F　Tel. 03-5337-3299 Fax. 03-5337-3290

[図説] 古代エジプト文明辞典

● 定価：本体 15,000円＋税

[お名前]

[ご住所]

[Tel.]

冊 申し込みます

[監訳者]

大城道則（おおしろみちのり）
1968年生まれ。関西大学大学院文学研究科史学専攻博士課程修了。博士（文学）。バーミンガム大学大学院エジプト学専攻修了（University of Birmingham, MA in Egyptology）。現在、駒澤大学文学部教授。専攻は古代エジプト史。

1969年生まれのイギリス人エジプト学者。ケンブリッジ大学でエジプト学の博士号を取得、現在は同大学クレア・カレッジのフェロー（特別研究員）を務める。著書多数。

注 文 書

書店名

柊風舎 〒161-0034 東京都新宿区上落合1-29-7 ムサシヤビル5F Tel. 03-5337-3299 Fax. 03-5337-3290
しゅうふうしゃ

王と王朝、神と女神、ヒエログリフやミイラ製作、寺院と墓、考古遺跡、美術・宗教・言語・医学など。古代エジプト文明の魅力的な"宝物"を集め、様々な角度からの探求を可能にした辞典

充実のレファレンス機能

◎ 項目の掲載は五十音順

◎ 相互参照を可能にするために他の項目をゴシック体に

◎ 専門文献以外ではひじょうに珍しい図版を収録

◎「王名一覧と編年表」を掲載

◎ エジプトの地図、サッカラ、ギザ、王家の谷、カルナク神殿、ルクソール神殿の平面図

◎ さらに知りたい読者のための参考文献

◎ 欧文からも和文項目が検索できる「欧文項目対照索引」

[図説] 古代エジプト文明辞典

ナイル河谷に誕生した古代文明の
最も総合的な辞典

Dictionary of Ancient Egypt

トビー・ウィルキンソン [著]　大城道則 [監訳]

エジプトの歴史が始まった最古の都市ヒエラコンポリスから、ギリシア・ローマ世界の大都市アレクサンドリアまで。ナイル河をたどり、古代エジプトにおける都市生活を復元

ナイル河の洪水・水の確保・食料生産、スポーツ・余暇の活動・学校・労働・政治、死をとりまく儀礼・宗教……古代エジプトの日常生活へと読者を導く

◎内容目次
序章 ✥ 古代エジプトの都市
都市とは何か？：エジプトにおける都市主義の起源・都市の所在地：都市の建設・町や都市を表すエジプト語・推定人口
第一章 ✥ 都市の興隆

◎「監訳者あとがき」より
「いつの日か砂に埋もれた、あるいは現代都市の底に今も横たわる巨大な都市を白日の下にさらしてみたい。古代エジプト文明の実態とは、ナイル河という巨大な幹線を軸として、幾つもの都市が複雑にリンクした「都市文明複合体」であっ

ピラミッドや巨大神殿とは異なる、古代エジプトの姿

The Complete Cities of Ancient Egypt

[ビジュアル版]
古代エジプト都市百科

王と神と民衆の生活

スティーヴン・スネイプ[著] 大城道則[監訳]

[本書の特色]

❖ 砂に埋もれた古代エジプトの都市に迫る

❖ 〈集落考古学〉の研究成果や壁画・文書が明らかにする古代エジプト人の日常生活

❖ 250点におよぶ写真と地図を掲載

図28：カカシュトラ遺跡の「建造物B」の戦闘の壁画（撮影　青山和夫）

干しレンガ）製の建築複合体である。少なくとも7期の建造段階がわかっている。アドベ以外の建築材としては、テペタテと呼ばれる地山の安山岩質凝灰岩のブロック状の切り石が使われ、表面は漆喰で覆われた。1975年に発掘調査が開始され、その壁画の出土によって一躍世界的に有名になった。「大基壇」は全面発掘され、長さ140メートルの巨大な鋼鉄製屋根で保護されている。これは中国の秦始皇帝陵兵馬俑を覆う屋根に次ぐ、考古遺跡を覆う世界で2番目に大きな鋼鉄製屋根である。盗掘がひどかったために、現在地表面に見える大部分の建物は最後から2期目の建造段階に属する。

　七つの壁画が、「大基壇」から出土している。壁画は「建造物A」、「建造物B」、「赤い神殿」、「金星の神殿」、「階段の部屋」、「大広場下層の建造物」に描か

れており、試掘坑11-Aでは壁画の破片が検出されている。当時の住人が古い建造物を注意深く埋蔵して増改築したために、壁画の保存状態は奇跡的に良好である。壁画の色が実にみずみずしく保たれており、観る者は大きな感動を覚えずにはいられない。人物像は等身大である。壁画の様式は、きわめて抽象的で非個人的なテオティワカン美術とはまったく異なる。図像はきわめて具体的かつ写実的である。人物像は、衣装や動作に個性があふれる。メキシコ中央高地的な人物像よりもむしろマヤ的な人物像やマヤ低地の神が多く、ショチカルコ以上にマヤ的な要素が強い。テオティワカンが衰退した後も、ショチカルコやカカシュトラの支配層はメソアメリカの支配層間の遠距離交換網に参加していた。

　「建造物B」の傾斜壁（タルー）に描か

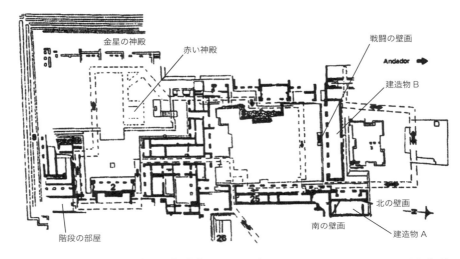

図29：カカシュトラ遺跡の「大基壇」の平面図（Garcia Cook and Santana 1990より作成）

れた躍動感あふれる戦闘の壁画は、長さが26メートルに及ぶ。計48人の二つの集団が闘っている。勝者の集団は肌が灰色っぽい茶色であり、鷲鼻で人工頭蓋変形はない。彼らはジャガーの毛皮製衣服を身に着け、円形の盾、黒曜石製石槍、ナイフやアトラトルと呼ばれる投槍器を手に持つ。敗者の集団は肌が赤みを帯び、横顔の輪郭や人工頭蓋変形からマヤ人と考えられる。二人のマヤ人の指導者は武器を持たずに丸腰で、夥しい量の鳥の羽根を身に着けて立っている。他の敗者は傷を負って地面に横たわり、すでに死んでいる者もいる。彼らは半裸であり、羽根飾り、胸飾り、耳飾りや翡翠製装飾品などを身に着けているだけである。

「建造物A」の「北の壁画」には、頭から足までジャガーの装束に身を包むマヤ的な顔の男性立像が見事に描かれている。ショチカルコと同じく「9の爬虫類の目」の260日暦の日付の文字がある。この高位の男性はマヤ低地南部に立地するグアテマラのセイバル遺跡の石碑と酷似する、王権の象徴の大きな儀式棒を持っている。「南の壁画」では、別のマヤ的な男性が頭から足まで鷲の装束に身を包み、同様なマヤ低地的な儀式棒を持って羽毛の生えた蛇の上に立っている。

図30：カカシュトラ遺跡の「建造物A」の「北の壁画」に描かれた頭から足までジャガーの装束に身を包むマヤ的な顔の男性立像（撮影　青山和夫）

「赤い神殿」の壁画には、マヤの商人の神兼カカオの守護神エクチュアフとマヤの地下界の神兼商業・貢納の守護神の諸側面を混ぜ合わせたハイブリッドなマヤの神が描かれている。カエル、鳥、カカオの木やトウモロコシなどの動植物、「4の犬」というメキシコ中央高地の260日暦の日付の文字がともなう。「金星の神殿」には部屋が一つあり、二つの柱に壁画が描かれた。それぞれ肌が青色の男性と女性が水の帯の上に立っており、ジャガーの皮のスカートと金星の記号を装着している。男性は首飾りを着け、背中からサソリの尻尾が出ている。女性の壁画は残念ながら、顔の部分が欠けている。

　文字はマヤ文字ではなく、テオティワカンやサポテカの文字に似ている。しかし顔料の製作には、主にマヤ低地の技術が用いられた。マヤ文明と同様に、白は方解石（ほうかいせき）、赤は赤鉄鉱（せきてっこう）、黄は粘土鉱物（ねんど）モンモリロナイトから作られ、有名な「マヤ・ブルー」が使用された。一方でテオティワカンの壁画では赤は同様に赤鉄鉱から作られた。カカシュトラの壁画の黄はテオティワカンと同様に黄色酸化鉄からも製造された。換言すると、カカシュトラの地元の工芸家がマヤ様式の壁画を模倣したのではなく、マヤ低地出身の貴族芸術家が地元の顔料や遠距離交換で入手した希少な顔料を用いて、地元の王族・貴族のために描いた可能性が高い。カカシュトラ遺跡博物館では高貴な人物の土偶など様々な出土品を鑑賞できる。

カバフ遺跡のコッツ・ポープ

Codz Poop of Kabah

図31：カバフ遺跡の「コッツ・ポープ」（撮影　青山和夫）

基本情報
国名：メキシコ合衆国
場所：ユカタン州サンタ・エレナ
座標：北緯20°14′54.33″　西経89°38′50.27″
高さ：11メートル
規模：東西24.5メートル × 南北54メートル
建造年代：800〜1000年頃

　カバフは、先古典期中期に居住が開始され、古典期終末期の9世紀に10平方キロメートルほどの都市へと発展した。都市中心部の1平方キロメートルの範囲にプウク様式の建築が林立する。「東のグループ」、「中央のグループ」と「西のグループ」の建造物群がある。「東のグループ」は、「宮殿のグループ」とも呼ばれる。とりわけ「コッツ・ポープ（仮面の宮殿）」はマヤ低地北部で最も洗練された公共建築の一つとして名高い。外壁がウィツ（山）を表わす270以上の

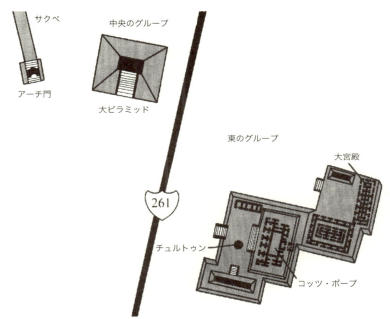

図32：カバフ遺跡の平面図（http://enyedy00.com/ArtsVacations/Yucatan/Kabah.htm より作成）

顔、王と考えられる男性立像、格子文のモザイク石彫で装飾されている。その脇柱には、987年に相当する暦の日付を含む碑文や戦士たちが捕虜を捕らえる石彫が見える。全部で27の部屋がある。
「コッツ・ポープ」と同じく「東のグループ」にある「赤い手の建物」の脇柱には、マヤ文字の碑文が刻まれている。859年と873年に相当する暦の日付、カバフの王が嘆願者を迎えたこと、軍事的な踊りや戦争などについて記されている。「コッツ・ポープ」の前にある低い基壇状の祭壇には、ウシュマルの大王チャン・チャーク・カークナル・アハウの名前やウシュマルとカバフの紋章文字（神聖王の称号）が刻まれている。2層の「大宮殿」が建てられた基壇には、14のチュルトゥン（地下貯水槽）が造られた。

遺跡中心部を貫通する現代の舗装道路の反対側には、「中央のグループ」の未発掘の「大ピラミッド」が見える。これはカバフ最大の神殿ピラミッドであり、その高さは20メートル以上ある。ピラミッド状基壇の上に四つの部屋をもつ神殿を頂く。その南に有名なアーチ門を支える基壇が建つ。それはウシュマルからノフパット遺跡を経由する、幅5メートル、長さ18キロメートルのサクベ（舗装堤道）の終点であった。

カホキア遺跡のモンクス・マウンド

Monks Mound of Cahokia

図33：カホキア遺跡の「モンクス・マウンド」（撮影　青山和夫）

基本情報
国名：アメリカ合衆国
場所：イリノイ州コリンズビル
座標：北緯38°39′14″　西経90°3′52″
高さ：30.4メートル
規模：東西294メートル×南北320メートル
建造年代：11世紀末～12世紀初頭

　ユネスコ世界遺産のカホキアは、ミシシッピ文化で最大のセンター（中心地）であった。ミシシッピ文化とは、アメリカ合衆国東部のミシシッピ川流域を中心に発達したアメリカ合衆国最大のマウンド文化（紀元後800～1650年）を指す。塚のような土製マウンドの上に、木造建築（神殿や支配層の住居）が建造された。ほかにミシシッピ文化の特徴としては、首長制社会、土製マウンドの下に威信財を副葬する葬送儀礼、大きな広場、トウモロコシ、マメ類やカボチャの栽培を生業の基盤とした農業、数百～数千人の定住集落、胎土（土器製作用の粘土）

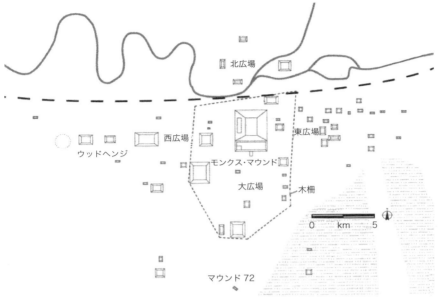

図34：カホキア遺跡の平面図（Schilling 2013：図１より作成）

に貝を混ぜた特徴的な土器や弓矢などが挙げられる。ミシシッピ文化で２番目に大きなマウンドはジョージア州のエトワ遺跡、３番目に大きなマウンドはアラバマ州のマウンドビル遺跡に建造された。土器や装飾品には、羽毛の生えた蛇、鷲、ジャガー、頭蓋骨をもつ戦士といったメソアメリカ的な図像が表象された。

　カホキアはメキシコ以北で最大の集落であり、14平方キロメートルにわたって広がった。120以上の土製マウンドが、建造・増改築された。人間の居住は800年頃に始まったが、最盛期は1050〜1150年であった。推定人口は数千〜３万人と意見が分かれる。カホキアの人々は大型の家畜や鉄器を使用せずに、石器、かごや掘り棒を使って人力で総計150万立方メートルもの土を運んだ。カホキア社会では、巨大な公共マウンドや公共広場の建築・増改築という共同作業が、カホキアと周辺部の多大な労働力を短期間に導入して成し遂げられた。このことが、メソアメリカの諸王国のような世襲制の権力の強化・正当化を抑制していた。

　カホキア中心部の150ヘクタールには、東西南北に「東広場」、「西広場」、

「大広場」（南）と「北広場」の四つの公共広場が造営された。その中心に「モンクス・マウンド」が建てられ、世界樹のように「世界の中心」を象徴した。それは底辺が四角形で平坦な頂部を有する大ピラミッドであった。「モンクス・マウンド」はメキシコ以北で最大の土製建造物であり、73万立方メートルの土が積み上げられた。主要なマウンド「大基壇」の南側に「テラス1」と呼ばれるテラス状基壇（高さ12メートル）が付属し、正面（南側）に階段が設けられた。「モンクス・マウンド」の底面積は、エジプトのピラミッドやメキシコのテオティワカン遺跡の「太陽のピラミッド」よりも広い。

　従来の学説によれば、「モンクス・マウンド」は950〜1150年に14回にわたって増改築されたとか、あるいは900年か950年頃から100年ほどで6回にわたって増改築されたとか推定されてきた。ティモシー・シーリングが2013年に発表した新編年によれば、「モンクス・マウンド」は11世紀末から12世紀初頭の20年未満の短期間に建造された。「大基壇」が数年で完成し、その後に「テラス1」が付け加えられた。「モンクス・マウンド」の南には、「大広場」（450×540メートル）が造られた。この大工事は、「モンクス・マウンド」の盛り土の半分ほどに当たる大量の土を短期間に運んで一気に実施された。凸凹の地面をならし、低い地形や斜面に土を盛り上げて平坦にした。「大広場」では、交易や公共儀礼が

行われた。

　「マウンド72」は、「モンクス・マウンド」の南860メートルに建てられた。3回にわたって増改築されたが、高さ3メートル、底辺43メートル×22メートルという小さなマウンドである。発掘調査によって、重要な成人男性や打首にされ両手を切断された4人の男性を含む270体以上の埋葬と大量の供物が出土して世界的に有名になった。「マウンド72下層1」には、2万点を超える海の貝製数珠、800点ほどのチャート製石鏃、銅製筒、15リットル以上の雲母の薄板などが副葬された。従来の研究では、二人の重要な成人男性が男性の従者とともに埋葬されたと解釈されていた。人骨を再分析したところ、実際のところは一組の成人男性と成人女性であり、少なくとも一人の少女を含む複数の女性が埋葬されていたことがわかった。貝は水、豊穣や地下界を象徴することおよび被葬者の組成から、世界の創造と更新、豊穣に関連した公共儀礼が執行された可能性が唆されている。

　「マウンド72下層2」では、計65人の遺体が三つのグループに分けて整然と並べられた。「マウンド72下層3」では、53人の遺体が整然と埋葬された。その大部分は若い女性であり、マウンドの増改築に伴って生贄埋葬されたと考えられる。従来の研究では人身犠牲にされた若い女性たちは外部出身であると推定されていた。被葬者の歯のストロンチウム同位元素分析という化学分析を行った結果、実

図35：カホキア遺跡の「モンクス・マウンド」の復元模型。カホキア博物館蔵（撮影　青山和夫）

際はその大部分が地元出身であることがわかった。

「大広場」の周囲には、公共建築、支配層住居、墓などの主要マウンドが立ち並んだ。1200年頃に「モンクス・マウンド」、「大広場」とその周囲の主要マウンドが、全長3キロメートルに近い木柵によって囲まれるようになった。木柵はその後3回にわたって増改築されたが、門や物見櫓があった。木柱が円形に配置された「ウッドヘンジ」が、1200年以降に「モンクス・マウンド」の西850メートルに設置された。それは直径約130メートルに及ぶ巨大な日時計であった。木柱は、春分と秋分、夏至と冬至を示した。「ウッドヘンジ」は5回にわたって改築され、木柱の数は24、28、36、48、72本に変化した。「ウッドヘンジⅢ」の中央に立つと、春分と秋分に「モンクス・マウンド」の「テラス1」の上に日の出が観察される。カホキアは、1400年頃に放棄された。

カミナルフユ遺跡の建造物 E -III- 3

図36：カミナルフユ遺跡の「アクロポリス」（撮影　青山和夫）

基本情報
国名：グアテマラ共和国
場所：グアテマラ県グアテマラ市
座標：北緯14°37′58″　西経90°32′57″
高さ：21メートル
規模：東西90メートル×南北70メートル
建造年代：紀元前100〜紀元後150年

　カミナルフユは、先古典期中期から古典期後期（紀元前800〜紀元後900年）に継続的に居住された、マヤ高地最大の都市遺跡である。遺跡名は、キチェ・マヤ語で「死者の丘」を意味する。海抜約1500メートルのグアテマラ盆地の平地にあり、グアテマラ市南西部に位置する。

　カミナルフユは、マヤ高地の主要な黒曜石産地エル・チャヤルから22キロメートルに立地し、黒曜石製石刃の生産・流通の中心地として栄えた。

　かつては神殿ピラミッド、12の球技場、住居など200以上の建造物が5平方キロメートルに配置された。アドベ（日

干しレンガ）や土を使って神殿ピラミッドや住居の基壇が造られ、その上にアドベや編み枝に泥を塗りつけた壁と藁葺き屋根の建物が建てられた。20世紀に入ってグアテマラ市の都市開発が進み、レンガやアドベを製作するために多くの建造物が破壊された。現在では、35の建造物跡が残っているに過ぎない。

閑静な住宅地に囲まれたラ・アクロポリス地区とラ・パランガーナ地区の10ヘクタールが、国立遺跡公園になっている。日本のたばこと塩の博物館が、隣接するモンゴイ地区を1990年代に発掘・修復した。ミラフローレス地区の1990年代の緊急発掘調査によって出土した遺物は、同地区のモダンなミラフローレス博物館に展示されている。これはカミナルフユ遺跡に焦点を当てた初の博物館である。その中庭には三つの土製建造物跡が保存され、灌漑水路の一部が復元されている。

1回目の繁栄期は、先古典期終末期（紀元前100〜紀元後150年）であった。大きな公共建築が南北の軸に沿って公共広場の周囲に建造された。カミナルフユや近隣のマヤ高地の諸都市では、玄武岩や他の火成岩が石造記念碑や磨製石器の石材として用いられた。カミナルフユでは、イサパ様式（グアテマラとメキシコのチアパス州の高地や太平洋岸低地に先古典期終末期に発達した浅浮き彫りの石彫様式）の図像の石碑、ヒキガエルを模った祭壇や玉座を含む300以上の石造記念碑が彫刻された。

「石彫10」は、玄武岩製玉座である。王権の象徴の筵が縁に刻まれ、3人の人物あるいは神の図像とともに、260日暦の日付の文字を含む比較的長い碑文が刻まれた。花崗岩製「石碑11」には、鳥の主神（天空と大地の神イツァムナーフの鳥の化身）の仮面を装着した王の立像が彫刻された。この二つの石彫は、先古典期終末期の石彫の傑作といえる。石彫には、鳥の主神のほかに雨の神や風の神などが刻まれた。「石彫65」には、玉座に座った3人の王の前後に、腕を縛られ裸にされた捕虜が彫刻された。王権が戦争と強く結び付いていたことを示唆する。

カミナルフユ最大の神殿ピラミッド「建造物 E-III-3」は、先古典期終末期に建造された。最初のアドベ製神殿ピラミッドの高さは、12メートルであった。その後、アドベ製ピラミッドが同じ場所に6回にわたって増改築され、最終段階の7期の神殿ピラミッドの高さは21メートルになった。ピラミッド状基壇の上には、アドベの壁と藁葺き屋根の神殿が建てられ、正面は南向きであった。

グアテマラ政府のレンガ製造所が、1947年から「建造物 E-III-3」の土を「再利用」して破壊し始めた。神殿ピラミッドのほぼ東半分を破壊した後に、思いがけなくマヤ高地で最も豪華な王墓「墓1」が出土した。カーネギー研究所のアメリカ人考古学者エドウィン・シュックとアルフレッド・キダーは、ピラミッド内に埋葬された「墓1」と「墓2」という先古典期終末期の王墓の緊急

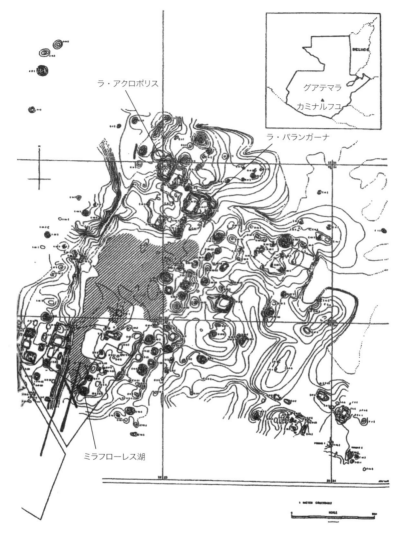

図37：カミナルフユ遺跡の平面図（Sharer 2006：図5.7より作成）

発掘調査を実施した。「墓1」の年代は紀元1年頃、「墓2」の年代は50年頃である。

「墓1」は、四隅に設置された太い木材が木製の屋根を支えた。墓室は、東西1.7メートル、南北3.2メートルである。王

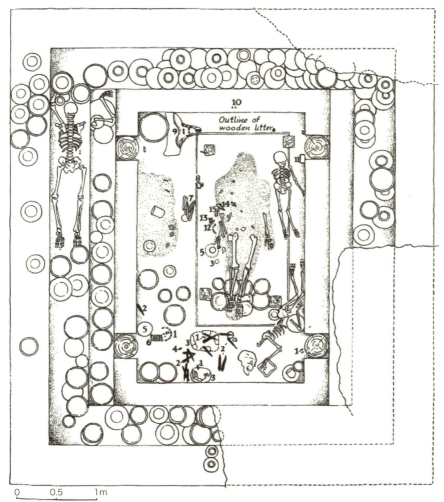

図38：カミナルフユ遺跡の「建造物 E-III-3」の「墓2」（Coe and Houston 2015：図27より作成）

に一人の男性が殉葬され、300点ほどの土器、翡翠製耳飾り・数珠・首飾り、石製容器、100点ほどの黒曜石製石刃、大型のチャート製エクセントリック石器、カエルを模った石皿と石棒、雲母の薄板、ジャガーの骨、アルマジロの甲羅、貝製装飾品やキノコを模った石彫などが副葬された。「墓1」はアドベ製床面で

覆われ、その真上に底辺が長方形の小さなアドベ製神殿が建てられた。強大な権力をもった先古典期終末期の王の存在が示唆される。「建造物 E-III-3」は、王陵として機能したのである。

レンガ製造所は、1948年になっても「建造物 E-III-3」を「再利用」（破壊）してレンガを製造し続けた。レンガ製造所の所長は、作業員を発掘調査に提供して「墓2」の調査に協力した。「墓2」は、「墓1」と同様に木製屋根で覆われていた。「墓2」には、「墓1」とは別の王に一人の青年と二人の子供が殉葬された。王は木板の上に伸展葬され、頭位は南であった。王の骨は古典期マヤ文明の王と同様に水銀朱で赤色に染められた。200点ほどの土器、ヒョウタンに漆喰を塗った容器、黒曜石製石刃、翡翠製数珠、翡翠を嵌め込んだ木製仮面、水晶、黄鉄鉱製モザイク鏡、雲母の薄板、骨製装飾品、王が放血儀礼（自らの血を神々や先祖の神聖王に捧げる儀礼）に用いたアカエイの尾骨などが副葬された。「墓2」は、ピラミッド状基壇のアドベ製床面で覆われた。

グアテマラ人考古学者バルバラ・アロヨが率いるカミナルフユ遺跡調査団は、「建造物 E-III-3」の発掘調査を2015年に再開した。「建造物 E-III-3」の残骸は、厚生省の建物と公共墓地の間にある庭に残っている。神殿ピラミッドの中心軸を発掘したところ、「建造物 E-III-3」の下から大量の遺物が出土した。土器の容器、香炉、土偶、翡翠製磨製石斧、黒

曜石製石器の製作屑、燃えた木片、灰、アボカドの種、シカ、イヌ、魚や鳥の骨、カメの甲羅、アルマジロの甲羅、製粉用の磨製石器、海の貝、石製モノリスや人間の頭骨などが埋納された。香を焚いた公共儀礼が執行されたことが明らかである。儀礼が完了した後に、埋納物は粘土と火山灰を混ぜ合わせた軽石の砂の床面で覆われた。

グアテマラ盆地にかつて存在したミラフローレス湖から灌漑水路が紀元前350年頃から建造され、灌漑農業が行われた。水路は、主要な建造物の周囲にも張り巡らされた。カミナルフユは、先古典期終末期と古典期に神殿ピラミッドや住居の周囲に菜園、花や庭園が広がる「水と緑があふれる都市」として栄えた。ところが2世紀の長期にわたる干魃によって、ミラフローレス湖の水位が下がった。カミナルフユは、150年頃から一時的に衰退した。古典期には、文字や図像を刻んだ石造記念碑は建立されなくなった。

カミナルフユは、古典期前期の400〜600年に2回目の繁栄期を迎えた。カミナルフユの支配層は、メキシコ中央高地の大都市テオティワカンやマヤ低地の諸都市の支配層と広範に交流し、メキシコ中央高地のパチューカ産の緑色黒曜石製石刃や両面調整尖頭器、土器などを搬入し、タルー・タブレロ様式建築を建設した。タルー・タブレロ様式建築は、「ラ・アクロポリス」地区や「ラ・パランガーナ」地区の建造物、「建造物 A」および

図39：カミナルフユ遺跡の「石碑11」（撮影　青山和夫）

「建造物B」に採用された。タブレロ（垂直の枠付きパネル）は、白、緑や赤で彩色されていた。「建造物A」（高さ6メートル）と「建造物B」（高さ9メートル）内部の古典期前期の墓には、メキシコ中央高地パチューカ産の緑色黒曜石製石器、テオティワカン様式の土器とともに、マヤ低地様式やメキシコ湾岸低地様式の土器が副葬された。なお、この二つの建造物はグアテマラ市の開発によってすでに破壊され現存しない。

タルー・タブレロ様式建築は、建造物の見かけだけではなく建築方法も地元の伝統とは異なり、単なる地元民による模倣とは考えがたい。少数のテオティワカン人が実際にカミナルフユに住み、なんらかの政治的影響力を及ぼした可能性が高い。紀元後400年頃から土器製の水道管が使われて、ミラフローレス湖の水が主要な建造物に運ばれ、複数の貯水池に貯められるようになった。水道管の使用は、メキシコ中央高地で一般的な習慣であった。カナダ人形質人類学者ローリー・ライトが、カミナルフユ遺跡の被葬者の歯のストロンチウム同位元素分析という化学分析を行った。その結果、一部の都市住民がテオティワカンおよびコパンやキリグアなどのマヤ低地の諸都市の出身であることがわかった。カミナルフユは、様々な言語が飛び交う国際都市であったのである。

カミナルフユの人々は、古典期後期の600年頃にタルー・タブレロ様式建築を破壊して、未加工の石と土を使って公共建築や公共広場を建造するようになった。また、土器製に代わり石製の水道管を使用した。古典期後期には豊富な副葬品を有する王墓は建立されず、都市は900年頃に放棄された。後古典期後期（900年～16世紀）のグアテマラ盆地では、防御に適した丘の上に様々な集落が築かれた。戦争の激化が示唆される。

カラクムル遺跡の建造物 2

Structure 2 of Calakmul

図40：カラクムル遺跡の「建造物 2」（撮影　青山和夫）

```
基本情報
国名：メキシコ合衆国
場所：カンペチェ州カラクムル
座標：北緯18°6′19.41″　西経89°48′38.98″
高さ：55メートル
規模：東西140メートル×南北140メートル
建造年代：紀元前350〜950年頃
```

　ユネスコ世界遺産のカラクムルは、先古典期後期から古典期終末期のマヤ低地南部で最大の都市遺跡の一つである。メキシコのカンペチェ州南東部、グアテマラ国境の北約35キロメートルに位置する。古典期にはカラクムルは広域王国の主都であり、ティカルのライバル都市として栄華を競った。カラクムル中心部の22平方キロメートルに2万2000人が集住し、その周辺に計5万人が居住したと推定される。

　カラクムルは、広大なバホの東端より

35メートルほど高い石灰岩の岩盤上に立地する。バホとは、スペイン語で雨季に水が貯まる低湿地を指す。ティカル、カラクムル、エル・ミラドールやナクベなど先古典期マヤ文明の都市は、バホの近くにある。最近の研究によれば、少なくとも一部のバホが先古典期に湖沼であったことがわかっている。森林伐採によって湖沼の土壌の浸食が進み、堆積物が溜まってバホになった。都市形成の要因の一つが、飲み水の確保、湖沼の周辺の肥沃な土壌や豊富な水陸資源であったといえよう。カラクムルのバホでは、胎土（土器製作用の粘土）や石器の石材のチャートが採掘された。

　アメリカ人考古学者ウイリアム・フォーランが率いるカンペチェ州立自治大学の調査団は、1982年から1994年のあいだにカラクムル遺跡を調査した。その後は、メキシコ人考古学者ロマン・カラスコが率いるメキシコ国立人類学歴史学研究所の調査団が2012年まで調査した。カラクムルには大河川は流れていない。都市中心部を含む22平方キロメートルの範囲を迂回する、小川を結んだかなり大きな規模の人工の水路や13の公共貯水池が見つかっている。長さ280メートル、幅220メートルの公共貯水池は、マヤ地域最大を誇り、約1億リットルの飲料水に相当した。王朝がこうした水源を管理・統制していたと考えられる。

　測量された30平方キロメートルの範囲には、持ち送り式アーチを有する579基を含む6345の建造物跡が確認されてい

る。カラクムル中心部の北には、高さ6メートル、幅1.9メートル、長さ1キロメートルに及ぶ石壁が築かれ、複数の出入口があった。カラクムルには15のサクベ（舗装堤道）が通り、「サクベ6」は南西38キロメートルのエル・ミラドールとさらに南30キロメートルのティンタルを、「サクベ4」は北東20キロメートルのエル・ラベリントなど近隣の都市を結んだ。

　カラクムル最大の建築複合体「大アクロポリス」の東には、球技場、長さ200メートル、幅50メートルの「大広場」が広がった。2番目に大きな神殿ピラミッド「建造物1」は、高さ50メートル、底辺95メートル×85メートルを誇った。「建造物1」の東西の中心軸線上に、2月12日と10月30日に太陽が昇る。この二つの日付の間隔は、260日暦と同じ260日である。「建造物1」の南北の中心軸線上をまっすぐ南に進むと、グアテマラのエル・ミラドール遺跡にあるメソアメリカ最大の「ダンタ・ピラミッド」に至る。天気が良い日には、カラクムルから「ダンタ・ピラミッド」を見ることができる。カラクムルが栄えた古典期には、エル・ミラドールは衰退していたが、人工の神聖な山は重要であり続けた。

「大広場」の南側には最大の神殿ピラミッド「建造物2」がそびえ立つ。「建造物2」のトンネル式発掘調査によって、神殿ピラミッドの長期間にわたる建造段階が明らかにされた。「建造物2」の高さは、先古典期後期にすでに50メー

トルに達していた。その外壁は、地下界の入口を象徴する巨大な漆喰彫刻で装飾されていた。漆喰彫刻の中央では、男性権力者が地下界の入口へと降り立ち、その両側に超自然的な双頭の鳥が刻まれた。漆喰彫刻の近くから、マヤ文明に特徴的な持ち送り式のアーチではなく真のアーチが見つかった。この稀有なアーチは、カラクムル遺跡の北東33キロメートルに立地する2次センターのラ・ムニェカ遺跡の「建造物12」内部の支配層の石室墓でも使用された。すなわち古代マヤ人は真のアーチの原理を知っていたが、頻繁には使わなかったといえよう。真のアーチは一部が崩れると全体が崩壊するが、持ち送り式アーチは安定しており部分的な崩壊にとどまる。

「建造物2」のトンネル式発掘調査によれば、この神殿ピラミッドにはかつて長さ70メートルの大きな中庭があった。中庭はその後の神殿ピラミッドの増改築によって覆われた。中庭のトンネル式発掘によって、正面階段の両側に巨大な超自然的な生き物の漆喰彫刻が刻まれた神殿が検出された。漆喰彫刻の高さは4メートルを超え、幅は3メートルであった。赤色や青色の顔料で彩色された痕跡が残っており、超自然的な生き物の鼻には「風」を示す記号が刻まれていた。

「建造物2」は、地平線上に見える神聖な自然の丘に向けて建造された。正面（北側）の北13.5キロメートルには丘がある。「建造物2」と丘を結ぶ南北の軸線は「大広場」の北側の「建造物7」の上を通る。別の自然の丘は、「建造物2」の東西の中心軸上の東11.3キロメートルに位置する。「建造物2」では、翡翠モザイク仮面や多彩色土器が副葬された複数の王墓が見つかっている。カラクムルでは計9点の翡翠モザイク仮面が出土しており、マヤ地域で最も多い。「建造物3」は、12のマヤ・アーチの部屋を有する王宮で、その内部から古典期前期の王墓が出土した。3点の翡翠モザイク仮面とマヤ文字が刻まれた3点の装飾板を含む豊富な翡翠製品や多彩色土器が副葬され、強大な王の存在と豊かな富がうかがわれる。

「中央広場」の東側の神殿ピラミッド「建造物6」と西側の「建造物4」は、「Eグループ」を構成した。「Eグループ」とは、太陽の運行に関連した儀式建築群であった。公共広場の西側に方形の神殿ピラミッド・基壇、東側に長い基壇を配置した。カラクムル王国の領域内の中規模の都市であったグアテマラのナアチトゥン、メキシコのオシュペムル、ウシュル、ラ・ムニェカでも「Eグループ」が存在し、公共祭祀が執行された。

　大部分の石碑は風化が激しいが、メソアメリカ最多の120の石碑を数える。少なくとも16名の王が君臨した。解読可能な最古の日付は411年であるが、初代王は先古典期終末期に遡る可能性がある。カラクムルに関するマヤ文字の碑文は、ティカル、ドス・ピラス、セイバル、カラコル、パレンケ、ピエドラス・ネグラス、ヤシュチラン、ナランホ、キリグ

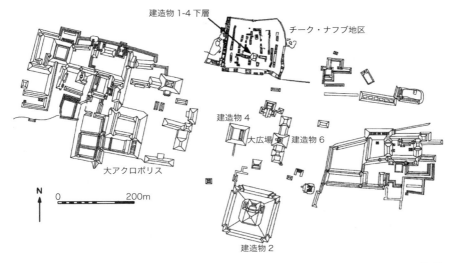

図41：カラクムル遺跡中心部の平面図（Carrasco Vargas *et al*. 2009：図2より作成）

ア、コパンなど多くの都市に見られる。戦争、外交、政治同盟、政略結婚、主従関係などが記された。碑文の解読によれば、カラクムル王が、562年にティカル21代目のワック・チャン・カウィール王との戦争に勝利して、カラクムル王朝は「黄金時代」を迎えた。とりわけユクヌーム・チェンという大王は、50年（636〜686年統治）にわたって強大な権力を握って全盛期を築き上げた。ユクヌーム・チェン王は、神殿ピラミッドや王宮を大規模に増改築し、近隣や遠方の諸王国に内政干渉した。

カラクムル遺跡の都市中心部の北にある「チーク・ナフブ地区」の2004年以来の発掘調査によって、小さな神殿ピラミッド「建造物1-4下層」に内蔵された7世紀の神殿ピラミッドの壁に描かれた壁画が見つかった。この神殿ピラミッドは、底辺の長さが11メートル、高さは4.7メートルに過ぎない。四辺に階段があり、その幅は5メートルである。壁画には、日常生活の場面およびマヤ文字が青、緑、黄、赤、茶、黒などで鮮やかに表現された。王や王族以外の貴族の男女の成人や子供がトウモロコシの団子のタマルやトウモロコシ飲料のアトルなどを運んだり、給仕したり、飲食する場面がある。籠の中に入れた円筒形の土器を手に取り、つばのある帽子をかぶった女性、タバコを扱う男性、塩を扱う男性、背中に背負った大きな土器などの荷物を支えるために額に紐をかけて運ぶ被支配層の男性なども描かれた。

図42：カラクムル遺跡の「建造物1」（撮影　青山和夫）

　カラクムルのユクヌーム・イチャーク・カフク王は、695年にティカル26代目のハサウ・チャン・カウィール王との戦争に敗北した。そしてカラクムル王朝の黄金時代が終わった。その後、カラクムル王朝はしだいに衰退した。8世紀になると、「建造物2」が大幅に増改築されて前段階の神殿ピラミッドを覆った。正面に巨大な階段が設けられ、ピラミッド状基壇の上の北端に3基の王宮が建造された。その後方（南側）には神殿があった。すなわち「建造物2」は、8、9世紀に神殿ピラミッドと王宮を兼ねた。9世紀の都市周辺部の人口は、全盛期の10パーセントにまで減少した。人口が衰退するなかで、マヤ文字の碑文と神聖王の図像が刻まれた石碑は、カラクムルでは少なくとも899年まで建立された。そして、都市は10世紀に放棄された。「建造物2」は増改築中であり、最後のときは突然やってきたと考えられる。

カラコル遺跡のカアナ

Caana of Caracol

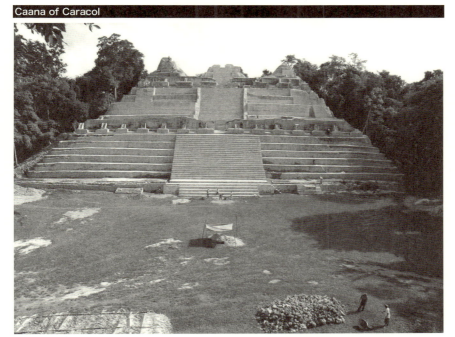

図43：カラコル遺跡の「カアナ」（撮影　石原玲子）

基本情報
国名：ベリーズ
場所：カヨ州
座標：北緯16°45′50″　西経89°7′3″
高さ：43.5メートル
規模：東西100メートル×南北120メートル
建造年代：426〜820年頃

　カラコルは、ベリーズ最大の古典期マヤ文明の大都市遺跡である。マヤ山地に隣接する海抜約600メートルの丘陵地に立地する。付近に大河川はなく、公共貯水池が建設された。都市中心部には、「北西のアクロポリス」、「カアナ」、「Eグループ」、「中央のアクロポリス」、「南のアクロポリス」、球技場、石碑や祭壇などがある。人間の居住は、先古典期中期の紀元前600年頃に始まった。「北西の

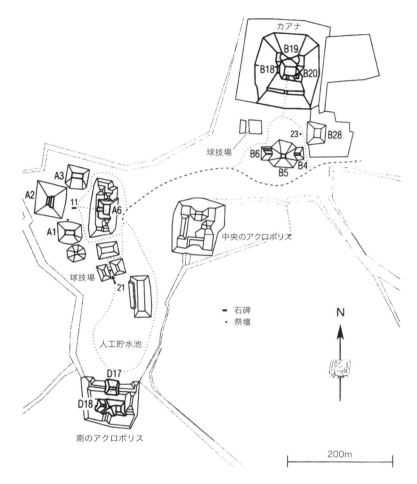

図44：カラコル遺跡中心部の平面図（Kelly 1996:76より作成）

アクロポリス」には、先古典期終末期の150年頃に月の女神の衣装に身を包んだ高貴な女性が埋葬された。32点の土器、土偶、イヌの歯や7000点以上の翡翠や貝で飾られたマントが副葬されていた。社会の階層化が進んでいたことがわかる。

都市人口は、古典期前期（250〜550年）に3万人に増加した。カラコルでは、マヤ文字が刻まれた55の石造記念碑（26の石碑と29の石造祭壇）が見つかっている。これはベリーズのマヤ遺跡で最多である。テ・カブ・チャーク王は、

331年に相当する暦を含むマヤ文字の碑文に記された。「石碑20」には、別の王の図像と400年に相当する暦が刻まれている。

カラクムル王が562年にティカル21代目のワック・チャン・カウィール王との戦争に勝利する。カラクムル王と同盟を結んだカラコルのヤハウ・テ・キニッチ王が協力した可能性が高い。562年の勝利がカラコル王朝の大きな転換点となった。カラコルでは人口が増加した。数多くの神殿ピラミッドや石碑が建立され、墓には豪華な奢侈品が副葬された。ヤハウ・テ・キニッチ王（553〜593年統治）の息子のカン2世王は、40年（618〜658年統治）の治世を誇った。カン2世王は、626年にナランホ王との戦争に勝利して王権を固めた。

最盛期の600〜700年には、カラコル中心部と周辺部の200平方キロメートルの範囲に少なくとも10万人の人口が推定されている。都市中心部から全長60キロメートルのサクベ（舗装堤道）が放射状に張り巡らされた。サクベは、計画的に整然と配置された4万ヘクタールにおよぶ周辺の山腹部の段々畑および貴族の邸宅を結んだ。支配層が物資の流通を統御し、段々畑を運営した時期があった可能性が高い。

「カアナ」はベリーズ最大のピラミッドであり、ユカタン・マヤ語で「空の宮殿」を意味する。それは72の部屋を有した王宮兼神殿であった。「カアナ」は、先古典期後期にすでに38メートルの高さを有していた。古典期には、他のマヤ遺跡の先古典期後期の神殿ピラミッドと同様に、ピラミッド状基壇の上に三つの神殿を頂く。「カアナ」に内蔵された王墓には、537〜693年の日付などのマヤ文字の碑文が記された。7世紀中頃以降にマヤ文字の碑文は減少し、702〜798年の碑文は見つかっていない。しかし考古学調査によれば、カラコルは繁栄し続け、8〜9世紀に高い人口を維持した。「カアナ」は9世紀に増改築され、13代目王が859年に石碑を建立した。「建造物A13」の上に配置された石造祭壇には、二人の高位の男性が向かい合って座る図像や884年に相当する暦を含む短い碑文が彫刻された。都市中心部が9世紀末に広範囲に焼かれており、戦争によって破壊されたと考えられる。

キリグア遺跡のアクロポリス

Acropolis of Quiriguá

図45：キリグア遺跡の「アクロポリス」（撮影　青山和夫）

基本情報
国名：グアテマラ共和国
場所：イサバル県ロス・アマテス
座標：北緯15°16′23.4″　西経89°2′31.1″
高さ：10メートル
規模：東西160メートル×南北185メートル
建造年代：450〜810年頃

　ユネスコ世界遺産のキリグアは、古典期のマヤ低地南東部の都市遺跡である。キリグアは、砂岩に精巧な彫刻が施された巨大な石碑や石造祭壇で名高い。大都市コパンの北約50キロメートルという、モタグア川下流域沿いの交易路上の戦略的な地点に立地した。上流のマヤ高地には、翡翠やエル・チャヤル産黒曜石の産地がある。都市は、肥沃な氾濫原と河岸段丘の4平方キロメートルにわたって広がった。先古典期後期に小規模な居住があったが、本格的な建設活動は古典期前

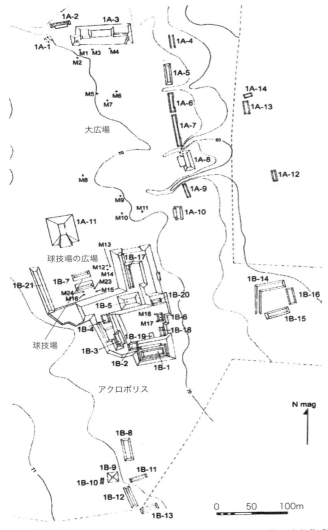

図46：キリグア遺跡中心部の平面図（Ashmore 2007：図1.4より作成）

期に開始された。碑文の解読によれば、キリグア初代王が426年に即位したが、コパン初代王のキニッチ・ヤシュ・クック・モ王に政治的に従属していた。

キリグアの「アクロポリス」は、450年頃から5回にわたって増改築された。最古の神殿「建造物1B-6下層3」は、コパンの「アクロポリス」の初期の建造物と同様にアドベ製であった。それは赤色に塗られ、キリグア王朝の初代王と考えられる男性支配層の石室墓の上に建造された。その歯はギザギザに加工され、翡翠が嵌め込まれた。口には翡翠の数珠が置かれ、3点の地元産土器が副葬された。神殿は増改築され、最終的に古典期後期に神殿「建造物1B-6」になった。「建造物1B-6下層3」とその後に増改築された神殿は、「アクロポリス」の東に位置する。マヤの諸都市では主要な建造物群の東に王朝の創始者が埋葬されている場合が多い。

キリグアのカフク・ティリウ・チャン・ヨパート王が、コパン13代目ワシャクラフーン・ウバーフ・カウィール王を738年に捕獲・殺害した。その後、キリグア王朝は、コパン広域王国から独立して全盛期を迎えた。カフク・ティリウ・チャン・ヨパート王の60年余（724～785年）の長い治世中には、数々の石造記念碑が建立され、公共建築が増改築された。しかし、キリグアの公共建築の規模や数千人という人口は、コパンよりもはるかに小さかった。

キリグアの「アクロポリス」の底面積は、コパンの「アクロポリス」の3分の1ほどにしか過ぎなかった。「アクロポリス」の上には、最終的に「建造物1B-1」、「建造物1B-2」、「建造物1B-3」、「建造物1B-4」、「建造物1B-5」や「建造物1B-6」などが建造された。「アクロポリス」の中央には、これら六つの建造物に囲まれた公共広場が設けられた。これらのうち五つは持ち送り式のアーチをもつ石造建築であったが、唯一「建造物1B-6」は藁葺きの屋根を支えていた。「アクロポリス」の上の「建造物1B-2」は、最も洗練された石彫で装飾され、カフク・ティリウ・チャン・ヨパート王の邸宅であったと推定されている。また「建造物1B-18」にはアドベ製の三つの部屋があり、藁葺きの屋根を支えていたと考えられる。

「アクロポリス」のすぐ北に小さな球技場（底辺の長さ23.5×25メートル、高さ3メートル）がある。「球技場の広場」（132×90メートル）の北には、キリグア最大の神殿ピラミッド「建造物1A-11」が建つ。その底辺の長さは40×38メートル、高さは12メートルである。さらに「建造物1A-11」の北の「大広場」が、マヤ地域で最長の長さ325メートル、幅150メートルに拡張された。これは、コパンの「大広場」よりも広い。

「大広場」には高さ10.7メートル、重さ約30トンのアメリカ大陸最大の石造記念碑「石碑E」、コパンの石碑を模倣した王権を象徴する筵状に碑文を刻んだ石碑、直径3.6メートルに及ぶ超自然的な

図47：キリグア遺跡の「石造記念碑2」（撮影　青山和夫）

動物を彫刻した祭壇などが建立された。「大広場」の北端には「建造物1A-3」（底辺の長さ83×35メートル、高さ7メートル）があり、その正面（南側）には幅63メートルの階段が設置された。こうした「建築ラッシュ」や巨大な石造記念碑の建立は、新独立都市としての権威を正当化するための政治的な宣伝活動でもあった。

マヤ低地の多くの都市では、建設石材や石造記念碑の石材は、石灰岩が主流であったが、キリグアでは砂岩、流紋岩、大理石などが用いられた。キリグア最後の16代目「翡翠・空」王は、800年と805年に石碑を建立したが、カフク・ティリウ・チャン・ヨパート王の巨大な石碑よりもはるかに小さく、王権が弱体化していたことがわかる。「翡翠・空」王は、

「アクロポリス」の最後の増改築を行い、その上に「建造物1B-1」（底辺32×5.5メートル、高さ5.2メートル）と「建造物1B-5」（底辺19×13メートル、高さ4.6メートル）を建造した。「建造物1B-1」に刻まれた最後の碑文には、コパン16代目のヤシュ・パフサフ・チャン・ヨパート王が暦のカトゥン（約20年の7200日）周期の終了記念日を祝う儀礼を810年に執行したことが記されている。

キリグアは9世紀に放棄された。古典期終末期に別の集団が再居住したと考えられ、仰向けになって腹部に皿を乗せた男性戦士を表現したチャックモールの石彫、メキシコ中央高地産の緑色黒曜石製石器、銅製品やグアテマラ太平洋岸産のプランベート土器が出土している。

グアチモントネス遺跡のエル・グラン・グアチ

図48：グアチモントネス遺跡の「ラ・イグアナ」（撮影　吉田晃章）

基本情報
国名：メキシコ合衆国
場所：ハリスコ州テウチトラン
座標：北緯20°41′41.68″　西経103°50′9.93″
高さ：15メートル（往時は推定17〜18メートル）
規模：東西125メートル×南北125メートル
建造年代：200〜400年頃

　グアチモントネスは、テウチトラン文化で最大のセンターであった。テウチトラン文化とは、ハリスコ州を中心にメキシコ西部で独特の円形建築様式や竪穴式墳墓で知られる先古典期中期から古典期前期（紀元前800〜紀元後400年）までの文化伝統を指す。アレナル期（紀元前800〜紀元前300年）には、副葬品が豊富で深さが2メートルから22メートルに及ぶ竪穴式墳墓や円形の大建造物が建造さ

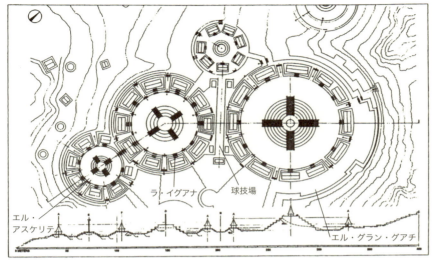

図49：グアチモントネス遺跡の平面図（Townsend 1998：139より作成）

れた。その後、円形建造物は大型化したが、竪穴式墳墓は徐々に廃れていった。テウチトラン期（200〜400年）に最大の円形建造物が建てられた。

　グアチモントネスとは、この地方の方言で「ピラミッド」あるいは「建造物」を意味するという説、または「多くのアカシア」を意味するという説がある。グアチモントネスには、全部で八つの円形建造物がある。「エル・グラン・グアチ（円形建造物１）」は、グアチモントネス遺跡で最大の円形ピラミッドである。平面が円形の石造階段ピラミッドであり、ピラミッドの周囲に計12の長方形の石造基壇が配置された。そのうち５基が発掘されている。周囲の基壇の長さは20〜22メートル、幅は16メートルほどで、高さは５メートルに及んだ。基壇の上には、編み枝に泥を塗りつけた壁と藁葺き屋根の神殿が建っていた。人々が基壇の上の神殿で儀礼を行う様子を表現した土偶が出土している。周囲の基壇を含めたピラミッドの直径は125メートル、その周囲は400メートルを超える。

　「エル・グラン・グアチ」は最も大規模な盗掘を被っており、修復されていない。周辺住民がピラミッドの建材の玄武岩を長年にわたって大量に運び去った。その結果、ピラミッドの一部が崩壊してしまった。円形ピラミッドは2000年に補強された。円形ピラミッド自体の直径は50メートルを超える。その高さは15メートルであるが、往時の高さは17〜18メートルと推定される。トレンチ式発掘調査によれば、「エル・グラン・グアチ」は少なくとも２回にわたって増改築され

た。その中核部は粘土で建造され、その上に石と粘土が交互に盛られた。

「ラ・イグアナ（円形建造物2）」は、2番目に大きな円形ピラミッドであった。グアチモントネスで全面発掘・修復されている唯一のピラミッドである。周囲に計10の長方形の石造基壇が配置され、周囲の基壇を含めたピラミッドの直径は115メートルである。円形ピラミッド自体の直径は38.5メートル、高さは10メートルであり、その中心部までトンネル式発掘調査が実施された。その結果、「ラ・イグアナ」は4回にわたって増改築されたことがわかった。ピラミッドは2層の円形基壇からなる。下部基壇には13段の階段が設置され、上部基壇には4段の階段があった。13はメソアメリカの天上界の13層の数、4は四つの方角を指す重要な数に対応する。円形ピラミッドの上には大きな柱穴が残っており、ボラドール（スペイン語で「飛ぶ人」を意味する）と呼ばれる宗教儀式が執行されたという解釈がある。男性が大きな木柱の上でボラドール儀式を行う様子を模った土偶が、その解釈を補強する。

「エル・アスケリテ（円形建造物3）」は、「ラ・イグアナ」と1基の長方形の石造基壇を共有して連結されている。残りの7基の長方形の石造祭壇が、「エル・アスケリテ」を囲む。円形ピラミッドは4層であり、一度に建造された。その高さは3メートルである。グアチモントネスには、二つの球技場があった。「エル・グラン・グアチ」と「ラ・イグアナ」の間には、平面がI字型の球技場が建造された。初期の長さは60メートルほどであったが、増改築されて111メートルになった。人々が球技場で球技を行う様子を表象した土偶も出土している。テウチトラン文化は、従来は7世紀に衰退したと考えられていた。2008年に放射性炭素年代測定に基づいた新編年が発表され、400年頃に修正されている。

グアチモントネス遺跡は、ユネスコ世界遺産「リュウゼツラン景観と古代テキーラ産業施設群」の一部として保護されている。メキシコ原産のリュウゼツランは大型常緑多年草である。高さは1.5〜8メートルに達する。長さ1〜2メートル、重さ3〜8キログラムの大きく厚い葉が20〜40枚ほど生え、多肉で縁と先端に棘がある。ちなみにメキシコの有名な酒テキーラはスペイン人の侵略後に生まれた、リュウゼツランの葉を取り除いた球茎の蒸留酒である。先スペイン期には、リュウゼツランの一種であるマゲイの甘い樹液（蜜水）から、発酵酒プルケが製造された。先スペイン期のメソアメリカでは、酒は宗教儀礼・儀式で神々と円滑に交流するために用いられた。後世のアステカ人やミシュテカ人のあいだでは、マゲイは若く美しい女神として擬人化され、マゲイやプルケ酒の神々は、テオティワカンの図像にも表象されている。

クイクイルコ遺跡の円形ピラミッド

Circular Pyramid of Cuicuilco

図50：クイクイルコ遺跡の円形ピラミッド（撮影　青山和夫）

基本情報
国名：メキシコ合衆国
場所：メキシコ市
座標：北緯19°18′5.42″　西経99°10′53.99″
高さ：20メートル
規模：東西135メートル×南北135メートル
建造年代：紀元前700〜紀元後250年頃

　クイクイルコは、メキシコ中央高地の先古典期後期最大の都市遺跡であった。遺跡名は、後古典期後期のアステカ王国の公用語ナワトル語で「歌い、踊らせる場所」を意味する。クイクイルコはメキシコ盆地南西部に立地する。紀元前800年頃に人間の居住が始まり、紀元前700年頃からメキシコ盆地で初めて公共建築が建造され始めた。最盛期（紀元前400〜紀元後1年）の都市面積は4平方キロメートル、人口は2万人ほどと推定される。

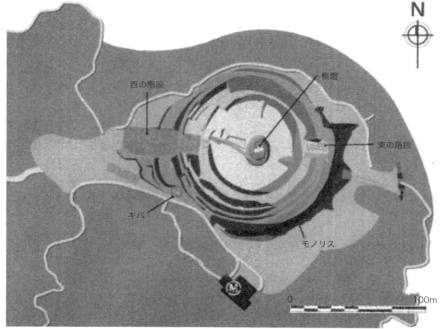

図51：クイクイルコ遺跡の４層円形ピラミッドの平面図（https://lugares.inah.gob.mx/zonas-arqueologicas/zonas/1698-cuicuilco.html より作成）

　メキシコ盆地では、テオティワカンとクイクイルコという二大都市が周囲の小村落を制圧して覇権を競った。ところがナワトル語で「煙をはく丘」を意味するポポカテペトル火山（海抜5452メートル）が50年頃に噴火した。クイクイルコ一帯は火山灰と溶岩に覆われて人口が衰退した。150年頃にメキシコ盆地の南西のツィツィナウツィン火山さらに250年頃のシトレ火山の噴火によってクイクイルコ一帯は火山灰と溶岩で覆われた。溶岩の深さは、10メートルに達する場所もあった。クイクイルコは放棄された。

　現在クイクイルコ遺跡には、五つの建造物群が分布する。都市中心部の「クイクイルコＡ」には、最大の４層円形ピラミッドがある。６期の建造段階が知られている。初期は土製基壇が水銀朱で赤色に彩色され、最終的には重さが30キログラム以上の未加工の安山岩の石塊を積み重ねて建造された。４層円形ピラミッドは、メソアメリカで最も古い石造神殿ピラミッドの一つをなす。１層目の直径は135メートル、高さは８メートルほどである。２層目の直径は116メートル、高さは５メートル、３層目の直径は103

メートル、高さは3.5メートルと計測される。最後の4層目の直径は70メートル、高さ3メートルほどであり、ピラミッドの高さは20メートルほどになる。ピラミッドの体積は、約10万立方メートルと計算される。

4層円形ピラミッドの東西に階段が設けられ、主要階段は西に面する。この東西の軸線上の東には、パパヨ山（海抜3640メートル）という火山がそびえる。3月23日と9月20日に4層円形ピラミッドの上に立つと、パパヨ山の山頂から太陽が昇る。これは1年を二つに分けるクイクイルコ独自の暦であったと考えられる。メキシコ国立人類学歴史学研究所の発掘調査によって、4層円形ピラミッドのそばに高さ4メートルの角柱状モノリスが発見された。モノリスは安山岩製であり、部分的に赤で彩色され幾何学文様が刻まれている。

4層ピラミッドの南西1.25キロメートルには、「テナントンゴ・ピラミッド」がある。これはクイクイルコで2番目に大きな神殿ピラミッドであり、トラルパン国立公園の森の中で保存されている。平面が楕円形で直径は100メートル以上、高さは20メートルであるが、まだ発掘されていない。ほかに未発掘の神殿ピラミッドとしては、「ペーニャ・ポブレ・ピラミッド」（直径70メートル、高さ16メートル）が、ロレト・イ・ペーニャ・ポブレ自然公園の一部をなす。

コバー遺跡のノホチ・ムル

Nohoch Mul of Cobá

図52：コバー遺跡の「ノホチ・ムル」（撮影　青山和夫）

基本情報
国名：メキシコ合衆国
場所：キンタナロー州コバー
座標：北緯20°29'41″　西経87°44'10″
高さ：42メートル
規模：東西60メートル×南北60メートル
建造年代：600〜800、1200〜1441年頃

　メキシコのキンタナロー州にあるコバーは、最盛期の古典期後期・終末期（600〜1000年）にユカタン半島北東部最大の都市であった。コバーは、ユカタン半島北東部の広域王国の主都として栄えた。コバーはカリブ海の内陸45キロメートルにあり、四つの湖と季節的湿地の畔の熱帯雨林という、マヤ低地北部では稀な水源が豊富な地理的環境に立地する。先古典期後期に居住が開始されたが、古典期前期（250〜600年）から都市化が進んだ。最盛期には70平方キロメートルの

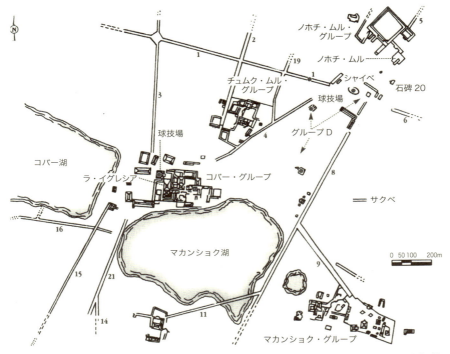

図53：コバー遺跡中心部の平面図（Con and Martínez Muriel 2002:38より作成）

範囲に、人口は5万人を超えた。コバーは、ティカルやカラクムルに匹敵する大都市であった。ユカタン半島東部で最多の32の石碑があり、23の石碑にマヤ文字が刻まれている。浸食が激しいために解読には困難が伴うが、長期暦の日付は古典期後期の623〜780年に相当する。

都市中心部には、神殿ピラミッド、王宮、石碑、支配層や被支配層の住居が分布した。「コバー・グループ」、「ノホチ・ムル・グループ」や「チュムク・ムル・グループ」などの建造物群が、面積が1.5平方キロメートルの「大基壇」の上に建造された。コバー湖とマカンショク湖のあいだに「コバー・グループ」があり、「ラ・イグレシア（スペイン語で「教会」を意味する）」と呼ばれる高さ24メートルの大神殿ピラミッドや球技場などが立ち並ぶ。「ラ・イグレシア」は、9層のピラミッド状基壇からなるコバーで2番目に高い神殿ピラミッドであり、西側に階段が設けられた。もともとは外面に厚い漆喰が塗られ、多彩色に彩色されていた。基壇の上の神殿は意外と小さ

図54：コパー遺跡の「ラ・イグレシア」（撮影　青山和夫）

く、内部に部屋が一つあるだけであった。部屋の広さは2.21メートル×0.82メートルに過ぎない。部屋の両側にベンチが設けられ、ベンチのあいだに石碑の破片が残っていた。神殿の屋根は、ヤシの葉のような植物製であったと考えられる。

コバーの中心部から50以上のサクベ（舗装堤道）が放射状に張り巡らされ、コバーとイキルを結ぶ「サクベ16」は24キロメートルであった。「サクベ4」を進むと、二つ目の球技場があり、床面には骸骨と斬首されたジャガーの石彫が嵌め込まれている。古典期後期（600～800年）のコバーの土器や建築はペテン地方の様式であったが、古典期終末期（800～1000年）には石碑やペテン地方の様式

の多彩色土器がなくなる。土器はプウク地方のケフペッチ土器と類似するようになり、コバーとプウク地方の交流が盛んになったことがわかる。

コバーは、古典期後期にメソアメリカで最長の100キロメートルの「サクベ1」でユカタン州のヤシュナと結ばれた。その平均幅は4.5メートル、高さは0.5～2.5メートルである。ヤシュナでは古典期終末期にプウク様式の公共建築が建てられ、コバーの広域王国の西の要塞都市になった。しかし、10世紀に北東18キロメートルに立地するチチェン・イツァとの戦争で陥落した。

「サクベ1」、「サクベ4」、「サクベ6」と「サクベ8」という4本のサクベの交

差点には、「シャイベ」が建造された。それはユカタン・マヤ語で「交差点」を意味する。四隅が円形、平面が方形の高さ15メートルの神殿ピラミッドである。急勾配すぎて登れない上部の擬似階段は装飾であり、道標のような機能があったのだろう。「シャイベ」の東には保存状態が最良の「石碑20」があり、コバーで最後の780年に相当する日付が刻まれている。

「石碑20」の北には、マヤ低地北部で最も高い神殿ピラミッド「ノホチ・ムル」がそびえる。主要な建造時期は、古典期後期と後古典期中期（1200～1441年）の2期である。ピラミッド状基壇は、増改築されて最終的に7層になったが、もともとは6層であった可能性が高い。上部の神殿まで登頂するために設置された太いロープを手繰り寄せながら120段の急な階段を登ると、都市全景が眼前に広がる。階段の幅は、13.68メートルである。

コバーは10世紀に衰退し、1100年頃に放棄された。都市は後古典期中期に部分的に再居住され、神殿や他の建造物が再利用された。コバーの様々な場所から石碑が運ばれ、「ノホチ・ムル」のふもとに再配置された。この時期に増改築された「ノホチ・ムル」の「急降下する神の神殿」の外壁の上部は、3人の「急降下する神」の多彩色の漆喰彫刻で装飾されていた。これはトゥルム遺跡の「急降下する神」の漆喰彫刻と良く似ている。神殿は長さ8.9メートル、幅3.3メートルで内部に部屋が一つある。神殿の出入口の前には、小さな方形の石造祭壇が設置されていた。祭壇の周囲から、マヤパン様式の人物像型香炉の土器片が見つかった。コバーの人々は、ユカタン半島北部と東部のカリブ海沿岸を結ぶ遠距離交換網に参加していた。コバーは、後古典期後期（1441～1546年）に沿岸部と内陸部のマヤ人の巡礼地になった。

コパン遺跡のアクロポリス

図55：コパン遺跡の「神殿16」（撮影　青山和夫）

基本情報
国名：ホンジュラス共和国
場所：コパン県コパン遺跡
座標：北緯14°50′24″　西経89°8′24″
高さ：37メートル
規模：東西200 ? メートル×南北300メートル
建造年代：426〜820年頃

　ユネスコ世界遺産の大都市コパンは、古典期のマヤ低地南東部の広域王国の主都として栄えた。コパンは、モタグア川の支流のコパン川の肥沃な氾濫原と河岸段丘というコパン谷の中央に立地し、防御に不向きな平地遺跡である。コパン谷は19世紀末から調査され、マヤ地域において支配層だけでなく全社会階層について最も良く調査研究された地域になっている。コパンは、マヤ文明の東の芸術の都であった。ティカルのような高い神殿ピラミッドはないが、3万点以上のモザ

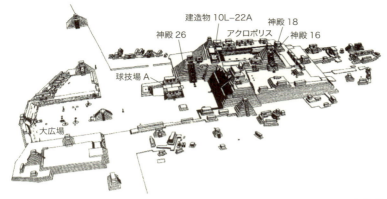

図56：コパン遺跡中心部の復元図（Hofmann and Vogrin 画の図より作成）

イク石彫が、神殿ピラミッド、王宮や貴族の邸宅を飾った。マヤ低地の大部分の都市では建設石材や石造記念碑の石材は石灰岩が主流であった。コパンでは凝灰岩製であり、独特の丸彫りの立体的な石碑や石造祭壇が立ち並んだ。426～820年に16名の王が君臨した。コパンは、グアテマラ高地の翡翠やイシュテペケという良質な黒曜石の産地の近くに立地する。

先古典期前期（紀元前1400～1000年）にマヤ人以外の先住民集団によって居住が開始され、土器や黒曜石製石器が用いられた。紀元前1000年頃には、石造の基壇の上に住居が建設され、床下の墓にオルメカ美術様式の文様が彫られた土器や翡翠製品が副葬された。コパンの住民が、メソアメリカの広範な遠距離交換網に参加していたことを示唆する。紀元後150～400年には建造物の規模、建材や墓の副葬品の違いから、コパン社会はすでに階層分化していたと考えられる。「石碑I」には紀元後159年に一人の王が行った出来事が刻まれており、それはコパン王朝の創始に関連していたかもしれない。外部出身のキニッチ・ヤシュ・クック・モ王が、426年に新王朝を創設した。キニッチは太陽、ヤシュは緑、クックはケツァル鳥、モはコンゴウインコを意味する。

初代王から16代目王の治世まで約400年にわたって増改築された結果、「アクロポリス」は南北300メートル、高さ37メートルという大建築複合体になった。その上に複数の大神殿ピラミッドや王宮などの公共建造物が林立する。コパン川が数世紀にわたって「アクロポリス」を浸食した結果、その東側が破壊されてしまった。そのために、「アクロポリス」の東西の正確な長さ（200メートル以上）は不明である。「アクロポリス」のトンネル式発掘調査によって、増改築の詳細が明らかにされている。

「神殿16」はコパン最大の神殿ピラミッドであり「アクロポリス」の一部をなす。「神殿16」には、複数の神殿ピラミッドや基壇が内蔵されている。初代キニッチ・ヤシュ・クック・モ王の治世中（426〜437年）には、「ジュネ基壇」、「カブ基壇」や「フナル神殿」が建造された。「ジュネ基壇」は底辺70メートル×70メートル、高さ0.6メートルという低い土製基壇であった。その中央には「カブ基壇」（底辺11メートル×8.5メートル、高さ0.8メートル）という土製基壇があり、その上に植物製の神殿が建てられていた。その後に「カブ基壇」は、「フナル神殿」（底辺10メートル×8.5メートル、高さ1メートル）というタルー・タブレロ様式の石造建造物に取って代わられた。その外面には漆喰が薄く塗られ、赤色に彩色されていた。

2代目王は、初代王とされる遺骸を「フナル神殿」内の持ち送り式アーチを有する石室墓（2.7メートル×1.5メートル、高さ1.8メートル）に埋葬した。遺骸は55歳から70歳の男性であり、水銀朱で赤色に彩色されていた。翡翠、海の貝、骨製の装飾品を身に付け、アカエイの尾骨や21点の土器が副葬されていた。土器の胎土の中性子放射化分析によって、地元産の土器だけでなく、キリグア、ペテン地方、グアテマラ高地やメキシコ高地産の土器も搬入されたことがわかった。

「フナル神殿」の上に高位の女性の石室墓を内蔵する「マルガリータ神殿」が建てられた。この女性は初代王の妻と考えられている。「マルガリータ神殿」の上に神殿が増改築され続け、8代目王（532〜551年統治）はさらにその上に多彩色の漆喰彫刻で装飾した「ロサリラ神殿」（底辺18.5メートル×12.5メートル、高さ12.9メートル）を6世紀に建てた。この神殿は3層で主に赤で彩色され、細部には緑、黄、橙と黒が用いられた。正面（西側）と南側の壁面には、太陽神のキニッチ・アハウおよび緑（ヤシュ）の尾羽根、ケツァル鳥（クック）とコンゴウインコ（モ）の要素をもつ超自然的な天空の鳥が表象された。図像で初代王の名前を表現したのである。遺跡入場料とは別に、考古学者が残した発掘用トンネルの見学料を払うと「ロサリラ神殿」などを実見できる。石彫博物館では、石碑やモザイク石彫の傑作だけでなく、「ロサリラ神殿」の実物大のレプリカも見てみよう。

漆喰を製造するためには、薪が大量に使われた。打ち砕いた石灰岩をゆっくりと焼いて、生石灰を造った。これに水を加えて漆喰が製造され、神殿ピラミッドの外壁、広場や道路に塗られた。その結果、森林破壊が助長された。アメリカ人考古学者キャメロン・マクニールがコパン谷の沼底の堆積層のボーリング調査を行い、花粉を分析した。その結果、コパン谷で森林が破壊されたのは、「アクロポリス」で大規模な建設活動が開始された5世紀であり、その後は森林がかなり保護されていたことがわかった。6世紀

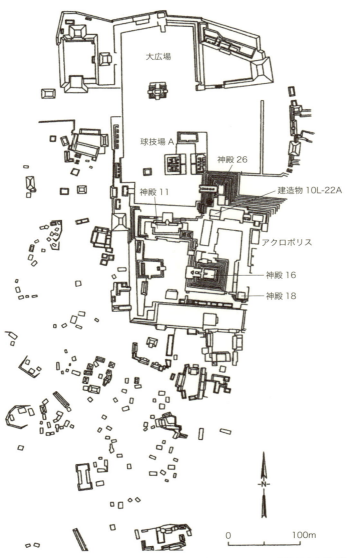

図57：コパン遺跡中心部の平面図（Aoyama 1999：図8.21より作成）

から神殿ピラミッドの外壁は、漆喰彫刻に代わってモザイク石彫で装飾されるよ

うになった。コパンの人々は、森林を徹底的に破壊したのではなく、ある程度は

森林を守る循環型の文明を創造していたのである。

8代目王は「ロサリラ神殿」を建設した少し後の6世紀中頃に、その南東に「オロペンドラ神殿」を建造した。その大きさや内部の建築方法は、「ロサリラ神殿」に酷似する。「オロペンドラ神殿」の外壁は、漆喰彫刻に代わってモザイク石彫で装飾された。山の神ウィツの顔、ジャガーの顔や鳥の顔などの図像が石彫で表象され、モザイク石彫の上に薄く漆喰が塗られて主に赤色で彩色された。「オロペンドラ神殿」の中央下の「アクロポリス」の最下層から王墓が検出された。2代目から6代目のいずれかの王の墓と推定される。王の遺骸は木の板の上に安置され、翡翠・海の貝・真珠製の首飾りや翡翠・海の貝製耳飾りを装着していた。太陽神を模った翡翠製品は、王の口（かたど）の中に置かれていた。食べ物や飲み物が入った土器、アラバスター（雪花石膏（せっかせっこう））製容器、黄鉄鉱のモザイク鏡（おうてっこう）、雲母（うんも）の薄板、ウミギクガイなどの海の貝、メキシコ中央高地パチューカ産緑色黒曜石製の小型円形装飾品などが副葬された。

後世の王は「ロサリラ神殿」と「オロペンドラ神殿」を利用し続け、13代目王が古典期後期にその上に石造神殿ピラミッドを建造した。最終段階の「神殿16」を776年に完成させたのは、最後の16代目王であった。「神殿16」は、神聖王の先祖崇拝の神殿であった。初代キニッチ・ヤシュ・クック・モ王に続いた

王たちは神殿を更新し続け、より大きな人工の神聖な山を築いて王権を強化したのである。

マヤ地域で2番目に大きな球技場「球技場A」に隣接して、有名な「神聖文字の階段」がある「神殿26」がそびえ立つ。この神殿ピラミッドは5世紀から7回にわたり増改築され、「アクロポリス」の一部をなす。「アクロポリス」の最初期の建造物はアドベ製が多かった。しかし「神殿26」に内蔵された最古の「ヤシュ建造物」（底辺12メートル×17.5メートル、高さ1メートル）は石造であった。初代キニッチ・ヤシュ・クック・モ王は、「ヤシュ建造物」を建造した後に、「モット・モット建造物」（底辺15メートル×22メートル、高さ2メートル）という石造神殿で覆った。「モット・モット建造物」には、繰形（くりかた、モールディング）と呼ばれるブロック状の切り石の列が帯状に突出した外壁装飾が施された。これはティカルなどペテン地方の古典期の諸都市で頻繁に用いられた建築様式であった。「ヤシュ建造物」と「モット・モット建造物」は、漆喰彫刻で装飾されていた。「ヤシュ建造物」とその後に増改築された神殿ピラミッドは、すべて西に向けて建造された。

12代目王の遺骸は、「神殿26」に埋蔵された「チョルチャ神殿」内の壮麗な持ち送り式アーチを有する石室墓に埋葬された。同王の遺骸は、王権の象徴であった、少なくとも2枚のジャガーの毛皮と筵（むしろ）の上に安置されていた。その豪華な副

葬品の一部は、コパン遺跡村の中央広場に面した考古学博物館に展示されている。翡翠製品、海産貝、数多くの土器の容器のほかに、特に注目に値するのが、同王と先代11人の王を模った12点の土器の香炉である。初代キニッチ・ヤシュ・クック・モ王を模った香炉は、メキシコ中央高地の雨・嵐・豊穣の神トラロクのようなゴーグル状の目飾りを着用している。

　13代目の大王ワシャクラフーン・ウバーフ・カウィールの治世中（695～738年）には、コパン独特の丸彫り石彫様式が発展し、「球技場A」が増改築された。球技場の平面は、I字型になっている。二つの建物の傾斜する壁には、オウムの石彫の得点板が嵌め込まれた。球技場の周囲には、1万人ほどの観客を収容することが可能であった。「大広場」には、立派な石碑や祭壇が立ち並ぶ。731年に建立された「石碑A」では13代目王は、太陽神の図像に囲まれている。碑文には、13代目王がティカル、カラクムル、パレンケという大都市の王と731年に重要なカトゥン（約20年の7200日）周期の完了記念日を祝って供物を埋納したことが記録されている。「石碑H」のスカートをはいた人物像は、女性ではない。トウモロコシの神の衣装を身に着けた男性の13代目王である。王は宗教儀礼においてしばしば神々の役割を演じて王権を強化した。

　マヤ文字の解読によれば、738年にそれまでコパンに政治的に従属していたキリグアのカフク・ティリウ・チャン・ヨパート王が、コパン13代目王を捕獲・殺害した。その後、コパン王朝の権威が失墜し始めた。この738年の「大事件」は、少数の支配層による奇襲であったと思われる。大規模な戦闘や建造物の破壊の証拠は、いずれの都市からも見つかっていないからである。少なくともキリグアがコパンを直接支配することはなく、その後もコパンでは建設活動が継続された。コパン14代目王（738～749年統治）は、石碑をまったく建立できなかった。8世紀前半のコパン谷は、約2万5000人という人口超過の状態にあった。都市化が進み、外部からの食料の輸入に頼った自給自足性を喪失した社会になっていた。人骨の病理学研究によると、農民だけでなく多くの貴族が栄養不良に陥り、病気であったことがわかっている。8世紀後半には、都市人口が減少し始めた。

　13代目王は710年に第1段階の「神聖文字の階段」を建設させた。15代目王が755年に「神聖文字の階段」を完成させた。「神聖文字の階段」は、正確には「マヤ文字の階段」である。これは先スペイン期のアメリカ大陸で最大・最長の石造文字資料であり、2200以上のマヤ文字でコパン王朝史が刻まれた。階段は幅が8メートル、高さは少なくとも26メートルもある。階段正面の「石碑M」と「神殿11」の下にある「石碑N」には、15代目王の立像と碑文が刻まれている。しかし、その壮麗な外観とは裏腹に、「神殿26」や15代目と16代目王の治世中の公共

図58：コパン遺跡の「神聖文字の階段」と「石碑 M」（撮影　青山和夫）

建築は乾燥した土と石を詰めただけのきわめて脆いものであった。

　8世紀後半にはコパン王朝内で貴族が権力を増し、王権を脅かし始めた証拠がある。マヤ文字が刻まれた石彫が、コパン谷の有力貴族の邸宅だけでなく、近隣のエントラーダ地域の小都市でも刻まれるようになった。コパンの「アクロポリス」にある小さな建物「建造物10L-22A」は、王と地元の有力貴族たちが政治的合議を行った会議所と考えられている。それは、「筵の家」を意味するポポル・ナフと呼ばれる。その外壁には、9人の支配層男性の座像や3枚の筵状のモザイク石彫がある。筵は、王権や政治権力の象徴だった。

　発掘調査によって、動植物遺体、ほぼ完形の実用土器、黒曜石製石器やチャート製石器を含むゴミ捨て場が「建造物10L-22A」の後ろで検出された。青山の石器の使用痕の分析によれば、石器が肉の調理加工などに相当使いこまれていたことがわかった。ポポル・ナフにおける饗宴の証拠といえる。従来の超自然的な権威をもつ神聖王による統治に対して、合議による国家運営の重要性が高まったのだろう。また神聖王の図像を刻んだ石碑がほとんど建立されなくなったことも、この政治的傾向を反映する。常に清潔が保たれていた「アクロポリス」でゴミ捨て場が見つかるのはきわめて稀なので、最後の饗宴だったのかもしれない。

16代目ヤシュ・パフサフ・チャン・ヨパート王は「神殿16」を完成した後、大建造物を建設できなかった。その後は自らを埋葬するために比較的小さな「神殿18」を建てただけであった。このことは、王権の弱体化と都市人口の減少による労働力の低下を強く示唆する。マヤ文字の解読によれば、16代目王の父は15代目王ではない謎の男性であり、母は400キロメートル以上も離れたパレンケ出身であった。

16代目王は、王位継承を正当化するために涙ぐましい努力をした。「神殿16」の正面に、自分を含む歴代16人の王の像を刻んだ「祭壇Q」を建立させた。その正面中央では初代王が王位の笏を16代目王に渡している。両者のあいだには、763年の王位継承の日付が記された。発掘調査によって、「祭壇Q」の東側から15体のジャガーの骨が出土した。16代目王が、先代の王に1匹ずつ王権の象徴であるジャガーを生贄として捧げたのである。最強の猛獣ジャガーを15匹も捕獲するのは、さぞかし大変だったろう。

コパンでは、9世紀初頭に黒曜石製石槍や弓矢といった武器の生産が増加した。「神殿18」の外壁には、戦士の装いをした16代目王の図像が彫られている。総体的に戦士や骸骨といった戦争や死に関連するモザイク石彫が、神殿の壁面を飾るようになった。さらに王宮や神殿ピラミッドには、火災や破壊の証拠が見つかっている。コパン王朝と地元の貴族の抗争、または外部集団との戦争、あるいは両方によって王権が衰退したと考えられる。いずれにせよ9世紀初頭のコパン王朝の最期は、けっして平穏ではなかった。コパン谷に残った農民も、その後に別の場所に移住していった。

後古典期前期（950～1100年）には、マヤ人以外の先住民の小集団が都市中心部の「エル・ボスケ地区」に再居住した。住人はすでに廃墟になっていた神殿ピラミッドなどの凝灰岩製の石彫やブロック状の切り石を再利用して、低い基壇の上に簡素な住居群を建設した。コパン谷は、1100年頃までに再び無人化した。

コマルカルコ遺跡の神殿1

図59：コマルカルコ遺跡の「神殿1」（撮影　青山和夫）

基本情報
国名：メキシコ合衆国
場所：タバスコ州コマルカルコ
座標：北緯18°16′46″　西経93°12′04″
高さ：25メートル
規模：東西70メートル×南北70メートル
建造年代：500～900年頃

　コマルカルコは、メキシコのタバスコ州を代表する古典期前期から古典期終末期のマヤ文明の都市遺跡である。それはメキシコ湾岸平野に立地する、マヤ低地西端の都市であった。遺跡名は、植民地時代の1564年の文書によればナワトル語で「コマルの家」を意味する。コマルは、トウモロコシの粉を薄く伸ばして焼くトルティーヤなどを調理するために使われる伝統的な板状の加熱用器具である。先スペイン期のコマルは土製であったが、現在では金属製が主流になっている。マヤ文字の碑文の解読によれば、コマルカルコは古典期にチョル・マヤ語で

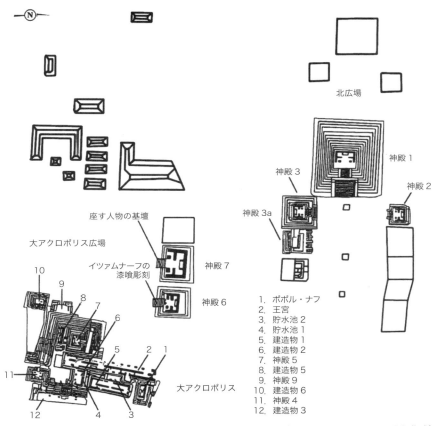

図60：コマルカルコ遺跡の平面図（Armijo Torres 2003:33より作成）

「ホイ・チャン」と呼ばれていた。それは、「包まれた空」を意味する。

　神殿ピラミッドや王宮からなる「大アクロポリス」、「東のアクロポリス」や「北広場」が中心にあり、その周囲に住居跡が広がる。都市の面積は、7平方キロメートルにわたった。この地域には石灰岩などの適当な建設石材が産出しない。そのためにコマルカルコのマヤ人は、石材を使用せずに神殿ピラミッドを造った。古典期前期には、盛り土を固めて外面を漆喰で覆い「東のアクロポリス」が建造された。500年頃からマヤ低地ではきわめて珍しく粘土を焼成したレンガを積み上げて「北広場」や「大アクロポリス」の神殿ピラミッドが建てられた。レンガには、561年に相当する暦のマヤ文字が見つかっている。コマルカル

コは、マヤ低地で稀有の「レンガの都市」であった。

コマルカルコには、石碑や石造祭壇はない。コマルカルコの人々は、石灰岩ではなく牡蠣の貝殻から生産した漆喰を使って神殿ピラミッドのレンガを接着した。レンガにはトカゲ、カメ、ワニ、人間の手形、人物像、神殿建築などの図像が刻まれた。マヤ文字の碑文が刻まれたレンガ板もあった。レンガだけでなく、ヤシの葉や木などを使って神殿や住居を建てる場合もあった。神殿ピラミッドの外壁は漆喰で覆われた。マヤ文字の碑文が漆喰の上に浮き彫りにされ、パレンケのような洗練された漆喰彫刻が発達した。

碑文の解読によれば、コマルカルコには8人の王が君臨し、独自の紋章文字（神聖王の称号）をもっていた。コマルカルコ王朝は6世紀の初代チャン・トク1世王に始まり、8世紀末のエル・キニッチ王まで続いた。ウウシュ・バフラム王は、649年に同じくタバスコ州にあるトルトゥゲーロのバフラム・アハウ王（644〜679年統治）との戦争に敗れ、捕虜にされた。バフラム・アハウ王は、パレンケの大王キニッチ・ハナフブ・パカル王（615〜683年統治）と同盟関係にあり、パレンケを主都とするバーカル王国に属していた。バフラム・アハウ王は、コマルカルコの紋章文字を自らが属するバーカル王国の紋章文字に取って変えた。コマルカルコ王朝は、その後しばらくはバーカル王国の支配下にあった。

「北広場」の中央には、3基の基壇状の祭壇が設置された。「北広場」では、様々な公共儀礼や他の公共活動が行われたのであろう。「北広場」の西側には、コマルカルコ最大の神殿ピラミッド「神殿1」がそびえる。階段は、正面（東側）に設けられた。「神殿1」の外壁には、カエルと帯状装飾の上に座る3人の人物の漆喰彫刻が残っている。人物像は、あぐらをかいた脚と胴体の一部だけが残存する。これは雨乞いの儀礼の様子かもしれない。ユカタン半島では、今なお「チャ・チャク」と呼ばれる雨乞いの儀礼が行われている。4人の少年が、祭壇の四隅に座ってカエルの鳴き声を真似て降雨を祈願する。「神殿1」は2月11日と10月31日の日の出に向けて建てられた。二つの日付の間隔は、260日暦と同じ260日である。

「北広場」の北側の「神殿2」と「神殿2a」の間の発掘調査によって、巨大な甕棺が見つかった。甕棺の中から男性の遺体が見つかり、サメの歯、貝製ペンダントやアカエイの尾骨が副葬されていた。貝製ペンダントやアカエイの尾骨には、計280のマヤ文字が刻まれている。碑文には、アフ・パカル・タフンという名前の高位の貴族が、キニッチ・カン・トク・モ王に伴われて765年から777年に執行した様々な宗教儀礼や歴史的な出来事が記された。

「大アクロポリス」は、高さ39メートル、底面積が4万3878平方メートルの巨大な建築複合体をなす。その上には、複

図61：コマルカルコ遺跡の「神殿7」の「座す人物の基壇」 右後方に焼成レンガの建造物（撮影 青山和夫）

数の神殿ピラミッド、王宮（底辺80メートル×8.15メートル）やポポル・ナフ（会議所）が建造された。発掘調査によって、「神殿6」と「神殿7」には2期の建造段階が確認されている。「神殿6」の外壁には、天空と大地の神イツァムナーフの漆喰彫刻が実に見事である。「神殿7」のピラミッド状基壇は、「座す人物の基壇」と呼ばれている。傾斜壁（タルー）に大地を表象する帯状の装飾や頭飾りを着けた男性支配層の横向きの座像の漆喰彫刻が施された。

「大アクロポリス」の西側の「神殿9」は、幅3.5メートル、奥行き4メートル、高さ3.3メートルのレンガ製の持ち送り式アーチの建物である。墓の壁や床はもともと赤に彩色されていたが、その痕跡を見ることができる。これは墓が地下ではなく、地上にある珍しい地上墓である。その北、東、南の三つの内壁にはそれぞれ3人、計9人の高貴な男性の立像とマヤ文字が漆喰で浮き彫りにされている。東の壁の中央の人物はコマルカルコの王であり、「神殿9」には王墓が内蔵されていた。残念ながら発掘調査の前に盗掘されていたために副葬品は出土しなかった。

サイル遺跡の大宮殿

Great Palace of Sayil

図62：サイル遺跡の「大宮殿」（撮影　青山和夫）

基本情報
国名：メキシコ合衆国
場所：ユカタン州サンタ・エレナ
座標：北緯20°10′40.80″　西経89°39′9″
高さ：35メートル
規模：東西110メートル × 南北50メートル
建造年代：800〜950年頃

　サイルは、メキシコのユカタン州にある古典期終末期の都市で、ウシュマル遺跡の南東23キロメートルに位置する。サイルは、カバフの南7キロメートル、ラブナの西5キロメートルにある。プウク地方の諸都市の間には、密接な政治的協力関係があったと考えられる。800〜950年には、4.5平方キロメートルの範囲に1万人が、その周囲に7千人が住んだと推定される。周辺の丘陵地では段々畑などの集約農業の痕跡がほとんどない。遺物の空間分布や土壌の燐酸分析によれ

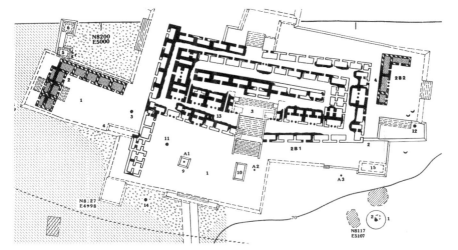

図63：サイル遺跡の「大宮殿」の平面図（Sabloff and Tourtellot 1991:Map Miguel より作成）

ば、サイルは広場や空地に肥料を加えて継続的に家庭菜園として活用した「菜園都市」と考えられる。サイルには川やセノーテはなく、300以上のチュルトゥン（地下貯水槽）が見つかっている。

プウク様式の3層の「大宮殿」（建造物2b1）は、98の部屋をもつサイル最大のピラミッドである。外壁がウィツ（山）を表わす顔、急降下する神や羽毛の生えた蛇のモザイク石彫で装飾されている。発掘調査によって、4期の建造段階が確認されている。まず1層目の下層の建物が造られ、次に2層目の下層の建物が建てられた。その次に1層目が増改築され、最後に2層目と3層目が増改築された。「大宮殿」の南にサクベ（舗装堤道）が通り、「エル・ミラドール神殿」、マヤ文字が刻まれた石碑が集中する「石碑の基壇」、球技場や2層の「南の宮殿」などを結んでいる。複数の石碑が遺跡公園の入口の近くに移動され、公開されている。保存状態が最良な「石碑5」は、メキシコ市の国立人類学博物館で鑑賞できる。

サン・アンドレス遺跡のラ・カンパーナ

La Campana of San Andés

図64：サン・アンドレス遺跡の「アクロポリス」（撮影　青山和夫）

基本情報
国名：エルサルバドル
場所：ラ・リベルタ県アルセ
座標：北緯13°48′02″　西経89°23′21″
高さ：20メートル
規模：東西80メートル×南北90メートル
建造年代：450〜900年頃

サン・アンドレスは、エルサルバドル西部サポティタン盆地にあるメソアメリカ南東部の古典期後期のセンターであった。スシオ川とアグア・カリエンテ川のあいだに立地し、海抜約450メートルである。遺跡は少なくとも3平方キロメー

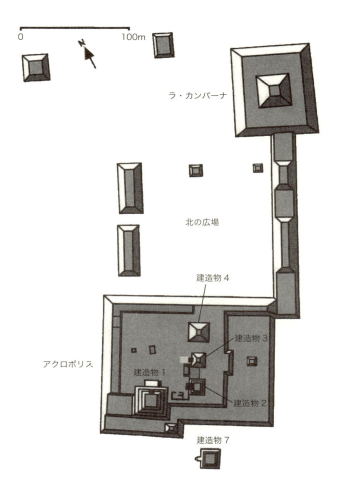

図65：サン・アンドレス遺跡の平面図 (http://www.fundar.org.sv/sanandre.html より作成)

トル、周囲の小遺跡群を含むと10平方キロメートルの範囲に広がる。先古典期中期の紀元前600年頃から後古典期前期の1200年頃まで居住されたが、最盛期は古典期後期（600〜900年）である。中心部には、「アクロポリス」、「北広場」や「ラ・カンパーナ（スペイン語で「鐘」を意味する）」と呼ばれる「建造物5」

などが分布する。大部分の建造物はアドベ製で、泥漆喰が上塗りされた。

「ラ・カンパーナ」はサン・アンドレス最大の公共建築であり、大きな基壇（東西約80メートル、南北90メートル、高さ約7メートル）の上に神殿ピラミッドを頂いた。市川彰らの発掘調査によって、少なくとも3回にわたって増改築されたことがわかっている。とりわけ古典期前期の400～550年に降下した厚さ40センチメートルのイロパンゴ火山灰のほぼ直上に、石造の「大基壇」が検出された。すなわち「ラ・カンパーナ」は、火山灰の降下からしばらくしてから建造された。石造の「大基壇」は4層で、高さは6メートル、底辺60メートル×50メートル

と推定される。これは、先古典期から土製建造物が一般的なエルサルバドル西部で最古の石造公共建築である。石造の「大基壇」は、古典期後期にアドベと泥漆喰で造られた基壇に覆われた。エルサルバドル西部では、古典期後期になっても石造建造物は限定的であった。

サン・アンドレスでは火山の噴火後に、最盛期を迎えた。市川によれば、最大の神殿ピラミッドの建築・増改築という共同作業が社会的な結束を促進し、噴火災害の復興において重要な役割を果たした。チャルチュアパと同様に、災害からのレジリアンス（回復力）を示す事例といえよう。

サン・ヘルバシオ遺跡のカッナ・ナフ

Ka'na Nah of San Gervasio

図66：サン・ヘルバシオ遺跡の「カッナ・ナフ」（撮影　青山和夫）

基本情報
国名：メキシコ合衆国
場所：キンタナロー州サン・ミゲル・デ・コスメル
座標：北緯20°30′1.27″　西経86°50′53.87″
高さ：5メートル
規模：東西13.5メートル×南北13メートル
建造年代：1200～1650年頃

　コスメル島では30以上の遺跡が見つかっており、最大の遺跡がサン・ヘルバシオである。メキシコ最大の島コスメル島は、ユカタン半島北東の沖合16キロメートルにある。面積は392平方キロメートルに及ぶ。先古典期後期に居住が開始され、古典期終末期から人口が増加した。1519年にスペイン人侵略者コルテス一行が上陸するまでの後古典期後期が最盛期で、海上遠距離交換の中間港およびマヤの月、豊穣、妊娠、出産、織物の女神「イシュチェルの神殿」の巡礼地と

図67：サン・ヘルバシオ遺跡の「ノホチ・ナフ」（撮影　青山和夫）

して繁栄した。建築様式がマヤパンやトゥルムと類似する支配層の住居が建てられた。

　コスメル島ではサクベ（舗装堤道）が、交易品を積み降ろしたと考えられる北部の潟湖、内陸部のサン・ヘルバシオ、他のセンターや倉庫基壇群を結び、中央集権的な物資の流通の統御が示唆される。サン・ヘルバシオ遺跡公園に入ると、壁に赤の手形が残された王宮「マニタス」がある。サクベを西に進むと、神殿や宮殿などの10の建造物に囲まれた「中央広場」に到着する。ここから三つのサクベが延びる。「中央広場」からサクベの一つを進むと、持ち送り式アーチの門「エル・アルコ」を通り、都市の出入口にある神殿「ノホチ・ナフ（ユカタン・マヤ語で「大きな家」を意味する）」に至る。

　「中央広場」から別のサクベを500メートルほど進むと、サン・ヘルバシオ最大の神殿ピラミッド「カッナ・ナフ（ユカタン・マヤ語で「高い家」を意味する）」に着く。今は石がむき出しだが、かつては漆喰が塗られ、赤、黄、青、緑、黒に彩色されていた。それは小さな神殿ピラミッドであり、4層のピラミッド状基壇の西側に階段が設けられた。その上の神殿の出入口も西側にある。神殿には二つの部屋があり、石造祭壇が置かれていた。天文考古学の研究によれば、「カッナ・ナフ」は、夏至の日没と冬至の日の出に向けて建設された。マヤの世界観によれば、西の方角は水、トウモロコシ、豊穣と関連した。この神殿ピラミッドが「イシュチェルの神殿」であった可能性がある。あるいは「イシュチェルの神殿」はすでに破壊されており、現在のサン・ミゲル・デ・コスメル市の近くにあったという説もある。

ジャルメラ遺跡のエル・セリート
El Cerrito of Yarumela

図68：ジャルメラ遺跡の「エル・セリート」（撮影　青山和夫）

> 基本情報
> 国名：ホンジュラス共和国
> 場所：ラ・パス県ラ・パス
> 座標：北緯14°20'07"　西経87°12'38.34"
> 高さ：20メートル
> 規模：東西160メートル×南北120メートル
> 建造年代：紀元前400〜紀元後250年頃

　ジャルメラ遺跡は、ホンジュラス中央部のコマヤグア盆地のほぼ中央にあるメソアメリカ南東部の先古典期中期・後期の大センターであった。コマヤグア盆地は550平方キロメートルであり、先スペイン期にはレンカ語を話す先住民が住んでいたと考えられる。レンカ人は、ホンジュラスやエルサルバドルで非マヤ系メソアメリカ文明を築いた。ジャルメラ遺跡はカリブ海に注ぐ大河ウルア川の支流ウムヤ川の西岸、比高10メートルほどの河岸段丘に立地する。海抜は約600メー

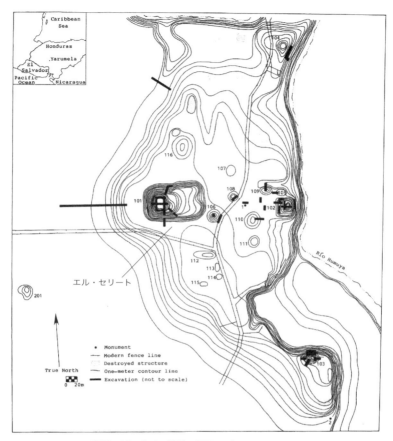

図69：ジャルメラ遺跡の平面図（Dixson et al. 1994：図1より作成）

トルである。先古典期後期には、ホンジュラス中央部のロス・ナランホスやエルサルバドルのチャルチュアパと並ぶメソアメリカ南東部を代表するセンターとして栄えた。

主要な居住時期は先古典期の紀元前1000〜紀元後250年であるが、古典期後期や後古典期にも断続的に居住された。先古典期後期の土器の焼成窯跡が出土している。土器の様式にはメソアメリカ南東部の特徴だけでなく、中央アメリカ南部とも類似点がみられる。遠距離交換によってグアテマラ高地産の翡翠や黒曜石、海産貝製装飾品、大理石製容器や南米原産のカシューの木などがジャルメラに搬入された。

ジャルメラ遺跡は30ヘクタール以上の範囲に広がり、中心部には少なくとも16の建造物跡が残っている。発掘調査によれば、ジャルメラ最大の「エル・セリート（建造物101）」は先スペイン期ホンジュラス中央部・東部で最も大きな神殿ピラミッドであった。往時には現在（高さ20メートル）よりも高かった。その一部は、1980年代に牧場の建物を建設するために破壊された。「エル・セリート」はスペイン語で「小山」を意味する。ピラミッド状基壇の体積は、7000立方メートルを超える。その建造は先古典期中期末の紀元前40C年頃に開始され、先古典期後期に増改築された。ピラミッド状基壇の中核部は土製であるが、外壁は未加工の丸石で覆われていた。

発掘調査によって、基壇の上部に砂を混ぜた粘土で突き固められた床面と直径30センチメートル、深さ2メートルほどの柱穴が見つかっている。藁葺き木造の神殿が建っていたと考えられる。神殿の床面積は448平方メートル（東西14メートル、南北32メートル）ほどであった。神殿正面の幅3.5メートルほどの中庭は漆喰で覆われていた。神殿の両側と背面の1.5メートルほどの歩道に平行して、石を敷いて排水溝が設けられた。藁葺き屋根から落ちる雨水を処理するためと考えられる。ピラミッド状基壇下部の正面（東側）には、テラスが広がった。その床面は漆喰製であり、両端に小さな神殿

が建てられた。

「エル・セリート」の西には、東西の長さ225メートルの「中央広場」が広がり、その反対側に高さ10メートルの神殿ピラミッド「建造物102」が建つ。「建造物102」は先古典期中期末に高さ4メートルの土製基壇として建造され、少なくとも4回にわたって増改築された。ピラミッド状基壇の上の神殿は木製の壁から編み枝細工に泥を塗った壁に、さらにアドベ（日干しレンガ）製の壁へと変化していった。1990年の発掘調査では、「建造物102」の正面に球技者を彫刻した石彫の破片が見つかった。「中央広場」の周囲には、高さ3メートル未満の4基の建造物も建っていた。河岸段丘の南と北の端には、「建造物103」と「建造物104」という高さ6メートルほどの神殿ピラミッドがあった。「建造物102」、「建造物103」、「建造物104」には、「エル・セリート」と同様に漆喰製床面が検出されており、その重要性が窺われる。

ウムヤ川は先古典期中期から現在まで何回か流れを変えている。「エル・セリート」の南西の昔の川の跡の向こう側には、高さ4メートルの「建造物201」が残っている。昔の川の向こう側では1キロメートルにわたって、先古典期後期の遺物を表面採集することができる。現在は破壊されて建造物跡が観察できない平地には、かなり多くの人が住んでいたと考えられる。

シュナントゥニッチ遺跡のエル・カスティーヨ

El Castillo of Xunantunich

図70：シュナントゥニッチ遺跡の「エル・カスティーヨ」（撮影　石原玲子）

基本情報
国名：ベリーズ
場所：カヨ州サン・ホセ・スコッツ
座標：北緯17°5′20.61″　西経89°8′14″
高さ：39メートル
規模：東西110メートル×南北100メートル
建造年代：600〜820年頃

　シュナントゥニッチは、ベリーズ中央西部にある古典期後期・終末期の都市遺跡である。ベンケ・ビエホとも呼ばれる。グアテマラ国境近くのモパン川を見下ろす丘陵上に立地する。最古の人間の居住の証拠は先古典期中期初頭（紀元前

1000年頃）であり、最大の神殿ピラミッドを頂く「エル・カスティーヨ」の下から出土した。主要な居住は600〜890年であった。シュナントゥニッチは、マヤ低地南部の多くの都市が衰退した9世紀に発展し続けた。三つの球技場があり、周囲の山腹部には段々畑が広がっていた。

主な公共建築は古典期後期（600〜780年）に建造され、古典期終末期（780〜890年）に増改築された。古典期後期の繁栄は、北西13キロメートルに立地するグアテマラのナランホ王朝の衰退に関連した可能性が高い。アフ・ウォサル・チャン・キニッチ大王（546〜615年統治）は69年にわたってナランホで君臨し、シュナントゥニッチを支配下に置いたと考えられる。ナランホ王朝は、626年にカラコルのカン2世王との戦争に敗北してから低迷した。シュナントゥニッチでは、12の石造記念碑（九つの石碑、一つの石造祭壇と2枚の石板）が登録されている。その六つの碑文に670年頃から849年の出来事が刻まれた。

都市中心部は四つの主要建造物群「グループA」、「グループB」、「グループC」と「グループD」から構成される。最大の「グループA」には、南から北に「広場A-1」、「広場A-2」と「広場A-3」が造営された。「エル・カスティーヨ」は、「広場A-1」の北側に面する。「広場A-1」の東と西にサクベ（舗装堤道）が通る。「広場A-1」の東側には、三つの神殿ピラミッド「建造物A-2」、「建造物A-3」と「建造物A-4」が連

結しており、「Eグループ」の東側を構成した。「建造物A-4」には高位の男性が埋葬され、王墓の可能性がある。「広場A-3」の北側に面する「建造物A-11」は670年以降に王宮として一度に建てられた。「広場A-1」とその北の「広場A-2」のあいだ、つまり「エル・カスティーヨ」と都市中心部北端の「建造物A-11」の間に、大きな神殿ピラミッド「建造物A-1」が8世紀末に一度に建造された。

マヤ文字が刻まれた三つの石碑は、「建造物A-1」の南側正面の「広場A-1」に建立された。いずれも風化が激しく、マヤ文字の解読には困難が伴う。「石碑8」（820年）には鳥の羽根の頭飾りを被り、右手に長い槍、左手に盾を持って立つ王が彫刻されている。「石碑9」（830年）には鳥の羽根の頭飾りを被り、右手に稲妻の神で王家の守護神カウィールを表象する王笏を、左手に盾を持って立つ王が彫刻されている。「石碑8」と「石碑9」に彫刻された王は同一人物と考えられる。「石碑1」（849年）は最も浸食されている。鳥の羽根の頭飾りを被り、右手に稲妻の神で王家の守護神カウィールを表象する王笏を、左手に盾を持つ王が、両手を縛られて横たわった捕虜の上に立っている。

「エル・カスティーヨ」は王宮から神殿ピラミッドになったアクロポリスであり、3期の建造段階が確認されている。1期の「エル・カスティーヨ」は、600〜670年に王宮として築造された。「建造

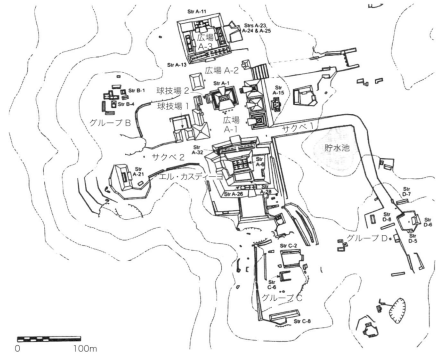

図71：シュナントゥニッチ遺跡中心部の平面図（LeCount and Yaeger 2010：図1.2より作成）

物 A-11」が新たな王宮として確立されると、「エル・カスティーヨ」は670〜780年に大幅に増改築され、王朝の先祖崇拝の神殿ピラミッドに変わった。「エル・カスティーヨ」は、「E グループ」に取って代わって宗教儀礼の中心となった。

2 期の建造段階の持ち送り式アーチを有する神殿の外壁は、王家の男性がウィツ（山）の顔の上に座す巨大な漆喰彫刻で装飾された。ウィツの耳飾りの両側のトウモロコシの新芽は、マヤ文字で「ナル」（「〜の場所」）と発音される。この

図像から 2 期の「エル・カスティーヨ」は、「ウィツナル」（「山の場所」）を意味し、人工の神聖な山を表象したことが明らかである。「エル・カスティーヨ」は古典期終末期に増改築されて北壁の漆喰彫刻以外の東、西、南の外壁が覆われ、石灰岩の石彫で装飾された。「エル・カスティーヨ」の発掘調査で2003年に出土した「石板 2」（780〜820年）には、「カト・ウィツ」（「粘土の山」を意味する）という古典期の都市名が解読されている。

シュプヒル遺跡の建造物１

Structure 1 of Xpuhil

図72：シュプヒル遺跡の「建造物１」（撮影　青山和夫）

基本情報
国名：メキシコ合衆国
場所：カンペチェ州カラクムル
座標：北緯18°30′38″　西経89°24′21″
高さ：23メートル
規模：東西30メートル×南北60メートル
建造年代：600〜800年頃

　シュプヒル遺跡は、カンペチェ州南東部のリオ・ベック地方に立地する。先古典期後期の前400年頃から居住され、古典期後期（600〜800年）が最盛期であった。後古典期前期の1200年頃に衰退した。24の建造物群が、東西６キロメートル、南北２キロメートルの範囲に分布する。シュプヒルという遺跡名は、ユカタン・マヤ語で「シュプヒ」（トウダイグサ科アカリファ属キャッツテール）と「イル」（〜の場所)、つまり「キャッツテールの場所」という意味である。常緑

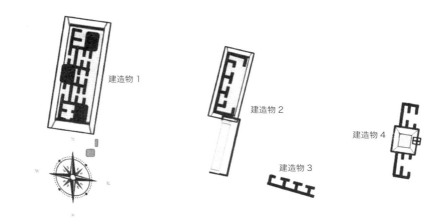

図73：シュプヒル遺跡の平面図（http://www.mexicoarcheology.com/xpuhil/ より作成）

多年草のキャッツテールはこの地方に豊富であり、エノコログサ（猫じゃらし）に似たかわいらしい花を咲かす。

　古典期後期の「建造物1」は、リオ・ベック様式の「宮殿・塔建築」の最高傑作として名高い。その基壇は、高さ2メートルである。基壇の正面（西側）中央には、幅18メートルの階段が設けられた。基壇の上に建つ宮殿建築には12の部屋がある。宮殿建築の入口は、天空と大地の神イツァムナーフの口状の複雑なモザイク石彫で装飾された。他のリオ・ベック様式の「宮殿・塔建築」のような二つの塔ではなく、宮殿建築の上に三つの高い塔が立つ。北と南の塔は高さ18メートル、中央の塔は高さ23メートルに達していた。

　シュプヒル遺跡の「建造物1」は、実際のところ三つの塔をもつ唯一のリオ・ベック様式の建造物である。三つの塔には、11層の疑似基壇が装飾として施された。塔正面の急勾配すぎて登れない擬似階段は装飾である。疑似階段の中央は、三つの天空と大地の神イツァムナーフの複雑なモザイク石彫で装飾された。その上に擬似入口をもつ擬似神殿と屋根飾りがあった。塔は、ティカルをはじめとするペテン地方の大神殿ピラミッドを象徴的に模倣したものと考えられる。

　シュプヒル遺跡の「建造物1」の東西の中心軸の西の延長線は、6.4キロメートル離れたベカン遺跡最大のピラミッド「建造物9」を通り、実際に目視できる。同じく「建造物1」の東西の中心軸の東の延長線は、ミラドール・チコ遺跡のマウンドの上を通る。ミラドール・チコ遺跡は、現在のシュプヒルの町の東の丘の上にある小遺跡である。

ショチカルコ遺跡の羽毛の生えた蛇の神殿

Feathered Serpent Pyramid of Xochicalco

図74:ショチカルコ遺跡の「羽毛の生えた蛇の神殿」(撮影　青山和夫)

基本情報
国名:メキシコ合衆国
場所:モレーロス州ミアカトラン
座標:北緯18°48′14″　西経99°17′45.3″
高さ:4.37メートル
規模:東西21.35メートル×南北18.61メートル
建造年代:650〜900年頃

　ショチカルコは、ユネスコ世界遺産に指定されている中規模の要塞都市であった。遺跡名は、ナワトル語で「花の家の場所」を意味する。テオティワカンが衰退し、トゥーラ遺跡の「トゥーラ・チコ」が繁栄していた頃、メキシコ中央高地では中規模の都市が割拠していた。モレーロス州では、ショチカルコが650〜

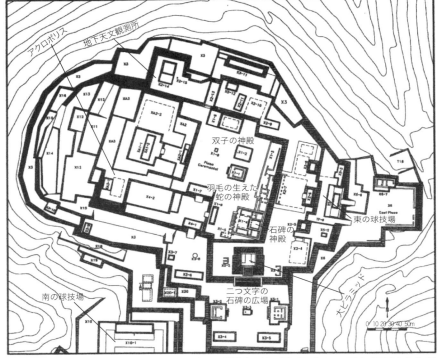

図75：ショチカルコ遺跡中心部の平面図（Hirth 2000：図5.6より作成）

900年に栄えた。メキシコ中央高地の気候は全体的に一様だが、モレーロス盆地は数百メートル標高が低く、綿などの農作物を栽培できる。

　ショチカルコは、六つの丘陵の上に立地する。高さ3〜5メートルの防御壁や壕に何重にも囲まれ、石で舗装された堤道網によって出入りが制限されていた。都市は4平方キロメートルの範囲に広がり、人口は1万〜1万5000人と推定される。「中央広場」（130×90メートル）は、比高120メートルの丘の頂上を整地

して建造された。その周囲には、有名な「羽毛の生えた蛇の神殿」、それとほぼ同じ大きさの基壇を有する「双子の神殿」（21.1×18.7メートル）、さらに「石碑の神殿」や「アクロポリス」などがある。都市中心部には、石を敷き詰めた貯水場（容量24万リットル）があり、都市の他の場所に配水する設備が整っていた。

　「羽毛の生えた蛇の神殿」は、小規模なタルー・タブレロ様式建築である。しかし、その外壁の洗練された石造彫刻ゆえに、ショチカルコで最も有名な神殿ピラ

ミッドになっている。8体の羽毛の生えた蛇の図像やメキシコ中央高地の260日暦の日付の文字などが刻まれた。羽毛の生えた蛇のくねった胴体の上下には、ケツァル鳥の羽根の頭飾り、耳飾りや首飾りを装着したマヤ的な高位の男性たちが座っている。「羽毛の生えた蛇の神殿」は、往時は赤、緑、青、黄、黒、白などで彩色されていた。

発掘調査によって、「羽毛の生えた蛇の神殿」は2回ほど増改築されたことがわかっている。1期の神殿は「中央広場」の前時期の床面の上に、2期の神殿は3期（最終期）の神殿ピラミッドと同じく「中央広場」の最終期の床面の上にそれぞれ建造された。1期と2期の神殿ピラミッドの外壁には、ブロック状の切り石による壁龕状の装飾があるだけで洗練された石彫はなかった。「双子の神殿」は、「羽毛の生えた蛇の神殿」の北に平行して建造された。「双子の神殿」の二つの部屋の内部には、かつて黒、赤、白、青で壁画が描かれていた。

青は有名な「マヤ・ブルー」である。それは藍とマヤ文明が栄えたユカタン半島特産の粘土鉱物を混ぜ加熱して作り出された高価な遠距離交換品であった。旧大陸の青色顔料はほとんどすべて鉱物を用いている。「マヤ・ブルー」は世界でも稀な有機青色顔料である。それはひじょうに堅牢な青色顔料であり、水だけでなく、アルカリ、他の溶液や熱にも強い。発掘調査では400点ほどの壁画の破片が出土した。保存状態が悪いために図

像の詳細は不明である。「双子の神殿」は、1回だけ増改築された。

「羽毛の生えた蛇の神殿」の南30メートルほどに、「建造物Ｘ1-4」（底辺35×35メートル）がある。それは「中央広場」に面する最大の建造物であった。「建造物Ｘ1-4」の中央には半地下式の中庭があり、その背後（東）に小さな神殿ピラミッドがある。それはオアハカ盆地のモンテ・アルバン遺跡の建築様式に類似する。メキシコ人考古学者セサル・サエンスは、1961年に「建造物Ｘ1-4」を発掘して大発見を成し遂げた。半地下式の中庭の東側の「石碑の神殿」の中から、水銀朱で赤色に染められた三つの石碑を検出したのである。

石碑は石偶、アラバスター（雪花石膏）製仮面、アラバスター製容器、黒曜石製石鏃・石刃・エクセントリック石器、翡翠製数珠、貝製数珠、トルコ石製数珠や多彩色土器など豊富な供物とともに埋納されていた。石碑にはメキシコ中央高地で確認されている最古の3人の王の図像と名前、生誕、即位、戦争や死という同地域で最も詳細な王朝史が刻まれている。石碑は、メキシコ国立人類学博物館で鑑賞できる。

「アクロポリス」は、1990年代の発掘調査にともない全面的に修復された。二つの中庭を囲んで14の部屋を有した2階建ての建築複合体であり、儀礼用の蒸し風呂や倉庫も備えていた。都市の最も高い場所にあり、王族の住居であった可能性が高い。ショチカルコの支配層は、広範

図76：ショチカルコ遺跡の「二つの文字の石碑の広場」から見る「大ピラミッド」（撮影　青山和夫）

な地域と交流した。芸術様式にはメキシコ中央高地の伝統に、オアハカ盆地、メキシコ湾岸低地、マヤ低地などの文化要素が取捨選択されて織り交ぜられた。アメリカ合衆国南西部産のトルコ石、太平洋とメキシコ湾岸産の海産貝、古典期ベラクルス文化の石製球技具、メキシコ西部のウカレオやメキシコ中央高地のパチューカ産の黒曜石、プエブラ州産の大理石製容器、メヒコ州やゲレロ州産の土器などが遠距離交換された。

　有名な「地下天文観測所」は、地下に建造された。それは洞窟を人工的に拡張・整備したもので、洞窟へ降りる石の階段が設けられた。洞窟信仰との関連が指摘されよう。テオティワカンやモンテ・アルバンにも同様な地下観測所があるが、ショチカルコの観測所が最も保存状態が良く8.7メートルと深い。洞窟の壁と床面には漆喰が塗られ、黒、黄、赤に彩色されていた。日光の長い光路が煙突状に掘られ、石組みで固められている。4月30日〜8月12日の105日間、日光が上部の六角形の小さな穴から入り、光路を通って洞窟の床面に達する仕組みになっている。260日暦と同数の260日間は、日光が差し込まない。365日暦の残りの105日は、52日と53日に分けることができる。4月30日から52日後と8月12日から53日前は、ちょうど夏至の6月21日に当たる。

　「石碑の神殿」の南の「テラスX2」に

ショチカルコ遺跡の羽毛の生えた蛇の神殿

図77：ショチカルコ遺跡の「羽毛の生えた蛇の神殿」の石彫（撮影　青山和夫）

は、ショチカルコ最大の「大ピラミッド」（高さ12メートル）がそびえ立つ。「テラスX2」の南には、「二つの文字の石碑の広場」へと降りる幅35メートルの石造階段が設置された。「二つの文字の石碑の広場」から見ると、「テラスX2」の高さが加わって「大ピラミッド」はさらに大きく見える（高さ21メートル）。「二つの文字の石碑の広場」の中央には、「10の葦(あし)」と「9の爬虫類の目」の二つの日付の文字が刻まれた石碑が立つ基壇状の祭壇がある。テオティワカンには石碑はなかったので、石碑の建立はサポテカ文明やマヤ文明との交流を示唆する。

テオティワカンにはない、平面がI字型の球技場がショチカルコの特徴の一つである。「二つの文字の石碑の広場」の西には、六つの球技場の中で最大の「南の球技場」が見える。球技具や防具を身に着けた球技者の2チームが、球技場の得点板に一つの固いゴム球を当てたとされる。「北の球技場」の床面には、もともと傾斜壁に嵌め込まれていた石製得点板が置かれている。さらに南には、メソアメリカ最大級の儀礼用の蒸し風呂テマスカルがあった。蒸し風呂は、身体を清める宗教儀礼や儀礼的な病気治療に使われたとされる。あらかじめ熱して真っ赤になった火山岩を中に入れ、その上に薬草植物をのせたのでサウナとアロマセラピーの効果があった。ショチカルコは、900年頃に内乱または戦争によって陥落し、短時間に放棄された。

ショチテカトル遺跡の花のピラミッド
Pyramid of Flowers of Xochitecatl

図78：ショチテカトル遺跡の「花のピラミッド」（撮影　青山和夫）

基本情報
国名：メキシコ合衆国
場所：トラスカラ州ナティビタス
座標：北緯19°14′41.39″　西経98°20′57.8″
高さ：37メートル
規模：東西165メートル×南北120メートル
建造年代：紀元前600〜紀元後50年、紀元後600〜900年頃

　カカシュトラ遺跡の西隣にある死火山のショチテカトル山の上には、ショチテカトル遺跡がある。遺跡名は、ナワトル語で「花の家系の場所」を意味する。1994年から一般公開されており、カカシュトラ遺跡の入場料に含まれている。

最大の建造物「花のピラミッド」は、テオティワカン遺跡の「月のピラミッド」やプエブラ州トティメワカン遺跡の「テパルカヨ1・ピラミッド」にほぼ匹敵する大神殿ピラミッドである。ピラミッド状基壇は9層からなる。「花のピラミッ

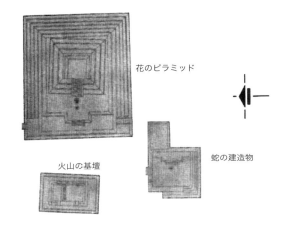

図79：ショチテカトル遺跡中心部の平面図（Serra Puche and Baigts 1994:68より作成）

ド」はカカシュトラ遺跡からもよく見え、歩いて訪問できる。

「中央広場」は、ショチテカトル山の山頂を人工的に平らにして建造された。先古典期中期・後期（紀元前600～紀元後50年）に、「中央広場」の東に「花のピラミッド」、西に「渦巻きのピラミッド」（直径50メートル、高さ15.6メートル）、南に「蛇の建造物」（底辺73メートル×58メートル））が建設された。「渦巻きのピラミッド」は平面が円形のピラミッドであり、火山を模倣したと考えられる。「花のピラミッド」は、ブロック状の切り石と未加工の石によって建造された。ポポカテペトル火山が50年頃に噴火して、ショチテカトルは放棄された。

再居住された古典期（650～900年）に先古典期の建造物が増改築され、「中央広場」の中央に「火山の基壇」（底辺33メートル×45メートル）が建設された。「花のピラミッド」もブロック状の切り石を使って大幅に増改築され、その上に

漆喰が塗られた。これは同時期のカカ
シュトラと共通する建築様式である。北
から16度ずれた新たな建築方位軸が設定
され、カカシュトラ遺跡の「神殿A」、
「花のピラミッド」とラ・マリンチェ火
山が一直線上に配置された。毎年9月29
日に「花のピラミッド」から、ラ・マリ
ンチェ火山の火口から太陽が昇るのが観
察される。

「花のピラミッド」の正面（西側）の石
造階段は、ブロック状の切り石だけでな
く製粉用磨製石盤メタテを再利用して造
られた。大部分のメタテは、玄武岩製で
ある。階段の前には、一枚岩から製作さ
れた大きな石桶が二つ置かれた。石桶は
それぞれ、直径3.7メートルと1.7メート
ルほどである。石桶の一つの中にはカエ
ル、爬虫類の口から出る男性、2人の男
性の顔を彫刻した計4点の石彫が入って
いた。

「花のピラミッド」からは、女性や豊穣
に関連した遺物が多く出土している。赤
ん坊から、盛装した成人女性、妊娠した
女性、赤ん坊を腕に抱く女性、老女にい
たる全世代の女性を模った土偶が供物と
して埋納された。土偶は、メキシコ湾岸
低地の様式と共通点が多い。30体以上の
埋葬が出土している。大部分は乳幼児で
あるが、女性の成人も含まれる。海の貝
や緑色石製の数珠や装飾板、土器や黒曜
石製石刃などが副葬された。「花のピラ
ミッド」の階段やその下からも、ガラガ
ラヘビの身体をもつ豊穣の女神シワコア
トル（高さ1メートル）、仰向けに横た
わって両手を頭の上に伸ばし両脚を広げ
て性器がむき出しの女性、座って自慰を
する男性の石彫などが出土した。

セイバル遺跡の建造物 A-20

Structure A-20 of Ceibal

図80：セイバル遺跡の「建造物 A-3」（撮影　青山和夫）

基本情報
国名：グアテマラ共和国
場所：ペテン県サヤシュチェ
座標：北緯16°30′42″　西経90°3′40″
高さ：14メートル
規模：東西42メートル×南北41メートル
建造年代：紀元前1000～900年頃

　セイバルは、グアテマラを代表する国宝級の大都市遺跡であり国立遺跡公園に指定されている。それはパシオン川を望む比高100メートルの丘陵という天然の要害に立地する。パシオン川は、熱帯雨林の間を流れる大河である。サクベ（舗装堤道）が、三つの主要な建造物群を結んでいた。57の石碑のうち22に碑文が記録されたが、少なくとも17の石碑が830～889年に建立された。硬質の石灰岩に緻密な図像が彫刻されており、保存状態が良好である。

　セイバルでは、紀元前1000年頃からマヤ低地で最古の一つとされるシェ土器が使われた。セイバルは先古典期中期（紀元前1000～350年）から古典期終末期（810～950年）、さらに後古典期前期（1000～1200年）の2000年以上という、

マヤ文明の都市遺跡としては例外的に長期間にわたって居住された。セイバル遺跡はハーバード大学の調査団が1964年から1968年まで調査しており、マヤ文明の研究史で世界的に有名である。ハーバード大学の調査では、古典期マヤ文明（200〜950年）の研究に重点が置かれた。そのために、セイバルにおける先古典期マヤ文明（紀元前1000〜紀元後200年）の盛衰に関するデータが不足していた。

調査団長の猪俣健（アリゾナ大学）と共同調査団長の青山和夫らは、グアテマラ、アメリカ、スイス、フランス、カナダ、ロシアの研究者とともに多国籍チームを編成して、2005年からセイバル遺跡で学際的な調査を実施している。調査の目的は、2000年以上のマヤ文明の盛衰の通時的研究、すなわち、マヤ文明の起源、王権や都市の盛衰、マヤ文明の盛衰と環境変動などである。私たちは、セイバル遺跡中心部の神殿ピラミッド、公共広場、王宮や住居跡だけでなく、遺跡周辺部の住居跡などに広い発掘区を設定して先古典期と古典期の全社会階層を研究した。そして地表面から10メートル以上も下にある自然の地盤まで数年かけて掘り下げるという、ハーバード大学が実施しなかった多大な労力と時間を要する大規模で層位的な発掘調査に挑んだ。マヤ文明の一遺跡当たり最も多い154点の試料の放射性炭素年代を測定して、セイバル遺跡の高精度編年を確立した。

セイバル最大の公共広場「中央広場」には、西側に「建造物A-20」、東側に「建造物A-10」（底辺54メートル×52メートル、高さ20メートル）という2基の神殿ピラミッドが建っている。これらは太陽の運行に関連した祭祀建築「Eグループ」を構成した。「建造物A-20」の正面（東側）には、低い基壇（底辺30メートル×10メートル、高さ1.9メートル）が付け加えられた。その2段目の階段の上に、「石碑18」が建てられた。その石彫の様式から889年以降に彫刻されたと推定される。「建造物A-20」の北側に、球技場が隣接する。「建造物A-10」は、北側が「建造物A-12」に南側が「建造物A-9」と連結されている。3基の建造物の長さを合わせると長さは85メートルになる。「建造物A-10」の正面階段の上に「石碑6」が、その両側に「石碑5」と「石碑7」がある。「石碑5」と「石碑7」には、球技者の図像が彫刻された。

私たちは「建造物A-20」、「建造物A-10」と「中央広場」を層位的に発掘した。「建造物A-20」ではトンネル式発掘調査も行った。調査の結果、「建造物A-20」には少なくとも11の建造段階があり、そのうち5期は先古典期中期前半のレアル期（紀元前1000〜700年）に属すことがわかった。特にレアル1期（紀元前1000〜850年）初頭という、現在のところマヤ低地最古の「Eグループ」が出土した。それは、自然の地盤を平らに削り取った「中央広場」と東西に面する公共祭祀建築の土製の低い基壇からなる。西側の「アハウ建造物」は、高さが

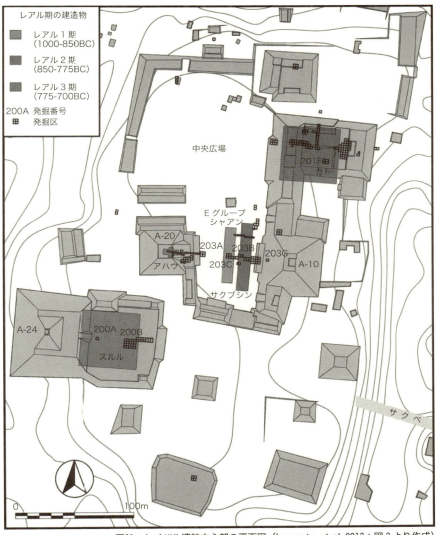

図81：セイバル遺跡中心部の平面図 （Inomata *et al*. 2013：図3 より作成）

２メートル、底辺４メートルの小さな基壇であり、正面（東側）には階段が設けられた。その東50メートルにある「シャアン建造物」は、高さが１メートル、長さが80メートルほどの細長い基壇であった。マヤ文明の公共祭祀建築と公共広場は、従来の学説よりも少なくとも200年早く紀元前1000年頃に建造されたことがわかった。

セイバル遺跡の「Ｅグループ」は、比高100メートルの丘陵上に明らかに農耕以外の目的で建設され、「神聖な文化的景観」を構成した。「アハウ建造物」は、レアル２期（紀元前850〜775年）に大幅に増改築され、「ベホム建造物」という高さが３〜５メートルの神殿ピラミッドを構成した。紀元前700年頃までには、神殿ピラミッドの高さは６〜８メートルに達した。つまり土製の低い基壇の公共祭祀建築が増改築されてマヤ文明で特徴的な石造の神殿ピラミッドになった。初期の公共祭祀建築は人工の神聖な山を象徴せず、後世になって文化的な意味が付け加えられたといえよう。セイバルの人々は、レアル３期（紀元前775〜700年）に「中央広場」を拡張して「シャアン建造物」を盛土で埋め、その東側に細長い基壇「サクプシン建造物」を建設し、石造の階段を設けた。

「スルル建造物」は、セイバル最大の「大基壇」の初期段階の土製基壇である。それはレアル１期に拡張され、高さは2.5メートル、長さは34メートルを超えた。レアル２期には、「スルル建造物」の上に大きな土製の基壇「チョッチ基壇」が増改築され、その高さは６メートルに達した。先古典期後期（紀元前350〜75年）には、「チョッチ基壇」の上にセイバル最大の神殿ピラミッド「建造物 A-24」（底辺71メートル×81メートル、高さ24メートル）を頂くようになった。いずれにしても、セイバル遺跡の初期の建設活動は、従来考えられていたよりも盛んだったのである。

セイバル遺跡の調査は、マヤ低地における先土器時代の採集・狩猟による移動型生活から定住社会に移行する共同体と複雑社会の形成過程を明らかにした。従来の研究では、定住集団と非定住集団は、それぞれ別の共同体を形成したと解釈されてきた。経済的観点から祖先崇拝や祭祀が分析され、そこから得た知見によって共同体における複雑社会の形成が論じられた。従来の学説によると、最初に定住した家族または拡大家族が、他の集団よりも経済的・社会的に優位な土地を獲得し、土地所有権を正当化するための手段として祖先崇拝をともなう家族儀礼が行われたとされる。その家族儀礼が他の集団にも浸透していく過程で、土地の権利と儀礼の秘術を独占する家族が共同体の支配層となったという。

私たちの調査によれば、セイバルでは定住性の度合い、価値観やアイデンティティなどが異なる多様な集団が、公共広場や祭祀建造物の建設・増改築（神殿・広場更新）を共同で行い、公共祭祀を執り行う過程で定住生活が確立されてい

き、集団が組織化された。公共広場で公共祭祀を慣習的に繰り返す実践によって、社会的結束と同時に社会格差が生まれて複雑社会が形成されていった。私たちの調査によって、（1）定住という新たな生活様式は、ある地域のすべての社会集団のあいだで必ずしも同時に起こらなかった、（2）大規模な公共祭祀建築は、定住共同体が確立された後ではなく、それ以前に建設されることもあったことがわかった。

　先古典期中期の共同建設作業や公共祭祀による社会格差の発生によって、共同体の中に支配層が生み出されていった。支配層は、時代が下るにつれ公共祭祀で中心的な役割を果たすようになる。緑石製磨製石斧や先古典期中期の権力者が装着した翡翠製胸飾りなどの供物が、「Eグループ」の公共広場の東西の軸線上に埋納され続けた。マヤ文明の権力者のあいだで最も重宝された海産ウミギクガイに生首を彫刻した胸飾りの供物も埋納された。この紀元前8世紀の胸飾りは、マヤ低地で最古の生首を彫刻した貝製装飾品である。それは古典期後期（600〜800年）の王や支配層の戦士が紐で結んで首にかけた、上下を逆さまにした捕虜の生首を彫刻した胸飾りと酷似する。生首を彫刻した貝製装飾品は、戦争における打ち首の習慣を示唆し、チャートや黒曜石から製作した武器の石槍とともに初期の戦争の証拠をなす。

　先古典期中期の後半（紀元前700〜350年）の「中央広場」の供物は、マヤ低地の西隣のメキシコ湾岸低地南部やチアパス地方との地域間交換を強く示唆する緑色磨製石斧から、マヤ低地の他のセンターとの密接な交流を示す土器が主流になっていった。同時に「中央広場」に支配層の墓や生贄墓が造られ、高度な製作技術が窺われる完形の石刃残核や他の特別な黒曜石製石器などの新たな供物や副葬品が埋納されるようになった。

　「Eグループ」で確立された太陽が運行する東西の中心軸は、約2000年にわたりセイバル遺跡で公共祭祀建築と公共広場を増改築するうえで重要視され続けた。公共祭祀を形作り公共祭祀建築を物質化したイデオロギーは、地域間交換や戦争など他の要因と相互に作用してマヤ文明の形成に重要な役割を果たしたと考えられる。セイバルの権力者は、地域間交換ネットワークに参加して、グアテマラ高地産の翡翠や他の硬質の緑色石、黒曜石や海産貝のような重要な物資だけでなく、世界観、宗教儀礼や美術・建築様式などの知識や技術を取捨選択しながらマヤ文明を築き上げていった。

　マヤ考古学では伝統的に建造物の発掘調査に重点が置かれてきた。セイバル遺跡の「中央広場」の大規模で層位的な発掘調査によって公共広場が先古典期中期に公共祭祀の主要な舞台であり続けたことがわかった。先古典期中期の供物は、主に公共広場に埋納されたことが重要である。対照的に、古典期マヤ文明の神殿ピラミッドは王権を強化する神聖な山を象徴し、内部に壮麗な王墓や供物が埋納

された。

セイバル遺跡と周辺部の400平方キロメートルにおいて航空レーザー測量（LiDAR）を2015年に実施した。航空レーザー測量で地形を遠隔探査した後に地上で踏査を行い、これまで全容がわかっていなかったセイバルの都市の構造を確認した。その結果、1万5000を超える考古遺構や少なくとも11の「Eグループ」を含む計25の先古典期の儀式センターを確認した。先古典期と古典期の人間の居住は、水はけの良い高台に集中し、傾斜地を農耕に活用していたこともわかった。

セイバルでは先古典期中期から1回目の繁栄期を迎え、先古典期後期（紀元前350～75年）には、多くの石造の神殿ピラミッドがそびえ立つ人口1万人ほどの都市に発展した。ところが、セイバルでは先古典期終末期（紀元前75～紀元後200年）初頭から戦争が激化して、社会が政治的に不安定になった。最初の中心地「グループA」よりも防御に適した丘の上に新たな中心地「グループD」が建設された。古典期前期のフンコ2期（300～400年）に1回目の衰退期があり、都市人口が激減した。セイバルの「マヤ文字の階段」に刻まれた碑文によれば、415年頃にカン・モ・バフラム王が統治していた。セイバル王朝は、1回目の衰退期に近隣のティカルなどマヤ文明の他の王朝の影響あるいは内政干渉によって成立したと考えられる。

セイバルは古典期後期（600～810年）

初頭に人口が増加して、2回目の繁栄期を迎えた。ところが、735年にドス・ピラス＝アグアテカ王朝の3代目王との戦争によって、セイバルのイチャーク・バフラム王が捕獲され、2回目の衰退期を迎えた。この時期に再び戦争が激化し、政治的に不安定になった。アハウ・ボット王は、神聖王の称号である紋章文字を使わず、その最後の碑文を800年に石造記念碑を刻んだ。

外来のワトゥル・カテル王が、近隣都市ウカナルの賛助によって829年にセイバル王に即位した。セイバルは3回目の繁栄期を迎えた。ワトゥル・カテル王は、セイバルの紋章文字を使った。「南広場」には持ち送り式アーチと四方に階段を有する神殿ピラミッド「建造物A-3」が修復されている。古典期後期のような石灰岩のブロック状の切り石ではなく、石灰岩の薄い石板で化粧張りしてあった。「建造物A-3」の東西南北に計4本の石碑が建っている。有名な「石碑10」には、双頭の儀式棒をもつワトゥル・カテル王の図像と名前が刻まれた。ティカル、カラクムル、モトゥル・デ・サン・ホセという三つの都市の王が、849年に重要なカトゥン（約20年の7200日）周期の完了記念日を祝う儀礼にワトゥル・カテル王に立ち会ったことが記された。マヤ低地南部の多くの都市が9世紀に衰退する一方で、セイバルはパシオン川流域で最大の都市として栄え人口は1万人を超えた。

古典期終末期にはウスマシンタ川流域

図82：セイバル遺跡の「大基壇」の発掘調査（撮影　青山和夫）

産の精胎土橙色土器が大量に搬入された。その図像は、古典期終末期の石碑に刻まれた非マヤ的な顔、衣装、装飾との類似点が多い。「グループC」は、「グループA」の東にあり、二つの球技場のうちの一つがある。修復された「建造物C-79」は、古典期のマヤ低地では稀有な円形建造物である。その正面には3本の石柱の上にジャガーの石造祭壇が配置された。そのうち2本にはギリシア神話に登場するアトラスのような人物像が刻まれ、祭壇を支えている。

　セイバルが衰退した要因の一つが戦争の激化であった。古典期後期と古典期終末期のセイバル中心部では、石槍の製作と使用が増加した。セイバル王朝は、889年に最後の石造記念碑を建立した後に衰退した。王宮が破壊され、火がかけられ、破壊儀礼が行われた。しかも王宮の外壁を飾った男性支配層の漆喰彫刻の顔が、儀礼的に打ち首にされていた。「中央広場」に面する神殿ピラミッドでも、同様に破壊儀礼が執行された。セイバル王朝の最後は、暴力を伴ったのである。セイバルは10世紀に放棄されたが、後古典期前期に小規模な再居住があった。

タカリク・アバフ遺跡の建造物5

Structure 5 of Tak'alik A'baj'

図83：タカリク・アバフ遺跡の「建造物5」（撮影　猪俣健）

```
基本情報
国名：グアテマラ共和国
場所：レタルウレウ県エル・アシンタル
座標：北緯14°38′45″　西経91°44′10″
高さ：16メートル
規模：東西113メートル×南北120メートル
建造年代：紀元前600〜紀元後500年
```

　タカリク・アバフ（以前はアバフ・タカリクと呼ばれた）は、グアテマラ太平洋岸斜面にある先古典期の石彫で有名な大センターであり、国立遺跡公園に指定されている。グアテマラ高地と太平洋沿岸の中間の肥沃な土壌に立地し、海抜600〜900メートルほどである。降雨量も豊富でカカオの栽培に適している。先古典期中期（紀元前800〜400年）から後古典期（900年〜16世紀）までの長い人間の居住があった。遺跡名は、キチェ・マヤ語で「立っている石」を意味する。364の石造記念碑が見つかっており、140以上に図像や文字が刻まれている。石造

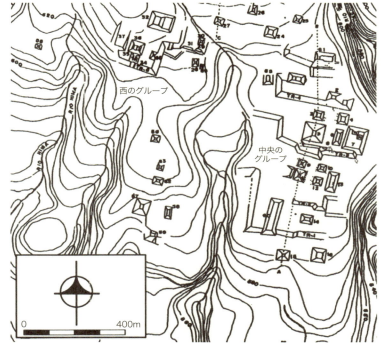

図84：タカリク・アバフ遺跡中心部の平面図（Popenoe de Hatch et al. 2000：図1より作成）

記念碑は、安山岩や玄武岩製である。先古典期中期には半人半ジャガー（人間とジャガーの超自然的な産物）やジャガーなどオルメカ美術様式の石彫が彫られ、土製の球技場が建造された。球技場は先古典期中期末に土で覆われて埋納され、それ以降タカリク・アバフに球技場は存在しなかった。

タカリク・アバフ遺跡は、少なくとも8平方キロメールに広がる。先古典期（紀元前800～紀元後150年）に山の斜面に大量の土を盛って10の人工的な台地が形成された。人工的な台地の東西の長さは200～700メートル、南北の幅は110～450メートルほどであった。場所によっては10メートル以上の土が盛られ、人工的な台地の上に少なくとも85の基壇が築造された。ピラミッド状基壇の上に、非恒久的な神殿が建てられた。

ピラミッド状基壇は、先古典期中期後半（紀元前600～400年）に粘土と土を固めて造られた。先古典期後期（紀元前400～100年）と先古典期終末期（紀元前100～紀元後150年）にピラミッド状基壇

は建造・増改築され、外壁に火成岩の川原石が積み重ねられるようになった。付近の川や小川では、川原石が豊富である。粘土に砂とタシュカルを混ぜたモルタルが川原石の間に詰められて補強された。タシュカル（マム・マヤ語で「やわらかい石」を意味する）とは、火山灰が自然分解した鉱物を多く含む地元産物質であり、建造物や広場を建造するうえで粘土に混ぜて広く利用された。

タカリク・アバフの支配層は、先古典期の地域間交換網に活発に参加した。ピラミッド状基壇以外に諸センターと共有した文化要素としては、王を描いた石碑、長期暦を含む碑文、ヒキガエルを模った石造祭壇、キノコを模った石彫、縛られた捕虜の図像などがある。タカリク・アバフには、グアテマラ太平洋岸低地のエル・バウル、チョコラ、モンテ・アルト、グアテマラ高地のカミナルフユ、エルサルバドル西部のサンタ・レティシアと同様に太鼓腹の像という特徴的な石彫もあった。

タカリク・アバフ遺跡は、「北のグループ」、「中央のグループ」、「西のグループ」と「南のグループ」に分けられる。「北のグループ」と「南のグループ」には石造記念碑はない。石造記念碑は「中央のグループ」と「西のグループ」に集中する。主要な公共広場の南北の中心軸には、真北から21度東にずれる独自の方位が適用された。「建設ブーム」は、先古典期終末期に起こった。現在地表に見ることができる大部分の神殿ピラミッドは、この時期に属する。先古典期終末期の石造記念碑は、再配置された先古典期中期と先古典期後期の石造記念碑とともに「神殿ピラミッド」の正面や上に建立された。大部分の石造記念碑は、公共広場に孤立して建立されたのではない。石造記念碑が「神殿ピラミッド」と組み合わされて、あるいはその一部として配置されたのが重要といえよう。

「中央のグループ」の「建造物12」（底辺42メートル×54メートル、高さ6メートル）は、4層の神殿ピラミッドであった。その南、西と東には計19の石造記念碑が配置された。南側に「石造記念碑69」、西側に8基と東側に10基の石造記念碑が列をなす。「石碑5」は、「建造物12」の中央階段の正面（西側）に建立され、無彫刻の祭壇と石碑・祭壇複合体を構成する。「石碑5」の正面には、向き合って「大地の帯」の上に立つ二人の盛装した王の間に碑文が刻まれている。長期暦の日付は紀元後83年と126年に相当する。「石碑5」の両側面には、それぞれ座した高位の男性と短い碑文が記された。南側面の高位の男性は玉座の上に座っている。「石碑2」の正面には、同様に向き合って立つ二人の王の間に碑文が記された。長期暦は紀元前19年以前のものである。碑文はマヤ諸語ではなく、ミヘ・ソケ語で書かれたという意見が強い。

「中央のグループ」の「中央広場」には、最大の神殿ピラミッド「建造物5」

が建つ。正面（東側）の階段は、幅16メートル、長さ27メートルほどである。「建造物5」の東側にある大きな基壇「建造物7」の上には石造記念碑が3列に配置され、小さな建物「建造物7A」と「建造物7B」が建てられた。「建造物7A」の正面（南側）には、様式化された蛇の図像が刻まれた「石碑13」が立つ。「石碑13」の南に、660点以上の土器の供物が先古典期終末期に埋納された。

「建造物7A」には、先古典期終末期の王墓「墓1」が埋葬された。上記の660点以上の土器の供物、「石碑13」と「墓1」は、真北から21度東にずれる「建造物7A」の南北の中心軸状に配置された。「墓1」の三の遺体は、古典期マヤ文明の王と同様に水銀朱で赤色に彩色されていた。翡翠製首飾り・耳飾り・ブレスレット、黄鉄鉱製モザイク鏡、長さ18センチメートルの黒曜石製石刃、土器などのほかに、拳ほどの大きさのミニチュアの翡翠製モザイク仮面と5点の穴の開いた装飾板からなる腰飾りが副葬されていた。これらは「石碑5」に彫刻された二人の王や古典期マヤ文明の王が装着した腰飾りと酷似する。

タカリク・アバフは、紀元後2世紀の長期にわたる干魃によって衰退した。古典期前期以降には長期暦を含む碑文や王を彫刻した石碑は建立されなくなった。古典期前期に新たな神殿ピラミッドは建てられず、多くの石造記念碑が破壊された。タカリク・アバフは古典期後期に2回目の繁栄期を迎えた。「建造物5」など神殿ピラミッドが改装されて新たな階段が付け加えられ、人工的な台地が拡張された。後古典期には、遺跡の北部分が主に居住に使われた。タカリク・アバフは、現在キチェ語を話すマヤ人とマム語を話すマヤ人が居住する地域の境界に立地する。後古典期にはキチェ・マヤ語かマム・マヤ語、あるいはその両方が話されていた可能性がある。

チチェン・イツァ遺跡のエル・カスティーヨ

El Castillo of Chichén Itzá

図85：チチェン・イツァ遺跡の「エル・カスティーヨ」（撮影　青山和夫）

基本情報
国名：メキシコ合衆国
場所：ユカタン州ティヌム
座標：北緯20°40′59″　西経88°34′7″
高さ：30メートル
規模：東西60メートル×南北60メートル
建造年代：750～900年頃

　メキシコのユカタン州にあるユネスコ世界遺産チチェン・イツァは、世界で最も有名なマヤ文明の遺跡といえる。チチェン・イツァは、古典期後期・終末期のマヤ低地北部で最大の国際都市であった。先古典期後期に居住が開始されたが、8世紀から都市化が進み、最盛期の900～1000年にはマヤ低地北部で最大の

広域王国の主都として栄えた。都市は少なくとも30平方キロメートルの範囲に広がり、人口は３万5000人を超えた。舗装堤道サクベは、メソアメリカで最多の90であり、都市中心部から放射線状に通っている。

碑文によれば、カフクパカル・カウィール王が869〜888年頃に統治した。植民地時代のスペイン人史料では、ククルカンという大王が君臨したとされる。かつて民族史料に基づいて、メキシコ中央高地のトルテカ文明（900〜1150年）の支配層、あるいはその影響を受けた外部民族がチチェン・イツァのマヤ人を征服したという仮説が提唱された。近年の層位的発掘調査、土器分析や放射性炭素年代測定法によって、侵略説は否定されている。チチェン・イツァの支配層は、トルテカ文明だけでなくメソアメリカの諸都市の支配層と広範に交流した。羽毛の生えた蛇神や仰向けになって腹部に皿を載せた男性戦士像チャックモールなど、当時のメソアメリカの支配層の間で共有された「国際的な」石彫様式を取捨選択して王権を正当化・強化した。

チチェン・イツァの支配層は、ユカタン半島沿岸部だけでなく広範な海上遠距離交換に参加していた。発掘調査によって、地元産の遺物だけでなく、アメリカ合衆国南西部産のトルコ石、メキシコ中央高地、メキシコ西部やグアテマラ高地の黒曜石製石器、グアテマラ太平洋岸産のプランベート土器、グアテマラ高地産の翡翠製品、中央アメリカ南部産の金や金・銅の合金など遠距離交換品が出土している。ユカタン半島北の沖合にあるセリトス島は、チチェン・イツァの交易港であった。島の面積を拡大するために長期間にわたって人工的に盛土され、防波堤や桟橋が建造された。チチェン・イツァという都市名は、ユカタン・マヤ語で「イツァ人の泉のほとり」という意味である。イツァ人とは、イツァ・マヤ語を話すマヤ人であるが、国際都市チチェン・イツァでは、様々な言語が飛び交っていたに違いない。

「エル・カスティーヨ（スペイン語で「城」を意味する：別名「ククルカン・ピラミッド」）は、この都市で最大の神殿ピラミッドである。高さ24メートルのピラミッド状基壇の４面には、それぞれ91段の階段があり、ピラミッド状基壇の上にある高さ６メートルの神殿に続く階段１段と合わせて計365段となる。「エル・カスティーヨ」は、365日暦、つまり太陽暦のピラミッドであった。またピラミッド状基壇の各面には52の壁龕があり、メソアメリカの52年周期の暦の数と一致する。「エル・カスティーヨ」の神殿の北側の出入口には、羽毛の生えた蛇の円柱が２本立つ。北側の階段下の両脇には、巨大な蛇の顔の石彫がある。

春分と秋分の日没の１時間ほど前に「エル・カスティーヨ」の北側の階段に当たる太陽の光と陰とが、風と豊穣の神ククルカン（羽毛の生えた蛇神）を降臨させる。ピラミッド全体が磁北から17度ほど傾けて建造された。それは長さ34

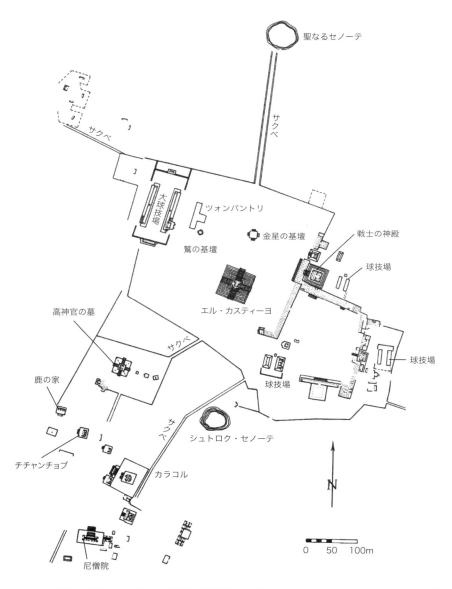

図86：チチェン・イツァ遺跡中心部の平面図（Coe and Houston 2015：図124より作成）

メートルほどの「光の大蛇」が空から降臨するように設計された壮大な政治的装置だった。王、貴族と都市住民が強力な宗教的体験を共有したのだろう。古典期のマヤ王は、生ける太陽神であった。暦と天文学の知識は、王権を正当化・強化する政治的道具でもあった。大蛇崇拝は、古代日本と共通する。春分と秋分の日に、すなわち半年ごとに「エル・カスティーヨ」にククルカンが降り立つ。これを見るため、世界中から数万人の観光客が集まってくる。「エル・カスティーヨ」の上からの眺めは絶景だが、登頂は禁止されている（2018年現在）。なお「光の大蛇」は、春分と秋分の日だけでなく、その前後の1週間ほど見ることができる。

実はこのピラミッドは、一度に建設されたのではない。発掘調査によって、その内部に前段階の高さ16メートルの神殿ピラミッドが埋蔵されていることがわかっている。前段階の神殿ピラミッドの基壇の方角は「エル・カスティーヨ」と同じであり、ピラミッド状基壇は同じく9層であった。しかし、前段階の神殿ピラミッドには、四面ではなく北側だけに階段が設けられた。建設者が、北の重要性を認識していたことが明らかである。前段階の神殿ピラミッドにも、「光の大蛇」が降臨した可能性が高い。前段階の神殿ピラミッドに設置された見学用トンネルの狭く急な階段を昇ると、内部の神殿まで行くことができる。内部の神殿の部屋には、チャックモールと呼ばれる仰向けになって腹部に皿を乗せた男性戦士の石彫、その奥に赤に彩色されたジャガーの玉座の石彫がある。ジャガーには、翡翠（ひすい）が目の斑点として嵌め込まれている。ジャガーは、マヤの王権の象徴であった。

メキシコ国立自治大学とメキシコ国立人類学歴史学研究所の合同研究チームは、「エル・カスティーヨ」内部の構造をさらに解明するために電気探査（三次元電気比抵抗トモグラフィー法）を2014年に実施した。その結果、前段階の神殿ピラミッドの内部にもう一つ前の段階の神殿ピラミッドが検出された。その基壇は、底辺の長さ23メートル、高さ10メートルであり、その上に高さ3メートルの神殿を頂いていた。すなわち、もう一つ前の段階の神殿ピラミッドは、高さが13メートルであった。

「エル・カスティーヨ」には少なくとも3期の建造段階があった。チチェン・イツァではまだ王墓が見つかっていないが、「エル・カスティーヨ」が王陵である可能性を指摘できる。「エル・カスティーヨ」の基壇は、王墓を内蔵するティカルの「神殿1」やパレンケの「碑文の神殿」と同様に地下界を象徴する9層だからである。将来の発掘調査で「エル・カスティーヨ」に内蔵された神殿ピラミッドから王墓が発見される可能性は十分にあるといえよう。「エル・カスティーヨ」から南へ進むと、「高神官の墓」と呼ばれる高さ10メートルの神殿ピラミッドがある。9層の基壇を有し、階

段の下の両脇には蛇の顔の石彫があり、エル・カスティーヨのミニチュア版といえよう。「高神官の墓」の正面（東側）には、円形の基壇状の祭壇がある。さらに南に進むと、「チチャンチョブ（赤い家）」や「鹿の家」が中庭を囲んでいる。

マヤ人の書記を兼ねる天文学者は、肉眼だけで正確に天体を観測した。それは、同じ星が同じ場所へ回帰する周期を知るという方法であった。現代人のように望遠鏡を見たい星に向けて、拡大して観測する必要はなかった。チチェン・イツァには、平面が長方形の基壇の上に建つ、3層の円柱形の天文観測所があった。高さは、12.5メートルである。内部に巻貝のような螺旋状の階段があるために、スペイン語で「巻貝」の意味する「カラコル」と呼ばれている。その観察窓からは春分と秋分の日没、月や金星が観察された。その基壇の北東隅は夏至の日の出、南西隅は冬至の日の出の方角を指した。基壇に立つ石碑の日付は、906年である。

チチェン・イツァ中心部にある「エル・カスティーヨ」、「大球技場」、「戦士の神殿」、500以上の頭蓋骨の石彫で装飾された基壇「ツォンパントリ」、「鷲の基壇」や「金星の基壇」は、実は人工的に盛り土された巨大な「大基壇」の上に建てられている。「大基壇」は、底辺の長さが600メートル×400メートルほどである。メソアメリカ最大の「大球技場」は、長さが168メートル、幅が70メートルもある。その直立する壁には、地上7メートルのところにゴム球を通したとされる石輪が付けられている。大球技場の一部を構成する「ジャガーの神殿」には、戦争、人々、町などの場面の壁画が描かれている。チチェン・イツァには、マヤ地域で最多の13の球技場がある。

戦士、鷲、ジャガー、捕虜などの石彫で装飾された「戦士の神殿」の前には、かつて屋根が覆っていた多柱回廊「千本柱の間」がある。その背後には熱帯雨林ではなく、熱帯サバンナに特徴的な低木林の密林が茂る地平線が広がる。スペイン人が「ラ・イグレシア（スペイン語で「教会」を意味する）」や「尼僧院」と名付けた建造物は、ウィツ（山）を表わす顔などの美しいモザイク石彫で装飾されている。碑文には、840～889年に相当する日付が解読されている。

マヤ低地北部では、マヤ低地南部と比べると降水量が少なく、川や湖沼がほとんどない。チチェン・イツァの周囲には川や湖沼がない。石灰岩の岩盤が陥没して地下水が露出した天然の泉セノーテは、チチェン・イツァで唯一の水源である。多くのセノーテは水源としてだけではなく、宗教儀礼において重要かつ神聖な場所でもあった。洞窟と水は密接な関係にあり、部分的に岩盤が陥没したセノーテは、洞窟信仰の対象の一つである。

チチェン・イツァ最大の「聖なるセノーテ」は、直径60メートル、深さ36メートルを誇る。「聖なるセノーテ」は、700年頃から雨と稲妻の神チャーク

図87：チチェン・イツァ遺跡の「戦士の神殿」（撮影　青山和夫）

の宗教儀礼に用いられて様々な供物が奉納された。これまでに13の大きなセノーテが確認されているが、「エル・カスティーヨ」は、北側の「聖なるセノーテ」と南側825メートルほどにある2番目に大きな「シュトロク・セノーテ」のあいだに建造された。後者は、都市住民に飲み水を提供した。セノーテの神聖性が都市の重要性を増し、王権を正当化・強化したのである。

　チチェン・イツァが、いつ、なぜ、どのように衰退したのかはまだ良くわかっていない。長期間にわたって何度も干魃が続いたのが衰退の原因の一つとする学説も唱えられている。一部の学者は、11世紀から衰退し始めたと主張するが、衰退期はもっと後であったという研究者もいる。碑文の最後の日付は、998年に相当する。チチェン・イツァの衰退によって、古典期マヤ文明は終わりを告げたといえよう。「聖なるセノーテ」は、16世紀までコスメル島の「イシュチェルの神殿」やイサマルの巨大なピラミッド群とともに、マヤ低地北部の重要な巡礼地として多くのマヤ人によって訪問され続けた。

チャルチュアパ遺跡の建造物 E 3-1

Structure E 3-1 of Chalchuapa

図88：チャルチュアパ遺跡の「建造物B1-1」（撮影　青山和夫）

基本情報
国名：エルサルバドル
場所：サンタ・アナ県チャルチュアパ
座標：北緯13°58′45″　西経89°40′27″
高さ：24メートル
規模：東西90メートル×南北120メートル
建造年代：紀元前900〜200年頃

　チャルチュアパは、エルサルバドル西部にあるメソアメリカ南東部の先古典期・古典期の大センターであった。それはマヤ高地の大都市カミナルフユの南東120キロメートル、マヤ低地南部の大都市コパンの南西120キロメートルの位置にある。遺跡はチャルチュアパ市の東に立地し、海抜約700メートルほどである。チャルチュアパ遺跡は、複数の神殿ピラミッドや住居で構成される計11の地

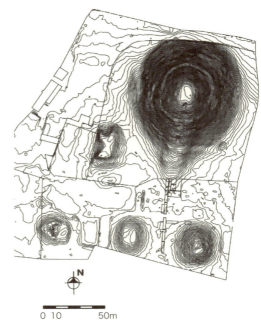

図89：チャルチュアパ遺跡の「エル・トラピチェ地区」の平面図。最大のピラミッドが「建造物E3-1」(Ito et al. 2015：図3より作成)

区からなる。それらは、北から南にエル・トラピチェ、カサ・ブランカ、パムペ、ペニャテ、ラス・ビクトリアス、タスマル、ヌエボ・タスマル、ロス・ガビラネス、ラグナ・クスカチャパ、ラグナ・セカとサン・ルイスである。

チャルチュアパは紀元前1200年頃から16世紀のスペイン人征服期までの2700年にわたって居住された。計158の先スペイン期の建造物跡と30以上の石彫が登録されている。アメリカ人やエルサルバドル人の考古学者だけでなく、大井邦明（故人）、伊藤伸幸（名古屋大学）、柴田潮音（エルサルバドル文化庁）、市川彰（名古屋大学）、村野正影（京都文化博物館）らが調査を行っている。

先古典期中期（紀元前900〜650年）にはエル・トラピチェ地区にチャルチュアパ最大の土製ピラミッド「建造物E3-1」が建造され、高さがすでに22メートルに達していた。先古典期後期に増改築され、その体積は7万6000立方メートルと推定される。「建造物E3-1」の基部には、メソアメリカ南東端の文字が刻まれた石碑「石彫1」や「様式化されたジャガーの顔」など安山岩製の石彫が先古典期後期に配置された。ラス・ビクトリアス地区では、先古典期中期と推定されるオルメカ美術様式の4人の男性有力者の像が「石彫12」に

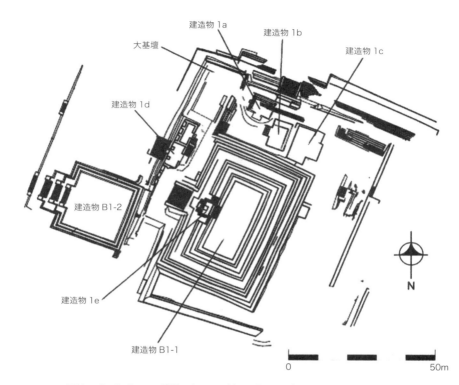

図90：チャルチュアパ遺跡のタスマル地区の平面図（Murano et al. 2011：図１より作成）

彫刻された。

　先古典期後期には、北に大きな神殿ピラミッド、南側の東と西に２基の建造物が向き合うように三角形に配置されたのが特徴であった。３基の公共建築の南北の中心軸上に石彫が設置され、土器などの供物が埋納された。３基の公共建築が周囲に配置された公共広場は開放的であり、人々が公共儀礼に参加するのが容易であった。墓には顕著な社会格差はみられない。紀元後50年頃にはカサ・ブランカ地区でも公共建築群が建造され始め

た。底辺が東西220メートル、南北240メートルの「大基壇」の上に高さ1.5～11メートルの６基の建造物が建てられた。「建造物５」は少なくとも４回にわたって増改築され、正面（東側）にはモノリスと石造祭壇が配置された。

　古典期前期には、チャルチュアパの中心はタスマル地区に移る。公共建築群は東西軸を重視し、入口が限定された閉鎖的な空間に変化した。強い権力をもつ支配者が出現し、質量ともに豊かな副葬品を有する豪華な墓に葬られた。400～550

年のイロパンゴ火山の大噴火によって厚さ20～30センチメートルの火山灰が降下した。この大噴火は、アメリカ大陸で完新世最大規模とされている。火山爆発指数が6で、1万平方キロメートルにわたって火山灰が降下した。

タスマル地区では噴火からしばらくしてから、噴火前と同じくアドベと泥漆喰を用いて建設活動が継続された。市川によれば、神々が宿る「神聖な山」を象徴した神殿ピラミッドの再建・増改築という共同作業が社会的な結束を促進し、噴火災害の復興において重要な役割を果たした可能性がある。土器の器形や装飾は、噴火の前後で大きく変化しなかった。噴火後の墓の大きさや精緻な造り、豊富な副葬品から、社会が発展していったと考えられる。

古典期後期（600～900年）には、タスマル地区ではアドベや泥漆喰から石造の神殿ピラミッドに大きく変化した。タスマル地区の「建造物B1-1」は先古典期後期あるいは古典期前期に建造され、古典期後期まで増改築された。まず主神殿と4基の基壇が東西南北に建造された。次に4基の基壇の間の空間を土や石で埋めて、底辺65メートル×74メートルの一つの基壇を構成した。その後に「建造物B1-1」は、主神殿を覆うように建設された。最終的に「建造物B1-1」（高さ23メートル）は大きな基壇（73メートル×87メートル）の上に建てられており、その前に「石彫21」（高さ2.63メートル）が立てられていた。「石彫21」には、男性立像の図像が刻まれているが文字はない。

「建造物B1-1」を増改築する際には、様々な埋納儀礼が執行された。主神殿に続いたと考えられる階段の下から、翡翠とトルコ石を組み合わせた見事な首飾り、骨製品、黄鉄鉱製モザイク鏡を副葬された権力者が埋葬された。「建造物B1-1」の南側では土器が埋納され、その中には翡翠製品、二枚貝や獣骨が納められていた。土器の外面には、頭飾りを着けた権力者が放血儀礼を執行する場面が描かれている。「建造物B1-1」の正面に付属する「建造物B1-2」（底辺27メートル、高さ6.3メートル）は、3層の神殿ピラミッドである。「建造物B1-2」は、古典期後期から後古典期前期にかけて少なくとも5回にわたって増改築された。建物の壁に「突出した石」を嵌め込んだ建築様式は、メキシコ中央高地の大都市トゥーラと類似している。この時期に、メキシコ中央高地に起源するナワトル語系集団が中央アメリカに移住したと考えられている。

チョルーラ遺跡の大ピラミッド
Great Pyramid of Cholula

図91：チョルーラ遺跡の「大ピラミッド」（撮影　青山和夫）

```
基本情報
国名：メキシコ合衆国
場所：プエブラ州サン・アンドレス・チョルーラ
座標：北緯19°3′27″　西経98°18′7″
高さ：66メートル
規模：東西400メートル×南北400メートル
建造年代：1世紀後半〜1200年頃
```

　メキシコ中央高地のプエブラ州にあるチョルーラは、1519年にエルナン・コルテス率いるスペイン人が侵略して先住民を大虐殺するまでメソアメリカ各地から巡礼者が集まり、大市場が開かれた羽毛の生えた蛇神（アステカの公用語ナワトル語で「ケツァルコアトル」）の大宗教・商業都市であった。都市の建設は先古典期終末期に開始された。古典期には5平方キロメートルの範囲に1万5000〜2万人の人口を有するメキシコ中央高地でテオティワカンに次ぐ2番目に大きな都市

として繁栄した。タルー・タブレロ様式建築、芸術様式や土器様式から、チョルーラと100キロメートルほど離れたテオティワカンの人々の密接な交流が示唆される。チョルーラは、オアハカ盆地、メキシコ湾岸低地、マヤ低地とも交流した国際都市として栄えた。最盛期の後古典期には、少なくとも10平方キロメートルの範囲に3万〜3万5000人が住んでいた。

チョルーラの「大ピラミッド」は、メキシコ中央高地で最大のピラミッドであった。それは湧き水の近くに建造された。メキシコ人考古学者たちが、1931年から25年かけて大ピラミッドの中でトンネル式発掘を実施した。発掘トンネルの長さは、全長8キロメートルに達した。その結果、先古典期終末期から後古典期前期まで少なくとも8期の建造段階が知られている。発掘用トンネルの一部が一般公開されている。遺跡公園の入口で入場券を買うと、トンネルの中に入って複数の埋蔵ピラミッドの床面や壁を観察できる。ピラミッド内部にはアドベ（日干しレンガ）が積み重ねられた。外面にはブロック状の切り石が積み上げられて、その上に漆喰が塗られた。ピラミッド状基壇の南側では、内部に土が盛られる場合もあった。

「大ピラミッド」はポポカテペトル火山（海抜5452メートル）のレプリカであったと解釈されている。ポポカテペトル火山は、チョルーラの西30キロメートルにあり「大ピラミッド」から良く見える。

「大ピラミッド」は都市の中心に建てられ、天上界、地上界、地下界を連結した。ピラミッド全体が、西から北に26度ほど傾けて建造された。西側の階段が夏至の日没の光に真正面から照らされ、夏至の最後の日光がピラミッド状基壇の上の神殿に当たるように設計されていた。「大ピラミッド」は、太陽神崇拝に関連していた可能性が高い。ピラミッドの階段の前には、高さ4メートルほどのモノリスが立っていた。モノリスの下部には、長方形の穴が開けられている。モノリスは、夏至の日没など天体観測に利用された可能性がある。

1期の「大ピラミッド」はポポカテペトル火山の50年頃の噴火の後の1世紀後半に建造されたが、その大きさは不明である。2期の「大ピラミッド」は、100年頃に建てられた。アドベ製のタルー・タブレロ様式建築であり、その上に漆喰が塗られた。底辺の長さは東西107.41メートル、南北は少なくとも130メートル、高さは17.24メートルであった。体積は11万9934立方メートルと推定される。7層のピラミッド状基壇の上に神殿の壁が残っており、その底辺の長さは19メートルと計測されている。ピラミッド状基壇の6層目と7層目のタブレロ（垂直の枠付きパネル）には、黒の上に赤、緑、黄、白で壁画が描かれた。骸骨の顔と昆虫の身体をもつ図像は、蝶の幼虫が変態する様子と解釈されている。

3期の「大ピラミッド」は、2期のピラミッドの上に2世紀に増改築された。

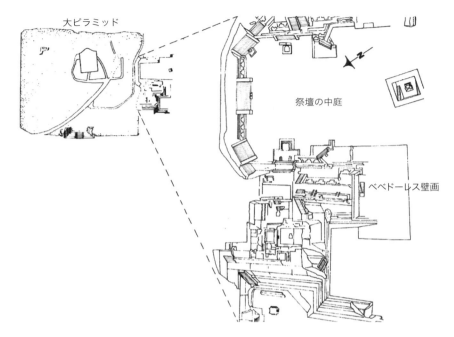

図92：チョルーラ遺跡の平面図（Solanes Carraro 1991より作成）

　4期のピラミッド状基壇は9層であり、底辺の長さ180メートル、高さ35メートルになった。その頂部は底辺90メートルの広さがあった。内部はアドベ製で、外面が主に石灰岩で覆われた。石灰岩は10キロメートル以上離れた場所で採掘され運搬された。メキシコ中央高地の神殿ピラミッドとしては珍しく、マヤ文明の神殿ピラミッドのように4面に階段が設置された。北側の階段は52段であり、メソアメリカの52年暦と同じであった。壁画の破片が見つかっており、黒い点が施された青色の2匹の蛇の間に黄色のジャガーが描かれた。別の壁画の破片には、黒と白の格子文様が残る。4期のタルー・タブレロ様式建築は、テオティワカンの典型的なタルー・タブレロ様式建築と傾斜壁（タルー）の長さと幅の比率が異なる。

　チョルーラは、テオティワカンが衰退した古典期終末期にも繁栄し続けた。6期の「大ピラミッド」は、巨大なタルー・タブレロ様式建築であった。5期のピラミッドをアドベで完全に覆い、外壁にブロック状の切り石が積み上げられた。底辺の長さは350メートル、高さは

図93：チョルーラ遺跡の6期の「大ピラミッド」（撮影　青山和夫）

65メートルに拡張された。タルー・タブレロには、ブロック状の切り石が隙間なくきれいに積み上げられた。その一部が復元されている。タブレロには、王権の象徴の筵（むしろ）の文様に切り石が嵌め込まれた。

「祭壇の中庭」は、「大ピラミッド」の南側の大きな広場である。二つの長い基壇「建造物3」と「建造物4」が、「祭壇の中庭」の西と東に建造され、6期の「大ピラミッド」と連結された。「祭壇の中庭」は、少なくとも6回にわたって計9メートルほど土を盛り上げて増改築された。中庭を囲む建造物の傾斜壁（タルー）には、特徴的な逆T字型の図像が表象されている。逆T字型の図像は、古典期後期・後古典期前期のオアハカ地方、メキシコ湾岸低地やマヤ地域でも見られた。「祭壇の中庭」には、モノリスや羽毛の生えた蛇の祭壇が配置された。モノリスの図像には、雷文形の模様などメキシコ湾岸低地のエル・タヒンとの共通点がみられる。

「祭壇の中庭」の地表面から7メートルほど下の「建造物3-1A下層」には、高さ2.5メートル、全長56メートルの有名な「ベベドーレス（酒を飲む人々）壁画」がある。等身大の110人が団欒しながら、酒を飲み交わす場面が活き活きと描かれている。大部分は男性であり、ふんどし、頭飾りを着け、なかには耳飾りや首飾りを装着する人物もいる。一説に

図94：チョルーラ遺跡の「ベベドーレス壁画」の復元図。チョルーラ遺跡博物館蔵（撮影　青山和夫）

よれば、その酒は宗教儀礼で用いられたリュウゼツラン科マゲイの甘い樹液（蜜水）の発酵酒プルケとされる。「ベベドーレス壁画」はテオティワカンにはないタイプの壁画である。

　外敵集団が、後古典期前期末（1200年頃）にチョルーラを征服した。「祭壇の中庭」の石碑が打ち壊され、「大ピラミッド」の西に新たに「ケツァルコアトルのピラミッド」が建造された。8期の「大ピラミッド」は、7期のピラミッドをアドベで完全に包み込んだ。しかしながら、8期の「大ピラミッド」の発掘調査では、外面を装飾したブロック状の切り石が出土しなかった。8期の「大ピラミッド」は未完成であった可能性がある。あるいは外面を装飾していたブロック状の切り石がはぎ取られて、「ケツァルコアトルのピラミッド」など後世の建設のために再利用されたのかもしれない。スペイン人侵略者ベルナル・ディアス・デル・カスティーヨの文書によれば、「ケツァルコアトルのピラミッド」は、アステカ王国の主都テノチティトランの「大神殿」（45メートル）よりも高かったという。「大ピラミッド」は、16世紀のスペイン人侵略まで山信仰と雨の神のための重要な神殿であり続けた。

　スペイン人は、16世紀に「ケツァルコアトルのピラミッド」を破壊してチョルーラの植民都市の建設に再利用した。そして、その跡地の上に聖ガブリエル修道院を建てた。スペイン人は「大ピラミッド」の上にロス・レメディオス教会を建設した。現在ロス・レメディオス教会は、メキシコを代表するカトリックの巡礼地になっている。

ツィビルチャルトゥン遺跡の七つの人形の神殿

Temple of the Seven Dolls of Dzibilchaltún

図95：ツィビルチャルトゥン遺跡の「七つの人形の神殿」（撮影　青山和夫）

基本情報
国名：メキシコ合衆国
場所：ユカタン州メリダ
座標：北緯21°5′27.60″　西経89°35′25.08″
高さ：16メートル
規模：東西26メートル×南北26メートル
建造年代：700年頃

　ツィビルチャルトゥンは、メキシコのユカタン州にある古典期のマヤ低地北部の大都市遺跡である。遺跡名は、ユカタン・マヤ語で「平たい石に文字がある場所」を意味する。マヤ低地北部の先古典期の標識遺跡である小都市遺跡コムチェンが隣接する。ツィビルチャルトゥンは、州都メリダ市中心街の北15キロメー

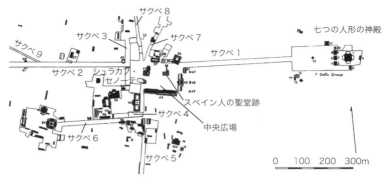

図96：ツィビルチャルトゥン遺跡中心部の平面図（Sharer 2006：図9.21より作成）

トル、メキシコ湾岸の塩の産地から17キロメートルに立地する。土壌が肥沃で、農作物と海産物が豊富な土地といえる。先古典期中期に居住が開始され、古典期前期に一時衰退した。測量された19平方キロメートルの範囲に8390以上の建造物跡が登録されている。最盛期の古典期後期・終末期には、4万2000人の人口が推定されている。

最大の水源シュラカフ・セノーテ（直径30メートル、深さ43メートル）の周囲に「中央広場」が建設された。セノーテの水中考古学の調査によって、様々な供物や人骨が見つかっている。チチェン・イツァの聖なるセノーテと同様に、宗教儀礼が執行されたことがわかる。神聖なセノーテは、都市計画に重要な役割を果たした。「中央広場」の南に面する長さ134メートルの「建造物44」は、マヤ地域最大の宮殿建築の一つである。「建造物44」は、北側に35の出入口をもつポポル・ナフ（会議所）であったと考えられる。「中央広場」から11のサクベ（舗装

堤道）が放射状に通り、「七つの人形の神殿」や球技場を結んだ。

有名な「七つの人形の神殿（建造物1下層）」は、1950年代に発掘された。それは後世に建造されたより大きな神殿ピラミッド「建造物1」の中から検出された。「建造物1」はすでに崩れ落ちていたが、そのピラミッド状基壇の高さは17メートルほどであった。「七つの人形の神殿」という名は、神殿から出土した人間を模った7点の小さな土偶から名付けられた。神殿の部屋の中には石造祭壇が配置されたが、7点の土偶は祭壇の前の床下に供物として埋納されていた。土偶は粗雑な造りで焼成温度が低く、彩色されていない。

「七つの人形の神殿」は、ツィビルチャルトゥンで最も古い持ち送り式アーチをもつ大きな建物といえる。神殿は、四方に階段が設けられた2層のピラミッド状基壇の上に建てられた。神殿は四方に出入口があり、東西の出入口の両側の壁に窓が設けられた。神殿の壁面上部は、計

図97：ツィビルチャルトゥン遺跡の「七つの人形の神殿」から眺望する「サクベ１」（撮影　青山和夫）

八つの神々の顔、蛇、羽根やマヤ文字などの漆喰彫刻で装飾された。「七つの人形の神殿」は補修されただけで、修復されていない。その東西の出入口は、春分と秋分の朝陽が射し込む構造になっている。すなわち「七つの人形の神殿」は、まさに「太陽の神殿」だったといえよう。

　古典期後期にはマヤ・アーチを有する典型的な古典期マヤ文明の石造建築が建造され、古典期終末期にはプウク様式の建築が発達した。25以上の石造記念碑があるが、浸食が激しい。「石碑９」には849年に相当する日付、「石碑19」には840年に相当する日付とともに、洗練された鳥の頭飾りを着けたカロム・ウクウ・チャン・チャーク王の図像が刻まれた。王は王家の守護神カウィールを表象する王笏を手に持つ。「中央広場」の東側には、「建造物42」という底辺の長さ67メートル、幅22メートル、高さ4.7メートルの低い基壇がある。カロム・ウクウ・チャン・チャーク王の墓は、「建造物42」から出土した。骨壺とともに鹿の骨製ヘアピンが副葬されていた。ヘアピンには、王の名前とツィビルチャルトゥンの紋章文字（神聖王の称号）が彫刻されている。紋章文字には、「チイ・チャン・ティ・ホ」の王と記されている。これが古典期の都市名だった可能性が高い。

　人口は1000年以降に減少したが、後古典期前期に古典期の建造物から石灰岩のブロック状の切り石を再利用して新たな建造物が建造された。例えば、神殿ピラミッド「建造物36」が「中央広場」の北東隅に建てられた。粉々に破壊された「石碑９」、「石碑18」と「石碑19」の破片が、この神殿ピラミッドの壁に嵌め込まれた。かつてはピラミッドの外壁を装飾していた650もの石灰岩のモザイク石彫が、がれきの中から見つかった。外敵が王権を象徴する石碑や神殿ピラミッドを破壊して、ツィビルチャルトゥン王朝が断絶した可能性が高い。ツィビルチャルトゥンは、スペイン人征服期まで居住され続けた。「中央広場」には、スペイン人がツィビルチャルトゥン遺跡の建造物を破壊し、石灰岩のブロック状の切り石を再利用して16世紀末に建設した聖堂跡がある。

ツィンツンツァン遺跡の大基壇とヤカタ

Great Platform and Yácata of Tzintzuntzan

図98：ツィンツンツァン遺跡のヤカタ（撮影　猪俣健）

基本情報
国名：メキシコ合衆国
場所：ミチョアカン州ツィンツンツァン
座標：北緯19°37′42″　西経101°34′44″
高さ：12メートル
規模：東西250メートル×南北450メートル
建造年代：1450〜1522年頃

　ツィンツンツァンは、後古典期後期のタラスコ王国（1350〜1522年）の主都として栄えた。タラスコ王国は、メソアメリカでアステカ王国に次ぐ2番目に大きな王国であった。民族史料によれば、伝説上の英雄タリアクリ王がメキシコ西部ミチョアカン州のパツクアロ湖盆地にタラスコ王国を創始したという。最初の主

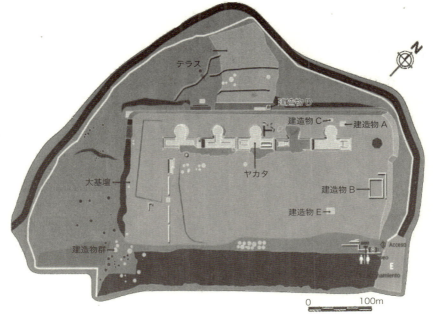

図99：ツィンツンツァン遺跡の平面図（https://lugares.inah.gob.mx/zonas-arqueologicas/zonas/1746-tzintzuntz%C3%A1n.htmlより作成）

都はパツクアロ、次にイワツィオに短期間移り、15世紀半ばにツィンツンツァンになった。タラスコ王国は、アステカ王国と同様に多民族国家であった。公用語のプレペチャ語を話すタラスコ人だけでなく、他の多くの集団がナワトル語（アステカ王国の公用語）を話していた。タラスコ王国は、青銅・銅製道具の工芸で名高い。金や銀に似せた青銅製装飾品が主流であり、支配層の威信財として機能した。主要利器は石器であり続けた。

　タラスコ王国は、アステカ王国の最大のライバルであり、アステカ王国に一度も支配されなかった。タラスコ人の戦士は勇猛で恐れられていた。タラスコ人は14世紀前半の王朝の創始から100年足らずでメキシコ西部のミチョアカン州、グアナファト州南部、ゲレロ州北西部、ハリスコ州東部という7万5000平方キロメートルを超える広大な領域を統御した。

　ツィンツンツァンとは、プレペチャ語で「ハチドリの地」を意味する。1522年のスペイン人の侵略時には、2万5000～3万5000人が7平方キロメートルに住んでいた。「大基壇」の上には、長方形ピラミッドと円形ピラミッドを組み合わせた平面が鍵穴の形という特徴的なピラ

図100：ツィンツンツァン遺跡の復元模型。メキシコ国立人類学博物館蔵（撮影　青山和夫）

ミッドが五つあり、ヤカタと呼ばれる。ヤカタは、プレペチャ語で「多くの石」を意味する。「大基壇」とヤカタは、その内部に玄武岩の未加工の平石と土を積み上げて建造され、外面に玄武岩のブロック状の切り石が積まれた。ヤカタのブロック状の切り石には、しばしば線画が刻まれた。「大基壇」の中からは、60人以上の支配層の墓が出土している。

ヤカタは国家宗教儀礼を執行する場であり、タラスコ王国の太陽神クリカウエリとその4人の兄弟ティリピメに捧げられた。「ヤカタ5」は少なくとも4回、おそらく5回にわたって増改築された。ヤカタの上には、木造神殿が建てられた。タラスコ王国の東や南のメソアメリカの諸地域では、石、アドベ（日干しレンガ）や編み枝に泥を塗りつけた壁で神殿が建造された。タラスコ人は、神殿や住居を主に木を使って建てたのが特徴である。

タラスコ王国最後のタンガシュアン2世王は、1530年にスペイン人に暗殺された。末裔の先住民は、タラスコ人またはプレペチャ人と自称している。

ティカル遺跡の神殿4
Temple 4 of Tikal

図101：ティカル遺跡の「神殿4」（撮影　青山和夫）

基本情報
国名：グアテマラ共和国
場所：ペテン県フローレス
座標：北緯17°13′20″　西経89°37′25″
高さ：70メートル
規模：東西108メートル×南北144メートル
建造年代：741年頃

ユネスコ世界遺産のティカルは、グアテマラのペテン県にある先古典期・古典期マヤ文明の大都市遺跡である。ティカルは、マヤ文明の遺跡として初めて1979年にユネスコ世界遺産に指定された。マヤ文字の解読によれば、この都市は古典期に「ムタル」と呼ばれ、広域王国の主都として栄えた。ティカルの居住は遅くとも先古典期中期の紀元前800年頃に始まり、古典期終末期の10世紀頃まで2000年近く続いた。最盛期の古典期後期の123平方キロメートルの範囲に、6万2000人の人口が推定される。都市中心部から幅80メートルに及ぶ舗装堤道サクベが放射線状に張り巡らされ、巨大な神殿ピラミッド群、「北のアクロポリス」、「中央のアクロポリス」、「南のアクロポリス」や五つの球技場などが立ち並んだ。

ティカルは、エル・ミラドール、ナクベ、カラクムルといった先古典期の代表的な都市と同様に、大河川から離れた場所に立地する。ティカル中心部は、東と西に広がるバホ（雨季の低湿地）から50メートルほどの高さの複数の丘陵上に建造された。ティカルは、公共建築や地面が漆喰で完全に舗装された「漆喰コンクリートの都市」であった。漆喰を塗った神殿ピラミッドや公共広場に人工的な傾斜をつけて、雨水を漏らさず誘導して公共貯水池に集めた。最も大きな公共貯水池が、都市中心部のほぼ4方向に建設され、大神殿ピラミッドと隣接していた。乾季に水が不足するティカルの王は、公共貯水池の建設と管理および水に関連した儀礼によって権威を強化したのである。

ティカル遺跡で最古の公共建築群は、スペイン語で「失われた世界」を意味する「ムンド・ペルディード」地区で見つかった。太陽の運行に関連した儀式建築群「Eグループ」である。紀元前800〜700年頃から建造され始め、古典期後期まで増改築が繰り返された。広場に面して東側に細長い基壇、西側に増改築されて高さが35メートルになった「ムンド・ペルディード・ピラミッド（大ピラミッド）」がそびえる。マヤの都市では、太陽が運行する東西の軸が重要であり、ティカルの場合も王権を正当化するために利用された。

ティカルでは紀元後292〜869年の長期暦の日付が石碑に刻まれ、紀元後1世紀からほぼ800年の間に少なくとも33人の王がいた。「北のアクロポリス」は、複数の神殿ピラミッドを頂く、底辺の長さが100メートル×80メートルの巨大な建築複合体である。発掘調査では、古典期の五つの床面の下から、先古典期の12の床面およびマヤ・アーチを有する一連の石室墓が見つかった。豊かな副葬品をともなう墓は、すでに階層化されていた先古典期マヤ社会の一面を示す。初代王の墓と考えられる「墓85」は、目や歯の部分に貝を埋め込んだ硬質の緑色石製仮面、王族が放血儀礼に用いたアカエイの尾骨、海産貝、26点の土器など副葬品が最も豊富である。

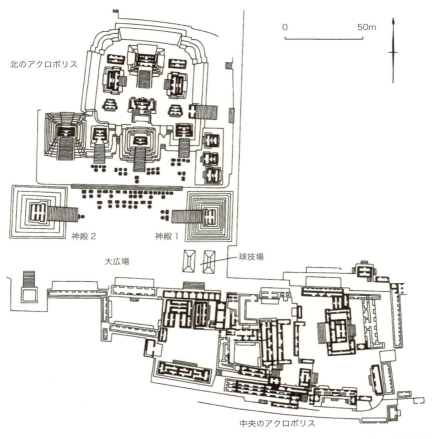

図102：ティカル遺跡中心部の平面図（Harrison 2000：図6より作成）

古典期前期のティカルでは、中心部から南8キロメートル、北4.6キロメートル、南東8.2キロメートルに全長30キロメートル以上にわたって防御壕と土塁が張り巡らされた。東と西はバホによって都市全体が防御されていた。マヤ文字の碑文によれば、378年にティカルで大きな政変があった。メキシコ中央高地の大都市テオティワカン出身のシフヤフ・カフクという男性貴族が、ティカルに到来して内政干渉した。

シフヤフ・カフクが新王になったのではない。同年にティカル14代目のチャク・トク・イチャーク1世王（360〜378年統治）が死去し、紀元後1世紀頃に創設された王朝が断絶した。前王と血縁関係がなく出自が不明なヤシュ・ヌーン・アイーン1世王が、379年に15代目王として即位した。新王は、テオティワカン支配層の政治的協力によってティカル王として即位し、その王権を正当化するために外来文化を取捨選択した。タルー・タブレロ様式の神殿ピラミッドが建設され、メキシコ中央高地パチューカ産の緑色黒曜石製石器などの遺物やテオティワカン様式の図像が増えた。ヤシュ・ヌーン・アイーン1世王の息子で16代目のシフヤフ・チャン・カウィールという大王（411〜456年統治）は、古典期前期の大きな神殿ピラミッドを建設し、ティカルはマヤ低地で最も重要な都市の一つとして発展した。

戦争の勝敗は、都市の盛衰を大きく左右した。碑文の解読によれば、21代目ワック・チャン・カウィール王は、562年の戦争でカラクムル王に敗北した。ティカルは「停滞期」に陥った。692年までの130年間、神殿ピラミッドの建設が中断し、マヤ文字が刻まれた石碑が建立されなくなった。ティカルを「停滞期」から復興した偉大な大王は、26代目ハサウ・チャン・カウィール王（682〜734年統治）であった。この大王は、695年にティカルの長年の宿敵カラクムルとの戦争に勝利した。

ハサウ・チャン・カウィール王の治世中に、「神殿5」（高さ57メートル）、「大広場」を挟んで東西に「神殿1」（高さ47メートル）と「神殿2」（高さ38メートル）などが建造された。「神殿5」は、ティカルで2番目に高い神殿ピラミッドである。26代目王は、その統治を過去のティカルの大王のそれと重ね合わせることによって王権を強化した。例えば代々の神聖王が埋葬された「北のアクロポリス」を大規模に増改築し、11代目シフヤフ・チャン・カウィール王が建立した「石碑31」を「北のアクロポリス」正面中央の大神殿ピラミッド「建造物5D-33」に儀礼的に埋蔵した。

ハサウ・チャン・カウィール王の遺骸は、「神殿1」内のマヤ・アーチを有する壮麗な石室墓「墓116」に埋葬された。王陵であった「神殿1」のピラミッド状基壇は9段であり、9層からなるマヤの地下界を象徴する。遺骸の下には、王権の象徴であるジャガーの毛皮、その下には同様に王権の象徴の筵が敷かれて

いた。副葬品は、豪華を極める。多数の彩色土器、真珠、貝製の装身具、法螺貝の形に造形されたアラバスター（雪花石膏）製皿、アカエイの尾骨などが副葬された。頭飾り、首飾り、耳飾り、ブレスレット、足首飾りなどの翡翠製品は、計3.9キログラムに及ぶ。王の超自然的な権威・権力は、大量の翡翠製品の副葬によって正当化・強化されたのである。

　ティカルの諸王は、建造物を小宇宙として配置して王権を正当化するために利用した。「双子ピラミッド複合体」では四つの建造物が広場を囲み、暦のカトゥン（約20年の7200日）周期の完了記念日を祝う儀礼が行われた。広場の東側と西側には、双子のように配置された同じ大きさの二つのピラミッドが配置された。双子ピラミッドは四方に階段を有し、「太陽が日の出と日没に利用した」と解釈されている。広場の南側の長い建物（九つの入口がある）は地下界とその9人の王を、北側にある屋根のない囲い（内部に一対の石碑と祭壇がある）は天上界を象徴した。王は神格化され、超自然的な権威が正当化された。

　「双子ピラミッド複合体」は6世紀から建造され始め、ティカルでは全部で九つ確認されている。26代目ハサウ・チャン・カウィール王は、カトゥン周期の完了記念日を壮大に祝い、「双子ピラミッド複合体」を三つも建造した。ティカル中心部の「大広場」にも、同様のパターンが見られる。「大広場」を挟んで東西に「神殿1」と「神殿2」の二つの神殿

ピラミッドが向かい合う。「大広場」の南側の「中央のアクロポリス」には地下界とその9人の王を象徴する九つの出入口をもつ「建造物5D-120」がある。そして、天上界を象徴する北側の「北のアクロポリス」には、先古典期終末期と古典期前期の代々の王が神格化して埋葬され、王権が正当化・強化されたのである。

　27代目イキン・チャン・カウィール王（734年に即位）は、父の偉業を受け継ぎ、ティカルを古典期後期最大の都市として発展させた。27代目王は、近隣の都市との戦争に次々と勝利した。さらに「神殿4」や「神殿6」を建設し、「中央のアクロポリス」を増改築した。ティカルの大神殿ピラミッドは、太陽の動きに関連させて配置された。例えば、春分と秋分に「神殿3」（高さ55メートル）の後ろに太陽が沈むのが、「神殿1」から観察される。また冬至に「神殿3」の後ろから太陽が昇るのが、「神殿4」から見える。4月18日と8月25日に、「神殿1」の上に立つと、「神殿2」の背後に太陽が沈む。この二つの日は、夏至より65日前と後に相当する。

　「神殿4」はティカル最大であっただけでなく、古典期マヤ文明で最大の神殿ピラミッドである。体積は11万9000立方メートルと推定される。「神殿4」は、底辺144×108メートルという「大基壇」の上に建造された。「大基壇」は、地山の上に張られた漆喰の床面の上に建てられた。2010年のトンネル式発掘調査に

図103:ティカル遺跡の「神殿4」から眺望する「神殿3」(右)、「神殿2」(左前)と「神殿1」(左奥)(撮影　青山和夫)

よって、「大基壇」の内部に前の建造物の階段が検出され、少なくとも1回は増改築されたことが判明した。

「大基壇」の上に建造されたピラミッド状基壇は7層(底辺88メートル×65メートル、高さ37.5メートル)であり、正面(東側)に階段が設置された。その頂部は39メートル×24メートルと広い。その上の神殿は、底辺33メートル×20メートルの基部の上に建てられた。神殿の正面(東側)の外壁は、三つの顔のモザイク石彫で装飾されていた。浸食と風化が激しいために、石彫の図像の詳細は不明である。神殿の上には、高さ13メートルという巨大な屋根飾りが際立つ。

基部の正面(東側)には長さ11.4メートルの階段があり、神殿の三つの持ち送り式アーチの部屋に導く。部屋の入口の天井には、それぞれサポジラ製のリンテル(まぐさ:出入口の上に水平に置かれた板)が取り付けられた。アカテツ科の常緑樹サポジラ(チコサポテ)は、熱帯雨林で高さ45メートルに達する高木であり、マヤ文明の諸都市で建築材として利用された。サポジラはきわめて堅い木であり、1000年以上の年月が経過した現在でもマヤ文明の建造物の原位置に現存する場合が多い。ティカルの「神殿4」に残っていた三つのサポジラ製リンテルは、保存状態が良好である。リンテルに

図104：ティカル遺跡の「神殿2」（撮影　青山和夫）

は、玉座に座る27代目イキン・チャン・カウィール王の図像が彫刻され、743年にエル・ペルー（ワカ）、744年にナランホとの戦争に勝利したことがマヤ文字の碑文に記されている。

　植物遺体の研究によれば、ティカルではサポジラは750年頃まで神殿や王宮などのリンテルや梁材として使われた唯一の木材であった。ところが、8世紀後半以降はログウッドが取って代わった。この変化は都市の人口増加にともなって森林が破壊されて、サポジラの入手が難しくなったためだと考えられる。巨大な「神殿4」は、ティカル繁栄というよりも黄昏時の始まりを象徴していた。

　ティカルでは、石碑に810年の暦が刻まれてから、60年近くも石碑が建立されなかった。9世紀以降、都市の人口が徐々に減少した。ティカルは巨大化の果てに、その限界を超えて衰退していった。度重なる戦争に加えて、都市周囲の水位が低下したという説がある。そのために、水や食糧が不足するようになったのだろう。石碑に刻まれた最後の長期暦は、869年である。それは、あの偉大な大王と同名のハサウ・チャン・カウィール2世王が建立させた。ティカルの9世紀中頃の人口は、全盛期の15〜20パーセントに減少していたと推定される。そして、都市は10世紀に放棄された。

テオティワカンの羽毛の生えた蛇の神殿

Feathered Serpent Pyramid of Teotihuacan

図105：テオティワカン遺跡の「羽毛の生えた蛇の神殿」の石彫（撮影　青山和夫）

基本情報
国名：メキシコ合衆国
場所：メヒコ州テオティワカン
座標：北緯19°40′54.48″　西経98°50′45.96″
高さ：20メートル
規模：東西65メートル×南北65メートル
建造年代：200年頃

　スペイン人が「城砦」と名付けた広場を囲む巨大な建築複合体の底辺は405メートル×397メートル、体積は70万立方メートルに及ぶ。方形の大きな広場には、10万人を収容できたと推定される。「城砦」は紀元後1世紀に建設され始め、2世紀にほぼ完成した。それはテオティワカンの南北に走る「死者の大通

359

テオティワカンの羽毛の生えた蛇の神殿

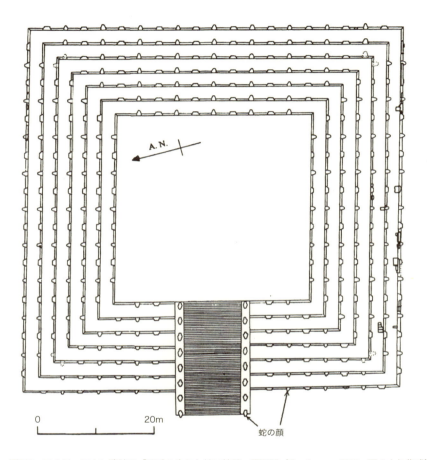

蛇の顔

図106：テオティワカン遺跡の「羽毛の生えた蛇の神殿」平面図（Sugiyama 2005：図6より作成）

り」と直交する、長さ5キロメートルを超える東西の主要道路の交差点に位置する。支配者の住居兼行政・宗教の中心地であった可能性が高く、タルー・タブレロ様式建築が使われた。タルー・タブレロとは、傾斜壁（タルー）の真上に垂直の枠付きパネル（タブレロ）を嵌め込んだ特徴的な建築様式である。それはメキシコ中央高地のプエブラ・トラスカラ盆地で先古典期中期・後期に発展し、テオティワカンでは150〜200年頃から使用された。

「城砦」の広場の東側には、有名な「羽毛の生えた蛇の神殿」が建てられた。それはテオティワカンで3番目に大きなピラミッドである。体積は3万6000立方メートルほどと計算される。「太陽のピラミッド」と「月のピラミッド」は、垂直性と体積を強調した。対照的に、タルー・タブレロ様式の「羽毛の生えた蛇の神殿」は水平性を引き立たせた。「羽毛の生えた蛇の神殿」内部は、未加工の石の壁を交差させて石や土を入れた強固な造りであった。「羽毛の生えた蛇の神殿」は、テオティワカンの他のピラミッドとは異なり、その外面に数百キログラムの巨大な安山岩（あんざんがん）のブロック状の切り石を注意深く積み上げて建造された。「羽毛の生えた蛇の神殿」の下には、「太陽のピラミッド」と同様に、人工的にトンネル状の「洞窟」が創り出された。

「羽毛の生えた蛇の神殿」は、テオティワカンの三大ピラミッドのうち唯一四方が石彫で装飾されている。200年頃の創建当初は、緑、赤、青、黄、白などで彩色されていた。外壁には、アステカ王国のケツァルコアトル神につながると考えられる羽毛の生えた蛇神の石彫が嵌め込まれた。羽毛の生えたガラガラヘビの図像とともに、丸い輪のようなものをつけた図像がある。その意味については、議論が分かれる。雨・嵐・豊穣の神トラロクあるいは「戦争の蛇」を表わすという説が提唱されている。260日暦の第1日の守護神シパクトリの複雑な頭飾りであるという説では、「羽毛の生えた蛇の神殿」が時間の起源神話に捧げられたという仮説が立てられている。

1980年代の発掘調査によって、計137体を含む25基の生贄埋葬が出土した。「羽毛の生えた蛇の神殿」が建設されたときに、未発掘のものを含めて200人以上の戦士・神官の生贄が埋葬されたと推定される。人の顎骨やイヌ・コヨーテの顎骨、それらを模した貝製首飾り、土偶、貝製装飾品、黒曜石製尖頭器、翡翠製装飾品などが副葬されていた。副葬品から、被葬者の間に大きな社会的地位の差があったことがわかる。10代前半の副葬品が乏しい集団、対照的に緑色石製装飾品が副葬された高位の集団が認められる。72体は数多くの黒曜石製尖頭器などの副葬品から男性戦士と推定される。「羽毛の生えた蛇の神殿」の中心に近づくほど副葬品が豊かになる傾向がある。

被葬者の8割近くが、両手を後ろ手に縛られている。このことから、自発的な殉死ではなくテオティワカンの支配者の

図107：テオティワカン遺跡の「羽毛の生えた蛇の神殿」の生贄埋葬墓。メキシコ国立人類学博物館蔵
（撮影　青山和夫）

強力な強制力による人身供犠であった可能性が高い。軍事的な色彩をもつ権力の象徴として、遺体を暦で重要な数（4、9、13、18、20）ごとに振り分けて、集団で生贄埋葬されたと考えられる。以前は初期のテオティワカンは軍事的な傾向が弱いとされていた。最近の調査によって、都市形成の初期から戦争と人身供犠が重要であったことがわかった。「羽毛の生えた蛇の神殿」の中央部が先スペイン期に盗掘されているために、生贄墓に囲まれた王墓があったのかどうかは不明である。いずれにせよ「羽毛の生えた蛇の神殿」からは、現在までのところ王墓は見つかっていない。

生贄にされた人骨と歯の酸素同位体比を測定したところ、男性戦士ではテオティワカン出身だけでなくオアハカ盆地、メキシコ湾岸低地、マヤ高地あるいはメキシコ西部など外部からテオティワカンに移住したことがわかった。すなわち男性戦士は敵の捕虜ではなく、様々な場所から募ったテオティワカン社会の一員であった可能性が示唆される。男性戦士に副葬された人間の顎骨の多くが男性であり、メキシコ盆地内やその近くの出身と考えられる。大部分の戦士ではない生贄は、外部出身であった。生贄にされた女性は、テオティワカン出身だけでない。オアハカ盆地、マヤ高地あるいはメキシコ西部などからの移住者もいた。すなわち、テオティワカンの戦士や社会は、多民族集団で構成されていた。「羽毛の生えた蛇の神殿」の正面（西側）は350年頃に基壇が付け加えられて埋蔵された。

テオティワカンの太陽のピラミッド

Sun Pyramid of Teotihuacan

図108：テオティワカン遺跡の「太陽のピラミッド」（撮影　青山和夫）

基本情報
国名：メキシコ合衆国
場所：メヒコ州テオティワカン
座標：北緯19°41′34.8″　西経98°50′38.4″
高さ：64メートル
規模：東西224メートル × 南北224メートル
建造年代：200〜250年頃

　ユネスコ世界遺産のテオティワカンは、メキシコ市の北東約40キロメートルに位置し、メソアメリカで最も多くの観光客が訪れる都市遺跡である。旧大陸では伝統的に文字が文明の条件として重視されるが、テオティワカン人は複雑な文字体系の恩恵なしに古典期の南北アメリカ大陸で最大の都市を発展させた。200年までにテオティワカンで国家的な政治組織が発達し、古典期のメキシコ盆地の政治・経済・宗教の大中心地として栄えた。

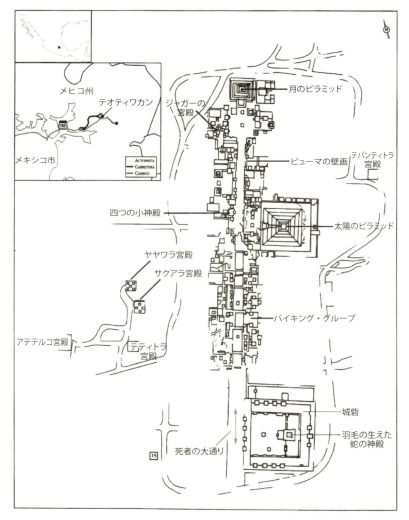

図109：テオティワカン遺跡の平面図（Roura 2003:82より作成）

　テオティワカンは古典期メソアメリカ最大の国際都市であった。テオティワカンの支配層は、マヤ地域をはじめメソアメリカの他地域の支配層と広範に交流した。碁盤の目状の入念な都市計画と大人口の極度の集住形態が特徴である。全部で約600の神殿ピラミッドが立ち並ぶ威容は、アメリカ大陸に類例を見ない。都

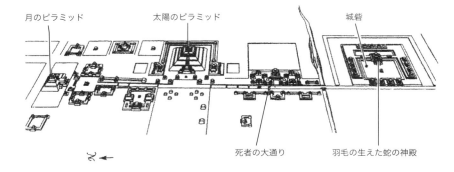

図110：テオティワカン遺跡の中心部の復元図（青山・猪俣1997：図22より作成）

市中心部は550～600年頃に破壊された。後古典期後期のアステカ人は、廃墟と化した巨大なピラミッドに感銘し、ナワトル語（アステカの公用語）でテオティワカン（「神々の場所」）と呼んだ。

考古学者がテオティワカンで発掘した面積は、5パーセントに満たない。紀元前100～紀元後1年には、大きな神殿ピラミッドはまだなかった。都市面積は6～8平方キロメートル、人口は2万人ほどであった。都市は紀元後1～100年に急速に発展し、都市面積は12平方キロメートル、人口は6万から8万人になった。最盛期（200～550年）には、23.5平方キロメートルの面積に10万人ほどの人口が密集した。テオティワカンはアメリカ大陸で最大かつ当時のローマに匹敵する世界的な大都市として栄華を極めた。都市建設の初期段階の200年頃から、真北より15度25分東にずれたテオティワカン独自の新方位が確立された。碁盤の目状の入念な都市計画に基づいて「太陽の ピラミッド」、「月のピラミッド」、「城砦」などの巨大な公共建築群が建設された。

都市の中心軸は南北に走る「死者の大通り」で、長さは3316メートル、幅は40～60メートルほどある。その名称は、アステカ人が大通りの両側の大建造物跡を「墓」と誤解したことに由来する。今までのところテオティワカンでは一個人の王を埋葬した王墓は見つかっていない。したがって、「太陽のピラミッド」をはじめとする大ピラミッドが王陵（王や王家の重要人物を葬り祀る巨大な記念碑的建造物）として機能した証拠はない。

杉山三郎（愛知県立大学）らの測量調査によれば、テオティワカンの長さの基本単位は約83センチメートルであった。興味深いことに、主要建造物の長さや建造物間の距離はこの基本単位で割り切れる。例えば「太陽のピラミッド」の増改築の前の底辺の長さは、基本単位の260倍、「太陽のピラミッド」と方形の広場

を囲む大基壇群「城砦」の距離（約4322メートル）は、520倍（260日暦の2倍）など暦の倍数になる。「死者の大通り」の北半分（1662メートル）と南半分（1654メートル）は、それぞれ基本単位の約2000倍である。テオティワカン人は、円内に交差線がある測量の「水準点」を都市の複数の地点に刻んだ。杉山は、初期の都市計画がテオティワカンの支配層の世界観や暦を反映した壮大な構想に基づいていたと主張する。

「太陽のピラミッド」は、先スペイン期のメキシコ盆地で最大の神殿ピラミッドであった。1期の「太陽のピラミッド」は200年頃に一気に建設されたが、最終規模に近い威容をすでに誇っていた。その高さは現在の高さとほぼ同じ63メートル、ピラミッド状基壇の底辺の長さは216メートルであった。250年頃に正面に小さな基壇が付け加えられ、ピラミッド自体が増改築されて体積127万立方メートルになった。それは2番目に大きな「月のピラミッド」の約4倍、3番目に大きな「羽毛の生えた蛇の神殿」の約35倍を誇る。「太陽のピラミッド」は、タブレロ（垂直の枠付きパネル）を嵌め込んだ建築様式である。

　現在の「太陽のピラミッド」は実は往時とは異なる。メキシコ人のレオポルド・バトレスは1905〜1907に発掘調査を行い、「5層のピラミッド」として「復元」した。この調査は、メキシコ独立100周年（1910年）の記念行事の一環として実施された。しかし、それは学術

的な調査体制が確立される前であった。「太陽のピラミッド」は実際には4層のピラミッドであり、「復元」された4層目は存在しなかった。その頂部には、往時は神殿が建っていた。つまり「太陽のピラミッド」は現在よりも高かった。高地なので空気が薄く、休みながらでないとピラミッドを登れない。頂上からの都市全体の眺めは絶景である。快晴ならば、雪を冠するポポカテペトル山まで遠望できる。

「太陽のピラミッド」の真下7メートルの深さには、水平に横たわる長さ120メートル以上の「洞窟」がある。「洞窟」の入口は、「太陽のピラミッド」正面（西側）の中央階段の前にあり、ピラミッドのほぼ中心の下まで続いている。この「洞窟」には宗教儀礼に使用された痕跡と、その後に盗掘された跡が見つかっている。以前は自然の洞窟を人工的に拡張したと考えられていた。メキシコ国立自治大学のリンダ・マンサーニーヤらは、地質学調査に基づき、テオティワカン一体には自然の洞窟はないことを明らかにした。つまり神聖な洞窟を創り出すために、すべて人工的に掘られた「洞窟」であった。メソアメリカの洞窟信仰は、豊穣、生命や創造の観念と密接に関連していた。杉山は、この人工の洞窟がもともと王墓であった可能性を示唆しているが、王墓は出土していない。

「太陽のピラミッド」の内部の発掘調査では、供物や生贄埋葬墓が見つかっている。「供物2」は、埋納物が最も豊富で

ある。それは「太陽のピラミッド」の東西の中心軸線上、人工の洞窟の終点およびピラミッドの３層目と４層目の交差点の垂直軸線上に配置された。「供物２」の埋納物としては、黒曜石製石器が最も多い。石刃、小型・大型の両面調整尖頭器や人物像などがある。粘板岩製円盤の上に黄鉄鉱を嵌め込んだモザイク鏡３枚が、地山の表面に置かれていた。鏡の直径は、10センチメートルから45センチメートルに及ぶ。そのうち最も大きなものは、テオティワカンにおいて原位置で出土した最大の黄鉄鉱製モザイク鏡である。

　さらに雨・嵐・豊穣の神トラロクを模った完形の土器が11点、海の貝製品、緑色石製の人物像や緑色石製の仮面が埋納されていた。仮面には、黄鉄鉱製の小さな玉が目として嵌め込まれていた。小型の黒曜石製両面調整尖頭器が、緑色石製仮面の目や頬を突き刺すかのように配置されていた。「供物２」には、動物が生贄にされた。鷲の腹の中には獲物の２匹のウサギが入っていた。ピューマ、狼や尾羽が赤いタカ科アカオノスリも埋納された。

「太陽のピラミッド」内部は、土、石、粘土質の砂などによって建造された。「太陽のピラミッド」の頂上には、ウエウエテオトル（火の老神）を彫刻した石製大香炉が見つかっている。「太陽のピミラッド」は、火山と深く関連した「火の神殿」であった。ピラミッド頂上に置かれた石製大香炉から立ち昇る香の煙は、火山を模倣した。「太陽のピラミッド」の東西の中心軸線上に、８月13日と４月30日に太陽が沈む。この二つの日付の間隔は、260日暦と同じ260日である。

テオティワカンの月のピラミッド

Moon Pyramic of Teotihuacan

図111:テオティワカン遺跡の「月のピラミッド」(撮影 青山和夫)

基本情報
国名:メキシコ合衆国
場所:メヒコ州テオティワカン
座標:北緯19°41′58.56″ 西経98°50′38.4″
高さ:45メートル
規模:東西149メートル×南北168メートル
建造年代:100〜400年頃

 テオティワカンで2番目に大きな「月のピラミッド」は、「太陽のピラミッド」と同じくタブレロ(垂直の枠付きパネル)を嵌め込んだ建築様式である。4層のピラミッド状基壇の正面(南側)に3層の基壇(東西102メートル、南北10メートル)が増築され、その南側に5層のより小さな基壇(東西53メートル、南北32メートル)が加えられた。「月のピラミッド」は、「死者の大通り」の南北の軸線上の北端にある。その延長線は背後にそびえる聖なる山セロ・ゴルドの頂

メソアメリカのピラミッド

368

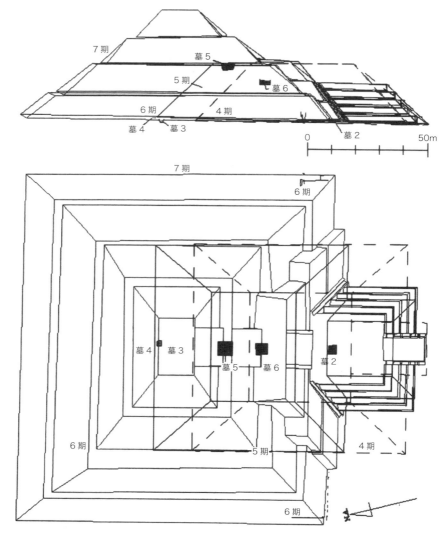

図112：テオティワカン遺跡の「月のピラミッド」の建造段階と墓（Sugiyama and López Luján 2007：図1より作成）

上と重なるように配置された。「月のピラミッド」の位置は、都市計画の初期か

ら重要であった。

杉山は、1998〜2004年に「月のピラ

ミッド」の発掘調査を主宰し、7期の建造段階を明らかにした。紀元後100年には、「月のピラミッド」の1期の基壇（底辺23.5メートル×23.5メートル）が建造された。その外面には小さめの赤みを帯びたブロック状の切り石が積み上げられ、その上に泥漆喰が施された。基壇内部の中核は黒褐色の粘土質の盛り土であり、その周囲に様々な大きさの石が敷き詰められた。2期（150年頃）の「月のピラミッド」（東西の長さ29.3メートル）は、1期の基壇を完全に覆った。基壇内部は、石、アドベ（日干しレンガ）、テペタテと呼ばれる地山の安山岩質凝灰岩の砂利や土砂などで構成された。3期（225年頃）の増改築は小規模であり、東西の長さが31.3メートルに拡張された。「月のピラミッド」は4期（250年頃）の増改築によって、底面積（東西89.2メートル×南北88.9メートル）が3期の9倍に拡大され、それまでのピラミッドを完全に覆った。4期の「月のピラミッド」のタルー壁は、漆喰と白い石灰で覆われていた。4期以降の「月のピラミッド」内部は、三にアドベを積み上げた壁、土、玄武岩や安山岩などの火成岩、テペタテの砕礫やブロックを組み合わせた。

4期の「月のピラミッド」には、「墓2」がピラミッドの南北の軸線上の石室内に埋葬された。石室には入口も天井もなく、埋葬体と供物が置かれた後に埋められたことがわかる。40〜50歳の男性が生贄にされた。この男性は緑色石製の耳飾り、首飾りや数珠を装着していたが、両手は後ろ手に縛られていた。歯のストロンチウム同位元素分析と骨の酸素同位体比の測定によれば、この男性は外部出身であった。特筆すべき供物としては、緑色石製女性立像が石室の中央で黄鉄鉱製モザイク鏡の上に立った状態で見つかった。その下には黒曜石製の大型両面尖頭器、さらにその周囲には黒曜石製のより小さな両面調整器が配置されていた。軍事的な色彩を帯びた供物といえよう。緑色石製女性立像は高さ31センチメートルの裸婦で、テオティワカンでは珍しく乳房と性器がむき出しである。

他の供物としては、緑色石製男性立像、雨・嵐・豊穣の神トラロクを模った土器、翡翠製装飾品、貝製装飾品、黒曜石製石刃・人物立像などがある。ピューマ、狼、鷲、ガラガラヘビ、フクロウなども生贄にされた。ピューマと狼は、木製の檻に入れられたまま生き埋めにされた可能性が高い。生贄動物はテオティワカンの図像において、王権と戦士の象徴として表象されている。杉山は、「墓2」を王権と戦争の重要性を表現したものと解釈する。

5期の「月のピラミッド」の東西の幅は同じであったが、300年頃に南北が104メートルに拡張された。さらにピラミッド状基壇の正面（南側）により小さな基壇が付け加えられた。「羽毛の生えた蛇の神殿」では、正面の基壇がピラミッド状基壇よりも後の時代に付加された。5期の「月のピラミッド」では、ピラミッ

ド状基壇と正面の基壇は同時期に建てられた。

「墓3」は、5期のピラミッドの建設中の300年頃に設けられた。墓穴は東西2.5メートル、南北2.2メートル、深さ1.5メートルである。4体の男性が検出され、3体は東西方向に伸展葬で並べられ、最も北の1体は屈葬であった。4人とも両手を後ろ手に縛られて生贄にされた。伸展葬の3人は、それぞれ18〜20歳、20〜24歳、40〜44歳、屈葬の男性は13〜15歳と推定される。歯のストロンチウム同位元素分析と骨の酸素同位体比の測定によれば、4人とも外部出身であった。黒曜石製の石刃、石鏃や人物像、貝製の首飾りや耳飾り、緑色石製の首飾り、耳飾り、頭飾り、鼻飾りや人物像、直径30センチメートルほどの黄鉄鉱製モザイク鏡などが副葬された。特徴的なのは、18体の哺乳動物の頭部（14体の狼と4体のピューマ）の埋葬である。

5期のピラミッド頂上の床下に設けられた「墓5」には、40〜50歳代の3人の貴族男性が脚を交差して座って埋葬された。これは、メソアメリカでひじょうに高い社会的地位を有する貴人の埋葬の特徴であった。「墓5」はこれまでテオティワカンで出土した社会的地位が最も高い貴人の墓である。墓穴は東西6メートル、南北6メートル、深さ3.5メートルであった。3人のうち誰も生贄埋葬のように両手を後ろ手に縛られていなかった。歯のストロンチウム同位元素分析と骨の酸素同位体比の測定によれば、3人

ともマヤ地域出身の可能性が指摘される。3人の年齢は40〜45歳、40〜50歳、50〜70歳と推定される。50〜70歳の男性の前には鷲、40〜50歳の男性の前と40〜45歳の男性の右にはピューマが副葬された。

3人の貴人とも洗練された副葬品を伴っていた。50〜70歳の男性は、3人のうち社会的地位が最も高かったと考えられる。この高位の男性は、マヤ様式の莚（むしろ）（王権を象徴する）を彫刻した大きな翡翠製胸飾り、耳飾りと数珠を装着していた。交差する帯を彫刻した翡翠製胸飾りは、これまでテオティワカンで出土した最も顕著な王権の象徴といえる。40〜50歳の男性は、図像が彫刻されていない、より小さな翡翠製胸飾り、耳飾りと数珠を身に着けていた。グアテマラ高地産翡翠製のマヤ様式の装飾品は、テオティワカンとマヤ文明の支配層の間の直接的な交流を示唆する。40〜45歳の男性は、3人の中で社会的地位が最も低かったようである。この貴人は、緑色石と貝の洗練された耳飾りと首飾りで装飾されていた。

特徴的な供物としては、緑色石製男性座像が墓の中央に配置された。その周囲には貝や黒曜石製の石鏃、人物像や蛇の像が置かれた。緑色石製男性座像には、緑色石製の耳飾り、首飾りや9点の数珠が添えられていた。「墓5」の東壁の近くには貝製のトランペット、数珠や耳飾り、黒曜石製の人物像、蛇の像、両面調整尖頭器や石刃、緑色石製の数珠、耳飾り

や首飾り、粘板岩製円盤やガラガラヘビの骨など豊富な供物が埋納されていた。

5期のピラミッドからは、「墓6」も出土した。12体の男性が両手を後ろ手に縛られて生贄にされた。10体は打ち首にされ、副葬品はなかった。顔のある1体の男性の背後には、緑色石製の耳飾りや数珠、翡翠製穿孔器が置かれた。もう一人の顔のある男性にはまったく同じ翡翠製穿孔器が副葬され、「羽毛の生えた蛇の神殿」で出土した生贄と同様な人の顎骨を模した海の貝製首飾りを装着していた。「墓6」には、豊富な供物と生贄動物が副葬された。とりわけ9点の黒曜石製羽毛の生えた蛇を含む計18点のエクセントリック石器（人物、動物、月などの特別な形に精巧に加工した儀式石器）が放射状に置かれ、その上に黄鉄鉱製モザイク鏡、黒曜石製人物立像と緑色石製モザイクの人物立像が配置された。計18点の黒曜石製儀式石器は、長さが34〜53センチメートルときわめて大きい。地下界の9層を象徴する9や倍の18はメソアメリカで重要な数字であった。

テオティワカンでは、ピラミッドは特定の個人のためではなく公共性が強かった。支配層は「見せる」行為、つまり神々と交信する儀礼空間の視認性と大衆性により重点を置いた。「月のピラミッド」では、公共広場が併設されている。支配層が公共広場に集まった大衆を前に神殿ピラミッドや公共広場で劇場型の儀礼を行っていたと考えられる。発掘調査によって、特に5期の「月のピラミッド」の頂上部には神殿などの建物がなかったことが確認されている。支配層が、「月のピラミッド」の上の開放された舞台で執行した儀礼は、広場の参加者だけでなく、都市のすべての住民から見えたであろう。

6期（350年頃）に大幅な増改築が行われ、「月のピラミッド」の東西の長さは144メートルになった。6期の「月のピラミッド」に設けられた「墓4」には計18体の人骨、すなわち17体の打ち首ともう一人の骨の一部が埋葬されたが、副葬品はなかった。「墓2」と「墓6」に埋納された雨・嵐・豊穣の神トラロクを模した土器を除き、「月のピラミッド」の墓には土器が埋納されなかった。ピューマ、狼、鷲やガラガラヘビなど「月のピラミッド」の墓に生贄にされた動物の多くは、テオティワカンや後のアステカ王国において戦争を象徴する図像に関連することが特筆に値する。対照的にテオティワカンのアパート式住居から豊富に出土するウサギ、イヌ、七面鳥、ウズラやアルマジロといった動物は、「月のピラミッド」や「羽毛の生えた蛇の神殿」の墓からは出土しない。

最終段階の7期（400年頃）の「月のピラミッド」の体積は、32万9000立方メートルほどになった。その正面（南側）には、「月の広場」（東西135メートル、南北175メートル）がある。大規模な発掘調査が実施されたにもかかわらず、「月のピラミッド」からも王墓は見つかっていない。

テノチティトラン遺跡の大神殿

Templo Mayor of Tenochititlan

図113：テノチティトラン遺跡の「大神殿」（撮影　青山和夫）

基本情報
国名：メキシコ合衆国
場所：メキシコ市
座標：北緯19°26′06″　西経99°07′53″
高さ：45メートル
規模：東西82メートル×南北82メートル
建造年代：1325〜1521年頃

「大神殿」は、アステカ王国（1325〜1521年）の主都テノチティトランで最大の神殿ピラミッドであった。アステカ王国は、メシコ中央高地のメキシコ盆地にあるテノチティトラン、テシュココ（現代メキシコではテスココと発音）、トラコパンの3都市同盟を中心に栄華を誇った。アステカはメキシコ中央高地だけでなく、メキシコ湾岸低地からグアテマラ太平洋岸低地まで20万平方キロメートルに及ぶ、後古典期後期のメソアメリカ最大の王国であった。日本では「マヤ・ア

ステカ」と同一視・混同されがちである
が、3都市同盟はマヤ地域から1000キロ
メートル以上も離れ、マヤ文明（紀元前
1000年〜16世紀）の勃興よりも2000年ほ
ど遅かった。アステカ文字は主に絵文字
であり、暦、個人名、地名その他の文字
も含まれる。なおアステカ人は、政治的
宣伝や王権を正当化するために歴史を捏
造・改竄したので、民族史料の研究には
注意が必要である。

　アステカ人は伝説の起源地アストラン
を出発し、1325年頃にメキシコ盆地中央
部のテスココ湖の14平方キロメートルほ
どの無人島に至った。彼らは蛇を捕えサ
ボテンの上に止まった鷲を見て、神が与
えた予言の地だと考えたという（その図
像は、メキシコの国旗の一部をなす）。
のちに島の南側が主都テノチティトラン
に、北側がメキシコ盆地最大の市場トラ
テロルコに発展した。それは20〜30万人
の人口を擁する、人口の規模では先スペ
イン期の南北アメリカ大陸で最大の都市
であり、人口は同時期のロンドンの5倍
ほどであった。テノチティトランは四つ
の区域に分けられ、街路や水路が碁盤の
目状に整備された。1473年に服従・合併
したトラテロルコは5番目の区画に相当
し、毎日2〜5万人で賑わうメソアメリ
カ最大の市場として繁栄した。3本の堤
道が島から北、南、西へ湖岸を結び、防
御に適していた。大湖水の大治水事業が
敢行され、全長16キロメートルの堤防も
建設された。

　テノチティトラン中心部には、「大神
殿」、羽毛の生えた蛇神ケツァルコアト
ルの円形神殿、王宮、広場、球技場など
が配備された。貴族と平民のための男女
別学の学校もあり、当時の全世界で唯
一、男女の学校教育が整備されていた。
王室の動物園では、専属の飼育係によっ
て低地産のジャガー、ピューマ、キツネ
などが飼われていた。

　テノチティトランの中心にある「大神
殿」には、7期の建造段階が知られてい
る。アステカ人の世界観によれば、「大
神殿」は東西南北の大地の中心と垂直の
世界の合流点に築かれた。「大神殿」が
建つ大地の上に13層の天上界があり、大
地の下は9層の地下界であった。「大神
殿」が同じ場所に増改築され続けたの
は、世界の中心だったからである。他の
理由としては、テノチティトランが定期
的に洪水を被ったことも挙げられる。水
害を防ぐために神殿ピラミッドや他の建
造物の基部の高さを増す必要があった。
また「大神殿」がその重みで地盤沈下し
ていったので増改築を余儀なくされた。
アステカ王が即位したとき、あるいは領
土を拡大したときにも「大神殿」が増改
築されることがあった。

　ピラミッド状基壇は4層であり、二つ
の階段がそれぞれ基壇の上の二つの神殿
に続いた。「大神殿」は、春分と秋分の
日にピラミッド状基壇の上の二つの神殿
の間から太陽が昇るように建設された。
基壇の上の南側にアステカの守護神・太
陽・戦争の神ウィツィロポチトリ、北側
に雨・嵐・豊穣の神トラロクに捧げられ

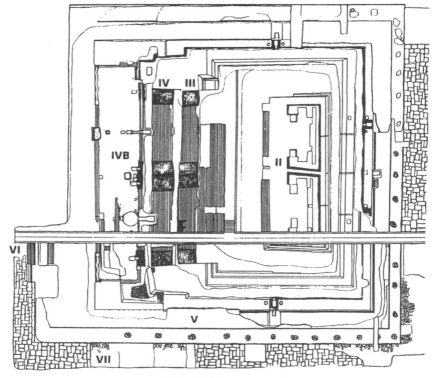

図114：テノチティトラン遺跡の「大神殿」の平面図（López Luján 2005：図18より作成）

た神殿が隣り合わせに更新され続けた。「大神殿」は、アステカ神話の二つの丘を象徴した。南側はトナカペテトルの丘、つまり人間の栄養を保管する丘であった。北側はコアテペック「蛇の丘」を意味した。それはウィツィロポチトリの生誕と勝利の場所であった。

　アステカ神話によれば、大地の女神コアトリクェがコアテペックで掃除していると、天から羽根の玉が落ちてきてウィツィロポチトリを身ごもった。それを

知った娘の月の女神コヨルシャウキは、400人の兄弟とともに母コアトリクェを殺そうとする。しかしウィツィロポチトリは、完全武装した戦士の姿で生まれた。姉のコヨルシャウキの首と手足を切り落として山から投げ落とし、400人の兄弟を蹴散らしたという。

　電気会社の作業員たちが、1978年に世紀の大発見を成し遂げた。メキシコ市中心部にそびえる植民地時代の大聖堂の東側を掘削中に偶然、大きな円形の石彫

（直径3.26メートル）を見つけたのである。石彫には、まさに首と手足を切り離された月の女神コヨルシャウキの図像が刻まれていた。それはアステカ石彫美術の傑作であり、「大神殿」の基壇の上のウィツィロポチトリに捧げられた神殿の基部に置かれていた。アステカ人は、神話とその聖地を主都の中心に再現して神聖性を高め、国威を称揚したのである。

メキシコ国立人類学歴史学研究所は、1978年から1982年まで「大神殿」を発掘・修復し、遺跡公園化する一大プロジェクトを実施した。遺跡公園は、ユネスコ世界遺産「メキシコ市歴史地区とショチミルコ」の一部をなす。「大神殿」の発掘調査によって、建造物にともなう一連の日付の文字が見つかり、建造段階の編年に役立った。1期の「大神殿」は湖水の水面下にあるために発掘を実施できない。民族史料によれば、1期には石造ではない小さな神殿があったとされる。発掘調査で検出された最古の「大神殿」は、2期のピラミッドである。石彫に刻まれた「2のウサギ」の暦は、1390年に相当する。ピラミッド状基壇の上には、二つの神殿が検出され、一部が漆喰に覆われていた。トラロクに捧げられた神殿の床面には、青や朱に彩色されたチャックモールの石彫が見つかった。

3期の「大神殿」のウィツィロポチトリ神殿に続く階段には、8体の等身大の男性立像の石彫が寄りかかっていた。基壇の壁に刻まれた「4の葦」の暦は1431

年に相当し、4代目イツコアトル王（1427〜1440年在位）が君臨していた。6代目アシャヤカトル王（1469〜1481年在位）が君臨した4b期には、コヨルシャウキの石彫だけでなく、大きな蛇の顔の石彫や2匹のカエルの石彫が配置された。8代目アウィツォトル王の治世中（1486〜1502年）の6期には、「大神殿」の北にタルー・タブレロ様式建築で主に赤で彩色された「赤い神殿」、人身供犠者の首を陳列する基壇「ツォンパントリ」が建造された。後者は、240以上の人間の頭蓋骨の石彫で装飾されていた。「大神殿」の発掘では、鷲の石彫、精巧な土器、石像、チャート製ナイフ、黒曜石製石器、ワニやピューマの骨、海の貝、サメの歯などの数多くの供物が出土した。1万2000点以上の主要出土品の大部分が、1987年に開館した大神殿博物館に展示されている。とりわけ壁画が美しい「鷲の家」から出土した、等身大の死の神ミクトランテクワトリと高さ198センチメートルの鷲の戦士像は、アステカ土偶美術の傑作といえよう。後者は、メソアメリカで最大の土偶である。アステカ王は、オルメカ美術様式、テオティワカン文明やトルテカ文明といった過去の大文明の文物を「大神殿」に供物として埋納し、自らを偉大なる文明の継承者として正当化した。

テノチティトランは、アステカの公用語のナワトル語でメシコ・テノチティトランと呼ばれた。コルテスが率いるスペイン人侵略者たちとアステカ王国と敵対

図115：3期の「大神殿」のウィツィロポチトリ神殿に続く階段に
　　　寄りかかる等身大の男性立像の石彫（撮影　青山和夫）

した先住民の同盟軍は、1521年にテノチティトランを徹底的に破壊し、その上にメキシコ市を築いた。スペイン語でメヒコと発音され、のちに首都名と国名になった。「大神殿」跡のすぐ隣には、メキシコ最大のカトリックの大聖堂が現在までそびえている。「大神殿」は、大聖堂と大神殿博物館のモダンな建物とともに、アステカ、植民地時代、現代というメキシコの三つの文化と時代を象徴する。

トゥーラ遺跡のピラミッドB

Pyramid B of Tula

図116：トゥーラ遺跡の「ピラミッドB」の「戦士の石柱」（撮影　猪俣健）

基本情報
国名：メキシコ合衆国
場所：イダルゴ州トゥーラ・アジェンデ
座標：北緯20°3′50.96″　西経99°20′26.89″
高さ：9.8メートル
規模：東西38.2メートル×南北38.2メートル
建造年代：900～1150年頃

　トゥーラは、メキシコ中央高地のトルテカ文明の主都であった。全盛期は、テオティワカンが衰退した後の古典期終末期・後古典期前期（900～1150年）に当たる。トゥーラはメキシコ市の北西60キロメートル、防御に適した台地の上というう戦略的な地点に立地する。トゥーラは屈指の国際都市として繁栄し、広範な遠距離交換を通じてメソアメリカの他の都市と交流した。後古典期後期のアステカ人によれば、トルテカ人は、高度な文明人、偉大な統治者、戦士、優れた工芸家

や建築家であったとされる。後世のアステカ支配層はトルテカ人の偉大さを過大に誇張し、トルテカ人との系譜を強調または捏造して権威・権力を正当化したのである。

トゥーラの地名は、トランという「都市」や「葦の場所」を意味するナワトル語に由来する。しかしアステカ人は、トゥーラだけでなくテオティワカンやチョルーラなどの都市もトランと呼んだ。このために、トルテカ文明に関する民族史料がどれほど史実を反映するかは、研究者の間で大きく意見が分かれる。民族史料に基づいて提唱された、トルテカ人がメキシコ北部のラ・ケマーダやマヤ低地北部のチチェン・イツァなどの遠隔の都市を征服したという「トルテカ帝国説」は実証的な証拠がなく、現在では否定されている。

考古学調査によれば、650～850年の都市の中心は「トゥーラ・チコ（小さなトゥーラ）」であった。二つの主要な神殿ピラミッド、二つの球技場、「中央広場」、住居群が5～6平方キロメートルの範囲に広がった。トゥーラ・チコは850年頃に放棄されたが、一部の建造物に破壊と火災の痕跡が見つかっている。最盛期のトラン期（900～1150年）には、「トゥーラ・グランデ（大きなトゥーラ）」が、「トゥーラ・チコ」から1.5キロメートルほど離れた台地の上に建設された。「トゥーラ・グランデ」は、現在遺跡公園になっている。

トラン期前期（900～1000年）には、

北から東に約17度ずれた方位を軸に都市計画がなされ、その面積は13平方キロメートルであった。トラン期後期（1000～1150年）には、都市は北から西に約15度ずれた新方位に再配置された。その面積は16平方キロメートルに拡張され、6～8万人の人口を擁する後古典期前期のメキシコ中央高地で最大の都市に発展した。トゥーラは、基本的にアドベ（日干しレンガ）製の住居群が連なる都市といえる。平面が長方形や方形の複数の住居が中庭を囲み、地面の上に直接または低い基壇の上に建てられた。住居の壁はアドベ製か、石とアドベが組み合わせられた。平坦な屋根は梁材、モルタルと漆喰で建造された。

トゥーラには、テオティワカンの「死者の大通り」のような主要道路はなかった。碁盤の目状の交差する道路ではなく、L字形の道路が特徴である。このことは、テオティワカンのような入念な都市計画を可能にするきわめて強大な王権が発達しなかったか、あるいは防御性の強化を意味するかもしれない。トゥーラの中心部には、テオティワカンにはない「中央広場」（140メートル×120メートル）が設けられた。台地がアクロポリス（人工の丘）のように高さ10メートルに及ぶ大量の盛り土で人工的に成形された。「中央広場」の東側には最大の「ピラミッドC」（底辺60メートル）が、北側には2番目に大きな「ピラミッドB」というトゥーラの二大ピラミッドが配置された。この二つのピラミッドは、テオ

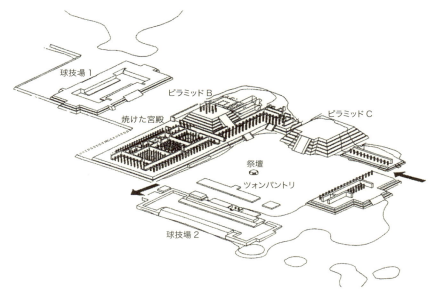

図117：トゥーラ遺跡の中心部の復元図（Mastache *et al.* 2012：図5より作成）

ティワカンの「太陽のピラミッド」と「月のピラミッド」よりもかなり小規模であるが、その位置関係は同一である。「ピラミッドC」は最も重要な神殿ピラミッドであり、少なくとも3回にわたって増改築された。ピラミッド状基壇は5層の傾斜壁（タルー）からなる。正面により小さな基壇が組み合わされて、階段が設けられた。この建築様式には、テオティワカンの「太陽のピラミッド」や「月のピラミッド」との共通点が認められる。「太陽のピラミッド」と同様に、「ピラミッドC」の東西の中心軸線上に8月13日と4月30日に太陽が沈む。この二つの日付の間隔は、260日暦と同じ260日である。アステカ人が「ピラミッド

C」を大規模に盗掘したので、トゥーラで最も破壊が激しいピラミッドといえる。壁画の都市テオティワカンとは異なり、トゥーラではピラミッドが石彫で装飾された。石彫はもともと赤、黄、黒などで彩色されていた。「ピラミッドC」は、往時に「ピラミッドB」のように石彫が豊かに施されていたと考えられる。わずかに残された石壁には、巻貝、金星のシンボルや羽毛の生えた蛇神などの石彫が嵌め込まれていた。

「ピラミッドB」は、5層の傾斜壁（タルー）からなる方形の神殿ピラミッドである。正面（南側）に階段が設置された。2回の主要な増改築が確認されており、ピラミッド内部は未加工の石と土で

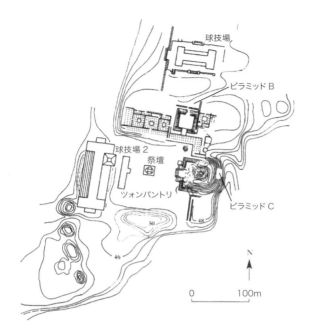

図118：トゥーラ遺跡中心部の平面図（Coe 2013：図129より作成）

固められた。1期の「ピラミッドB」の外面は無彫刻の石板が積み上げられ白く彩色されていた。2期の「ピラミッドB」の外壁を飾る石板には、ジャガーとコヨーテの行列、心臓を食べる鷲などが彫刻された。これが今日トゥーラ遺跡で修復されている「ピラミッドB」である。最終段階の3期の「ピラミッドB」も同様に石彫を施された石板で装飾されていた。しかし盗掘の破壊が激しく、北壁が残っているに過ぎない。

巨大な石柱が神殿の屋根を支えていたのが、トゥーラの神殿ピラミッドの最大の特徴である。この新たな建築様式は、トルテカ文明以前のメキシコ中央高地にはなかった。「ピラミッドB」の基壇の上には、有名な「戦士の石柱」が4本修復されている。玄武岩製の高位の男性戦士の立像であり、その高さは4.6メートルに達する。それぞれ頭飾り、長方形の大きな耳飾り、様式化された蝶の胸飾り、帯、膝あて、アンクレットを着け、サンダルをはいている。背中には、鏡と考えられる大きな円盤を装着している。両腕を脇に伸ばし、アトラトルと呼ばれる投槍器、投槍や石製ナイフなどの武器を持つ。「ピラミッドB」の上には、羽毛の生えた蛇、王、戦士、文字などが刻

まれた石柱もある。

「ピラミッドB」は、神殿ピラミッドが多柱回廊と結合したトルテカ文明の代表的な建造物である。多柱回廊は、メキシコ北部の古典期後期のアルタ・ビスタ・デ・チャルチウィテスやラ・ケマーダに由来する。「ピラミッドB」の北には、長さ40メートルの石壁に彫刻された「コアテパントリ（蛇の壁）」が目を引く。石壁の上部には、様々な蛇が３列の帯状に装飾され、その上には様式化された巻貝の石彫が連結している。トゥーラには五つの球技場があり、メキシコ中央高地のショチカルコやテオテナンゴの球技場と建築様式が類似する。最大の「球技場２」は、長さ142メートル、幅60メートルを誇る。その東の細長い建造物は、多数の頭蓋骨や歯が出土したために、人身供犠にされた生贄の首を陳列する基壇「ツォンパントリ」と解釈されている。

　トゥーラ遺跡博物館では「石碑１」、チャックモール、戦士の石柱片や土器などが注目に値する。「石碑１」には左手に投槍器を持つ、王と考えられる人物像が刻まれている。チャックモールとは、仰向けになって腹部に皿を載せた男性戦士像である。それは、トルテカ文明やのちのアステカ文明だけでなく、マヤ低地北部のチチェン・イツァなどにもみられる「国際的な」石彫様式であった。トゥーラでは12ほど確認されている。16世紀のスペイン人は、アステカ人が、チャックモールの皿の上に人間の心臓を捧げたことを誇張した。実際のところ皿には、花や動物など様々な供物が捧げられた。

　トゥーラの最期は劇的で暴力をともなった。発掘調査によって、「焼けた宮殿」をはじめとして略奪と火災の痕跡が確認されている。のちにアステカ人は、「ピラミッドB」や「ピラミッドC」を盗掘した。トルテカの石彫や供物を主都テノチティトランに埋納することによって、アステカ王国の権威・権力を正当化したのである。

トゥルム遺跡のエル・カスティーヨ

El Castillo of Tulum

図119：トゥルム遺跡の「エル・カスティーヨ」（撮影　青山和夫）

基本情報
国名：メキシコ合衆国
場所：キンタナロー州トゥルム
座標：北緯20°12′43″　西経87°27′57″
高さ：12メートル
規模：東西23メートル × 南北30メートル
建造年代：1200〜1500年頃

　トゥルムは、メキシコのキンタナロー州にある後古典期後期の小都市であった。1200年頃から16世紀のスペイン人征服期まで交易港として栄えた。大観光地カンクン市の南128キロメートルにあり、観光客が数多く訪れる風光明媚なマヤ遺跡である。トゥルムは、ユカタン半島北東部のカリブ海を望む、高さ約12メートルの絶壁上に立地する。

　都市中心部の一方は海に、三方は厚さ6メートル、高さ5メートルに達する石壁により防御されていた。石壁は、南北

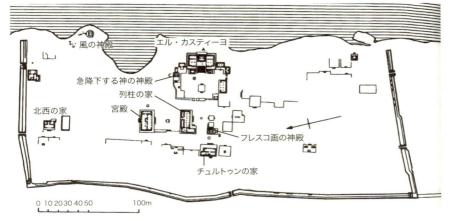

図120：トゥルム遺跡の平面図（Coe and Houston 2015：図142より作成）

385メートル、東西165メートルである。石壁には持ち送り式アーチの出入口が五つあり、北西と南西の角には物見塔が立っている。ちなみに遺跡公園の石壁の出入口は、マヤ人が実際に利用していた持ち送り式アーチをそのまま利用している。石壁内の面積は6.5ヘクタールである。石壁内には、神殿や支配層の住居などが配置されたが、農民は石壁の外に住んでいた。

　トゥルムの石壁内に入ると、「北西の家」と呼ばれる住居跡がある。さらに海（東）側には、「セノーテの家」が、小さなセノーテの上に建造された。北側の石壁の下の洞窟が、セノーテに通じており淡水が供給された。海に面した「風の神殿」は、円形の基壇の上に建造され、内部には小さな石造祭壇がある。こうした海沿いの神殿は、灯台の役割を果たしていたと考えられる。「風の神殿」の前に

は白いカリブ海の砂浜が広がり、今日多くの観光客が海水浴に興じている。後古典期後期には様々な交易品が積み下ろされていたのだろう。その陸（西）側には、「列柱の家」と「宮殿」と呼ばれる広い床面積をもつ建造物があり、支配者の住居や行政・宗教の中心地であった可能性が高い。その南には、「チュルトゥンの家」と呼ばれる住居跡があり、その南西隅にはチュルトゥン（地下貯水槽）が残っている。

　トゥルムは、西洋人が遭遇した最初のマヤ都市の一つであった。記録係を兼ねた司祭フアン・ディアスは、スペイン人侵略者フアン・デ・グリハルバが率いるユカタン半島の遠征に同行した。グリハルバ一行は、1518年に交易都市トゥルムを目撃した。ディアスは、「セビリアにも勝るとも劣らない大きな町」や「高い塔」に驚嘆したと書いている。グリハル

図121：トゥルム遺跡の「フレスコ画の神殿」（撮影　青山和夫）

バー行は恐れをなしてトゥルム上陸をあきらめた。

「高い塔」は、高さ7.5メートルのピラミッド状基壇の上に小さな神殿を頂く主要神殿ピラミッド「エル・カスティーヨ」を指すと思われる。海上のグリハルバー行には、実際よりもかなり高く見えたのだろう。ピラミッド状基壇と神殿を合わせた高さは、12メートルにしか過ぎない。「エル・カスティーヨ」の神殿の正面（西側）の出入口には、羽毛の生えた蛇の円柱が2本立つ。それは、チチェン・イツァの「エル・カスティーヨ」の建築様式と類似する。トゥルムの「エル・カスティーヨ」の内部からは、前段階の神殿ピラミッドとその外壁に描かれた壁画の一部が検出されている。

「フレスコ画の神殿」と「急降下する神の神殿」は、壁画や漆喰彫刻で装飾されている。「フレスコ画の神殿」の壁画は保存状態がきわめて良く、神々、蛇、トウモロコシ、王権の象徴である筵状の文様などが描き出された。建物の四隅には、天空と大地の神イツァムナーフの洗練された漆喰彫刻が見える。「急降下する神の神殿」の東の窓から、夏至の日の出に太陽の光が差し込み、急降下する神の漆喰彫刻より下の部分を照らし出す。トゥルムはユカタン・マヤ語で「壁」を意味するが、都市が放棄された後にそう呼ばれた。後古典期後期には、「ツァマ」あるいは「サマ」と呼ばれていた。ユカタン・マヤ語で、「朝」あるいは「夜があける」を意味する。トゥルムは、夏至の日の出の方角を象徴する都市であった可能性が高い。

ドス・ピラス遺跡の建造物 L 5-49

Structure L 5-9 of Dos Pilas

図122：ドス・ピラス遺跡の「エル・ドゥエンテ・ピラミッド」と石碑・祭壇（撮影　青山和夫）

基本情報
国名：グアテマラ共和国
場所：ペテン県サヤシュチェ
座標：北緯16°27′07″　西経90°16′09″
高さ：25メートル
規模：東西80メートル×南北48メートル
建造年代：7世紀後半

　ドス・ピラスは、ドス・ピラス＝アグアテカ王朝の第1主都として8世紀に全盛を誇った。遺跡名は、グアテマラのスペイン語で「二つの泉」を意味する。これは、遺跡内にある二つの泉に由来する。ドス・ピラスは海抜約160メートルである。碑文の解読によれば、バフラフ・チャン・カウィールは、ティカルの23代目王か24代目王の王子として625年に生まれた。幼少のバフラフ・チャン・カウィールと従者らは、「停滞期」（557〜692年）のティカルを7世紀前半に離れた。彼らは、パシオン川の支流ペテシュバトゥン川が流れるペテシュバトゥ

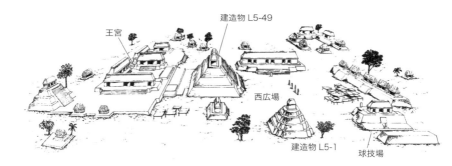

図123：ドス・ピラス遺跡の「中心グループ」復元図（Demarest *et al.* 1997：図1より作成）

ン地域にドス・ピラスとアグアテカという中規模の双子主都を築いた。ドス・ピラス＝アグアテカ王朝は、戦争や政略結婚によって勢力を拡大した。そして古典期前期からペテシュバトゥン地域の主要都市であったタマリンディートやアローヨ・デ・ピエドラを支配下に置いた。

ドス・ピラスは、西から東に「中心グループ」、「コウモリの宮殿」と「エル・ドゥエンデ・グループ」の三つの主要建造物群から構成される。大きな神殿ピラミッド、王宮、球技場、16の石碑や19の石造祭壇が立ち並び、マヤ文字が刻まれた階段が四つあった。「中心グループ」の「建造物L5-49」はドス・ピラス最大の神殿ピラミッドであり、「西広場」の南側にそびえる。3層のピラミッド状基壇の上には、三つの神殿が建造された。その正面（北側）の「マヤ文字の階段2」には、216以上のマヤ文字の碑文が刻まれている。碑文には、初代バフラフ・チャン・カウィール王の事績がきわ

めて詳細に記されている。

初代バフラフ・チャン・カウィール王は、650年にカラクムルの大王ユクヌーム・チェンとの戦争に敗れる。初代王はティカルの宿敵カラクムルと政治同盟を結び、兄弟であるティカル25代目ヌーン・ウホル・チャーフク王と戦争を繰り返した。バフラフ・チャン・カウィール王は、カラクムルのユクヌーム・チェン王の援護によって679年にティカル王との戦争に勝利した。バフラフ・チャン・カウィール王は、少なくとも二人の妻をもった。同王は、その一人との間に生まれた王女「六つの空」を682年にナランホに送り込み、626年のカラコルとの戦争の敗北によって低迷していたナランホ王朝を再興させた。もう一人の王妃は政略結婚した近隣都市イツァンの女性であり、二人の間に2代目イツァムナーフ・カウィール王（698〜726年統治）が生まれた。「中心グループ」の「西広場」の東には、2代目王を埋葬した神殿ピラ

図124：ドス・ピラス遺跡の「エル・ドゥエンデ・ピラミッド」の平面図
（Palka 1997：図３より作成）

ミッド「建造物Ｌ５-１」がある。
「エル・ドゥエンデ・ピラミッド」（底辺60メートル×50メートル、高さ20メートル）は、２代目イツァムナーフ・カウィール王の治世中に建造された。ピラミッドの正面には、５基の石碑が石造祭壇と組み合わせて建立された。ピラミッドは高さ70メートルの丘の上に建造された。丘の下から見るときわめて高く見える。それは「エル・ドゥエンデ・グループ」最大の神殿ピラミッドであり、その真下には洞窟がある。神聖な洞窟の上に、人工の神聖な山が建てられたといえよう。王宮の「コウモリの宮殿」の中心軸は、洞窟の入口によって決定され、小さな住居基壇に至るまで洞窟と関連付け

て配置された。ドス・ピラスでは、計22の洞窟が確認されている。神聖な洞窟が、神聖なピラミッドや都市を建造する都市計画において重要であった。

ドス・ピラス＝アグアテカ王朝の３代目王（727〜741年統治）は、735年に近隣の大都市のセイバル王との戦争に勝利し、その後しばらくセイバルを支配下に置いた。また３代目王は、近隣のカンクェンの女性と政略結婚した。４代目カウィール・チャン・キニッチ王は741年に即位し、745年にヤシュチランとモトゥル・デ・サン・ホセの高位の人物を捕獲した。ドス・ピラスは、761年に近隣都市タマリンディートからの攻撃によって陥落した。

トニナ遺跡のアクロポリス
Acropolis of Toniná

図125：トニナ遺跡の「アクロポリス」（撮影　青山和夫）

基本情報
国名：メキシコ合衆国
場所：チアパス州オコシンゴ
座標：北緯16°54′4.39″　西経92°0′34.83″
高さ：70メートル
規模：東西320メートル×南北320メートル
建造年代：紀元前300〜900年頃

　パレンケのライバルであった古典期の都市トニナは、ツェルタル・マヤ語で「石の家」を意味する。300以上の砂岩製彫刻や漆喰彫刻に、王や戦争捕虜の図像および碑文が刻まれた。ホンジュラスのコパンやメキシコのベラクルス州北部を中心とするワステカ・マヤ文化と同様に、立体的な丸彫り彫刻の人物像が石碑に彫られた。トニナの石碑は立体的であると同時に高さが2メートルほどと低い。また人物像の背面に碑文が彫られることが多かった。碑文の解読によれば、

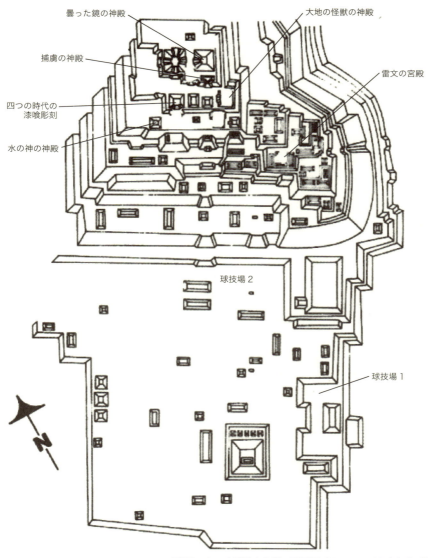

図126：トニナ遺跡中心部の平面図（Yadeun 1991より作成）

少なくとも10人の王が君臨した。

　トニナは、海抜800〜900メートルの丘の山腹に立地する。「大広場」には、二つの球技場などの建造物が立ち並ぶ。その背後にそびえる「アクロポリス」に登ると、オコシンゴ盆地を一望できる。「アクロポリス」は山腹を人工的に整地した計7段のテラス状基壇からなり、260日暦と同じ260段の階段が設けられた。その上には13の神殿、八つの宮殿や数多くの石造記念碑が配置された。「アクロポリス」は少なくとも3回にわたって増改築された。外壁に漆喰が塗られ彩色されていたので、現在とは全く異なった風景が広がっていた。

　4段目のテラス状基壇には石をモザイク状に組み合わせて四つの巨大な雷文形の模様を表象した「雷文の宮殿」が建造された。5段目には「水の神の神殿」、6段目には「大地の怪獣の神殿」や「四つの時代の漆喰彫刻」がある。「四つの時代の漆喰彫刻」の保存状態はきわめて良好であり、生首が吊るされた羽毛の生えた枠によって、図像の場面が四分されている。枠内には、骸骨の姿をした死神が捕虜の生首の髪の毛を摑んでぶら下げている。7段目には有名な「捕虜の神殿」がある。基部に縛られて跪いた捕虜の漆喰彫刻が施され、二つの部屋の持ち送り式アーチがほぼ完全に残っている。その東のアクロポリス最上部には、主神殿の「曇った鏡の神殿」が建つ。

　「石彫101」と呼ばれる石碑には、909年に相当するトニナで最後の長期暦（5125年余りの187万2000日を1周期とする循環暦）の日付が刻まれた。10世紀初頭に支配層の住居区が焼かれており、戦争があった可能性が高い。

トポシュテ遺跡の建造物C

Building C of Topoxté

図127：トポシュテ遺跡の「建造物C」（撮影　青山和夫）

基本情報
国名：グアテマラ共和国
場所：ペテン県フローレス
座標：北緯17°3′57.51″　西経89°25′10.62″
高さ：15メートル
規模：東西20メートル×南北19メートル
建造年代：200〜300年、1200〜1350年頃

　トポシュテ遺跡は、ヤシュハ湖の四つの島に広がる。古典期の大都市ヤシュハが対岸の平地に立地した。ペテン県中央部には最大の湖ペテン・イツァ湖、サクプイ湖、サルペテン湖、マカンチェ湖、ヤシュハ湖、サクナブ湖が分布し、水源が豊かである。古典期の諸都市は湖畔の平地に分布した。対照的に後古典期には小規模で密集した小集落が、主に湖の島や半島などの天然の要害に形成されるようになった。戦争が激化したことがわかる。ヤシュハ湖で最も大きなトポシュテ

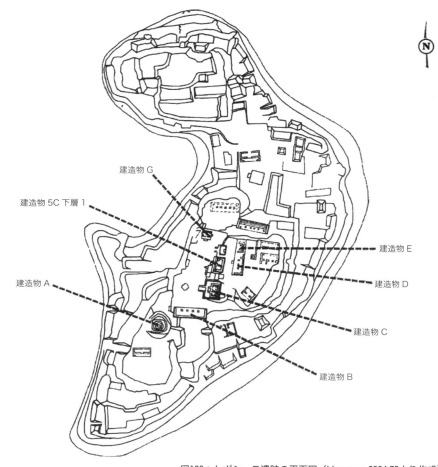

図128：トポシュテ遺跡の平面図（Hermes 2004:75より作成）

島（東西400メートル×南北450メートル）には100近い建造物があり、神殿ピラミッド、支配層や被支配層の住居が広がった。カンテ島には142の建造物、パシュテ島には68の建造物が登録されているが、主に住居であった。4番目の島で は人間の居住はまばらであった。

トポシュテ島にある主要な建造物が1990年代に発掘・修復されている。トポシュテは、現在のところグアテマラ北部で後古典期マヤ文明の神殿ピラミッドが修復されている唯一の遺跡である。トポ

シュテの支配層は、ユカタン半島北部の
マヤパンとマヤ高地をつなぐ遠距離交換
網に参加した。トポシュテでは、マヤパン
と同様に石柱を用いた部屋のある建造
物や無彫刻の石碑が建てられた。無彫刻
の石碑には、マヤパンのようにかつては
漆喰が塗られて、図像やマヤ文字が描か
れていたと考えられる。マヤパンと同様
な蛇の顔の石彫や洗練された土器の香炉
も見つかっている。

　トポシュテ島では紀元前450年頃に居
住が開始され、800年頃に放棄された。
後古典期後期の1200年頃に再居住され、
1450年頃まで栄えた。トポシュテ島中央
部の発掘調査によって、10期の建造段階
が確認された。「中央広場」（65メートル
×20メートル）は、島の最も高い地点に
9メートル以上にわたって盛り土が重ね
られた。「中央広場」の周囲に主要な建
造物が建てられた。「中央広場」の北側
に「建造物G」という小さな方形の建物
がある。南側に王宮と考えられる細長い
「建造物B」、東側に三つの建造物が連結
している。同一の基壇の上に「建造物
D」と「建造物E」が建てられ、その南
に最大の神殿ピラミッド「建造物C」が
ある。「建造物C」と「建造物D」の前
には、無彫刻の石碑や祭壇が立ち並ぶ。
「中央広場」の西側には建造物はなく、

斜面の向こうにヤシュハ湖が広がる。
　「建造物C」は、グアテマラのマヤ低地
で後古典期マヤ文明を代表する神殿ピラ
ミッドである。ペテン県知事フアン・ガ
リンドは、1831年にトポシュテ遺跡を探
検して「建造物C」を「塔」と記述し
た。オーストリア人の探検家テオベル
ト・マーラーは、1904年に遺跡の測量・
写真撮影を行い、トポシュテ遺跡と名付
けた。マーラーは、「建造物C」を「主
神殿」と呼んだ。アメリカ人植物学者サ
イラス・ランデルらは、1933年にトポ
シュテ遺跡中心部を新たに測量し、建造
物をアルファベット順に名付けた。この
呼称が、今日まで使用されている。
　「建造物C」には、古典期前期の200〜
300年に建造された神殿ピラミッドが埋
蔵されている。後古典期後期の1200年頃
に増改築され、3層のピラミッド状基壇
をもつ神殿ピラミッドになった。正面
（西側）には幅5.4メートルの階段が設け
られた。1350年頃に、その頂部の後方
（東側）に4層目のより小さな基壇（底
辺7.9メートル×12.1メートル）が建てら
れた。4層目の基壇の正面（西側）には
階段が設置され、その上の神殿へと続い
た。神殿には石柱が用いられ、三つの入
口と二つの部屋があった。「建造物C」
は、往時には漆喰で覆われていた。

トラランカレカ遺跡のセロ・グランデ・ピラミッド

Cerro Grande Pyramid of Tlalancaleca

図129：トラランカレカ遺跡の「セロ・グランデ・ピラミッド」（撮影　嘉幡茂）

基本情報
国名：メキシコ合衆国
場所：プエブラ州サン・マティアス・トラランカレカ
座標：北緯19°18′49″　西経98°31′36″
高さ：24メートル
規模：東西53メートル×南北55メートル
建造年代：紀元前100？～紀元後250年頃

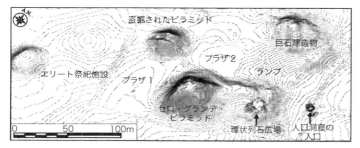

図130：トラランカレカ遺跡中心部の地形測量図（嘉幡・村上2015：図4より作成）

　トラランカレカは、メキシコ中央高地プエブラ州プエブラ・トラスカラ盆地にある先古典期中期・後期の都市遺跡である。遺跡名はナワトル語に由来し、「洞窟に住処がある場所」あるいは「地中に隠された家のある場所」を意味する。トラランカレカは、メキシコ盆地とプエブラ・トラスカラ盆地の間にそびえるイスタクシワトル火山（海抜5230メートル）の北東の麓に位置する。イスタクシワトルは、メキシコで3番目に高い山である。

　トラランカレカ中心部は、溶岩流が凝固した長さ5.5キロメートル、幅1.2キロメートルの舌状台地に立地する。居住域は北（北地区）と南（南地区）にも広がった。遺跡中心部は、海抜2500メートル前後である。先古典期中期前半（紀元前800～650年）に土器をともなう定住村落が形成された。先古典期中期後半（紀元前650～500年）に都市化が始まり、居住範囲は少なくとも80ヘクタールに拡大した。先古典期後期（紀元前500～100年）に約500ヘクタールに及ぶ都市が形成された。巨礫を整形して積み上げた巨石建造物が組み込まれていった。

　最盛期は先古典期終末期（紀元前100～紀元後250年）であった。トラランカレカでは、7平方キロメートルの範囲にピラミッド24基、基壇50基、住居跡400以上が密集した。東から「東のグループ」、「トレス・マリアス建築複合体」、「南の大基壇複合体」、「セロ・グランデ建築複合体」、「西の大基壇複合体」の五つの建造物群が分布する。建築方位軸が統一され、真北から東に5～6度に傾いていた。大部分の神殿ピラミッドは東側に正面階段が設置され、ラ・マリンチェ火山（海抜4461メートル）の方角を向いている。プエブラ・トラスカラ盆地では、テオティワカンの国家形成において重要な文化要素の多くが形成された。例えば、世界観の知的体系化と物質化、大きな神殿ピラミッドの建設、建築様式の統一などが挙げられる。トラランカレカでは、テオティワカンに先立ってタルー・タブレロ建築様式が先古典期終末期に発展し、建造物に漆喰（しっくい）がふんだんに

図131：トラランカレカ遺跡の「セロ・グランデ・ピラミッド」（ドローン撮影　嘉幡茂）

使用された。

　トラランカレカ最大の「セロ・グランデ・ピラミッド」は2018年現在発掘中である。おそらく先古典期後期から先古典期終末期に建造・増改築された。ピラミッド自体の高さは14メートル、基壇部の高さを合わせると24メートルである。石で組まれた階段が、砂利や植物性繊維をもとに作り出された土製モルタルで覆われていた。発掘調査によって、タルー・タブレロ建築様式が「セロ・グランデ・ピラミッド」においても確認された。「セロ・グランデ・ピラミッド」の表面は、赤、黒、白、黄色や緑で彩色されていた。また、このピラミッドは紀元後250年頃に放棄されたことが判明している。「セロ・グランデ・ピラミッド」の東には、もともとは塔のような形の環状列石が隣接していた。これはメソアメリカで類例のない施設である。

　「セロ・グランデ・ピラミッド」の頂上にウエウエテオトル（火の老神）を彫刻した石製大香炉が安置され、ピラミッド直下の東に人為的に採掘されたトンネル状の洞窟が見つかっている。テオティワカンの「太陽のピラミッド」や「羽毛の生えた蛇の神殿」と同様である。嘉幡茂（メキシコ、ラス・アメリカス・プエブラ大学）と村上達也（テューレン大学）らによれば、こうした人工物の配置は、両遺跡における山や火山への信仰と関連していた。「セロ・グランデ・ピラミッド」は、火山と深く関連した「火の神殿」であった。山は大地の中心に位置するとともに、垂直方向の軸を創り出した。人々は、山が天上界、地上界、地下界の世界の3層を連結したと考えていた。彼らは、神殿ピラミッドを世界観の

レプリカとして都市の中心に建造したのである。

「セロ・グランデ建築複合体」では、複数の部屋状補強土壁が見つかっている。建造物内部を複数の壁で分割して、壁によって造り出した空間を土や石で詰めた。「セロ・グランデ建築複合体」では部屋の規模は異なるが、アドベの大きさ（62×26×10センチメートル）が規格化されていた。「広場1」の東に「セロ・グランデ・ピラミッド」、北に盗掘されたピラミッド（推定される高さ7メートル、底辺の長さ32メートル）、西に支配層の祭祀施設があった。「広場1」の南東約900メートルには、「トレス・マリアス建築複合体」の「階段ピラミッド」が

ある。「階段ピラミッド」は、農耕によって西側と南側が破壊されているが、北側に4層の基壇が確認されている。「階段ピラミッド」内部においても、部屋状補強土壁が検出されている。アドベの大きさが（76×26×10センチメートル）、「セロ・グランデ建築複合体」のアドベと同様に規格化されたが、14センチメートル長い。

先古典期終末期には北地区で小さなピラミッド（推定高さ5メートル、底辺34メートル×30メートル）が2基建てられた。トラランカは、250〜300年頃に放棄された。焼けた土製壁の破片が崩落層から多数見つかっている。主要な建造物に火がかけられた可能性が高い。

ナクベ遺跡の建造物1

Structure 1 of Nakbe

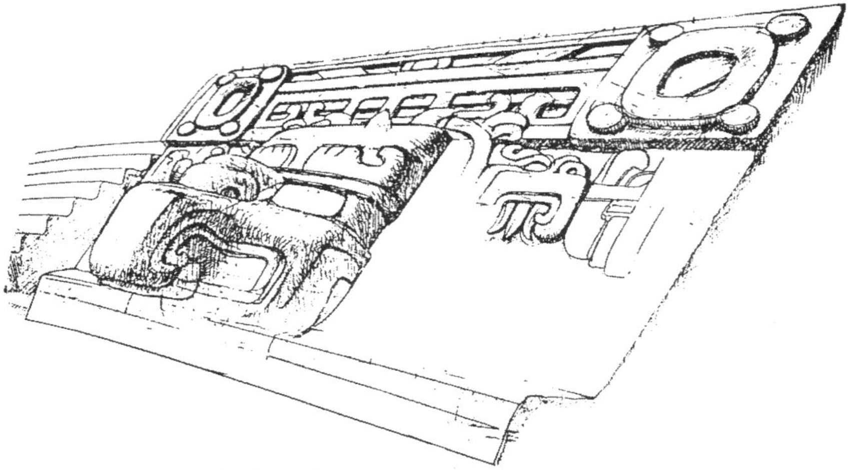

図132：ナクベ遺跡の「建造物1」の外壁を飾った鳥の主神の漆喰彫刻（Martínez Hidalgo and Hansen 1992：図7より作成）

> 基本情報
> 国名：グアテマラ共和国
> 場所：ペテン県サン・ホセ
> 座標：北緯17°40′58.08″　西経89°49′59.16″
> 高さ：48メートル
> 規模：東西70メートル×南北80メートル
> 建造年代：紀元前600〜150年頃

　ナクベは、グアテマラのエル・ペテン県北部にある先古典期のマヤ低地南部の都市遺跡である。先古典期中期の紀元前800年頃に居住が開始され、編み枝に泥を塗りつけた壁に藁葺き屋根の住居が建てられた。床面は土を固めて造られた。紀元前700〜600年には、粗く加工した石灰岩のブロック状の切り石を使った公共建築の基壇（高さ2〜3メートル）が建設され、外壁に薄く漆喰が塗られた。グアテマラ高地産翡翠やカリブ海産のウミギクガイといった威信財の遠距離交換品やグアテマラ高地産の黒曜石が搬入された。

　先古典期中期後半の紀元前600〜400年には、より大きな公共建築が建造され

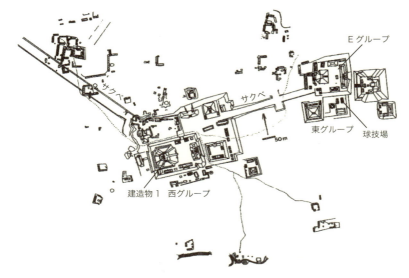

図133：ナクベ遺跡中心部の平面図（Hansen 1998：図15より作成）

た。重さ100キログラムに達する石灰岩のブロック状の切り石が使われ、外壁に漆喰がふんだんに塗られた。繰形（くりかた、モールディング）と呼ばれるブロック状の切り石の列が帯状に突出した外壁装飾が施された。「東グループ」には、高さ3〜8メートル、総床面積4万平方メートルという「大基壇」が築かれた。その上に高さ24メートルの神殿ピラミッドや高さ13メートルの建造物が建設され、「Eグループ」を構成した。

先古典期中期末にナクベで建設がはじまったサクベ（舗装堤道）は、先古典期後期に完成した。都市中心部の主要な建造物は東西の軸に沿って建造された。「東グループ」と「西グループ」を結ぶ「カン・サクベ」は、高さ4メートル、幅24メートルに達する。サクベは、バホ（雨季の低湿地）の上にも通り、ナクベとエル・ミラドール（13キロメートル）などを結んだ。球技場や無彫刻の石造祭壇も建造された。古典期の王権の象徴であった筵の文様をもつ土器も出現した。

ナクベは紀元前400〜紀元後100年に全盛期を迎えたが、都市の全容はまだわかっていない。高さ48メートルや32メートルの大神殿ピラミッドは、三つの神殿を基壇の上に頂き、外壁は神々の顔の多

彩色の漆喰彫刻で装飾された。「西グループ」の「建造物1」（未修復）は、先古典期中期の基壇（高さ7メートル）の上に建造された。ピラミッド状基壇の外壁を飾った鳥の主神（天空と大地の神イツァムナーフの鳥の化身）は、幅11メートル、高さ5メートルのマヤ文明最大の漆喰彫刻であった。興味深いことに、漆喰彫刻に挟まれた階段は計13段で、マヤ人の天上界の13層の概念と同数

である。こうした宗教観念は、先古典期後期にすでに形成されていた。高さ3.5メートルの「石碑1」にはマヤ文字はないが、向き合って立つ二人の人物（王または神）が刻まれている。

　ナクベは、エル・ミラドールと同様に、150年頃に放棄された。古典期後期・終末期に小規模に再居住され、マヤ文字、人物、神々、動物が描かれた絵文書様式の多彩色土器が生産された。

バラムク遺跡の建造物 1
Structure 1 of Balamku

図134：バラムク遺跡の「4人の王の家」の漆喰彫刻（撮影　青山和夫）

基本情報
国名：メキシコ合衆国
場所：カンペチェ州カラクムル
座標：北緯18°33′19″　西経89°56′35″
高さ：15メートル
規模：東西65メートル×南北20メートル
建造年代：550～900年頃

図135：バラムク遺跡の平面図（Arnauld et al. 1998：図2より作成）

バラムクは、大都市遺跡カラクムルの北50キロメートルほどに位置する。メキシコ人考古学者フロレンティーノ・ガルシア・クルスらが1990年に登録した、比較的最近になって知られるようになった遺跡である。遺跡名は、ユカタン・マヤ語で「ジャガーの神殿」を意味する。マヤ低地北部最南端のカンペチェ州南東部に立地する1平方キロメートルほどの小さな遺跡であるが、ジャガーの図像をはじめとするマヤ文明の遺跡に残る最も大きな漆喰彫刻の一つの発見によって一躍有名になった。

先古典期後期に居住が開始されたが、古典期前期から栄え、後古典期前期に衰退した。バラムクは、「南のグループ」、「南西のグループ」、「中央のグループ」と「北のグループ」の四つの建造物群からなる。「北のグループ」には六つの広場があり、最大の神殿ピラミッドは高さ15メートルである。「南のグループ」には四つの広場があり、高さ15メートルの神殿ピラミッドや住居跡などが配置された。「南西のグループ」には、太陽の運行に関連した儀式建築群「Eグループ」がある。

「中央のグループ」には、二つの広場や球技場などがある。とりわけ古典期マヤ文明の多彩色漆喰彫刻の傑作が、「建造物1」に内蔵する「4人の王の家（建造物1A下層）」の外壁を装飾する。この漆喰彫刻（16.8メートル×4.1メートル）は千金に値する。「4人の王の家」は550〜650年に建造されたが、発掘調査によって後世の建造物の下からきわめて良好な保存状態で出土した。漆喰彫刻は、まず全体が赤で彩色された。細部はより濃い赤、そしてごく一部だけ黒で描かれた。4人の王（2人の図像だけ残存）が、口を開けたカエルあるいはワニ（2匹ずつ）の上に座す。その下には、天空と大地の神イツァムナーフの顔が彫刻されている。ジャガーは大地の力、カエルやワニは大地と地下界の境界線を象徴したと考えられる。

パレンケ遺跡の碑文の神殿

Temple of Inscriptions of Palenque

図136：パレンケ遺跡の「碑文の神殿」（左）、「赤い女王の神殿」（中央）と「頭蓋骨の神殿」（右）（撮影　青山和夫）

> 基本情報
> 国名：メキシコ合衆国
> 場所：チアパス州パレンケ
> 座標：北緯17°29′2.32″　西経92°2′46.78″
> 高さ：25メートル
> 規模：東西60メートル×南北42.5メートル
> 建造年代：676～683年頃

　ユネスコ世界遺産のパレンケは、メキシコのチアパス州にある世界的に有名な都市遺跡である。それはマヤ低地の西端、広大なメキシコ湾岸低地を一望できるチアパス高地山腹の丘陵上に立地する。都市の面積は16平方キロメートルほどで、中心部の2.2平方キロメートルに1481の建造物が登録されている。「パレンケ」は「柵」を意味するスペイン語である。マヤ文字の解読によれば、古典期

には「大いなる水」を意味する「ラカム・ハ」と呼ばれていた。山腹から6本の小川が都市に流れ込み、住民に飲み水を供給した。

パレンケには数々の神殿ピラミッドやマヤ文明では珍しい四重の塔がある「宮殿」など、穴の開いた屋根飾りや傾斜のある屋根をもつ優雅な建物が立ち並ぶ。他の多くの古典期マヤ文明の遺跡のような大きな石碑がなく、マヤ文字の碑文はパレンケ遺跡博物館に展示されている石碑状の石彫1点を除き、建造物の壁や石板に主に刻まれているのが特徴である。諸王や支配層の人物像をはじめとする、建物の外壁を飾る立体的な漆喰の浮き彫り彫刻が美しい。漆喰彫刻は、往時は青や赤に彩色されていた。ホンジュラスのコパン遺跡が古典期マヤ文明の東の芸術の都ならば、パレンケは古典期マヤ文明の西の芸術の都であった。

パレンケは遅くとも先古典期後期に居住され始めたが、最盛期は7世紀である。碑文の解読によれば、少なくとも16名の王が君臨した。「ケツァル・ジャガー」を意味する初代クック・バフラム王は古典期前期の431〜435年まで統治した。碑文には、先古典期中期の紀元前967年に即位したという「伝説の王」、および紀元後252年に神殿を捧げたという「初代王以前の王」についても触れられているが、実在したかどうかは不明である。

7代目王には世継ぎの王子がいなかったために、イシュ・ヨフル・イクナル女王が583年に8代目王として即位した。彼女は古典期マヤ文明の数少ない女王であり、現在のところパレンケ王朝で確認されている唯一の女王である。イシュ・ヨフル・イクナル女王は599年に強大なカラクムル王朝との戦争に敗北したが、604年に亡くなるまで20年余り統治した。9代目王は605年に即位したが、611年に再びカラクムル王朝に侵略され、612年に亡くなった。10代目王の統治は、3年（612〜615年）と短かった。

この危機的な状況のなかで、11代目のキニッチ・ハナフブ・パカル王、通称パカル王が即位した。パカル王はパレンケ王朝を復興し、黄金時代を築き上げた。このマヤ文明で最も有名な大王は603年3月に生まれ、615年7月に弱冠12歳で王位に就いた。パカル王は683年8月に亡くなるまで実に68年に及ぶ長き治世を誇った。神殿の壁面の碑文の解読によると、パカル王は676年12月か677年1月つまり73歳の時に自らを葬り祀る巨大な記念碑的建造物、すなわち王陵として「碑文の神殿」の建設を開始した。マヤ文明の多くの神殿ピラミッドのように増改築されず、一度に建設されたのが「碑文の神殿」の一大特徴といえる。

「碑文の神殿」は、パレンケ最大の神殿ピラミッドである。その名はピラミッド状基壇の上の神殿内に設置された三つの大きな石灰岩製石板に由来する。石板には計620のマヤ文字が彫刻されている。神殿の外壁は王の図像などの漆喰彫刻で装飾されている。9層のピラミッド状基

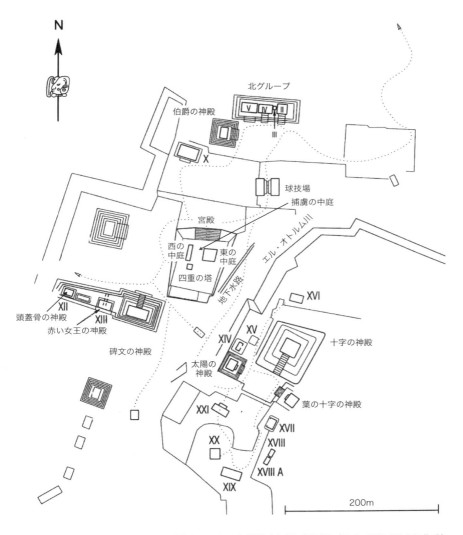

図137：パレンケ遺跡中心部の平面図（Kelly 2001:317より作成）

壇は、ティカル遺跡など他のマヤ遺跡の王陵の神殿ピラミッドと同様に9層からなるマヤの地下界を象徴する。広場から神殿に導く階段は五つの部分に分けられ、下から9段、19段、19段、13段、9段で計69段である。神殿の正面（北側）には五つの出入口があり、六つの柱に初代クック・バフラム王の立像などの漆喰彫刻が施された。初代王は右手であかちゃんを抱いている。往時は神殿とピラミッド状基壇が主に赤で彩色されていた。

パカル王の息子の12代目キニッチ・カン・バフラム王（684〜702年統治）は、80歳で亡くなった父の遺体を「碑文の神殿」の内部に設けた持ち送り式アーチを有する壮麗な石室墓に埋葬した。これは、マヤ文明最大の石室墓（長さ10メートル、幅4メートル、高さ7メートル）である。上部の神殿とピラミッド状基壇内の石室墓は階段と通気孔で結ばれ、生ける王がパカル王の魂と交流できた。大きな石棺の蓋（3.8メートル×2.2メートル）には、パカル王が地下界に下っていく、あるいは再生していると解釈される場面が彫刻された。一枚岩を加工した石棺の中に翡翠のモザイク仮面や豪勢な翡翠製装飾品とともに、水銀朱で赤く染められたパカル王の遺体が埋葬された。

キューバから移住したメキシコ人考古学者アルベルト・ルスは、「碑文の神殿」の発掘調査を実施してマヤ文明で初めて王墓を見つけた。ルスが発掘を開始してから4年目の1952年に達成した、マヤ考古学史上最大の発見の一つである。ルスの調査によって、「マヤの神殿ピラミッドは墓ではない」という従来の学説が否定された。その後、他のマヤ遺跡の神殿ピラミッドからも王墓が次々に発見された。以前はパカル王の石室墓は一般公開されていたが、現在は入れない。メキシコ市の国立人類学博物館に石室墓が復元されており、副葬品の展示とともに必見である。

パカル王は、従来は「女王である母から王位を継承した」とされていた。ところが最新のマヤ文字の解読によって、10代目王は男性であったことがわかっている。しかもパカル王の父は10代目王ではなく、外部出身かもしれないという謎の人物である。どのような状況で、パカルは王に即位できたのだろうか。いずれにせよ、パカル王の初期の統治は母サック・クックあるいは父による古典期マヤの「摂政政治」だった。パカル王の母は640年に、父は643年にそれぞれ亡くなった。

パカル王は、7世紀半ば頃から王宮であった「宮殿」を増改築した。654年に落成した正面（東側）の部屋の壁には、有名な「楕円形の碑石」が嵌め込まれている。パカル王が双頭のジャガーの玉座に座り、母から王冠を受け取っている場面が見事に彫刻された。母による「摂政政治」を裏付ける。注目すべきことに、パカル王は12歳の子供ではなく、成人の王として彫刻されている。つまり碑石には現実に起こった歴史的な出来事ではなく、当時49歳であった成人の王と亡き母

が象徴的に表象されたといえよう。

のちの王たちが増改築し続けた結果、「宮殿」は底辺91メートル×73メートルというパレンケ最大の床面積を誇る建造物になった。多くの部屋、中庭、回廊、階段、地下通路などが複雑に配置されている。まるで迷路のようである。マヤ文明では珍しい「水洗トイレ」の遺構も見つかっている。王家専用のトイレだったのだろう。宮殿にそびえ立つ四重の塔（高さ18メートル）は、マヤ文明ではとても珍しい塔建築である。物見やぐら、天文観測や宗教儀礼などに使われたのだろう。

パカル王は、パレンケの東70キロメートルほどにあるサンタ・エレナとの戦争に659年に勝利した。パレンケ軍は、宿敵カラクムル王朝と同盟を結んでいたサンタ・エレナの王と6人の貴族を捕虜にした。「宮殿」の「捕虜の中庭」には、パカル王の勝利を記録した碑文の階段、および跪いた6人の捕虜が彫刻された石板がある。パカル王は古典期マヤ文明を代表する大王として、マヤ低地西部に広域国家を築いていった。

「碑文の神殿」の東隣の「赤い女王の神殿（神殿13）」は、小さな神殿ピラミッドである。この神殿ピラミッド内部の発掘によって、1994年に石室墓が発見されて一躍注目された。考古学者が掘った発掘用トンネルは一般公開されており、神殿ピラミッド内部を見学できる。持ち送り式アーチをもつ部屋が三つあり、その中央の石室墓には一枚岩を加工した石棺

が配置された。石棺には40歳くらいの高貴な女性が、パカル王の副葬品とよく似た翡翠のモザイク仮面を含む翡翠製品などの豪華な副葬品とともに葬られていた。残念ながら、墓には碑文が見つからなかった。遺体は水銀朱で赤く染められていたので、「赤い女王」と呼ばれている。DNA分析の結果、パカル王の肉親ではないことがわかった。一説によると、パカル王の妻だったとされる。なお「赤い女王の神殿（神殿13）」の東隣には、「頭蓋骨の神殿（神殿12）」がある。その外壁は、ウサギの頭蓋骨の漆喰彫刻で装飾されている。

「宮殿」の南300メートルから湧き出るエル・オトルム川は、都市中心部を通り、パレンケの人々に飲水を供給した。水は古代マヤ人が建造した石垣の水路を今なお通って、長さ55メートルの持ち送り式アーチの地下水路（高さは2メートルに達する）へと流れていく。この川の反対側の小高い丘の上には、「太陽の神殿」、「十字の神殿」、「葉の十字の神殿」、「神殿14」などの美しい神殿ピラミッド群が林立する。「葉の十字の神殿」からのパレンケの眺めは素晴らしく、都市全体を一望できる。キニッチ・カン・バラム王が率いるパレンケ軍は、687年にパレンケの南65キロメートルにある都市トニナとの戦争に勝利し、トニナ王を捕獲した。パレンケ王朝は繁栄を極めた。

キニッチ・カン・バラム王は、「太陽の神殿」、「十字の神殿」と「葉の十字の神殿」を692年に完成した。この三つ

図138：パレンケ遺跡の「十字の神殿」（手前右）と「宮殿」（左奥）（撮影　青山和夫）

の優雅な神殿ピラミッドは、パレンケの3人の守護神を象徴した。「十字の神殿」の石板は、パレンケ遺跡で最も名高い彫刻の一つといえよう。石板の中央には、双頭の蛇の儀式棒によって十字状に表象された世界樹のセイバが表象され、その上に天上界の鳥が止まっている。両側には、641年に6歳だった子供と684年に即位した成人の姿のキニッチ・カン・バフラム王が刻まれた。「十字の神殿」は、タバコを吸う地下界の神が彫刻されていることでも有名である。

　マヤの諸王は、生ける太陽神でもあった。諸王は王権を正当化する政治的道具として太陽を活用した。冬至の12月21日には、「碑文の神殿」の後ろを太陽が地下界に入っていくかのように沈むのが、「宮殿」の四重の塔から観察される。また冬至の午後には1年で1回だけ、太陽が「十字の神殿」の正面と内部をスポットライトのように照らし出す。父から子へ王権が移った歴史的事実を、象徴的に演出したのである。

　「太陽の神殿」の屋根飾りは、洗練された漆喰彫刻で構成された。例えば、双頭の蛇の儀式棒を手に持つ高貴な男性がウィツ（山）の顔の上に座っている。この男性は、空の帯に囲まれている。その下に、稲妻の神で王家の守護神カウィールの装いのキニッチ・カン・バフラム王が玉座に座っている。「太陽の神殿」は太陽の特定の位置を示し、キニッチ・カ

図139：パレンケ遺跡の「碑文の神殿」内の石室墓に埋葬されたパカル王の翡翠のモザイク仮面。メキシコ国立人類学博物館蔵（撮影　青山和夫）

ン・バフラム王の王権を強化するためにも活用された。春分、秋分、夏至と太陽が天頂を通過する日に、朝の日光が「太陽の神殿」の奥の部屋の隅まで対角線上に届く。とりわけ夏至の朝に「太陽の神殿」の中央に王が立てば、神殿ピラミッドの下の広場に集う人々は強い朝日に照らし出される神々しい王の姿を目の当たりにしたに違いない。また人々は、夏至の夕方に「太陽の神殿」の真上に太陽が沈むのを目撃したであろう。

キニッチ・カン・バフラム王の弟のキニッチ・カン・ホイ・チタムが、702年に13代目王に即位する。しかし13代目王は711年に逆に、トニナ3代目王との戦争に敗れ、捕虜にされた。トニナ3代目王は、キニッチ・カン・ホイ・チタム王をすぐに生贄にせずに長年にわたりわざと生かしておいた。そのために、パレンケでは次の王が即位できずに大混乱が起こった。その後、パレンケはかつての栄光を取り戻せなかった。パカル王のひ孫のキニッチ・クック・バフラムが764年に16代目王に即位したが、「宮殿」を小規模に増改築しただけであった。碑文が刻まれた土器には、799年に相当する日付とハナフブ・パカルという最後の王かもしれない人物の名前が記されている。これがパレンケの碑文の最後の日付である。8世紀には過密であったパレンケの都市人口は徐々に減少していき、10世紀に放棄された。

ベカン遺跡の建造物 9

Structure 9 of Becán

図140：ベカン遺跡の「建造物9」（撮影　青山和夫）

```
基本情報
国名：メキシコ合衆国
場所：カンペチェ州カラクムル
座標：北緯18°31′01″　西経89°27′56″
高さ：32メートル
規模：東西65メートル×南北50メートル
建造年代：50〜800年頃
```

　古典期後期・終末期のマヤ低地北部では、地域ごとに特徴的な建築様式が生み出された。リオ・ベック様式の建築は、カンペチェ州南東部のリオ・ベック地方やキンタナロー州南西部に分布した。複数の部屋を有する宮殿建築の上に擬似神殿ピラミッドの高い塔を組み合わせた「宮殿・塔建築」が特徴である。宮殿建築の正面と怪物の口状の入口は、複雑なモザイク石彫で装飾された。

　要塞都市ベカンは、カンペチェ州南東部のリオ・ベック地方最大の先古典期終

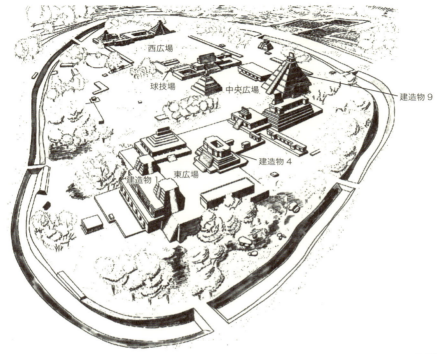

図141：ベカン遺跡復元図（Webster 1996:33より作成）

末期・古典期の都市として栄えた。ベカンは、ユカタン半島のほぼ真ん中、東と西の沿岸部やマヤ低地の南と北の諸地方を結ぶ戦略的な位置に立地した。紀元前600年頃から居住が開始され、紀元後50年頃に大きな建造物が建設され始めた。高さ5メートルの土塁および深さ6メートル、最大幅30.5メートルの壕が、都市の周囲1.9キロメートルを防御した。壕の底部から土塁の上部までの高さは、11メートルを超えた。さらに土塁の上には、木製の防御柵が設置されたと考えられる。七つのサクベ（舗装堤道）から出入りしたが、出入口の幅は3メートルほどであった。壕は雨季には雨水を貯めるためにも利用されたと考えられる。

環壕の中の面積は、24ヘクタールである。三つの主要な公共広場の周囲に神殿ピラミッドや他の公共建造物が建てられた。「中央広場（広場B）」の北側の「建造物9」（高さ32メートル）は、ベカン最大の神殿ピラミッドであり、その上からの眺めがすばらしい。その正面階段の前には、石碑の基部が残っている。しか

図142：ベカン遺跡の「建造物4」（撮影　青山和夫）

しながら、ベカンの歴史を記したマヤ文字の碑文はまだ見つかっていない。発掘調査によると、「建造物9」は先古典期末に建造され始め、正面階段の両側は巨大な神々の顔の漆喰彫刻で装飾されていた。古典期前期の増改築によって、神々の顔の漆喰彫刻は覆われた。神殿ピラミッドの更新儀礼では、15点の土器の供物が埋納された。古典期後期の増改築では、正面階段の両側の基壇の上に部屋が設けられた。この建築様式にはユカタン半島西部最大の都市エツナの「5層のピラミッド」と類似点が認められる。

「西広場（広場C）」の南東隅には、球技場がある。「東広場（広場A）」の南側には、ピラミッド状基壇の上に二つの塔が立つ宮殿・塔建築「建造物1」（高さ23メートル）がそびえる。発掘調査によれば、「建造物1」は300年頃から建造され始め、700年にわたって増改築された。「建造物1」と「東広場」の北側の「建造物4下層」は、2月12日と10月30日の日の出に向けて建造された。二つの日付の間隔は、260日暦と同じ260日である。ベカン王朝が衰退した後も、ベカンは10世紀と11世紀に小規模に居住され続けた。「建造物1」では複数の部屋が補修され利用された考古学的な証拠が検出されている。

ボナンパック遺跡の壁画の神殿

Temple of the Murals of Bonampak

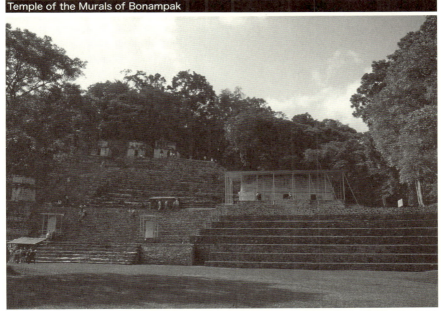

図143：ボナンパック遺跡の「アクロポリス」右手前中腹に「壁画の神殿」（撮影　青山和夫）

基本情報
国名：メキシコ合衆国
場所：チアパス州オコシンゴ
座標：北緯16°42′14.40″　西経91°03′54″
高さ：6メートル
規模：東西16.5メートル×南北3.9メートル
建造年代：791年

　メキシコとグアテマラの国境線をなすウスマシンタ川流域では、メキシコ側で古典期にヤシュチランやボナンパックなどの都市が繁栄した。ボナンパックは、ヤシュチランの南西21キロメートルに位置する。「大広場」（110メートル×90メートル）の中央には、ボナンパック最大の「石碑1」が立つ。その高さはほぼ6メートルに及ぶ。「石碑1」には、戦士の装いのヤハウ・チャン・ムワーン2世王が長い柄に装着した石槍を右手に持ち、左腕に盾を装備して大地の神の上に

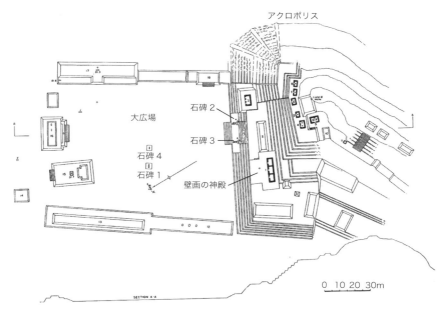

図144：ボナンパック遺跡中心部の平面図（Miller and Brittenbam 2013：図35より作成）

立つ図像と碑文が刻まれている。

「大広場」の南に、高さ46メートルの自然丘の北側面を人工的に整地した「アクロポリス」がそびえる。「アクロポリス」の建造段階は8期にわたった。3段のテラス状基壇の上には、マヤ文字や図像が刻まれた石彫リンテル（まぐさ：出入口の上に水平に置かれた板）を有する主要な建造物が建てられた。「アクロポリス」の3段目には、持ち送り式アーチをもつ六つの小さな神殿がある。その一つの神殿のリンテルに600年頃に統治したヤハウ・チャン・ムワーン1世王の図像が彫刻されている。

「アクロポリス」の1段目のテラス状基壇には、「石碑2」と「石碑3」が立つ。「石碑2」には、ヤハウ・チャン・ムワーン2世王、その前に母親、後ろにヤシュチラン出身の妻が刻まれた。母親は放血儀礼（自らの血を神々や先祖の神聖王に捧げる儀礼）の穿孔器を左手に握る。母親と妻の二人とも、血を垂らす紙が入った籠を持つ。碑文には、ヤハウ・チャン・ムワーン2世王が776年に即位したことが記された。「石碑3」には、手が込んだ巨大な頭飾りを被って盛装したヤハウ・チャン・ムワーン2世王が立つ。その前には、捕虜が左手を右肩に置いて服従を示して地面に座っている。碑文の日付は、785年に相当する。「大広

図145：ボナンパック遺跡の「壁画の神殿」の壁画復元図。メキシコ国立人類学博物館蔵（撮影　青山和夫）

場」の6メートルほど上、「アクロポリス」の2段目に「壁画の神殿」（建造物1）が建つ。外壁の壁龕は、往時は男性の座像の漆喰彫刻で装飾されていた。壁龕の間の外壁には、漆喰彫刻の断片が残っている。それは、捕虜を捕獲する場面である。

「壁画の神殿」の三つの部屋には、古典期マヤ文明の壁画の最高傑作が残っている。中央の「部屋2」が最も大きく、王が座る玉座があった。壁画は、持ち送り式アーチの部屋の壁全面に描かれた。青、緑、赤、黄、黒、茶、橙などの顔料が使われた。青色が際立つが、アジュライト（藍銅鉱）の粉末を加えたり、木炭

を加えて青色を濃くしたりするなど工夫された。壁画の保存状態はあまり良くないが、メキシコ市の国立人類学博物館に現物大の複製が展示されている。

世界的に有名な壁画には、8世紀末の歴史的な出来事がきわめて写実的かつ色鮮やかに描写されている。人物像は等身大の半分や3分の2のスケールで生き生きと描かれており、観る者に迫ってくる。「部屋1」には、ボナンパックのヤハウ・チャン・ムワーン2世王と貴族が集まり、幼い王子を世継ぎに指名する集会を開いている。楽隊が木製取っ手のあるヒョウタン製がらがら、太鼓やラッパで儀礼的な音楽を奏でる。「部屋1」に

描かれた碑文は「建造物１」で最も長く、世継ぎ指名の集会の日付は790年に相当する。碑文によれば、「建造物１」は791年に完成した。

「部屋２」には、ボナンパックのヤハウ・チャン・ムワーン２世王の図像とマヤ文字で名前が描かれている。戦闘の場面では、支配層の戦士が激しく戦っている。ヤハウ・チャン・ムワーン２世王が、長い柄に装着した石槍を右手で持ち、尻餅をついた捕虜の髪の毛を左手で摑んでいる。王はジャガーの顔をあしらった巨大な頭飾りを被り、ジャガーの毛皮製衣服を着て、翡翠製の首飾りやブレスレットを身に着けている。ヤハウ・チャン・ムワーン２世王は、胸飾りを紐で結んで首にかけている。それは上下を逆さまにした捕虜の生首を彫刻した胸飾りであり、古典期マヤ文明の王や支配層の戦士がしばしば装着した。

「部屋２」の戦闘が終わった後の場面では、ヤハウ・チャン・ムワーン２世王がきわめて長い鳥の羽根の頭飾りを装着し、長い柄に装着した石槍を右手で持って王宮の上に立っている。王の両側には、盛装した貴族が王の方に向いて立つ。戦争で捕獲された捕虜は、武器を持たず、全裸または半裸にされて座っている。王の前には、一人の捕虜が王の顔を見上げて命乞いしている。王宮の階段では、８人の捕虜が描かれている。特に書記を兼ねる３人の男性戦士が指を切られ血を流す様子が生々しい。王の事績を書き記す書記の役割を抹消したのである。

階段には、捕虜の生首が横たわっている。

「部屋３」には、大きな神殿ピラミッドの上で戦勝の祝宴の音楽が奏でられ、儀礼的な踊りが披露されている。ヤハウ・チャン・ムワーン２世王と貴族たちが、その様子を見ている。王家の男性が神殿の中で放血儀礼を執行する場面もある。碑文からヤハウ・チャン・ムワーン２世王が、近隣のヤシュチランのイツァムナーフ・バフラム４世王（769〜800年統治）、ピエドラス・ネグラスやラカンハの王や貴族と交流したことがわかる。「壁画の神殿」の壁画は実は未完成であった。壁画はボナンパック王朝の最後の記録である。ボナンパックは、古典期後期末に衰退した。

　ヤシュチランとボナンパック両遺跡への日帰りツアーが、パレンケの町から数多く出ている。ボナンパック遺跡の周辺は、ラカンドン・マヤ人の居住区なので、その入口でバスに乗り換えなければならない。ラカンドン・マヤ人は、16世紀以降のスペイン人の侵略を逃れた「征服されなかったマヤ人」の末裔である。メキシコのチアパス州の熱帯雨林に住み、ラカンドン・マヤ語を話す。長髪だが普通のメキシコ人と同様にシャツとズボンをはいたラカンドン・マヤ人の運転手が、遺跡までの数キロメートルの砂利道を運転してくれる。遺跡のガードマンもラカンドン・マヤ人であり、短髪でスペイン語を流暢に話す。

マヤパン遺跡のエル・カスティーヨ
El Castillo of Mayapán

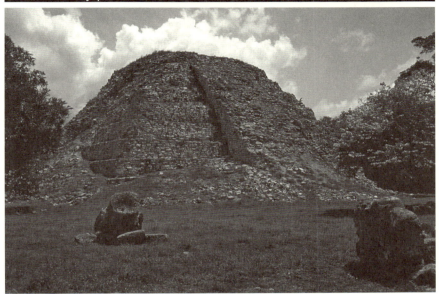

図146：マヤパン遺跡の「エル・カスティーヨ」（撮影　青山和夫）

基本情報
国名：メキシコ合衆国
場所：ユカタン州テコ
座標：北緯20°37′46″　西経89°27′38″
高さ：15メートル（往時は推定17メートル）
規模：東西35メートル×南北33メートル
建造年代：1200〜1300年頃

　マヤパンは、メキシコのユカタン州にある後古典期後期のマヤ低地北部で最大の都市遺跡であった。それはマヤ文明の後古典期後期の標識遺跡になっている。州都メリダ市の南東40キロメートル、チチェン・イツァ遺跡の西100キロメートルほどに位置する。マヤパンはチチェン・イツァが衰退した後古典期前期の12世紀に勃興し、15世紀半ばまでユカタン半島北部の広範な地方に及んだ政治同盟の主都として栄えた。民族史料によれば、マヤパンは、チチェン・イツァ出身

のイツァ・マヤ人のココム家によって統治された。マヤパンの支配者は、メキシコ湾岸のタバスコ地方出身のカヌル家の人々を傭兵として招き入れて権力を強化した。政治同盟を結んだ各地方の支配者の家族は、マヤパンに住むように義務づけられ忠誠を誓わされた。徳川幕府が、大名の妻子を江戸に人質にすることで反乱を防止したのと大変良く似ている。

マヤパンの支配層は、古典期マヤ文明と同様にカトゥン（約20年の7200日）周期の完了記念日を祝う儀礼を執行した。そして彫刻が施された少なくとも13の石碑および無彫刻の25の石造記念碑を建立した。無彫刻の石碑には、かつては漆喰が塗られてその上に図像やマヤ文字が描かれていたと考えられる。碑文の暦は1185年から1283年に相当する。マヤパンは、住居が広範囲に分布した古典期マヤ文明の諸都市とは異なり、人口密度がきわめて高い都市であった。全長9.1キロメートルの石造の城壁に防御された4.2平方キロメートルの区域に4140の建造物があり、1万2000人ほどが密集して住んでいた。城壁には12の門があった。敵の襲撃に対する防御が、都市計画において重要であったことがわかる。城壁の内部には、26のセノーテがある。都市は城壁の外にも広がり、総面積は計8.8平方キロメートルほどであった。都市の人口は、計1万5000人から1万7000人と推定される。

都市中心部の「エル・カスティーヨ」（別名「ククルカン・ピラミッド」、「建造物 Q-162」）は、高さ15メートルでマヤパン最大の神殿ピラミッドであった。かつてピラミッド状基壇の上にあった神殿と合わせると高さは17メートルを超えていた。それはチチェン・イツァの同名の大ピラミッドを小規模に模倣したものである。類似点としては、チチェン・イツァと同様に、マヤパンの「エル・カスティーヨ」にも9層のピラミッド状基壇があり、その四面に階段が設けられた。9層はマヤの地下界を象徴した。チチェン・イツァとマヤパンの「エル・カスティーヨ」のピラミッド状基壇は、同じく正面が北の神殿を頂いた。両者の神殿には、正面に羽毛の生えた蛇の彫刻を施した2本の円柱があった。

相違点としては、チチェン・イツァの「エル・カスティーヨ」の階段の下の両脇は蛇の顔の石彫で装飾された。マヤパンの場合は漆喰彫刻の蛇の顔であった。マヤパンの蛇の顔は、核となる石を漆喰で覆い、赤、橙、黄、緑、青、黒などで彩色された。マヤパンではチチェン・イツァのようなきれいに成形された石灰岩のブロック状の切り石が使用されず、厚い漆喰が荒っぽく加工した石を覆っていた。チチェン・イツァの「エル・カスティーヨ」神殿はマヤパンの神殿よりもはるかに大きく、石造の持ち送り式アーチを有した。マヤパンの神殿では平坦な梁材を漆喰で覆った。

マヤパンの「エル・カスティーヨ」は、東隣りの「チェン・ムル・セノーテ」から続く地下洞窟の上に建造され

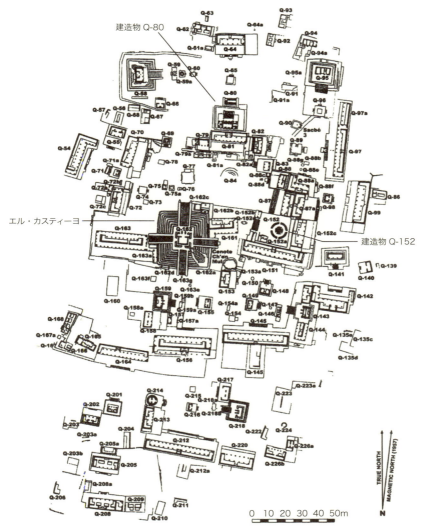

図147：マヤパン遺跡中心部の平面図（Masson and Peraza Lope 2014：図2.10より作成）

た。神聖なセノーテや洞窟が、都市計画や神殿ピラミッドの位置を決めるうえで重要であった。神聖な洞窟の上に、人工の神聖な山が建てられたといえる。地下洞窟は、「エル・カスティーヨ」の東にある円柱形の神殿「建造物 Q-152」の下に続いた。これはチェン・イツァの天文観測所「カラコル」を模倣したと考えられ、平面が長方形の基壇の上に建てられた。チチチェン・イツァの「カラコル」と同じく、「建造物 Q-152」には東西南北に計四つの出入口があった。「建造物 Q-152」と「建造物 Q-80」は、マヤパンで数少ない持ち送り式アーチの建物であった。「建造物 Q-80」は外壁に小さな神殿の壁画が描かれた神殿ピラミッドである。

チチェン・イツァの「エル・カスティーヨ」では、春分と秋分およびその前後に北側の階段に当たる太陽の光と陰とが、風と豊穣の神ククルカン（羽毛の生えた蛇神）を降臨させる。マヤパンの場合は、冬至前後の1か月ほどのあいだに北側の階段に当たる太陽の光と陰によって、光の蛇が出現するように設計された。チチェン・イツァの「エル・カスティーヨ」は、計365の階段をもつ太陽暦の神殿ピラミッドであった。マヤパンの場合は、その後に増改築されたものの、もともとピラミッド状基壇の四面にそれぞれ65段の階段があったと推定される。すなわち計260段になり、神聖暦の260日暦と同じである。つまりマヤパンの「エル・カスティーヨ」は、260日暦

の神殿ピラミッドであった。

マヤパンの「エル・カスティーヨ」は、チチェン・イツァと同様に前段階の神殿ピラミッドを内蔵している。マヤパンの場合は、2期にわたって建造された。両都市の前段階の神殿ピラミッドの基壇の方角は、最終段階の「エル・カスティーヨ」と同じであり、ピラミッド状基壇は同じく9層であった。チチェン・イツァの前段階の神殿ピラミッドには北側に階段が設けられたが、マヤパンの場合には北側の階段はなかった。

マヤパンの1期の「エル・カスティーヨ（建造物 Q-162a）」は、「中央広場」の最初の「床面1」と同時に建造された。この神殿ピラミッドは都市の中心に建てられ、都市計画のうえで重要な役割を果たした。1期のピラミッド状基壇の南東隅の発掘調査によって、もともとは戦争に関連した漆喰彫刻で装飾されていたことがわかった。半ば白骨化した3人の男性の立像が刻まれ、顔の部分が壁龕になっていた。壁龕には骸骨が置かれていた可能性がある。3人のうち1人は、両腕を広げて立ち、大きな鳥が指先をくちばしでつついている。男性の右腕の下には、大きなナイフがある。図像はマヤパン初期の戦争や暴力を物語る。1期の「エル・カスティーヨ」の基部は、「中央広場」の床面3によって覆われた。その後の増改築によって、2期の「エル・カスティーヨ」が1期の神殿ピラミッドを覆い、「中央広場」の床面6が建造された。「中央広場」の発掘調査では、計13

図148：マヤパン遺跡の支配層の住居跡（撮影　青山和夫）

マヤパン遺跡のエル・カスティーヨ

の床面の増改築が確認されている。

　後古典期は、かつて「退廃期」と誤解されていた。その芸術や建築には、古典期の壮麗さはなかった。一方で後古典期の政治経済組織は複雑であり、商業活動がより盛んになった。マヤパンの支配層は、主要なマヤの神々を造形した洗練された土器の香炉を大量生産し、広範な遠距離交換網に参加した。芸術と建築の「退廃」は、必ずしも社会全体の衰退を意味しない。これは例えるならば、江戸時代の城郭・武家屋敷と画一的な家屋が立ち並ぶ21世紀の住宅地区の芸術・建築面を比べて、「日本社会は退廃した」と結論するようなものである。

　民族史料によれば、マヤパンは1441年にウシュマル出身のシウ家の反乱によって破壊されたとされる。「エル・カスティーヨ」は、意図的に破壊された痕跡がある。蛇の彫刻を施した円柱がばらばらにされて神殿ピラミッドの下に捨て去られ、神殿の後ろに配置されていた祭壇は地中に埋められた。ユカタン半島北部は、その後マニ、ソトゥータ、ホカバなどに中心を置く18ほどの小王国によって割拠されて戦争を繰り返しながら16世紀に至った。

モンテ・アルバン遺跡の南の基壇

South Platform of Monte Albán

図149：モンテ・アルバン遺跡中心部　左奥に「南の基壇」（撮影　青山和夫）

基本情報
国名：メキシコ合衆国
場所：オアハカ州オアハカ・デ・フアーレス
座標：北緯17°02′38″　西経96°46′04″
高さ：15メートル
規模：東西150メートル×南北150メートル
建造年代：200～500年頃

　メキシコ高地南部のオアハカ盆地では、モンテ・アルバンを中心にサポテカ文明（紀元前500～紀元後750年）が1200年以上にわたって繁栄した。ユネスコ世界遺産のモンテ・アルバンは、サポテカ文明の主都として栄華を誇った。先古典期・古典期のオアハカ盆地で最大の都市であった。サポテカ文字の碑文には、マヤ文字の碑文と同様に、王の即位や戦争などの王朝史、260日暦や365日暦が記録された。

　この山上都市は、紀元前500年頃に三

つの小盆地が合流する盆地の中央という交通の要衝に建設された。「大広場」（300メートル×170メートル）は、盆地の底から400メートルほど上の山の頂を平らにして紀元前100〜紀元後200年に建造され、白い漆喰が一面に塗られていた。天然の要害の山上からは、盆地を一望できる。モンテ・アルバンは、明らかに農耕以外の目的で建造された政治・軍事・宗教の中心都市であった。麓のオアハカ市から山頂まで蛇行する道路は、車でも20分ほどかかる。よくもこんな高いところに都市を築いたなと思ってしまう。

モンテ・アルバンは、紀元前400年までに人口が5000人を超える都市へと発展した。都市人口は紀元前200年頃までに1万7000人に増え、当時の南北アメリカ大陸で最も大きな都市の一つになった。「大広場」の内外には、盆地最大の神殿ピラミッド群が建造されて「都市革命」が進行中であった。モンテ・アルバンの勢力は、紀元前300〜100年にオアハカ盆地を政治的に統一したと考えられる。山上都市モンテ・アルバンは、天然の要害であった。山の傾斜が緩い都市の北部と西部には、土と石で幅15〜20メートルの防御壁が築き上げられた。その全長は約3キロメートルにわたり、高さは4〜5メートル、場所によっては9メートルに達した。

モンテ・アルバンでは、オアハカ盆地の約2500の石造記念碑のうち650ほどが登録されている。「大広場」の南西にある「踊る人々の神殿」の壁には、「踊る人々」と呼ばれる320以上の男性の彫刻石板が嵌め込まれていた。「踊る人々」は人身犠牲にされた戦争捕虜を表象し、紀元前500〜紀元後200年に刻まれた。すべて全裸の男性で、奇妙にねじ曲げられた手足、閉じた目、だらしなく開いた口が特徴である。性器がはっきりと彫刻されているものが多い。、血を噴出する性器が、渦巻状の図像で表象されているものもある。その一部には、顔の前や後ろに捕虜の名前と考えられるサポテカ文字が刻まれている。「踊る人々」は、まさにモンテ・アルバンの軍事力・権力を誇示した石造記念碑であった。「踊る人々」の石板の一部は、「踊る人々の神殿」や他の建造物の階段として再利用された。あたかも「踏み絵」のように、階段を昇り降りするたびに戦争捕虜の像を踏みつけたのである。

「踊る人々の神殿」の南端近くに、「石碑12」と「石碑13」が建立された。サポテカ文字の碑文に、260日暦だけでなく最古の365日暦の日付も記録されている。遅くとも紀元前300〜100年までに、260日暦と365日暦を組み合わせた1万8980日（約52年）で一巡するメソアメリカ独特の宗教暦が誕生していた。

モンテ・アルバンの「大広場」の中央には、三つの建造物G、H、Iが結合されている。その南側に平面が矢尻鏃の形をした特徴的な「建造物J」が紀元前100〜紀元後200年に建設された。その壁には、40以上の「征服石板」が嵌め込ま

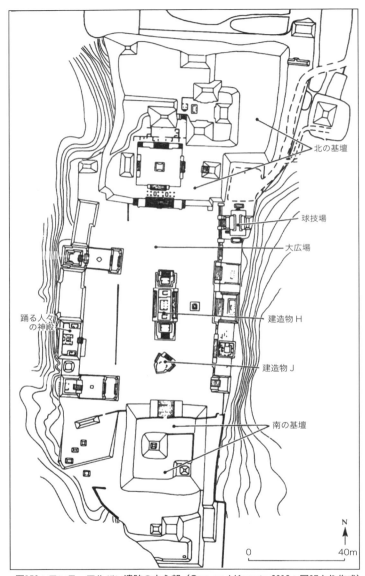

図150：モンテ・アルバン遺跡の中心部（Coe and Koontz 2013：図97より作成）

れていた。石板にはオアハカ盆地外の地名や人身犠牲にされた捕虜の図像などが刻まれた。地名は古代サポテカ国家が戦争で制圧した領土、古代サポテカ国家に貢納した地域、あるいは奢侈品や余剰生産物の交換などの直接的な経済交流があった地域を示すと考えられる。モンテ・アルバンには、盆地で最多の八つの球技場があった。規格化されたI字型の球技場は、オアハカ盆地ではモンテ・アルバンと2次センター（中心地）だけにあり、国家宗教兼スポーツの球技が行われた。

　サポテカ文明の黄金時代は、紀元後200～700年であった。この500年間にモンテ・アルバンは、メキシコ南部高地で最大の都市として栄華を誇った。最盛期の600年頃の推定人口は2万5000人であり、22平方キロメートルの山の面積のうち約7平方キロメートルに分布した。20以上の神殿ピラミッドが、「大広場」の内外に林立した。「大広場」の南北の両端に、巨大な建築複合体の「北の基壇」（底辺250メートル）と巨大なピラミッド状基壇を有する「南の基壇」が配置された。「北の基壇」の正面には、高さ13メートル、幅40メートルに達する33段の巨大な階段が設けられた。「北の基壇」の上には、王宮、神殿や半地下式の広場があり、王朝の儀礼や行政活動に活用された。

「南の基壇」は、宗教儀礼が執行された神殿ピラミッドであった。巨大な階段が、その正面（北側）に設置された。ピラミッド状基壇の上の神殿「建造物3」から、図像とサポテカ文字が彫刻された石板が出土した。洗練された頭飾りとマントを身に着けた男性が、チョウセンアサガオの葉と考えられる植物を手に持って座っている。民族史料によれば、サポテカ人はチョウセンアサガオを幻覚誘導剤として用いて先祖と交わった。

　サポテカ文字の碑文の解読によれば、古典期前期（200～500年）に「12のジャガー」という名前の王が即位した。「12のジャガー」王は強大な権力を誇り、即位を記念して「南の基壇」を増改築した。「12のジャガー」王は、少なくとも8点の彫刻が施された石碑と1点のモノリスを「南の基壇」の壁に嵌め込ませた。北東隅の壁に嵌め込まれた「石碑1」の正面には、王権の象徴のジャガーの毛皮を敷いた巨大な玉座に座す「12のジャガー」王が刻まれている。王は洗練された頭飾りをつけ、左手に王権を象徴する杖を持っている。その右側には「12のジャガー」王の名前、その神聖な系譜を記録して王権を正当化した2列のサポテカ文字の碑文がある。

「12のジャガー」王は、偉大なる戦士としての功績を強調して王権を正当化した。6点の石碑には、後ろ手に縛られた捕虜の図像が彫刻された。6人の捕虜は、それぞれ地名を表わすサポテカ文字の上に立っている。衣服から判断すると、そのうち数名は支配層に属する。同じく「南の基壇」の壁に嵌め込まれた「石碑4」には、「8の鹿」という名前の

高貴な戦士が足元の地名に槍を突き刺した図像が刻まれている。残念ながら、これらの地名はまだ解読されていないが、この時期の戦争の証拠を提供する。

「南の基壇」の三つの隅には、同じような供物が入った石製箱が計三つ埋納された。共通する供物は、7点の翡翠製数珠、10点のウミギクガイ、10点のマクラガイであった。同様な翡翠製数珠とウミギクガイの供物は、メキシコ中央高地のテオティワカンでも見つかっている。上述の「石碑1」の底面には、テオティワカン貴族の使節団についてサポテカ文字の碑文で記されている。そのうちの一人の「9のサル」という貴族は、テオティワカン様式の神殿から旅出ている。

「南の基壇」の北西隅に嵌め込まれた「リサ石碑」には、独特の頭飾りと衣装を身に着けたテオティワカン貴族の一行の図像やサポテカ文字の碑文が彫刻されている。ここでも、「9のサル」という貴族がテオティワカン様式の神殿から旅に出る様子が見える。テオティワカン貴族の使節団は、サポテカ王に友好的に迎えられている。サポテカ王は仮面を被って洗練されたサポテカ様式の頭飾りをつけ、王権を象徴する杖を手に持っている。サポテカ王とテオティワカン貴族の使節団の間に、「1のジャガーの丘」という地名がサポテカ文字で記されている。これは、「南の基壇」や「大広場」が建造された丘の地名であったかもしれない。

モンテ・アルバンとテオティワカンは、古典期のメキシコ高地を代表する大都市であった。350キロメートルほど離れた両都市のあいだで、軍事的な緊張関係が皆無ではなかったと思われるが、実際に戦争が起こったという証拠はない。アメリカ人考古学者レネー・ミロンは、両都市の間には友好的な外交に基づいた「特別な関係」があったと論じている。サポテカの王権は、遠方の大都市との外交によっても強化されたのである。

モンテ・アルバンの神殿「建造物X」から出土した「バサンの石板」には、古典期前期のテオティワカンとの友好的な外交関係が表象されている。左側にはテオティワカン貴族の「大使」がコパル香の袋をもち、「8のトルコ石」というサポテカ文字の上に立つ。右側にはジャガーの装束に身を包んだサポテカ王が、洗練された頭飾りを着けて「3のトルコ石」というサポテカ文字の上に立っている。2列のサポテカ文字の碑文には、この二人の人物が出会って話し合い、合意に至るために神聖な香を焚いたことが記録されている。それはまさに、メソアメリカの「サミット」であった。

モンテ・アルバンでは、テオティワカン建築の特徴の一つであったタルー（傾斜壁）・タブレロ（垂直壁）様式の建築は、貴族の居住地区だけで見つかる。テオティワカンからの交易品の総量は実際には多くなく、「北の基壇」をはじめとする支配層の遺構からのみ出土する。そうした交易品は、主に支配層間の贈答品であったと結論づけられよう。

モンテ・アルバン遺跡の南の基壇

図151：モンテ・アルバン遺跡の「踊る人々」の石彫。メキシコ国立人類学博物館蔵（撮影　青山和夫）

　モンテ・アルバン遺跡では、170ほどの石室墓が発掘されている。とりわけ、古典期の王墓とされる「墓104」には、神格化されたサポテカ王朝の先祖を模った土偶や様々な土器が副葬され、石室の壁画にはサポテカ文字、人物像や鳥などが多彩色に描かれている。この墓は一般公開されていないが、メキシコ市の国立人類学博物館にある実物大に複製された石室と副葬品は必見といえよう。モンテ・アルバンは750年以降に衰退したが、「大広場」は16世紀まで修理・維持された。有名な「墓7」には、精巧な金製装飾品の傑作、銀製装飾品、トルコ石製モザイク装飾品、水晶・縞瑪瑙・黒玉・珊瑚製首飾り、真珠、精巧な彫刻が施された骨製品、海の貝製数珠の首飾りなどが後古典期後期に副葬された。きわめて豪華な副葬品は、オアハカ市のオアハカ文化博物館でじっくり鑑賞できる。

ヤシュチラン遺跡の神殿33
Temple 33 of Yaxchilán

図152：ヤシュチラン遺跡の「神殿33」（撮影　青山和夫）

基本情報
国名：メキシコ合衆国
場所：チアパス州オコシンゴ
座標：北緯16°53′57.2″　西経90°57′5.4″
高さ：13メートル
規模：東西22.2メートル × 南北4.8メートル
建造年代：757〜759年頃

　ヤシュチランは、メキシコのチアパス州のウスマシンタ川を見下ろす丘陵に立地する古典期のマヤ低地南部の都市遺跡である。対岸には、グアテマラが見える。ヤシュチランでは、359年から少なくとも19人の王が君臨した。130以上の石造記念碑が見つかっている。マヤ文字が刻まれた石彫リンテル（まぐさ：出入口の上に水平に置かれた板）はメソアメリカ最多の64を数える。35の石碑とともに、王、王家の女性、戦士、捕虜、放血儀礼、儀礼的な踊りなどの図像が刻まれ

ている。碑文には戦争や捕虜に関する記録が多く記され、盛んに戦争を行っていたことがわかる。他のマヤ都市と比べて王妃や王の母親など女性の図像が多いのが特徴である。マヤ文字の解読によれば、古典期の都市名は「パ・チャン」であり「分けられた空」を意味した。

イツァムナーフ・バフラム3世王（「盾ジャガー」大王、681〜742年統治）という大王と息子の「鳥ジャガー4世」王（752〜768年統治）の治世中が最盛期で、神殿ピラミッドなどの大建造物群が建設・増改築された。ヤシュチランでは、川岸近くに「大広場」が設けられ、二つの球技場があった。丘陵の上に「中央のアクロポリス」、「南のアクロポリス」や「小アクロポリス」があり、神殿ピラミッドや王宮が立ち並ぶ。

「大広場」に面した12の建造物とさらに南東の二つの建造物に、碑文と図像が彫刻されたリンテルが設置された。「鳥ジャガー4世」王は、「神殿22」を増改築して、新たなリンテルを設置するとともに、5世紀後半から6世紀前半の複数の古いリンテルを再配置した。「リンテル21」には、7代目「月の骸骨」王（454年頃〜467年統治）が「神殿22」を建造し、「鳥ジャガー4世」王が752年に増改築したことが記されている。「神殿12」の七つのリンテルには、10代目王（526〜537年頃）についての碑文がある。「大広場」の南西に面した「神殿23」は、イツァムナーフ・バフラム3世王の正妻カッバル・ショークに726年に捧げ

られた。カッバル・ショーク王妃は、ヤシュチランで例外的に高い地位に恵まれた。「神殿23」には、前方に三つ、後方に四つの計七つの部屋がある。前方の三つの部屋の入口の天井には、イツァムナーフ・バフラム3世王とカッバル・ショーク王妃を描いた有名な「リンテル24」（東側の「部屋1」）、「リンテル25」（中央の「部屋2」）と「リンテル26」（西側の「部屋3」）が設置されていた。3枚のリンテルは、マヤ文明を代表する石彫リンテルの傑作である。青色と赤色の顔料が残っており、もともとは彩色されていたことがわかる。

イギリス人考古学者アルフレッド・モーズリー（1850〜1931年）は、1882年に西洋人として初めてヤシュチラン遺跡を探検した。モーズリーは石造記念碑、碑文や建造物の素晴らしい写真を撮影し、碑文の正確な線画、数多くの地図、平面図、断面図を作成した。モーズリーは、「リンテル24」と「リンテル25」をイギリスに持ち出し、現在は大英博物館に展示されている。「リンテル26」は、メキシコ国立人類学博物館にある。

「リンテル24」（709年）には、イツァムナーフ・バフラム3世王が松明を両手で持って立ち、夜の光景を照らしている。王の前で跪いたカッバル・ショーク王妃が舌に棘のある縄を通して自らの血を流す放血儀礼を執行している。血は籠の中の紙の上に垂らされ、神々への供物として焼かれた。マヤの諸王や王妃は、絶対的な権力者というよりもむしろ宮廷の礼

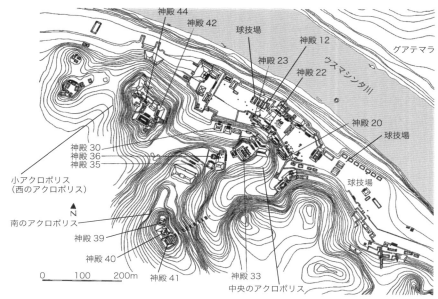

図153：ヤシュチラン遺跡の平面図（Kubler 1984：図176より作成）

儀作法に縛られた象徴的な存在という側面が強かった。

「リンテル25」では、イツァムナーフ・バフラム3世王の即位（681年）を祝うカッバル・ショーク王妃の前に、籠の中で焼かれた紙の煙から半ば白骨化した幻視の蛇が出現している。蛇の口からメキシコ中央高地の雨・豊穣の神トラロクの頭飾りをかぶった戦士が出てきている。碑文の解読によれば、戦士はヤシュチランの守護神であるが、王自身の可能性が高い。「リンテル26」（724年）では、イツァムナーフ・バフラム3世王が右手に大きな石製ナイフを持って立ち、出陣の準備をしている。カッバル・ショーク王妃が王の前に立ち、盾とジャガーの兜を手渡そうとしている。

メキシコ人考古学者ロベルト・ガルシア・モルは、「神殿23」の発掘調査を行い、中央の「部屋2」の床下からカッバル・ショーク王妃のものと考えられる豪華な墓「墓3」を見つけた。年配の女性が埋葬され、7.5キログラムの黒曜石製石刃・製作屑およびチャート製石器の製作屑に覆われていた。石刃や石屑は葬送儀礼の一部として、王妃を地下界に送るために埋納されたのであろう。副葬品は431点の緑石製数珠、緑石製耳飾り、真珠、マヤ文字が彫られた骨製穿孔器、骨製針、ジャガーの爪、黒曜石製石刃、34点の土器などきわめて豊富である。土器の一つには、年配の貴婦人が描かれてい

図154：ヤシュチラン遺跡の「リンテル25」（撮影　青山和夫）

ヤシュチラン遺跡の神殿33

る。「神殿23」に隣接する「神殿24」の碑文には、王妃が749年に亡くなり、火の儀礼が王妃のムクナル（「埋葬場所」）で執行されたことが記されている。カッバル・ショーク王妃は、夫の死後も6年ほど生きてヤシュチラン王朝で高い地位を保ち続けたようである。

「神殿23」の「墓2」には、45～49歳の高位の男性が埋葬された。副葬品はきわめて多彩である。緑石製指輪、貝製指輪、469点の緑石製数珠、緑石製耳飾り、貝製耳飾り、緑石製ペンダント、貝製ペンダント、真珠、アカエイの尾骨、マヤ文字が彫られたアカエイの尾骨、チャート製ナイフ、黒曜石製石刃、マヤ文字が彫られた骨・鹿角製穿孔器などが副葬された。骨製穿孔器の短い碑文には、「カッバル・ショーク王妃の所有物」と記され、先端には神の顔が彫刻された。他の副葬品としては、アラバスター（雪花石膏）製容器、ジャガーの爪、メキシコ中央高地パチューカ産緑色黒曜石製の大きなエクセントリック石器（長さ32.6センチメートル）、土器の容器

や香炉などがあった。緑色黒曜石製の大きなエクセントリック石器は稲妻の神で王家の守護神カウィールを表象したと考えられ、ベリーズのサン・ホセ遺跡の出土品と酷似する。

イツァムナーフ・バフラム3世王は、60年にわたって君臨してヤシュチランの黄金時代を築いた。複数の側室がいたので、子孫の間で王位をめぐる複雑な争いが引き起こされた。その死後の10年間（742～752年）は、政治的空白期間である。王位継承を巡る熾烈な「お家騒動」があった。近隣のピエドラス・ネグラスの「石板3」にはヤシュチランのヨパート・バフラム2世王が、749年にピエドラス・ネグラス4代目王のカトゥン（約20年の7200日）周期の終了記念日を祝う儀礼に立ち会ったと記録されている。しかし、ヨパート・バフラム2世王に関する碑文はヤシュチランに残っていない。この王が実際に即位していたとすると、のちにヤシュチランの歴史から抹消された可能性が高い。

「鳥ジャガー4世」王（752～768年統治）は、父親のイツァムナーフ・バフラム3世王が60歳代のときにカラクムル出身の側室「イク・頭蓋骨」から生まれた。「鳥ジャガー4世」王は43歳で即位した。王位継承の順位は低かったと考えられる。この大王は16年の治世中に、きわめて多くの公共建築と碑文を精力的に創造した。33の美しい石造記念碑に自らと母を称える政治的な宣伝活動を行った。同時に戦争や政略結婚によって王権

を正当化・強化した。碑文の解読によれば、「鳥ジャガー4世」王は数々の戦争に勝利を収め、例えば759年に支配下にあった小都市ラ・パサディタ王の援軍を得て高位の捕虜の捕獲に成功している。「鳥ジャガー4世」王は、少なくとも12の重要な建物を建造・増改築した。「大広場」から「中央のアクロポリス」に続く階段を30メートルほど昇っていくと、頂上に「神殿33」が見える。「神殿33」は、ヤシュチラン建築の最高峰の神殿ピラミッドである。神殿の上に高さが5.75メートルの美しい屋根飾りがそびえ立つ。ヤシュチランの他の主要建造物と同様に、「神殿33」の外壁にはもともと漆喰が塗られ、多彩色に彩色されていた。大きな羽根の頭飾りを着けた男性が玉座に座る巨大な漆喰彫刻（3メートル以上）が、屋根飾りの中央を飾っていた。往時には、ウスマシンタ川を行き来する人たちが「神殿33」を畏敬の念をもって見上げたにちがいない。

基壇の上にある神殿の正面（北側）の階段には、13の石灰岩のブロック状の切り石に碑文が刻まれている。10のブロックには、「鳥ジャガー4世」王自身、父のイツァムナーフ・バフラム3世王と祖父の「鳥ジャガー3世」王を含む10人の王家の男性が球技に従事する様子が彫られている。球技者たちは、おびただしい数の羽毛の頭飾りを被り、それぞれの前に大きな球が表象されている。球は捕虜の身体を縛ったものである。「鳥ジャガー4世」王の石灰岩ブロックの碑文

には、ウシュ・アハル（「三つの勝利」）と記されている。残りの三つの石灰岩ブロックには、稲妻の神で王家の守護神カウィールを表象する王笏を手に持つ３人の王家の女性が彫刻されている。「鳥ジャガー４世」王は、父と祖父との血縁関係を強調して王権を正当化したのである。

神殿には、三つの持ち送り式アーチの部屋がある。中央の部屋には、「鳥ジャガー４世」王の座像の石彫が置かれている。今は首が取れてしまっており、頭部は横に落ちたままである。頭部を復元すると、座像の高さは2.2メートルほどになる。「鳥ジャガー４世」王は、地元の支配層の支持を得るために、即位前にヤシュチランの重要な貴婦人「偉大な頭蓋骨」と政略結婚した。さらに他の王朝と同盟を結ぶために、少なくとも３人の王妃と政略結婚した。二人はグアテマラのサン・ホセ・モゴテ出身であり、もう一人は碑文によるとヒシュ・ウィツという父と祖父が勝利を収めた王朝の出身であった。「鳥ジャガー４世」王が「神殿33」が建造したと考えられるが、息子のイツァムナーフ・バフラム４世王（「盾ジャガー４世」王、769〜800年統治）が完成させた可能性もある。

「神殿33」の三つの部屋の天井には、それぞれマヤ文字と図像が彫刻されたリンテルが配置された。三つのリンテルの図像では、「鳥ジャガー４世」王が儀礼的な踊りを披露している。中央の部屋の「リンテル２」には、神聖王の称号である紋章文字を含む碑文が記された。「鳥ジャガー４世」王が、少年の姿をしたチュル・テ・チャン・キニッチ（息子でのちのイツァムナーフ・バフラム４世王）と「鳥の杖」の踊りを舞っている。「リンテル１」には、「鳥ジャガー４世」王がカウィールを表象する王笏を手に持ち、「20人の捕虜を捕獲したお方」と書かれている。王の背後には、「偉大な頭蓋骨」王妃が翡翠の入った大きな包みを両手で持って立ち、「イツァムナーフ・バフラムの母」と記されている。イツァムナーフ・バフラム４世王は、このリンテルで初めて王としてこの名前を記した。「鳥ジャガー４世」王と息子の王権の継承が正当化されたのである。「神殿33」の正面の基壇の下から出土した豪華な墓は、被葬者が不明である。「鳥ジャガー４世」王あるいは父のイツァムナーフ・バフラム４世王の墓かもしれない。

「小アクロポリス」は「西のアクロポリス」とも呼ばれ、12の建造物が広場を形成する。その北側（川側）には、イツァムナーフ・バフラム３世王の一連の戦勝を記念した「神殿44」がある。「神殿44」は732年かその直後に建造され、三つの部屋の入口にはそれぞれ碑文と図像を彫刻したリンテルとマヤ文字の階段が設置された。碑文には、即位前に捕獲したアフ・ニクという捕虜から732年までに捕えた捕虜の名前が記されている。

「南のアクロポリス」は、ヤシュチラン遺跡で最上部の最も見晴らしの良い場所

にある。「大広場」より95メートルほど高い。「神殿39」、「神殿40」と「神殿41」が配置され、それぞれ石碑をともなう。「神殿40」と「神殿41」は、隣り合わせに建造された。「神殿41」が増改築された日は、イツァムナーフ・バフラム3世王の即位から3カトゥン（7200日×3＝21600日）が経過した740年であった。「神殿41」の前面にある「石碑18」には、戦争に勝利を収めた戦士のイツァムナーフ・バフラム3世王が、石槍を右手に持って立つ。その前には捕虜にされた敵のラカンハのアフ・ポポル・チャイ王が跪いている。

「神殿40」の部屋には、かつて色鮮やかな壁画が描かれていた。その正面にある「石碑11」正面には、「鳥ジャガー4世」が752年に即位した碑文が記されている。左側に雨、嵐と稲妻の神チャークの仮面を被った盛装の「鳥ジャガー4世」王が立つ。王の前には、両腕を胸の前で交差して服従を示す3人の男性の捕虜が跪いている。「石碑11」の正面上部には、父のイツァムナーフ・バフラム3世王と母の「イク・頭蓋骨」が向かい合って座っている。

「石碑11」の裏側には、「鳥ジャガー4世」がイツァムナーフ・バフラム3世王と向き合って立ち、父王が亡くなる1年前の741年に重要な儀礼的な踊りを舞っている。イツァムナーフ・バフラム3世王は、「神殿41」の前面にある「石碑18」でかつて同じ踊りを舞っていた。「鳥ジャガー4世」は、「神殿41」の隣の「神殿40」正面に「石碑11」を建立して、碑文と図像で父から自分への王位継承を正当化・強調したのである。ちなみに「石碑11」の側面には741年の夏至の日付が刻まれ、夏至の日の出に向けられている。ヤシュチラン最後の王は、808年にピエドラス・ネグラスとの戦争に勝利し、その7代目王を捕獲した。しかしヤシュチラン王朝は9世紀に途絶え、その後に都市は放棄された。

ヤシュハ遺跡の神殿216

Temple 216 of Yaxhá

図155：ヤシュハ遺跡の「北のアクロポリス」（撮影　青山和夫）

> 基本情報
> 国名：グアテマラ共和国
> 場所：ペテン県フローレス
> 座標：北緯17°4′39″　西経89°24′9″
> 高さ：38メートル
> 規模：東西55メートル×南北45メートル
> 建造年代：150〜800年頃

　ヤシュハ（スペイン語では「ヤシャー」と発音）は、古典期のペテン県北東部において、ティカルとナランホに次ぐ大都市として栄えた。ティカルの南東30キロメートル、ナランホの南西12キロメートル、ヤシュハ湖の北岸に立地す

る。マヤ文字の解読によれば、都市の名前は「ヤシュハ」と記録されており、「青緑色の水」という意味である。古典期マヤ文明の都市名が、そのまま遺跡名や地名として残っている稀有な例といえる。ヤシュハ湖の水は今なお、きれいな

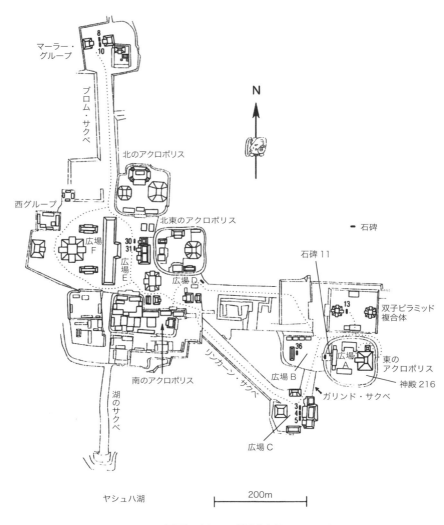

図156：ヤシュハ遺跡中心部の平面図（Kelly 1996:115より作成）

青緑色である。

ヤシュハは先古典期中期（紀元前600〜350年）から居住が始まった。「北のアクロポリス」、「北東のアクロポリス」、「東のアクロポリス」と「南のアクロポリス」という四つのアクロポリス、二つの「Eグループ」、双子ピラミッド複合体、二つの球技場などを構成する500以上の建造物跡がある。4本のサクベ（舗装堤道）が走り、41の石碑が登録されている。碑文に刻まれた長期暦は357〜796年に相当するが、古典期終末期まで神殿ピラミッドやサクベの増改築が行われた。

「東のアクロポリス」は、ヤシュハで最も高い地点に建造された。その周囲には「広場A」、「広場B」と「広場C」が配置された。「広場A」には、ティカルと近隣のイシュルーと同様な「双子ピラミッド複合体」がある。「広場B」には、古典期前期の「石碑11」が立っている。石碑に彫刻された男性は、メキシコ中央高地の雨・嵐・豊穣の神トラロクのようなゴーグル状の目飾りを着用している。「広場C」と「広場F」では、西の

ピラミッドと東側の建造物が太陽の運行と関連した「Eグループ」を構成する。「東のアクロポリス」の東側に最大の神殿ピラミッド「神殿216」がそびえ立ち、ヤシュハのどこからでも見える。発掘調査によって、「神殿216」には5期の建造段階があったことがわかっている。1期の「神殿216」は、古典期前期の前半（150〜350年）に建造された。その西側の上部しか出土していないのでピラミッド状基壇が何段だったかは不明である。正面（西側）に階段が設置され、高さは22.75メートルであった。古典期前期の後半（350〜600年）に、2期と3期の「神殿216」が増改築された。4期の「神殿216」は、古典期後期の後半（700〜800年）に増改築されて高さは30メートルになった。持ち送り式アーチの神殿が、9層のピラミッド状基壇の上に建てられた。神殿には三つの入口と二つの部屋があった。正面階段の前に、古典期前期の「石碑41」が再配置された。「神殿216」は古典期終末期（800〜900年）初頭に大幅に増改築され、最終的な高さは38メートルに達した。

ラ・ケマーダ遺跡の奉納ピラミッド
Votive Pyramid of La Quemada

図157：ラ・ケマーダ遺跡の「奉納ピラミッド」（撮影　吉田晃章）

基本情報
国名：メキシコ合衆国
場所：サカテカス州ビジャヌエバ
座標：北緯22°27′23″　西経102°49′16″
高さ：15メートル
規模：東西20メートル×南北18メートル
建造年代：600〜900年頃

　ラ・ケマーダは、メキシコ北部のサカテカ州、メソアメリカの北のフロンティアに立地する古典期（500〜900年）の要塞センターであった。メキシコ北部はアメリカ合衆国南西部産のトルコ石の遠距離交易路「トルコ石ロード」の中継地点として、アメリカ合衆国南西部とメソアメリカの交流に大きな役割を果たした。メキシコ北部には神殿ピラミッド、球技場、天文学、羽毛の生えた蛇の図像などメソアメリカの文化要素が見られたが、文字や大きな都市は発達しなかった。
　ラ・ケマーダは、年間降雨量が500ミリメートルというマルパソ盆地の丘陵の

図158：ラ・ケマーダ遺跡中心部（撮影　吉田晃章）

ラ・ケマーダ遺跡の奉納ピラミッド

上に立地する。11の神殿ピラミッド、方形の広場、三つの球技場、人身供犠にされた生贄の首を陳列する基壇「ツォンパントリ」、祭壇、「列柱の間」（41メートル×32メートル）や高さ5メートルの防御壁などが広がる。ラ・ケマーダから全長164キロメートル、幅10メートルに及ぶ舗装道路網が放射状に延び盆地の数々の集落を結んだ。

メキシコ考古学のパイオニアのレオポルド・バトレスは、1903年にラ・ケマーダ遺跡を訪れ、最大の神殿ピラミッドを「奉納ピラミッド」と呼んだ。バトレスは、供物を奉納するためのピラミッドではないかと考えたのである。「奉納ピラミッド」は、メソアメリカで異彩を放っている。ピラミッド状基壇はもともと1層であった。つまり他遺跡のピラミッドにはない、傾斜がきわめて急な一つの傾斜壁（タルー）からなる。傾斜壁はほぼ垂直に近い。修復されているのは、下から高さ5メートルにしか過ぎない。南側にはきわめて急な階段が基壇の上まで続いていたが、10段のみ復元されている。ピラミッド状基壇は、丘陵から切り出した流紋岩の平石を積み重ねて建造された。流紋岩の平石は、粘土と植物性繊維を混ぜ合わせたモルタルで接合された。ピラミッド状基壇の上には、かつて植物製の神殿があったと考えられる。

「奉納ピラミッド」は球技場の近くに配置され、神聖な世界の中心をなした。し

440

メソアメリカのピラミッド

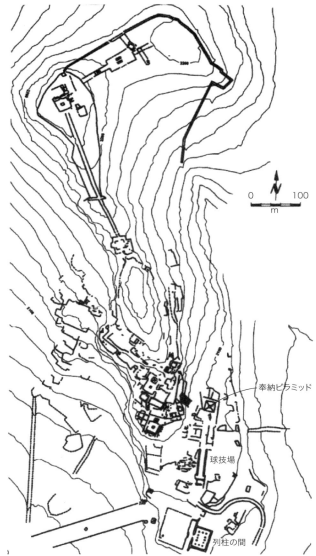

図159：ラ・ケマーダ遺跡の平面図（Jiménez Betts and Darling 2000：図10.3より作成）

図160：ラ・ケマーダ遺跡全景（撮影　吉田晃章）

ラ・ケマーダ遺跡の奉納ピラミッド

かし「奉納ピラミッド」が天文観測や暦に基づいて配置されたという明確な証拠はない。太陽の動きに関連させて建造されたのは多柱回廊「列柱の間」であった。その東西の中心軸線上に、8月13日と4月30日に太陽が沈む。この二つの日付の間隔は、メソアメリカの神聖暦260日暦（20日×13）と同じ260日である。テオティワカン最大の「太陽のピラミッド」でも同じ日に太陽が沈む。さらに「列柱の間」の東西の中心軸線上に、2月12日と10月30日に太陽が昇る。この二つの日付の間隔は、同じく260日なのである。

　ラ・ケマーダは、450キロメートル南東のメキシコ中央高地の「トルテカ帝国」が「トルコ石ロード」の交易路を守るために築いた要塞であったと以前は解釈されていた。その後の調査によって、その最盛期（650〜750年）がトルテカ文明（900〜1150年）より前だったことが判明し、「トルテカ帝国説」は否定されている。ラ・ケマーダにはメキシコ中央高地産よりもむしろメキシコ北西部産の黒曜石が搬入された。トルテカ文明の特徴の一つである多柱回廊は、ラ・ケマーダおよび同じくサカテカ州の古典期後期のアルタ・ビスタ・デ・チャルチウィテスに由来する。

ラ・ベンタ遺跡の建造物C-1

図161：ラ・ベンタ遺跡の「建造物C-1」（撮影　猪俣健）

基本情報
国名：メキシコ合衆国
場所：タバスコ州ウイマングイジョ
座標：北緯18°06′19″　西経94°01′54″
高さ：34メートル
規模：東西114メートル×南北128メートル
建造年代：紀元前800〜400年頃

　オルメカ文明とは、メキシコ湾岸低地南部のベラクルス州南部とタバスコ州西部に紀元前1400〜400年に栄えたメソアメリカ自生の最初の文明である。巨石人頭像（高さ3メートル、重さ50トンに及ぶ）をはじめとする洗練された石彫や大規模な土木工事で名高いが、都市、国家や文字は発達しなかった先古典期文明であった。その担い手が何語を話していたのかは不明である。オルメカは、以前はメソアメリカの「母なる文明」とされていた。現在は他地域の階層社会と相互に

交流しながら発達した先古典期社会の一つと考えられている。

タバスコ州にあるオルメカ文明の大センター（中心地）のラ・ベンタは、先古典期前期の紀元前1400～1100年に栄えたベラクルス州のサン・ロレンソの衰退後、先古典期中期の紀元前800～400年に繁栄した。ラ・ベンタはトナラ川が流れる沖積平野の圭陵上に立地し、面積は200ヘクタールほどと推定される。その半分は、石油産業や宅地造成によってすでに破壊されている。サン・ロレンソには神殿ピラミッドはなかったが、ラ・ベンタでは土製神殿ピラミッドが建造された。土製・アドベ（日干しレンガ）製建造物が、複数の広場を構成した。注目すべきことに、オアハカ盆地のサン・ホセ・モゴテで紀元前1400～1150年に用いられ始めた、真北より8度西にずれた独特な方位が採用された。オルメカ文明とオアハカ盆地の支配層間の交流が示唆される。サン・ホセ・モゴテは、大都市モンテ・アルバンが勃興する以前にオアハカ盆地最大の町であった。

「建造物C-1」は浸食されているが、ラ・ベンタ最大の神殿ピラミッドである。未だに本格的な発掘調査は実施されていないために、建造段階の詳細はよくわかっていない。限定的な発掘調査によれば、この階段状ピラミッドは土を固めて造られ、土が崩れないように未加工の石灰岩の平石が列状に並べられていた。体積は9万9100立方メートルと推定される。神殿ピラミッドの正面（南側）に

は、「石碑2」など計六つの石彫が配置されていた。「石碑2」では大きな頭飾りを着けた男性権力者が中央に立ち、6名の男性が取り囲んでいる。

ラ・ベンタでは、巨大な玄武岩から彫刻された4体の巨石人頭像をはじめとする90以上の石彫があった。玄武岩は、100キロメートル以上離れたトゥシュトラ山脈から運ばれた。その大部分は、135キロメートル東にあるタバスコ州の州都ビジャエルモサ市のラ・ベンタ野外博物館に1958年に移動された。「石碑3」では、豪勢な頭飾りを着けて盛装した二人の男性が向き合い、その上には6名の人物が宙に浮かんで二人を見ている。「石彫4」は、長さ3.9メートル、高さ1.6メートル、重さ33トンという巨大な玉座であった。洞窟または壁龕に座し、右手に縄を持つ等身大の王と考えられる人物、その上の縁にはジャガーの顔が刻まれている。

「建造物C-1」の南東には、「スターリング・アクロポリス」という底辺が320×250メートルの巨大な建築複合体が建造された。その上には、玄武岩製の樋に玄武岩製の蓋を被せた水路が見つかっている。サン・ロレンソの水路と同様に、実用的な機能だけでなく王権と水を結びつける儀礼的な機能も有していたと考えられる。

「A複合体」と呼ばれる建造物群は、「建造物C-1」の北側にある。「A複合体」の「南広場」の東と西には、2基の長い基壇「建造物A-4」と「建造物

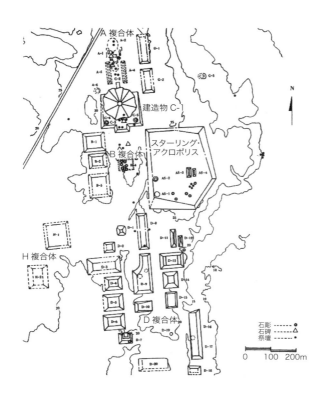

図162：ラ・ベンタ遺跡の平面図（Gonzáles Lauck 1996：図1より作成）

A-5」が配置された。それぞれ長さが80メートル以上、幅が16メートル、高さは2メートルを超える。「建造物 A-4」と「建造物 A-5」のあいだには、「建造物 A-3」（東西24メートル、南北32メートル、高さ2メートル以上）があった。「A複合体」の「北広場」（東西58メートル、南北43メートル）は、200以上の玄武岩の石柱で囲まれていた。「北広場」の北側には、階段状ピラミッド「建造物 A-2」（東西30メートル、南北18メートル、高さ2.5メートル）が建っていた。

「A複合体」では、五つの立派な墓が発掘されている。支配層の身分が世襲されていたことが、豪華な副葬品を有する子供の墓からわかる。例えば「墓A」は、「建造物 A-2」の中から見つかった。壁と屋根が玄武岩の石柱で構築された。石灰岩の平石が地面に敷かれ、その

図163：ラ・ベンタ遺跡の巨石人頭像（撮影　青山和夫）

上に粘土で床が造られた。２体の幼児の遺体には、耳飾り、首飾り、人物像やアカエイの尾骨などの形に加工されたオルメカ文明で最高傑作の翡翠製品が副葬されていた。翡翠製女性坐像（高さ7.5センチメートル）は、胸に小さな赤鉄鉱製鏡を装着している。精巧に磨かれた磁鉄鉱製鏡やサメの歯なども副葬された。冶金ではなく鉱石を丹念に磨いた鏡は、支配層の威信財であり、他の遺跡でも見つかっている。弥生・古墳時代の日本列島と同様に、メソアメリカでも鏡に呪術的な力があると思われていたのだろう。

「Ａ複合体」では、翡翠製品など50以上の供物の埋納が見つかっている。ラ・ベンタには、先古典期前期のサン・ロレンソよりもはるかに多くの翡翠製品が埋納された。480キロメートルほど離れたグアテマラ高地の産地から、遠距離交換されたのである。有名な「埋納４」は２体の翡翠、13体の蛇紋岩、１体の砂岩製の計16体の高さ20センチメートルほどの男性立像が会合をしているかのように向き合い、砂岩製像の後ろに６本の磨製石斧が石碑のように立てられていた。翡翠製と緑色の蛇紋岩製の磨製石斧を十字状にきれいに並べた供物も複数出土している。大型の供物としては、485点の蛇紋岩製ブロックを地面に嵌め込んだモザイク埋蔵物（4.8×4.4メートル）があり、半人半ジャガー、ジャガー、またはガラガラヘビの顔を表象するとされる。

ラマナイ遺跡の高神殿

High Temple of Lamanai

図164：ラマナイ遺跡の「高神殿」（撮影　青山和夫）

基本情報
国名：ベリーズ
場所：オレンジ・ウォーク州
座標：北緯17°45′9″　西経88°39′16″
高さ：33メートル
規模：東西55メートル×南北60メートル
建造年代：紀元前100～700年頃

　ベリーズ北部にあるラマナイでは、紀元前1500年頃から1700年頃まで人間の長い居住があった。ラマナイ遺跡は、4.5平方キロメートルに広がる。都市中心部には、八つの公共広場がある。遺跡名は、「水面下のワニ」を意味するユカタン・マヤ語に由来する。ニュー川沿いに立地し、水産物が豊富である。ラマナイの人々は、内陸部とカリブ海沿岸を結ぶ遠距離交換網に参加した。最古の土器は

先古典期中期の紀元前600〜400年に属し、この頃から半恒久的な住居が建てられた。

先古典期後期末の紀元前100年頃に、ラマナイ最大の神殿ピラミッド「高神殿（建造物 N10-43）」など大規模な公共建築が建造された。「高神殿」は、小さな住居群の上に築造された。住居群は漆喰を塗られた基壇の上に建てられ、炉跡やごみ捨て場が出土している。「高神殿」は、三つの基壇で構成された。2層の大きな下部基壇の上の後方（北側）に、4層の中部基壇が建てられ、さらにその上に2層の上部基壇が築造された。各基壇には三つの階段が設けられ、神々の顔の多彩色の漆喰彫刻が中央階段両脇の外壁を飾っていた。上部基壇の上には中央に主神殿、両脇により小さな神殿が建造された。中部基壇の下の正面（南側）、つまり下部基壇の上にテラスが広がった。「高神殿」は紀元前100年頃に33メートルの高さがあり、先古典期のベリーズ最大の神殿ピラミッドであった。

「高神殿」は古典期前期（250〜600年）に小規模に改修され、古典期後期（600〜800年）に大規模に増改築された。細長い建造物が下部基壇の上に建造され、ピラミッド状基壇の正面を覆った。細長い建造物には入口が11あるが、部屋は一つであった。「高神殿」の正面の階段は、幅が広い一つの階段に統一された。先古典期後期とは異なり、外壁は赤で彩色されなかった。計9層のピラミッド状基壇の上には神殿がなかった。このピラミッド状基壇の上の神殿の欠如と正面階段の途中に建てられた細長い建造物は、古典期後期のラマナイの神殿ピラミッドの大きな特徴であった。この特徴は、古典期後期の「仮面の神殿（建造物 N9-56）」や「ジャガーの神殿（建造物 N10-9）」にも見られる。古典期後期の「高神殿」には、土器、ウミギクガイや翡翠製品のほかに、1024点の黒曜石製石刃核や7503点の黒曜石製石刃・剥片が供物として埋納された。

「仮面の神殿」（高さ17メートル）は紀元前100年頃に建造され、正面階段の両脇に神々の顔の漆喰彫刻が施された。古典期前期後半に増改築され、正面階段の両脇に高さ4.2メートルの巨大な神々の顔を表象した石灰岩のブロック状の切り石のモザイク彫刻が設けられた。神々の顔はワニの頭飾りを被り、暗い灰色で彩色されていた。「仮面の神殿」の内部から、500年頃の高貴な男性の墓と高貴な女性の墓が検出された。遺体は赤で彩色され、織物、木製品、土器、翡翠と貝製モザイク耳飾り、翡翠製首飾りなどが副葬されていた。この二人は支配層の夫婦か兄弟姉妹であったと考えられる。大量のチャート製石屑と黒曜石製石刃、剥片や石刃核が墓の上に埋納された。石屑の埋納は単なる廃棄ではなく、葬送儀礼の一部を構成していたと考えられる。おそらく被葬者を地下界に送るために埋納されたのであろう。

「ジャガーの神殿（建造物 N10-9）」（高さ19メートル）は古典期前期後半の6世

448 メソアメリカのピラミッド

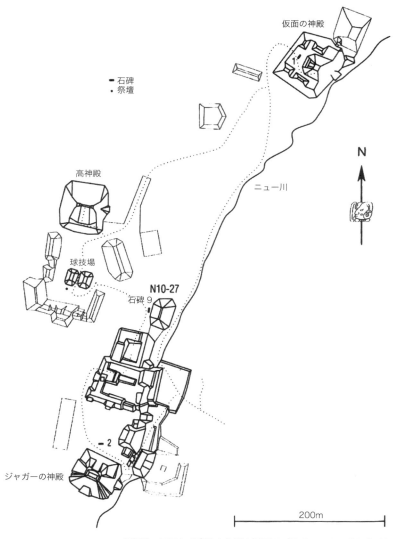

図165：ラマナイ遺跡中心部の平面図（Kelly 1996:36より作成）

ラマナイ遺跡の高神殿

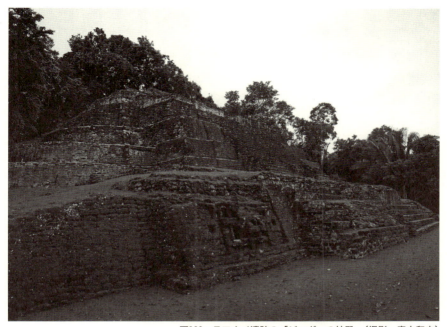

図166：ラマナイ遺跡の「ジャガーの神殿」（撮影　青山和夫）

紀に建造され、正面階段の両脇に神々の顔の漆喰彫刻が施された。古典期前期に翡翠製品と571点の黒曜石製石刃核が供物として埋納された。「ジャガーの神殿」は、古典期後期と後古典期前期に正面（北側）だけ増改築された。古典期後期の増改築によって、「高神殿」、「仮面の神殿」と「ジャガーの神殿」の正面の外壁を飾っていた神々の顔の彫刻が覆われた。

「石碑9」はラマナイで最も有名な石造記念碑である。それは625年に建立され、チャン・ヨパート王がツィキン・ショーク王の死を記した。ラマナイは古典期終末期に高い人口を維持し続け、後古典期さらに植民地時代に至るまで居住され続けた。古典期終末期の9世紀に、球技場が建造された。球技場には、供物として蓋付きの土器が埋納された。土器の中には2点の小型の土器、マヤ高地産の水銀（9.6立方センチメートル）、翡翠、貝や真珠が入っていた。12〜13世紀にはオアハカ地方やメキシコ西部の金製品や銅製品が遠距離交換によって搬入され、16世紀には地元で冶金術が発達した。

ワシャクトゥン遺跡の建造物 E-7 下層

Structure E-7-sub of Uaxactún

図167：ワシャクトゥン遺跡の「建造物 E-7 下層」（撮影　青山和夫）

基本情報
国名：グアテマラ共和国
場所：ペテン県フローレス
座標：北緯17°23′36.82″　西経89°38′4.32″
高さ：8メートル
規模：東西23メートル × 南北24メートル
建造年代：紀元前300〜100年頃

　ワシャクトゥンは、ティカルの北20キロメートルにある先古典期・古典期マヤ文明の都市遺跡である。20世紀初頭にアメリカ人考古学者シルバーヌス・モーリーが、ユカタン・マヤ語でワシャクトゥン（八つの石）と命名した。カーネギー研究所が、1926〜1937年に神殿ピラミッドの発掘調査を実施した。カーネ

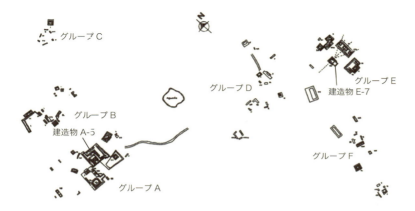

図168：ワシャクトゥン遺跡の平面図（López Olivares 1993：図1より作成）

ギー研究所は、グループAの「建造物A-5」に東西と南北に貫く2本の巨大な発掘トレンチを掘り下げ（現在では許可されない破壊的な調査法）、古典期初頭から500年間にわたる増改築を明らかにした。その結果、マヤ低地南部における先古典期中期から古典期後期までの標準土器編年が確立された。この調査は、マヤ文明研究の転換点といえよう。ちなみに巨大な発掘トレンチは埋戻しされず、今なお見ることができる。

「グループE」の広場では、先古典期後期に神殿ピラミッド「建造物E-7下層」が建設された。ピラミッド状基壇の四方に階段が設けられ、その両側に計18の神々の顔が漆喰彫刻された。「建造物E-7下層」は古典期に増改築され、「建造物E-7」を構成した。その東側の階段の正面には、495年に相当する日付が刻まれた「石碑20」が立っている。広場の西側の神殿ピラミッドおよび広場の東側の細長い基壇の上の三つの小神殿は、1924年以来の調査で太陽の動きを観察する建築複合であることが明らかにされた。西側の神殿ピラミッドの正面（東側）の階段の上に立つと、夏至と冬至に広場の東側の基壇の上の両脇の小神殿の外側、春分と秋分に中央の小神殿の中心線上にそれぞれ日の出が観察される。こうした太陽の観察と関連した建築複合体は、「Eグループ」と呼ばれるようになり、その後に数多くのマヤ遺跡で確認されている。

持ち送り式アーチは、以前は古典期マヤ文明の建築の特徴の一つとされていた。1980年代のグアテマラ人類学歴史研究所の発掘調査によって、ワシャクトゥンの「グループH」の神殿ピラミッド群が、先古典期後期の持ち送り式アーチを有することがわかった。

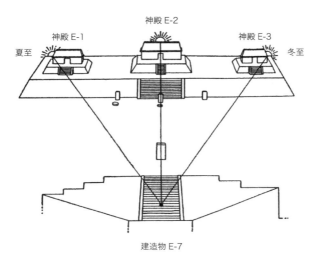

図169：ワシャクトゥン遺跡の「グループE」（青山2013：図24より作成）

　ワシャクトゥンの石碑には、327〜416年に相当する長期暦の日付の出来事が記録されている。メキシコ中央高地の大都市テオティワカンの貴族シヤフ・カフクの名前は、ワシャクトゥンの二つの石碑にも刻まれ、「石碑5」にはこの人物の「到来」が記録された。またグループBの「建造物B-13」の壁画（すでに破壊され現存しない）には、シヤフ・カフクとは別のメキシコ中央高地の衣装を身に着けた戦士の前に立ち、あいさつ、あるいは服従を示すと考えられる右腕を胸に当てたポーズのワシャクトゥン王が描かれた。ワシャクトゥンでは、ティカルの「停滞期」とほぼ同期間の557年から772年まで石碑が建立されなかった。ワシャクトゥンや近隣のシュルトゥンでは889年まで石碑が彫刻された。

南米のピラミッド

概　説

　南米で巨大な建造物が集中するのは、かつて古代アンデス文明が成立した地域にほぼ限られる。古代アンデス文明とは、15世紀の前半、スペインの征服によって滅亡するまで、南米の太平洋岸、南北約4000キロメートルもの範囲を影響下に収めたインカ帝国を含む古代文化の総体を指す。今日のペルーとボリビアの一部の地域にあたる。駆け足でその流れを追ってみたい。

　中央アンデス地帯に人類が登場したのは、今から１万3000年ほど前の最終氷期の末であった。植物採集に従事しながら、その後絶滅する大型哺乳類を狩猟するという生活を送っていた。約１万年前頃に氷河が後退すると、変化する環境のなかで人類は植物採集と小型動物の狩猟を生業とするかたわら、実験的に植物栽培や動物飼育を試みるようになる。この時代を「石期」および「古期」と呼ぶ。「古期」には海岸地帯で漁労定住も開始される。やがて紀元前3000年頃よりしだいに農業や牧畜への比重が高まり、同時に祭祀建造物が出現する。建造物の建設や祭祀活動を中心に社会はまとまり、中央アンデス各地で類似した図像が登場する。文明の胎動期ともいえ、「形成期」と呼ばれる。紀元前後の頃から、地方色豊かな文化が開花し、宗教面だけでなく、軍事・経済面での発達が顕著になる。「地方発展期」とよばれ、北海岸のモチェや南海岸のナスカなどの社会もこの時代に属する。さらに紀元後700年頃より、南高地起源のワリ社会が、中央アンデスのかなりの地域に影響を与え、都市空間が発生する。「ワリ期」である。また、ボリビアのティティカカ湖東岸では、その起源こそ形成期にさかのぼるが、ワリと同じ頃にティワナク文化が最盛期を迎え、数々の祭祀建造物が建設され、ペルー南部からチリ北部までにわたる広い範囲に影響力を与えた。紀元後1000年頃になると、再び地方色の強い政体が現われ（地方王国期）、その一つである南高地で生まれたインカがやがて中央アンデス全域に覇権を広げるのである（インカ期）。

　こうした古代アンデス文明においては、他の古代文明同様に巨大な建造物が築かれた。これらの建造物にピラミッドの名を冠することも多いが、実際にはエジプトのように先端の尖った角錐状の建物はまったく認められない。代わりに、石や日干しレンガなどを積み上げて築いた壁を支えとする基壇が目に付く。基壇の上に、さらに小型の基壇を建設し、階段状に高さを持たせる建物もよく造られた。ただし、一般的に、高さに比して頂上部の面積が広いものが多く、上部空間で儀礼を行うことが目的であったことはまちがいない。エジプトやメソアメリカに比べると高さへの希求が認め

られないといってよい。本書においては、その基壇状建造物をピラミッドの仲間として捉え、紹介する。

　また、地域的、時代的ばらつきについても説明が必要であろう。基壇状の建造物は北高地や北海岸に集中し、時代的にも形成期から地方発展期にあたるものが目立つ。また小型基壇でも有名なもの、調査が行われているものはとりあげた。一方で南高地のワリ期の都市的な建造物群や、インカ期の石造建造物は高さを強調していない点で除外することにした。

456

南米のピラミッド

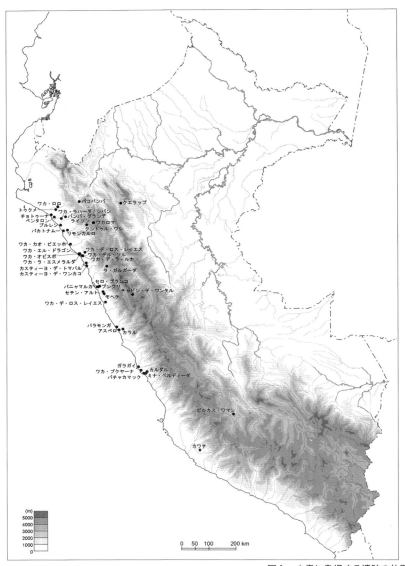

図1：本書に登場する遺跡の位置。
ピラミッド状の大規模基壇建築がペルー北部地域に集中していることがわかる。

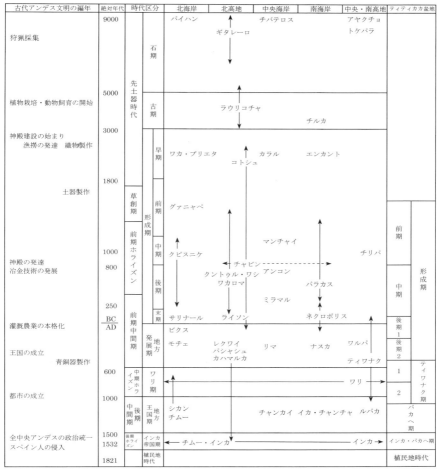

図2：古代アンデス文明編年表。有名なインカ帝国は、文明史上、最後に登場する、しかも短命な国家であり、それに先立つこと4000年以上の古代文化の流れがある。

アスペロ遺跡の神殿群

Temples of Aspero

図3：ワカ・デ・ロス・サクリフィシオス（撮影　関雄二）

基本情報
国名：ペルー共和国
場所：リマ州バランカ郡スーペ地区
座標：南緯10°48′59″　西経77°44′25″
高さ：13.5メートル
規模：45メートル×40メートル（ワカ・デ・ロス・イドロス）
建造年代：紀元前2750〜2550年頃

　ペルー中央海岸スーペ谷の北端、海岸線近くに位置する形成期早期の祭祀遺跡。カラルに代表されるスーペ谷に点在する同時代の遺跡の一つ。これまで7基の基壇状建造物が発見されており、そのうち、ワカ・デ・ロス・サクリフィシオ

ス（供犠の神殿の意）とワカ・デ・ロス・イドロス（偶像の神殿の意）が調査されている。石壁によって支えられた基壇の上には、部屋状構造物が築かれ、何度かの更新過程が確認されている。とくにイドロスの部屋状構造は、内部空間へ

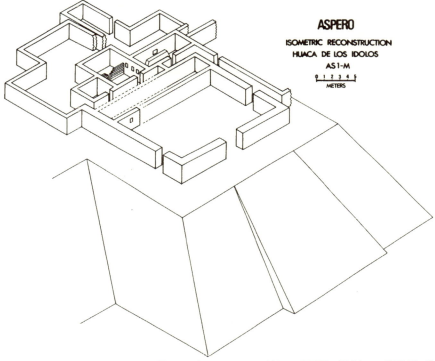

図4：ワカ・デ・ロス・イドロス復元図　(Feldman 1985 Fig.3)

のアクセスをかなり限定したものであり、中央の部屋の床下に掘られた奉納穴からは、13体の焼いていない土偶が出土した。またサクリフィシオスでは、生後2か月ほどの幼児の埋葬が発見され、貝や骨でできたビーズと石臼が副葬されていた。おそらく祭祀活動の場であったと考えられる。形成期早期の海岸定住社会が安定していたことを示す遺跡であり、カラル遺跡の調査責任者であるルトゥ・シャディは、カラル遺跡への海産物の供給先と想定している。紀元前2750年頃から紀元前2550年頃の年代が与えられている。

カスティーヨ・デ・トマバル遺跡のピラミッド

Pyramid of Castillo de Tomabal

図5：ピラミッド状基壇は自然の岩の上に建つ（撮影　関雄二）

基本情報
国名：ペルー共和国
場所：ラ・リベルタ州ビルー郡
座標：南緯8°23′31″　西経78°44′16″
高さ：36メートル
規模：48メートル×37メートル
建造年代：紀元前300〜紀元後600年

　ペルー北海岸ラ・リベルタ州を流れるビルー川中流域に位置するピラミッド状建造物。1946年に実施されたビルー谷総合調査により、形成期末のサリナール期から地方発展期のモチェ期までの利用が確認され、とくに地方発展期のガジナソ期に現在目にする大型建造物が築かれたことが明らかにされた。東西220メートル、南北140メートルの不規則な形をした石積みの周壁の内側に位置する。3段

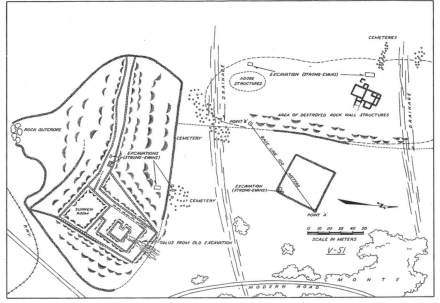

図6：カスティーヨ・デ・トマバルの平面図。左下にピラミッドが見える　（Willey 1953 Figure 32）

の基壇よりなり、最下段は48メートル×37メートル、中段は32メートル×27メートル、最上段は13メートル×14メートルの大きさである。谷に面した北側の最も高い部分で36メートルの高さを持つ。ビルー川が下流の平野に流れ出すまさにその出口にあたる小高い山の尾根にそびえているため、灌漑に欠かせない河川や耕地を統御する役割を担った城塞であり神殿でもあった。

カスティーヨ・デ・ワンカコ遺跡の大基壇

Main Platform of Castillo de Huancaco

図7：山のふもとに建つ大基壇（撮影　関雄二）

基本情報
国名：ペルー共和国
場所：ラ・リベルタ州ビルー郡
座標：南緯8°27′35″　西経78°48′15″
高さ：33メートル
規模：30メートル×30メートル
建造年代：370～860年

　ペルー北海岸ラ・リベリタ州を流れるビルー川下流域南部に位置するモチェ期の祭祀・居住建造物。ビルー市の南西10キロメートル、モチェ谷のモチェ中核地より南に40キロメートル離れた場所にある。遺跡として指定された区域は35ヘクタールにおよび、日干しレンガを積み上げた大基壇の南側には、大小の部屋構造物が連なる。全体で41部屋、12の回廊、九つの構造物が確認されている。高低差

図 8：遺跡平面図。右上 E 5 が大基壇（Bourget 2003 Fig.8.3.）

は33メートルもある。とくに南地区を調査したピエール・ブールジェによれば、調理場は最も低い場所にあり、そこで調理された料理は、そこより高い場所の部屋において洗練された器に盛られ、さらに高い場所にある部屋で食されたという。モチェの土器の図像では、ピラミッド型構造物の上に座した人物に食物が捧げられる場面が以前から知られており、ブールジェの解釈を裏付けている。年代測定値は、紀元後635～865年、紀元後530～680年、紀元後370～640年の3点が得られている。

ガラガイ遺跡の中央基壇

Central Platform of Garagay

図9：中央基壇上前庭を囲む壁を飾る彩色レリーフ。クモかジャガーを表わしている（写真　東京大学アンデス調査団）

基本情報
国名：ペルー共和国
場所：リマ州リマ郡サン・マルティン・デ・ポーレス地区
座標：南緯12°0′13″　西経77°5′15″
高さ：23メートル
規模：385メートル×155メートル
建造年代：紀元前1500～600年頃

　ペルー中央海岸、首都リマ市内を流れるリマック川下流域に位置する形成期の祭祀遺跡。ホルヘ・チャベス国際空港とパンアメリカン・ハイウェイとを結ぶ道路の脇にある。石壁で支えられた巨大な基壇がU字形に配置され、これらによって囲まれた広場の大きさは、415メートル×215メートルである。中央基壇の大

ガラガイ遺跡の中央基壇

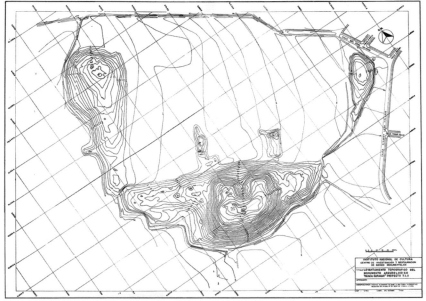

図10：遺跡平面図　中央下に中央基壇、その左右にも基壇が配置され、全体でU字形の配置を示す
(Ravines and Isbell 1976)

きさは、385メートル×155メートル、高さは23メートルに達し、正面階段を上った中腹部には、クモやジャガー的な多色のレリーフの壁で飾られた前庭（アトリオ）がある。形成期のレリーフとしては最も見事な部類に属する。これらのレリーフの手前には穴が掘られ、その中か

らは、ジャガー的な図像が描かれた石膏人形が出土している。三つの基壇の中では最も小さい南東基壇でもレリーフが発見されているが、不法占拠によりこうしたレリーフの破壊が進んでいる。紀元前1500〜600年頃の年代が与えられている。

カラル遺跡のピラミッド群

図11：カラル遺跡の大ピラミッド（撮影　関雄二）

```
基本情報
国名：ペルー共和国
場所：リマ州バランカ郡スーペ地区
座標：南緯10°53′24″　西経77°31′18″
高さ：約30メートル
規模：170メートル×150メートル（大ピラミッド）
建造年代：紀元前3000〜1800年
```

　ペルー中央海岸スーペ川中流域の乾燥した場所に位置する形成期早期の遺跡。利用年代は、紀元前3000〜1800年である。2009年にはユネスコの世界文化遺産に登録された。海岸線から内陸に23キロメートル入った、海抜365メートルの河岸段丘にある。全体で66ヘクタールの範囲に、およそ32もの基壇状建造物が立ち並び、周囲に多数の住居も築かれた。

　1948年に米国地理学者ポール・コソックによって発見されたが、その重要性はほとんど認識されず、本格的な調査は、1996年にペルー人考古学者ルトゥ・シャディによる発掘調査を待たねばならな

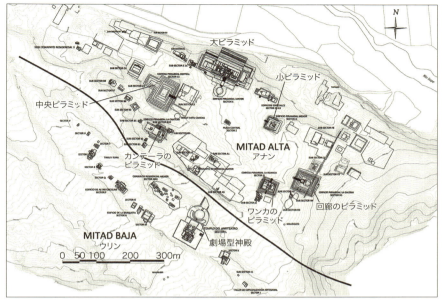

図12：カラル遺跡の平面図。大ピラミッドは中央上部に位置する（Shady 2014 Figura 3-14）

かった。2003年よりは国家プロジェクトとして膨大な予算が投下され、カラルばかりでなくスーペ谷全体を対象にした発掘調査と出土遺物の多角的な分析が行われている。

シャディは遺跡の南北で遺構の性格が異なることから、インカ帝国時代のアナン（上）とウリン（下）と呼ばれる空間概念がすでに存在したと考えた。北側（上）では、広場ともいえる巨大な開放空間の周囲に、大型の建造物が築かれた。なかでも西側に建てられた二つの建物は圧巻である。一つはカラル最大の建造物で大ピラミッドと呼ばれる。自然の丘を利用し、東西170メートル、南北約150メートル、高さは約30メートルの規模を持つ。基部には外径36.5メートル、深さ3メートルの円形半地下式広場が隣接する。もう一つは中央ピラミッドと呼ばれ、方形基壇と円形半地下式広場を抱える。大きさは東西約73メートル、南北約100メートルで、高さは24メートルほどである。このほか、カンテーラ（採石場）のピラミッドと呼ばれる小型建造物も西側に建てられた。

一方で東側にも、小ピラミッド、回廊のピラミッド、ワンカ（石柱）のピラミッドが築かれた。西の中央ピラミッドと東の回廊のピラミッドは、それぞれ東と西に向いた階段が建物の中心に据えられ対峙する。建築軸から考えると、太陽など天体観測との関係が示唆される。こ

うした建築は前2600年以降に整えられ、基壇の土台には、イグサで編んだ袋に石を詰め、これをいくつも積み上げるという新しい建築技法が導入された。これらの基壇状建造の上には、部屋構造が認められ、火を用いた儀礼の痕跡も一部で見つかっている。また、焼成を加えていない粘土の人形（土偶）が出土することもカラルの特徴である。これらの出土遺物は、建造物で儀礼が執り行われたことを示すものではあるが、シャディは、それに加えてエリートが司る行政空間を兼ねていた可能性を指摘している。

　南側（下）には、北で見られたピラミッドは見当たらず、代わりに基壇と円形半地下式広場が一体となった劇場と呼ばれる建造物が築かれた。広場からは彫刻の施された32本の骨製の笛も出土している。また基壇上には、方形の空間内部から、直径3.6メートルの円形の部屋（祭壇と名づけられた）が検出された。内部の床の中央は一段低くなっており、炉が切られていた。一段低い床は、中央から入口に向かって延び、上から見ると鍵穴状にみえる。興味深いのは、炉から1本の地下式ダクトが円形の部屋、そしてそれを囲む方形の外にまで延びていた。排煙か空気の取り込みか不明だが、この種の地下式ダクトや、段違いの床と炉というのは、1960年に日本調査団がコトシュ遺跡で発見した最古相の部屋とよく似ている。コトシュのほかにも主に山岳部で類似した建築スタイルは確認されており、コトシュ宗教伝統の名が冠された。

海岸地帯でも同様の儀礼空間が設置されたことになり、同時代の地域間交流が活発であった証拠として貴重である。

　カラルからは、ヒョウタン、インゲンマメ、ワタ、サツマイモ、トウガラシ、マメ科のパカエ、食用カンナ、果実のルクマ、ヒョウタンなどが出土しているので、農業に従事していたことは確かだが、大量の魚や貝、海獣骨、そして釣り針や漁網も出土するため、海産資源に相当依存していたことが推測される。さらにはアマゾンやエクアドル地域からの移入品も発見され、長距離交易が行われていた可能性もある。またシャディは、大型建造物の計画的配置とそれに伴う労働力、祭祀建造物の周辺に見られる住居構造の差異などから、階層化と専業化が進んだ社会を想定している。

　さらに、シャディはスーペ谷全体の一般調査を行い、23ものカラルと同時代の遺跡を発見している。そのうちいくつかの遺跡を発掘し、カラルと似た巨大な基壇建築群を確認している。こうした遺跡は、それぞれの地域の中核として機能し、親族関係を基盤にした階層的な集団によって治められ、さらには、紀元前2300年頃には、カラルを中心に谷間全体が統合されていたと考えられている。こうしたシャディの解釈はあまりに調和的であり、進化主義的であると同時に、3500年以上も後に成立したインカ帝国のモデルを無批判に適用し、歴史性を捨象している点で、多くの問題を抱えている。

カルダル遺跡の基壇群

Platforms of Cardal

図13：カルダル遺跡遠景。バーガーらの発掘区が見える（撮影　リチャード・バーガー）

基本情報
国名：ペルー共和国
場所：リマ州リマ郡パチャカマック地区
座標：南緯12°11′9″　西経76°50′57″
高さ：18メートル
規模：130メートル×60メートル（中央基壇）
建造年代：紀元前1300〜900年頃

　ペルー中央海岸ルリン谷下流域、海岸線より15キロメートル内陸に入った場所にある形成期の祭祀遺跡。海抜は150メートルである。巨大な基壇が3基、U字形に配置され、それらによって囲まれた方形広場は3ヘクタールほどである。中央の基壇の調査が行われ、基壇頂上部に直接達する34段の階段が発見されてい

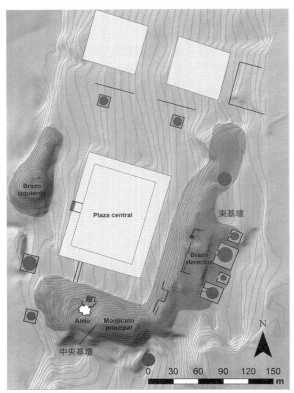

図14：カルダル遺跡平面図　中央基壇より東基壇の方が大きい。周辺に円形半地下式広場が配置されている（Burger and Salazar 2014 Figura12-8）

る。幅6メートルの階段は5度にわたって作り替えられており、階段を上りきった前庭（アトリオ）の壁は、上あごから牙が生えるネコ科動物の口をモチーフにした彩色レリーフで飾り立てられていた。三つの基壇の周辺には、直径13メートルの半地下式円形広場が8基確認さ れ、うち二つの発掘では、広場中央から人間の頭骨や土器が見つかっている。また他の円形広場の中央にはT字形に切られた炉も発見されている。年代は紀元前1300年から紀元前900年頃と考えられている。

カワチ遺跡の大ピラミッド
Great Pyramid of Cahuachi

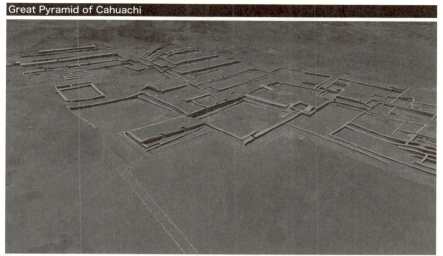

図15：カワチ遺跡の大ピラミッド（撮影　ルイス・ハイメ・カスティーヨ）

基本情報
国名：ペルー共和国
場所：イカ州ナスカ郡
座標：南緯14°49′10″　西経75°7′4″
高さ：30メートル
規模：長さ150メートル　奥行き不明（大ピラミッド）
建造年代：紀元前400～紀元後400年頃

　ペルー南海岸を流れるナスカ川下流域に位置するナスカ期の祭祀遺跡。紀元前400年から紀元後400年頃までの利用が想定されており、儀礼センターとしての機能停止後、墓地に変わる。24平方キロメートルの範囲に、大小40あまりの建造物が立ち並ぶ。最大の建造物は、自然の丘陵を利用した「大ピラミッド」と呼ばれる基壇状建造物である。全体を発掘したわけではないが、基底部は少なくとも長さ150メートル、高さ約30メートルである。1982年よりイタリア人建築家であるジュゼッペ・オレフィッチ率いる調査団が発掘と遺構の保存を手がけている。それによれば、大規模な建築活動は形成期にさかのぼるが、現在目にすることが

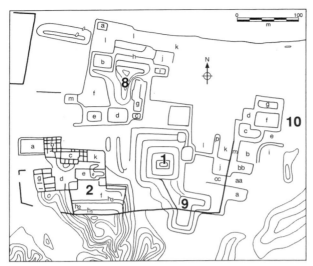

図16：カワチ遺跡の平面図。番号1が大ピラミッド（Silverman 1991 Figure 5.7.）

できる遺構の基盤が形成されたのは紀元後200年頃のナスカ期であるという。この時期、階段状の基壇とそれを昇るための階段が設置された。基壇上には部屋が設けられていた。部屋へのアクセスは限られており、ドア的な構造を備えていた可能性もある。

やがて、紀元後300年頃、地震やエル・ニーニョ現象による豪雨の被害を受け、「大ピラミッド」をはじめ、カワチ遺跡の建築プランは大々的に変わる。部屋状構造物の内部は、食用カンナの葉や茎など植物を幾重にも重ねて埋められていた。土砂を詰めるよりは部屋の壁にかかる圧力を軽減できるという利点を持つ。こうすることで、部屋を基壇に変貌させることにも成功した。また崩壊した以前の建築の瓦礫を利用し、階段を封印したうえで、スロープを設置した。基壇上には仕切り壁が設けられ、見下ろす側は開け放たれていた。仕切られた空間には柱が何本も確認されており、屋根が葺かれていたことがわかる。実際に、崩落した屋根も発見されている。さらには、基壇に接するように周壁で囲まれた広い広場も整備された。

このようにカワチが祭祀センターであったことは疑う余地はない。米国の考古学者ヘレン・シルバーマンは、この遺跡が祭祀都市というよりも、定期的に巡礼者が訪れる神聖な場所であったと考えている。巨大な空間にしては、活動の痕跡があまりに乏しいことから、常時、人々で賑わうような場所ではなかったと

いうのである。土器についても、この地で製作された可能性はあるものの、巡礼者の手で持ち込まれ、儀礼の過程で割られたことも十分に考えられるという。土器を儀礼的に割る行為は、ナスカの地上絵でも認められる。

いずれにせよ、この巡礼地のモデルは、彼女自身が訪れたヤウカ（Yauca）の祭りからヒントを得たものである。ナスカより北に位置するイカ川の中流域にある有名な巡礼地ヤウカには、1701年の10月3日に出現した「ヤウカの聖女」を奉った教会がひっそりと立っている。ふだんは誰も付近には生活しておらず、辺り一帯は荒涼とした砂漠にすぎない。祭りの始まる数日前よりトラックやバスに分乗した人々がどこからともなく現われ、屋台や露天の準備に入る。祭り当日は大変な数の人で賑わい、終了とともに無人の地へと戻る。この喧噪のあと、教会前の広場の地面を観察したシルバーマンは、カワチ遺跡で発見したものと実によく似た煮炊きの跡、火起こしの跡、簡易小屋の柱跡などを見いだしたのである。

さてカワチのような巨大な祭祀センターは、ナスカ川流域では唯一の存在であり、ナスカのイデオロギー生成の中核地であったことは間違いないが、シル

バーマンの説は、オレフィッチによる調査が進む以前の仮説であり、建築プランの大規模な改変や多数の部屋状構造、などを考えると、祭礼時以外は無人であったという説には再考の余地が残る。

最後にカワチのピラミッドと有名な地上絵の関係について述べておこう。カワチの構造物の平面図と平原部の地上絵の位置関係を調べたシルバーマンは、地上絵の一つである細長い三角形の二つの長辺の延長線上に、カワチの基壇構造物に突き当たることを発見している。また近年新たな地上絵を発見している坂井正人らは、「大ピラミッド」の頂上部からの測量に基づき、北と西に周囲とは異なる目立った山の存在があることを突き止め、その二つの軸が直交する場所にカワチが設けられたと論じた。さらに二つの山の麓にはナスカ期の大規模居住址が確認されており、地上絵も軸に囲まれた台地で描かれている。こうしたことから、二つの山の麓の住民が地上絵を描き、地上絵とカワチという双方の空間で儀礼を執り行ったと考えた。従来のように地上絵の機能を単体として解釈するのではなく、カワチや住居址、そして山など景観の中に位置づけている点で興味深い説である。

クエラップ遺跡の大基壇

Great Platform of Kuelap

図17：遺跡全体を巡る周壁（撮影　関雄二）

基本情報
国名：ペルー共和国
場所：アマソーナス州ルヤ郡
座標：南緯6°25′7″　西経77°55′16″
高さ：20メートル
規模：450メートル×100メートル
建造年代：1000～1532年

　ペルー北部アマソーナス州ルヤ郡に位置する地方王国期の遺跡。州都チャチャポヤスの南35キロメートルの尾根上にあり、海抜は3000メートルながら、アンデス山脈の東斜面のあることから周辺は降水量が多く、雲霧林が広がる。アマゾン川の源流地帯でもある。ペルーで最初の観光用ロープウェイが敷設され、近年注目を浴びている。

　クエラップを有名にしているのは、20メートル近くの高さを誇る周壁の存在である。壁は細長く伸びる尾根を一周する。南北450メートル、東西100メートルほどの大きさである。その近寄りがたい

威圧感は、壁に設けられた入口の狭さによって増強される。東正面に二つ、西側の裏面に一つしかない入口を中に進むと、オーバーハングした側壁がしだいに迫り、最後には一人しか通れないほどの狭さとなる。通路は上り坂となっており、訪問者を高みへと導く。通路が坂になっているのは、周壁が、古代都市でよく見られる外界との仕切り壁ではなく、基壇を支える土留め壁の機能を持ち、建物はすべてその上に展開しているからである。

この周壁の存在や大人数の入場を妨げる通路の存在から、クエラップは城塞であるといわれた時期もあった。これは、この地域一帯に古くから暮らしてきたチャチャポヤと呼ばれる集団が勇猛果敢で好戦的であったと伝えられてきたことと関係する。スペイン人によるインカ帝国征服後に、従軍兵士、僧侶、あるいは読み書きを覚えた先住民エリート層らが書き残した記録文書によれば、インカ帝国は、第10代の王トパ・インカの治世にこの地に進入したとされ、これに対してチャチャポヤの民は武器を手に取り、自由のために勇猛に戦ったという。17世紀に記された文書にはこの戦闘をテーマにした挿絵が見られる。そこには壮麗に飾り立てたインカの王と、見栄えのしない貫頭衣をまとい、裸足のチャチャポヤの姿が描かれている。野蛮人を征服する文明人という構図といってもよい。こうした記録をもとに、森の民としてのチャチャポヤの野蛮さ、勇猛さ、好戦性が強

調され、文明研究で周辺的な扱いしか受けてこなかったのである。この見方が、城塞状にも見える建築の解釈にも影響を与え、インカ帝国以前にはたいした文化もなかったとする偏見に満ちた考え方を助長させてきた。

しかし近年では、こうした好戦性、周辺性のイメージを覆すデータが発見されつつある。アンデスの東斜面でも最終氷期の末に渡ってきた最初のアメリカ人や、形成期の利用の証拠が報告されるようになり、またインカ帝国が進出する前の時代、紀元後1000年頃には、かなりの人口を抱え、降雨による土壌流出を避けるための農業用テラスが建設され、ジャガイモやトウモロコシ、コカなどが栽培されていたこともわかってきた。コカは、コカノキ科の植物の葉を乾燥させたもので、インカ時代、栽培は国家によって統御されたといわれる。古くから利用され、儀礼のほかにも、口に含んで唾液で葉を柔らかくしアルカロイドを抽出させることが多い。疲れや空腹感を癒す効果があるため、現在でも嗜好品として農民のあいだで流通している。さらに近年の出土人骨の分析からは、戦争行為はあったにせよ、同時代のアンデスの他の地域と比べてとくに好戦的であったとはいえないという結論も得られている。

以上のような最新のデータから、クエラップは城塞ではなく、チャチャポヤ最大の祭祀センターであったという説が有力になっている。基壇上にはチャチャポヤに特有の円形住居が400近くも築かれ

図18：基壇上の円形家屋（撮影　関雄二）

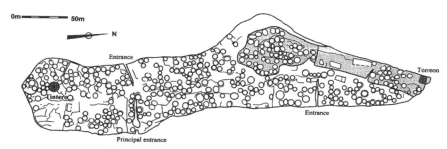

図19：クエラップ遺跡大基壇の平面図。円は住居遺構を示す（Guengerich 2015 Figure 4（c））

図20：クエラップ遺跡の大基壇に設けられた入口。幅は狭く、スロープ状になっている（撮影　関雄二）

ている。平均すると直径5メートルほどでの大きさを持ち、石灰岩の石壁で支えられた円形基壇を土台とし、その上にほぼ同じ径を持った円形の住居が築かれた。土台と外壁の境には、石灰岩の板石で軒のような張り出しが設けられていることが多い。

基壇の外壁や上部の住居壁のなかには、板石をはめ込んで菱形、三角形、雷文などの装飾が施されているものもある。屋根の梁には木材が使用され、屋根そのものは草葺きであった。住居の内壁には壁龕の窪みが見られ、床に段差をつけてベンチを設けている事例もよく見られる。これら壁面装飾の有無や規模の違いは、リーダーと庶民との差を示しているといわれている。

こうした住居とは別に、遺跡南端にはインク壺と呼ばれるオーバーハングした外壁によって支えられた円筒形の建物が見える。上面の中心部には竪坑が設けられ、その底からはおびただしい数の人骨が出土した。特別な儀礼との関連が推測される。埋葬はここだけではなく、住居の床下から周壁に至るまであらゆるところから見つかっている。またペルー南部山地から持ち込まれた黒曜石も大量に発見されており、希少価値の高い遺物の存在は、ここが城塞というよりも特殊な祭祀に使用されたことを示唆している。さらに研究者のなかには、地域差として解釈される多様な埋葬形態のすべてがクエラップに集まっていることから、チャチャポヤ集団全体の巡礼地として捉える者もいる。

クントゥル・ワシ遺跡の大基壇

Main Platform of Kuntur Wasi

図21：遺跡遠景。大基壇正面部分は修復されている（撮影　ルイス・ハイメ・カスティーヨ）

基本情報
国名：ペルー共和国
場所：カハマルカ州サン・パブロ郡
座標：南緯7°7′44″　西経78°50′46″
高さ：8.4メートル
規模：145メートル×160メートル（大基壇）
建造年代：紀元前1000〜50年

　ペルー北高地カハマルカ州サン・パブロ郡に位置する形成期の祭祀遺跡。海抜は2300メートル、アンデス山脈の西斜面にあたる。自然の尾根を利用し、石壁で支えられたテラスが少なくとも3段は確認され、その最上段には、145メートル×160メートル、高さ8.7メートルの大基壇が築かれ、基壇上には、数多くの建築が見られる。

　クントゥル・ワシ遺跡の調査を最初に

図22：大基壇の正面部分（撮影　関雄二）

クントゥル・ワシ遺跡の大基壇

手掛けたのは、ペルー考古学の父と呼ばれたフーリオ・C・テーヨの弟子たちであった。石彫や土器、金製品を発見したが、小規模な調査であり、全貌をつかむことはかなわなかった。1988年より大貫良夫、加藤泰建率いる日本調査団が本格的な調査を開始し、アンデス文明初期の形成期（紀元前3000〜50年）にあたる四つの利用時期を同定することに成功した。その結果、主要な建造物はクントゥル・ワシ期（紀元前800〜550年）に建築が開始され、続くコパ期（紀元前550〜250年）でも改修されながら引き継がれたことがわかった。さらに、こうした神殿活動の二つの隆盛期は、その前後にイドロ期（紀元前1000〜800年）とソテーラ期（紀元前250〜50年）と呼ばれる時期の活動が存在したことも確認されている。

クントゥル・ワシ期では、大基壇を昇るために幅11メートルの階段が設けられた。階段の麓には、一辺が33メートルの方形広場が設けられている。階段を昇ると、一辺が約25メートルの方形半地下式広場にぶつかる。広場を囲むように低層基壇がU字形に配置された。そのうち中央基壇と名付けられた正面の建物は、長さ24.5メートル、奥行き15.5メートル、高さ1.5メートルである。中央基壇を超えたその南には直径24メートルの円形半地下式広場が築かれた。このほかクントゥル・ワシ遺跡では、ヘビ、ネコ科動物、猛禽類を組み合わせた図像が彫り込まれた石彫が報告されている、その数

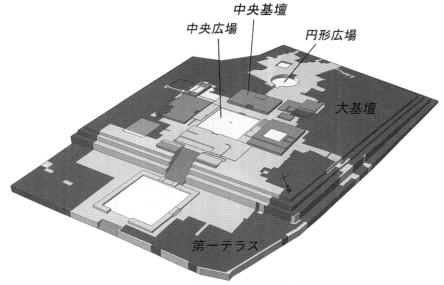

図23：大基壇の俯瞰図（作成　クントゥル・ワシ調査団）

は、同時代のチャビン・デ・ワンタルに次いで多い。

　クントゥル・ワシ遺跡の名を有名にしたのは、中央基壇の床下で発見された厚葬墓の存在である。クントゥル・ワシ期の中央基壇は、建設途中に、それ以前のイドロ期の基壇を埋めて造られた。厚葬墓は、そのイドロ期の基壇を2.5メートルも掘り込んだ地下式墓である。いずれも土壙底部には横穴が掘られ、そこを墓室とし、被葬者を安置したのち、雑な石壁で塞いでいた。

　地下式墓は4基発見されており、およそ1メートル間隔で並んでいた。中央の墓からは、老年男性の被葬者とともに、金製冠のほか、エクアドルよりもたらされた暖流産のカブトソデガイ製トランペット、コンドルを象った鐙形土器、貝製品、石製耳輪などが出土した。その西側の墓からは、老年女性の被葬者とともに、金製装飾品のほか、珪孔雀石、エクアドル産のウミギクガイ、ボリビア産の方ソーダ石で製作された大量のビーズ玉が発見されている。一方で、東側の墓の被葬者も老年男性であり、ジャガーの図像を表現した金製の冠、耳飾り、鼻飾りやコップ状土器が添えられていた。最東端の墓の被葬者は壮年の男性であり、金製耳輪を伴っていた。この4基の墓が掘られたイドロ期の基壇の脇には、同時期の部屋が検出されている。その部屋の中央には、比較的浅い土壙墓が確認され

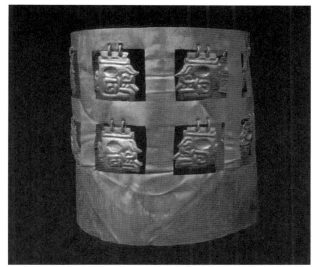

図24：ジャガー文様の金製冠。中央基壇の南西に位置する建物の中からも厚葬墓が発見された（撮影　関雄二）

ている。壮年の男性被葬者が上下さかさまに埋葬されており、側頭部に死因と思われる陥没痕が確認された。銅製の円盤が2枚、貝獣骨製の円盤が1枚、それに骨製の首飾りが副葬されていた。4体の被葬者の埋葬に際して犠牲となった人物と考えられる。

　4基の厚葬墓の被葬者には供犠の証拠が見あたらないことから、クントゥル・ワシ期の建設活動の際、別の場所から運び込まれた可能性が高い。被葬者の一体には、潜水活動に伴って生じる外耳道骨腫が同定されており、また共伴する土器の形式から判断して、海岸地帯がその起源地と考えるのが妥当である。いずれにしても、クントゥル・ワシ期には、パコパンパ同様に権力者が登場していたことが明らかである。しかもその権力基盤として、長距離交易品の統御があったと思われる。

　クントゥル・ワシ期が終わると、大基壇上の建物にも手が加えられる。北側の主要部、すなわち半地下式広場とそれを囲む基壇は、パティオやそれを囲む部屋などを追加しながらも引き続き利用されたが、円形半地下式広場を含む南側の建物はすべて埋められ、その上に北側とは異なる建築軸を持つ小基壇、パティオを囲む部屋状構造物が築かれた。南側に新たな階段が設けられ、そちらのアクセスと関係した活動が展開されたのであろう。コパ期では、クントゥル・ワシ期に比べると地域性が強まった可能性があるが、頭蓋変形の増加や祭祀活動の単位と

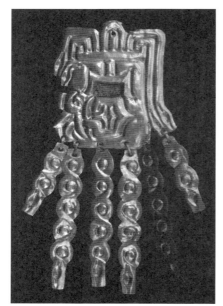

図25：中央基壇南西部の厚葬墓より出土した横顔ジャガー耳飾り（撮影　関雄二）

図26：遺跡に立つジャガー人間の石彫（撮影　関雄二）

考えられるパティオと部屋の組み合わせが急増することから、権力者集団の増殖が起きた時期であったと判断される。

　クントゥル・ワシ遺跡は、現在公園として整備され、麓には地元住民組織が運営する遺跡博物館があり、金製品を含む主要な出土品を見ることができる。

セチン・アルト遺跡の大基壇

Main Platform of Sechín Alto

図27：形成期最大の建造物といわれるセチン・アルト遺跡（撮影　関雄二）

基本情報
国名：ペルー共和国
場所：アンカシュ州カスマ郡
座標：南緯 9°27′59″　西経78°14′34″
高さ：44メートル
規模：300メートル×250メートル（大基壇）
建造年代：紀元前2000〜1500年

　ペルー中央海岸北部を流れるカスマ川の支流セチン川の南側に位置する形成期の祭祀遺跡。海岸より内陸に15キロメートルほど入った海抜125メートルの場所にある。遺構の広がる範囲は2平方キロメートルにも達する。中心をなすのは、300メートル×250メートル、高さ44メートルの大基壇であり、形成期の建築複合としてはアンデス文明のなかでも最大といえる。この基壇の北東方向には、四つの方形広場が連続して並び、これに円形の半地下式広場が三つ組み合わされている。石壁による建築と円錐形の日干レンガを用いた建築という異なる利用時期

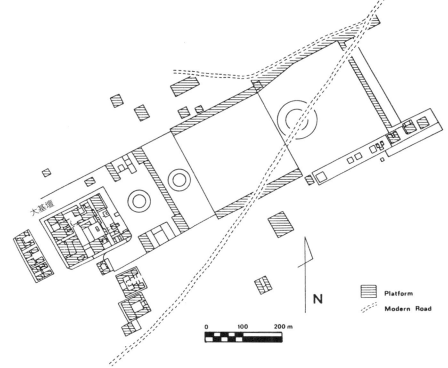

図28：セチン・アルト遺跡平面図。大基壇より北東に方形、円形の広場が連続していることがわかる (Pozorski and Pozorski 1987 Fig. 46.)

が確認されている。川を挟んで反対側にはセチン・バッホ遺跡があり、近年の調査によって紀元前3500年頃にさかのぼる円形広場が発見されている。

セロ・ブランコ遺跡の基壇群

Platforms of Cerro Blanco

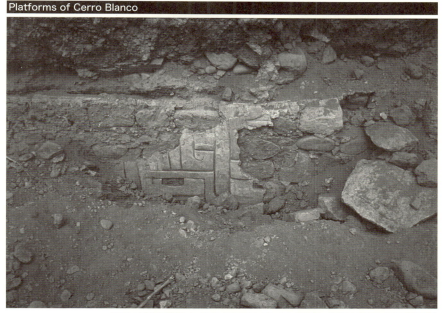

図29：壁面を飾るカイマンワニのレリーフ（写真　東京大学アンデス調査団）

> 基本情報
> 国名：ペルー共和国
> 場所：アンカシュ州サンタ郡ネペーニャ地区
> 座標：南緯9°10′55″　西経78°20′17″
> 高さ：14メートル
> 規模：105メートル×75メートル
> 建造年代：紀元前1200～250年頃

　ペルー中央海岸北部を流れるネペーニャ川下流域、海岸線より内陸に16キロメートルほど入った場所にある形成期の祭祀遺跡。海抜は150メートルである。遺跡は、3基の基壇より構成され、方形の広場を囲むようにU字形の配置をとる。中央の基壇が最も大きく、2段の基壇が確認されている。この基壇は105メートル×75メートル、高さは14メートルあり、芝田幸一郎による発掘調査の結果、広場側から各基壇を登る階段が発見されている。一方で南翼の基壇は、85

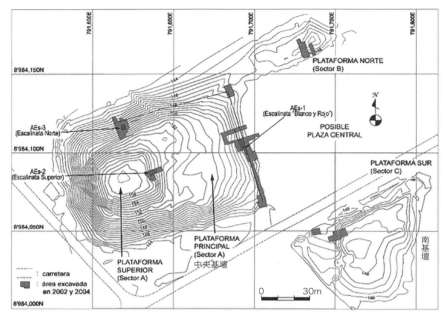

図30：セロ・ブランコ遺跡平面図（Shibata 2014 Figura 10-2）

メートル×65メートルと小型である。ペルー考古学の父フーリオ・C・テーヨが1933年に発掘し、カイマンワニともジャガーともいわれる動物を象った多彩のレリーフを発見している。こうした遺構は重層構造をもつため、最終的には紀元前1200年から紀元前250年頃の長きにわたって利用されたと考えられる。付近には、きわめて保存状態のよいジャガーや猛禽類のレリーフが近年発見されたワカ・パルティーダ遺跡がある。

チャビン・デ・ワンタル神殿

Temple of Chavín de Huántar

図31：チャビン・デ・ワンタル遺跡遠景（撮影　ルイス・ハイメ・カスティーヨ）

> 基本情報
> 国名：ペルー共和国
> 場所：アンカシュ州ワリ郡チャビン・デ・ワンタル地区
> 座標：南緯9°35′37″　西経77°10′39″
> 高さ：16メートル
> 規模：109メートル×75メートル
> 建造年代：紀元前1200〜500年頃

　ペルー北高地東部、アンデス山脈の東斜面の小さな谷間に位置する形成期の祭祀遺跡。アンデス文明史上最も多くの石彫を製作した遺跡として知られ、1985年に、ユネスコの世界文化遺産に登録された。海抜は3200メートル、アンデス山脈に源を発し、アマゾン川の支流に注ぎ込むモスナ川とワチェクサ川の合流点に築

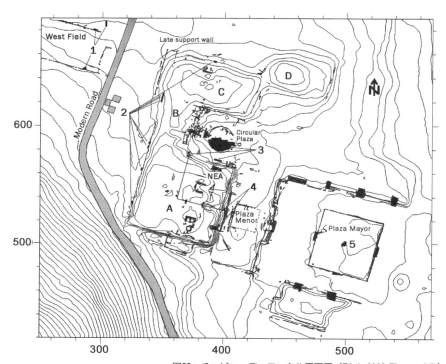

図32：チャビン・デ・ワンタル平面図 （Rick 2008 Figure 1.7.）

かれた。

　植民地時代以降、キリスト教宣教師や探検家、博物学者が、その存在を記してきたが、チャビン・デ・ワンタル（以下チャビンと記す）を最初に調査したのは、ペルー考古学の父と呼ばれるフーリオ・C・テーヨである。1919年のことであった。テーヨは、チャビン以外のアンデス各地の遺跡も調査し、土器や石鉢、石彫、織物などの表現された図像を比較し、アンデス文明の起源に関する一つの仮説を提出した。

　当時ペルーでは、ドイツ人の考古学者マックス・ウーレが、チャビンよりも後の時代の文化であるナスカやモチェ文化を同定し、それらの文化の起源を、遠く中米の文化（マヤなど）に求める説を提唱していた。この中米起源説に異を唱え、アンデス文明独立発生説を訴えたのがテーヨであった。ただしテーヨは完成度の高いチャビンは、あくまで経由地であり、真の起源はアンデスの東斜面にあると考えた。いずれにせよチャビンを経て広まった文化は、アンデス文明の母体となったというテーヨの見解は現在でも根強い支持を集めている。

テーヨの発掘した資料は1945年の土砂崩れによって失われたが、その後、遺跡管理人マリーノ・ゴンサレスの地道な努力によって清掃され、新たな石彫も発見された。また1966年から1975年にかけては、ペルー人考古学者ルイス・ルンブレラスとエルナン・アマットにより集中発掘が実施され、円形半地下式広場や基壇内部を走る回廊や水路の存在が明らかになった。特にルンブレラスが調査したオフレンダス（奉納品）回廊から出土した800以上にものぼる土器は、その図像と器形の豊かさから、形成期を代表する土器群として知られる。その後、米国考古学者リチャード・バーガーが遺跡に隣接する同名の村で発掘を行い、ウラバリウ期（紀元前1000～500年）、チャキナニ期（紀元前500～400年）、ハナバリウ期（紀元前400～200年）の3時期よりなる編年を提唱した。1995年からは、米国スタンフォード大学の考古学者ジョン・リックが中心となり、先端的技術を駆使した調査方法で遺構全体の図面を改めて完成させ、建築の更新過程を再検討し、基壇や回廊、そして水路の発掘調査に取り組んでいる。

では遺構を見てみよう（図32）。建物の正面（西）に向かって右（北）に旧神殿と呼ばれてきたU字形の建物が見える。アルファベットのUの字に似た配置をとるため考古学者はよくこう表現する。奥まった中央の基壇（テーヨはBと命名）と、翼のように貼り出した南北（AおよびC）それぞれの基壇で構成される。北翼Cは45メートル×75メートル、中央Bが29メートル×44メートル、南翼Aが35メートル×71メートルである。南翼Aの西壁には、丸彫りのジャガー頭像が突き出ており、テーヨはもともと壁面全体がこの種の頭像で飾られていたと考えた。頭像の後ろ側には細長い「ほぞ」が具わっており、それを壁面の

図33：外壁を飾るジャガーの「ほぞ付き頭像」（撮影　関雄二）

図34：旧神殿内部に立つランソン像（撮影　関雄二）

穴に差し込むことで固定されている。これまでに見つかっている頭像のモチーフは様々であり、人間がジャガーに変身していく様子を表現したという説もある。頭像の少し上には軒蛇腹（のきじゃばら）が張り出ており、下面には線刻で描かれたジャガーの姿が見える。

　U字形の基壇群に囲まれた空間には円形半地下式広場が築かれた。直径は20.1メートル、深さは2.5メートルで、中心軸上の東西部分にそれぞれ一つずつ扇状の階段が設けられている。広場の内壁は、丁寧に加工された9段の切り石で構成されており、段ごとに石の大きさに統一性が認められる。切り石のほとんどは無装飾であるが、基部近くの段とそれより3段上には、浅浮き彫りで描かれた図像が並ぶ。基部近くの段には、長方形の石板に、横を向いたジャガーの姿が彫り込まれた。上方の段の石彫は、下段より大きな正方形の石板に人間とジャガーやヘビが複合した図像が彫られていた。手に貝や幻覚剤として利用されるサンペドロサボテンを握る存在など、シャーマンの変身過程を表現したといわれる。この石板は西側の階段を挟んで左右に14ずつ並んでいたと考えられる。こうした上下の石彫に表わされた動物や超自然的存在は、西側の正面階段に向かって行進しているように見える。

　広場の西階段、さらには中央の基壇に導く階段を昇ると、基壇内部へと誘う回廊の入口に出会う。中央基壇Bの中心軸と重なる回廊は、その奥（西）で別の回廊と交差する。その交差点には高さ4.53メートルもの石彫がそびえ、訪問者を圧倒する。ランソン（スペイン語で大槍の意）像と呼ばれ、回廊名ともなっている。幅の広い二つの面には、浅浮き彫りで、胴体が人間、顔はジャガー、髪の毛はヘビ、手足にかぎ爪を具えた存在が描かれた。右手を上にかかげ、左手を下している。テーヨは、ランソン回廊の上の階に別の回廊の存在を確認しており、そこよりランソン像に液体などを流す儀礼が行われたと推測した。

　このほか、旧神殿南翼部分には、様々な回廊が張り巡らされ、円形半地下式広場との間には、先述したオフレンダス回

図35：オフレンダス・ギャラリーより出土した土器（撮影　義井豊）

廊が設けられた。回廊のほかにも、排気用ダクトや排水路が基壇内に組み込まれ、水路に関しては、基壇外の広場の床下を走るものもあった。こうした回廊は、神官らの住居というよりも儀礼の空間、儀礼用具の保管庫と考えられる。事実、リックらは、オフレンダス回廊近くのカラコル（巻貝）回廊において、儀礼用具と思われる線刻で装飾されたカブトソデ貝製の吹奏楽器を発見している。

かつて、チャビンの石彫と建築を分析した米国の考古学者・歴史学者ジョン・ロウは旧神殿がまず初めに築かれ、続いて南に向かって2度にわたる増築が行われたと考えた。先述したバーガーも、自らが示した三つの時期をこの増築過程に関連させた。増築の根拠は、おもに旧神殿時代の壁と増築部分における石積みの違いにある。増築され巨大化した南翼部分A全体を新神殿と呼ぶことが多い。新神殿の大きさは、基部で長さ70.9メートル、奥行き72.6メートル、高さは、16メートルである。

新神殿の頂上部には、高さ2メートルの小基壇とその上の2部屋の構造物が、左右（南北）対称に設けられていた。また正面壁（東壁）には、地上6メートルのあたりに屋上との間をつなぐ階段が、やはり左右対称に作られていた。おそらく神官など特別な人物が屋上からここまで降り、新神殿前に集まる人々を前に儀礼を行ったのであろう。向かって正面の基壇基部中央には、玄関のような施設が設けられているが、外壁には屋上に昇るアクセスは見あたらない。屋上には基壇内部に設置された回廊を使ったものと考えられる。

その中央玄関の両側には円柱が据えられていたと考えられる。円柱には、浅浮き彫りで超自然的存在が描かれた。一方の円柱（北）には鶏冠を持つメスのワシと人間とが組み合わさった姿が、もう一方の円柱（南）には、オスのタカと人間と組み合わさった姿が見える。北側の円柱は黒く、南側の円柱には白い石材が用いられ、円柱が据えられた階段に使われた石も北が黒く、南が白い。「白黒の玄関」と呼ばれるゆえんである。付近からは全体で10メートルほどの2枚の厚い板

石が発見されており、円柱の上に乗せたまぐさ石と思われる。そこにはワシとタカをモチーフにした複雑な線刻が施されている。

新神殿の東側には、方形半地下式広場が二つ見える。新神殿に近い半地下式広場は一辺が20メートルあり、小広場と呼ばれる。その東に位置するのが巨大な方形半地下式広場である。こちらの広場は2段構造になっており、最も低くくぼんだ部分は50メートル×50メートルで、各辺の中央に昇降用の階段が設けられている。広場の上段部分は、東西105メートル、南北85メートルあり、その南北には、それぞれ基壇が築かれ、新神殿とともにU字形の配置を示す。

こうした旧神殿から新神殿への増築過程に対して、近年リックらは修正を提案している。それによれば、チャビンで最も古い建物は旧神殿ではないという。旧神殿の南翼Aの東側の一部だけ（NEA）が第1ステージとして建設され、そのときには円形半地下式広場はまだ存在せず、建物の中心軸も南北に設定された。一辺が34.7メートルのほぼ正方形である。今日ランソン回廊が見られる旧神殿中央部分（B）は単なる基壇で、ランソン像が据えられていたかどうかはわからない。北翼部分についてはデータがなく不明である。

その次に、ようやく東西を中心軸に持つ旧神殿部分の基礎が完成するが（第2ステージ）、円形半地下式広場はまだ存在しない。第3ステージでは、建物Aの南側への増築と同時に、ロウらが第3期と考えた南側への増築がすでに一部行われ、さらに、のちに方形半地下式広場などが展開する、新神殿の東側に広がる空間にもいくつか建物が築かれたという。第4ステージでは、かつて新神殿と呼ばれたすべての建築要素が加わり、円形、方形の半地下式広場やオフレンダス回廊はこのときに初めて建設されたという。最後の第5ステージでは部分的な更新が行われた。

第4ステージまでが紀元前1200〜800年頃にあたり、第5ステージが紀元前500年頃にあたるとするリックらの解釈は多数の年代測定値からある程度支持できるが、更新過程の解釈は発掘調査をほとんどともなわない測量と観察に依存しているため、今後の検証が待たれる。またバーガーにせよリックにせよテーヨ以来のチャビン中心主義的見方を強く保持している点も問題である。近年の日本人研究者の成果により、アンデス各地、とくに北部には、それぞれ中心となるセンターが存在し、チャビンを含め緩やかに連動していたという見方が有力になりつつあるからである。

チャン・チャン遺跡の神殿群

Temples of Chan Chan

図36：ワカ・トレドの基壇建築。右手に階段が見える（撮影　セサル・ガルベス）

```
基本情報
国名：ペルー共和国
場所：ラ・リベルタ州トルヒーヨ郡ワンチャコ地区
座標：南緯 8°05′18″　西経79°03′56″
高さ：20メートル
規模：100メートル×100メートル（ワカ・オビスポ）
建造年代：1000～1500年
```

チャン・チャン遺跡は、ペルー北海岸トルヒーヨ市郊外に位置するチムー王国の首都である。シウダデーラと呼ばれる王宮の周辺にに住居が密集する都市遺跡として知られ、ユネスコの世界文化遺産に登録されている。チャン・チャン遺跡内には4基の大型ピラミッド状建造物が存在する。その一つであるワカ・オビスポには、大きな溝状の掘削跡が見られるが、これは16世紀にさかのぼる盗掘（当

図37：チャン・チャン遺跡の神殿群（Day 1982 Figure 3.1）。太線で囲まれた方形部分は、歴代の王の宮殿と考えられている

時は正規の発掘商会の事業）の痕跡である。元来は100メートル×100メートルの方形ピラミッドであり、高さは20メートルあったと考えられる。内部には海辺から運ばれた礫が詰め込まれ、外壁には日干しレンガが用いられた。とくにピラミッドの外面は奥行き1.5メートルほど

の段状構造を呈し、回廊として利用された可能性がある。

ワカ・トレドは、オビスポよりやや小型だが、75メートル×75メートルの大きさを持ち、高さは15メートルほどである。近年の発掘調査により、頂上部に達する階段が発見されている。

チョトゥーナ遺跡のワカ・マヨール神殿

Huaca Mayor of Chotuna

図38：チョトゥーナの大基壇ワカ・マヨール（撮影　ルイス・ハイメ・カスティーヨ）

基本情報
国名：ペルー共和国
場所：ランバイェケ州ランバイェケ郡
座標：南緯6°43'12″　西経79°57'8″
高さ：40メートル
規模：40メートル×80メートル
建造年代：750～1600年

ペルー北海岸ランバイェケ州を流れるランバイェケ川河口付近に位置する建築複合。年代は、ランバイェケ期にあたり、調査者クリストファー・ドナンによって前期（紀元後750～1100年）、中期（紀元後1100～1300年）、後期（紀元後

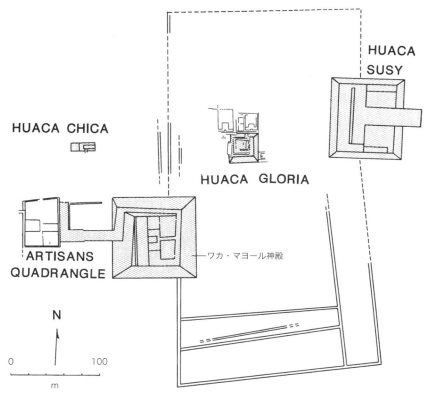

図39：チョトゥーナ遺跡の平面図。中央やや左にワカ・マヨールが見える（Donnan 1990a Fig. 3）

1300～1600年）に分けられている。遺構の一部からは、南に200キロメートル離れたモチェ谷のワカ・デル・ドラゴン遺跡とよく似た神話的モチーフを描いた壁面レリーフが発見されている。征服後にカベーリョ・デ・バルボアによって採録された北海岸の伝承では、海の彼方から到来した始祖ナインラプがチョトに王宮を建てたことが触れられており、これがチョトゥーナにあたることが想定されている。近年、付近のチョルナンカップ遺跡から豪華な副葬品をともなう女性指導者の墓が発見されている。

トゥクメ遺跡のワカ・ラルガ基壇

Huaca Larga of Túcume

図40：ワカ・ラルガ遠景（撮影　関雄二）

基本情報
国名：ペルー共和国
場所：ランバイェケ州ランバイェケ郡
座標：南緯6°31′1″　西経79°50′35″
高さ：30メートル
規模：700メートル×280メートル
建造年代：1000〜1532年頃

　エル・プルガトリオと呼ばれる自然の岩山の周囲220ヘクタールに26もの巨大なピラミッド型建造物が建ち並ぶ遺跡。1988年以降、ニンチキ号で太平洋を横断したトール・ヘイエルダール率いる調査団が一部の建物を発掘調査し、ランバイェケ文化後期からチムーを経て、インカ期までの利用を明らかにした。

　とくにワカ・ラルガは700メートル×280メートル×30メートルの規模を誇り、日干しレンガを積み上げたトゥクメ最大の神殿である。ワカはケチュア語で「聖なる場所」、ラルガはスペイン語で「長い」を意味する。アンデス文明で典

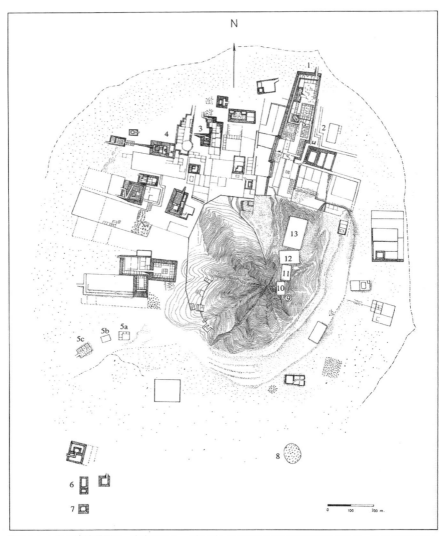

図41：トゥクメ遺跡平面図。中央にエル・プルガトリオと呼ばれる自然の山があり、その周囲に巨大な基壇が築かれた。ワカ・ラルガは番号1の建物（Heyerdahl et al. 1995 Figure 33）

型的な角錐台状の基壇であり、基壇の頂上部には巨大なパティオや広場が築かれた。基壇への昇降用の巨大スロープは北側にある。

これまでの調査の結果、3時期の利用が確認されている。最古の時代は、ラン

HUACA LARGA

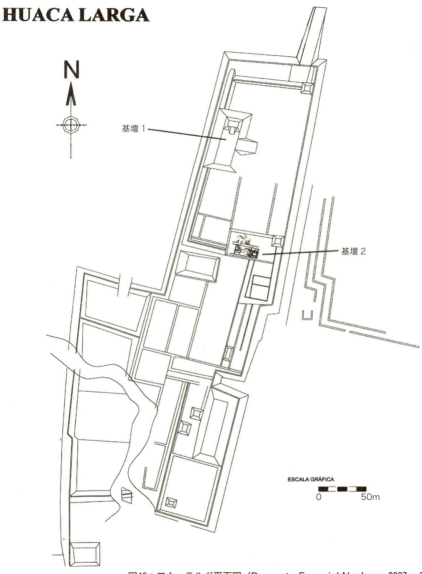

図42：ワカ・ラルガ平面図（Proyecto Especial Naylamp 2007 p.37）

バイェケ（シカン）期にあたり、現在よりもずっと規模の小さな基壇であった。

図43：ランバイェケ様式の長頸壺。トゥクメの出土品ではないが、この時代の代表的な土器様式（写真　東京大学総合研究博物館）

壁の表面は緑色を帯びた漆喰(しっくい)が塗られた。

　続く2時期目になると、これらの建物は分厚い土層で覆われる。北海岸で勢力を拡大したチムー王国期と考えられ、1375年頃とされる。ワカ・ラルガの建物自体も南側に拡張され、広場、パティオ、二つの小基壇が新たに建設されるなど、今日目にすることができるワカ・ラルガの姿ができあがるのはこの時期である。この時期の建物の壁は赤、白、黒の顔料で装飾されていることから三色の時期とも呼ばれる。基壇頂上部に設けられた小基壇のうち、北側の基壇1は、浸食が激しく原形をとどめていないが、スロープによるアクセスが設けられ、彩色壁画片も出土する。一方で中央に築かれた基壇2の上では壁画で彩られた神殿が発見された。赤、白、黒の顔料で鳥の姿が描かれていることから「神話的鳥の部屋」ともいわれる。とくに南北方向に走る壁は、方形の窪みと壁画の描かれた方形の枠とが交互に現われ、チェッカーボードのように見える。

「神話的鳥の部屋」の東西には小部屋が併設されており、神官や支配者の住居であった可能性がある。一方で、基壇2の南東部に見える回廊空間では、屋根をしつらえたベンチが確認されており、工房跡と比定されている。というのもチムー王国より1000年ほど前に北海岸で成立したモチェ王国で製作された土器に描かれ

た工房の様子に類似しているためである。いずれにせよ「神話的鳥の部屋」を境に、北側は広場、パティオを含む儀礼空間、南側は儀礼を支えるサービスや生産に関わる空間であったようだ。こうした空間の二分化や壁面装飾などの技術は、チムー王国の都チャン・チャン遺跡の宮殿でも認められ、類似性が高い。しかし小基壇の設置など相違も見られる。そのことからチムー王国は、ランバイエケ地方の支配にあたり、伝統的な支配体制を部分的に取り込んだのではないかと考えられている。

最後の時期はインカ期にあたる。チムー期に最も重要な空間であった「神話的な鳥の神殿」は埋められ、その上に石壁の構造物が建設されたが、他の空間はほぼ前時代のまま利用された。トゥクメではまれな石像建造物で覆うことで、チムー期の宗教空間を否定する重要な意味があったと考えられる。

インカ期に築かれた新たな部屋は四つの空間に分けられ、回廊でつながっていた。各小部屋には石造りの大型の壁龕（へきがん）が設置された。興味深いのは、部屋を放棄するにあたり、床面に土壙（どこう）を掘り、埋葬空間へと変化させた点である。北東の小部屋の土壙には、3体の男性の被葬者が、南西の小部屋の土壙には19体の女性が埋葬された。いずれもミイラ化した状態で発見された。男性被葬者のうち1体には、銀製の冠、耳飾り、胸飾りを身に着け、インカの典型的な壺（アリバロ型壺）のほか、銀製ひげ抜きや銅製の儀礼

用ナイフ（トゥミ）が副葬されていた。頭部から垂れ下がる赤と黄色の布製房飾りは、スペイン征服後に記された文書を参考にするならば、高位の人物が身に着けるものであり、インカ帝国より派遣されたトゥクメの統治者であった可能性が高い。

また19体の女性被葬者には、針、紡錘や紡錘車、糸など織物に関する道具が副葬されていたため、王に仕え、織物や酒を準備した穢れなき乙女たちとして知られるアクリャであった可能性が高い。こうした埋葬は、インカ期に天災、社会変動などに際して行われた人身供犠の痕跡である可能性が想定されているが自然人類学的分析は示されていない。

とはいえ埋葬行為には興味深い点がある。大雨（エル・ニーニョ現象）の痕跡を挟んで、2段階を経ていることがわかっている。完全に埋めたあと、その上で火を焚いたようだ。また埋め土の中からは、金、銀、銅製品、貝製品、装飾されたヒョウタン製容器、木製染織具、アンデス各地で生産された土器、ミニチュア土器が出土し、しかも小部屋ごとに出土品に特徴があることからすれば、埋葬と埋土充塡とは一連の宗教的行為と考えるのが妥当であろう。また埋め土から、ヨーロッパ起源のガラス製イヤリングが出土していることから考えると、スペインによるインカ帝国の征服（1532年）のような大社会変動に関わる一連の儀礼活動と考えることも否定できない。

パカトナムー遺跡のワカ1神殿

Huaca 1 of Pacatnamú

図44：遺跡中央に位置するワカ1（撮影　関雄二）

基本情報
国名：ペルー共和国
場所：ラ・リベルタ州パカスマーヨ郡ヘケテペケ地区
座標：南緯 7 °19′7 ″　西経79°34′59″
高さ：10メートル
規模：70メートル×70メートル（ワカ1）
建造年代：1100〜1400年

　ペルー北海岸ラ・リベルタ州パカスマーヨ市近郊の遺跡。ヘケテペケ川の河口北岸に位置する。東西を川と海と挟まれた海岸段丘の上に遺構は展開し、1平方キロメートルに50以上ものピラミッド的建造物が建ち並ぶ。モチェ期、ランバ

イェケ期、さらにはチムー期に至る長期間の利用が認められる。モチェ期後期の祭祀建造物も確認されているが、今日目にすることができる建造物群が築かれたのは、紀元後1100年以降のランバイェケ期である。最大の基壇はワカ1と呼ば

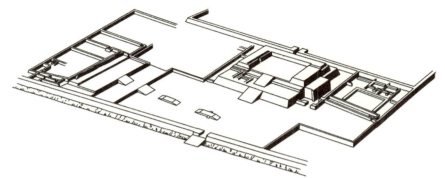

図45：ワカ1の復元図（Donnan and Cock 1986 Figure 3）

れ、部屋状構造物と広場を敷設する。遺跡の北側には壁と掘りが張り巡らされ、内陸側からの攻撃に対する防御の構えをみせる。しかし、1370年頃といわれるチムー王国による侵略には間に合わなかったようにみえ、防御壁は完成を待たずに放棄されている。巡礼地であったという仮説もあるが定かではない。

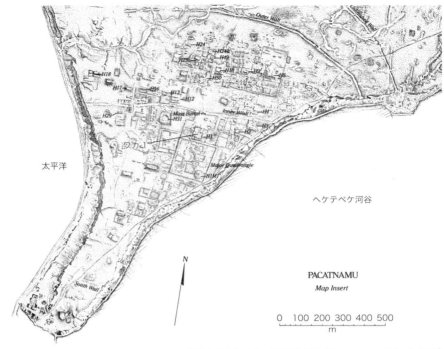

図46：パカトナムー遺跡平面図（Donnan and Cock 1986）

パコパンパ遺跡の基壇建築

Platforms of Pacopampa

図47：パコパンパ遺跡遠景（写真　パコパンパ考古学調査団）

基本情報
国名：ペルー共和国
場所：カハマルカ州チョタ郡
座標：南緯6°20′3″　西経79°0′58″
高さ：35メートル
規模：200メートル×400メートル
建造年代：紀元前1200〜500年

　ペルー北高地カハマルカ州チョタ郡に位置する形成期の祭祀遺跡。海抜は2500メートル、アマゾン川の源流マラニョン川の支流チョターノ川左岸に面した山の尾根に築かれた。約16ヘクタールの範囲に、パコパンパに加えてエル・ミラドール、ラ・カピーヤなどの人工マウンドが確認されており、全体でパコパンパ複合と称することがあるが、中核部を構成する3段の基壇部分はパコパンパ遺跡とし

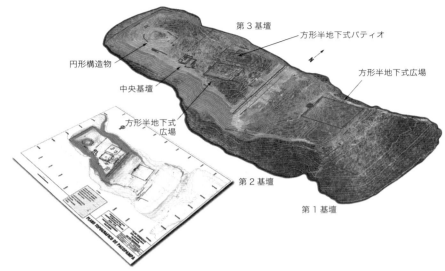

図48：パコパンパ遺跡鳥瞰図（作成　パコパンパ考古学調査団）

て区別される。全体として200メートル×400メートル×35メートルの規模を持ち、最上段の基壇の面積が最も大きい。実際に、ほとんどの重要な建造物はこの最上段に集中する。

　パコパンパ遺跡は、1939年に、ペルー考古学の創始者の一人であるラファエル・ラルコ・オイレが短期間の発掘を行ったあと、ペルー人考古学者が小規模発掘や保存を行ってきた。2005年からは国立民族学博物館と国立サン・マルコス大学の合同調査団が集中発掘を実施してきており、Ⅰ期（紀元前1200〜800年）とⅡ期（紀元前800〜500年頃）に利用が分けられ、それぞれの時期で何度も改築が行われたことが明らかになっている。

　現在目にすることができる3段の基壇構造の基礎はⅠ期後半に築かれた。この時期、各基壇の間には昇降用の階段が設けられた。最上段の基壇では、この時期、西側に巨大な基壇が設けられ、その上に直径28メートル、高さ2メートルほどの円形構造物が設けられた。円形構造物の基部には、高さ約20センチのベンチ状構造物が3基出土し、ベンチの根元の床面からは焼けた炉が発見された。火を用いた儀礼空間であり、遮る壁が見当たらないことから多くの人々が目視できたと考えられる。

　西基壇および円形構造物の南東には、一辺が約31メートルの窪んだ半地下式広場が築かれた。石灰岩の大型切り石を積み上げた壁で囲まれた広場であり、深さはおよそ1.2メートルである。広場の各

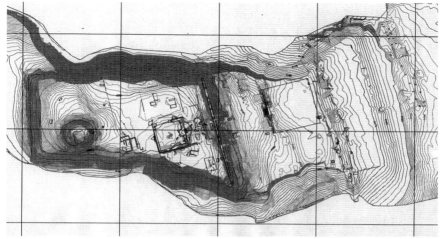

図49：パコパンパ遺跡平面図（作成　パコパンパ考古学調査団）

辺の中央には幅約5メートルの昇降用の階段が設けられた。方形半地下式広場の三方（北、南、西）には低い基壇が囲むように築かれ、それぞれの基壇上には部屋状構造物が据えられた。部屋群は、上から眺めると階段状の配置を示している。半地下式広場に設けられた階段を降り、正面、すなわち西側の階段を昇り進んでいくと、中央基壇にたどり着く。この低い中央基壇上には、入口を東側に持つ連続した小部屋が五つ築かれていた。

II期の建築も、基本的にI期の建築軸や建物の配置を踏襲している。ただし、円形構造物のベンチ上構造物は埋められ、代わりに頂上部に上がる階段が設けられた。また半地下式広場を囲むように位置する中央基壇と南北の各基壇も埋められ、その上に新たに建造物が築かれた。

中央基壇で新たに築かれた部屋群のうち、入口に最も近い部屋の床下からは、「パコパンパの貴婦人」と名づけられた厚葬墓(こうそうぼ)が発見されている。この墓は、建築の中心軸上に位置し、またII期の建物が建てられる途上で設けられている点で、クントゥル・ワシ遺跡で発見された厚葬墓とよく似ている。地下式墓の形状を呈し、直径90センチ、深さ2メートルの竪坑(たてこう)の底部に被葬者が安置されていた。深さ1.5メートル付近で、蓋をするかのように敷き詰められた安山岩(あんざんがん)の板石が出土し、その直下より小型長頸壺、高坏(たかつき)、小型鉢、注口付き鉢が出土している。注口付き鉢の外壁には、ジャガーの斑点を思わせる二重円の刻線文様が施されていた。これらの土器は、中央の墓壙を囲むように並べられていた。最も大きな板石は、中央の墓壙に斜めに置かれ、

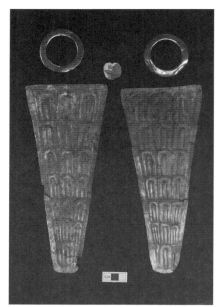

図50：パコパンパ貴婦人の墓より出土した金製耳輪と耳飾り（写真　パコパンパ考古学調査団）

その下から女性被葬者の埋葬が発見された。身長は162センチで、当時の男性の平均身長を超えた大柄な女性であった。頭蓋変形が認められ、頭部を中心に辰砂（朱）と青色の藍銅鉱の粉がかけられていた。耳のあたりから、直径約5センチの金製の耳輪が1対、さらには板状の耳飾りが出土している。耳飾りは最大幅11センチ、長さ26センチの逆三角形の形を持ち、表面には打ち出し技法で鳥の羽の文様が描かれていた。さらには、真珠貝を加工したビーズが大量に見つかっており、被葬者はビーズ製の首飾りを着け、大腿部と足首に装飾品を巻いていたと考えられている。

Ⅱ期では半地下式広場が再利用された。その北側では、Ⅰ期の部屋群が埋められ、新たな基壇が築かれ、その中央に一辺14メートルの半地下式パティオが設けられた。Ⅱ期の後半になるとパティオの機能に変化が生じ、饗宴の場と化す。少なくとも3回を数える饗宴は、パティオの東で発見された墓とほぼ同時期と考えられており、饗宴は死者の追悼であった可能性もある。この墓は「貴婦人の墓」ほどではないが、やはり厚葬墓であり、深さ1メートルの土壙に板石が詰められ、その下から2体の被葬者が発見された。1体は少年で、金製の首飾りと鉱物の粉末が添えられ、その上にはヘビの胴体とジャガーの頭を象った鐙形土器を胸に抱えた壮年女性が安置されていた。このことから「ヘビ・ジャガー神官の墓」と名づけられた。「貴婦人の墓」とともに、パコパンパにおいて権力者が存在したことを物語る貴重な証拠である。

パチャカマック遺跡の太陽神殿
Temple of the Sun of Pachacamac

図51：太陽神殿（撮影　ルイス・ハイメ・カスティーヨ）

基本情報
国名：ペルー共和国
場所：リマ州リマ郡パチャカマック地区
座標：南緯12°15′47″　西経76°54′7″
高さ：20メートル
規模：295メートル×170メートル
建造年代：1000～1532年頃

　ペルー中央海岸、首都リマより40キロメートルほど南下したルリン川の河口近くに築かれた巨大な祭祀センター。形成期末からインカ期にいたる長期の利用が認められる。最も高い建物は、日干しレンガで築かれたインカ期の「太陽神殿」である。6段の階段状基壇の昇るアクセスは東壁にあり、頂上部の海に面する側にインカ様式の壁龕が並ぶ。1896年にここを調査したドイツ人考古学者マック

ス・ウーレは、供犠に捧げられた女性の埋葬を発見している。インカ様式の建物としては「ママクーナ（太陽の乙女）の神殿」がある。

このほか「旧神殿」や「彩色の神殿」などの基壇状構造物のほか、「スロープ付きピラミッド」が多数確認されている。これらの遺構は3重の周壁で囲まれ、その内部は南北と東西に走る道で区画されている。

リマに近いこと、また以下に述べるような歴史的研究が進んでいることもあり、有名な観光地になっているが、本格的な調査は1980年代より始められ、考古学的な情報は意外に少ない。

これまでマックス・ウーレを筆頭に、多くの考古学者が発掘調査に取り組み、様々な解釈を提示してきた。それをまとめるならば、周壁に囲まれた都市的空間や出土する一部の土器の特徴からワリ期（紀元後600〜800年）に建築プランの基礎を求める説、それよりも新しく、地方王国期にほとんどの建造物の建設を求め、インカ期になって「太陽神殿」や「ママクーナ」が部分的に加えられたとする説、インカ期になって全面的な建築プランが整備されたとする説である。確かにワリ期説については、「旧神殿」から土器と遺構が確認されているほか、有名な墓地もあるが、実際には2番目の解釈が最も支持されてきた。歴史研究もこれを裏付けているからである。

歴史学者のマリア・ロストゥォロスキーは、今日の首都リマが位置するリマック谷と南隣のルリン谷をまたぐ形でイチマと呼ばれる王国（地方王国期）が存在し、その中心がパチャカマックであったこと、そしてパチャカマックの支配下として、各谷間には小首長制社会が存在したことを明らかにした。またスペイン征服後に記された歴史文書をもとに、パチャカマックが、有名な神託を授かることができる場所として強大な影響力を持ち、全海岸地帯から貢ぎ物を受け取っていたこと、さらにはパチャカマック（神）の息子や娘にあたる存在が、ペルー各地に住んでいたというような語りも掘り起こした。やがて強大な宗教的権威をとどろかせていたパチャカマック、そしてイチマ王国も、インカ帝国の軍門に下るが、パチャカマックの宗教的な影響力は依然として衰えることはなかったという。

しかし、パチャカマックがイチマの中心地だとしても、その姿は考古学者によってずいぶん異なる。イチマ王国は、小首長制社会の連合体であり、各社会のリーダーがパチャカマックを訪れては、各グループを対象にした儀礼が行われたとする見方もあれば、近年、調査を進めるピーター・エコットらが唱えるように、パチャカマックに中央集権的な権威が存在し、周辺の集団を支配していたという解釈もある。

どの解釈に立つのかによって遺構の解釈も変わってくる。先述したスロープ付きの基壇は、イチマ王国全体に分布する。パチャカマック遺跡の場合、一般に

パチャカマック遺跡の太陽神殿

図52：パチャカマック遺跡平面図（作成　パチャカマック遺跡博物館）

図53：パチャカマック遺跡のママクーナの神殿。インカ期に付け加えられた建物であり、インカ建築に特有な台形の壁龕が設けられている（撮影　関雄二）

細長い空間に、階段状の基壇、部屋状構造物、広場が配置され、段差のある部分がスロープで結ばれている。イチマが小首長国の連合体であったとする立場ならば、複数あるスロープ付き基壇は、各首長制社会が管理し、遺跡内に分布するこの種の建造物は同時に利用されたと考えることができる。ところが、中央集権が存在したとする立場に立つと、各建造物は各王の王宮であり、王位が継承されるたびに新築されたことになる。この解釈は、イチマ王国と同時期に北海岸で成立したチムー王国の王宮の変遷をモデルにしたものである。チムーの首都であったチャン・チャン遺跡では、周壁で囲まれた方形の空間のなかに、広場やスロープ、また謁見空間などが築かれた。王宮と考えられている。王宮は王の死後、埋葬基壇が築かれ、王と殉死者の遺体を安置したのち、閉鎖され、これに続く新しい王は自らの王宮を造らねばならなかった。イチマ王国にも同じような伝統があったと考えるわけである。

ところが、最近では、再びインカ帝国の介入を重視する研究者が現われてきた。パチャカマック遺跡で発掘を行ったクリストバル・マコウスキーである。遺跡を貫く南北の道はインカ期に建設されたとし、「スロープ付きピラミッド」もその配置からすれば、同時代と考える方が理にかなっているし、インカ期の遺物も共伴するという。もちろんマコウスキーも、イチマ期に建設活動があったことは否定していないが、今日目にする大々的な建築プランとの共伴関係の証明は不十分であり、むしろインカ期に全体が整備されたと考えている。この見方に立つと、歴史学者がとらえてきたパチャカマックの宗教的隆盛はイチマ期ではなく、インカ期に限定されることになる。まだまだ論争は終わりを見ない。今後の調査の進展が待たれる。

パニャマルカ遺跡の大基壇

Main Platform of Pañamarca

図54：遺跡内に建つ大基壇（撮影　関雄二）

基本情報
国名：ペルー共和国
場所：アンカシュ州サンタ郡ネペーニャ地区
座標：南緯9°12′22″　西経78°22′31″
高さ：12メートル
規模：40メートル×40メートル（大基壇）
建造年代：600年頃

　ペルー中央海岸北部を流れるネペーニャ川下流域に位置するモチェ期の祭祀遺跡。パンアメリカン・ハイウェイより9キロメートル内陸に入る。自然の丘陵部の上に日干しレンガの建造物群が築かれている。遺構の範囲は、650メートル×300メートル、高さは谷底から60メートル～70メートル程度である。中心をなすのは、7段のピラミッド状基壇（大基壇）であり、ジグザグに走るスロープを備えている。大規模な盗掘の被害に遭っている。この基壇の東には、広場が設けられ、その壁には「戦士と神官のフリーズ」と呼ばれる多彩の壁画が描かれてい

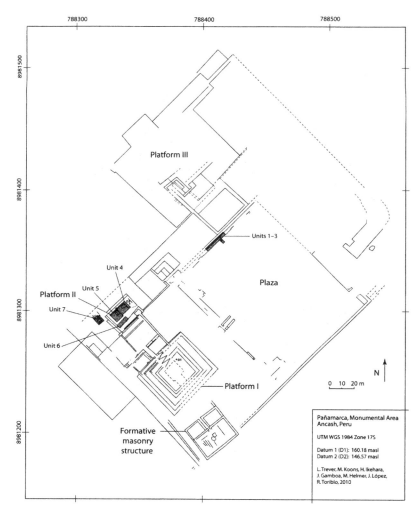

図55：遺跡平面図。左下に大基壇（Platform 1）が見える（Trever 2017 Figure10）

る。北部から北東部にかけては、多数の部屋と巨大な広場が集まり、日干しレンガの壁のなかには6メートルを越す高さも持つものもある。また壁画が描かれた壁も多数見つかっている。周囲にはモチェ中期〜後期と考えられる土器が見つかっている。

パラモンガ遺跡の大基壇

Main Platform of Paramonga

図56：パラモンガ遺跡遠景（撮影　関雄二）

基本情報
国名：ペルー共和国
場所：リマ州バランカ郡パラモンガ地区
座標：南緯10°39′12″　西経77°50′29″
高さ：30メートル
規模：約120メートル×約60メートル
建造年代：1100〜1532年

　ペルー中央海岸パティビルカ川下流に位置するチムー期からインカ期にかけての遺跡。パンアメリカン・ハイウェイ沿いにある。5段の基壇によって構成されるが、最上段には小型の部屋が4室あるだけである。内部へのアクセスは限定されており、形状から判断して城塞遺跡と考えられることが多いが、祭祀遺跡と考える研究者もある。年代記作家インカ・ガルシラソ・デ・ラ・ベガは、パラモンガをチムー王国の南端としている。チムーの土器は、ここよりも南で出土するものの、大型の建築となると、確かにパラモンガが最南に位置する。しかし、日干しレンガの特徴からインカ期に築かれたと考える研究者もいる。

パンパ・グランデ遺跡のワカ・フォルタレッサ

Huaca Fortaleza of Pampa Grande

図57：遺跡の中心に立つワカ・フォルタレッサ（撮影　関雄二）

> 基本情報
> 国名：ペルー共和国
> 場所：ランバイェケ州チクラーヨ郡パンパグランデ地区
> 座標：南緯6°45′45″　西経79°28′27″
> 高さ：38メートル
> 規模：270メートル×180メートル（ワカ・フォルタレッサ）
> 建造年代：550〜700年頃

　ペルー北海岸ランバイェケ州に位置するモチェ後期（紀元後550〜700年）の遺跡。アンデス山脈に源を発するチャンカイ川が海岸地帯に流れ込み、ランバイェケ川とレケ川に分岐する場所に位置する。4.5平方キロメートルにわたって広がる建築群の中心は、270メートル×180メートル、高さ38メートルのワカ・フォルタレッサである。日干しレンガを積み上げた3段の基壇よりなり、約290メー

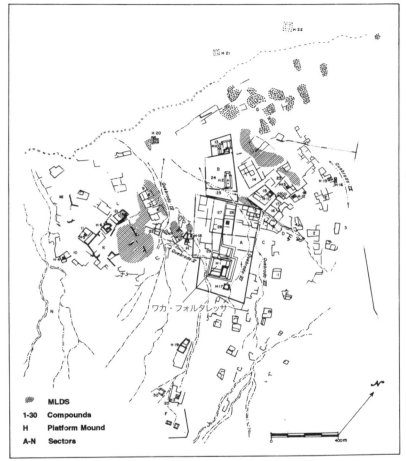

図58：パンパ・グランデ遺跡の平面図。中央のH1がワカ・フォルタレッサ（Shimada 1994 Figure 7.3.）

トルの登坂用のスロープを備える。周囲にはエリート階級の住居、倉庫、さらには一般住民の住居や耕地が配置されている。調査者の一人である島田泉は氷河の研究をもとに、モチェ後期に大規模な乾燥化が起きた可能性を指摘し、海岸地帯のモチェ国家においても、中核地であるワカ・デル・ソル、ワカ・デ・ラ・ルナが放棄された後、200キロメートル北に離れたこの地に中心が移されたという仮説を提示している。またエリート階級の住居には、火を受けた痕跡が認められるため、一般住民による反乱が終末期に起きた可能性も指摘している。

ビルカス・ワマン遺跡の基壇ウシュヌ
Ushunu of Vilcas Huamán

図59：遺跡の一角を占める基壇ウシュヌ（撮影　関雄二）

基本情報
国名：ペルー共和国
場所：アヤクチョ州ビルカス・ワマン郡
座標：南緯13°39′9″　西経73°57′20″
高さ：8メートル
規模：26メートル×24メートル
建造年代：1500年頃

　ペルー南高地アヤクチョ州ビルカス・ワマン郡の郡都にあるインカ期の遺跡。海抜3470メートル。中心となるのは、ウシュヌと呼ばれる4段の階段状の基壇である。ウシュヌは通常、広場の中央に築かれ、儀礼の中心的役割を担った。いずれもクスコ様式のみごとな切り石を積み上げたもので、東側に階段が設けられている。階段を上りきった最上段には、一つの大石を加工して作られた2席分の椅

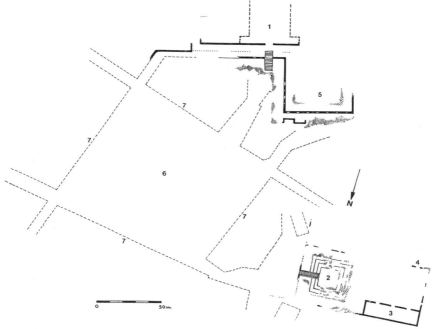

図60：ビルカス・ワマン遺跡の平面図。右下番号2がウシュヌの位置。ウシュヌは通常広場の中央に建てられた（Gasparini and Margolies 1980 Figure 97）

子のような構造物が据えられている。ウシュヌの背後、すなわち西側には方形の講堂状構造物も築かれ、これらの建造物全体を取り囲む方形の壁が存在したと考えられる。現在は、ウシュヌ正面部分に巨石を用いた台形状の入口を見ることができる。

プルレン遺跡の基壇建築

Platform of Purulén

図61：プルレン遺跡遠景（撮影　関雄二）

```
基本情報
国名：ペルー共和国
場所：ランバイェケ州チクラーヨ郡
座標：南緯7°4′37″　西経79°41′3″
高さ：約9メートル
規模：50メートル×80メートル
建造年代：紀元前1200〜800年
```

　ペルー北海岸サーニャ川河口付近に位置する形成期の祭祀遺跡。3段の長方形の基壇よりなる。最下段は50メートル×80メートルの大きさで、北壁が正面にあたり、その中央には階段が設けられている。2段目に昇ると、かなり深い地下式の部屋が見える。その内壁には台形の壁龕（ニッチ）が備え付けてある。さらに奥に進むと、3段目の小基壇にぶつかる。これにも階段が備えられている。プルレン一帯には、こうした基壇が15も集中している。刻線によって人面や幾何学文様を表わした赤色磨研土器が共伴するが、北海岸の形成期の代表格であるクピ

図62：プルレン遺跡平面図。周辺には類似した基壇が複数認められる（Alva 1988 Fig.3）

スニケ様式とはいいがたい。おそらくは形成期中期（紀元前1200〜800年）と考えられる。

プンクリ遺跡の基壇建築

Platform of Punkurí

図63：プンクリ遺跡の正面階段下部に設けられたジャガーのレリーフ （Larco Hoyle 1938 Fig. 21）

```
基本情報
国名：ペルー共和国
場所：アンカシュ州サンタ郡地区
座標：南緯9°9′19″　西経78°18′16″
高さ：20メートル
規模：50メートル×40メートル
建造年代：紀元前1200〜800年頃
```

　ペルー中央海岸北部を流れるネペー
ニャ川中流域に位置する形成期の祭祀遺
跡。プングリとして知られるサトウキビ
畑の中にある。1933年のフーリオ・C・
テーヨによって発見され、発掘調査が行
われたが、くわしいことはわかっていな
い。形成期のなかでも、石壁に支えられ

た建造物が最も古く、その次に円錐形や
平たい日干しレンガを積み上げた2段の
基壇が築かれたとされる。このうち後半
の時期では、基壇の正面に設けられた階
段の最下段付近に、立体的に象られた
ジャガーのレリーフが据えられた。レ
リーフは全体に白く塗られ、目は青く塗

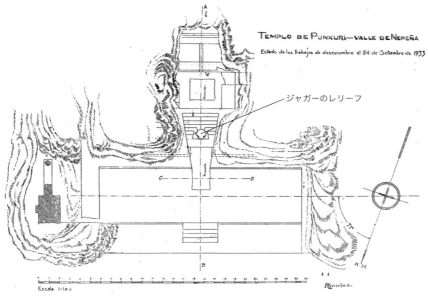

図64：プンクリ遺跡の平面図（Larco Hoyle 1938 Fig.18）

られたといわれる。開いた口には牙が生え、胴部にはかぎ爪が描かれていた。このレリーフの正面の床下からは、首のない女性の埋葬が発見されている。カブトソデガイ、文様が刻まれた石鉢、大量の石や貝のビーズなどが副葬されていた。

ベンタロン遺跡の基壇群

Platforms of Ventarrón

図65：ベンタロン遺跡の第2期にあたる部屋状構造物の内壁に描かれたシカ猟（撮影　関雄二）

基本情報
国名：ペルー共和国
場所：ランバイェケ州チクラーヨ郡ポマルカ地区
座標：南緯6°47′45″　西経79°45′15″
高さ：15メートル
規模：40メートル×60メートル
建造年代：紀元前2300〜2000年

　ペルー北海岸を流れるレケ川の下流域に位置する形成期早期の遺跡。海岸線より22キロメートル内陸に入った場所にあり、海抜は228メートルである。2007年よりペルー人考古学者イグナシオ・アルバが調査を実施し、現在までに5期にわたる建築相を確認している。いずれも不定型な土の塊を芯にし、上塗りで仕上げるという建築技法がとられた。第1期では、自然の岩山を一部利用し、方形の基

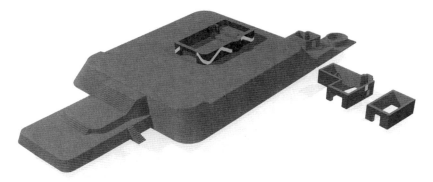

図66：ベンタロン遺跡第2期の復元図（Alva 2012 Fig.130）。基壇上の部屋の外壁は赤と白とで彩色され、内壁には、図65の網にかかったシカが描かれた

壇が築かれた。北側に階段が設けられ、基壇上の部屋状構造の西では半円形の大型の炉が出土しており、壁は魚や齧歯類のレリーフで飾られていた。第2期は、1期の建築を埋め似たような基壇を築いた。基壇上の部屋の外壁は、赤地に白色の帯で彩られた。部屋の正面奥の隅の壁には多彩色でシカの網猟の様子が描かれた。第3期の基壇上の部屋の外壁は薄緑、4期目の部屋の外壁は白で飾られた。こうして建物はしだいに巨大化していった。この過程で、魚、カワウソ、サル、コンゴウインコの埋葬が見つかっており、広域の宗教的ネットワークがすでに存在していたことが推測される。カラルと同時代の遺跡が北海岸でも発見された意義は大きいが、2017年に付近のサトウキビ畑の焼き畑の火が保存用の覆いに燃え移り、甚大な被害を被っている。

ミナ・ペルディーダ遺跡の基壇群

Platforms of Mina Perdida

図67：ミーナ・ペルディーダ遺跡遠景（撮影　リチャード・バーガー）

基本情報
国名：ペルー共和国
場所：リマ州リマ郡パチャカマック地区
座標：南緯12°13′20″　西経76°51′16″
高さ：24メートル
規模：360メートル×85メートル
建造年代：紀元前2000〜900年

　ペルー中央海岸を流れるルリン川の下流域に位置する形成期の祭祀遺跡。海岸線より8キロメートル内陸に入った場所にある。カルダル同様にU字形の基壇配置をとる。発掘の結果30回以上の建築の更新や改修が確認されている。基壇頂上部付近からは、銅の箔片が発見されている。さらに金の箔でメッキされたものもあり、付着した微量の炭化物を測定したところ、紀元前1410〜1090年の値が得られた。現在までのところ、中央アンデスで最も古い時期の金属製品と考えられ

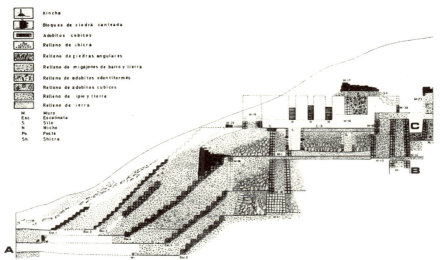

図68：ミーナ・ペルディーダ遺跡の中央基壇断面図（Burger and Salazar 2012 Figure 14.8）。左に階段が折り重なった様子が見える。基壇が徐々に巨大化する過程がわかる

るばかりでなく、1ミリにも満たない薄さから判断すると、金属製作技術がすでに確立していたことが推測される。また、金属製品のほかにも、胴部がヒョウタンでつくられ、牙をむき出した半獣半人の人形が見つかっている。紀元前2000年頃から紀元前900年ころまでの利用が推定されている。

モヘケ遺跡の基壇建築
Platform of Moxeke

図69：モヘケ遺跡の前に立つペルー人考古学者フーリオ・C・テーヨと日本人人類学者鳥居龍蔵。鳥居は文化外交使節として南米を訪れ、ペルーでも積極的に遺跡を訪ね歩いた（写真　ペルー国立人類学考古学歴史博物館　1941年）

基本情報
国名：ペルー共和国
場所：アンカシュ州カスマ郡カスマ地区
座標：南緯9°30′44″　西経78°13′56″
高さ：30メートル
規模：160メートル×170メートル
建造年代：紀元前1200〜800年

モヘケ遺跡の基壇建築

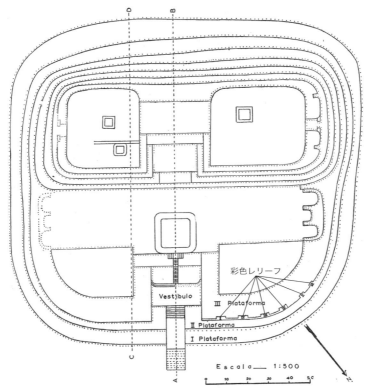

図70：モヘケ遺跡の平面図（Tello 1956 FIG. 25）

　ペルー中央海岸北部カスマ谷を海岸線より内陸に18キロメートル入った乾燥した涸れ谷に位置する形成期の祭祀遺跡。海抜は150メートル。3段の基壇より構成され、160メートル×170メートル、高さ30メートルの隅丸方形を呈する。もう一つの建築複合パンパ・デ・ラス・リャマスと向き合うように築かれ、対峙する側の壁に階段が設けられている。最上段の基壇の上には、奥まった南西部分に小基壇が設けられている。下から3段目の基壇の北西側の壁は、多彩色のレリーフで飾られていたことが、ペルー人考古学者テーヨの調査で明らかにされた。人か神的存在の顔面部分、あるいは、身につけたマントの端を両手で握る上半身像、首からヘビが垂れ下がった上半身像などの図像が確認されている。

ラ・ガルガーダ遺跡の大基壇

Main Platform of La Galgada

図71：ラ・ガルガーダ遺跡の大基壇。庇部分に装飾が見られる（撮影　鶴見英成）

基本情報
国名：ペルー共和国
場所：アンカシュ州パヤスカ郡パヤスカ地区
座標：南緯8°28′　西経78°9′
高さ：20メートル
規模：45メートル×45メートル
建造年代：紀元前2600〜1400年頃

　ペルー北高地アンカシュ州に位置する形成期早期から前期にかけての祭祀遺跡。紀元前2600〜1400年頃に利用された。サンタ川の支流タブラチャカ川左岸にあり、海抜は1100メートル。二つのマウンドより構成され、周辺には円形広場や住居も発見された。北マウンドはその中心をなし、3段の擁壁によって支えられた大基壇が確認されている。この基壇上には、大小五つ以上の部屋が築かれ、

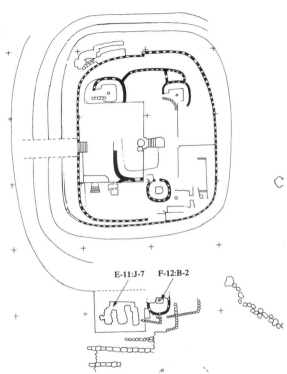

図72：ラ・ガルガーダ遺跡の大基壇平面図（Grieder et al. 1988 Figure 14の一部）

床と壁には上塗りが施された。内壁上部には壁龕(へきがん)が並び、段差のある床の中央部には炉が切られ、煙道は部屋の外に延びていた。いずれもコトシュ遺跡の建築を想起させ、現在では「コトシュ宗教伝統」の代表的遺構の一つとされている。また部屋は何度か更新され、古い部屋を墓として埋めていく例も認められる。貝製装飾品、靱皮(じんぴ)繊維やワタ、極彩色の羽毛、様々な顔料などが副葬され、海岸とアンデス東斜面との交易中継基地だった可能性もある。また炉からはトウガラシが出土し、涙を促す雨乞い儀礼との関係が指摘されている。

ライソン遺跡の基壇群

Platforms of Layzón

図73：ライソン遺跡遠景。最上段に形成期末期のライソン期の中心基壇が認められる（撮影　関雄二）

基本情報
国名：ペルー共和国
場所：カハマルカ州カハマルカ郡カハマルカ地区
座標：南緯7°10′29″　西経78°31′39″
高さ：6メートル
規模：40メートル×40メートル（中央基壇）
建造年代：紀元前1000〜50年

　ペルー北高地カハマルカ州カハマルカ盆地を見下ろす海抜3200メートルの尾根に位置する祭祀遺跡。遺跡は8ヘクタールにおよぶと考えられるが、建物が集中する場所は200メートル×150メートルほどである。後期ワカロマ期（紀元前1000〜550年）とライソン期（紀元前250〜50年）の2時期にわたる利用が認められている。後期ワカロマ期では、凝灰岩の岩盤を削り、一連の床面と壁で6段のテラスを作り上げた。東西に中心軸を持つ各テラスの長さは70メートル、奥行きは10

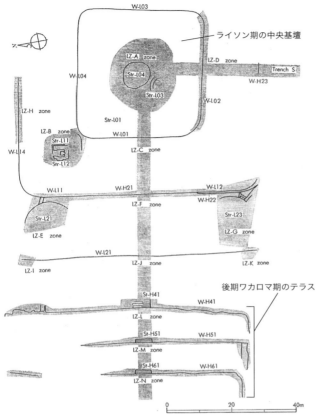

図74：ライソン遺跡平面図　上部にライソン期の中心基壇がみえる
(Terada and Onuki 1985 Figure 84)

〜20メートルである。最上段はライソン期の建築活動で破壊されていたが、下3段のテラスの保存状態は良好で、テラス間を結ぶ階段、ヘビや幾何学文様の線刻が施された壁が一部見つかっている。ライソン期には、建築軸が南北方向に変更され、建築技法も岩盤を削るのではなく、石英質砂岩の切り石を積み上げた基
せきえいしつさがん

壇型に変わる。最上段には、高さ6メートル、40メートル×40メートルの中央基壇が設けられ、その上にあがる階段や、基壇上の円形構造物も確認された。有名な観光地クンベマーヨ遺跡に向かう途中にあり、保存された一部の遺構を見学することができる。

リモンカルロ遺跡の基壇群

Platforms of Limoncarro

図75：リモンカルロ遺跡南基壇。後期の基壇であり、左奥には、クモの口を表現した張り出し部分が見える。また基壇上の壁の壁面にはレリーフで動物の図像が描かれた（撮影　坂井正人）

基本情報
国名：ペルー共和国
場所：ラ・リベルタ州パカスマーヨ郡グアダルーペ地区
座標：南緯7°18′2″　西経79°24′45″
高さ：4メートル
規模：35メートル×30メートル（中央基壇）
建造年代：紀元前1000〜800年

ペルー北海岸ラ・リベルタ州を流れるヘケテペケ川中流域に位置する形成期の祭祀遺跡。海岸を走るパンアメリカン・ハイウェイから山地のカハマルカ地方へのびる分岐道を3.5キロメートルほど入ったところにある。海抜は150メート

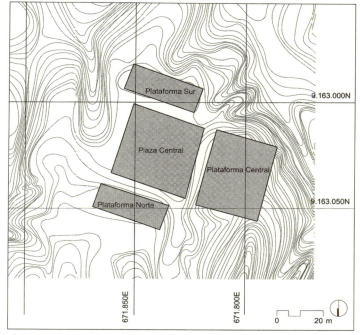

図76：リモンカルロ遺跡の平面図。方形の広場を囲むように基壇が配置されている（Sakai and Martínez 2008 Fig. 2.）

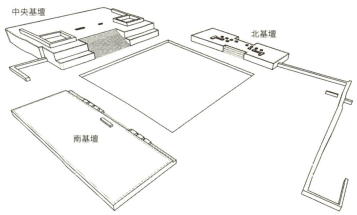

図77：リモンカルロ遺跡前期第2相の基壇群の復元図（Sakai and Martínez 2008 Fig.7）。中央基壇（左上）や北基壇は上から見るとネコ科動物の顔を、また北基壇から延びる壁はネコ科動物の尾を表現している

ルほどで、周囲は乾燥した砂漠的景観を呈する。建物は広場を囲むようにＵ字形の配置をとり、中央基壇の正面には階段が設けられている。中央基壇の頂上部には左右対称に小部屋と独立した直線の壁が配置され、平面図に起こすと動物の顔が現われる。また袖にあたる北側の基壇上にも角柱の列が認められ、上から眺めるとネコ科動物の顔に見える。こうした動物表象は前期にあたると思われ、後期には姿を消す。その一方で、後期になると南基壇の正面壁の張り出し部分にクモのレリーフが多彩色で描かれた。さらに、南基壇ではクモの口を表現したような装飾的張り出しも見つかっている。共伴する土器はクピスニケ様式と判断され、形成期中期（紀元前1000〜800年）における利用が想定されている。

ワカ・カオ・ビエッホ遺跡の基壇建築

Platform of Huaca Cao Viejo

図80：発掘調査初期のワカ・カオ・ビエッホ（撮影　関雄二）

基本情報
国名：ペルー共和国
場所：ラ・リベルタ州マグダレーナ・デ・カオ郡
座標：南緯7°54′00″　西経79°17′45
高さ：30メートル
規模：120メートル×100メートル
建造年代：100～700年

　ペルー北海岸チカマ川河口近くのモチェ期の祭祀遺跡。通称エル・ブルッホと呼ばれることが多い（Franco et al. 1994）。日干しレンガを積み上げた大型の基壇とその北側に広がる広場よりなる。基壇の大きさは、120メートル×100メートル×30メートルであり、広場の大きさは、140メートル×8メートルほどである。基壇は6段の階段状構造になっており、頂上部には、広場に面した北壁の東端に設けられた傾斜のきついスロープか、各段に沿って設けられたスロープを迂回しながら昇ったと考えられる。

　基壇は一度に建設されたものではな

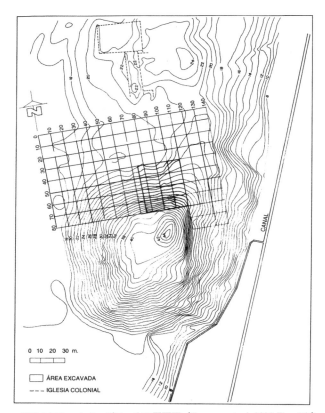

図81：ワカ・カオ・ビエッホの平面図（Franco et al. 1994 Fig. 4.2.）

く、七つの建築段階が確認されており、後半の四つの建築期の間に現在目にすることができるプランが整備されたと想定される。いずれの時期においても基壇を支える壁には彩色が施されていた。最初の時期には単純な彩色が施されたのに対して、建築後期では、凹凸のあるレリーフが好まれた。例えば、第5期では、幾何学模様の組み合わせや様式化された魚やヘビ、そして左手に儀礼用の斧を、右手に子供の頭をつかむ人物などの彩色レリーフが正面にあたる北壁を飾りたてた。

最終期の基壇装飾は圧巻である。広場に接する北壁最下段には、首に縄を打たれた、裸の囚人の行列場面が見える。囚人の列の後方には、派手な衣装を身に纏い、武具を抱えた戦士の行列が続く。おそらく、広場を囲む周壁も同じようなレリーフで装飾されたと考えられ、囚人と

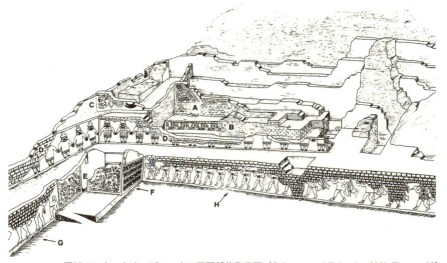

図82：ワカ・カオ・ビエッホの正面部分復元図（Gálvez and Briceño 2001 Figure 17）

戦士は、広場の入口である北側に向かって進んでいるように見える。このモチーフは、モチェ期の土器や壁画で頻繁に登場し、人身供犠と結びつけられる。

　北壁に接した広場の南東コーナーには、3.8メートル×4メートルの小部屋が発見されている。元来、屋根で覆われていたと考えられる。屋根は土製の棍棒頭状装飾で飾られていたようだ。小部屋の西壁には、一対一の戦いを繰り広げる48人の小さな戦士が描かれている。北壁はもっと複雑なモチーフに満ちあふれている。様々な生態環境ゾーンに生息する動植物や葦舟、網、そして冠をかぶり、錫杖を握る存在が多彩色レリーフで描かれた。

　さて、基壇に戻ると、すでに述べたように、基壇北壁の下から2段目の壁には、洗練された衣服を身につけた神官のような人物が正面向きに並び、隣の人物と手をつなぐ場面が見える（図中D）。頭飾りや耳飾りも身につけている。興味深いのは、こうした人物像の足下から加工痕を持つ動物や人間の骨が出土している点である。先に述べた供犠と関係していると考えられる。続く3段目の壁には、モチェ文化で首狩りと関連して描かれることが多いクモのレリーフが部分的に確認されている（図中C）。実際に、クモの手には儀礼用ナイフが見られる。このようにワカ・カオ・ビエッホの壁面装飾は、現実性を帯びた下の段から、上に上がるにつれてしだいに神秘性、宗教性を帯びていくことがわかる。

　基壇頂上部の発掘では、パティオが見つかり、その南東コーナーには屋根付き

図83：基壇壁面を飾る神官のレリーフ（撮影 関雄二）

の部屋が確認された。部屋の壁面には、人間、ネコ科動物、ヘビなどの要素が組み合わさった超自然的存在の正面向きの顔が描かれた。ワカ・デ・ラ・ルナのレリーフによく似ている。

このほか、広場の南西コーナーの部屋からは、装飾された木柱の埋納が確認されている。月の神といわれる超自然的動物一対を頭に載せた人物が彫り込まれている。木柱の埋納やレリーフの更新は、エル・ニーニョ現象に伴う降雨に端を発する水害に際しての対応であり、人身供犠にも同じ目的があったと考えられる。

2006年には、「カオ婦人」の俗称で知られる重要人物の墓が基壇の北西部分、しかも頂上近くの方形パティオ内部で発見された。パティオの四方は壁で囲まれ、南壁にはナマズの壁画が、そして東西の壁には、月の神の像が描かれた。パティオの南東コーナーには儀礼用の小部屋が設けられ、外壁にはタコ、ネコ科動物、ヘビ、コンドルを組み合わせた正面向きの超自然的存在の姿が描かれた。部屋の北には低層基壇が設けられ、その小基壇の西に接するように、方形の大型地下式墓室が発見された。主被葬者の身長は1.45メートルで年齢は20〜25歳の女性であった。金、銀、ラピスラズリ、水晶、トルコ石で彩られた首飾りや金銀製鼻飾り、金メッキを施した銅製冠、大型の棍棒を伴っていた。ミイラ包みの状態で発見されたため、布と皮膚に残っていたクモ、ワニ、サル、ネコ科動物、ハチ、蝶などの文様の入れ墨も確認されている。豪華な副葬品から判断すれば、ワカ・カオ・ビエッホの支配階級に属していた人物であったと考えるのが妥当であろう。

チカマ谷には、同時期の公共建造物や集落が確認されているが、ワカ・カオ・ビエッホ遺跡ほど複雑かつ華麗な壁面装飾を持つ遺構は見当たらない。ワカ・カオ・ビエッホのエリートは、周辺の集落を統御する下位エリートとの紐帯を通じて権力を保持し、一方で下位エリートはワカ・カオ・ビエッホとの連帯性を利用することで地域支配を確立したのであろう。

ワカ・デ・ロス・レイエス遺跡の中央基壇

Central Platform of Huaca de Los Reyes

図84：ジャガーの顔の立体的レリーフ（写真　東京大学アンデス調査団）

基本情報
国名：ペルー共和国
場所：ラ・リベルタ州トルヒーヨ郡ラレード地区
座標：南緯8°4′10″　西経78°54′37″
高さ：10メートル
規模：40メートル×40メートル
建造年代：紀元前1300〜1100年

　ペルー北海岸ラ・リベルタ州を流れるモチェ川中流域に位置する形成期の祭祀遺跡。基本的にはU字形に配置された基壇と方形の広場の組み合わせからなり、通算7回にわたる増改築、更新の過程が認められている。最終的には東西160メートル、南北130メートルの大きさを有するようになる。40メートル×40

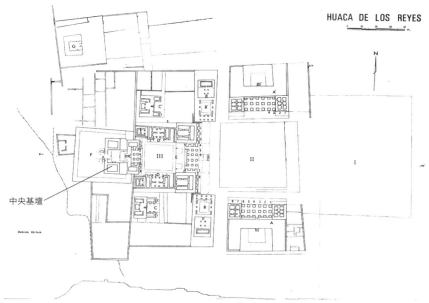

図85：ワカ・デ・ロス・レイエス遺跡平面図。中央左に中央基壇が見える（Pozorski 1983）

メートルの中央基壇を中心に、壁面や基壇上に並ぶ列柱は、牙をむき出しにしたネコ科動物の顔、猛禽類的特徴を持った足、ヘビの頭を先端に持つ帯など多彩色のレリーフで装飾されていた。年代は紀元前1300年から紀元前1100年頃があてられている。周辺にはワカ・サン・カルロス、ワカ・ラ・クルス、ワカ・グァバリット、ワカ・コルターダ、ワカ・クラカ、ワカ・エレデーロス・チカ、ワカ・エレデーロス・グランデなどが点在し、全体でカバーリョ・ムエルト複合と呼ばれている。

ワカ・デル・ソル神殿

Temple of Huaca del Sol

図86：ワカ・デル・ソル遺跡遠景（撮影　ルイス・ハイメ・カスティーヨ）

基本情報
国名：ペルー共和国
場所：ラ・リベルタ州トルヒーヨ市モチェ地区
座標：南緯8°7′56″　西経78°59′42″
高さ：30メートル
規模：345メートル×160メートル
建造年代：100～700年

　ペルー北海岸ラ・リベルタ州の州都トルヒーヨ市近郊、モチェ川の下流域に位置するモチェ期の遺跡。海岸より6キロほど内陸に入った氾濫原近くに建つ。500メートル離れて対峙するワカ・デ・ラ・ルナとともに、モチェ国家の中核地であった。ワカとは、先住民言語であるケチュア語で霊的な存在が宿る場所を指し、これには山の頂、湖、古代の遺跡などが含まれる。ソルとはスペイン語で太

図87：フクロウに変身した神官を象ったモチェの鐙形壺。ワカ・デル・ソルから出土した土器ではないが、モチェ期の典型的な土器（写真　東京大学総合研究博物館）

陽を指す。その存在は、スペイン人によるインカ帝国の征服後に記された16、17世紀には知られており、記録文書に登場する。19世紀末には、ペルー政府に招かれペルー考古学の基礎を築いたドイツ人考古学者マックス・ウーレの手で調査が行われ、ハーバード大学やカリフォルニア大学による調査を経て、1991年よりペルー国立トルヒーヨ大学が、大規模かつ精密な発掘調査に取り組んでいる。

　モチェ（紀元後1〜700年）とは、今日のペルー北海岸で成立したアンデス文明における最初の地域国家である。南北570キロもの範囲がモチェの影響下にあったと考えられているが、後述するように、ペルーの海岸部には乾燥した砂漠が広がり、そこにアンデス山脈の西斜面を源と発する河川が砂漠を分断するように流れているため、実質的に支配していた土地は、人間が暮らすことができた河川流域に限られていた。

　まずは編年についてみておこう。モ

チェの編年は、長らくこの時期に特徴的な土器を基準に考えられてきた。モチェを代表する土器とは、クリーム地に赤褐色の細線で装飾される壺や鉢であり、生業、戦争、儀礼や超自然的世界が盛んに描かれた。また立体的な象形土器も作られた。なかでも、馬の鞍の鐙に似た二股に分かれた頸部を持つことから名づけられた鐙形壺は最も目立つものであろう。この器形に注目し、モチェの編年を提示したのがペルー人考古学者ラファエル・ラルコ・オイレであった。70年も前のことだが、ラルコ・オイレは、鐙形壺の注口の形や、鐙部分の形態や湾曲などによって、5つに分け、これが時代差を表わすと考えたのである。具体的には、時間の経過とともに器の高さが増すこと、鐙部分の張り出しが増すこと、折り返しのある注口からやや開口気味の注口を経て、すぼまっていく傾向を捉えた。この編年区分は長く使用されてきたが、発掘調査データと齟齬が目立ってきたため、近年では前期、中期、後期という3区分で説明されることが多くなってきている。

そのなかでワカ・デル・ソルは、少なくともモチェ期初頭にあたる紀元後100年頃に建設が開始され、建物の利用の終焉については、かつて後期の前葉（Ⅳ期）には放棄されたと考えられていたが、近年の調査ではモチェの終末期まで利用されたという考え方が有力になりつつある。

では具体的にワカ・デル・ソルとその周辺の建築を見ていこう。モチェの中核部1平方キロの範囲には、先述の二つの巨大建造物のほかにも、エリートの住居、土器や金属器、そして織物の工房などが広がる。それぞれの工房や住居は道や回廊で結ばれ、さながら都市的な空間が広がっていた。そうした住居や工房の広がる場所を挟んで、西側に築かれたのがワカ・デル・ソルであり、東側に築かれたのがワカ・デ・ラ・ルナであった。

ワカ・デル・ソルは、長さ345メートル、幅160メートル、もともとの高さは30メートルあったといわれ、日干しレンガを1億4300万個積み上げたアメリカ大陸最大の建造物である。幅6メートル、長さ90メートルの登坂用スロープを備えている。建物全体は基壇の重なりにより構成され、上部に行けば行くほど基壇が小さくなるため、角錐台の形状を呈する。しかも建物の北部、中央部、南部で異なる高さと形状を持つ。北部が最も低く、そこから南に向かって徐々に高まりを見せる。とくに中央部分は北部、南部に比べて幅がやや広かったと推測され、上から見れば元来十字形を呈していた可能性がある。形状を明確に記載できないのは、建物全体の半分以上が崩壊しているためである。これは植民地時代にあたる1604年に、建物内部に眠っているはずであろう財宝目当てに、モチェ川の流れを変えてまで、建物を破壊したことを指す。これによりじつに建物全体の3分の2が失われた。手荒い盗掘ともいえるが、当時は発掘商会の土木事業として本

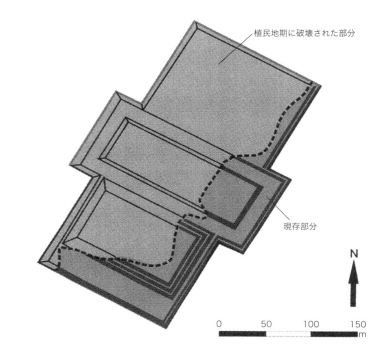

植民地期に破壊された部分

現存部分

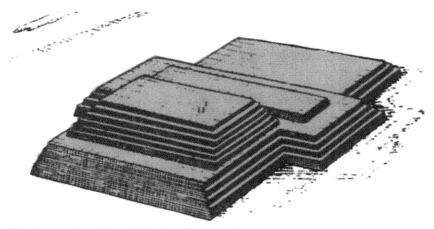

図88：ワカ・デル・ソル平面図と復元図（Proyecto Arqueológico Huacas del Sol y de la Luna 2009 p.16）

国スペイン、植民地政府からも公認され
ており、こうした商会には植民者スペイ
ン人ばかりでなく、先住民自身も出資し
たことが歴史文書の研究からわかりつつ
ある。

さてモチェの中核部の大規模建造物の
建材には日干しレンガが使用されてい
る。一般にペルー海岸地帯では、古くか
らこの建材が用いられることが多かっ
た。土に水と植物繊維を加えて足などで
捏ねあげ、方形の木枠に詰め、一定程度
固まったところで、枠を外して乾燥させ
る。この建材が用いられる最大の理由
は、ペルーの海岸部が乾燥した砂漠で、
降雨が稀であるからだ。

しかし、ワカ・デル・ソルの壁面を観
察すると、縦に走る溝や亀裂の存在に気
づく。じつは、これは、ほとんど降らな
いはずの雨による浸食の痕跡である。ペ
ルー沖を北上するフンボルト寒流は、通
常、平均水温が17〜18度と低いため、水
分が蒸発せず、海岸は乾燥し、砂漠と
なっている。ところが、数十年に一度、
寒流の北上する力が弱まり、代わって暖
流の赤道海流が急激に南下することがあ
る。この場合、海水温が上昇し、水分が
蒸発することで、雨雲が発生する。俗に
いうエル・ニーニョ現象である。近年で
は1983年、1997年、そして2017年に大規
模なエル・ニーニョ現象が起き、砂漠地
帯の都市は冠水し、日干しレンガの建造
物にも被害が及んだ。ワカ・デル・ソル
の壁面の縦に走る溝も、エル・ニーニョ
現象の降雨と、風による浸食が原因であ
る。

とはいえ、1300年以上もの間、崩壊す
ることなくそびえたち続けているのは、
基礎構造がしっかりしているからであろ
う。ワカ・デル・ソルの日干しレンガに
は、様々な幾何学文様の印が付けられ、
しかも同じ印を持つ日干しレンガは、柱
状に高く積み上げられている。この印や
工法を労働分配や労働税の強要の痕跡と
考える研究者は多い。モチェの時代、大
規模な灌漑設備が築かれ、海鳥の糞を肥
料として使うなど集約農業が展開してい
たことは知られており、一部の支配者集
団による経済面の統制が行われていたと
考えられている。その意味で、大規模な
建造物の建設に際しても、労働の統御が
機能していたとしても不思議ではない。

ただし、注意しておかなくてはならな
いのは、ワカ・デル・ソルも一度に現在
目にするような姿になったわけではない
点である。これまでの調査から、少なく
とも8回の改修、もしくは更新の過程を
経ていることがわかっている。数百年の
あいだに、しだいに巨大化していったも
のであり、更新のたびに必要とされる建
築労働の統御は、社会統合にも寄与した
ものと考えられる。

では、具体的に、ワカ・デル・ソルは
いったいどのような機能とミッションを
持って築かれたのであろうか。この点に
ついては、いまだに本格的な調査は行わ
れておらず、明確な答えは得られていな
い。しかし後述するワカ・デ・ラ・ルナ
に比べれば、明らかに壁面装飾が乏し

く、また建物頂上部に祭祀と関連した施設も見当たらない。このため、多くの研究者は、ワカ・デル・ソルを祭祀よりも行政機能を有した空間としてとらえることが多い。しかし、筆者はこうした解釈にはやや躊躇する。アンデス文明では、最後に登場するインカ帝国でさえ、明確に政治と祭祀とが分離している状況は見いだせないからである。ワカ・デ・ラ・ルナが祭祀空間として機能したことは間違いないにせよ、ワカ・デル・ソルも、ルナとは異なるタイプの儀礼が執り行われたことは否定できない。この点については、今後の研究成果を待ちたいところである。

　いずれにしても、ワカ・デル・ソルが、モチェ期における最大のピラミッド状建造物である。このことから、ワカ・デル・ソルやワカ・デ・ラ・ルナなどによって構成される地域が、南北600キロにわたる広がりを見せるモチェ王国の都であったとする見方は根強い。多くの研究者はこの見方に同意するが、ここを中心として、隣接する谷間を次々と軍事的に征服し、版図を拡大していったとする考え方には修正が必要であろう。

　もともと、この拡大仮説は、先述したラルコ・オイレが提示したモチェの編年と連動して唱えられてきた。ラルコ・オイレが編年に用いた鐙形土器は、ワカ・デル・ソルが位置するモチェ谷と北隣のチカマ谷から出土したものばかりであ

り、そこに編年上、古いとされたタイプの土器が集中していた。なかでもモチェ谷には、モチェ最大の建造物が存在する。だからモチェの起源はモチェ谷にあり、そこから南北に拡大していく過程が長いあいだ論じられてきたのである。

　またモチェの土器には、戦闘場面が盛んに登場することも、武力による版図拡大説が受け入れやすかった要因の一つであろう。しかし、現在では、同じモチェ様式の土器でも、特定の人物の頭を鐙形土器の胴部として立体的に表現した人物頭像土器などは、その出土がモチェ谷以南の地域に偏っていることが明らかになってきており、また一方で、冠、マスク、首飾り、耳飾り、衣服装飾、儀礼用具など、みごとな金製品の数々はモチェ以北の地域の墓から集中的に出土することが報告されていることから（**ワカ・ラハーダ／シパン遺跡の基壇群**参照）、同じモチェ地域でも物質文化の面で、かなりの地域差が存在したとする見方が優勢になりつつある。このため、南北で別々の王朝が存在したという考え方、あるいは河川ごとにそれぞれ独自の政治組織があり、文化要素を共有していたにすぎないという見方まで出てきている。いずれにしても、このモチェ川下流に位置するワカ・デル・ソルとワカ・デ・ラ・ルナが、そうした中核地の一つであったことは疑いようのない事実である。

ワカ・デ・ラ・ルナ神殿
Temple of Huaca de la Luna

図89：ワカ・デ・ラ・ルナ遺跡遠景（撮影　関雄二）

基本情報
国名：ペルー共和国
場所：ラ・リベルタ州トルヒーヨ市モチェ地区
座標：南緯8°8′5″　西経78°59′25″
高さ：20メートル
規模：95メートル×85メートル
建造年代：100〜600年

ペルー北海岸ラ・リベルタ州の州都トルヒーヨ市近郊、モチェ川の下流域に位置するモチェ期の遺跡。セロ・ブランコ（白い山）と呼ばれる山の麓に建つ。500メートル離れた西側にそびえるワカ・デル・ソルと対峙する。モチェ国家の中核地における祭祀面での重要な役割を担った。建物は、北東―南西方向に細長く伸びる。長さ95メートル、幅85メートル、高さは20メートルあり、ソル神殿との大きな違いは、頂上部に構造物が展開している点である。四つの広場をはさむ段差のある三つの基壇よりなり、元来は高い壁で囲まれていた。ワカ・デ・ラ・ルナ

図90：ワカ・デ・ラ・ルナ遺跡。壁面に見られる穴は盗掘の跡（撮影　関雄二）

の正面に向かって右手前、すなわち南西の角には、最も高い基壇が築かれた。基壇Ⅰもしくは主基壇とよばれ、その大きさ、高さ、位置などから考えて、ワカ・デ・ラ・ルナのなかでも最も重要な空間であったと考えられる。基壇Ⅰの東側、セロ・ブランコ山に近い場所には、三つの基壇のうちで最も小さな基壇Ⅱが位置する。これらからやや離れ、北東の角には、セロ・ブランコ山に最も近い基壇Ⅲがある。

一方で、広場は、こうした基壇の間にあるか、もしくは隣接している。基壇Ⅰの北西壁に接しているのは、広場Ⅰ、あるいは主儀礼広場と呼ばれる。広場Ⅱとの北西壁に接しているのは、広場Ⅰ、あるいは主儀礼広場と呼ばれる。広場Ⅱ Ⅲは、広場Ⅰ（主儀礼広場）の東側に位置する。最後の広場Ⅳは、基壇Ⅲの北西壁に接している。

ワカ・デ・ラ・ルナは、1991年以来、ペルー国立トルヒーヨ大学教授の考古学者サンティアゴ・ウセダと保存学者リッカルド・モラーレスの指揮の下、長期にわたって発掘調査と保存が行われてきた。その調査によれば、まず基壇Ⅰとた。Ⅱ、それに広場Ⅰ、Ⅱ、Ⅲが建設され（旧神殿と呼ばれる）、その後に基壇Ⅲと広場Ⅳが付け加えられたことがわかっている。とくに基壇Ⅰの調査では、500年にわたる利用期間で、少なくとも5回の増築、更新が行われ、そのたびに古い基壇や広場が埋められた過程が明らかになった。この更新こそ、基壇Ⅰを高くそ

図91：アイ・アパエックと呼ばれる山の神の顔が描かれている（撮影　関雄二）

びえ立たせた要因である。では基壇と広場を一つ一つ見ていこう。

　まず基壇Ⅰ、すなわち主基壇は、各辺が基部で95メートル、頂上部で84メートルの緩い角錐状を呈する。高さは24メートルである。頂上部全体は高い壁で囲まれており、その中が4区画に分けられていた。頂上の南東部には47メートル×60メートルの広いパティオがあり、これを取り囲む壁は、幾何学文様や山の神（アイ・アパエックと呼ばれる）の頭像が極彩色のレリーフで彩られていた。おそらく、壁画が描かれた壁に沿って屋根が設けられていたと考えられる。パティオの南東隅には小さな部屋が設けられ、壁面には、抽象化されたヘビ、もしくは魚、そして鳥の頭が繰り返し表現されている。

　先述したように、ワカ・デ・ラ・ルナは何回か改修されており、このパティオにも手が加えられている。すなわち、パティオの周壁や南東の小部屋の壁も、古い壁は埋められ、新しいものに取って代わられている。これにともない、彩色のモチーフも少しずつ変化している。このほかにも、南西部分や北西部の隅には屋根で覆われた空間や倉庫が設けられた。最も重要なのは北西コーナーに築かれた小基壇であろう。最上基壇と呼ばれる。隣接する広場Ⅰ（主儀礼広場）を見下ろ

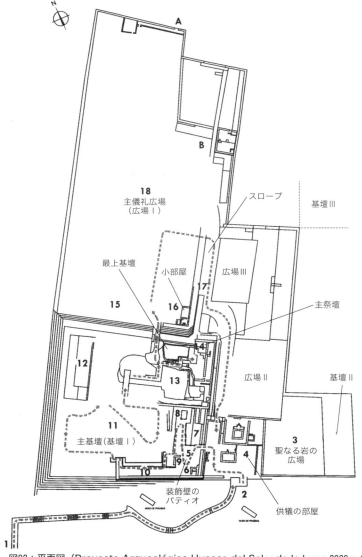

図92：平面図（Proyecto Arqueológico Huacas del Sol y de la Luna 2009 p.64）

図93：主儀礼広場の壁を飾る彩色レリーフ（撮影　関雄二）

す位置にある。ここには主祭壇が置かれた。

　主祭壇は幅4メートルで階段が附属していた。階段の蹴上げ部分にはヘビの彩色画が描かれていた。また祭壇を上った先の壁面も、神的な存在の頭部と鳥とが組み合わさった絵で装飾されていた。祭壇上には柱穴が見つかっていることから屋根がつけられていたと考えられる。ここで儀礼を執り行ったモチェの指導者は広場に集まる人々を見下ろしていたのであろう。

　次に祭壇から見下ろした場所にある主儀礼広場を見てみよう。広場は175メートル×90メートルで、南北方向に長い。南端の辺が先の説明した主基壇に接する。入口は北側に設けられた細長い通路に限定され、出入りが統御されていたことがわかる。北東コーナーには、基壇が設けられ、基壇の上に昇るためのスロープが隣接されていた。スロープの先には、基壇Ⅱも控えている。またスロープを昇った後、南側に進むと、別のスロープが現われ、祭壇などが設けられた主基壇へと導かれる。

　主儀礼広場の周壁には様々なモチーフの彩色レリーフが認められる。例えば南側、すなわち主基壇の北側の外壁は階段状を呈し、上に行けばいくほど壁が奥に後退している。各段のパネルには、それぞれ同じモチーフが繰り返される。最下段には、捕虜を連れた横向きの戦士、2段目には手を繋いだ正面向きの踊り手、3段目には首級を抱えたクモ、4段目には漁民の属性をもった海の神、5段目には首級を持ったイグアナとヘビの合体、6段目にはヘビ、7段目には首級を持った山の神が描かれた。これらのレリーフは、基壇が改修されるたびに埋められた。すなわち現在、目にすることができるレリーフは最後の改修のものである。主儀礼広場の南東隅、主基壇の北面に接するところに、小部屋が発見されている。低いスロープが付設されている。部屋の外壁や、入口近くの壁には、モチェの神話的世界が極彩色のレリーフで表わされる。冠をかぶった人間ばかりでなく、陸生、海生の動植物がところ狭しと描かれている。アンデスでは、残念なが

ら文字が存在しなかったため、このレリーフが意味するところは不明である。

　基壇にせよ、広場にせよ、ワカ・デ・ラ・ルナの建築は復元できるにせよ、その場で執り行われた儀礼については、不明なことが多かったが、近年興味深いデータが報告されている。基壇Ⅱと儀礼パティオの間の空間から、およそ70体の人骨が出土しているのである（Verano 2001）。すべて青年から成人の男性であった。なかには、骨折した後に治癒した跡をもつものなどが見つかっており、過去において戦争に従事した者であることがうかがわれる。

　またこれらの骨は切断されており、埋葬されたのではなく、人身供犠に捧げられたと考えられる。切断のほかにも、頭骨には陥没痕、頸骨前面には切断痕というよりも、放血のためにつけられた傷跡が確認されているからである。モチェの土器の図像によくみられる放血儀礼とも一致する痕跡である。このほか、月の神殿の別の場所からではあるが、木製の杯や權の形をした木器が出土しており、いずれからも人間の血液の反応が検出されている。杯には図像に示されたように血が注がれ、權は頭部を殴打するために用いられたと推測されている。こうしたことから、実際に戦闘、そして捕虜の供犠が行われたことはまちがいなかろう。

　しかし、このことは征服戦争があったこととは同義ではない。ワカ・デル・ソルで説明したように、モチェ国家の成立に関しては、モチェ谷を起源地とし、時間とともに南北に拡大していったとする説がながらく唱えられてきた。土器などの図像に戦闘場面が頻繁に登場することもこの解釈を助長させた。しかし、ワカ・デ・ラ・ルナで見つかった人身供犠の証拠は、この考え方に修正を迫るものである。

　仮に犠牲者の骨の分析から、その人物が生前、なんらかの戦闘に従事していたとしても、最終的には、エル・ニーニョ現象による豪雨の前後に執り行われた儀礼で犠牲になった点は重要である。戦闘と捕虜にかかわる供犠は、天候に左右されやすい農業と関連した儀礼行為であることを示しているからである。すなわち戦闘は、儀礼的な性格が濃く、またエリート間に限定された可能性が高い。

　実際に、モチェの庶民レベルの墓からは、戦争で傷ついた被葬者が発見されることはなく、土器に描かれた戦闘場面では、華麗な戦闘装束をまとった人物が一対一で戦う姿がほとんどであり、集団戦は見あたらない。またその装束も似たものが多く、同一集団内部での行為とも読める。

　エリート間の儀礼的戦闘という考え方は、人物象形土器の図像の分析結果とも一致する。モチェの中核地であるモチェ谷を中心にその南北に隣接するビルー谷、チカマ谷で製作された象形土器のなかには、華麗な装飾品で身を飾り立てた戦士やエリートの姿を表現した作品とともに、その同じ人物が裸にされ、装飾品

を取り除かれたばかりでなく、首に縄を巻かれた姿を象ったものも報告されている。戦闘に従事し、負けたエリートが捕虜扱いとなり、供犠に供せられたことを記憶する目的で製作されたといえよう。

さて、こうしたワカ・デ・ラ・ルナは、紀元後850年頃のモチェ国家の衰退とともに利用が途絶えたにみえたが、近年、のちのチムー王国（紀元後1100～1470年）の時代でも部分的に利用された証拠が見つかっている。ワカ・デ・ラ・ルナの頂上部にはチムー期の祭壇が設けられ、奉納品も捧げられた。チムー王国を滅ぼしたインカ帝国の時代も、聖地として利用されたばかりでなく、つい最近までシャーマンがこの場所を祭礼に使用していたという報告もある。一方で、ワカ・デル・ソルとの間に広がっていたエリートの住居や工房は再利用されることがなかった。

先述したように、ワカ・デ・ラ・ルナ遺跡は、1991年にウセダとモラーレスの指揮の下で調査が開始されたが、彼らの精力的な活動は、「モチェ谷のワカ財団」を結成したことで大いに促進された。ペルー内外の資金が集まり、調査と保存、そして利用のプロジェクトが生まれ、考古学者のみならず、地元住民にも恩恵が行き届いた。調査や保存に従事する作業員の雇用に加え、観光ガイドや観光客相手に販売するみやげものの開発も進み、地域住民は、持続可能な形で、ワカ・デ・ラ・ルナのプロジェクトに関わりを持つようになった。とくにみやげものの開発は、研究者側が提供する壁画や土器のデザインをもとに、この地独自の製品を作り上げるなど、見事な強調がとられている。そのリーダーシップを発揮し続けてきたサンティアゴ・ウセダが2018年に急逝したことは大きな痛手である。

ワカ・デル・ドラゴン遺跡の基壇建築

Platform of Huaca del Dragón

図78：壁面がレリーフで飾り立てられた基壇（撮影　関雄二）

基本情報
国名：ペルー共和国
場所：ラ・リベルタ州トルヒーヨ郡ラ・エスペランサ地区
座標：南緯8°4′35″　西経79°2′57″
高さ：7.5メートル
規模：27メートル×32メートル
建造年代：1100〜1400年

　ペルー北海岸ラ・リベルタ州の州庁所在地トルヒーヨ市よりパンアメリカン・ハイウェイを4キロメートルほど北上したラ・エスペランサ区にあるチムー期の祭祀遺跡。高い壁で四方を囲まれた3153平方メートルの空間に2壇の基壇がそびえる。最下段は、基部で864平方メートル、高さは4.5メートルほどであるが、西側を除いて壁の裏側には計14室の空間が設けられている。西側には、最上段の基壇へ昇るためのスロープが設けられている。最上段の基壇は、基部で336平方

図79：基壇壁面のレリーフ（撮影　関雄二）

メートル、高さは3メートルほどである。このように小型ではあるが、美しい彩色レリーフが壁面に施されていることで知られる。アーチを描くように体を曲げた双頭のヘビがもっとも目を引くモチーフである。このアーチの形状から、この遺跡はワカ・デル・アルコイリス（「虹の神殿」の意）とも呼ばれてきた。ヘビは帽子をかぶった人物の頭に噛みつこうとし、ヘビの体で囲まれた空間には、神話的動物が1対ずつ向かい合う。これらのモチーフは、ランバイェケ谷のチョトゥーナ遺跡のものと極似しており、北部からの影響が推測される。

ワカ・プクヤーナ遺跡の大ピラミッド

Platform of Huaca Pucllana

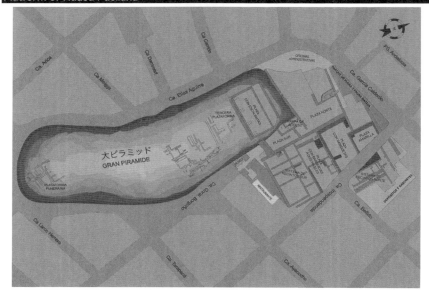

図94：ワカ・プクヤーナ遺跡の平面図（Flores 2005 p.33）

```
基本情報
国名：ペルー共和国
場所：リマ市リマ郡ミラフローレス地区
座標：南緯12°6′40″　西経77°2′1″
高さ：25メートル
規模：約100メートル×約400メートル
建造年代：400〜700年
```

ペルー中央海岸、リマ市ミラフローレス区の住宅街にある地方発展期、リマ文化の遺跡。プクヤーナはケチュア語で「ジャガーの地」の意味。ワカ・フリアーナとも呼ばれる。板状の日干しレンガを本のように並べ、それを積み上げて築かれた大ピラミッドは祭祀空間として、またこれに隣接する広場や部屋構造は行政機能を担っていたと考えられる。トウモロコシやマメ類、アンデス原産の果実のほか、魚介類も出土している。現在は遺跡公園となっている。リマ文化の後、ワリ期では墓地となり、その後、地方発展期のイチマ期でも一部再利用された。

ワカ・ラ・エスメラルダ遺跡の基壇群

Platforms of Huaca La Esmeralda

図95：ワカ・ラ・エスメラルダの写真（撮影　関雄二）

```
基本情報
国名：ペルー共和国
場所：ラ・リベルタ州トルヒーヨ郡トルヒーヨ地区
座標：南緯 8°6′16″　西経79°2′43″
高さ：5メートル
規模：65メートル×41メートル
建造年代：1100～1400年
```

　ペルー北海岸ラ・リベルタ州の州都トルヒーヨ市郊外にあるチムー期の祭祀遺跡。65メートル×41メートルの大きさの日干しレンガ構造物である。建築としては二つの時期に分けることができる。前期の建築は2段の基壇よりなり、スロープも設けられていた。下段を支える擁壁は3段の階段状構造を持ち、壁面には、尻尾を高くあげたリス的動物のレリーフが連続する。チャン・チャン遺跡の王宮の一つである「チュディ」にある儀礼用広場の壁面と同じ図案である。ワカ・ラ・エスメラルダの上段の基壇には装飾らしきものは見つかっていない。後期に

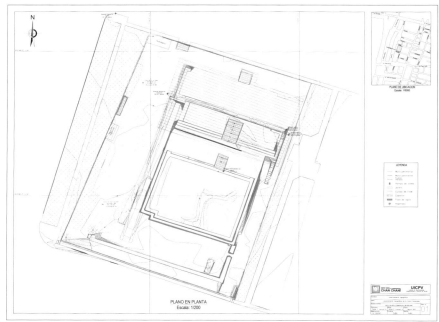

図96：ワカ・ラ・エスメラルダ遺跡の平面図（作成　チャン・チャン考古学複合特別プロジェクト）

なると、これら前期の建築を覆うように1段の基壇が設けられ、基壇の外壁は、波文様や十字文様で飾り立てられた。また基壇上の前庭を囲む壁には、魚や鳥を囲むような縦長の菱形レリーフが繰り返し描かれた。

ワカ・ラハーダ／シパン遺跡の基壇群

Platforms of Huaca Rajada/Sipán

図97：ワカ・ラハーダの大基壇（撮影　関雄二）

> 基本情報
> 国名：ペルー共和国
> 場所：ランバイェケ州チクラーヨ郡サーニャ地区
> 座標：南緯6°48′04″　西経79°36′09″
> 高さ：25メートル
> 規模：140メートル×140メートル
> 建造年代：100～300年

　ペルー北海岸ランバイェケ州を流れるレケ川流域に位置するモチェ前期～中期の遺跡。3基の建物より構成される。140メートル×140メートル×25メートルの基壇建造物は政治空間とされ、その東には80メートル×66メートル×30メートルの儀礼用ピラミッドが建つ。さらにその東には、110メートル×60メートル×10メートルの埋葬用の低層基壇が築かれた。調査は埋葬用基壇に集中して行われた。

　埋葬用基壇だけが調査されている。それによれば、紀元後100年頃から300年頃にかけて利用されたことがわかる。これ

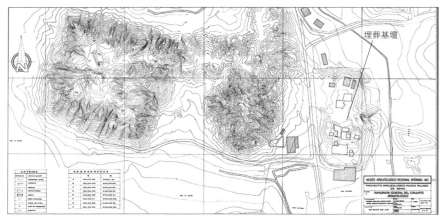

図98：ワカ・ラハーダ／シパン遺跡の平面図。左と中央に巨大な基壇が二つ、右に埋葬基壇が見える（Alva 1994 p.304-305）

までに異なる時期、異なる階層の墓が13基発見されているが、なんといってもこの遺跡を有名にしたのは、今世紀最大といわれる豪華な副葬品を伴った墓の発見であろう。それまで、インカ帝国やチムー王国といった、アンデス文明でもかなり後の時代に王が存在したことは征服後に残された記録文書から推測されていたが、それ以前の社会になると王の存在を示す具体的な証拠はなかった。いまだに王宮の特定など補強すべきデータは山積しているものの、モチェ期においても王もしくはそれに近い人物が存在したことがシパン王墓の発見によって明らかになったのである。

発見は1987年にさかのぼる。警察の通報を受けて駆けつけた地元のブルーニング博物館長ワルテル・アルバ（現シパン王墓博物館長）は、盗掘者から押収した金属製品の精巧さに驚く。大半の盗掘品はスイスなど欧米市場に流れた後ではあったが、緊急発掘を決意する。発掘に先立ち清掃した盗掘坑からは、モチェの神殿模型を先端につけた銅製の笏などが出土し、墓の重要性がうかがわれた。その後も、アルバは埋葬基壇を渡すまいとする盗掘者とのあいだで、銃撃戦を含む衝突を何度か経験しながらも調査を続け、ついに1988年王墓らしき立派な構造と副葬品をともなう施設を発見し、「シパン王」の墓と名づけた。

王墓のある埋葬基壇は、一度に築かれたものではなく、最初の建築が完成してから少なくとも5回の改築を経てしだいに大きくなっていったと考えられている。13基の墓においては、いずれも日干

図99：シパン王・古シパン王の墓が発見された埋葬基壇　（撮影　関雄二）

しレンガを積み上げて基壇を高くしながら、空の墓室を確保し、埋葬後にその空間を土砂で埋めるという方法がとられた。

このうち、「シパン王」の墓は、基壇の最後の改築の際に設けられたと考えられ、丁寧なつくりの墓室をもっていた。墓室は、海岸地帯に繁茂するアルガロボという木をわたして封印してあった。一辺は約4メートルもあり、墓室内から9体の埋葬が発見された。墓の上部には、足首を切り落とされた番人の遺体が置かれていた。また中央に安置された木棺に収められた主被葬者の周囲にも女性2体、男性2体の埋葬が見つかっている。アルバは、2体の女性を妻、男性を戦士

だと推測している。主被葬者は、頭飾り、頭帯、衣装、杖、鼻飾り、象眼された耳飾り、首飾りなど、いずれも金や銀で作られた装飾品で幾重にも飾り立てられ、数万点もの貝製ビーズを用いた胸飾りや羽毛の扇も添えられていた。その量もさることながら、様々な技法を駆使した芸術性の高い作品に注目が集まった。

一方で「シパン王」の墓よりも古い層からも立派な埋葬が出土した。こちらは「古シパン王」の墓と呼ばれ、やはり様々な技法を用い、複雑な図案をあしらった金や銀製のマスク、耳飾り、鼻飾り、胸飾り、腰当て、旗章、がらがら、錫、貝製のビーズ玉、大量の土器が出土した（Alva 1994）。主たる被葬者は木棺

図100：古シパン王の墓の金製副葬品の出土状況（撮影　関雄二）

に葬られ、人間や動物の殉葬も確認されている。出土遺物は、ランバイェケ市に2002年に開館した国立シパン王墓博物館で展示されている。

　おびただしい量の金属製品の出土は、これまで曖昧であった製作技術の発展過程の解明にもつながった。これによれば、スズ青銅を除いてほとんどの合金や金属製作にまつわる技術がモチェの時代には出そろっていたとがわかってきたし、このなかには、鋳造、鑞鋳造、焼き鈍しのほか、溶接、かすがいなどの接合技術も含まれていた。また宗教的な、あるいは一部のエリートだけが使う祭具ばかりでなく、農具や武具などの生活用具も製作された。

「シパン王」や「古シパン王」の墓の存在は、ワカ・デル・ソルの解説で説明したように、モチェ社会の成立過程における従来の仮説に大きな変更を迫るものであった。モチェ谷よりもはるか北方に位置するワカ・ラハーダ／シパンがモチェ期でも比較的早い時期にあたることは、モチェ谷に成立したモチェ国家が南北に拡大していくモデルとは合致しない。またおびただしい金属製品の副葬は、モチェ谷以南の地域ではあまり認められない特徴である。こうした違いから、南北で別々の国家があった、あるいは各谷間には別々の支配者が存在したという新たな解釈を生み出したのである。

ワカ・ロロ神殿
Temple of Huaca Loro

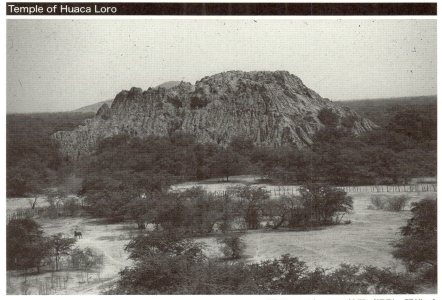

図101：ワカ・ロロ神殿（撮影　関雄二）

> 基本情報
> 国名：ペルー共和国
> 場所：ランバイェケ州フェレニャフェ郡
> 座標：南緯6°28′22″　西経79°47′39″
> 高さ：約40メートル
> 規模：80メートル×80メートル
> 建造年代：1100～1300年

　北海岸、ランバイェケ州、ポマ自然保護区内にある基壇建造物。日干しレンガを積み上げて築かれており、一辺が約80メートル、高さは36～37メートルほどである。島田泉が、基壇と基壇に昇るスロープが交差する麓部を発掘し、地下12メートルの場所で、シカン中期（900～1100年）の埋葬を発見している。被葬者は40～50歳のエリート階級に属していたと考えられ、アメジスト、方ソーダ石、ウミギクガイを細工した首飾り、エメラルドの瞳をはめ込んだ金製のマスク、儀礼用のナイフのほか、やはり金製の六つの冠、耳飾り、グローブ、器、さらには

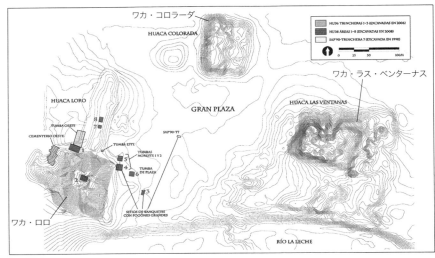

図102：遺跡周辺の平面図（Matsumoto 2014 Fig.1）

砒(ひ)素青銅製品など大量の副葬品が出土しており、外来品の多さは広範囲にわたる交易網が確立していたことが伺われる。出土品は、フェレニャフェ市にある国立シカン博物館で展示されている。

ワカロマ神殿

Temple of Huacaloma

図103：遺跡遠景（写真　東京大学アンデス調査団）

```
基本情報
国名：ペルー共和国
場所：カハマルカ州カハマルカ郡
座標：南緯7°10′27″　西経78°30′1″
高さ：12メートル
規模：130メートル×115メートル
建造年代：紀元前1000〜550年
```

　ペルー北高地カハマルカ州カハマルカ市近郊に位置する形成期の祭祀遺跡。海抜は2750メートル。高さ12メートルの二つのマウンドより構成され、底部の総面積は1万平方メートルに達する。前期ワカロマ期（紀元前1500〜1000年）、後期ワカロマ期（紀元前1000〜550年）、EL期（紀元前550〜250年）、ライソン期（紀元前250〜50年）といった形成期に当たる四つの時期の建築の上に、カハマルカ文化の遺構が重なり合う。前期ワカロマ期では土壁ででき、床面に多数の炉が切られた部屋がいくつも確認された。後期ワカロマ期は、最も建築活動が盛んな

図104：後期ワカロマ期の神殿最下段（撮影　関雄二）

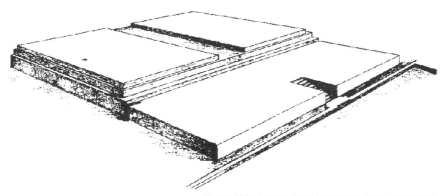

図105：後期ワカロマ期の神殿復元図（作図　西澤弘恵）

時期であり、130メートル×115メートルの基壇の上に2段の基壇が築かれ、幅11メートルの中央階段やトンネル状に設けられた付属階段が見つかっている。また基壇上には多彩色の壁画やレリーフで飾り立てられた部屋があったと推定される。壁画同様、ネコ科動物、ヘビ、鳥をモチーフにした土器が出土し、北のパコパンパ遺跡との関係が連想される。また隣接するロマ・レドンダ、モリェパンパといった別の遺構と組んでU字形の配置を持つ巨大な祭祀複合を作り上げていた可能性もある。EL期での利用はあまりよくわかっていないが、ライソン期以降、ワカロマは居住空間へと変貌する。

その他の地域のピラミッド

概　説

　アフリカ大陸、メソアメリカ、南米のピラミッド以外の地域にもピラミッドと呼ばれている巨大な石造建造物が存在している。もちろんそれらのピラミッドが世界最古のピラミッドを創造した古代エジプト人たちによって建造されたのか、古代エジプト文明からの影響を受けた人々によって建造されたのかどうかはわからない。おそらく直接的な影響はなかったと考えるのが妥当であろう。しかしながら、古代地中海世界に目を向けた場合、エジプトから地理的に近いギリシアやイタリア、あるいはサルデーニャ島などの島々には直接的、少なくとも間接的に影響があったはずだ。古代においてエジプトを訪れたギリシア人やローマ人がいたことは間違いないからだ。エジプトの建造物のあちらこちらに彼らの落書きが残されている。そのようなエジプトへの過去の訪問者たちがピラミッドの情報を故郷に持ち帰ったのだ。その目に見える最高の例がローマに建造されたガイウス・ケスティウスのピラミッドである。

　一方でピラミッドの存在するモーリシャスやモルディブ、あるいはカナリア諸島は、海洋交易による繋がりを考慮すれば、エジプトの周縁部（北アフリカ西方やナイル河上流）に近い。そのためわずかな可能性を残していると言える。古代エジプト文明とアステカ文明との繋がりを求めて、パピルスで作られた船「ラー 2号」でモロッコから新大陸へと航海したヘイエルダールの挑戦についても、けっして否定的にのみ捉えられているわけではない。しかしながらいまだそれらの地域とエジプトとの繋がりに関して明確な証拠を欠いていることから、異なる地域間の文化接触とその結果としてのピラミッドの拡散について、これ以上の議論は難しい（魅力的ではあるが……）。

　ポリネシアやトンガは地理的に遠いこともあり、独自に発展した「ピラミッド」と理解すべきであろう。もしかしたらエジプトよりも新大陸との関連性の方を議論した方が良いのかもしれない。もちろん、イギリスのシルベリー・ヒルや日本を含むアジアのピラミッドも同じである。特に日本のものは大陸からの仏教の影響が見え隠れしている。外部世界から日本へともたらされた仏教というまったく新しい情報（技術・科学・思想）の象徴、あるいは権力の拠りどころとして、ピラミッド型巨大石造建造物は利用されたのかもしれない。

　現代に近づけば近づくほど、ピラミッド型の建造物は増加する。それは個人が自分自身のために造ったイギリスのウィリアム・マッケンジーのピラミッドやマッド・ジャック・フューラーのピラミッドを見れば良く分かる。ヨーロッパでは近現代に数多くのピラミッド型建造物が造られているのだ。我々は「エジプト・マニア」という言葉でも知られたこれら古代エジプト文化にインスピレーションを得て建造されたピ

ラミッドに、ヨーロッパの街角や共同墓地で出会うのである。そしてそれもまた「ピラミッド」なのだ。

ウィリアム・マッケンジーのピラミッド

William Mackenzie's Pyramid

図1：ウィリアム・マッケンジーのピラミッド
(https://www.gracesguide.co.uk/images/d/de/JD_2017_Wm_Mac.jpg)

> 基本情報
> 国名：イギリス
> 場所：リヴァプール
> 座標：北緯53°24'10″　東経2°58'21″
> 高さ：4.57メートル
> 規模：東西約3.5メートル × 南北約3.5メートル
> 建造年代：紀元後1868年

　運河や鉄道建設に従事した建築業者であり技術者でもあったウィリアム・マッケンジーの墓として、死後に彼の弟によって建造されたいわゆる「ウィリアム・マッケンジーのピラミッド」と呼ばれている建造物である。碑文によれば、ウィリアム・マッケンジーと彼の二人の妻のために、リヴァプールのロドニー・ストリートに面した教会の中庭にある共同墓地に造られた。言い伝えによれば、マッケンジーは悪魔と賭け事をするほどのギャンブラーであったので、テーブルの前で勝ち札を手にしながら椅子に座った状態で墓に埋葬されることを生前に頼んでおいた。そのことで死後に悪魔が彼の魂を非難できないようにしたのである。

エリニコのピラミッド
Pyramid of Hellinikon

図2：エリニコのピラミッド（By Schuppi (photo taken by Schuppi) [GFDL (http://www.gnu.org/copyleft/fdl.html), CC-BY-SA-3.0 (http://creativecommons.org/licenses/by-sa/3.0/) or CC BY-SA 2.5 (https://creativecommons.org/licenses/by-sa/2.5)], via Wikimedia Commons）

基本情報
国名：ギリシア
場所：アルゴリダ県南東
座標：北緯37°35′14.18″　東経22°40′16.94″
高さ：約3.5メートル
規模：東西7メートル×南北9メートル
建造年代：紀元前2720年頃

　ペロポネソス半島東部のアルゴリダ県に建造されたいわゆるエリニコのピラミッド（図2）と呼ばれる石造建造物である。20世紀前半から現代にかけて散発的に発掘調査が行われている。その塔のような外観から、見張り台や要塞であったとする説があるが、その機能については良く分かっていない。おそらく建設された当初はきれいな四角錐のピラミッドであったのであろうが、1887年に描かれ

図3：エリニコのピラミッド
(https://en.wikipedia.org/wiki/Greek_pyramids#/media/File:Pyramidenf%C3%B6rmiges_Monument_bei_Argos_-_Schweiger_Lerchenfeld_Amand_(freiherr_Von)_-_1887.jpg)

た版画（図3）ではすでに上部が崩れてしまっている。

　このピラミッドは、古代世界から知られた存在であった。紀元後2世紀のギリシア人旅行家パウサニアスの『ギリシア案内記』にも登場するからである。パウサニアスはその旅の道中において、このエリニコのピラミッドに言及している。

　「アルゴスを出立しエピダウロスの方へ進んで行くと、右手にピラミッドにひじょうに良く似た建造物が現われる。その表にはアルゴス型の丸盾が彫られている。伝え聞くことによると、この場所でプロイトスとアクリシオスとのあいだで王権をめぐる戦いがあった。最終的にその戦いは引き分けに終わり勝ち負けが付かなかったのだ。そのため両者はのちに和解した。戦いでは二人も二人の軍も丸盾で武装して戦ったらしい。同じ市民であった両軍の戦死者を悼みこの地に合同墓地を作ったのである」

　古代の史料の内容が実証された点も興味深いが、上記の記述からパウサニアスはこのエリニコのピラミッドは、墓であったと考えていたことが読み取れる点も重要だ。パウサニアスはエジプトも訪問していることからそのような伝承に首肯したのであろう。ペロポネソス半島には、ほかにも数基のピラミッドらしき建造物の報告例があるが、地中海を挟み対面に位置する古代エジプトからの影響であるかどうかは不明である。

ガイウス・ケスティウスのピラミッド
Pyramid of Cestius

図4：ガイウス・ケスティウスの墓（https://upload.wikimedia.org/wikipedia/commons/thumb/c/cb/Pyramid_of_cestius.jpg/1200px-Pyramid_of_cestius.jpg）

```
基本情報
国名：イタリア
場所：ローマ
座標：北緯41°52′35″　東経12°28′51″
高さ：37メートル
規模：東西29.6メートル×南北29.6メートル
建造年代：紀元前18～12年頃
```

このローマ市のオスティエンセ街道に沿うサン・パオロ門近くに建つピラミッドは、ガイウス・ケスティウス・エプロという名前の人物の墓（図4）として建造された。ガイウス・ケスティウスは、共和政ローマの最高職であるコンスル（執政官）を務めた人物であった。ピラミッドの東側面に彫られた碑文の内容から、彼の遺言によって建造されたことが分かる。内部にはフレスコ画が壁に描かれた玄室がある。1660年までは状態は良好であったことが確認されているが、その後略奪を受けた。現在の外観は、紀元後3世紀に建造された城壁に取り込まれたため壁の一部となっている。ガイウス・ケスティウスが古代エジプト信奉者であったのか否かは不明であるが、このピラミッドが建造された紀元前1世紀には、いまだスーダンのメロエではピラミッドの建造が続いており、当時強い影響力を周辺世界に発信していた古代エジプト文化の代表的一例として挙げられる。

グイマーのピラミッド群

図5：海を背景にしたグイマーのピラミッド（撮影　大城道則）

```
基本情報
国名：スペイン領カナリア諸島
場所：テネリフェ島
座標：北緯28°19′15″　東経16°24′48″
高さ：約12メートル
規模：東西十数メートル×数メートル
建造年代：不明
```

　モロッコの西に浮かぶスペイン領カナリア諸島には複数の階段状の石造構造物が存在している。最大規模のものがテネリフェ島に残る6基の長方形の建造物だ。それらはその特徴的な外観から、「グイマーの階段ピラミッド」と呼ばれている。なかでも代表的なものとして紹介されることが多いのが、グイマーのピラミッド第6号（図5）である。6段か らなるピラミッド本体の西側に1段低く下がった階段部分が造られている。周辺にある他の階段ピラミッドも同じく西側に階段が備えられていた。海と山とに挟まれた立地と階段を上った先の最上段が平らに整形されていることを考慮するならば、そこで何らかの宗教的儀礼が実施された可能性が高い。

　グイマー村にあるグイマー・ピラミッ

図6：テネリフェ島で製作されたミイラ（撮影　大城道則）

ド民族学公園内に入ると正面に1基のピラミッド（ピラミッド第6号）があり、その周辺にはさらにいくつかの長方形型をした同種の階段状の建造物（ピラミッド第1号～第5号）を下にみることができる。グイマーには15世紀後半にスペイン人が征服にやって来るまで、原住民のグアンチェ族による首長国が存在していたと考えられている。グアンチェ族についてはまだほとんど何も分かっていないが、北アフリカから移住してきた遊牧民を起源としている可能性がある。もしそうであれば、地理的に近い地域に暮らしていたベルベル系のトゥアレグ族のような人々が海を渡ってやって来ていたことになる。さらにテネリフェ島には岩絵を描く文化やミイラ製作（図5）が行われ

てきたこともあり、北アフリカ地域、特に古代エジプト、あるいはマヤやアステカなどの中南米の古代文明との関連性が指摘されることがある。確かに一見、中南米のピラミッドと類似していることから、海を渡った長距離の文化伝播の一例に挙げる者もいるが、根拠はきわめて薄い。ただグイマー村のすべての階段ピラミッドは、階段のある西側の段が冬至の日の出の方向になるように設計されていた点は注目に値するであろう。天文学的知識を擁していた人々がいたことになる。

火山岩を用い長方形を重ねたような外観をしたこれらのピラミッドは、コンチキ号やラー 2号で良く知られたノルウェーの人類学者で海洋冒険家のトー

ル・ヘイエルダールによって広く紹介されたことから、1970年代以降注目を浴びるようになった。ヘイエルダールは、カナリア諸島が地中海世界と新大陸とをつなぐ古代の海洋ルートの中間点に位置していたと考えたのである。彼によるこの発想は、紀元後1世紀のプリニウスが自らの著書『博物誌』のなかで、「幸福の島々」と呼んだカナリア諸島を紹介する際に、「石で造られた小さな神殿がある」とか「建物の形跡がみられる」と記したことからの発想であろう。そして実際に自らカナリア諸島の対岸に位置する北西アフリカのモロッコからカリブ海西インド諸島のバルバドス島まで航海を試みたのだ。サンタマリア号に乗ったコロンブスも新大陸発見の際に使用したこの航路を使い、ヘイエルダールは古代にも使用されていたであろう葦船で航海し、古代から存在していた航海ルートの可能性を指摘したのである。

1991年から1998年にかけて、ラ・ラグーナ大学を中心に発掘調査がなされた。その際にピラミッドの下からはグアンチェ族のものと思われる遺物がいくつか出土したが、古代にまで遡るような痕跡は確認できなかった。つまり、近年に行われた科学的な発掘調査の結果から

は、この謎の階段ピラミッドが近隣に暮らす農民たちによって建造されたものであることが指摘されているのである。宗教的な意味を持つとしてもそれは、テネリフェ島に入植してきた初期キリスト教徒によるものであろう。建造された時期についても19世紀より遡ることは難しいとされたが、正確な建造時期やその目的などについてはいまだ十分に実証されているとは言えないのが現状である。

ヘイエルダールが考えた「グイマーのピラミッドは、古代エジプトのピラミッドと中南米のピラミッドとの時間的なギャップを埋める役割を演じたのだ」という説に同意することは難しいが、テネリフェ島を含むカナリア諸島をアトランティスの名残であるとする説よりもまだ検討の余地はあるのかもしれない。少なくともプリニウスの記述を信じるならば、紀元前後にカナリア諸島のどこかに石造建造物は存在していたことになるからだ。古代に北アフリカからもたらされた伝統がこのピラミッド建造の背景に隠れているのかもしれない。同じカナリア諸島のラ・パルマ島にも同じようなピラミッドがあるが、こちらも今後調査および比較検討が必要であろう。

熊山遺跡の階段ピラミッド

Kumayama Step Pyramid

図7：熊山遺跡の石造建造物（撮影　大城道則）

```
基本情報
国名：日本
場所：岡山県赤磐市
座標：北緯34°45′13.85″　東経134°7′15.5″
高さ：約2メートル
規模：東西11.7メートル×南北11.7メートル
建造年代：紀元後8世紀前半
```

　岡山県赤磐市にある標高508メートルの熊山山頂に建造された階段ピラミッド状の石造建造物（**図7**）である。麓から続く山道を登り切ると山頂に平らに開けた場所が現われる。参道を通るかのように進むと、その奥にこの石造建造物が鎮座している（**図7**）。国内に類例の少ない特殊な石積み建造物であったことから、昭和31年に国の史跡に指定された。すでに江戸時代の文献に「熊山戒壇」と

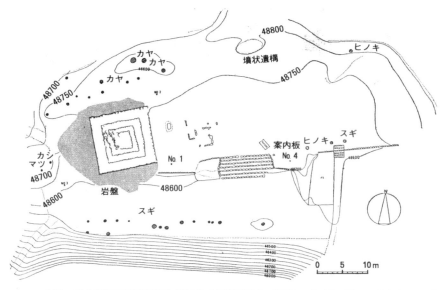

図8：熊山遺跡の周辺地形図（熊山町史編纂委員会、1994年、371頁の図3-14を参考に作成）

してしばしば登場することから、当時からこの建造物が注目されていたことがわかる。昭和48年には奈良国立文化財研究所と岡山大学によって大規模な発掘調査が実施されている。使用された石材は現地で採掘可能な流紋岩であり、一部岩盤を整形した基壇部を含め4段からなっていることが判明した。2段目に龕（仏像などを納める空間）が四面ともに作られ、3段目に相当する頂部には方形の竪坑が開けられていた。竪穴石室は、高さが約2メートルで、底部が東西74センチメートル×南北81センチメートルであった。なかには陶製筒形容器が置かれ、そのなかに奈良三彩小壺が納められていた（前者は奈良県天理参考館に収蔵されているが、後者は現在紛失している）。これら仏教に関連する遺物と龕の存在から、奈良時代に建造された仏教に関わる建造物＝戒壇であろうと考えられている。そしてこれが定説となり現在に至るのである。

しかしながら、この戒壇説には反論もある（『熊山町史―通史編上巻』に詳細な説明あり）。そもそも戒壇とは仏教僧に戒（仏教徒が守るべき規範）を授ける場のことを指し、通例、岡山を含む中国地方の僧侶たちは奈良の東大寺で戒を受けていたからだ。ゆえに中国地方に戒壇が築かれた寺院は存在しないのである（戒壇建造を許可されるわけがない）。そのうえ、戒壇は仏像を備える龕を必要と

しないのである。通常戒壇に備えられて
いる壇を上がるための階段も存在しな
い。また熊山山頂周辺部には大小合わせ
て30基を超える石積みの基壇遺構が確認
されている（保存状況の悪いものが多
い）。もし懸案の熊山遺跡の石積み石造
建造物が戒壇であるとするならば、近辺
に建造されたそれ以外の基壇建造物も戒
壇であるということになる。東大寺など
きわめて限定的な大寺院にしかない戒壇
が熊山に存在することが許されるはずは
ないのである。階段状に建造された外観
からこの熊山遺跡を戒壇であると結論づ
けるのは難しい。

　竪坑内で見つかった陶製筒形容器のな
かの奈良三彩小壺を遺骨を納めた舎利容
器とみなし、高位の僧侶や地元の有力者
の墓であるとする説もあるが、決定的な
根拠を欠いている（つまり、埋葬の痕跡
はない。即身仏〈ミイラ〉でも据えられ
ていたらピラミッドとして面白いのだが
……）。しかし外観に違和感があったと
しても、そして戒壇ではなかったとして
も、四面に作られた竈は明らかに仏教的
要素であり、この石造建造物がストゥー
パ（仏塔）であったことを示しているよ
うに思われる。『熊山町史―通史編上
巻』では、大陸か朝鮮半島からやって来
た帰化人の石組技術を応用して建造され
たもので、信仰者にとっての精神的な拠
りどころの意味を兼ね備えていたともし
ている。さらにその精神的な拠りどころ

としての磐座がもともとその場所に存在
していたはずだと指摘しているのであ
る。日本で古来信仰の対象となってきた
磐座がもともとそこにあったということ
は、おそらく正鵠を射ていよう。つま
り、現在我々が目にすることができる熊
山遺跡の石造建造物自体は、奈良時代前
期に建造されたと考えられているが、磐
座の上に基壇部が置かれた点を考慮する
ならば、仏教伝来以前からこの場所は聖
地であったと想像でき、そのためにこの
場所が選択されたのであろうと考えられ
るのだ。あるいは新しい宗教（信仰形
態）であった仏教が以前からあった土着
の信仰拠点に意図的に蓋をしたと言える
かもしれない。熊山一帯は古代より続く
聖地であり、山岳信仰の拠点でもあった
のであろう。熊山の頂上にある熊山遺跡
からは下界を見渡すことができる。熊山
遺跡は階段ピラミッドのような外観をし
たストゥーパを核とし、周りにその他多
数のストゥーパを配置した、インドネシ
アのジャワ島にある世界的な仏教石造遺
跡で知られたボロブドゥール遺跡の日本
版のような計画的に創造された聖なる空
間であった。ボロブドゥール遺跡はしば
しば、その聖性と山のような巨大な石造
建造物であることから、ピラミッドの範
疇に入ることもある。熊山遺跡はエジプ
トや中南米のピラミッドの影響を受けて
いたわけではないが、観念的にはある種
のピラミッドと言えるのかもしれない。

高句麗の将軍塚
Tombs of the Ancient Koguryo Kingdom

図9：高句麗の将軍塚正面（By Bart0278 - Own work, CC BY-SA 3.0, https://commons.wikimedia.org/w/index.php?curid=11013578）

```
基本情報
国名：中華人民共和国
場所：吉林省集安市
座標：北緯41°9′25″　東経126°11′14″
高さ：約12メートル
規模：東西約31メートル×南北約31メートル
建造年代：紀元後3世紀頃
```

　吉林省の南部の町である集安は、紀元後3世紀から約200年間、高句麗の都として繁栄した。そのため城塞の跡や古墳が広範囲に残っている。最も良く知られているのが、この「将軍塚」（図9）と呼ばれているピラミッド状の石造建造物である。花崗岩を7段に積み重ねて建造された。高句麗前期に年代づけられている。崩壊の防止と考えられている巨大な岩が基壇部に立てかけられている。隣には一回り小さなほぼ同型の石造建造物があり、王妃のものだと考えられている。墓の主は好太王（広開土王）あるいは彼の息子である長寿王と推定されている。

シルベリー・ヒル
Silbury Hill

図10：シルベリー・ヒル全景（By Photograph by Greg O'Beirne ［GFDL (http://www.gnu.org/copyleft/fdl.html) or CC BY-SA 3.0 (https://creativecommons.org/licenses/by-sa/3.0)］, from Wikimedia Commons）

基本情報
国名：イギリス
場所：マールバラ
座標：北緯51°24′56″　東経1°51′27″
高さ：約40メートル
規模：最大幅約167メートル
建造年代：紀元前2700年頃

シルベリー・ヒル（図10）は、ストーンヘンジと並び有名なエイヴベリーのストーンサークル（環状列石）から1.5キロメートルほど南に位置するウィルトシャー州マールバラにある高さ約40メートルの巨大なピラミッドのような外観を持つ丘である。基底部の面積は2.1ヘクタールで、最大幅は140メートルとされる。石材を積み上げた石造建造物ではないが、ヨーロッパ最大の先史時代の人工構造物としても知られている。緩やかな斜面は草に覆われているが、単なる山や

その他の地域のピラミッド

図11：ウィリアム・ステュークリのデッサン（Stukeley, 1984, p.52）

塚ではないのである。現在、頂上部は平らであるが、本来はもっと鋭角であったと考えられている。紀元前2700年頃に建造が開始され、その後拡張されたことが分かっているのである。最初に小さな円丘を作り、それを拡大・拡張させながら、6段の階段状に建造し、各段を石灰石と礫で埋め、最後の仕上げに表面を平らに均したのだ。完璧に仕上げられたその外観から明らかに建造者の意図は、シルベリー・ヒルに古代エジプトのピラミッドと同等の永遠性を求めたのだということが分かる。またシルベリー・ヒルの周囲には、先述したエイヴベリーのストーンサークルだけではなく、ウェスト・ケネット・ロング・バロウをはじめとしたロング・バロウ（細長い長方形の墳丘墓）が点在し、北にはブリテン島最大のコーズウェイド・エンクロージャーとして有名なウィンドミル・ヒルがある。つまり、シルベリー・ヒルやウィンドミル・ヒルを含むエイヴベリー周辺の地域は、当時の人々によって何らかの意図を持って創られた空間であった。その一角にシルベリー・ヒルは存在するのだ。18世紀中頃にこのあたり一帯で調査を行ったイギリス人の医師で古物収集家、さらに先駆的な考古学者のウィリアム・ステュークリが当時の状況が分かる数多くのデッサンを残してくれている（図11）。

シルベリー・ヒルは遠くを見渡せる平野部にあるが、丘と丘とに挟まれているため近づくまでその全貌は良く分からない。しかし高さ40メートルにもおよぶピラミッドのような形状で、周囲から孤立

して目立つ存在であったことから、古来人々の注目を集めてきた。ただ聖なるものとの認識からか大規模な盗掘活動の痕跡は見られない。人々は畏怖の念とともにこの巨大構造物を眺めてきたのであろう。17世紀以降は、何度か稚拙な発掘が実施されたようであるが、シルベリー・ヒルが建てられた目的も意味も明らかにされることはなかったし、期待されたような金銀財宝が発見されることもなかったのである。1776年、1849年、そして1968年から1970年にかけては、ストーンヘンジ研究で著名なリチャード・アトキンソンによって発掘調査が実施されたが、シルベリー・ヒルの謎に迫るような遺物・遺構などは何も発見されなかった。通常、このような外観と規模の丘は墳丘墓であると考えられるが、埋葬の痕跡はいまだ発見されていないのである。

このシルベリー・ヒルは独立した人工の建造物として知られているだけではなく、アーサー王伝説の残るグラストンベリー同様、数多くの伝説・伝承で彩られた歴史を持っている。これまでに最も多く語られてきたのは、月夜の晩に馬に乗って出現するというジル（シル）王にまつわる伝説である。ジル王の遺体（あるいは等身大の黄金製の彫像）と彼の馬の黄金像がそこに埋葬されているのだというのだ。おそらくこのような伝説の意味することとは、シルベリー・ヒルが単なる目立つ巨大な丘であったということ

だけではなく、土着の人々の心をつかむ精神的な支柱であり、聖なる空間のランドマークであり、あの世とこの世とを隔てる存在であるというある種の境界線の役割を果たしていたからなのであろう。丘の頂上で古代の神官たちが神々を讃える聖なる儀礼を行っていたのかもしれない。実際に近年まで8月になると丘の頂上で収穫祭を実施していたことが知られている。毎年の豊穣を祈願した祭りである収穫祭がシルベリー・ヒルで開催されていた事実は、この丸みを帯びた墳丘状の人工構造物が妊娠した女性の身体（腹部）を表現したものであるという仮説を提案させる。豊穣と妊娠とがつねに同義である点は洋の東西を問わないごく標準的な認識である。

そのうえ、シルベリー・ヒルには、丘の周りに堀がぐるりと掘られているのだ。毎年雨の多い冬になると地下水が湧き出て、シルベリー・ヒルの周りを水が取り囲むのである。季節ごとに毎年繰り返されるその不可思議な現象もまたシルベリー・ヒルに聖性をもたらしたはずだ。水や湿気と女性との関係もまた古代世界からつねに考慮されてきたことである。例えば古代エジプト神話において、湿気の神はテフヌト女神であった。建造者はそのことを計算した上で、この巨大な建造物であるシルベリー・ヒルをこの場所に造ったのである。

ソウギアのピラミッド

Sougia Pyramid

> 基本情報
> 国名：ギリシア
> 場所：クレタ島
> 座標：北緯35°16′23″　東経23°48′22″
> 高さ：約4.6メートル
> 規模：円周約16メートル
> 建造年代：不明

　クレタ島のハニア県南部に位置するソウギアのピラミッドは山間部に独立して存在している。円錐状をした自然の岩を利用していることから、ピラミッドの定義に含めない場合もあるが、内部に部屋（広さ2.20メートル×2.10メートル、高さ1.40メートル）を掘り込んでいることから、人工構造物の範疇に含めた。山岳信仰の一形態なのか、墓なのか、倉庫なのかは明らかではないが、クレタ島の持つ古代からの周辺諸地域との交易・交流の歴史と地理的にエジプトに近いことから、文化伝播の一例である可能性はある。

奈良・明日香村の都塚古墳

Miyakozuka

図12：都塚古墳下段29第10トレンチ全景（南西から）（明日香村教育委員会提供）

基本情報
国名：日本
場所：奈良県高市郡明日香村大字阪田小字ミヤコ938
座標：北緯34°27′49.09″　東経135°49′39.70″
高さ：約4.5メートル
規模：東西41メートル×南北42メートル
建造年代：紀元後6世紀後半

都塚古墳は奈良県明日香村にある巨大な方墳として知られている。有名な石舞台古墳から約400メートル南東に位置する。元旦に塚の中にいる金鳥が鳴き時を告げるという「金鳥伝説」があったことから、金鳥塚とも呼ばれてきた。江戸時代から用明天皇陵とみなされていたという記録が残っている。1772年に本居宣長によって著された『菅笠日記』にも都塚古墳は登場する。明治の後半から大正

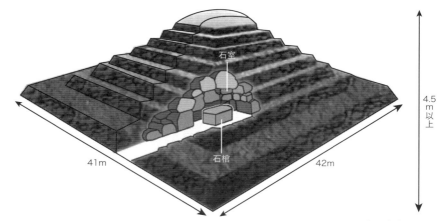

図13：都塚古墳の復元図

にかけて石室が開口していたことから、石棺を含む内部の簡単な考古調査がなされたことが、1915年刊行の『高市郡志料』や1923年刊行の『高市郡古墳誌』の図版からも良く分かる。

　最初に近代的な学術調査が実施されたのは1967年のことである。関西大学文学部考古学研究室によって発掘がなされた。その際に羨道を備えたこの古墳の石室は、天井部が持ち送り式で造られていること、また閃緑岩や花崗岩で造られた南西方向に入口を持つ約12メートルの奥行きの両袖式横穴式石室とその内部に安置されていた家形石棺の存在が再確認された。また副葬品として土師器や須恵器などの土器類、および鉄製品（刀子、鉄鏃など）が出土している。調査の際に家形石棺は凝灰角礫岩製であることと、すでに盗掘を受けており副葬品はほとんどなかったが、木棺の追葬が発見された

木棺の断片により明らかとなった。2008年には古墳全体の測量調査が実施され、その際に一辺30メートル規模の方墳である可能性が指摘された。この都塚古墳が建設された時期は、前方後円墳建造の斜陽の時期から大型方墳建造開始までの過渡期であったと考えられる。つまり国家が大王墓としての前方後円墳に代わる新たな大王墓の形式を模索していた段階で都塚古墳は建造されたのである。

　2014年には、都塚古墳の総合的な解明を目指した調査が地元明日香村教育委員会と関西大学文学部考古学研究室の共同調査として実施された。その結果、古墳はやはり方墳であり、その墳丘部の規模は東西約41メートル×南北約42メートルであることが分かったのである。さらに興味深いことに墳丘部分が階段ピラミッド構造を持つことが確認されたのだ（図12）。墳丘は階段状に石が積まれ、平ら

なテラスの面になった下の部分には人間の拳大から人頭大程度の川原石を充填する建築方法が採られていた。復元された都塚古墳のイメージは**図13**のようなものだ。

このような階段ピラミッド状の方墳は珍しく日本ではほとんど類例を見ない。そのため朝鮮半島や中国からの影響が指摘されることもある。その際に比較例として挙げられれるのが、高句麗の都であった吉林省の集安にある将軍塚だ。建造は4〜5世紀頃と考えられている。本書でも取り上げたこの将軍塚は、花崗岩を7段に積み重ねて建造された高さ約12メートルにもおよぶピラミッド状の石造建造物である。墓主は高句麗全盛期の王であった好太王（広開土王）（412年没）あるいは彼の息子である長寿王と推定されている。

上述した大陸からの影響が都塚古墳におよんでいたのか否かについて考えるうえで重要なのは被葬者問題であろう。都塚古墳に埋葬されたのはいったい誰なのかということだ。飛鳥時代の都塚古墳周辺が蘇我氏の勢力の強い地域であったことは明白である。例えば近くにある石舞台古墳は蘇我馬子の墓であると推定されているし、馬子の邸宅跡であると考えられている島庄遺跡も近くに存在する。そのため石舞台古墳よりも少し時代を遡ると考えられている都塚古墳の被葬者は、馬子の父親であった蘇我稲目（570年頃没）であろうと推定されているのだ。しかし大陸からの影響を考慮するな

らば、蘇我稲目の父である蘇我高麗と祖父に当る蘇我韓子についても議論すべきだ。蘇我高麗は稲目の父であるということくらいで実像が良く分かっていない人物であるが、母親が高句麗の人であったことから高麗と呼ばれたという説がある。また蘇我高麗の父蘇我韓子は、倭国と高句麗の関係を妨害する新羅討伐のために朝鮮半島に渡っている。渡来人や大陸との関係が密であったと考えられている蘇我氏が墳墓の最新モードを海外から導入した可能性は十分にある。また蘇我稲目以前に高句麗から入って来ていた仏教のストゥーパに関する影響が都塚古墳を階段ピラミッド状の建造物とした可能性はないのであろうか。蘇我稲目は当時すでに世界宗教であった仏教をすばやく取り入れたことでも知られている人物だ。

現在、石室と石棺の構造の検討から導き出された都塚古墳の築造年代は6世紀後半とされているが、都塚古墳の場合はそれだけではなく、外観＝階段ピラミッド状についても検討する余地がある。そもそも形態の大きく異なる階段ピラミッド状の都塚古墳を前方後円墳建造末期から大型方墳建造初期の間の過渡期に位置づけても良いのであろうか。石室からは石棺以外にも木棺が確認されていることは、都塚古墳が蘇我稲目の時期よりも前から使用されていた可能性を提示している。大陸からの直接的影響を受けた蘇我韓子が最初の被葬者であったのかもしれない。

ファリコンのピラミッド

Falicon Pyramid

図14：ファリコンのピラミッド（https://upload.wikimedia.org/wikipedia/commons/f/f8/
La_pyramide_de_Falicon_et_le_mont_Chauve_en_arrière-plan.JPG）

基本情報
国名：フランス
場所：ファリコン
座標：北緯43°44′59.64″　東経 7 °15′37.44″
高さ：約 9 メートル
規模：東西約 7 メートル × 南北約 7 メートル
建造年代：不明

　ファリコンはフランス南東部、ニースの北に位置する村である。その北西の山側にいわゆる「ファリコンのピラミッド」（図14）は建造された。1804年に発見されたピラミッドであった。完成時には約 9 メートルの高さがあったと推定されているが、現在は 3 メートルほど上部が欠けている。エジプトからの移住者あるいはローマ軍が建造したと考えられることが多いが、19世紀初頭に造られた比較的新しいピラミッドではないかという説もある。

マッド・ジャック・フューラーのピラミッド

Mad Jack Fuller's Pyramid

図15：マッド・ジャック・フューラーのピラミッド（Sykes, 1993, p.102）

基本情報
国名：イギリス
場所：ブライトリング
座標：北緯50°57′49″　東経0°23′47″
高さ：7.62メートル
規模：東西7.5メートル×南北7.5メートル
建造年代：1811年

　イーストサセックス州のブライトリングにある聖トマス・ベケット教会の中庭にある。地元の地主であったジャック・フューラーの墓として、彼が亡くなる20年以上前にピラミッド様式で建造された。ゆえに「マッド」ジャック・フューラーのピラミッド（図15）と呼ばれている。ローマのガイウス・ケスティウスのピラミッドを参考に造られたと考えられている。そのため外観は完璧な真正ピラミッドである。地元に伝わる伝説では、ジャック・フューラーはピラミッドのなかで、イヴニング・ドレスを身に纏い、帽子をかぶり、鉄製のテーブルの前で椅子に座っているとされてきた。しかし、1938年に実際は床下にきちんと埋葬されているのが確認された。このほかにもイーストサセックス州には、ヘースティングズに19世紀中頃に建造されたバートンのピラミッドと呼ばれるものもある。

ムーアのピラミッド

Pyramid at Mu'a

図16：トンガタプ島にあるムーアのピラミッド（By Tau'olunga - Own work, CC BY-SA 2.5,
https://commons.wikimedia.org/w/index.php?curid=3568490）

基本情報
国名：トンガ王国
場所：ムーア村
座標：北緯21°10′40″　東経175° 6′59″
高さ：約2メートル
規模：東西43メートル×南北38メートル
建造年代：紀元後13〜16世紀

　トンガタプ島にあるトンガ王国の首都スクアロファから北へ約12キロメートル離れたムーア村にあるため、「ムーアのピラミッド」（図16）と呼ばれている。トンガタプ島の東海岸には多くの遺跡があるが、そのなかでも最も知られているのが、このムーアのピラミッドである。

残存状況が良好である大きなものが数基あり、紀元後13世紀末から紀元後16世紀にかけて王墓として建造された。石灰岩が用いられた最も保存状態の良いピラミッドは、階段ピラミッド構造であり、トンガで「ランギ」と呼ばれている。

モルディブのピラミッド

Pyramids of Maldives

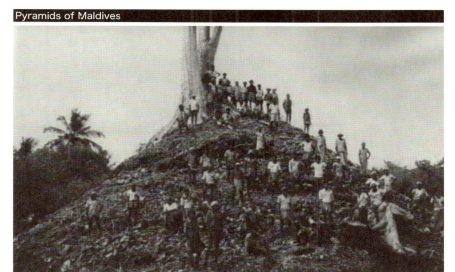

図17：モルディブのガム・ハウイッタのピラミッド（ヘイエルダール、1995年、口絵21）

```
基本情報
国名：モルディブ共和国
場所：クダウーバッドホー
座標：北緯 2°40′7″　東経72°53′42″
高さ：8.5メートル
規模：東西十数メートル×南北十数メートル
建造年代：不明
```

　モルディブには考古遺跡が溢れている。石造建造物や石像が良く知られているが、なかでもモルディブのクダウーバッドホーにある「ガム・ハウイッタのピラミッド」（「ガム島のマウンド」の意味）と呼ばれている塚状構造物（図17）は注目に値する。この遺跡はイスラム到来以前に建造されていたと考えられており、仏教のストゥーパ説が有力である。ヘイエルダールが1980年代に訪れ世界に紹介したが、いまだ本格的な発掘は行われておらず、実態は謎のままである。モルディブはアフリカ大陸とインド亜大陸とのあいだに位置することから、海洋交易の要衝の一つであったと指摘されており、異文化の流入しやすい場所でもあった。カナリア諸島のテネリフェ島やモーリシャスのピラミッドとの外観の類似性が指摘されることもある。

モーレア島のピラミッド

Pyramid at Moorea

図18：モーレア島の階段ピラミッド（https://commons.wikimedia.org/wiki/File:Oc,G.T.1663,_Mana_Expedition_to_Easter_Island,_British_Museum.jpg）

基本情報
国名：フランス領ポリネシア
場所：モーレア島
座標：北緯17°32′26″　東経149°50′2″
高さ：不明
規模：東西約79メートル×南北約25メートル
建造年代：不明

モーレア島はフランス領ポリネシアに属するソシエテ諸島の島である。タヒチ島のすぐ隣の島である。そこには現地で祭祀場という意味を持つ「マラエ」と呼ばれる階段ピラミッド（図18）があったとされている。キャプテン・クックがモーレア島を訪れた頃は、基壇部分が約79メートル×約25メートルの規模の石造建造物が残っていたと報告されている。18世紀の旅行者によるスケッチでは、10段ほどの階段ピラミッドであった様子が描かれている。しかしながら、現在では崩壊してしまった。小型のものは何基か現存している。

モンテ・ダコッティのピラミッド

Pyramid of Monte d'Accoddi

図19：モンテ・ダコッティのピラミッド全景
（陣内秀信、柳瀬有志『地中海の聖なる島サルデーニャ』山川出版社、2004年、13頁上図）

基本情報
国名：イタリア共和国
場所：サルデーニャ島
座標：北緯40°47′28″　東経8°26′56″
高さ：5.5メートル
規模：東西37.5メートル×南北30.5メートル
建造年代：紀元前4000年頃～3000年頃

　サルデーニャは地中海に浮かぶ島である。シチリア島に次ぐ地中海第2の大きさの島だ。イタリア半島の西側に位置するイタリア自治州であり、フランス領コルシカ島に隣接するような場所にある。つまり、文明の十字路と呼ぶにふさわしい立地条件を備えている。そのため先史時代から人々が住み着いていたことは明白であり、その証拠として地母神像の出土などから知られているが、巨大な石造建造物を造る伝統もあった。有名なのはヌラーゲと呼ばれるものである。サルデーニャでは、ヌラーゲと呼ばれる一辺1メートルほどの石材を積み上げた円錐

形の塔型石造建造物が紀元前1500年頃から1000年以上にわたり山部を中心に建造された。塔をいくつか組み合わせたものもある。このヌラーゲはサルデーニャで現在7000基以上確認されているが、その建造目的はいまだ分かっていない（もともとは20000基あったとされている）。特に3層のピラミッド状の外観を持つスー・ヌラージ・ディ・バルーミニは、1997年にユネスコの世界遺産に登録されたほど良く知られている。ヌラーゲは戦争に備えた砦・要塞であるとか宗教施設、あるいは権力者の居住施設であった可能性が挙げられているが、いまだ謎の石造建造物のままなのである。人々は牧畜を主な生業としていたことから、穀物を備蓄するサイロのような役割を持っていたのかもしれない。

このヌラーゲ以前に建造された石造建造物として、サルデーニャ南部の町ゴーニ郊外のプラヌ・ムテッドゥにあるメンヒル群と島北部のサッサリとポルト・トッレスの間に位置するいわゆるモンテ・ダコッティのピラミッド（図19）がある。巨人伝説が残るサルデーニャには、その伝説の主人公にふさわしい痕跡が各地でみられるのだ。モンテ・ダコッティのピラミッドは、そのうちの一つであり、エジプトの階段ピラミッド、あるいはメソポタミアでみられるジッグラトのような外観をしている。本来は神殿や祭壇の機能を持っていたと主張されることもある。紀元前4000年頃から基壇部の建造が始まり、2段になった上部構造は紀元前3500年頃から紀元前3000年頃に掛けて建造されたと考えられている。つまり、このピラミッドは大きく分けて2段階の建造過程を経て完成されたのである（図20）。そのこともあり半世紀前から始まったイタリア隊による調査は大きく2期に分かれており、ピラミッドの平面図や土器をはじめとした遺物を発見する成果を挙げている。

このモンテ・ダコッティのピラミッドは、ピラミッド本体まで長く続く参道（あるいは平らになった頂上部まで続く階段）を備えている。参道は緩やかな上り坂になっている。ピラミッド本体の基盤部分が縦横37.5メートル×30.5メートルで高さが5.5メートルある。モンテ・ダコッティのピラミッド自体は、平野のなかで孤立した建造物である。ただし周辺にはドルメンやメンヒルなどの巨石建造物があり、ピラミッドと周辺部分を含めたコンプレックス（複合体）を形成していることが分かる。このような複雑なピラミッド・コンプレックスを生み出したのは、いったいどのような人々であったのであろうか。サルデーニャ島全体にヌラーゲを建造し続けた謎多きヌラーゲ人たちの祖先であろうか。それとも外部世界からの侵入者・入植者たちであろうか。地中海の真ん中にあったサルデーニャ島の立地条件を考慮するならば、外部世界からやって来た高度な建築技術を持つ人々の存在が容易に想像できよう。サルデーニャには紀元前4000年頃にメソポタミアやエジプトから人々が移住して

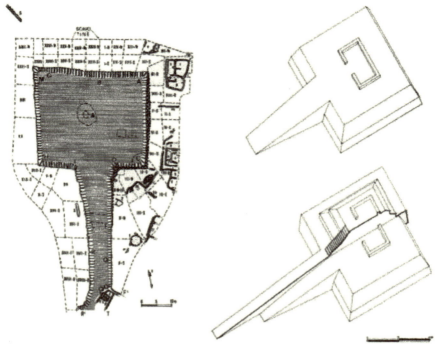

図20：平面図と第1と第2段階の復元図（Melis, 208-Fig.1-1 & 2）

きたという説まであるのだ。

　サルデーニャは紀元前1200年頃に地中海沿岸地域を席巻したいわゆる「海の民」の一派が定住したと考えられることもある。アナトリアを鉄でもって治めたヒッタイトやギリシア本土で栄えたミケーネ文明を崩壊に追いやり、古代エジプト王国をも手中の収めようと躍動した彼ら「海の民」は、サルデーニャ島にも触手を伸ばしたはずである。「海の民」の到来は、モンテ・ダコッティのピラミッドが完成する2000年ほど後の出来事であるが、サルデーニャ島はつねに民族移動に巻き込まれる地域でもあるのだ。その意味では、モンテ・ダコッティのピラミッドを建造した人々は、「海の民」到来以前に起こった民族移動により東方世界から押し出された人々であった可能性がある。メソポタミアやエジプトからの情報が地中海の一島であるサルデーニャにまで到達し、そこで実を結んだのである。モンテ・ダコッティのピラミッドは、遠い過去の記憶を残す記念構造物なのかもしれない。

参考文献

アフリカ大陸のピラミッド・その他の地域のピラミッド

青木真兵、田中宏幸、大城道則「歴史的考察から得られるギリシア・パルテノン神殿の耐震性能低下の可能性とミュオグラフィによるその評価について」(『駒沢史学』82、2014年)

朝日新聞社編『報道写真全記録阪神大震災』(朝日新聞社、1995年)

W. S. アングラン、J. ランベク著、三宅克哉訳『タレスの遺産―数学史と数学の基礎から―』(シュプリンガー・フェアラーク東京株式会社、1997年)

石毛直道『リビア砂漠探検記』(講談社、1979年)

磯崎新著、篠山紀信写真『磯崎新の建築談義♯3―ヴィッラ・アドリアーナ〔ローマ時代〕―』(六曜社、2002年)

岩田重則『「お墓」の誕生―死者祭祀の民俗誌―』(岩波書店、2006年)

トビー・ウィルキンソン著、内田杉彦訳『図説古代エジプト人物列伝』(悠書館、2015年)(T. Wilkinson, *Lives of the Ancient Egyptians* (London, 2007))

―――著、大城道則監訳『図説古代エジプト文明事典』(柊風舎、2016年)(T. Wilkinson, *Dictionary of Ancient Egypt* (London, 2005))

H. N. ウェザーレッド著、中野里美訳『古代へのいざないプリニウスの博物誌』(雄山閣、1990年)

ミロスラフ・ヴェルナー著、津山拓也訳『ピラミッド大全』(法政大学出版局、2003年)(M. Verner, *The Pyramids: The Mystery, Culture, and Science of Egypt's Great Monuments* (New York, 2001))

大城道則『古代エジプト文化の形成と拡散―ナイル世界と東地中海世界―』(ミネルヴァ書房、2003年)

―――「ケントカウエス王妃はエジプト王となったのか?―第4王朝末期から第5王朝初期の編年問題とピラミッド両墓制からの視点―」(『オリエント』50-2、2007年)

―――「古代エジプトにおけるハルガ・オアシスの存在意義―エジプト西方砂漠とナイル世界とのネットワーク―(『駒澤大学文学部研究紀要』66、2008年)

―――『ピラミッド以前の古代エジプト文明―王権と文化の揺籃期―』(創元社、2009年)

―――「原始絵画から読み解く古代エジプト文化―ジェベル・エル=アラクのナイフハンドルとメトロポリタン美術館ナイフハンドル―」『駒澤大学文学部研究紀要』67、2009年)

―――『ピラミッドへの道―古代エジプト文明の黎明―』(講談社、2010年)

―――『古代エジプト文明―世界史の源流―』(講談社、2012年)

―――『ツタンカーメン―「悲劇の少年王」の知られざる実像―』(中央公論新社、2013年)

―――『図説ピラミッドの歴史』(河出書房新社、2014年)

―――「古代エジプト第25王朝におけるアムン神崇拝の受容とピラミッド構造の復活」(『駒澤大学文学部研究紀要』72、2014年)

─────「カノポス容器にみる古代エジプト人の死生観─ピラミッドの持つ意味について─」
（東洋英和女学院大学死生学研究所編『死生学年報』リトン、2015年）

─────「ピラミッドとミュオグラフィ─ピラミッドの発展過程と耐震構造─」（宮本英昭、田
　中宏幸、新原隆史編『ミュオグラフィ─21世紀の透視図法─』東京大学総合研究博物館、
　2015年）

─────『古代エジプト　死者からの声─ナイルに培われたその死生観─』（河出書房新社、
　2015年）

加藤一朗『象形文字入門』（講談社、2012年）

加藤謙一「祭祀空間としての「墓」：「詣り墓」の成立を素材として」（『史泉』91、2000年）

熊山町史編纂委員会『熊山町史通史編上巻』（ぎょうせい、1994年）

ピーター・クレイトン著、吉村作治監修『古代エジプトファラオ歴代誌』（創元社、1999年）
　(P. A. Clayton, *Chronicle of the Pharaohs: The Reign-by-Reign Record of the Rulers and Dynas-
　ties of Ancient Egypt* (London, 1994))

小林慧「カノポス容器にみる副葬品としての特異性」（『駒沢史学』88、2017年）

近藤二郎『エジプトの考古学』（同成社、1997年）

─────『古代エジプト考古学』（トランスアート、2003年）

ジャン＝ピエール・コルテジアーニ著、吉村作治監修『ギザの大ピラミッド─5000年の謎を解
　く─』（創元社、2008年）

沢田京子『イギリス聖地紀行─謎のストーン・サークルを訪ねて─』（トラベルジャーナル、
　1996年）

篠田雅人『砂漠と気候』改訂版（成山堂書店、2009年）

イブン・ジュバイル著、藤本勝次、池田修監訳『イブン・ジュバイルの旅行記』（講談社、
　2009年）

イアン・ショー著、近藤二郎、河合望訳『一冊でわかる古代エジプト』（岩波書店、2007年）

イアン・ショー＆ポール・ニコルソン著、内田杉彦訳『大英博物館古代エジプト百科事典』
　（原書房、1997年）

新谷尚紀『両墓制と他界観』（吉川弘文館、1991年）

─────「両墓制の分布についての覚書」（『国立歴史民俗博物館研究報告』49、1993年）

陣内秀信、柳瀬有志『地中海の聖なる島サルデーニャ』（山川出版社、2004年）

ストラボン著、飯尾都人訳『ギリシア・ローマ世界地誌Ⅱ』（龍渓書舎、1994年）

高宮いづみ『エジプト文明の誕生』（同成社、2003年）

田中宏幸、大城道則『歴史の謎は透視技術「ミュオグラフィ」で解ける』（PHP研究所、2016
　年）

都出比呂志『王陵の考古学』（岩波書店、2000年）

ディオドロス、ポンポニウス・メラ、プルタルコス著、飯尾都人訳『ディオドロス「神代地
　誌」〔訳注・解説・索引付〕〔付・ポンポニウス・メラ「世界地理」プルタルコス「イシスと

オシリス」)』（龍渓書舎、1999年）

ジョイス・ティルディスレイ著、吉村作治監修『古代エジプト女王・王妃歴代誌』（創元社、2008年）（J. Tyldesley, *Chronicle of the Queens of Egypt: from Early Dynastic Times to the Death of Cleopatra* 〈London, 2006〉）

福田アジオ「両墓制の空間論」（『国立歴史民俗博物館研究報告』49、1993年）

プリニウス著、中野定雄訳『博物誌』（雄山閣、2012年）

─── 著、中野定雄、中野里美、中野美代訳『プリニウスの博物誌』第1～第6巻（縮刷版I）（雄山閣、2012年）

ギュスターヴ・フロベール著、斎藤昌三訳『フロベールのエジプト』（法政大学出版局、1998年）

トール・ヘイエルダール著、木村伸儀訳『モルディブの謎』（法政大学出版局、1995年）

ヘロドトス著、松平千秋訳『歴史』上（岩波書店、2007年）

ポリュアイノス著、戸部順一訳『戦術書』（国文社、1999年）

松木武彦『縄文とケルト─辺境の比較考古学─』（筑摩書房、2017年）

三浦伸夫『NHKスペシャル知られざる大英博物館─古代エジプトの数学問題を解いてみる』（NHK出版、2012年）

宮本英昭、田中宏幸、新原隆史編『ミュオグラフィ─21世紀の透視図法─』（東京大学総合研究博物館、2015年）

屋形禎亮「アブシール文書研究」、屋形編『古代エジプトの歴史と社会』（同成社、2003年）

屋形禎亮編『古代エジプトの歴史と社会』（同成社、2003年）

山下真里亜「「クシュ系」第25王朝における王権と女性─エジプト化とヌビア表現から─」（『駒澤大学博物館年報』、2013年）

アンヌ・ユゴン著、堀信行監修『アフリカ大陸探検史』（創元社、1993年）

吉成薫『ファラオのエジプト』（廣済堂出版、1998年）

ウィリアム・レイン著、大場正史訳『エジプトの生活─古代と近代の奇妙な混淆─』（桃源社、1964年）

コリン・レンフルー、ポール・バーン著、池田裕、常木晃、三宅裕監訳『考古学─理論・方法・実践─』東洋書林、2007年）（C. Renfrew and P. Bahn 〈eds.〉, *Archaeology: Theories, Methods, and Practice* 4th ed. 〈London, 2004〉）

和田浩一郎『古代エジプトの埋葬習慣』（ポプラ社、2014年）

C. Aldred, *Egyptian Art in the Days of the Pharaohs 3100-320 BC* (London, 1980)

C. Andrews, *Egyptian Mummies* (London, 1984)

─── , *Amulets of Ancient Egypt* (London, 1994)

D. Arnold, *The Encyclopaedia of Ancient Egyptian Architecture* (London, 2003)

─── , Royal Cult Complexes of the Old and Middle Kingdoms, in B. E. Shafer (ed.),

Temples of Ancient Egypt, 31-85 (London, 2005)

——— , *The Pyramid Complex of Amenemhat I at Lisht: The Architecture* (London, 2015)

R. S. Bagnall, P. Davoli and C. A. Hope (eds), *The Oasis Papers 6: Proceedings of the Sixth International Conference of the Dakhleh Oasis Project* (Oxford, 2013)

D. D. Baker, *The Encyclopaedia of the Pharaohs* Vol. 1 (London, 2008)

K. A. Bard (ed), *Encyclopedia of the Archaeology of Ancient Egypt* (London, 1999)

——— , The Emergence of the Egyptian State (c.3200-2686BC), in I. Shaw (ed.), *The Oxford History of Ancient Egypt* , 69-74 (Oxford, 2002)

H. J. L. Beadnell, *An Egyptian Oasis* (London, 1909)

C. Bonnet and D. Valbelle, *The Nubian Pharaohs: Black Kings on the Nile* (Cairo, 2006)

D. J. Brewer, *Ancient Egypt: Foundations of a Civilization* (London, 2005)

B. Brier, *The Encyclopedia of Mummies* (New York, 1998)

P. A. Clayton, *Chronicle of the Pharaohs: The Reign-by-Reign Record of the Rulers and Dynasties of Ancient Egypt* (London, 1994)

J. L. Concepcion, *The Guanches: Survivors and Their Descendants* 18th ed. (Tenerife, 2010)

J. S. Curl, *Egyptomania: The Egyptian Revival: a Recurring Theme in the History of Taste* (Manchester, 1994)

B. A. Curran, The Renaissance Afterlife of Ancient Egypt (1400-1650), in P. Ucko and T. Champion (eds.), *The Wisdom of Egypt: Changing Visions through the Ages*, 101-131 (London, 2003)

N. de G. Davies, *Seven Private Tombs at Kurnah* (London, 1948)

A. Dodson, *The Canopic Equipment of the Kings of Egypt* (London, 1994)

——— , *The Pyramids of Ancient Egypt* (London, 2003)

——— , *The Canopic Equipment of the Kings of Egypt* (New York, 2009)

G. Dreyer, *Umm el-Qaab I: Das prädynastische Königsgrab U-j und seine frühen Schriftzeugnisse* (Mainz, 1998)

M. Du Camp, *Égypte, Nubie, Palestine et Syrie* (Paris, 1852)

D. Dunham, *Zawiyet El-Aryan: The Cemeteries Adjacent to The Layer Pyramid* (Boston, 1978)

S. L. Dyson and R. J. Rowland Jr., *Archaeology and History in Sardinia from the Stone Age to the Middle Ages: Shepherds, Sailors, & Conquerors* (Philadelphia, 2007)

M. Eddy, *Crafts and Traditionas of the Canary Islands* (Aylesbury, 1989)

I. E. S. Edwards, *The Pyramids of Egypt* Revised Edition (London, 1991)

W. el-Saddik, The Burial, in R. Schulz and M. Seidel (eds.), *Egypt: The World of the Pharaohs*, 471-479 (Potsdam, 2010)

W. Emery, *Archaic Egypt: Culture and Civilization in Egypt Five Thousand Years Ago* (London, 1961)

————, *Great Tombs of the First Dynasty* II (London, 1954)

R. P. Evans, D. M. Whitchurch and K. Muhlestein, Rethinking Burial Dates at a Grae-co-Roan Cemetery: Fag el-Gamous, Fayoum, Egypt, *Journal of Archaeological Science: Reports*, 2, 209-214 (2015)

A. Fakhry, *The Pyramids* Second Edition (Chicago, 1961)

J. Gee, "There Needs No Ghost, My Lord, Come from the Grave to Tell Us This" Dreams and Angels in Ancient Egypt, 1-23 (2004) (http://www.sbl-site.org/assets/pdfs/gee_dreams.pdf#search='merirtyfy')

R. Germer, Mummification, in Schulz and Seidel, *op.cit.*, 459-469

H. Goedicke, A Puzzling Inscription, *The Journal of Egyptian Archaeology* Vol. 45, 98–99 (1959)

M. Z. Goneim, *Horus Sekhem-khet: The Unfinished Step Pyramid at Saqqara* Vol.1 (Cairo, 1957)

N. Grimal, *A History of Ancient Egypt* (Oxford, 1994)

M. Gutgesell, The Military, in Schulz and Seidel, *op.cit.*, 356-369

J. Hamilton-Paterson and Andrews, *Mummy: Death and Life in Ancient Egypt* (London, 1978)

G. Harris and D. Pemberton, *The British Museum Illustrated Encyclopaedia of Ancient Egypt* (London, 1999)

Herodotus, trans. A. D. Godley, *Herodotus: Books* I-II (London, 1996)

P. D. A. Harvey, *Mappa Mundi: The Hereford World Map* (London, 1996)

S. Hassan, *Excavations at Giza* 4 (Cairo, 1943)

Z. Hawass, The Discovery of the Satellite Pyramid of Khufu (GI-d), in P. D. Manuelian (ed.), *Studies in Honor of William Kelly Simpson* vol.1, 379-398 (Boston, 1996)

————, *Pyramids: Treasures Mysteries and New Discoveries in Egypt* (Vercelli, 2011)

W. C. Hays, *The Scepter of Egypt* I: *From the Earliest Times to the End of the Middle Kingdom* (New York, 1990)

M. A. Hoffman, *Egypt before the Pharaohs* (London, 1984)

C. A. Hope, *Egyptian Pottery* (Buckinghamshire, 2001)

S. Ikram and A. Dodson, *Royal Mummies in the Egyptian Museum* (Cairo, 1997)

————, *The Mummy in Ancient Egypt: Equipping the Dead for Eternity* (London, 1998)

M. Isler, *Sticks, Stones, & Shadows: Building the Egyptian Pyramids* (Oklahoma, 2001)

T. G. H. James, *Egypt Revealed: Artist-Travellers in an Antique Land* (London, 1997)

P. Jánosi, *Die Pyramidenanlagen der Königinnen* (Wien, 1996)

G. Jéquier, *Le Mastabat Faraoun* (Cairo, 1928)

————, *Deux pyramides du Moyen Empire* (Cairo, 1933)

C. Jurman, B. Bader and D. A. Aston (eds), *A True Scribe of Abydos: Essays on First Millennium Egypt in Honour of Anthony Leahy* (Leuven, 2018)

F. Kampp-Seyfried, Overcoming Death-The Private Tombs of Thebes, in Schulz and Seidel, *op.cit.*, 249-263

B. J. Kemp, *Ancient Egypt: Anatomy of a Civilization* (New York, 1989)

————, *Ancient Egypt: Anatomy of a Civilization* 2nd ed. (Oxford, 2006)

————, Old Kingdom, Middle Kingdom and Second Intermediate Period c.2686-1552 BC, in B. G. Trigger, Kemp, D. O'Connor and A. B. Lloyd (eds.), *Ancient Egypt: A Social History*, 71-278 (Cambridge, 1992)

P. Krentz and E. L. Wheeler (eds.), *Polyaenus, Stratagems of War* Vol. II (Chicago, 1994)

———— *Polyaenus, Stratagems of War* Vol. I (Chicago, 1994)

M. Lehner, *The Complete Pyramids* (London, 1997)

M. Lichtheim, *Ancient Egyptian Literature* vol.1: *The Old and Middle Kingdoms* (London, 1975)

A. Lucas, *Ancient Egyptian Materials and Industries* 4th ed. (London, 1989)

J. Malek, The Old Kingdom (c.2686-2160), in I. Shaw (ed.), *The Oxford History of Ancient Egypt* 89-117, (Oxford, 2002)

B. Manley (ed.), *The Seventy Great Mysteries of Ancient Egypt* (London, 2003)

D. J. Mattingly (ed.), *The Archaeology of Fazzan* Volume 2, *Site Gazetteer, Pottery and Other Survey Finds* (Tripoli, 2007)

J. Melek, *In the Shadow of the Pyramids: Egypt during the Old Kingdom* (London, 1986)

M. G. Melis, Monte d'Accoddi and the End of the Neolithic in Sardinia (Italy), *Documenta Praehistorica* XXXVIII 201-219, (2011)

Maria Grazia Melis, Monte d'Accoddi and the end of the Neolithic in Sardinia (Italy), *Documenta Praehistorica* XXXVIII (2011)

R. G. Morkot, *The Black Pharaohs: Egypt's Nubian Rulers* (London, 2000)

H. W. Müller and E. Thiem, *The Royal Gold of Ancient Egypt* (London, 1999)

D. O'Connor, *Abydos: Egypt's First Pharaohs and the Cult of Osiris* (London, 2009)

M. Ohshiro, The Identity of Osorkon III: The Revival of an Old Theory (Prince Osorkon = Osorkon III), *Bulletin of the Ancient Oriental Museum* 33-50, (1999)

————, Decoding the Wooden Label of King Djer, *Göttinger Miszellen* 221, 57-64 (2009)

————, Searching for the Tomb of the Theban King Osorkon III, in Jurman, Bader & Aston (eds.), *A True Scribe of Abydos. Essays on First Millennium Egypt in Honour of Anthony Leahy*, 299-317 (Leuven, 2018)

D. Polz, The Pyramid Complex of Nubkheperre Intef, *Egyptian Archaeology* 22, 12-15 (2003)

V. Raisman and G. T. Martin, *Canopic Equipment in the Petrie* Collection (Warminster, 1984)

D. B. Redford (ed.), *The Oxford Encyclopedia of Ancient Egypt* (Oxford, 2001)

G. A. Reisner, The Empty Sarcophagus of the Mother of Cheops, *Bulletin of the Museum of Fine Arts* 26-157, 76-88 (1928)

————, *Mycerinus: The Temples of the Third Pyramid at Giza* (Cambridge, 1931)

————, *A History of the Giza Necropolis* Vol. 2 (Cambridge, 1955)

C. Renfrew and P. Bahn (eds.), *Archaeology: Theories, Methods, and Practice* 4th ed. (London, 2004)

M. Rice, *Egypt's Making: The Origins of Ancient Egypt 5000-2000 BC* (London, 1990)

J. Romer, *The Great Pyramid: Ancient Egypt Revisited* (Cambridge, 2007)

M. Schoch, Chronological Synopsis, in Schulz and Seidel, *op.cit.*, 529-531

R. Schulz, Travelers, Correspondents, and Scholars-Images of Egypt through the Millennia, in Schulz and Seidel, *op.cit.*, 491-497

R. Schulz and M. Seidel (eds.), *Egypt*: *The World of the Pharaohs* (Potsdam, 2010)

A. Service and J. Bradbery, *The Standing Stones of Europe: A Guide to the Great Megalithic Monuments* (London, 1993)

B. E. Shafer (ed.), *Temples of Ancient Egypt* (London, 2005)

I. Shaw (ed.), *The Oxford History of Ancient Egypt* (Oxford, 2002)

D. P. Silverman (ed.), *Ancient Egypt* (Oxford, 1997)

W. K. Simpson, *The Literature of Ancient Egypt: An Anthology of Stories, Instructions, Stelae, Autobiographies, and Poetry* 3rd ed. (London, 2003)

G. E. Smith and W. R. Dawson, *Egyptian Mummies* (London, 1991)

W. S. Smith, *The Art and Architecture of Ancient Egypt* (London, 1981)

A. J. Spencer, *Early Egypt: The Rise of Civilisation in the Nile Valley* (London, 1993)

R. Stadelmann, Royal Tombs from the Age of the Pyramids, in Schulz and Seidel, *op.cit.*, 47-77

W. Stukeley, *Stonehenge: A Temple Restor'd to the British Druids/Abury: A Temple of the British Druids* (New York, 1984)

H. Sykes, *Mysterious Britain: Fact and Folklore* (London, 1993)

J. Tait, The Wisdom of Egypt: Classical Views, in Ucko and Champion, *op.cit.*, 23-37

J. H. Taylor, *Death and the Afterlife in Ancient Egypt* (London, 2001)

E. Teeter, *Ancient Egypt: Treasures from the Collection of the Oriental Institute University of Chicago* (Chicago, 2003)

E. Teeter (ed.), *Before the Pyramids* (Chicago, 2011)

A. M. J. Tooley, *Egyptian Models and Scenes* (Buckinghamshire, 1995)

L. Török, *The Kingdom of Kush Handbook of the Napatan-Meroitic Civilization* (Leiden,1997)

B. Trigger, Kemp, D. O'Connor and A. B. Lloyd (eds.), *Ancient Egypt: A Social History* (Cambridge. 1992)

L. Troy, *Patterns of Queenship in Ancient Egyptian Myth and History* (Uppsala, 1986)

J. Tyldesley, *Chronicle of the Queens of Egypt: from Early Dynastic Times to the Death of Cleopatra* (London, 2006)

P. Ucko and T. Champion (eds.), *The Wisdom of Egypt: Changing Visions through the Ages* (London, 2003)

M. Valloggia, *Abou Rawash I: Le complexe funéraire royal de Rêdjedef* (Cairo, 2011)

M. Verner, Excavations at Abusir: Season 1978/1979-Preliminary Report, *Zeitschrift für Ägyptische Sprache und Altertumskunde* 105, 155-159 (1978)

————, Forgotten Pyramids, Temples and Tombs of Abusir, *Egyptian Archaeology* 7, 19-22 (1995)

————, *The Pyramids: The Mystery, Culture, and Science of Egypt's Great Monuments* (New York, 2001)

————, *Abusir III: The Pyramid Complex of Khentkaus* (Praha, 2001)

————, *Abusir: Realm of Osiris* (Cairo, 2002)

C. Vivian, *The Western Desert of Egypt* (Cairo, 2004)

J. von Beckerath, *Handbuch der Ägyptischen Königsnamen* (Mainz, 1999)

W. G. Waddell, *Manetho* (London, 1964)

N. Warner, Amheida: Architectural Conservation and Site Development, 2004–2009, in R. S. Bagnall, P. Davoli, and C. A. Hope (eds), *The Oasis Papers 6: Proceedings of the Sixth International Conference of the Dakhleh Oasis Project*, 363–79 (Oxford, 2013)

R. Weill, *Dara. Campagnes de 1946-1948* (Cairo, 1958)

D. A. Welsby, *The Kingdom of Kush: The Napatan and Meroitic Empires* (London, 1996)

D. A. Welsby & J. R. Anderson, *Sudan: Ancient Treasures* (London, 2004)

D. Wengrow, *The Archaeology of Early Egypt: Social Transformation in North-East Africa, 10,000 to 2650 BC* (Cambridge, 2006)

E. Wente, *Letters from Ancient Egypt* (Atlanta, 1990)

G. Wilkinson, *Modern Egypt and Thebes* vol.1 (London, 1843)

T. A. H. Wilkinson, *Royal Annals of Ancient Egypt: The Palermo Stone and Its Associated Fragments* (London, 2000)

————, *The Thames & Hudson Dictionary of Ancient Egypt* (London, 2005)

Excavations at Amheida, 2006 , http://www.amheida.org/inc/pdf/Report2006.pdf

Excavations at Amheida, 2005, http://www.amheida.org/inc/pdf/Report2005.pdf

メソアメリカのピラミッド

青山和夫『古代メソアメリカ文明―マヤ・テオティワカン・アステカ―』（講談社選書メチ
エ、2007年）

――――『マヤ文明―密林に栄えた石器文化―』（岩波新書、2012年）

――――『古代マヤ―石器の都市文明―増補版』（京都大学学術出版会、2013年）

――――『マヤ文明を知る事典』（東京堂出版、2015年）

青山和夫、猪俣健『メソアメリカの考古学』（同成社、1997年）

青山和夫、米延仁志、坂井正人、高宮広土『マヤ・アンデス・琉球―環境考古学で読み解く
「敗者の文明」―』（朝日選書、2014年）

――――編『文明の盛衰と環境変動―マヤ・アステカ・ナスカ・琉球の新しい歴史像―』（岩
波書店、2014年）

嘉幡茂、村上達也「古代メソアメリカ文明における古代国家の形成史復元：『トラランカレカ
考古学プロジェクト』の目的と調査動向」（『古代文化』67：99-109、2015年）

サブロフ、ジェレミー『新しい考古学と古代マヤ文明』（青山和夫訳、新評論、1998年）

関雄二、青山和夫『岩波 アメリカ大陸古代文明事典』（岩波書店、2005年）

増田義郎、青山和夫『世界歴史の旅　古代アメリカ文明―アステカ・マヤ・インカ―』（山川
出版社、2010年）

R. Adams, *Prehistoric Mesoamerica*, 3rd ed. (Norman and London, 2005)

R. Adams and M. MacLeod, *The Cambridge History of the Native Peoples of the Americas* Volume II: *Mesoamerica* (Cambridge, 2000)

E. W. Andrews IV and E. W. Andrews V, *Excavations at Dzibilchaltun, Yucatan, Mexico* (New Orleans, 1989)

W. Andrews and W. Fash, *Copán: The History of an Ancient Maya Kingdom* (Santa Fe, 2005)

K. Aoyama, *Ancient Maya State, Urbanism, Exchange, and Craft Specialization: Chipped Stone Evidence from the Copán Valley and the La Entrada Region, Honduras* (Pittsburgh, 1999)

――――, *Elite Craft Producers, Artists, and Warriors at Aguateca: Lithic Analysis*, Monographs of the Aguateca Archaeological Project First Phase Volume 2 (Salt Lake City, 2009)

K. Aoyama, T. Inomata, F. Pinzón and J. M. Palomo, Polished Greenstone Celt Caches from Ceibal: The Development of Maya Public Rituals, *Antiquity* 91 (357), 701-717 (2017)

R. Armijo Torres, Comalcalco. La Antigua Ciudad Maya de Ladrillos, *Arqueología Mexicana* 61, 30-37

B. Arroyo, G. Ajú and J. Estrada, *Ciclos de Vida en Kaminaljuyu* (Guatemala, 2016)

W. Ashmore, *Settlement Archaeology at Quirigua, Guatemala* (Philadelphia, 2007)

A. Benavides C., Edzná, Campeche, *Arqueología Mexicana* 18, 26-31 (1996)

————, *La Arquitectura Precolombina de Edzná, Campeche, México* (Campeche, 2014)

G. J. Bey III, T. M. Bond, W. M. Ringle, C. A. Hanson, C. W. Houck and C. P. Lope, The Ceramic Chronology of Ek Balam, Yucatan, Mexico, *Ancient Mesoamerica* 9, 101-120 (1998)

G. J. Bey III, C. A. Hanson and W. M. Ringle, Classic to Postclassic at Ek Balam, Yucatán: Architectural and Ceramic Evidence for Defining the Transition, *Latin American Antiquity* 8, 237-254 (1997)

R. Carrasco Vargas and B. Sylviane, El Palacio de Sayil (Estructura 2B1) : Un Estudio Cronológico, *Mesoamérica y Norte de México, Siglo IX-XII*, in M. F. Sodi (ed.), 59-85 (Mexico, 1990)

R. Carrasco Vargas, V. A. V. López and S. Martin, Daily Life of the Ancient Maya Recorded on Murals at Calakmul, Mexico, *Proceedings of the National Academy of Sciences* 106 (45), 19245-19249 (2009)

V. R. Castillo Borges and L. V. de La Peña, La Aplicación de los Sistemas Hidráulicos en la Arquitectura de Ek' Balam: Como Ejemplo, La Acrópolis o Edificio No.1, *Los Investigadores de la Cultura Maya* 18, 139-52 (2009)

A. F. Chase and D. Z. Chase, Ancient Maya Causeways and Site Organization at Caracol, Belize, *Ancient Mesoamerica* 12, 273-281 (2001)

D. Z. Chase and A. F. Chase, Caracol, Belize, and Changing Perceptions of Ancient Maya Society, *Journal of Archaeological Research* 25, 185-249 (2017)

A. F. Chase and P. M. Rice (eds.), *The Lowland Maya Postclassic* (Austin, 1985)

R. Cobos and T. Winemiller, The Late and Terminal Classic-Period Causeway Systems of Chichen Itza, Yucatán, Mexico, *Ancient Mesoamerica* 12, 283-291 (2001)

M. D. Coe and S. Houston, *The Maya*, 9th ed. (London, 2015)（第6版の邦訳は、『古代マヤ文明』加藤泰健、長谷川悦夫訳、創元社、2003年）

M. D. Coe and R. Koontz, *Mexico: From the Olmecs to the Aztecs*, 7th ed. (London, 2013)

W. Coe, *Tikal: A Handbook of the Ancient Maya Ruins* (Philadelphia, 1967)

G. Cowgill, *Ancient Teotihuacan: Early Urbanism in Central Mexico* (Cambridge, 2015)

M. J. Con and A. M. Muriel, Cobá. Entre Caminos y Lagos, *Arqueología Mexicana* 54, 34-41 (2002)

A. Demarest, M. O'Mansky, C. Wolley, D. V. Tuerenhout, T. Inomata, J. Palka and H. Escobedo, Classic Maya Defensive Systems and Warfare in the Petexbatun Region: Archaeological Evidence and Interpretations, *Ancient Mesoamerica* 8, 229-253 (1997)

R. A. Diehl and J. C. Berlo (eds.), *Mesoamerica After the Decline of Teotihuacan: A.D.700-900* (Washington, D.C., 1989)

B. Dixon, L. R. V. Joesink-Mandeville, N. Hasebe, M. Mucio, W. Vincent, D. James and

K. Petersen, Formative-Period Architecture at the Site of Yarumela, Central Honduras, *Latin American Antiquity* 5, 70-87 (1994)

T. Emerson, K. Hedman, E. Hargrave, D. Cobb and A. Thompson, Paradigms Lost: Reconfiguring Cahokia's Mound 72 Beaded Burial, *American Antiquity* 81, 405-425 (2016)

R. Esparza López, La Tradición Teuchitlán, *Revista Occidente* Junio 2015, 1-13 (2015)

W. Fash, *Scribes, Warriors, and Kings: The City of Copan and the Ancient Maya,* Revised Edition (London, 2001)

W. Fash and L. L. Luján (eds.), *The Art of Urbanism: How Mesoamerican Kingdoms Represented Themselves in Architecture and Imagery* (Washington, D.C., 2012)

W. Folan, E. Kintz, and L. Fletcher (eds.), *Coba: A Classic Maya Metropolis* (New York, 1983)

W. Folan, J. Marcus, S. Pincemin, M. del R. D. Carrasco, L. Fletcher and A. M. López, Calakmul: New Data from an Ancient Maya Capital in Campeche, Mexico, *Latin American Antiquity* 6, 310-334 (1995)

J. Guernsey, J. E. Clark and B. Arroyo (eds.), *The Place of Stone Monuments Context, Use, and Meaning in Mesoamerica's Preclassic Transition* (Washington, D.C., 2010)

R. G. Lauck, La Venta: An Olmec Capital, *Olmec Art of Ancient Mexico*, in E. Benson and B. de la Fuente (eds.), 73-82 (Washington, D.C., 1996)

R. Hansen, Continuity and Disjunction: The Pre-Classic Antecedents of Classic Maya Architecture, *Function and Meaning in Classic Maya Architecture*, edited by Stephen D. Houston, 49-122 (Washington, D.C., 1998)

P. D. Harrison, *The Lords of Tikal: Rulers of an Ancient Maya City* (London, 1999)

B. Hermes and G. Martínez, El Clásico Terminal en el Área de la Luguna Yaxha, Petén, *XVIII Simposio de Investigaciones Arqueológicas en Guatemala*, in J. P. Laporte, B. Arroyo and H. Mejía (eds.), 139-146 (Guatemala, 2005)

K. Hirth, *Archaeological Research at Xochicalco 1: Ancient Urbanism at Xochicalco* (Salt Lake City, 2000)

S. D. Houston, (ed.), *Function and Meaning in Classic Maya Architecture* (Washington, D.C., 1998)

S. D. Houston and T. Inomata, *The Classic Maya* (Cambridge, 2009)

J. H. Herrera and L. T. Hernández, El Cuadrángulo de los Pájaros de Uxmal, *Arqueología Mexicana* 37, 18-23 (1999)

A. Ichikawa and O. Camacho, Investigaciones Recientes en el Sitio Arqueológico San Andrés, El Salvador, *XXIX Simposio de Investigaciones Arqueológicas en Guatemala*, in B. Arroyo, L. M. Salinas and G. A. Álvarez (eds.), 551-560 (Guatemala, 2016)

Iglesias Ponce de León, M.a Josefa, R. V. Rivera and A. C. Ruiz (eds.), *Nuevas Ciudades,*

Nuevas Patrias. Fundación y Relocalización de Ciudades en Mesoamérica y el Mediterráneo Antiguo (Madrid, 2006)

T. Inomata, D. Triadan, K. Aoyama, V. Castillo and H. Yonenobu, Early Ceremonial Constructions at Ceibal, Guatemala, and the Origins of Lowland Maya Civilization, *Science* 340, 467-471 (2013)

T. Inomata, J. MacLellan, D. Triadan, J. Munson, M. Burham, K. Aoyama, H. Nasu, F. Pinzón and H. Yonenobu, Development of Sedentary Communities in the Maya Lowlands: Coexisting Mobile Groups and Public Ceremonies at Ceibal, Guatemala, *Proceedings of the National Academy of Sciences* 112 (14), 4268-4273 (2015)

T. Inomata, D. Triadan, J. MacLellan, M. Burham, K. Aoyama, J. M. Palomo, H. Yonenobu, F. Pinzón and H. Nasu, High-precision radiocarbon dating of political collapse and dynastic origins at the Maya site of Ceibal, Guatemala, *Proceedings of the National Academy of Sciences* 114 (6), 1293-1298 (2017)

N. Ito, S. Shibata, J. Alvarado and M. Méndez, Dos Cabezas de Jaguar Estilizado, Excavaciones en El Trapiche, Chalchuapa, El Salvador, *XXVIII Simposio de Investigaciones Arqueológicas en Guatemala*, in B. Arroyo, L. M. Salinas and L. Paiz (eds.), 747-758 (Guatemala, 2015)

J. Kelly, *An Archaeological Guide to Northern Central America: Belize, Guatemala, Honduras, and El Salvador* (Norman, 1996)

————, *An Archaeological Guide to Central and Southern Mexico* (Norman, 2001)

J. Kowalski (ed.), *Mesoamerican Architecture as Cultural Symbol* (Oxford, 1999)

L. J. LeCount and J. Yaeger (eds.), *Classic Maya Provincial Politics: Xunantunich and Its Hinterlands* (Tucson, 2010)

J. L. LeCount, J. Yaeger, R. M. Leventhal and W. Ashmore, Dating the Rise and Fall of Xunantunich, Belize: A Late and Terminal Classic Lowland Maya Regional Center, *Ancient Mesoamerica* 13, 41-63 (2002)

M. Love and J. Kaplan (eds.), *The Southern Maya in the Late Preclassic: The Rise and Fall of an Early Mesoamerican Civilization* (Boulder, 2011)

L. L. Luján, *The Offerings of the Templo Mayor of Tenochtitlan*, Revised Edition (Albuquerque, 2005)

J. Marcus and K. Flannery, *Zapotec Civilization: How Urban Society Evolved in Mexico's Oaxaca Valley* (London, 1996)

G. Martinéz Hidalgo and R. D. Hansen, Notas Adicionales Respecto de la Estructura 1 de Nakbe, Petén, *V Simposio de Investigaciones Arqueológicas en Guatemala*, in J. P. Laporte, H. Escobedo and S. V. de Brady (eds.), 91-100 (Guatemala, 1992)

R. T. Matheny, D. L. Gurr, D. W. Forsyth and F. R. Hauck, *Investigations at Edzná, Campe-*

che, Mexico, Vol.1, Part 1: *The Hydraulic System*, Papers No. 46 (Provo, 1983)

M. A. Masson and C. P. L. Masson, *Kukulcan's Realm: Urban Life at Ancient Mayapán* (Boulder, 2014)

A. G. Mastache, R. H. Cobean and D. Healan, *Ancient Tollan: Tula and the Toltec Heartland* (Boulder, 2002)

G. McCafferty, The Ceramics and Chronology of Cholula, Mexico, *Ancient Mesoamerica* 7, 299-323 (1996)

M. Miller, *The Murals of Bonampak* (Princeton, 1986)

M. Miller and C. Brittenham, *The Spectacle of the Late Maya Court: Reflections on the Paintings of Bonampak* (Austin, 2013)

M. Miller and S. Martin (eds.), *Courtly Art of the Ancient Maya* (London, 2004)

B. Nelson, Chronology and Stratigraphy at La Quemada, Zacatecas, Mexico, *Journal of Field Archaeology* 24, 85-109 (1997)

D. M. Pendergast, *Excavations at Altun Ha, Belize, 1964–1970*, Vol. 1 (Toronto, 1979)

———, Lamanai, Belize: Summary of Excavation Results, 1974–1980, *Journal of Field Archaeology* 8 (1), 29–53 (1981)

———, *Excavations at Altun Ha, Belize, 1964–1970*, Vol. 2 (Toronto, 1982)

———, *Excavations at Altun Ha, Belize, 1964–1970*, Vol. 3 (Toronto, 1990)

A. E. Pinto and R. E. Noriega, Edificio C de Topoxte, Un Ejemplo de Arquitectura Postclásica en las Tierras Bajas Mayas: Su Rescate y Nuevos Descubrimientos, *VIII Investigaciones Arqueológicas en Guatemala*, in J. P. Laporte and H. L. Escobedo (eds.), 571-588 (Guatemala, 1995)

H. Pollard, *Taríacuri's Legacy: The Prehispanic Trascan State* (Norman, 1993)

E. M. Ponciano, Arquitectura de Reyes, el Colosal Templo IV, Tikal, Petén Guatemala, *XXIV Investigaciones Arqueológicas en Guatemala*, in B. Arroyo, L. Paiz, A. Linares and A. Arroyave (eds.), 446-459 (Guatemala, 2011)

O. Rodríguez Campero, La Gran Plaza de Calakmul, *Arqueología Mexicana* 42, 22-27 (2000)

M. Popenoe de Hatch, C. S. de Lavarreda, E. C. Rezzio, M. O. Corzo, J. H. Paredes and C. Wolley, Observaciones sobre el Desarrollo Cultural en Tak'alik Ab'aj, Departamento de Retalhuleu, Guatemala, *XIII Simposio de Investigaciones Arqueológicas en Guatemala*, edited by Juan Pedro Laporte, Héctor Escobedo, Bárbara Arroyo and Ana Claudia de Suasnávar, 132-141 (Guatemala, 2000)

J. Sabloff, *Excavations at Seibal, Department of Peten, Guatemala: The Ceramics.* Memoirs 13 (2) (Cambridge, 1975)

P. F. Sánchez Nava and I. Sprajc, *Orientaciones Astronómicas en la Arquitectura Maya de las*

Tierras Bajas (Mexico, 2015)

C. Schieber de Lavarreda, Cabezas Ceremoniales de Mosaicos de Jadeíta de Tak'alik Ab'aj, *Arqueología Mexicana* 133, 62-67 (2015)

———, La Zona de la Boca Costa en el Preclásico, Intercambio, Interacciones y la Antigua Ciudad Tak'alik Ab'aj, *Arqueología Mexicana* 134, 56-61 (2015)

T. Schilling, The Chronology of Monks Mound, *Southeastern Archaeology* 32 (1), 14-28 (2013)

M. C. Serra Puche, and L. B. Baigts, Xochitécatl, Lugar del Linaje de las Flores, *Arqueología Mexicana* 10, 66-69 (1994)

R. Sharer, *Quirigua: A Classic Maya Center and Its Sculptures* (Durham, 1990)

R. Sharer, *The Ancient Maya*, 6th ed. (Stanford, 2006)

T. N. Sierra Sosa, *Contribución al Estudio de los Asentamientos de San Gervasio, Isla de Cozumel* (Mexico, 1994)

D. Stuart and G. Stuart, *Palenque: Eternal City of the Maya* (London, 2008)

S. Sugiyama, *Human Sacrifice, Militarism, and Rulership: Materialization of State Ideology at the Feathered Serpent Pyramid, Teotihuacan* (Cambridge, 2005)

E. Suyuc Ley and R. D. Hansen, El Complejo Piramidal La Danta: Ejemplo del Auge en El Mirador, *Millenary Maya Societies: Past Crises and Resilience*, in M.-C. Arnauld and A. Breton (eds.), 217-234, Electronic document, published online at Mesoweb: www.mesoweb.com/publications/MMS/14_Suyuc-Hansen.pdf.Mesoweb (2013)

C. Tate, *Yaxchilán: The Design of a Maya Ceremonial City* (Austin, 1992)

R. Townsend (ed.), *Ancient West Mexico: Art and Archaeology of the Unknown Past* (London and Chicago, 1998)

L. P. Traxler and R. J. Sharer (eds.), *The Origins of Maya States* (Philadelphia, 2016)

M. del C. Valverde Valdés, R. L. Stuardo and G. J. G. León (eds.), *Guía de Arquitectura y Paisaje Mayas* (Mexico, 2010)

L. Vargas de La Peña and V. R. C. Borges, Ek' Balam: Ciudad que empieza a revelar sus secretos, *Arqueología Mexicana* 37, 24-31 (1999)

A. Velázquez Morlet, Tulum. Ciudad del Amanecer, *Arqueología Mexicana* 54, 52-55 (2002)

P. Weigand and R. Esparza López, *Guía del Sitio Arqueológico de Los Guachimontones* (Guadalajara, 2012)

南米のピラミッド

加藤泰建、関雄二『文明の創造力：古代アンデスの神殿と社会』（角川書店、1998年）

松沢亜生「ラス・アルダス遺跡調査略報」（『人文科学紀要』59：3 -44、1974年）

坂井正人編『ナスカ地上絵の新展開—人工衛星画像と現地調査による—』（山形大学出版会、2008年）

芝田幸一郎「第5章アンデス文明における神殿と社会の複雑化—ワカ・パルティーダ壁画群の分析から—

（関雄二編『古代文明アンデスと西アジア—神殿と権力の生成—』209-238、朝日新聞出版、2015年）

島田泉著、小野雅弘構成『黄金の都シカンを掘る』（朝日新聞出版、1994年）

関雄二編『アンデス文明　神殿から読み取る権力の世界』（臨川書店、2017年）

I. M. Alva, Los complejos de Cerro Ventarrón y Collud-Zarpán: Del Precerámico al Formativo en el valle de Lambayeque, *Boletín de Arqueología PUCP* 12, 97-11 （Lima, 2010）

W. Alva, Investigaciones en el complejo formativo con arquitectura monumental, Purulén, costa norte del Perú (Informe Preliminar), *Beiträge zur Allgemeinen und Vergleichenden Archäologie* 8, 283-300 （Mainz 1988）

———, *Sipán* （Lima, 1994）

S. Bourget, Somos diferentes: Dinámica ocupacional del sitio Castillo de Huancaco, valle de Virú, in S.Uceda and E.Mujica （eds.）, *Moche: Hacia el final del milenio*, 245-267 （Lima, 2003）

R. L. Burger, *Chavín and the Origins of Andean Civilization* （London, 1992）

R. L. Burger and L. C. Salazar, The Manchay Culture and the Coastal Inspiration for Highland Chavín Civilization, in W. J. Conklin and J. Quilter （eds.）, *Chavín: Art, Architecture and Culture*, 85-105 （Los Angeles, 2008）

———, ¿Centro de qué? Los sitios con arquitectura pública de la cultura Manchay en la costa central del Perú, in Y. Seki （ed.）, *El centro ceremonial andino: Nuevas perspectivas para los Períodos Arcaico y Formativo*, 291-313 （Osaka, 2014）

R. L. Burger and R. B. Gordon, Early Central Andean Metalworking from Mina Perdida, Peru, *Science* 282, 1108-1111 （Washington, D.C., 1998）

W. J. Conklin, The Architecture of Huaca Los Reyes, in C. B. Donnan （ed.）, *Early Ceremonial Architecture in the Andes*, 139-164 （Washington, D.C., 1985）

K. C. Day, Ciudadelas: Their Form and Function, in M. E. Moseley and K. C. Day （eds.）, *Chan Chan: Andean Desert City*, 55-66 （Albuquerque, 1982）

C. B. Donnan, An Assessment of the Validity of the Naymlap, in M. E. Moseley and A. Cordy–Collins （eds.）, *The Northern Dynasties Kingship and Statecraft in Chimor*, 243-274 （Washington, D.C.,1990）

———, The Chotuna Friezes and the Chotuna-Dragon Connection, in M. E. Moseley and A. Cordy–Collins (eds.), *The Northern Dynasties Kingship and Statecraft in Chimor*, 275-296 (Washington, D.C.,1990)

C. B. Donnan, and G. A. Cock (eds.), *The Pacatunamú Papers* Volume 1 (Los Angeles, 1986)

P. Eeckhout (ed.), *La arqueología de la costa central del Perú en los períodos tardíos*, Bulletin de Institut français d'études andines 33 (3)(Lima, 2004)

C. G. Elera, El complejo cultural Cupisnique: antecedents y desarrollo de su ideología religiosa, in Y. Onuki and L. Millones (eds.), *El mundo ceremonial andino*, 225-252 (Lima, 1994)

R. A. Feldman, Preceramic Corporate Architecture: Evidence for the Development of Non-egalitarian Social Systems in Peru, in C. Donnan (ed.), *Early Ceremonial Architecture in the Andes*, 71-92 (Washington, D.C., 1985)

I. Flores, Investigaciones arqueológicas en la Huaca Juliana, Miraflores-Lima, *Boletín de Lima* 13, 65-70 (Lima, 1981)

───── , *Pucllana: Esplendor de la cultura Lima* (Lima, 2005)

R. Franco, C. Gálvez and S. Vásquez, Arquitectura y decoración mochica en la Huaca Cao Viejo, Complejo El Brujo: Resultados preliminaries, in S. Uceda y E. Mujica (eds.), *Moche: Prepuestas y perspectivas*, 147-180 (Trujillo, 1994)

G. Gasparini and L. Margolies, *Inca Architecture* (Bloomington, 1980)

C. Gálvez Mora and J. B. Rosario, The Moche in the Chicama Valley, in J. Pillsbury (ed.), *Moche Art and Archaeology in Ancient Peru*, 141-157 (Washington, D.C., 2001)

T. Grieder, The Dated Sequence of Building and Pottery at Las Haldas, *Ñawpa Pacha* 13, 99-113 (Berkeley, 1975)

───── , A. E. Mendoza, C. E. Smith, Jr. and R. M. Malina, *La Galgada, Peru: A Preceramic Culture in Transition* (Austin,1988)

A. Guengerich, Settlement Organization and Architecture in Late Intermediate Period Chachapoyas, Northeastern Peru, *Latin American Antiquity* 26, 362-381 (New York, 2015)

C. M. Hastings and M. E. Moseley, The Adobes of Huaca del Sol and Huaca de la Luna, *American Antiquity* 40, 196-203 (New York, 1975)

T. Heyerdahl, D. H. Sandweiss and A. Narváez, *Pyramids of Túcume: The Quest for Peru's Forgotten City* (New York, 1995)

J. Hyslop, *The Inca Road System* (Orland, 1984)

───── , *Inka Settelment Palnning* (Austin, 1990)

S. Izumi and K. Terada, *Andes 4: Excavations at Kotosh, Peru, 1963 and 1966* (Tokyo, 1972)

R. L. Holye, *Los Mochicas* (Lima, 1938)

R. L. Holye, *Los Cupisniques* (Lima, 1941)

N. Lasaponara Rosa and O. Giuseppe (eds), *The Ancient Nasca World: New Insights from Science and Archaeology* (Berlin, 2016)

T. Lisa, *The Archaeology of Mural Painting at Pañamarca, Peru* (Washington, D.C., 2017)

M. E. Moseley and A. Cordy–Collins (eds.), *The Northern Dynasties Kingship and Statecraft in Chimor* (Washington, D.C., 1990)

M. E. Moseley and K. C. Day, *Chan Chan: Andean Desert City* (Albuquerque, 1982)

A. L. Narváez Vargas, Kuelap: Una ciudad fortificada en los Andes nor-orientales de Amazonas, Perú, in Victor Rangel Flores (ed.), *Arquitectura y arqueología pasado y futuro de la construcción en en Perú*, 115-142 (Chiclayo, 1987)

Y. Onuki (ed.), Kuntur Wasi y Cerro Blanco (Tokyo, 1995)

G. Orefici, A. S. Borjas, A. Gavazzi, K. Schreiber, J. Lancho, A. Drusini, L. Piacenza, M. Frame, A. Gruszczyńska-Ziółkowska, M. Ziółkowski, N. Masini, E. Rizzo y R. Lasaponara, *Nasca: El desierto de los dioses de Cahuachi* (Lima, 2009)

G. Matsumoto, El culto a los ancestoros: Aproximación y evidencia, In Shimada I. (ed.), *Cultura Sicán: Esplendor preincaico de la costa norte,* 195-215 (Lima, 2014)

A. Pinillos Rodriguez, *Huacas de Trujillo* (Trujillo, 1977)

T. Pozorski, The Caballo Muerto Complex and its Place in the Andean Chronological Sequence, *Annals of Carnegie Museum of Natural History* 52, 1-40 (Pittsburgh, 1983)

S. Pozorski and T. Pozorski, *Early Settlement and Subsistence in the Casma Valley, Peru* (Iowa City, 1987)

Proyecto Arqueológico Huacas del Sol y de la Luna, *Huaca de la Luna/Moche, Perú: Guía para el visitante* (Trujillo, 2009)

Proyecto Especial Naylamp, *El museo de sitio Túcume: Guía de visita* (Túcume, 2007)

R. Ravines and W. H. Isbell, Garagay: Sitio ceremonial temprano en el valle de Lima, *Revista del Museo Nacional* 41, 253-272 (Lima, 1976)

J. W. Rick, The Evolution of Authority and Power at Chavín de Huántar, Peru, in K. J. Vaughn, D. Ogburn and C. A. Conlee (eds.), *Foundations of Power in the Prehispanic Andes,* Archaeological Papers of the American Anthropological Association 14, 71-89 (Arlington, 2005)

———— (eds.), Context, Construction, and Ritual in the Development of Authority at Chavín de Huántar, in W. J. Conklin and J. Quilter (eds.), *Chavín: Art, Architecture and Culture*, 3-34 (Los Angeles, 2008)

H. Rosas y R. Shady, *Pacopampa: Un centro formativo en la sierra nor-Peruana* (Lima, 1970)

J. Quilter, Architecture and Chronology at El Paraíso, Perú, *Journal of Field Archaeology* 12, 279-297 (London, 1985)

M. Sakai and J. J. Martínez F, Excavaciones en el Templete de Limoncarro, valle bajo de Jequetepeque, *Boletín de Arqueología PUCP* 12, 171-201 (Lima, 2008)

R. P. Schaedel, Mochica Murals at Pañamarca, *Archaeology* 4 (3), 145-154 (Long Island City, 1951)

R. P. Schaedel, The Huaca el Dragón, *Journal de la Société des Américanistes* LV (2), 383-496 (Paris, 1966)

Y. Seki, J. P. Villanueva, M. Sakai, D. Alemán, M. Ordóñez, W. Tosso, A. Espinoza, K. Inokuchi and D. Morales, Nuevas evidencials del sitio arqueológico de Pacopampa, en la sierra norte del Perú, *Boletín de Arqueología PUCP* 12, 69-95 (Lima, 2010)

R. Shady, *La civilización más antigua de América* (Lima, 2003)

————, La civilización Caral: Paisaje cultural y sistema social, in Y. Seki (ed.), *El centro ceremonial Andino: Nuevas perspectivas para los períodos Arcaico y Formativo*, 51-103 (Osaka, 2014)

K. Shibata, Centros de "Reorganización costeña" durante el Período Formativo Tardío: Un ensayo sobre la competencia faccional en el valle bajo de Nepeña, costa nor-central peruana, in Y. Seki (ed.), *El centro ceremonial andino: Nuevas perspectivas para los períodos Arcaico y Formativo*, 245-260 (Osaka, 2014)

I. Shimada, Pachacamac Archaeology: Retrospect and Prospect, in M. Uhle and I. Shimada (eds.), *Pachacamac and Pachacamac Archaeology*, XV-LXVI (Philadelphia, 1991)

————, *Pampa Grande and the Mochica Culture* (Austin, 1994)

H. Silverman, *Cahuachi in the Ancient Nasca World* (Iowa City, 1991)

J. C. Tello, Discovery of the Chavin Culture in Peru, *American Anthropologist* 9 (1), 135-160 (Arlington, 1943)

————, *Arqueología del valle de Casma, Culturas: Chavín, Santa o Huaylas Yunga y Sub-Chimú* Vol.1 (Lima, 1956)

K. Terada and Y. Onuki (eds.), *Excavations at Huacaloma in the Cajamarca Valley, Peru 1979* (Tokyo, 1982)

————, *The Formative Period in the Cajamarca Basin, Peru: Excavations at Huacaloma and Layzón, 1982* (Tokyo, 1985)

S. Uceda, Investigations at Huaca de la Luna, Moche valley: An Example of Moche Religious Architecture, in J.Pillsbury (ed.), *Moche Art and Archaeology in Ancient Peru*, 47-67 (Washington, D.C., 2001)

J. W. Verano, War and Death in the Moche World: Osteological Evidence and Visual Discourse, in J. Pillsbury (ed.), *Moche Art and Archaeology in Ancient Peru*, 111-125 (Washington, D.C., 1991)

C. Wester La Torre, *Chornancap: Palacio de una gobernante y sacerdotisa de la cultura Lam-*

bayeque (Chiclayo, 2016)

G. R. Willey, *Prehistoric Settlement Patterns in the Virú Valley, Perú,* Smithsonian Institution, Bureau of American Ethnology Bulletin 155 (Washington, D.C., 1953)

欧文項目名対照索引

Acropolis of Copán　コパン遺跡のアクロポリス　284

Acropolis of Eꞌ Balam　エック・バラム遺跡のアクロポリス　228

Acropolis of Quiriguá　キリグア遺跡のアクロポリス　270

Acropolis of Toniná　トニナ遺跡のアクロポリス　388

Bent Pyramid　スネフェル王の屈折ピラミッド　98

Building C of Topoxté　トポシュテ遺跡の建造物C　391

Caana of Caracol　カラコル遺跡のカアナ　267

Central Platform of Garagay　ガラガイ遺跡の中央基壇　464

Central Platform of Huaca de Los Reyes　ワカ・デ・ロス・レイエス遺跡の中央基壇　541

Cerro Grande Pyramid of Tlalancaleca　トラランカレカ遺跡のセロ・グランデ・ピラミッド　394

Circular Pyramid of Cuicuilco　クイクイルコ遺跡の円形ピラミッド　277

Codz Poop of Kabah　カバフ遺跡のコッツ・ポープ　250

Danta Pyramid of El Mirador　エル・ミラドール遺跡のダンタ・ピラミッド　243

El Castillo of Chichén Itzá　チチェン・イツァ遺跡のエル・カスティーヨ　330

El Castillo of Mayapán　マヤパン遺跡のエル・カスティーヨ　417

El Castillo of Tulum　トゥルム遺跡のエル・カスティーヨ　382

El Castillo of Xunantunich　シュナントゥニッチ遺跡のエル・カスティーヨ　306

El Cerrito of Yarumela　ジャルメラ遺跡のエル・セリート　303

El Gran Guachi of Guachimontones　グアチモントネス遺跡のエル・グラン・グアチ　274

Falicon Pyramid　ファリコンのピラミッド　590

Feathered Serpent Pyramid of Teotihuacan　テオティワカンの羽毛の生えた蛇の神殿　358

Feathered Serpent Pyramid of Xochicalco　ショチカルコ遺跡の羽毛の生えた蛇の神殿　311

Five-Story Pyramid of Edzná　エツナ遺跡の5層のピラミッド　232

Great Palace of Sayil　サイル遺跡の大宮殿　296

Great Platform and Yácata of Tzintzuntzan　ツィンツンツァン遺跡の大基壇とヤカタ　348

Great Platform of Cacaxtla　カカシュトラ遺跡の大基壇　246

Great Platform of Kuelap　クエラップ遺跡の大基壇　474

Great Pyramid of Cahuachi　カワチ遺跡の大ピラミッド　471

Great Pyramid of Cholula　チョルーラ遺跡の大ピラミッド　340

High Temple of Lamanai　ラマナイ遺跡の高神殿　446

Huaca 1 of Pacatnamú　パカトナムー遺跡のワカ1神殿　502

Huaca Fortaleza of Pampa Grande　パンパ・グランデ遺跡のワカ・フォルタレッサ　516

Huaca Larga of Túcume　トゥクメ遺跡のワカ・ラルガ基壇　497

Huaca Mayor of Chotuna　チョトゥーナ遺跡のワカ・マヨール神殿　495

Ka'na Nah of San Gervasio　サン・ヘルバシオ遺跡のカッナ・ナフ　301

Kinich Kak Moo of Izamal　イサマル遺跡のキニッチ・カク・モオ　221

Kumayama Step Pyramid　熊山遺跡の階段ピラミッド　579

La Campana of San Andés　サン・アンドレス遺跡のラ・カンパーナ　298

Layer Pyramid of Khaba　カーバ王の重層ピラミッド　45

Mad Jack Fuller's Pyramid　マッド・ジャック・フューラーのピラミッド　591

Main Platform of Castillo de Huancaco　カスティーヨ・デ・ワンカコ遺跡の大基壇　462

Main Platform of Kuntur Wasi　クントゥル・ワシ遺跡の大基壇　478

Main Platform of La Galgada　ラ・ガルガーダ遺跡の大基壇　530

Main Platform of Pañamarca　パニャマルカ遺跡の大基壇　513

Main Platform of Paramonga　パラモンガ遺跡の大基壇　515

Main Platform of Sechín Alto　セチン・アルト遺跡の大基壇　483

Mastaba Faraun of Shepseskaf　シェプセスカフ王のマスタバ・エル＝ファラウン　86

Miyakozuka　奈良・明日香村の都塚古墳　587

Monks Mound of Cahokia　カホキア遺跡のモンクス・マウンド　252

Moon Pyramid of Teotihuacan　テオティワカンの月のピラミッド　367

Nohoch Mul of Cobá　コバー遺跡のノホチ・ムル　280

North Pyramid of Mazghuna　北マズグーナのピラミッド　54

Platform of Huaca Cao Viejo　ワカ・カオ・ビエッホ遺跡の基壇建築　537

Platform of Huaca del Dragón　ワカ・デル・ドラゴン遺跡の基壇建築　556

Platform of Huaca Pucllana　ワカ・プクヤーナ遺跡の大ピラミッド　558

Platform of Moxeke　モヘケ遺跡の基壇建築　528

Platform of Punkurí　プンクリ遺跡の基壇建築　522

Platform of Purulén　プルレン遺跡の基壇建築　520

Platforms of Cardal　カルダル遺跡の基壇群　469

Platforms of Cerro Blanco　セロ・ブランコ遺跡の基壇群　485

Platforms of Huaca La Esmeralda　ワカ・ラ・エスメラルダ遺跡の基壇群　559

Platforms of Huaca Rajada/Sipán　ワカ・ラハーダ／シパン遺跡の基壇群　561

Platforms of Layzón　ライソン遺跡の基壇群　532

Platforms of Limoncarro　リモンカルロ遺跡の基壇群　534

Platforms of Mina Perdida　ミナ・ペルディーダ遺跡の基壇群　526

Platforms of Pacopampa　パコパンパ遺跡の基壇建築　505

Platforms of Ventarrón　ベンタロン遺跡の基壇群　524

Pyramid at Moorea　モーレア島のピラミッド　594

Pyramid at Mu'a　ムーアのピラミッド　592

Pyramid B of Tula　トゥーラ遺跡のピラミッドB　377

Pyramid Chapels in Deir el=Medina　デイル・エル＝メディーナのピラミッド型礼拝堂群　141

Pyramid in Amheida　アムヘイダのピラミッド　6

Pyramid in Seila　セイラの小型階段ピラミッド　103

Pyramid of Ahmose　アハモセ1世のピラミッド　5

Pyramid of Amenemhat I　アメンエムハト1世のピラミッド　10

Pyramid of Amenemhat II　アメンエムハト2世のピラミッド　16

Pyramid of Amenemhat III in Dahshur　ダハシュールのアメンエムハト3世のピラミッド　131

Pyramid of Amenemhat III in Hawara　ハワラのアメンエムハト3世のピラミッド　169

Pyramid of Ameny-Qemau　アメニ・ケマウ王のピラミッド　8

Pyramid of at Atribis　アトリビスの小型階段ピラミッド　4

Pyramid of at el-Kula　エル＝クーラの小型
　階段ピラミッド　42

Pyramid of at Naqada　ナカダの小型階段ピ
　ラミッド　149

Pyramid of at Sinki　シンキの小型階段ピラ
　ミッド　91

Pyramid of at Zawiyet el-Mayitin　ザウィエ
　ト・エル＝メイティンの小型階段ピラミッド
　72

Pyramid of Castillo de Tomabal　カスティ
　ーヨ・デ・トマバル遺跡のピラミッド　460

Pyramid of Cestius　ガイウス・ケスティウス
　のピラミッド　575

Pyramid of Djedefra　ジェドエフラー王のピ
　ラミッド　77

Pyramid of Djedkara　ジェドカラー王のピ
　ラミッド　82

Pyramid of Elephantine　エレファンティネ
　の小型階段ピラミッド　44

Pyramid of el-Ghenimia　エル＝ゲニミアの
　小型階段ピラミッド　43

Pyramid of Flowers of Xochitecatl　ショチ
　テカトル遺跡の花のピラミッド　316

Pyramid of Hellinikon　エリニコのピラミッ
　ド　573

Pyramid of Ibi　イビ王のピラミッド　24

Pyramid of Intef V　インテフ５世のピラミッ
　ド　28

Pyramid of Khafra　カフラー王の大ピラミッ
　ド　48

Pyramid of Khendjer　ケンジェル王のピラ
　ミッド　65

Pyramid of Khentkaues I　ケントカウエス
　１世のギザの第４ピラミッド　68

Pyramid of Khufu　クフ王の大ピラミッド
　59

Pyramid of Khui　クイ王のピラミッド　56

Pyramid of Meidum　メイドゥムの崩れピラ
　ミッド　187

Pyramid of Menkauhor　メンカウホル王の
　ピラミッド　198

Pyramid of Menkaure　メンカウラー王のピ

ラミッド　201

Pyramid of Merenra　メルエンラー王のピラ
　ミッド　193

Pyramid of Monte d'Accoddi　モンテ・ダコ
　ッティのピラミッド　595

Pyramid of Neferefra　ネフェルエフラー王
　のピラミッド　165

Pyramid of Neferirkara　ネフェルイルカラ
　ー王のピラミッド　161

Pyramid of Niuserra　ニウセルラー王のピラ
　ミッド　150

Pyramid of Pepi I　ペピ１世のピラミッド
　176

Pyramid of Pepy II　ペピ２世のピラミッド
　179

Pyramid of Piye　ピイ王のピラミッド　174

Pyramid of Sahura　サフラー王のピラミッ
　ド　73

Pyramid of Senwosret I　センウセレト１世
　のピラミッド　112

Pyramid of Senusret II　センウセレト２世の
　ピラミッド　118

Pyramid of Senusret III　センウセレト３世
　のピラミッド　124

Pyramid of Shabaka　シャバカ王のピラミッ
　ド　90

Pyramid of Shepseskara　シェプセスカラ
　ー王のピラミッド　89

Pyramid of Taharqa　タハルカ王のピラミッ
　ド　137

Pyramid of Teti　テティ王のピラミッド　142

Pyramid of the Magician of Uxma　ウシュ
　マル遺跡の魔術師のピラミッド　224

Pyramid of the Niches of El Tajín　エル・タ
　ヒン遺跡の壁龕のピラミッド　236

Pyramid of Uras　ウナス王のピラミッ
　ド　32

Pyramid of Userkaf　ウセルカフ王のピラミ
　ッド　29

Pyramids in Al-Hatiyah　アル＝ハッティー
　アのピラミッド群　21

Pyramids in A -Khara'iq　アル＝カライクの

ピラミッド群　20

Pyramids in Somaliland　ソマリランドのピラミッド群　130

Pyramids of Caral　カラル遺跡のピラミッド群　466

Pyramids of El-Kurru　エル＝クッルのピラミッド群　38

Pyramids of Güímar　グイマーのピラミッド群　576

Pyramids of Maldives　モルディブのピラミッド　593

Pyramids of Mauritius　モーリシャスの七つのピラミッド　207

Pyramids of Meroe　メロエのピラミッド群　196

Pyramids of Nuri　ヌリのピラミッド群　154

Pyramids Shape Tomb in Dura Abu el-Naga　ドゥラ・アブ・エル＝ナガのピラミッド型墓群　145

Red Pyramid　スネフェル王の赤ピラミッド　92

Silbury Hill　シルベリー・ヒル　583

Sougia Pyramid　ソウギアのピラミッド　586

South Platform of Monte Albán　モンテ・アルバン遺跡の南の基壇　422

South Pyramid of Mazghuna　南マズグーナのピラミッド　185

Step Pyramid of Netjerikhet　ネチェリケト王の階段ピラミッド　156

Step Pyramid of Sekhemkhet　セケムケト王の階段ピラミッド　106

Structure 1 of Balamku　バラムク遺跡の建造物 1　401

Structure 1 of El Puente　エル・プエンテ遺跡の建造物 1　239

Structure 1 of Nakbe　ナクベ遺跡の建造物 1　398

Structure 1 of Xpuhil　シュプヒル遺跡の建造物 1　309

Structure 2 of Calakmul　カラクムル遺跡の建造物 2　262

Structure 5 of Tak'alik A'baj'　タカリク・アバフ遺跡の建造物 5　326

Structure 9 of Becán　ベカン遺跡の建造物 9　410

Structure A-20 of Ceibal　セイバル遺跡の建造物A-20　319

Structure B-4 of Altun Ha　アルトゥン・ハ遺跡の建造物B-4　217

Structure C-1 of La Venta　ラ・ベンタ遺跡の建造物C-1　442

Structure E 3-1 of Chalchuapa　チャルチュアパ遺跡の建造物E 3-1　336

Structure E-7-sub of Uaxactún　ワシャクトゥン遺跡の建造物E-7下層　450

Structure E-III-3 of Kaminaljuyú　カミナルフユ遺跡の建造物E-III-3　256

Structure L 5-9 of Dos Pilas　ドス・ピラス遺跡の建造物L 5-49　385

Structure L 8-8 of Aguateca　アグアテカ遺跡の建造物L 8-8　212

Sun Pyramid of Teotihuacan　テオティワカンの太陽のピラミッド　362

Temple 1 of Comalcalco　コマルカルコ遺跡の神殿 1　292

Temple 4 of Tikal　ティカル遺跡の神殿 4　351

Temple 33 of Yaxchilán　ヤシュチラン遺跡の神殿33　428

Temple 216 of Yaxhá　ヤシュハ遺跡の神殿216　435

Temple of Chavín de Huántar　チャビン・デ・ワンタル神殿　487

Temple of Huaca de la Luna　ワカ・デ・ラ・ルナ神殿　549

Temple of Huaca del Sol　ワカ・デル・ソル神殿　543

Temple of Huaca Loro　ワカ・ロロ神殿　565

Temple of Huacaloma　ワカロマ神殿　567

Temple of Inscriptions of Palenque　パレンケ遺跡の碑文の神殿　403

Temple of the Murals of Bonampak　ボナンパック遺跡の壁画の神殿　413

Temple of the Seven Dolls of Dzibilchaltún
ツィビルチャルトゥンの七つの人形の神殿
345

Temple of the Sun of Pachacamac　パチャ
カマック遺跡の太陽神殿　509

Temples of Aspero　アスペロ遺跡の神殿群
458

Temples of Chan Chan　チャン・チャン遺跡
の神殿群　493

Templo Mayor of Tenochititlan　テノチティ

トラン遺跡の大神殿　372

Tombs of the Ancient Koguryo Kingdom
高句麗の将軍塚　582

Ushunu of Vilcas Huamán　ビルカス・ワマ
ン遺跡の基壇ウシュヌ　518

Votive Pyramid of La Quemada　ラ・ケマー
ダ遺跡の奉納ピラミッド　438

William Mackerzie's Pyramid　ウィリアム・
マッケンジーのピラミッド　572

索　引

【あ行】

アウィツォトル（王）　375
アウィブラー・ホル　134, 135
赤ピラミッド　17, 49, 88, 92, 93, 94, 95, 97, 99, 102
アクロポリス　211, 228, 229, 230, 231, 233, 234, 235, 244, 245, 257, 260, 263, 265, 267, 268, 270, 271, 272, 273, 284, 285, 286, 287, 288, 289, 290, 291, 293, 294, 295, 298, 299, 307, 312, 313, 352, 353, 354, 355, 378, 388, 389, 390, 413, 414, 415, 429, 430, 432, 433, 435, 436, 437, 443, 444
アグアテカ遺跡　212, 213, 214, 215, 216
アケ遺跡　222, 223
アシュート　56, 58
明日香村の都塚古墳　587, 589
アステカ王国　277, 344, 348, 349, 360, 371, 372, 375, 381
アスペルタ（王）　154
アスペロ　458, 459
アスワン　36, 44, 125, 194
アッシリア　138
アトリオ　465, 470 →前庭（まえにわ）参照
アトリビスの小型階段ピラミッド　4
アナトリア　597
アハウ・ボット（王）　324
アハモセ1世（イアフメス1世）　5, 146, 148
アビドス　5, 13, 15, 31, 64, 66, 91, 121, 127, 140, 146, 156, 173, 177, 182, 183, 198
アブ・グラブ　37
アブシール　31, 37, 45, 73, 76, 89, 150, 152, 153, 161, 165, 180, 199
アブシール・パピルス　37, 162, 166
アフ・ウォサル・チャン・キニッチ（王）　307
鐙形（あぶみがた）土器　508, 550
アブ・ラワシュ　47, 48, 78, 80, 81
アボット・パピルス　148
アマゾン　468
亜麻布　33, 158, 177, 195
アムヘイダ　6, 7
アムン　15, 39, 146, 148, 196
「アメンエムハト1世の教訓」　117
アメジスト　17, 565

アメニ・ケマウ王のピラミッド　8, 9
アメンエムハト1世　10, 11, 12, 13, 14, 15, 112, 115, 116, 117, 188
アメンエムハト2世　16, 17, 19, 118, 123
アメンエムハト2世のピラミッド　16, 18, 123
アメンエムハト3世　9, 67, 127, 131, 132, 133, 134, 135, 136, 169, 170, 171, 173, 186
アメンエムハト4世　186
アメンホテプ3世　148
アラバスター　33, 46, 51, 69, 76, 84, 85, 109, 113, 120, 144, 168, 199, 230, 288, 313, 355, 431
アルカマニコ（王）　197
アル＝カライク　20
アル＝ハッティーア　20, 21, 22, 23
ハッティーアのピラミッド群　21, 22, 23
アルトゥン・ハ遺跡　217, 218, 219, 220
アルマント　12
アローヨ・デ・ピエドラ　386
安山岩　279, 337
アンデス山脈　474, 478, 487, 516, 546
アンデス文明　454, 456, 479, 483, 487, 488, 497, 546, 550, 562
アンラマニ（王）　154
イキン・チャン・カウィール（王）　355
生贄　237, 254, 291, 360, 361, 365, 366, 369, 370, 371, 381, 409, 439
イサマル遺跡　221, 222
イシス　196
石切り場　27, 52, 80, 146, 173, 189, 202
イシュ・ヨフル・イクナル（女王）　404
イスラム教　593
イタ（王女）　19
イチ＝タウイ　12, 173
イチマ　510, 512, 558
イチャーク・バフラム（王）　324
イツァ・マヤ語　331
イツァムナーフ　223, 384
イツァムナーフ・カウィール（王）　386, 387
イツァムナーフ・バフラム3世（王）　429, 430, 432, 433, 434
イツコアトル（王）　375
イビ王のピラミッド　24, 25, 26, 27
「イブウェルの訓戒」　26, 183, 184
イムホテプ（イフヘテプ）　107, 160
岩絵　22, 577

インカ帝国　454, 456, 467, 468, 475, 501, 510, 512, 546, 550, 557, 562

印象　49, 88, 124, 188, 202, 236

インテフ5世　28, 146

インテフ5世のピラミッド　28

インテフ6世　145, 146, 147, 148

ウィツ　211, 212, 225, 226, 227, 250, 288, 297, 308, 334, 408

ウィツィロポチトリ　373, 374, 375, 376

ウィリアム・マッケンジーのピラミッド　570, 572

ウウシュ・バフラム（王）　294

「ウェストカー・パピルスの物語」　97

ウェニ　177, 183, 194

ヴォールト　87, 204

ウキト・カン・レク・トク（王）　230, 231

ウシュヌ　518, 519

ウシュマル遺跡　224, 225, 226, 296

ウシュル遺跡　264

ウセルカフ（王）　11, 29, 30, 31, 37, 69, 73, 89, 164

ウセルカフ王のピラミッド　29, 30, 31, 142

ウナス（王）　11, 26, 32, 33, 34, 35, 36, 37, 115, 142, 143, 176, 177

羽毛の生えた蛇　227, 248, 253, 297, 311, 312, 313, 315, 331, 340, 343, 358, 359, 360, 361, 363, 364, 365, 369, 371, 373, 379, 380, 384, 396, 418, 420, 438

ウミギクガイ　219, 220, 288, 323, 398, 426, 447, 480, 565

海の民　597

ウラエウス　69, 120, 162

運河　104, 125, 187, 194, 572

衛星ピラミッド　30, 34, 36, 38, 50, 63, 75, 76, 79, 80, 83, 85, 95, 100, 101, 114, 116, 120, 126, 143, 144, 150, 151, 152, 162, 178, 181, 182, 190, 192, 202, 203, 205

エイヴベリー　583, 584

エクチュアフ　249

エーゲ海　16

エック・バラム遺跡　228, 229

エツナ遺跡　232, 234, 235

エドフ　43

エトワ遺跡　253

エリート　395, 468, 475, 517, 542, 547, 556, 557, 564, 565

エリニコのピラミッド　573, 574

エル・アスケリテ　275, 276

エル・カスティーヨ　306, 307, 308, 330, 331, 332, 333, 334, 335, 382, 383, 384, 417, 418, 420, 421

エル・キニッチ（王）　294

エル・グラン・グアチ　274, 275, 276

エル・タヒン遺跡　236, 237, 238

エル・プエンテ遺跡　239, 240, 241, 242

エル・バウル遺跡　328

エル・ペルー（ワカ）遺跡　357

エル・ミラドール遺跡　243, 244, 245, 263

エル＝クーラの小型階段ピラミッド　42

エル＝クル　38, 39, 40, 90, 138, 154, 155, 174

エル＝クルのピラミッド群　38, 39, 41

エル＝ゲニミアの小型階段ピラミッド　43

エル＝デイル　47, 80, 81

エルナン・コルテス　340

エル・ニーニョ　472, 501, 542, 549, 556

エレファンティネ　44, 47, 106, 177, 194

エレファンティネの小型階段ピラミッド　44

エル・ブルッホ　539　→ワカ・カオ・ビエッホ参照

オアシス　2, 6, 56, 132, 173, 187

オアハカ盆地　313, 314, 341, 361, 422, 423, 425, 443

王宮　85, 98, 117, 158, 210, 211, 213, 215, 216, 227, 229, 233, 264, 265, 266, 269, 281, 285, 291, 293, 295, 302, 307, 308, 320, 325, 357, 373, 386, 387, 393, 406, 416, 425, 429, 493, 496, 512, 559, 562

王宮ファサード　33, 66, 107, 116, 135, 143, 157, 170, 180, 182

王家の谷　140, 141, 146, 148

王権　4, 13, 15, 26, 33, 53, 56, 69, 71, 81, 104, 120, 160, 166, 183, 192, 193, 202, 211, 215, 216, 225, 248, 257, 269, 272, 273, 288, 289, 290, 291, 320, 323, 331, 333, 335, 343, 347, 352, 354, 355, 369, 370, 373, 378, 384, 399, 408, 409, 425, 426, 432, 433, 443, 574

王名表　24, 47, 69, 89, 107, 111, 166, 176, 179, 198

岡山県赤磐市　579

オシリス神　66, 116, 121, 173

オシュペムル遺跡　264
オベリスク　53, 146, 147, 151, 182
オシレイオン　121, 140
オルメカ文明　442, 443, 445

【か行】

カー　51, 62, 135
ガイウス・ケスティウスのピラミッド　570,
　575, 591
開口の儀礼　34
階段ピラミッド　4, 10, 17, 29, 31, 36, 37, 42,
　43, 44, 45, 46, 47, 57, 58, 62, 64, 72, 78, 81, 88,
　91, 92, 93, 95, 97, 100, 103, 104, 105, 106, 107,
　108, 109, 110, 111, 123, 125, 126, 135, 149, 156,
　157, 158, 159, 160, 161, 164, 165, 171, 188, 189,
　191, 192, 202, 205, 275, 397, 576, 577, 578, 579,
　581, 588, 589, 592, 594, 596
カイマンワニ　485, 486
カイロ　63, 98, 105, 132, 156, 189
カカシュトラ遺跡　246, 248, 249, 316, 317, 318
鏡　220, 260, 288, 329, 339, 366, 369, 370, 371,
　380, 389, 390, 445
河岸神殿　19, 31, 36, 50, 51, 52, 63, 68, 71, 76,
　80, 81, 85, 87, 95, 100, 101, 115, 120, 121, 126,
　129, 135, 144, 150, 151, 152, 162, 166, 167, 180,
　181, 182, 192, 202, 203, 204, 205
花崗岩　49, 51, 62, 74, 76, 84, 117, 120, 126, 127,
　133, 150, 151, 152, 159, 162, 180, 182, 194, 200,
　202, 204, 205, 582, 589
カスティーヨ・デ・トマバル　460, 461
カスティーヨ・デ・ワンカコ　462, 463
カッナ・ナフ　301, 302
カッバル・ショーク（王妃）　429, 430, 431
カナリア諸島　2, 207, 570, 576, 578, 593
カーネリアン（紅玉髄）　166
カノポス壺　158, 180, 182
カーバ（王）　45, 46, 47
カーバ王の重層ピラミッド　45, 46, 47
カバフ遺跡　250, 251
カフク・ティリウ・チャン・ヨパート（王）　272,
　273, 289
カブトソデガイ　480, 523
カフラー（王）　10, 11, 48, 49, 50, 51, 52, 53, 60,
　77, 80, 135, 166, 202, 206
カフーン　120, 121, 122

カホキア遺跡　211, 252, 253, 255
上エジプト　12, 15, 16, 28, 31, 42, 43, 56, 57, 58,
　69, 74, 82, 84, 97, 106, 110, 118, 125, 151, 158,
　164, 176, 177, 184, 193
カミナルフユ遺跡　256, 257, 258, 259, 260, 261
カモセ（カーメス）146
カラクムル遺跡　262, 263, 264, 265, 266
カラコル遺跡　267, 268
空墓（セノタフ）158
ガラマンテス　20, 22, 23
カラル　456, 458, 459, 466, 467, 468, 525
カルダル　469, 470, 526
カルナク　12, 137, 146
カルーン湖　103, 104, 105, 132, 173, 187
カロム・ウクウ・チャン・チャーク（王）　347
カワチ　471, 472, 473
ガラガイ　464, 465
カルトゥーシュ　56, 66, 86, 100, 116, 199, 204
カン2世（王）　269, 307
カンキ遺跡　225
カントゥニル遺跡　222
ギザ　2, 10, 12, 27, 29, 30, 36, 45, 47, 48, 49, 58,
　59, 64, 68, 69, 70, 71, 77, 78, 80, 81, 86, 88, 93,
　100, 111, 113, 121, 122, 135, 138, 140, 153, 166,
　173, 178, 189, 201, 202, 204, 206
北アフリカ　22, 27, 570, 577, 578
北マズグーナのピラミッド　54, 55, 67
基壇　7, 160, 213, 219, 220, 223, 226, 227, 229,
　230, 231, 233, 234, 235, 237, 241, 244, 246, 247,
　248, 249, 251, 254, 257, 260, 264, 266, 269, 275,
　276, 278, 281, 283, 285, 286, 291, 293, 294, 295,
　297, 300, 302, 305, 310, 312, 315, 316, 317, 320,
　322, 325, 327, 328, 329, 331, 332, 333, 334, 338,
　339, 341, 342, 343, 346, 347, 348, 349, 350, 352,
　354, 355, 356, 361, 365, 367, 369, 370, 373, 375,
　378, 380, 381, 383, 384, 386, 387, 390, 393, 395,
　396, 397, 398, 399, 400, 404, 406, 412, 414, 418,
　420, 422, 423, 424, 425, 426, 427, 432, 433, 437,
　439, 443, 447, 451, 454, 455, 457, 458, 460, 461,
　462, 463, 464, 465, 466, 467, 468, 469, 470, 471,
　472, 473, 474, 475, 476, 477, 478, 479, 480, 481,
　482, 483, 484, 485, 486, 489, 490, 491, 492, 493,
　495, 497, 498, 499, 500, 501, 502, 505, 506, 507,
　508, 509, 510, 512, 513, 514, 515, 516, 518, 519,
　520, 521, 522, 523, 524, 525, 526, 527, 528, 529,

530, 531, 532, 533, 534, 535, 536, 537, 538, 539, 540, 541, 542, 543, 544, 547, 550, 551, 552, 553, 554, 555, 556, 559, 560, 561, 562, 563, 565, 568, 580, 581, 582, 594, 596

キチェ・マヤ語　256, 326, 329

キニッチ・アハウ　286

キニッチ・カク・モオ　221, 222, 223

キニッチ・カン・トク・モ（王）　294

キニッチ・カン・バフラム（王）　406, 407, 408, 409

キニッチ・カン・ホイ・チタム（王）　409

キニッチ・クック・バフラム（王）　409

キニッチ・ハナフブ・パカル（王）　294, 404

キニッチ・フンピク・トク（王）　231

キニッチ・ヤシュ・クック・モ（王）　272, 285, 286, 288, 289

偽扉（ぎひ）　13, 66, 76, 95, 107, 115, 157, 202

球技場　211, 213, 225, 226, 227, 230, 231, 235, 236, 237, 238, 256, 263, 267, 268, 271, 272, 275, 276, 281, 282, 285, 287, 288, 289, 297, 307, 308, 312, 315, 320, 325, 327, 332, 334, 346, 352, 353, 373, 378, 379, 380, 381, 386, 389, 390, 399, 402, 405, 411, 412, 424, 425, 429, 430, 437, 438, 439, 440, 448, 449

急降下する神　283, 297, 383, 384

キュレネ　22, 23

凝灰岩　241, 291

共同統治　13, 16, 117, 118, 193

キリグア遺跡　270, 271, 273

切妻様式　153, 172, 180, 182

キリスト教　488, 578

金　39, 120, 138, 144, 168, 180, 230, 331, 349, 427, 449, 479, 480, 481, 482, 501, 508, 526, 542, 563, 585

グアチモントネス遺跡　274, 275, 276

グアンチェ族　577, 578

クイ（王）　56, 57, 58

クイ王のピラミッド　56, 57, 58

クイクイルコ遺跡　277, 278

グイマーのピラミッド（群）　576, 577, 578

クエラップ　474, 475, 476, 477

ククルカン（王）　331, 418

ククルカン神　331, 333, 420

クスコ　518

崩れピラミッド　93, 100, 103, 104, 105, 187,

188, 189, 191, 192

クック・バフラム（王）　404, 406, 409

屈折ピラミッド　60, 92, 93, 95, 98, 99, 100, 101, 102, 186

クバン　117

クビスニケ　456, 536

クフ（王）　10, 11, 12, 36, 48, 49, 59, 60, 61, 62, 63, 64, 76, 77, 78, 93, 100, 121, 201, 202, 204, 206

熊山遺跡の階段ピラミッド　579, 581

クモ　464, 465, 534, 536, 541, 542, 555

供物　30, 51, 75, 76, 100, 104, 151, 214, 219, 220, 241, 254, 289, 313, 318, 323, 329, 335, 338, 346, 365, 366, 369, 370, 371, 375, 381, 412, 426, 429, 439, 445, 447, 449

クリカウエリ（太陽神）　350

クレタ　171, 586

黒ピラミッド　133

クントゥル・ワシ　456, 478, 479, 480, 481, 482, 507

珪岩　78, 116, 170, 186

形成期　454, 456, 457, 458, 459, 460, 454, 465, 466, 469, 471, 475, 478, 479, 483, 485, 487, 489, 505, 509, 520, 521, 522, 524, 526, 529, 530, 532, 534, 536, 543, 567

ケケル・フリーズ　158

化粧石　49, 159, 170, 177, 191

ケチュア語　497, 545, 558

ケツァルコアトル神　360

ケンジェル（王）　65, 66, 67

ケンジェル王のピラミッド　65, 66, 67

原初の丘　140

玄室　8, 9, 13, 17, 25, 26, 30, 31, 33, 35, 41, 42, 43, 46, 49, 50, 54, 55, 57, 58, 60, 62, 63, 66, 67, 74, 78, 83, 84, 87, 90, 93, 94, 100, 101, 102, 107, 109, 110, 115, 116, 117, 119, 120, 121, 125, 126, 127, 134, 135, 136, 139, 140, 143, 144, 150, 151, 152, 153, 154, 158, 159, 160, 162, 163, 165, 167, 170, 171, 173, 174, 177, 178, 180, 182, 185, 186, 190, 191, 194, 195, 200, 202, 204, 205

玄武岩　76, 257, 350, 443, 444

ケントカウエス1世　30, 68, 69, 70, 71, 162, 164, 204, 206

ケントカウエス1世のギザの第4ピラミッド　68

ケントカウエス 2 世　151, 153, 162, 164

コアトリクェ　374

高句麗の将軍塚　582

交易　16, 22, 36, 39, 99, 130, 132, 176, 207, 254,
　270, 302, 331, 382, 383, 398, 426, 427, 438, 441,
　468, 481, 531, 566, 570, 586, 593

厚葬墓(こうそうぼ)　480, 481, 482, 507, 508

好太王　582

古王国時代　6 , 10, 11, 12, 15, 17, 22, 24, 26, 29,
　33, 36, 42, 43, 44, 56, 57, 58, 72, 77, 80, 91, 97,
　99, 105, 122, 123, 125, 129, 132, 142, 144, 149,
　156, 179, 183, 184, 187, 188, 193, 198, 200, 202

コカ　475

黒曜石　214, 219, 256, 259, 260, 261, 273, 285,
　288, 290, 291, 314, 323, 354, 360, 366, 369, 370,
　371, 430, 431, 432, 441, 447, 449

古代エジプト　2 , 3 , 4 , 12, 15, 22, 26, 27, 30,
　31, 33, 36, 37, 38, 39, 41, 49, 53, 56, 60, 65, 69,
　71, 76, 77, 80, 81, 88, 93, 95, 104, 105, 109, 110,
　121, 130, 134, 135, 138, 146, 156, 157, 158, 160,
　166, 169, 173, 177, 178, 179, 180, 184, 188, 192,
　193, 194, 198, 199, 202, 205, 570, 574, 575, 577,
　578, 584, 585, 597

コッツ・ポープ　250, 251

古典期ベラクルス文化　236, 237, 314

コトシュ宗教伝統　468, 531

コバー遺跡　280, 281, 282

コパン遺跡　240, 284, 285, 287, 288, 290, 404

古墳　445, 582, 587, 588, 589

コマルカルコ遺跡　292, 293, 295

コムチェン遺跡　345

コヨルシャウキ　374, 375

暦　216, 223, 228, 230, 231, 233, 237, 245, 248,
　249, 251, 257, 263, 269, 273, 279, 281, 293, 294,
　313, 314, 328, 329, 331, 333, 342, 352, 355, 357,
　360, 361, 365, 366, 373, 375, 379, 390, 412, 418,
　420, 422, 423, 437, 441, 452

コロンブス　578

コンドル　480, 542

【さ行】

祭祀遺跡　458, 464, 469, 471, 478, 483, 485, 487,
　505, 513, 515, 520, 522, 526, 529, 530, 532, 534,
　537, 539, 543, 559, 567

祭壇　51, 76, 127, 151, 157, 213, 216, 220, 241,

251, 257, 267, 268, 269, 270, 273, 276, 278, 283,
　285, 289, 291, 294, 302, 307, 315, 325, 328, 334,
　338, 342, 343, 344, 346, 355, 379, 380, 383, 385,
　386, 387, 393, 399, 421, 439, 444, 448, 468, 554,
　555, 557, 596

サイル遺跡　296, 297

ザウィエト・エル＝アリアン　45, 47

ザウィエト・エル＝メイティン　72

砂岩　17, 270, 273, 445

サクベ　213, 222, 223, 229, 233, 234, 244, 245,
　251, 263, 269, 281, 282, 297, 302, 307, 308, 319,
　321, 331, 332, 346, 352, 399, 411, 436, 437

サッカラ　10, 13, 24, 29, 31, 32, 36, 47, 58, 64,
　65, 73, 78, 81, 82, 84, 86, 88, 99, 106, 111, 125,
　138, 142, 144, 156, 171, 176, 177, 179, 180, 192,
　193, 194, 198, 199, 201, 206

サッカラ王名表　89, 166, 176, 198

サナクト　47, 81

サハラ砂漠　2 , 22, 39

サフラー（王）　69, 73, 74, 75, 76, 89, 151, 152,
　161, 180

サフラー王のピラミッド　73, 74, 75, 76, 89,
　151, 180

サポテカ文明　315, 422, 425

サリナール　456, 460

サル　244, 426, 525, 542

サルデーニャ　570, 595, 596, 597

サン・アンドレス遺跡　298, 299

サンタ・エレナ遺跡　407

サンタマリア号　578

サンダル　177, 183, 380

サンタ・レティシア遺跡　328

参道　14, 18, 19, 31, 32, 34, 36, 50, 51, 55, 63, 64,
　70, 75, 76, 79, 80, 81, 85, 87, 95, 100, 101, 114,
　115, 116, 120, 126, 129, 134, 135, 143, 144, 150,
　151, 162, 166, 171, 178, 180, 181, 183, 190, 192,
　194, 202, 203, 204, 579, 596

サンペドロサボテン　490

サン・ヘルバシオ遺跡　301, 302

サン・ロレンソ　443, 445

ジェドエフラー（王）　48, 77, 78, 79, 80, 81

ジェドカラー（王）　33, 36, 82, 84, 85, 115, 177,
　199

ジェドカラー王のピラミッド　82, 83, 84, 85,
　177

シェプセスカフ（王）　24, 31, 68, 69, 86, 87, 88, 194, 202, 204, 206

シェプセスカフ王のマスタバ・エル＝ファラウン　86, 87

シェプセスカラー（王）　89, 166

シェプセスカラー王のピラミッド　89

ジェベル・エル＝アシール　52

ジェベル・バルカル　39, 138, 154

ジェルマ　20, 21, 22

シカン　456, 499, 565, 566　→ランバイェケ参照

死後崇拝　69, 127, 162, 199, 202

「死者の書」　154

死生観　37

至聖所　83, 151, 152, 163, 178

シチリア　595

漆喰（しっくい）　72, 99, 110, 121, 149, 220, 223, 230, 231, 234, 235, 244, 245, 260, 264, 283, 286, 288, 293, 294, 295, 300, 305, 308, 314, 317, 339, 341, 352, 355, 375, 384, 389, 390, 393, 395, 398, 399, 400, 401, 402, 404, 406, 407, 408, 412, 415, 418, 447, 449, 451

ジッグラト　596

シナイ半島　16, 47, 95, 106, 110, 132, 199

「シヌへの物語」　13, 117

シパクトリ（神）　360

シフヤフ・チャン・カウィール（王）　354

下エジプト　31, 158, 69, 74, 87, 97, 110, 118, 125, 146, 151, 158, 164, 177

ジャガー　225, 227, 228, 241, 244, 248, 249, 253, 259, 282, 288, 291, 325, 327, 333, 334, 337, 342, 354, 363, 373, 380, 402, 404, 406, 416, 425, 426, 429, 430, 431, 432, 433, 434, 443, 445, 447, 448, 449, 464, 465, 480, 481, 482, 486, 489, 490, 507, 508, 522, 523, 543, 558

シャーマン　490, 557

シャバカ（王）　90

シャバカ王のピラミッド　90

シャブティ　4, 88, 138, 175

ジャルメラ遺跡　303, 304, 305

周壁　13, 17, 31, 36, 58, 63, 66, 76, 78, 79, 81, 85, 93, 100, 107, 108, 115, 116, 117, 120, 121, 125, 126, 127, 129, 134, 135, 143, 144, 150, 151, 157, 158, 159, 162, 166, 171, 178, 181, 182, 186, 191, 192, 194, 460, 472, 474, 475, 477, 510, 512, 540, 553, 555

シュカルムキン遺跡　225

シュキプチェ遺跡　225

シュナントゥニッチ遺跡　306, 308

シュプヒル遺跡　309, 310

シュルトゥン遺跡　452

殉葬　15, 64, 192, 259, 260, 564

将軍塚　582, 589

初期王朝時代　13, 15, 34, 64, 80, 132, 187

女性　15, 16, 69, 117, 127, 129, 146, 152, 183, 192, 205, 249, 254, 265, 268, 286, 289, 318, 361, 369, 386, 387, 407, 428, 429, 430, 433, 445, 447, 480, 496, 501, 508, 510, 523, 542, 563, 585

ショチテカトル遺跡　316, 317

ショチカルコ遺跡　311, 314, 315

シリア・パレスティナ　12, 125, 146

シルベリー・ヒル　570, 583, 584, 585

白ピラミッド　17

新王国時代　22, 39, 41, 89, 91, 106, 121, 140, 141, 146, 148, 180, 195, 199

神官　12, 30, 36, 37, 52, 57, 69, 88, 115, 134, 143, 162, 166, 179, 199, 332, 333, 334, 360, 491, 500, 508, 513, 541, 542, 546, 585

シンキの小型階段ピラミッド　91

スカラベ　66

ストゥーパ　581, 589, 593

ストーンサークル　583, 584

ストーンヘンジ　583, 585

スネフェル（王）　4, 17, 42, 43, 44, 49, 59, 72, 77, 78, 81, 88, 91, 92, 93, 94, 95, 97, 98, 99, 100, 101, 102, 103, 104, 125, 135, 149, 186, 188, 192

スフィンクス　51, 52, 53, 76, 78, 132, 151, 180, 206

スロープ　472, 477, 498, 500, 510, 511, 512, 513, 517, 537, 539, 547, 554, 555, 559, 565

セイバル遺跡　221, 248, 319, 320, 321, 322, 323, 324, 325

セイラの小型階段ピラミッド　78, 103, 104, 105

世界文化遺産　466, 487, 493

石製容器　13, 71, 107, 110, 160, 162, 166, 259, 304, 314

石造建造物　2, 10, 37, 68, 80, 156, 157, 201, 244, 286, 300, 457, 570, 573, 578, 579, 581, 582, 583, 589, 593, 594, 595, 596

石碑　100, 104, 138, 191, 192, 213, 214, 215, 216, 218, 225, 231, 233, 245, 248, 257, 261, 264, 266,

267, 268, 269, 270, 272, 273, 281, 282, 283, 285, 286, 289, 290, 294, 297, 307, 312, 313, 314, 315, 319, 320, 324, 325, 328, 329, 334, 337, 344, 347, 352, 354, 355, 357, 381, 385, 386, 387, 388, 390, 393, 400, 404, 411, 413, 414, 418, 423, 425, 426, 428, 434, 436, 437, 443, 444, 445, 448, 449, 451, 452

セケムケト(王)　36, 46, 81, 106, 107, 108, 109, 110, 111

セソストリス　125, 127

セチン・アルト　483, 484

セチン・バッホ遺跡　484

石灰岩　13, 51, 58, 63, 64, 66, 74, 76, 80, 84, 92, 93, 95, 100, 104, 107, 110, 115, 116, 123, 133, 143, 144, 146, 151, 156, 157, 166, 168, 177, 189, 192, 202, 204, 206, 216, 219, 220, 223, 225, 244, 245, 273, 286, 294, 324, 334, 342, 347, 399, 432, 433, 444, 477, 506

石棺　8 , 9 , 17, 18, 25, 26, 29, 33, 34, 35, 36, 41, 46, 49, 50, 54, 58, 62, 66, 67, 69, 74, 78, 84, 86, 87, 100, 108, 109, 110, 115, 116, 117, 120, 121, 126, 127, 135, 136, 140, 143, 144, 146, 154, 160, 162, 168, 170, 171, 177, 180, 181, 182, 185, 186, 191, 194, 200, 202, 204, 205, 406, 407, 588, 589

セティー 1 世　121

セド祭　88, 156, 157, 158, 191, 199

セノーテ　224, 225, 229, 332, 334, 335, 346, 383, 418, 420

セマタウイ　76, 151

セムナ　39, 117, 125

セルダブ　51, 62, 157, 158, 177

セラビト・エル＝カディム　16

セロ・ブランコ　485, 486, 551, 552

セロ・グランデ・ピラミッド　394, 395, 396, 397

センウセレト 1 世　16, 112, 113, 114, 115, 116, 117, 123, 125, 151

センウセレト 2 世　118, 119, 121, 122, 123, 127, 133

センウセレト 3 世　65, 124, 125, 126, 127, 129, 131, 173

戦争　213, 216, 229, 251, 257, 261, 265, 266, 269, 282, 291, 294, 307, 313, 315, 323, 324, 325, 334, 354, 355, 357, 360, 361, 369, 371, 373, 386, 387, 388, 390, 391, 404, 407, 409, 416, 420, 421, 422, 423, 425, 426, 429, 432, 434, 475, 547, 556, 596

舟坑(せんこう)　63, 64, 79, 126, 162, 182, 202, 205

前室　29, 33, 61, 62, 70, 83, 84, 85, 87, 93, 100, 116, 119, 126, 127, 140, 143, 144, 151, 152, 162, 177, 180, 194, 204

前方後円墳　588, 589

閃緑岩(せんりょくがん)　52, 588

ソウギアのピラミッド　586

葬祭神殿　5 , 13, 14, 17, 18, 19, 25, 26, 30, 31, 34, 36, 41, 46, 50, 51, 54, 58, 63, 64, 66, 67, 74, 76, 78, 79, 85, 87, 93, 94, 95, 100, 101, 102, 107, 113, 114, 115, 116, 119, 120, 126, 127, 129, 134, 135, 142, 143, 150, 151, 152, 157, 158, 162, 164, 166, 167, 171, 172, 178, 180, 181, 185, 186, 190, 191, 192, 199, 202, 203, 204, 205

葬送　13, 34, 63, 71, 135, 156, 160, 173, 252, 430, 447

蘇我稲目(そがのいなめ)　589

ソベク　169

ソベクエムサエフ(王)　146

ソベクネフェル　186

ソマリランドのピラミッド群　130

【た行】

第一中間期　11, 26, 56, 183, 184

第二中間期　28, 97, 146, 148, 184

太陽信仰　80, 192

太陽神殿　30, 31, 33, 37, 53, 73, 84, 89, 151, 199, 200, 509, 510, 511

太陽神ラー　30, 31, 57, 64, 80, 81, 88, 193, 200

太陽のピラミッド　254, 360, 362, 363, 364, 365, 366, 367, 379, 396, 441

タカ　366, 491, 492

タカリク・アバフ遺跡　326, 327, 328

ダクラ・オアシス　6 , 56

タヌタマニ　39, 40, 138

ダハシュール　8 , 9 , 16, 17, 54, 58, 60, 64, 78, 88, 92, 93, 95, 98, 99, 102, 124, 125, 126, 127, 131, 133, 134, 135, 136, 169, 170, 173, 186, 199, 206

タハルカ(王)　137, 138, 140, 154, 196

タハルカ王のピラミッド　137, 138, 139, 140

タフン・テ・キニッチ(王)　216

タマリンディート遺跡　213, 386, 387

ダーラ　56, 57, 58

タラスコ王国　348, 349, 350

タルー・タブレロ様式　237, 260, 261, 286, 312, 341, 342, 354, 360, 375

ダンタ・ピラミッド　243, 244, 245, 263

地上絵　473

チチェン・イツァ遺跡　227, 228, 230, 282, 330, 331, 332, 333, 334, 335, 346, 378, 381, 384, 417, 418, 420

地中海　2, 16, 21, 23, 105, 570, 574, 578, 595, 596, 597

チムー王国　493, 500, 501, 503, 512, 515, 557, 562

チャク・トク・イチャーク1世(王)　354

チャチャポヤ　475, 477

チャックモール　273, 331, 333, 375, 381

チャビン・デ・ワンタル　480, 487, 488, 489, 491

チャルチュアパ遺跡　336, 337, 338

チャン・チャーク・カークナル・アハウ(王)　225, 251

チャン・チャン遺跡　493, 494, 501, 512, 559

チャン・トク1世(王)　294

チャン・ヨパート(王)　272, 273, 289, 290, 449

中王国時代　11, 12, 16, 26, 39, 58, 97, 99, 104, 116, 117, 122, 123, 124, 125, 129, 131, 132, 151, 169, 170, 171, 173, 188

チュルトゥン　224, 225, 251, 383

チュンフフブ遺跡　225

長距離交易　468, 481

朝鮮半島　581, 589

チョコラ遺跡　328

チョトゥーナ　495, 496, 538

チョルナンカップ遺跡　496

チョルーラ遺跡　340, 342, 343, 344

ツィキン・ショーク(王)　449

ツィビルチャルトゥン遺跡　345, 346, 347

ツィンツンツァン遺跡　348, 349, 350

ツェルタル・マヤ語　388

ツォンパントリ　332, 334, 375, 379, 380, 381, 439

月のピラミッド　316, 360, 363, 364, 365, 367, 368, 369, 371, 379

ツタンカーメン(王)　34, 109

ティカル遺跡　210, 351, 352, 353, 356, 357, 406

デイル・エル＝バハリ　127, 146

デイル・エル＝メディーナ　22, 41, 141

デイル・エル＝メディーナのピラミッド型礼拝堂　141

ティンタル遺跡　243, 263

テウチトラン文化　274, 276

テオティワカン遺跡　254, 316, 358, 359, 361, 362, 363, 364, 367, 368

テ・カブ・チャーク(王)　268

テティ(王)　33, 142, 143, 144, 176, 177, 178, 184, 198, 200

テティ王のピラミッド　142, 143, 144

テネリフェ　576, 577, 578, 593

テフヌト(女神)　585

テーベ　12, 15, 138, 146, 148

テマスカル　234, 315

テル・エル＝アマルナ　122

テル・エル＝ダバア　122

デルタ　2, 4, 12, 78, 99

テノチティトラン遺跡　372, 374

デンデラ　177

天文学　63, 122, 333, 334, 438, 577

銅　13, 16, 39, 76, 95, 230, 254, 273, 331, 349, 449, 481, 501, 526, 542, 562

トゥアレグ族　577

トゥード　12, 16

トゥーラ　27, 49, 125, 133, 146, 170, 189, 311, 339, 377, 378, 379, 380, 381

トウガラシ　468, 531

トゥクのピラミッド　149

トゥクメ　497, 498, 499, 500, 501

トウモロコシ　249, 252, 265, 289, 292, 302, 308, 384, 475, 558

塔門　17, 18, 19, 36, 83, 85, 150, 152

トゥルム遺跡　283, 382, 383, 384

ドゥラ・アブ・エル＝ナガ　5, 28, 145, 146, 147, 148

土偶　249, 260, 268, 275, 276, 318, 346, 347, 360, 375, 427, 459, 468

ドス・ピラス＝アグアテカ王朝　213

ドス・ピラス遺跡　385, 386, 387

トティメワカン遺跡　316

トニナ遺跡　388, 389

トポシュテ遺跡　391, 392, 393

トラヴァーチン　33, 109

ドライヤー　91

トラテロルコ　373

トラランカレカ遺跡　394, 395
トラロク　289, 360, 366, 369, 371, 373, 375, 430, 437
砦　12, 596
トリノ王名表　24, 69, 107, 176, 179, 198
トルコ石　95, 106, 199, 313, 314, 331, 339, 426, 427, 438, 441, 542
トルテカ文明　331, 375, 377, 378, 380, 381, 441

【な行】
ナアチトゥン遺跡　264
内臓　84, 115, 158, 168, 177
ナイフ　71, 166, 167, 177, 180, 237, 248, 375, 380, 420, 430, 431, 501, 541, 565
ナイル河　2, 6, 7, 31, 38, 39, 42, 44, 51, 52, 63, 72, 81, 91, 105, 112, 115, 121, 132, 138, 146, 162, 180, 187, 188, 189, 192, 196, 570
中エジプト　56, 72
ナガ・エル＝カリファ　91
ナカダ　149
ナクベ遺跡　398, 399
ナスカ　454, 456, 471, 472, 473, 488
七つの人形の神殿　345, 346, 347
ナパタ　138, 154, 196
ナポレオン　4
ナワトル語　277, 278, 292, 311, 316, 339, 340, 349, 364, 375, 378, 395
ナランホ遺跡　264, 307, 357, 386, 435
ニウセルラー（王）　37, 151, 152, 153, 162, 166, 198, 199, 200
ニウセルラー王のピラミッド　150, 151, 152, 153
ヌビア　12, 15, 39, 41, 52, 90, 95, 117, 125, 137, 138, 174, 176, 184, 194, 196
ヌラーゲ　595, 596
ヌリ　40, 41, 137, 138, 140, 154, 155
ヌリのピラミッド群　154, 155
ヌーン・ウホル・チャーフク（王）　386
ネクロポリス　39, 73, 80, 88, 99, 117, 129, 146, 206, 456
ネコ科動物　470, 479, 535, 536, 542, 544, 568
ネチェリケト（王）　29, 31, 36, 37, 47, 57, 62, 78, 81, 88, 100, 106, 107, 109, 110, 125, 126, 135, 142, 156, 157, 158, 159, 160, 164, 171, 202
「ネフェルティの予言」　13, 95, 97

ネフェルイルカラー（王）　69, 89, 150, 151, 153, 161, 162, 164
ネフェルイルカラー王のピラミッド　161, 162, 163
ネフェルエフラー（王）　89, 150, 153, 165, 166, 168
ネフェルエフラー王のピラミッド　153, 165, 166, 167, 168
ネメティエムサエフ2世　184
粘土　230, 249, 252, 260, 263, 276, 293, 305, 308, 313, 327, 328, 366, 369, 439, 445, 468
粘板岩　101, 219, 366, 370, 371
ノフパット遺跡　251
ノホチ・ムル　280, 281, 283

【は行】
バー　73, 161
パウサニアス　573, 574
墓　2, 5, 13, 14, 15, 17, 18, 19, 22, 23, 26, 27, 28, 31, 34, 37, 38, 39, 40, 41, 46, 49, 56, 64, 66, 68, 69, 70, 71, 80, 88, 93, 99, 100, 103, 104, 105, 108, 109, 110, 111, 115, 119, 125, 126, 127, 134, 135, 138, 140, 141, 143, 144, 146, 147, 148, 151, 152, 153, 156, 157, 158, 160, 166, 171, 173, 174, 177, 178, 182, 183, 190, 191, 192, 194, 200, 205, 206, 211, 214, 216, 218, 219, 220, 227, 230, 255, 257, 258, 259, 260, 261, 264, 269, 285, 288, 295, 307, 323, 329, 332, 333, 334, 338, 339, 347, 350, 352, 354, 361, 364, 365, 368, 369, 370, 371, 406, 407, 427, 430, 431, 433, 444, 447, 471, 480, 481, 482, 496, 507, 508, 510, 531, 542, 550, 556, 562, 563, 564, 572, 574, 575, 581, 582, 586, 588, 589, 591, 592
パカトナムー　502, 504
『博物誌』　173, 578
パコパンパ　481, 505, 506, 507, 508, 568
ハサウ・チャン・カウィール（王）　266, 354, 355, 357
パチャカマック　469, 509, 510, 511, 512, 526
パティオ　481, 482, 498, 500, 501, 506, 508, 541, 542, 553, 554, 556
ハトシェプスト（女王）　146
パニャマルカ　513
パピルス　97, 106, 107, 122, 158, 162, 166
バーブ・エル＝フトゥーフ　63

バフラフ・チャン・カウィール（王） 385, 386
バフラム・アハウ（王） 294
ハヤブサ 26, 52, 166, 183
バラット 6
バラムク遺跡 401, 402
パラモンガ 515
ハルクフ 82, 184, 194
パレルモ・ストーン 88, 95, 96
パレンケ遺跡 230, 403, 404, 405, 408, 409
ハワラ 104, 136, 169, 170, 171, 173
半地下式広場 467, 468, 470, 479, 481, 483, 489, 490, 492, 506, 507, 508
パンパ・グランデ 516, 517
パンパ・デ・ラス・リャマス 529
ピイ（王） 15, 39, 40, 41, 90, 174, 175
ピイ王のピラミッド 41, 90, 174, 175
ヒエラコンポリス 42
ヒエラティック 122
ヒエログリフ 2, 33, 51, 86, 135, 143
ヒクソス 5, 146
翡翠 219, 220, 241, 248, 260, 264, 272, 273, 285, 286, 288, 323, 329, 339, 355, 360, 370, 371, 406, 407, 409, 426, 445, 447, 449
棺 26, 31, 55, 87, 88, 109, 110, 115, 116, 138, 152, 173, 183, 192
ヒッタイト 597
ビブロス 95, 132
日干しレンガ 11, 13, 17, 66, 116, 119, 123, 129, 133, 166, 170, 172, 173, 192, 204, 205, 369, 514, 547, 549
ピラミッド・コンプレックス（複合体） 12, 13, 17, 19, 24, 27, 29, 31, 36, 39, 46, 47, 51, 52, 53, 54, 58, 63, 64, 65, 66, 67, 71, 73, 76, 77, 78, 80, 81, 84, 85, 88, 89, 95, 103, 107, 110, 112, 115, 117, 119, 120, 121, 125, 126, 127, 129, 134, 135, 142, 144, 150, 151, 152, 153, 157, 158, 160, 161, 162, 166, 167, 168, 171, 173, 177, 178, 180, 181, 182, 183, 184, 190, 191, 192, 194, 197, 198, 199, 202, 596
ピラミッド・タウン 85
ピラミッド・テキスト 10, 26, 27, 33, 34, 35, 36, 37, 117, 143, 144, 154, 177, 178, 180, 182, 194, 195
ピラミディオン 28, 66, 67, 117, 133, 141, 146, 178, 194

ビルカス・ワマン 518, 519
ファイアンス 84, 107, 158, 159
ファイユーム 12, 57, 58, 99, 103, 104, 105, 112, 118, 121, 125, 132, 133, 136, 169, 170, 173, 187, 188
ファラオ 31, 39, 69, 71, 77, 86, 88, 110, 145, 146, 179, 180, 183
ファリコンのピラミッド 590
封泥 109, 166
フェザーン 20, 21, 22, 23
フェニキア 23
仏教 570, 580, 581, 589, 593
ブト 87
プトレマイオス 132, 143
フニ（王） 43, 44, 46, 47, 81, 104, 188
ブバスティス 12, 132, 177
ブヘン 117
プリニウス 172, 578
フリント 71, 166
ブルレン 520, 521
フレスコ画 383, 384, 575
プレペチャ語 349, 350
墳丘墓 39, 584, 585
ブンクリ 522, 523
プント 82, 130, 176
ベイト・カラフ 47, 58
ベカン遺跡 310, 410, 411, 412
壁画 34, 47, 90, 106, 110, 129, 230, 237, 247, 248, 249, 265, 313, 334, 341, 342, 343, 344, 363, 375, 379, 384, 413, 414, 415, 416, 420, 427, 434, 452, 500, 513, 514, 541, 542, 553, 557, 568
壁龕（ニッチ） 17, 33, 36, 51, 62, 66, 69, 75, 76, 83, 84, 85, 87, 100, 114, 125, 126, 127, 134, 143, 151, 152, 157, 163, 178, 180, 194, 204, 236, 237, 238, 313, 331, 415, 420, 443, 477, 501, 509, 512, 520, 531
ヘテプセケムイ（王） 37
ヘビ 35, 318, 360, 369, 371, 445, 479, 490, 508, 529, 533, 538, 540, 542, 544, 553, 555, 568
ペピ1世 33, 57, 95, 115, 144, 176, 177, 178, 184, 193, 194
ペピ1世のピラミッド 176, 178, 194
ペピ2世 11, 24, 33, 65, 178, 179, 180, 181, 182, 183, 184
ベベドーレス（酒を飲む人々）壁画 342, 343,

344

ベラクルス文化　236, 237, 314

ヘラクレオポリス　58

ヘリオポリス　30, 81, 88

ベリーズ　210, 217, 220, 267, 268, 269, 306, 432, 446, 447

ヘロドトス　22, 49, 59, 62, 121, 172, 202

ペロポネソス半島　573, 574

ベンタロン　524, 525

方ソーダ石　480, 565

奉納ピラミッド　438, 439, 440, 441

星　63, 78, 180, 228, 334

ボナンパック遺跡　413, 414, 415, 416

ボホブ・トク（王）　230

ポポル・ナフ　227, 229, 290, 293, 295, 346

ホルス　15, 46, 52, 115, 166, 177, 192, 199, 200

ボロブドゥール　581

【ま行】

埋葬　7, 26, 39, 40, 41, 44, 52, 56, 58, 62, 63, 64, 66, 67, 72, 77, 80, 84, 93, 104, 105, 110, 111, 116, 126, 127, 129, 135, 136, 138, 144, 146, 148, 149, 151, 154, 155, 158, 159, 160, 162, 168, 171, 173, 175, 183, 191, 192, 195, 204, 206, 218, 219, 220, 241, 254, 257, 268, 272, 286, 288, 291, 307, 318, 329, 339, 354, 355, 360, 361, 364, 365, 369, 370, 371, 386, 406, 409, 430, 431, 459, 477, 481, 501, 508, 510, 512, 523, 525, 561, 562, 563, 565, 572, 581, 585, 589, 591

マウンド　211, 252, 253, 254, 255, 310, 505, 530, 567, 593

マウンドビル遺跡　253

前庭　146, 464, 465, 470, 560

魔術師のピラミッド　224, 225, 226, 227

マスタバ墓　6, 13, 15, 17, 46, 47, 58, 64, 68, 78, 80, 86, 88, 93, 99, 107, 110, 111, 117, 119, 120, 129, 144, 158, 159, 160, 165, 166, 168, 192, 204, 206

マスタバ・エル＝ファラウン　86, 87, 88

末期王朝時代　28, 107, 146

マッド・ジャック・フューラーのピラミッド　570, 591

マネト　143, 144, 179, 199

マム・マヤ語　328, 329

マヤパン遺跡　417, 419, 421

マヤ文明　211, 212, 216, 218, 220, 223, 230, 241, 242, 245, 249, 260, 263, 264, 267, 284, 292, 313, 315, 320, 322, 323, 324, 329, 330, 335, 342, 347, 352, 355, 356, 370, 373, 392, 393, 400, 402, 404, 406, 407, 415, 416, 417, 418, 429, 435, 450, 451

マラカイト（孔雀石）　132

ミイラ　7, 26, 31, 36, 51, 52, 58, 63, 69, 71, 84, 85, 93, 105, 110, 116, 120, 136, 138, 143, 144, 146, 152, 154, 158, 162, 168, 171, 177, 180, 182, 192, 194, 195, 204, 501, 542, 577, 581

ミケーネ文明　597

ミシシッピ文化　252, 253

ミナ・ペルディーダ　526, 527

ミニヤ　72

南マズグーナのピラミッド　185, 186

都塚古墳　587, 588, 589

ミュオグラフィ　63

ムーアのピラミッド　592

メイドゥム　64, 92, 93, 95, 98, 99, 100, 103, 104, 187, 188, 189, 190, 191, 192

メソアメリカ　210, 211, 212, 214, 216, 218, 220, 222, 224, 226, 227, 228, 230, 232, 234, 236, 238, 239, 240, 242, 244, 246, 247, 248, 250, 252, 253, 254, 256, 258, 260, 262, 263, 264, 266, 268, 270, 272, 274, 276, 278, 280, 282, 284, 285, 286, 288, 290, 292, 294, 296, 298, 300, 302, 303, 304, 306, 308, 310, 312, 314, 315, 316, 318, 320, 322, 324, 326, 328, 330, 331, 332, 334, 336, 337, 338, 340, 342, 344, 346, 348, 350, 352, 354, 356, 358, 360, 362, 363, 364, 365, 366, 368, 370, 371, 372, 373, 374, 375, 376, 377, 378, 380, 382, 384, 386, 388, 390, 392, 394, 396, 398, 400, 402, 404, 406, 408, 410, 412, 414, 416, 418, 420, 422, 423, 424, 426, 428, 430, 432, 434, 436, 438, 439, 440, 441, 442, 444, 445, 446, 448, 450, 452, 454, 570

メソポタミア　2, 233, 596, 597

メディネト・エル＝ファイユーム　132

メディネト・ハブ　137

メディネト・マアディ　132, 169

「メリカラー王への教訓」　26

メルエンプタハ　140

メルエンラー（王）　33, 57, 177, 179, 184, 193, 194, 195

メルエンラー王のピラミッド　193, 194, 195

メロエ　138, 140, 155, 196, 197, 575

メロエのピラミッド群　196, 197
メンカウホル(王)　144, 198, 199, 200
メンカウホル王のピラミッド　95, 143, 198
メンカウラー(王)　58, 68, 71, 77, 79, 84, 86, 87,
　88, 113, 140, 201, 202, 203, 204, 205, 206
メンチュホテプ4世　12
メンフィス　12, 15, 98, 99, 138, 177
猛禽類　479, 486, 544
モチェ　454, 456, 460, 462, 463, 488, 496, 500,
　502, 513, 514, 516, 517, 539, 541, 543, 545, 546,
　547, 549, 550, 551, 555, 556, 557, 561, 562, 564
木棺　19, 110, 144, 146, 154, 170, 191, 204, 563,
　588, 589
モトゥル・デ・サン・ホセ遺跡　324, 387
モヘケ　528, 529
モーリシャスの七つのピラミッド　207
モルディブのピラミッド　593
モーレア島のピラミッド　594
モンクス・マウンド　252, 253, 255
モンチュ　146
モンテ・アルト遺跡　328
モンテ・アルバン遺跡　422, 427
モンテ・ダコッティのピラミッド　595, 596, 597

【や行】
ヤカタ　348, 349, 350
ヤシュチラン遺跡　428, 429, 430, 431, 433
ヤシュナ遺跡　282
ヤシュ・ヌーン・アイーン1世(王)　354
ヤシュハ遺跡　435, 436
ヤシュ・パフサフ・チャン・ヨパート(王)　273,
　290
ヤハウ・チャン・ムワーン1世(王)　414
ヤハウ・チャン・ムワーン2世(王)　413, 414,
　415, 416
ヤハウ・テ・キニッチ(王)　269
ユカタン・マヤ語　217, 221, 224, 228, 234, 269,
　283, 302, 309, 331, 345, 384, 402, 446, 450
ユクヌーム・イチャーク・カフク(王)　266
ユクヌーム・チェン(王)　265, 386
要塞　12, 39, 117, 125, 212, 229, 233, 246, 282,
　311, 410, 438, 441, 573, 596

【ら行】
ライオン　36, 53

ラ・イグアナ　274, 275, 276
来世信仰　35, 37
ライソン　456, 532, 533, 567, 568
ラ・ガルガーダ　530, 531
ラカンドン・マヤ語　416
ラ・ケマーダ遺跡　438, 439, 440, 441
ラ・パルマ　578
ラブナ遺跡　225, 296
ラフーン　104, 118, 133
ラ・ベンタ遺跡　442, 444, 445
ラマナイ遺跡の高神殿　446
ラ・ムニェカ遺跡　264
ラメセス2世　106, 180
ラメセス9世　148
ランバイェケ文化　497
リヴァプール　572
リシュト　10, 12, 17, 63, 66, 112, 117
リモンカルロ　534, 535
リュウゼツラン　276, 344
流紋岩　273, 439
両墓制　173
リンテル　356, 357, 414, 428, 429, 430, 431, 433
礼拝堂　8 , 13, 14, 26, 30, 33, 34, 41, 51, 66, 76,
　100, 101, 114, 115, 119, 120, 125, 126, 139, 141,
　143, 146, 157, 171, 177, 180, 181, 191, 194, 205,
　231
レヴァント　36, 132
レプシウス　66, 95, 151, 152, 153, 200
レリーフ　5 , 36, 51, 63, 66, 69, 76, 85, 95, 111,
　115, 127, 144, 157, 162, 180, 464, 465, 470, 485,
　486, 496, 522, 523, 525, 529, 534, 536, 537, 538,
　540, 541, 542, 543, 544, 553, 555, 556, 559, 560,
　568
ローマ　6 , 7, 22, 23, 105, 115, 170, 171, 172,
　188, 189, 196, 364, 570, 575, 590, 591

【わ行】
ワカ・エル・ドラゴン　537
ワカ・オビスポ　493
ワカ・カオ・ビエッホ遺跡　539, 541, 542
ワカ・デ・ラ・ルナ　517, 542, 545, 547, 549, 550,
　551, 552, 553, 555, 556, 557
ワカ・デル・アルコイリス　538 →ワカ・デル・
　ドラゴン遺跡参照
ワカ・デル・ソル　517, 545, 546, 547, 548, 549,

550, 551, 556, 557, 564
ワカ・デル・ドラゴン遺跡　496
ワカ・デ・ロス・レイエス　543, 544
ワカ・トレド　493, 494
ワカ・パルティーダ遺跡　486
ワカ・プクヤーナ　558
ワカ・ラ・エスメラルダ　559, 560
ワカ・ラハーダ／シパン　550, 561, 562, 563, 564
ワカ・ロロ　565, 566
ワカロマ　456, 532, 533, 567, 568
ワシ　491, 492
ワシャクトゥン遺跡　450, 451, 452
ワシャクラフーン・ウバーフ・カウィール(王)

272, 289
ワステカ・マヤ文化　388
ワック・チャン・カウィール(王)　265, 269, 354
ワディ・エル＝フディ　17
ワディ・ハンママート　12
ワディ・マガラ　47, 106, 110, 132, 199
ワトゥル・カテル(王)　324

【英数字】
Eグループ　244, 264, 267, 307, 308, 320, 321,
322, 323, 324, 352, 399, 402, 437, 451
「12のジャガー」(王)　425

おわりに

　人間は石を積み上げる動物だ。そこに石があれば「本能的に積み上げてしまう」の
だと言っても良いほどである。そのモチベーションが特定の宗教であれ、地方・地域
に根付いた民間信仰や来世観であれ、人間は河原で山道で石を手に取りそれを重ねる
のだ。そこに人間の神に対するバベルの塔的な傲慢さやあの世とこの世を隔てる
「塞」の観念が反映されているか否かは見解が分かれるところであるが、少なくとも
それは時代だけではなく、年齢性別、国籍宗教を問わない一種の普遍的な「現象」と
言えよう。そしてその行為の最たるものがピラミッドなのである。石を積み上げ巨大
なものを目指せば、それは自然と「ピラミッド」型になる。ピラミッドを造ることは
人間の本能なのかもしれない。ただそのピラミッドを正確に定義づけすることは難し
い。「巨大な四角錐の石造建造物」では説明が明らかに足りない。そのうえ、「ピラ
ミッド」という言葉は、どうしてもほぼすべての人々にエジプトにあるギザの三大ピ
ラミッドを思い起こさせる。確かにそのことはある意味正鵠を射ているとも言える。
人類文明誕生の最大のシンボルであるギザのピラミッドは、約4500年の歴史を持って
いるからだ。そしていまだ建造当時の様相をほぼ崩していないのである。

　しかしながら、ピラミッドが誕生したエジプトは隠れた地震大国である。そのこと
を考えるとギザの三大ピラミッドは奇跡の産物だ。ヘレニズムの華麗なる都アレクサ
ンドリアは、大地震が原因で沿岸部分が海に沈んだと考えられている。世界の七不思
議に数え上げられるアレクサンドリアの大灯台もアレクサンドロス大王の霊廟ソーマ
もそのときに崩れ落ちたのであろう。にもかかわらず、ギザの三大ピラミッドは崩壊
していないのだ。それは紛れもない事実だ。ピラミッドは、「永遠」「永久不滅」の象
徴として存在し続けてきたのである。人類が手も足も出ない自然災害をも凌駕する存
在なのである。古代の人々の認識もおそらく現在の我々と大差ない。だからこそ「旧
約聖書」のなかのピラミッドは、飢饉の際に備えた「ヨセフの穀倉庫」として描かれ
てきたのだ。

　古代エジプトの特異な文化が後世の人々に与えたインパクトは凄まじい。なかでも
ピラミッドは見た者の心をとらえて離さない存在だ。古代・中世・近世・近代・現代
を問わず、古代エジプトブームは世界各地で起こってきた。現代の日本でさえもエジ
プトのピラミッドを模した建造物やデザインは全国各地に溢れている。ギリシア人た
ちの植民活動とローマ帝国の広範囲にわたる交通網は、ナイル世界の異文化を帝国の
隅々にまでもたらしたのである。そのため古代地中海世界の枠組みを越えて、ブリテ

ン島に古代エジプトの神のための神殿が建造され、中央アジアで古代エジプトの神々を模した黄金製品が出土しているのである。姿形を変容させながら、あるいは目に見えないその観念・思考・思想がユーラシア大陸を東へと進み、またあるときはモーリシャスやモルディブを経由して海の道を利用することで、中国から朝鮮半島、はたまた日本にまでその影響は及んだ可能性もあろう。もちろんそれは「古代エジプト人がピラミッドを中心とした彼らの文化を世界に拡散したという」話ではない。世界各地に現存する石造建造物と古代エジプトのピラミッドの間には、間違いなく膨大な時間と空間の隔たりが存在する。その壁をブレイクスルーしたと考えるのには無理がある。しかしあまりにも長期間世界に影響を与え続けた古代エジプト文化の一側面が無意識のうちに後の時代に受け継がれて再び我々の目の前に姿を現わす場合がある。古代エジプトブーム、エジプト・マニアなどはその一例だ。つまり我々はそれらの比較研究から有益な情報を得ることができる可能性をつねに持ってもいるのである。

　しかしながら、このようにピラミッドがエジプトを中心に語られることには不満もある。我々はすでにエジプト以外の国々や地域にも「ピラミッド」と呼ばれる巨大建造物が数多く存在していることを知っているからだ。学術的な研究調査も様々な制限のあるエジプトより進んでいる地域があると言っても良いかもしれない。現地調査を指揮・参加する日本人研究者が多いのも特徴だ。メソアメリカに目を向ければ、メキシコのテオティワカン遺跡にある太陽のピラミッドと月のピラミッドなどは、まさにピラミッドの持つ巨大で壮麗なイメージそのものを有している。ペルーのトゥクメ遺跡の壮大なピラミッド群を筆頭に南米にもいくつもの巨大なピラミッドが建造され、広く点在しているのだ。両遺跡のように世界遺産に指定されているものも多い。本書のなかで紹介されたものには、規模で古代エジプトのピラミッドを上回るものすら建造されてきたのである。

　ペルーのチャビン・デ・ワンタル遺跡にある大規模な祭祀神殿のように四角錐のピラミッドとは言えないものもあるが、専門分野の研究者による認識を優先し、本書ではピラミッドに含めておいた。そもそもピラミッドの定義には、各分野で幅があることを知っておくことも重要だ。先述したように四角錐の石造建造物＝ピラミッドという認識も見直されるべきなのかもしれない。「ピラミッド」という単語は本来古代エジプトのものを指すが、すでに一般的な用語・単語として用いられているからである。それは「ピラミッド・パワー」とか「ピラミッド・インチ」とか、あるいは組体操の「人間ピラミッド」だけを指しているのではない。例えば「人口ピラミッド」という言葉は、ピラミッドと何の文脈もないところで頻繁に使用されている。外観的な

意味でのピラミッドのみならず、「ピラミッド」という言葉には、「宗教的」、「祭祀的」、「象徴的」など、広い意味を当てはめることも求められるであろう。その事は本書『世界のピラミッド大事典』を読んでいただければ理解できるはずだ。ここには様々な「ピラミッド」の情報が提示されているからだ。我々はそれを基に「ピラミッドとは何か」について議論すれば良い。古代エジプトだけに目を向けた議論ではなく、それを凌駕する世界というもっと大きな枠組みを視野に入れるべきだ。そうすることで初めて「ピラミッドとは何か」という人類がいまだ解を得ていない壮大な疑問について考える出発点が形成されるのである。そしてその出発点が本書であればと願ってやまない。

　古今東西ピラミッドはすべての人類に対して最大の謎として長く高く立ち塞がってきたが、それは今後も未来永劫続くであろう。たとえそうだとしてもアルキメデスやアインシュタインのような天才も解くことができなかったピラミッドの謎に本書とともに挑もうではないか。そして少なくとも天才たちが解けなかった謎を共有しようではないか。時を超えた大いなる謎の共有者として天才たちと肩を並べてみるのも悪くない。最初の正解を得るチャンスはたった一人のものであるが、その一人が誰になるのかはわからない。奇跡の建造物の謎を解く奇跡がいつの日か君に訪れるかもしれない。

2018年9月28日晴れ
大城道則

あとがき

　本書『世界のピラミッド大事典』が誕生した背景には、エジプトを中心としたアフリカ大陸、メソアメリカ、南米という時間的にも空間的にも異なる三つの地域に共通した「ピラミッド」というキーワードの存在がある。それぞれに誰もがその名を知っている古代文明・文化や巨大建造物を含む考古遺跡を有しているが、通常この三分野の研究者同士が交わるのは稀有なことだ。メソアメリカと南米をフィールドとする研究者たちが、学会や研究会などで顔を合わせることはあっても、そこにエジプト学の研究者が相まみえる可能性はきわめて低い。しかしながら、今回「ピラミッド」がその接触・交流を可能としてくれたのである。「ピラミッド」が取り持つ「縁」が本書を作り上げたとも言えよう。我が国における本当の意味でのピラミッド学という分野のスタートが本書から切られるはずだ。

　本書は「事典」という体裁を取っているが、専門家が執筆した「読み物」でもある。我々はいかなる学術論文も研究書も「読み物」であることを忘れてはならない。写真と図版の掲載数が多く、広い読者層をターゲットとした本は、アカデミックであることはもちろんのこと、「見て面白い」、「読んで面白い」ことが大事だ。その意味では現段階で本書はかなり成功していると言えよう。

　夢がある。いつの日かこの本を読んでくれた小学生や中学生が世界的な研究者になって、そのきっかけが本書であったと話してくれることだ。彼、彼女の研究分野が考古学ではなくても歴史学でなくてもかまわない。それが建築学であろうと、心理学であろうと、生物学であろうと何の問題もない。むしろ他分野への広がりこそ本来の学問のあるべき姿だ。我々はただ読者に研究の面白さを本書から感じて欲しいだけなのである。ピラミッドという壮大なロマンの裏側にある事実の面白さを本書を通じて体感していただければ幸いである。

謝　辞

　本書を執筆するにあたり、多くの方々の協力を得た。エジプトのピラミッドについては、クリス・ノウントン氏（国際エジプト学者協会会長）から多大なアドヴァイスをいただいた。奈良県明日香村の都塚古墳については、長く調査に携わってこられた関西大学博物館館長の米田文孝氏と明日香村教育委員会の西光慎治氏から貴重な情報を提供していただいた。

　メソアメリカのピラミッドについては、猪俣健（アリゾナ大学）、石原玲子（ペ

ルー在住）、嘉幡茂（ラス・アメリカス・プエブラ大学）、長谷川悦夫（埼玉大学他）、吉田晃章（東海大学）、ラファエル・コボス（ユカタン自治大学）、エクトル・エスコベド（サン・カルロス大学）、エリザベス・グラハム（ロンドン大学）、カレン・ピアース（アメリカ在住）、エステラ・ピント（サン・カルロス大学）、ウィリアム・リングル（デイビッドソン大学）から貴重な情報を提供していただいた。

　南米のピラミッドについては、セサル・ガルベス（ペルー文化省ラ・リベルタ支局）、坂井正人（山形大学）、芝田幸一郎（法政大学）、鶴見英成（東京大学）、西澤弘恵、義井豊（フリーカメラマン）、リチャード・バーガー（イェール大学）、ルイス・ハイメ・カスティーヨ（ペルー・カトリック大学）、クントゥル・ワシ考古学調査団、チャン・チャン考古学複合特別プロジェクト、東京大学アンデス調査団、東京大学総合研究博物館、パコパンパ考古学調査団、パチャカマック遺跡博物館、ペルー国立人類学考古学歴史博物館から貴重な情報を提供していただいた。

　以上、ここに挙げたすべての友人知人、研究者仲間、研究機関に感謝し、記して御礼申し上げる。

　最後に本書の企画を受けていただいた柊風舎および担当編集者である飯浜利之氏に感謝申し上げる。仕事とはいえ研究分野の異なる研究者たちの意見をまとめるために大変ご苦労されたと思う。ただそれは本書の完成という成果を得るために必要な過程であったことだという理解で許していただきたい。そして最後に本書を手に取られた読者、特に小学生、中学生、高校生をはじめとする若い皆さんに、人類が創り上げた最高の芸術作品であるピラミッドの魅力を知って、感じてもらえれば執筆者として幸いである。そして未来のピラミッド学者を生み出すきっかけになれば最高である。

大城道則
青山和夫
関　雄二

【著者】

大城道則（おおしろ・みちのり）
1968年兵庫県生まれ。関西大学大学院文学研究科史学専攻博士課程修了。バーミンガム大学大学院古代史・考古学科エジプト学専攻修了、博士（文学）。駒澤大学文学部教授。専攻は古代エジプト史。主な著書に『古代エジプト 死者からの声』(河出書房新社) がある。

青山和夫（あおやま・かずお）
1962年京都市生まれ。ピッツバーグ大学人類学部大学院博士課程修了、Ph.D.（人類学）。茨城大学人文社会科学部教授。専攻はマヤ文明学・人類学。主な著書に『マヤ文明を知る事典』(東京堂出版)、『マヤ文明』(岩波新書)、『古代マヤ』(京都大学学術出版会)、『古代メソアメリカ文明』(講談社) がある。

関　雄二（せき・ゆうじ）
1956年東京都生まれ。東京大学大学院社会学研究科博士課程中退。国立民族学博物館副館長・教授ならびに総合研究大学院大学教授。専攻はアンデス考古学・文化人類学。主な著書に『アンデスの文化遺産を活かす―考古学者と盗掘者の対話』(臨川書店)、『アンデスの考古学』(同成社)、『古代アンデス 権力の考古学』(京都大学学術出版会) がある。

世界のピラミッド大事典

2018年12月5日　第1刷

著　　者　大城道則／青山和夫／関　雄二
装　　丁　古村奈々
発 行 者　伊藤甫律
発 行 所　株式会社　柊風舎

〒161-0034 東京都新宿区上落合1-29-7 ムサシヤビル5F
TEL 03-5337-3299 ／ FAX 03-5337-3290
印刷／文唱堂印刷株式会社
製本／小髙製本工業株式会社
ISBN978-4-86498-064-7

© 2018 Michinori Ohshiro, Kazuo Aoyama, Yuji Seki